岱山年鉴

（2022）

岱山年鉴编纂委员会 编

方志出版社
Publishing House of Local Records

图书在版编目（CIP）数据

岱山年鉴. 2022 / 岱山年鉴编纂委员会编. — 北京 : 方志出版社，2022.12
ISBN 978-7-5144-5703-2

Ⅰ. ①岱… Ⅱ. ①岱… Ⅲ. ①岱山县－2022－年鉴 Ⅳ. ①Z525.54

中国国家版本馆CIP数据核字（2023）第126029号

责任编辑：徐宏
责任校对：刘玉霞
责任印制：梅中英
出 版 者：方志出版社
地　　址：北京市朝阳区潘家园东里9号（国家方志馆4层）
邮　　编：100021
网　　址：http://www.zgfzcb.cn
发　　行：方志出版社图书营销中心（010-67110500）
印　　刷：杭州良诸印刷有限公司
开　　本：889毫米×1194毫米　1/16
印　　张：32.5印张
字　　数：827千字
版　　次：2022年12月第1版
印　　次：2022年12月第1次印刷
定　　价：256.00元

《岱山年鉴（2022）》编纂委员会
及编辑部人员名单

编纂委员会

主　　任　卢建波
副 主 任　徐　新
委　　员　姚　斌　褚波挺　马仁庭　沈海明　罗思科　王　斐　韩毅艇
　　　　　　黄飞跃　刘世峰　柴忠堂　殷光涛　周　鑫　王建挺

编纂委员会办公室

主　　任　沈海明
副 主 任　徐嘉和

编辑部

主　　编　卢建波
总　　纂　虞迪燕
责任编辑　虞迪燕　王贤照　吴依芳　姜小金　赵悠燕　李慧慧　韩信安
编　　务　陈海飞
摄　　影　何仁岳　沈　磊等

■ 数字岱山

岛屿
571 个

常住人口
20.98 万人

户籍人口
17.07 万人

地区生产总值
530.80 亿元

第一产业增加值
35.60 亿元

第二产业增加值
393.30 亿元

第三产业增加值
101.90 亿元

人均地区生产总值
25.38 万元

财政总收入
31.23 亿元

一般公共预算收入
20.31 亿元

一般公共预算支出
50.84 亿元

外贸进出口总额
105.65 亿元

实际引进市外资金
44.30 亿元

规模以上工业总产值
1532.66 亿元

渔业总产值
64.38 亿元

农业总产值
2.01 亿元

水产养殖面积
647 公顷

机动渔船
1842 艘

造林面积
90 公顷

货物运输总量
5836 万吨

港口货物吞吐量
20618 万吨

金融机构各项存款余额
328.16 亿元

居民人均可支配收入
55378 元

全社会用电量
75.62 亿千瓦时

建成区面积
8.45 平方千米

城镇化率

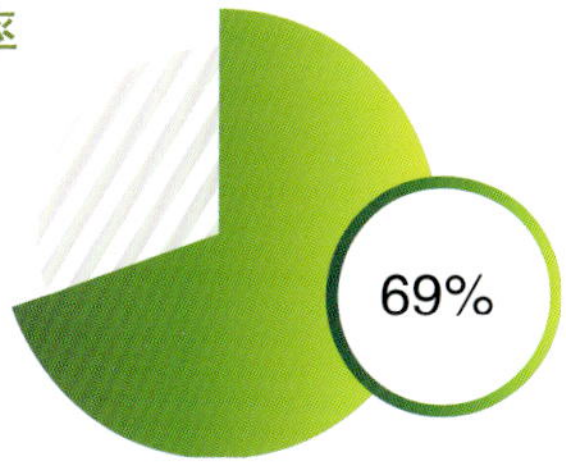

城市污水
处理率

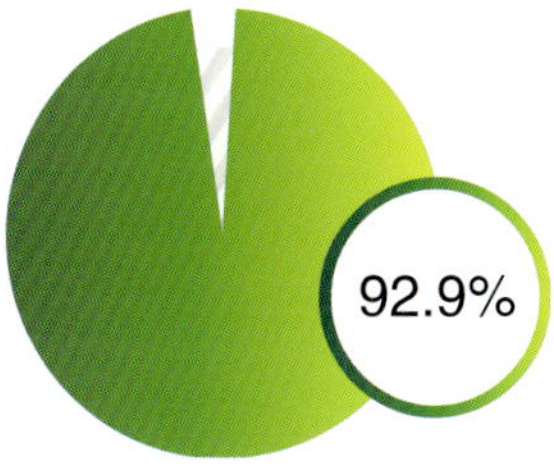

人均公园绿地面积
16.24 平方米

环境空气
质量优良率

PM2.5

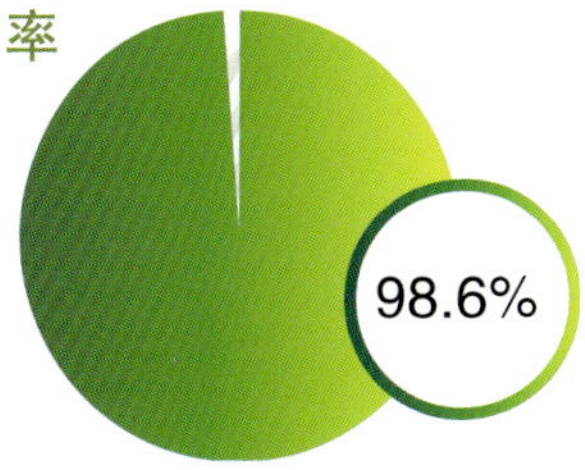

群众安全感
综合满意率

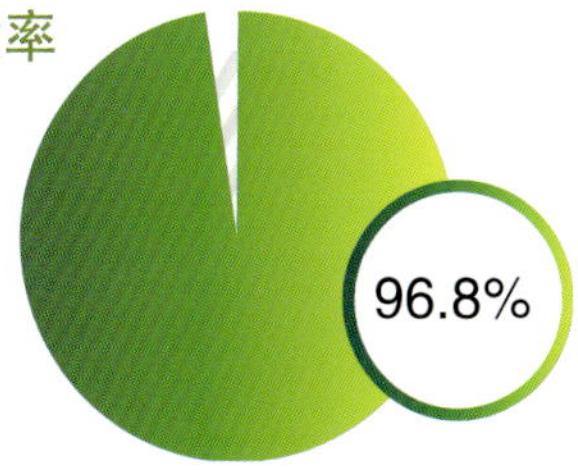

2021 年 3 月 1 日，磨心山上云雾缭绕（方佳　摄）

舟岱大桥全景图（县融媒体中心　供图）

晨曦中的鼠浪湖（县融媒体中心　供图）

夜幕下的舟山绿色石化基地（县融媒体中心　供图）

竹屿新区航拍局部图（潘成汉　摄）

2021 年 9 月 21 日中秋夜，安澜阁的月亮（县融媒体中心　供图）

每年的 7 月中旬至 8 月末，是外洋流影响的高峰时段，岱山的海水湛蓝明净、海天一色、一望无际

（林琦瀚　摄）

2021 年 1 月 10 日，东沙卫生院医务人员第一时间为到港的渔民采集核酸样本

（县卫生健康局　供图）

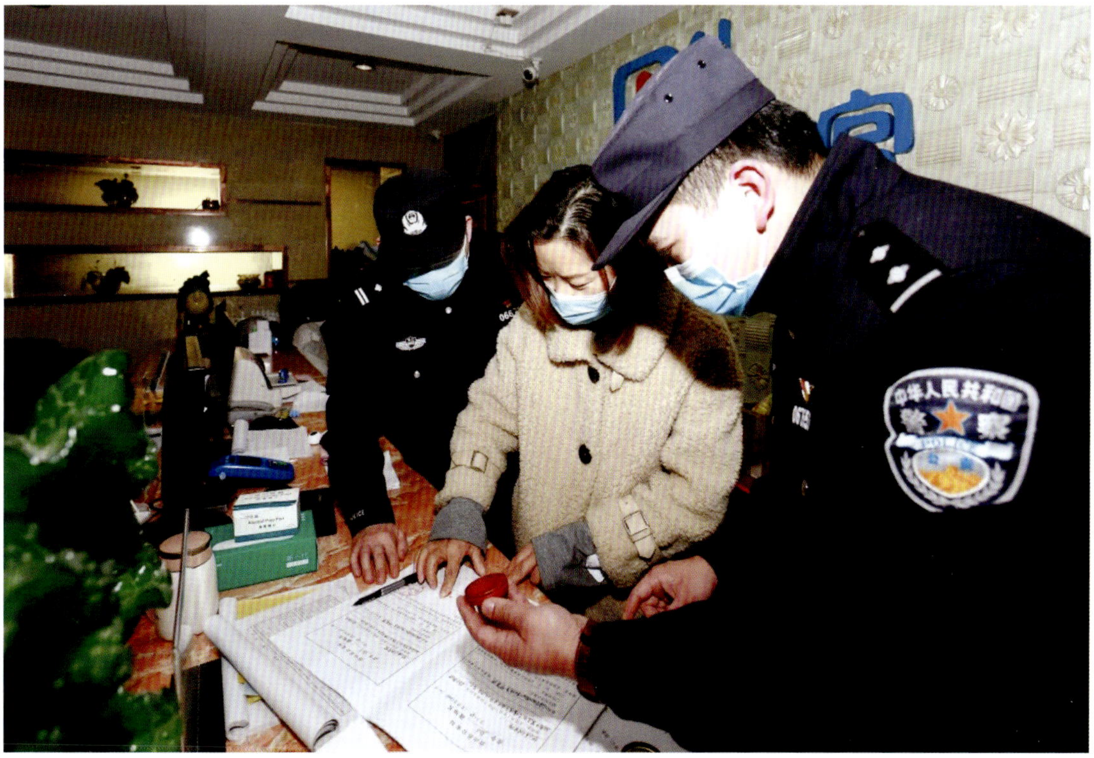

2021 年 1 月 20 日，县公安局对全县范围内酒店宾馆、餐饮服务、文体娱乐等公共场所疫情防控措施的落实情况进行全面清查，查处 4 家疫情防控不力的场所（叶佳磊　摄）

2021 年 4 月 20 日，民族团结进步教育活动走进秀山小学，岱山首位援鄂医护人员罗静静为学生们讲述抗疫故事，宣扬全国各族人民万众一心、共抗疫情的精神　　（丁启哲　摄）

2021 年 5 月 5 日，浙江友联修造船有限公司东码头迎来邮轮“世纪和谐”号（崔凯　摄）

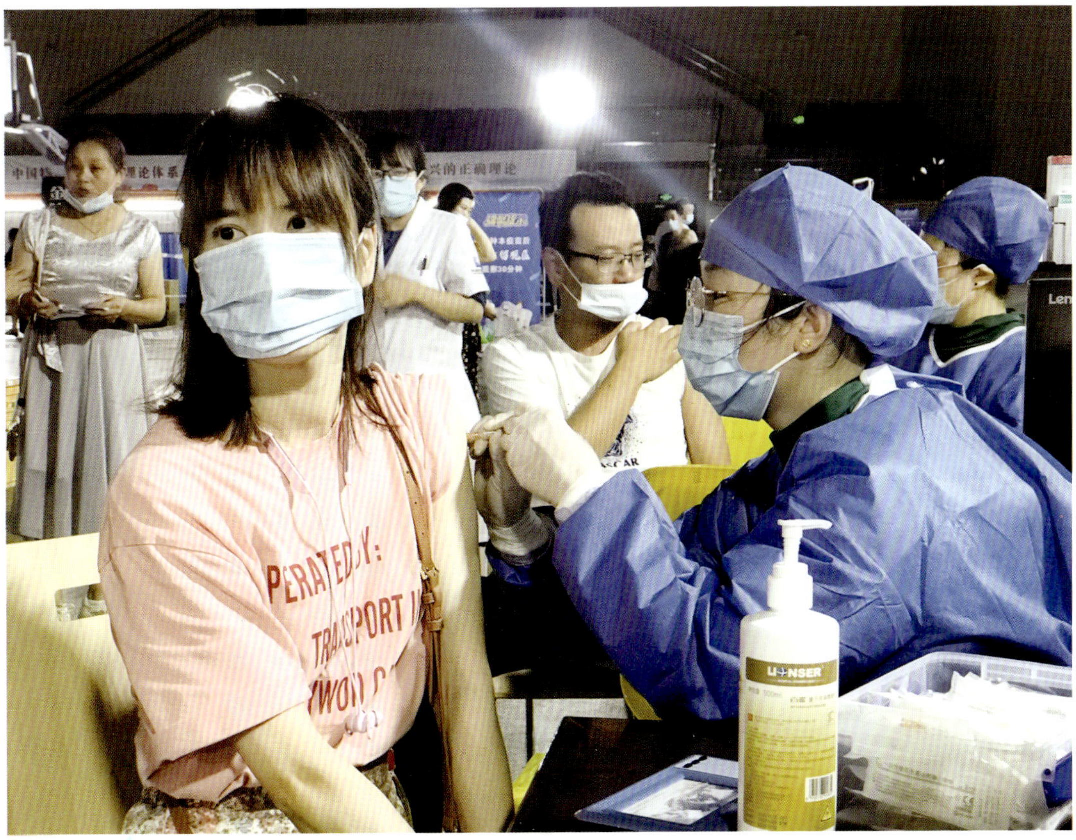

2021 年 6 月 17 日晚上，在岱山县体育馆的新冠疫苗临时接种点，市民有序接种新冠疫苗（赵嘉波　摄）

■ 数字化改革

2021 年 3 月 18 日，舟山鼠浪湖码头有限公司新增 2 台取料机流程系统工程（王碧水　摄）

2021 年 4 月 20 日，县供电公司首次应用自适性绝缘杆开展“自动化”带电作业

（县供电公司　供图）

2021 年 5 月 19 日，全县开展“机器换人”智能化改造项目海试。其间，自动脱钩装置连续拔起 700 只蟹笼，“摘笼人”只需将蟹笼轻松归置于轨道即可（县融媒体中心　供图）

2021 年 8 月，位于衢山镇泥螺山的数字化万头猪场完成主体工程的 80%（衢山镇　供图）

2021 年 10 月，由县“数字海洋实验室”与杭州巨浪能源科技有限公司合作研发的海洋移动观测平台，在长涂岛附近海域成功下水并开始海试（县融媒体中心　供图）

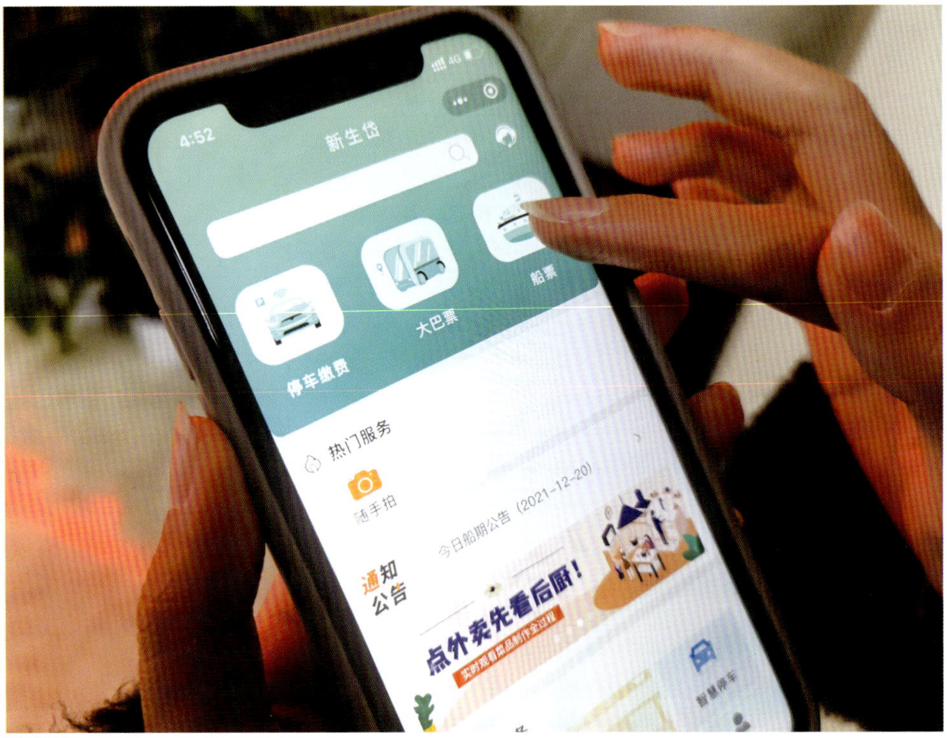

2021 年 12 月 20 日，由岱山海莱云智科技有限公司建设运营的微信小程序“新生岱”正式上线。作为岱山本土数字生活新服务平台，“新生岱”致力于为岱山市民和到岱山游客提供更多数字生活便捷服务（赵嘉波　摄）

2021 年 3 月 7 日上午，“文明岱山有礼有我”创建全国县级文明城市志愿者誓师大会在县文化广场举行

（夏秉挺　摄）

2021 年 3 月 16 日，新华书店岱山门店设置庆祝中国共产党成立 100 周年专区，集中展示红色出版物

（何晓琼　摄）

▣ 主题活动

2021 年 5 月 18 日，岱西镇网格流动爱心益站推出“相约星期五，我为创城加一分”品牌活动，开展专项创城行动（赵嘉波　摄）

2021 年 6 月 1 日，县委老干部局举行“老少同乐‘红星’拼党徽与横幅　庆祝中国共产党成立 100 周年”主题活动（罗可军　摄）

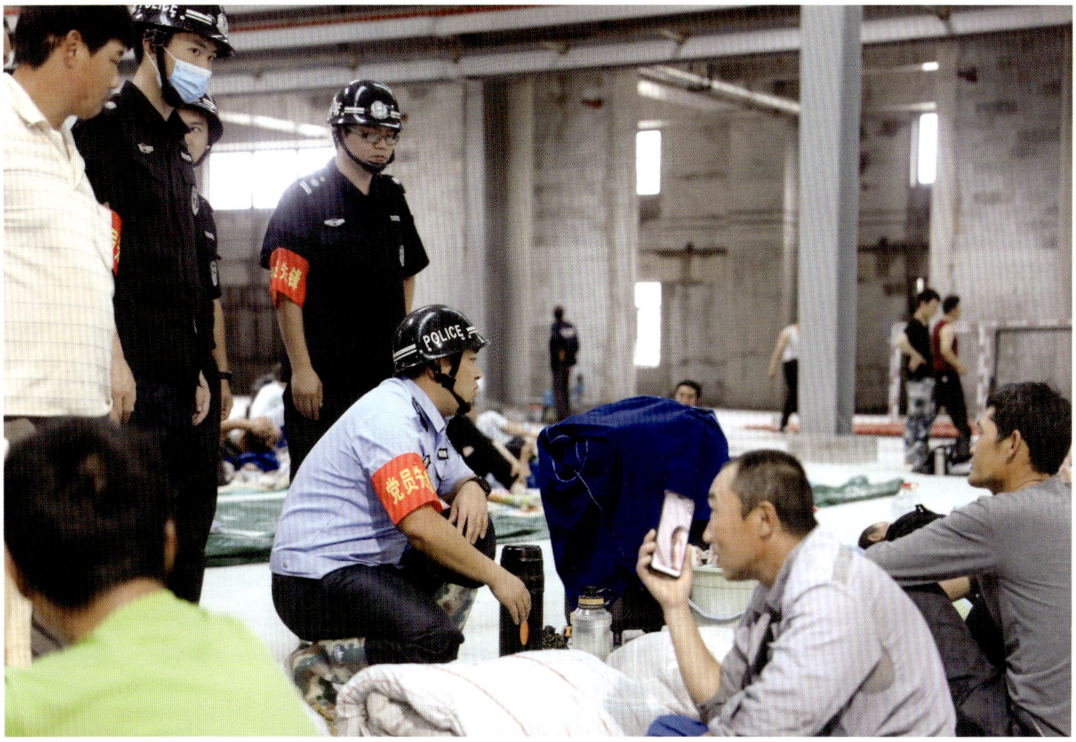

2021 年 7 月 24 日，“烟花”台风期间，全县 12 个安置点完成舟山绿色石化基地近 25000 人的安置（马金峰　摄）

2021 年 11 月 19 日，县委宣传部组织宣讲团成员在船头开展党的十九届六中全会精神宣讲（县委宣传部　供图）

2021 年 12 月 27 日，中国共产党岱山县第十四次代表大会在县行政中心开幕

（县融媒体中心　供图）

2022 年 2 月 12 日，中国人民政治协商会议第十届岱山县委员会第一次会议在县行政中心开幕

（县融媒体中心　供图）

2022 年 2 月 13 日，岱山县第十七届人民代表大会第一次会议在县行政中心开幕

（县融媒体中心　供图）

2021 年 5 月 16 日，位于舟山北部海域的中广核岱山 4 号海上风电场，54 台风电机组全部并网接入国家电网（姚峰　摄）

2021年5月28日，随着浙石化2号300万吨年浆态床渣油加氢装置混合进料缓冲罐的吊装就位，标志着浙石化二期项目炼油装置大型设备吊装任务圆满收官（县融媒体中心　供图）

2021年6月19日，鼠浪湖矿石中转码头40万吨矿船全卸效率创新高

（县融媒体中心　供图）

2021 年 8 月，526 国道岱山段改建之隧道工程建设稳步推进，北峰隧道暗洞与明洞建设工程基本完成，南峰隧道加紧施工中（赵嘉波　摄）

2021 年 8 月，浙石油黄泽山油品储运中转基地一期项目平稳运行，二期项目建设顺利推进（赵嘉波　摄）

2021 年 8 月 26 日，惠生海工大型模块起运（县委宣传部　供图）

2021 年 12 月，建设中的星浦未来社区新材料产业技术创研中心（赵嘉波　摄）

2021 年 12 月 22 日，全球最大全回转起重船“振华 30 号”抵达中集长宏江南山基地 1 号船坞，进行整船交付 5 年来的首次特检（张瑾　摄）

2021 年 12 月 29 日，宁波舟山港主通道项目——舟岱大桥顺利通车（姚峰　摄）

舟岱大桥、鱼山大桥全景图（县融媒体中心　供图）

渔山新村红色传承馆（张虹　摄）

锦舟宝盛大酒店建成营业（县融媒体中心　供图）

2021 年 12 月 29 日，岱山“三高”线开出营运期间的最后一班航班（县融媒体中心　供图）

2021 年 5 月 28 日，国家发展和改革委员会副主任胡祖才（前排右二）到舟山绿色石化基地调研

（马金峰　摄）

2021 年 6 月 18 日，浙江省副省长徐文光（前排左二）到舟山绿色石化基地调研（马金峰　摄）

2021 年 6 月 22 日，浙江省政协副主席陈铁雄（前排居中）到舟山绿色石化基地调研（马金峰　摄）

2021 年 6 月 26 日，浙江省副省长卢山（前排右二）到舟山绿色石化基地调研（马金峰　摄）

2021 年 6 月 30 日，浙江省副省长陈金彪（前排居中）到舟山绿色石化基地调研（马金峰　摄）

2021 年 8 月 11 日，浙江省省长郑栅洁（前排左三）到舟山绿色石化基地调研（马金峰　摄）

2021 年 9 月 1 日，浙江省人大常委会副主任李学忠（前排左一）到舟山绿色石化基地调研（马金峰　摄）

2021 年 10 月 22 日，自然资源部海域海岛管理司副司长赵培剑（前排右二）到舟山绿色石化基地调研（马金峰　摄）

▣ 节庆赛事

2021 年 4 月 11 日，2021 岱山海岬半程马拉松在岱东镇上船跳鸣枪开赛，来自全国 26 个省市自治区的 3500 多名选手集结开跑（县文化和广电旅游体育局　供图）

2021 年 6 月 1 日，县文化和广电旅游体育局、县教育局在县体育馆举办“童心向党庆百年——岱山县首届校园非遗艺术节”（县文化和广电旅游体育局　供图）

2021 年 6 月 16 日，中国海洋文化节暨休渔谢洋大典在鹿栏晴沙景区举行

（县文化和广电旅游体育局　供图）

2021 年 7 月 10 日，2021 年中国・岱山岛气排球精英赛在岱山举行

（县文化和广电旅游体育局　供图）

节庆赛事

2021 年 7 月 31 日，岱山 • 东海民谣音乐节在鹿栏晴沙景区举行（县文化和广电旅游体育局　供图）

2021 年 10 月 17 日，2021 年中国海岛公园岱山岛沙滩高尔夫长三角城市对抗赛在岱山举行

（县文化和广电旅游体育局　供图）

2021 年 10 月 22 日至 24 日，岱山文旅亮相第五届杭州（国际）未来生活节暨未来旅游嘉年华

（县文化和广电旅游体育局　供图）

2021 年 10 月 27 日至 28 日，嘉兴市南湖区文化馆到岱山开展文化走亲活动

（县文化和广电旅游体育局　供图）

位于高亭镇东海村的“东海街心·慢跑公园”（张瑾　摄）

东沙镇桥头村入选全国村级议事协商创新实验试点单位（县融媒体中心　供图）

位于岱西火箭盐场内的 2500 亩水田土壤改良成效显著，水稻种植连年喜获丰收（赵嘉波　摄）

衢山镇投资 4000 万元在樟套片山区小流域实施农业生态工程项目（县融媒体中心　供图）

在建中的高亭城区衢山大道改建工程（施佩佩　摄）

在建中的东海地块安置房（宓波　摄）

编辑说明

一、《岱山年鉴（2022）》以马克思列宁主义、毛泽东思想、邓小平理论、“三个代表”重要思想、科学发展观、习近平新时代中国特色社会主义思想为指导，坚持辩证唯物主义和历史唯物主义的主场、观点和方法，深入贯彻落实党的十九大和十九届历次全会精神，省委、市委的重大战略部署，全面、系统地记述和反映全县统筹推进疫情防控和经济社会发展各项工作，奋力打造“重要窗口”海岛风景的生动实践和重要事件。

二、《岱山年鉴》由中共岱山县委、岱山县人民政府主办，岱山年鉴编纂委员会组织编纂的年度资料性文献。《岱山年鉴》记录岱山县自然、政治、经济、文化、社会和生态建设等方面的基本情况，为各级领导资政决策提供依据，为社会各界了解岱山提供基本资料，为研究岱山和续修志书积累丰富的史料，是集地方性、时效性、综合性于一体的资料性工具书。《岱山年鉴》首次编纂于1988年，《岱山年鉴（2022）》是第17部；前4部分别为4年一鉴、5年一鉴、6年一鉴和2年一鉴，自2009年起，一年一鉴。

三、《岱山年鉴（2022）》记述时限从2021年1月1日至12月31日止。部分内容根据实际情况，时限略有前后延伸。凡在文中直书月、日的，均指2021年内的日期，“上年”均指“2020年”。

四、《岱山年鉴（2022）》采用分类法编辑，设类目、分目、条目三个层次，以条目为记述主体。全书设类目35个，分目261个，条目1446个，随文照片236幅（包括彩插62幅），图表67张。卷首设仙岛岱山、疫情防控、数字化改革、主题活动、年度聚焦、领导关怀、节庆赛事、民生福祉的图文专题和岱山县政区图、岱山县城区图。卷末有主题索引、图照索引和表格索引，以便查阅。

五、《岱山年鉴（2022）》除特载、专记、名录等外，一般采用记述体。数字用法、标点符号用法分别采用国家标准《出版物上数字用法》（GB/T15835-2011）、《标点符号用法》（GB/T 15834-2011）。计量单位采用国家技术监督局1993年12月发布的《量和单位》系列国家标准。

六、《岱山年鉴（2022）》所采用的稿件由各部门、单位提供并审核，少数条目由岱山年鉴编辑部撰写。本卷年鉴所载数据以统计部门提供为准，统计部门没有的以职能部门提供为准。由于统计口径等原因，有的数据与统计资料不尽相同，引用时请注意。

目 录

Contents

特 载

001 走好新时代赶考路 奋进现代化新征程 谱写高质量发展建设共同富裕示范区海岛样板新篇章——在中国共产党岱山县第十四次代表大会上的报告

018 政府工作报告——在岱山县第十七届人民代表大会第一次会议上

专 记

030 舟岱大桥

033 人才新政

年度聚焦

034 2021 年全县新冠疫情防控工作

035 全县乡村振兴工作

036 岱山县创建全国县级文明城市工作纪实

038 舟山绿色石化基地建设

039 县一体化智能化公共数据平台启用

040 舟富食品研发产品入选神舟十二号载人飞船“食谱”

大事记

041 1 月

042 2 月

042 3 月

043 4 月

044 5 月

045 6 月

045 7 月

046 8 月

047 9 月

048 10 月

049 11 月

050 12 月

县情概览

052 综 述

052 建置沿革

052 地理概况

053 自然资源

053 气候

054 人口状况

054 经济建设

054 概况

054 国家战略加速落地见效

054 海洋产业发展提质增效

054 现代服务业稳步向好

055 渔农产业加快转型

055 政治建设

055 概况

055 强化理论武装

055 平安建设深化

056　政府效能不断提升
056　数字化改革加速
056　文化建设
056　概况
056　“庆百年”主题活动开展
056　文旅体数字赋能新突破
056　文体事业新发展
057　海岛公园建设稳步推进
057　社会建设
057　概况
057　海岛大花园加快建设
057　全国文明城市创建开局良好
058　共同富裕扎实推进
058　生态文明建设
058　概况
058　成功创建国家生态文明建设示范县
058　蓝天碧水清废净土有新成效
058　生态环境治理能力现代化

中国共产党岱山县委员会

059　综　述
059　概况
059　拥护“两个确立”做到“两个维护”
059　国家战略项目推进
059　加快产业转型升级
060　科技新政、人才新政的实施
060　各领域数字化改革
060　海岛大花园建设
060　大力推进共同富裕
061　全面从严抓党建
061　重要会议
061　中共岱山县第十三届委员会第十三次全体会议
061　中共岱山县第十三届代表大会第五次会议
061　县委渔农村工作会议
061　县委全面深化改革委员会第三次会议暨全县数字化改革部署推进会
062　县招商引资暨营商环境工作会议
062　县委党的群团工作会议
062　全县党建统领、整体智治“晒比评”会议
062　全县制造业高质量发展大会
062　县建设平安岱山工作暨政法信访、扫黑除恶专项斗争总结表彰会议
062　美丽岱山建设、中央环保督察整改暨治水治污大会战会议
063　全县党建统领、共同富裕“晒比评”会议
063　2021 年度县委议军暨党管武装工作（国动委）会议
063　中共岱山县第十三届委员会第十五次全体(扩大)会议
063　全县县乡两级人大换届选举工作部署会
063　中共岱山县第十三届委员会第十六次全体会议
063　岱山县高质量发展建设共同富裕示范区工作会议
063　中共岱山县第十四次代表大会代表选举工作会议
064　县委“六讲六做”大宣讲活动动员部署会
064　平安岱山暨法治岱山建设考核推进会
064　2022 年重大政府投资项目汇报会
064　中共岱山县第十三届委员会第十七次全体会议
064　县委检察工作会议
064　中国共产党岱山县第十四次代表大会
064　高质量推进中国（浙江）自贸试验区岱山区块建设大会
064　重要决策
064　制定全国县级文明城市创建三年计划
065　推进新型城镇化建设
065　开展数字化改革行动
065　深化“基层治理四平台”改革
066　研究制定《岱山高质量发展建设共同富裕示范区海岛样板实施方案》
066　其他党务工作
066　概况
067　深化“三服务”工作
067　参谋辅政工作
067　加强协调沟通
067　落实督促检查
067　日常保障工作
068　推进党内法规工作
068　组织工作
068　概况
068　深入学习习近平新时代中国特色社会主义思想
068　全县党委（党组）书记抓基层党建和人才工作述职评议会
068　全县村社党组织书记工作交流会
069　全县基层党建工作会议
069　锻造专业复合型干部队伍
069　招才引智工作
069　推进村（社）组规范运行

069 推动两新党建高质量发展
070 选举产生县第十四次党代会代表
070 全县党员队伍构成状况
070 渔农村党员队伍状况
070 宣传工作
070 概况
070 意识形态工作
071 思想理论武装
071 党史学习教育
071 主流舆论引导
071 “数字化创城”应用场景
072 休渔谢洋大典
072 东海民谣音乐节
072 新闻出版工作
073 “扫黄打非”工作
073 文化惠民活动
073 统战工作
073 统一战线思想引领工作
073 新乡贤联谊组织建设
074 创建清廉民营企业示范点
074 加强党外人才培养
074 机构与编制
074 概况
075 县级行政机构和人员编制
075 县级事业机构和人员编制
075 乡镇机构和人员编制
075 调整优化开发区体制机制
075 “大综合一体化”行政执法改革
075 其他领域体制机制调整
076 加强编制资源统筹
076 推动机构编制法治化
076 规范事业单位登记
076 精神文明建设
076 概况
076 全县创建全国县级文明城市动员大会
076 群众性精神文明建设
077 未成年人思想道德建设
077 融媒体中心工作
077 概况
077 办公室工作
077 总编室工作
077 记者部工作
078 编发部工作
078 新媒体运营部工作
078 策划营运部工作
078 技术保障部工作
078 对台工作
078 搭建岱山与台湾产业交流平台
078 加强与台湾地区青少年交流交往
079 做好台胞疫情防控工作
079 涉台事务性工作
079 县直属机关党建工作
079 概况
079 机关党的政治建设
079 机关党的思想建设
080 机关党组织助力全县中心工作
080 机关党组织规范化建设
080 机关党组织推进“双建争先”工作
081 老干部工作
081 概况
081 落实老干部政治待遇和生活待遇
081 党史学习教育活动
082 离退休干部党建工作
082 引导老干部发挥余热
083 党校工作
083 概况
083 高质量完成培训任务
084 理论学习与主流舆论引导
084 专班工作效能提升
084 红色专题课程
084 加强专业人才队伍建设
085 教学科研工作
085 做好基础设施建设
085 结对帮扶工作
085 信访工作
085 概况
085 社会治理体系
085 加强重大信访问题处置
085 落实初信初访责任
086 再创省级“无信访积案县”
086 专项工作
086 “信访代办”工作
086 加强矛调中心建设
086 档案与史志工作
086 概况
086 “同舟共济·记忆岱山”征文活动
087 党史学习教育
087 档案资源建设

087 国家数字档案馆创建
087 档案服务基层
087 档案信息安全保障
087 《岱山年鉴（2021）》编纂
087 《中共岱山历史简明读本》编纂
088 《岱山记忆》编印
088 档案史志队伍建设

岱山县人民代表大会

089 综 述
089 重要会议
089 县十六届人大五次会议
090 县十六届人大常委会会议
091 依法监督
091 经济运行监督
091 民生热点监督
091 民主法治监督
092 人大数字化改革
092 开发区人大工作试点
092 代表工作
092 县乡人大换届
092 加强履职服务保障
092 议案建议办理
093 视察调研
093 把脉全县职业教育工作
093 专题询问《舟山市科技创新促进条例》实施情况
093 关注全民健身事业发展
093 助推物业管理水平提升
093 跟踪调查“菜篮子”工程建设
094 应急管理体系建设专项调查
094 创建全国县级文明城市综合监督
094 注重饮用水提质保供
094 配合省市人大开展调研监督

岱山县人民政府

095 综 述
095 概况
095 加快临港工业发展
095 加快海洋产业发展建设
095 推进数字化改革
095 海岛大花园加快建设
095 文明城市创建
096 共同富裕迈出坚实步伐
096 重要会议
096 县政府全体会议
096 县政府常务会议
098 县政府专题会议
098 重要工作举措
098 支持全县经济高质量发展
098 深化残疾人服务供给侧改革
098 严控食品药品安全风险
098 推进地质灾害防治
098 治水治污大会战
098 整治提升低效企业
099 加快实施“减船转产”
099 “大综合一体化”行政执法改革
099 全面推行“综合查一次”工作
099 政务工作
099 概况
099 加强政府系统工作
100 以文辅政工作
100 服务管理工作
100 政府信息公开
100 人民代表建议和政协提案办理
100 外事工作
100 涉外疫情防控工作
101 因公出国核报和邀请来华核报工作
101 涉外其他工作
101 大数据管理
101 概况
101 城市大脑基础能力建设完成
101 公共数据平台贯通上线
101 一体化数字资源系统基本建成
101 海域治理数据库建设
102 投资信息化项目建设
102 “浙里办”“浙政钉”工作
102 “互联网+监管”工作
102 “互联网+政务服务”工作
102 政府门户网站工作
102 网络安全工作
103 数字岱山创新大厦的运行管理
103 全县数字化改革工作推进会
103 机关事务管理
103 一体化文印中心投入运行
103 县政府公物仓投入运行
103 “无废机关”创建和垃圾分类工作

104　公共机构节能降耗工作
104　办公用房管理规范有序
104　行政中心设施设备维护
104　机关后勤服务保障工作
105　**政务服务**
105　概况
105　完善智慧大厅 2.0 管理体系
105　“政务服务 2.0”平台建设
105　智慧大厅 2.0 延伸基层
105　推进政务服务办事新模式
106　创新政银服务均等化
106　打造营商服务综合体
106　招投标工作
106　不见面开标大厅投入使用
106　办公用品耗材集中采购招标
106　完成地标性建筑带方案拍租
106　优化招投标营商流程

政协岱山县委员会

107　**综　述**
107　**重要会议**
107　县政协九届五次会议
107　县政协九届三十次常委会会议
107　县政协九届三十一次常委会会议
107　县政协九届三十二次常委会会议
108　县政协九届三十三次常委会会议
108　县政协九届三十四次常委会会议
108　县政协九届三十五次常委会会议
108　县政协九届三十六次常委会会议
108　县政协九届三十七次常委会会议
109　反映社情民意信息工作会议
109　政协常委（扩大）读书会
109　**“请你来协商”专题政治协商会议**
109　推进既有住宅电梯加装　改善全县群众居住环境
109　重视服务新居民，促进高质量发展
109　养老服务供给侧改革
109　推进科技创新
110　加强城市精细化管理
110　**调研视察**
110　调研数字医疗建设
110　调研菜篮子工程
110　调研双峰新城开发建设
110　调研提升职业教育服务岱山产业发展
110　视察县矛调中心建设运营情况
111　视察饮用水提质及保供能力情况
111　视察县城区幼儿教育情况
111　视察县低效企业整治提升工作情况
111　**专项集体民主监督**
111　开展美丽大花园・海上花园城市建设监督
111　养老服务事业发展监督
111　**提案工作**
111　提案立案情况
111　提案主要内容
112　提案办理举措和结果

中共岱山县纪律检查委员会
岱山县监察委员会

113　**综　述**
113　**重要会议与调研**
113　县纪委十三届七次全会
114　县纪委常委会
114　**政治监督**
114　开展专项监督
114　落实主体责任
114　澄清正名和回访教育
114　加强和改进意识形态工作
115　推动意识形态落实
115　拓展意识形态阵地
115　**清廉岱山建设**
115　清廉单元打造
116　促推基层综合治理
116　**反腐败工作**
116　正风肃纪反腐
116　廉政教育
116　增强监督合力
116　**巡察工作**
116　加强对巡察工作的全面领导
117　开展巡察工作
117　**队伍建设**
117　干部政治素质提升
117　干部业务素质提升
118　强化管理监督
118　**智慧纪检监察工作**
118　组建智慧纪检监察专班
118　推进整体智治
118　大数据监督平台

群众团体

119 岱山县总工会
119 概况
119 立功竞赛活动
119 职工建功立业行动
120 工会组织建设
120 完善基层工会体制机制
120 数智工会建设
120 文明城市创建行动
121 职工文化建设
121 产业工人队伍建设改革
121 保障职工的合法权益
121 开展困难帮扶
122 劳模评选管理服务
122 深化“三服务”活动
122 开展党史学习教育
122 建党百年主题活动
123 共青团岱山县委
123 概况
123 思想建设
123 志愿服务
123 鱼山项目团建
123 参与全国县级文明城市创建
123 青少年权益维护
123 青少年责任担当
124 青年人才服务
124 岱山县妇女联合会
124 概况
124 “百千万巾帼大宣讲”
125 助推数字改革
125 家庭家教家风建设
125 “东海渔嫂”巾帼虹志愿行动
125 东海渔嫂助力共富行动
126 妇联执行力建设年行动
126 岱山县科学技术协会
126 概况
126 科技创新驱动助力工程
127 助力乡村振兴行动
127 全民科学素质提升
127 数字科协建设
128 服务科技人才
128 岱山县归国华侨联合会
128 概况
128 联络联谊
128 涉侨法律法规政策宣传
128 服务侨界人士
129 完善侨界基础数据库
129 为侨联界政协委员服务
129 岱山县工商业联合会
129 概况
129 商会组织建设
130 非公经济代表人士综合评价
130 政企交流
130 异地商会建设
130 招商引资
130 岱山县文学艺术界联合会
130 概况
131 建党百年系列主题活动
131 文艺惠民
131 文化交流
131 作家协会
132 书法家协会
132 美术家协会
133 戏剧曲艺家协会
133 音乐舞蹈家协会
133 民间文艺家协会
133 摄影家协会
134 影视艺术工作者协会
134 队伍建设
134 岱山县残疾人联合会
134 概况
134 2020年县政府残工委全体会议暨县残联第七届主席团第四次全体会议
134 “先锋助力 残健同行”党建品牌
134 残疾人服务供给侧改革
135 “残疾人之家”建设
135 促进残疾人就业增收
135 残疾人保障水平提高
136 残疾人康复服务体系构建
136 数字赋能助残服务
136 全域无障碍环境建设
136 残疾人文化体育特色培育
137 助残扶残融媒体宣传
137 岱山县红十字会
137 概况

137 “群团星”示范点建设
138 “三服务”活动
138 数字化改革
138 救护培训进渔村
138 救护培训进企业
138 救护培训进文化礼堂
138 救护培训进学校
138 助力半程马拉松比赛
139 巡回医疗服务
139 博爱家园活动
139 开展人道救助
139 “两捐”工作
139 岱山县计划生育协会
139 概况
140 生育关怀行动
140 群团星行动
140 健康教育活动
140 “5·29”会员活动日
140 市计生协会到岱山调研
140 基层计生协会工作转型

法　治

142 政法委工作
142 概况
142 保障重点项目建设
142 疫情防控工作
143 政法队伍建设
143 法治环境建设
143 扫黑除恶专项斗争
143 平安岱山建设
143 社会维稳工作
143 政法系统数字化改革
144 社会治理
144 “海上枫桥”品牌打造
144 政府法治工作
144 履行政府职能
145 加强制度建设
145 行政决策工作
145 深化执法改革
146 强化专业执法
146 规范行政权力
146 矛盾纠纷化解
147 法治基础建设
147 公　安
147 概况
147 立功创模工作
147 维稳安保工作
147 疫情防控工作
148 抗台风工作
148 扫黑除恶专项斗争
148 网络诈骗犯罪治理
149 出入境管理
149 禁毒工作
149 监所安全管理
149 交通整治
150 数字化改革
150 “一件事”改革
150 执法管理
150 警务辅助人员管理
150 大练兵工作
150 人口
151 检　察
151 概况
151 保障重大项目建设
151 法治化环境建设
151 助力全国县级文明城市创建
151 护航平安岱山建设
152 刑事、民事、行政检察职能履行
152 公益诉讼检察职能履行
153 海洋检察工作
153 参与社会治理
153 未成年人检察工作
153 思想政治建设
154 数字检察建设
154 法　院
154 概况
154 保障国家战略
155 “三服务”活动
155 平安岱山建设
155 基层治理
155 智慧法院建设
155 “共享法庭”建设
155 “两个一站式”建设
155 司法改革
155 司法行政
155 法治政府建设
156 习近平法治思想的学习和贯彻

156　执法改革
156　法制监督
156　普法阵地建设
157　基层执法规范化
157　法治服务保障
157　便民公证服务
158　法律援助工作

军　事

159　人民武装
159　概况
159　海防战备
159　民兵整组
159　军事训练
159　安全管理
159　“四反”工作
159　正风肃纪
160　国防动员与国防教育
160　概况
160　党管武装
160　国防潜力调查统计
160　征兵工作
160　国防教育
160　双拥共建
160　武警岱山中队
160　概况
161　战备
161　执勤
161　训练
161　政治思想教育
161　专题教育
161　红色传承教育
162　疫情防控
162　后勤保障
162　人民防空
162　概况
162　宣传教育
162　疏散演练
162　工程建设
163　通信警报
163　专业队伍
163　人防规范化建设
164　岱山县退役军人事务局
164　概况
164　优抚工作
164　安置工作
164　退役军人服务站建设
165　创新基层退役军人事务

工　业

166　综　述
166　概况
166　加强工业性投入
166　优化资源配置
166　加快数字经济发展
167　数字经济系统建设
167　船　舶
167　概况
167　盘活江南山基地
167　舟山华丰租赁原海舟船厂
167　水产品加工
167　概况
168　舟富食品外贸形势向好发展
168　机械制造和纺织纤维
168　汽配行业
168　化纤行业
168　玩具与电机
168　玩具制造业
168　电机制造业
168　工业技术
168　概况
168　科技项目
170　工业技术发展
170　科创平台建设
171　新材料研究和试验基地建设
171　培育创新主体
171　与高校科研院所交流合作
171　科普宣传
171　科技特派员制度
172　电　力
172　概况
172　安全生产
172　运行维护
173　电网发展
173　营销服务

173 企业管理
174 队伍建设
174 企业自身建设
175 岱山经济开发区
175 概况
175 招商引资工作
176 基础配套建设
176 数字化改革
176 高耗低效企业整治
176 营商环境优化
177 环保安全监管
177 清廉园区建设
177 “三服务”活动

海洋与渔业

178 综 述
178 海洋捕捞
178 捕捞作业
178 科技示范船
179 海水养殖
179 养殖尾水治理试点建设
179 健康养殖示范场创建
179 推进渔业环境监测
179 养殖技术培训
179 渔业安全管理
179 渔船动态点验工作
179 各类渔政执法检查
179 渔船安全
179 千人培训工作
180 落实渔业安全生产工作体系
180 商渔船互学机制
180 渔业系统的数字智治
180 一打三整治
180 小型三无船舶专项治理
181 严查禁用渔具
181 严查流通渠道
181 开展增殖放流
181 渔业综合管理
181 蟹文化综合产业园建设
182 规范渔船建造
182 登船检验工作
182 完善网格调解服务体系
182 海洋管理
182 海洋监察
183 实施国家海洋督察问题整改行动
183 渔港建设及管理
183 美丽渔港建设
183 开展渔港综合整治

农 业

184 综 述
185 种植业
185 种植业生产
185 主要农作物品种
185 栽培技术
185 “菜篮子”工程建设
185 生产基地建设
185 “菜篮子”供应
185 “菜篮子”工程管理
186 应急保供
186 市场供应活动
186 新冠肺炎疫情防控
186 畜牧养殖业
186 畜牧禽养殖
187 畜牧养殖污染治理
187 生猪检疫
187 动物疫病防控
187 动物疫病监测
187 畜产品安全监管
187 病死动物无害化处理
187 水利体系建设
187 概况
188 水利规划编制
188 防洪排涝体系建设
188 重大水利项目建设
188 农业水价综合改革
188 “无欠薪”治理
188 水利工程运行管理
188 小型水库系统治理
188 “农村池塘”整治和“美丽山塘”创建
188 山塘安全评定
188 水库、海塘安全鉴定
188 台风防御工作
189 汛前、汛中安全大检查
189 山洪灾害调查

189 水利数字化建设
189 水资源管理
189 大陆引水工程
189 海水淡化项目
189 节水宣传
189 水土保持工作
189 自来水供应
190 农经管理
190 村集体经济发展
190 清廉村居建设
190 闲置农房盘活利用
190 健全村级三资监管体系
190 新型经营主体培育
190 宅基地网上审批管理
190 农业机械
190 出台惠农补贴政策
190 农业“机器换人”
191 农产品质量安全
191 农产品质量安全检测
191 追溯体系建设
191 专项整治
191 信用体系建设
192 “双安双创”工作
192 农产品标准化试点建设
192 系列宣传活动
192 农业行政执法
192 农业投入品检测
192 农资监管
192 “绿剑”执法及农资打假系列专项行动
192 农业植物疫情防控工作
193 水政执法
193 水法规宣传
193 水政监察
193 科教信息
193 特色示范创建
194 高素质农民培育
194 农业生态项目建设
194 农业标准化工作
194 渔农业产业化
194 渔农村工作
194 “三美联创”
194 共同富裕示范带建设
195 人居环境
195 农业数字化工作
195 历史文化（传统）村落保护利用
195 未来乡村
195 气　象
195 概况
195 基层党建和党风廉政建设
196 政府决策服务和社会公共服务
196 气象服务数字化
196 气象信息现代化建设
196 基层气象安全监管体系
197 科普宣传
197 “三桥四站”监测站建设
197 防台抗台气象业务服务
197 主要气候要素
198 主要气候事件及其影响

商　贸

199 岱山县供销联社
199 概况
199 数字化改革
199 供销综合改革
200 渔农民合作经济组织网络建设
200 供销传统经营稳定
200 助力合作经济组织发展
200 供销队伍建设
200 烟草专卖
200 概况
201 经济运行情况
201 烟草专卖管理
202 政务服务
202 深化整改成果
202 数字驱动建设
202 加强精实管理
203 社会责任担当
203 粮油流通
203 概况
203 粮食安全责任制
203 粮油市场供应
203 粮食应急保障
203 粮食仓储管理
204 军粮保障
204 侵害群众利益问题专项治理
204 执行情况检查
204 依法管粮

204 订单粮食收购
205 产销合作
205 房屋资产管理
205 山外粮库拆除工作
205 应急物资保障
206 对外贸易
206 概况
206 外资规模增长
206 常石集团出口趋稳
206 汽配行业进出口创新高
206 晨光电器出口增长
206 外贸企业线上拓市场
206 邀请外籍商务人士来华工作
207 个私商业与电子商务
207 概况
207 商贸特色项目
207 电商数字馆运营
207 市场管理与服务中心
207 概况
207 五化市场创建
208 市场提升改造工作
208 高亭中心菜场联合工会成立
208 市场管理
209 食品安全和保障工作
209 “三服务”活动

住房和城乡建设

210 综 述
210 城区建设
210 东海郊野公园建设
210 安澜阁装修
211 城市口袋公园建设
211 城市山海地标亮化提升
211 长河路景观配套工程建设
211 衢山大道改建
211 老城区道路项目改造
211 市政建设
211 交通治堵工作
211 城区车位改造
212 高亭老旧小区改造
212 县污水处理厂扩建
212 渔农村生活污水治理
212 建筑业
212 概况
212 建筑节能与新技术推广应用
212 工程招投标管理
213 工程质量监督
213 工程安全管理
213 建筑工地创城
213 房地产业
213 概况
213 房地产市场监管
214 房地产市场防控
214 白蚁防治
214 住房保障工作
214 直管公房管理
214 物业管理
214 居民小区创建文明城市工作
215 专项工作
215 海上花园城建设
215 城乡风貌整治方案编制
215 未来社区建设
215 安置房建设
216 “三改一拆”行动
216 城乡危旧房治理
216 城市建设管理
216 村镇建设
216 美丽城镇创建
217 省级“美丽宜居示范村”创建
217 渔农村困难群众住房救助
217 历史建筑保护
217 城管执法
217 城乡环境综合整治
217 全国文明县城创建
217 “大综合一体化”执法改革
217 省级园林城市创建
218 智慧平台建设
218 市容环境整治
218 违法建设拆管
218 建筑垃圾管控
219 市政公用管护
219 规范执法工作
219 环境卫生
219 环卫管理
219 道路保洁
219 垃圾分类处置

219 公厕保洁管理
220 环卫基建工作
221 城区生活垃圾分类
221 城乡环境整治

自然资源管理和环境保护

222 自然资源和规划
222 保障全县经济社会发展用地
223 耕地保护和垦造
223 林业
223 城乡规划
223 地质矿产资源管理
223 地质灾害防治工作
224 不动产统一登记工作
224 信访工作
224 继续推进各项基础性工作
225 海洋管理
225 海洋环境质量监测
225 防灾减灾
225 无居民海岛补充调查
225 海域使用金征收
225 海域海岛使用管理工作
225 生态县建设
225 美丽岱山建设
225 生态环境保护宣传教育
225 生态文明教育基地和绿色学校创建
226 环境污染减排和整治
226 污染减排
226 “蓝天保卫战”
226 五水共治
226 “无废城市”创建
226 小微企业危废收集平台
226 品质河道创建
226 河（湖）长制提档升级
226 环境监管和执法
226 辐射安全监管
226 环境执法
226 环境信访
226 环境监测
226 “最多跑一次”改革
226 数字化改革
227 环境状况
227 环境空气质量
227 地表水环境质量
227 集中式饮用水源地质量
227 城区声环境质量

交　通

229 综　述
229 交通基础设施建设
229 舟岱大桥建成通车
229 526 国道岱山段改建工程续建
229 高亭至石化小区至双峰公路工程开工
229 秀山环岛公路（海岙至九子段）续建
229 岱山本岛前岸至双合段公路扩建
229 岱山交通集散中心工程开工
230 海防公路建设
230 “四好农村路”建设
230 3000 环保型沥青拌合楼续建
230 县全民健身中心续建
230 海洋系列博物馆提升改造
230 旅游工程建设
230 县双峰体育中心项目开工
230 港口水运工程项目建设
230 燕窝山陆岛交通码头续建
230 燕窝山客运中心工程续建
230 衢山岛万良客运码头工程开工
230 大岭山交通码头续建
230 黄泽山油品储运基地二期工程建设
231 海事服务基地建设
231 智慧交通建设
231 智慧交通平台建设
231 客运服务信息化建设
231 “智能无人超市”开设
231 海上客运
231 概况
232 水路客运扩容
232 客运服务设施建设
232 航行班线调整
232 客滚船设置改造
232 客运管理
232 水上货运
232 概况
233 船舶新增
233 陆路客运
233 概况

233 公交设施建设
233 运力调整
234 运输装备建设
234 春运保障工作
234 客运管理
234 陆路货运
234 概况
234 集装箱企业
234 蓬莱交通投资工作
234 经营业绩情况
235 产业升级
235 海事基地建设
235 矿区经营
235 经营模式改革
235 安全管理
235 文旅融合
235 疏港公路工程建设管理
235 大桥日常管理
235 专项维护检查
235 工程管理
235 青山大桥前期工作
236 交通行业监管
236 公路管理
236 公路养护与绿化
236 路域巡查
236 公路运输管理
237 交通执法
237 车辆检测
238 行政审批服务
238 港航行业监管
238 港政（航道）管理
238 行业安全检查
238 水路运输管理
238 交通运输安全综合治理
238 加强安全生产监管
239 开展船舶专项整治
239 加强疫情防控工作

邮政 电信

240 邮 政
240 概况
240 普遍服务
240 寄递业务发展
240 三级物流体系建立
240 代理金融业务
241 农村电商业务
241 传统业务
241 服务社会发展
241 综合管理
242 电 信
242 开展隐患排查
242 各类志愿服务活动
242 应急演练活动
242 打造数字乡村
243 智慧城市建设
243 智云护航团队建设
243 升级智慧养老
243 提升全网服务能力
243 户外爱心驿站建设
243 天翼对讲系统实施
243 海底光缆维修
243 基础网络建设
244 移 动
244 概况
244 场景化营销体系建设
244 推动宽带份额提升
244 5G 业务发展
244 推进市政融合
244 各行业信息、通信、技术项目把控
244 公有云提升
244 5G 站点建设
245 基础网络建设
245 家庭宽带品质提升
245 解决鱼山 4G 网络高负荷问题
245 员工关爱行动
246 为民实践活动
246 联 通
246 业务发展
246 信息化数字化改革
246 智能数字运营
246 聚焦用网体验
247 抓好提速增效
247 服务质量提升
247 加强员工培训辅导

财政　税务

248　财　政
248　概况
248　财政支出
248　财政收入
248　重大战略项目服务保障
249　社会民生事业保障
249　财政国资改革
249　提升监管防范风险
250　企业党建
250　税　务
250　税收收入
250　减税降费
250　税收改革
250　营商环境优化
251　助推企业专项行动
251　防范税收风险
251　涉税宣传服务
251　纳税信用评定
251　税务队伍建设
252　服务岱山经济社会发展
252　加强党建引领

金　融

253　综　述
253　国有商业银行
253　农行岱山县支行
253　工行岱山支行
254　中行岱山支行
254　建行岱山支行
254　其他性质银行
254　岱山农商银行
254　民泰岱山支行
254　岱山稠州村镇银行
254　邮储银行岱山支行
255　台州银行岱山支行
255　保　险
255　概况
255　人保财险岱山支公司
255　中国人寿岱山支公司
255　人保寿险岱山支公司
255　国寿财险岱山支公司
256　太保财险岱山支公司
256　中国太保寿险岱山支公司
256　天安财险岱山支公司

经济管理

257　发展和改革
257　概况
257　群岛新区建设
257　宏观经济调控和指导
257　规划编制和研究
258　重点项目建设管理
258　固定资产投资管理
258　项目审批标准化
258　服务业发展管理
258　营商指标考核
258　政策性农村住房保险
259　金融管理
259　能源管理
259　社会信用体系建设
259　价格监察
260　价格管理
260　价格认证
260　统　计
260　党建工作
260　加强统计监测
260　数字化改革工作
260　生态产品价值研究工作
261　共同富裕建设
261　全县住户调查工作
261　统计基层数据管控
261　统计普法宣传
262　“产业升规纳统”工作
262　国情国力调查
262　干部队伍建设
262　审　计
262　概况
263　政策跟踪审计监督
263　财政预算执行情况审计
263　领导干部经济责任审计
263　领导干部自然资源资产审计
263　政府投资领域审计监督
263　国有企业审计监督

264　审计整改督查
264　审计工作成果转化
264　全县内审工作
264　共建美丽海岛工作
264　投资促进中心
264　概况
265　项目招引
265　产业链项目招引
265　外资招引工作
265　营商环境建设
265　国有资产管理
265　概况
266　管理制度建设
266　投融资工作
266　加强国资监管
266　中国人民银行岱山县支行
266　信贷资金保障
266　小微企业服务
266　乡村信用体系建设
266　重点项目对接
267　金融风险防范
267　移动支付服务
267　金融服务
267　现金管理工作
267　文明县城创建
267　口岸与海防管理
267　概况
267　口岸管理
267　海防建设
267　反走私综合治理
268　海事管理
268　概况
268　海上事故处置
268　水上交通安全整治
268　非法船舶打击
269　专项整治
269　客运安全监管
270　台风防抗工作
270　碍航沉船打捞工作
270　疫情防控工作
270　服务重大项目
270　舟山绿色石化事务管理
270　概况
270　炼化一体化项目建设加快推进
270　规划审批工作
271　科技课题申报及基地创评工作
271　建立协调机制
271　基地工程实施
271　环境监管工作
271　招商引资
272　清单化服务保障
272　疫情防控工作
272　基地安全保障工作
272　社会服务保障工作
273　自由贸易试验区建设
273　概况
273　黄泽山油品储运基地加快建设
273　黄泽山保税油库投入使用
273　黄泽山—鱼山原油管道项目获批
274　双子山小衢山油品储运基地持续推进
274　鼠浪湖矿石中转基地产能释放
274　鼠浪湖码头卸船泊位岸线获批
274　自贸试验区第六批改革试点经验推广
274　自贸区改革创新推进
274　自贸试验区数字应用上线

市场监督管理

275　综　述
275　服务经济
275　深化“最多跑一次”改革
275　知识产权全链条集成改革
275　品牌建设点面突破
275　营造诚信营商环境
276　服务民生工程
276　安全监管
276　筑牢疫情防控坚强堡垒
276　强化食药安全监管
277　强化特种设备安全监管
277　强化产商品质量安全
277　维序维权
277　坚决维护市场秩序
278　构建良好消费环境

应急管理

279 综　述
279 应急救援
279 大应急体系
279 数字化改革
279 防灾减灾救灾
279 梅汛台汛旱情情况
280 防汛防旱防台工作
280 精准化防控
280 森林防火灭火工作
280 减灾救灾
280 安全生产
280 安全生产责任制
281 安全攻坚行动
281 大排查大整治专项行动
281 “低小散”企业综合整治
281 行政执法
281 行政审批项目
281 “打非治违”行动
281 专项整治提升
281 基础能力
281 社会化服务
282 宣传教育
282 消防安全
282 灭火救援与抢险救灾
282 火灾防控
282 监督执法
283 消防宣传

教　育

284 综　述
284 概况
284 教育经费投入
284 教育基础设施建设
285 师资队伍建设
285 教育行政
285 全国义务教育优质均衡发展县创建基本完成
285 现代化学校创建工作
285 经济困难学生资助工作
285 新居民子女平等享受优质教育资源
285 残疾儿童少年平等享有受教育权利
286 教育系统防疫
286 教育数字化改革
286 基础教育
286 学前教育规范普惠发展
287 义务教育优质均衡发展
287 普通高中教育
287 立德树人实践活动
288 “五育并举”工作
288 学校特色文化建设
288 心理健康教育
289 “双减”工作
289 考试工作
289 教育交流与开放
289 校园安全工作
289 职业教育
289 拓宽办学渠道
290 职业教育办学内涵建设
290 职成教一体化办学
290 成人教育
290 成人职业技能培训和学历提升培训
290 社区教育工作
291 师资队伍建设
291 加强党对教育工作的领导
291 党史学习主题教育
291 师德师风建设长效机制
291 人事制度改革
291 人才引进储备工程
291 教师专业素养提升
292 浙石化岱山教育基金建立
292 教育保障
292 教育经费
292 党风廉政建设
292 教学设施
292 基本建设项目
293 教育技术装备
293 教学科研
293 教学改革
293 教育科研

文化广电旅游体育

294 公共文化
294 文化机构
294 健全文化基础设施

294　文化礼堂建设
294　基层文化队伍建设
294　百姓文化节
294　“仙岛夜精彩”文明颂·基层行
295　建党百年系列活动
295　“我们的节日”系列活动
295　文化“三下乡”
296　送戏进重点企业
296　戏曲进校园进社区
296　文化走亲
296　文化辅导
296　海岛服务驿站
296　业余社团
296　志愿者服务
296　文艺创作
296　文学创作
297　音乐舞蹈戏剧
297　美术书法
297　影视摄影
297　民间文艺
298　视频作品
298　图　书
298　推进公共文化服务
298　队伍建设
298　优化基础服务
298　拓展阅读文化延伸服务
298　打造图书服务品牌
299　文　博
299　主题展览
299　“寻味之旅”研学品牌
299　博物馆文创工作
299　县文物局挂牌仪式
299　文物保护
299　文物利用
299　队伍建设
300　电　影
300　农村数字电影放映
300　开展电影惠民活动
300　院线运行情况
300　广播电视
300　广播电视安全播出
300　广电网络升级改造工程
300　商住楼预埋工程
300　广电惠民工程
300　广电增值业务市场拓展
301　产业发展
301　规划编制
301　海岛公园建设
301　数字文旅产业建设
301　旅游数据统计与管理
301　文化产业发展
301　产业交流合作
302　海岛民宿
302　文旅市场
302　队伍规范化建设
302　平安护航建党百年
302　网吧创城工作擂台赛
302　执法案卷质量提升
302　组织行业培训与比武
302　文化旅游市场疫情防控
302　旅游领域“遏重大”攻坚行动
303　景区建设
303　景区创城工作
303　秀山岛景区
303　东沙古渔镇景区
303　鹿栏晴沙景区
303　观音山景区
303　双合石壁景区
303　磨心山景区
303　A级景区镇、村庄创建
303　A级旅游厕所创建
303　无废景区创建
303　非物质文化遗产
303　非物质文化遗产保护
304　文化基因解码工程
304　非物质文化遗产传承
304　首届校园非遗艺术节
304　非物质文化遗产传承基地
304　非物质文化遗产传承队伍建设
304　宣传营销
304　云上年货节
304　探索文旅营销新模式
305　拓展营销渠道
305　形成“旅游+”融媒体传播格局
305　广告投放
305　长三角客源市场拓展
305　杭州文旅推介会召开
305　政策扶持

305 营销推广活动
305 旅游惠民工程
306 群众体育
306 设施建设
306 体育产业规范化管理
306 《国家学生体质健康标准》测试
306 课余训练与竞赛

卫生和健康

307 综 述
307 疫情防控
307 防疫应急体系建设
308 医疗救治防控体系建设
308 疫情防控督查指导
308 流调溯源和人物并防工作
308 新冠病毒疫苗接种
308 基层疫情防控工作
308 卫生改革
308 人事制度改革
308 薪酬制度改革
309 职称评定改革
309 医疗事业
309 县域医疗卫生能力新提升
309 县乡两级医共体建设
309 衢山区域医疗服务提升
309 医教科研
309 基层中医师承人员培养
309 住院医师规范化培训
309 医政管理
309 山海提升工程
310 急救体系建设
310 2021年岱山县海岬马拉松医疗保障工作
310 检查检验互认
310 医疗数字化改革
310 卫生执法
310 双随机监督执法
310 公共场所卫生执法
311 生活饮用水执法
311 学校卫生执法
311 医疗、传染病卫生执法
311 职业卫生监督
311 创城禁烟执法
312 规范行政处罚
312 规范投诉举报
312 渔农村卫生
312 完善基层医疗卫生体系
312 基层医疗卫生服务
312 家庭医生签约服务
312 基本公共卫生服务项目
312 母婴健康促进工程
313 疾病预防控制
313 传染病疫情管理
313 疾病监测项目
313 结核病防治
313 艾滋病防治
313 新型布尼亚病毒感染病例防控
313 霍乱防治监测
313 免疫规划
314 流动儿童免疫规划管理
314 慢性病死因监测及慢性病管理
314 肿瘤登记管理
314 食品安全风险监测
314 精神卫生和社会心理健康服务
315 妇幼保健
315 母婴健康安全
315 预防艾滋病、梅毒、乙肝母婴传播
315 “两癌”筛查项目
315 农村妇女叶酸增补项目
315 优生两免项目
315 产前筛查和新生儿疾病筛查
315 爱国卫生
315 健康岱山建设
315 爱国卫生工作
316 城乡环境卫生整洁行动
316 病媒生物防制
316 开展健康教育
316 人口与计划生育
316 育儿友好型社会全面构建
317 计划生育服务与管理
317 母婴设施创建
317 出生人口性别比治理
317 计生家庭权益保障
317 医保服务
317 医疗保险
317 生育保险
317 长期护理保险
318 医疗救助

318　商业补充医疗保险
318　药品和医疗服务价格管理
319　老龄健康
319　全县老年人口基本信息与老龄化发展状况
319　敬老环境优化
319　老年健康服务体系构建

人力资源和社会保障

320　综　述
320　事业单位人事管理
320　事业单位招考录用
320　事业单位调动
320　事业单位岗位设置管理
320　工资福利
320　工资标准调整和正常晋升
321　奖金和津补贴核定
321　退休和工龄认定
321　人才工作
321　人才引进
321　毕业生实现就业
321　人事档案信息化管理
321　人才服务
321　专业技术人员
321　专业技术资格
322　继续教育培训
322　博士后工作站
323　教授（专家）工作室
323　职业资格人员
323　职业资格鉴定
323　高技能人才评定
323　技能人才评价
323　职业技能大比武
323　就业培训
323　公共就业服务
323　重点人群就业帮扶
324　服务大众企业
324　劳动监察与仲裁
324　劳动保障监察
324　劳动争议仲裁
324　服务鱼山重点项目
325　和谐劳动关系创建
325　社会保障
325　企业职工养老保险
325　城乡居民养老保险
325　机关事业单位养老保险
325　工伤保险
325　失业保险

社会生活

326　综　述
326　社会救助与社会福利
326　城乡居民最低生活保障
326　支出型贫困家庭救助
326　困难群众医疗救助和临时救助
326　社会救助专项核查
326　特困人员供养与孤儿和困境儿童生活保障
327　低保“回头看”行动
327　“邮善邮乐”慈善超市建设
327　水库移民解困工作
327　养老服务事业建设
327　医养结合资源整合
327　养老服务工作机制落实
327　推进养老服务区域协作
328　养老服务数字化改革
328　基层自治组织与社区建设
328　创新实验探索
328　“居民会客厅”建设
328　幸福社区建设
328　建设村（社区）党组织书记专题培训班
328　基层减负
329　村（居）“三务”公开
329　村（社区）基础信息数据库建设
329　社会工作者队伍建设
329　社会组织品牌建设
329　社会组织登记和年检
329　社会组织执法监督
329　社会组织党建
330　打击整治非法社会组织和整治“僵尸”组织专项行动
330　社区村及行业协会商会扫黑除恶专项行动
330　社会事务管理
330　殡葬改革和管理
330　殡葬设施建设
331　地名管理和服务
331　“最多跑一次”工作

331 城乡居民生活
331 城乡居民生活收入
331 城乡居民收入结构
332 经营净收入平稳增长
332 财产净收入持续增长
332 转移净收入稳步提高
332 城乡居民消费支出
333 居民消费恢复性增长
333 消费意愿增强
333 教育文化娱乐消费支出反弹
333 民族宗教工作
333 概况
333 宗教领域数字化改革
333 营造民族宗教领域和睦和顺环境
334 宗教领域维稳工作
334 宗教领域安全工作
334 宗教活动场所疫情防控工作
335 夯实宗教工作基层基础
335 净化公共场所宗教环境
335 推进学法用法和依法治理
336 推动宗教中国化走深走实
336 宗教团体规范化建设
336 引导宗教界参与社会服务
337 慈善总会
337 概况
337 巩固募资渠道
337 省慈善联合会到岱山慰问
337 知青慈爱分会成立
338 召开中华慈善日活动
338 开展精准慈善救助
338 确定第三轮扶贫“造血型”基地
338 “爱心接力”助学
339 慈善志愿活动开展
339 慈善机构自身建设
339 关心下一代工作
339 概况
339 省关工委领导到岱山调研
339 清明祭英烈主题教育活动
339 帮困助学献爱心活动
340 主题宣讲红色电影贺建党百年
340 网吧巡逻防疫宣传
341 假期社会实践活动
341 “五老”座谈会召开

乡 镇

342 高亭镇
342 概况
342 数字赋能工业经济
342 渔业生产转型提质
343 农林畜牧业发展
343 商贸服务业发展
343 环境卫生整治
344 文体事业建设
344 市政设施建设
345 社会民生保障
345 社会治理
345 安全应急体制机制建设
346 政务服务“数字化”改革
346 全国县级文明城市创建
347 东沙镇
347 概况
347 经济发展
347 数字化改革推进
347 全域旅游
348 城镇品质提升
348 全面小康建设
348 平安法治
348 党的建设
349 岱西镇
349 概况
349 重大项目落地实施
349 发展后劲优化
349 工业经济发展
349 基础产业建设
349 旅游产业推进
349 美丽乡村建设
349 巩固生态文明成果
350 推进创城精细化管理
350 社会事业保障
350 社会事业发展
350 社会治理高质高效
350 市委书记俞东来到岱西调研
350 村监会“五单”履责机制推行
351 岱西镇第十七届人民代表大会第八次会议
351 岱西镇前岸停车场对外投入使用
351 签订党建结对共建协议书

351　大规模核酸检测实战演练
351　省委副书记、代省长王浩到岱西调研
351　岱东镇
351　概况
351　社会治理
352　产业强镇
352　数字化改革
353　打造全景全域海岛公园
353　打造特色鲜明运动小镇
353　打造美丽村庄
353　基层治理
354　党的建设
354　长涂镇
354　概况
354　临港产业发展
355　渔农产业提升
355　第三产业优化
355　创城工作持续推进
355　未来乡村建设
355　美丽海岛建设
356　社会保障
356　社会事业发展
357　社会治理
357　党的组织建设
358　秀山乡
358　概况
358　产业发展
358　美丽城镇建设
359　创城攻坚行动
359　文旅事业发展
359　民生事业发展
359　安全生产工作
359　党建工作
360　基层治理
360　衢山镇
360　概况
360　战略项目建设
361　渔农产业发展
361　工业经济发展
361　现代服务业发展
361　城乡面貌优化
361　民生福祉
362　创城攻坚行动
362　平安建设

统计资料

363　2021 年岱山县国民经济和社会发展统计公报
371　统计表

附　录

383　新任县领导简介
388　组织机构及负责人名录
388　中共岱山县委
388　岱山县人大常委会
388　岱山县人民政府
389　政协岱山县委员会
389　中共岱山县纪委
389　岱山县监委
389　县委办公室及相关单位
390　县人民代表大会
390　县人大常委会工作部门
391　县政府办公室及相关单位
391　政协岱山县委员会工作部门
392　县委各部门及有关单位
393　县纪委、县监委派驻机构
394　法院　检察院
394　县政府各部门及有关单位
400　群众团体
401　部、省、市属驻岱山机构
402　金融　保险
404　学校　医院
404　乡　镇
408　2021 年模范集体名录
408　2021 年省部级先进集体名录
409　2021 年劳动模范名录
410　2021 年省部级先进工作者名单
411　2021 年岱山县重要文件选录
413　媒体看岱山
413　岱山：激情奋斗“十四五”　扬帆逐梦再出发
415　岱山县委书记周国岭：加快打造国际一流的绿色石化产业集群
415　岱山打造高质量海岛人才集聚沃土
417　2021 岱山海岬半程马拉松圆满落幕
417　舟山岱山点燃石化经济发展“主引擎”
418　鼠浪湖码头接卸效能再提升　40 万吨矿船实现“两昼夜”靠离

419 浙江最大海上风电场群开始并网运行　海风送来“清洁电”
419 首座“浮式海上风电半潜式基础平台”装船下水
420 岱山：奋楫扬帆风正劲　“海上花园”逐浪行
421 岱山：打造共富版图的“三农”风景
422 岱山攻坚“减船转产”护海洋
423 满足多元需求　注重精神慰藉　岱山“智能大管家”　管好老人“安养”
424 浙江岱山教育现代化发展水平位于全省前列
424 舟岱大桥建成通车
424 浙石化实现产值破千亿元
425 岱山：拥抱大桥时代　打造共富样板　小岛雄心　美好生活踏桥来

索　引

427 主题索引
442 图照索引
446 表格索引

走好新时代赶考路 奋进现代化新征程 谱写高质量发展建设共同富裕示范区 海岛样板新篇章

——在中国共产党岱山县第十四次代表大会上的报告

（2021 年 12 月 27 日）

周国岭

各位代表、同志们：

这次大会，是在我们党成立一百周年的重要历史时刻，开启全面建设社会主义现代化国家新征程的历史节点，全国上下深入学习贯彻党的十九届六中全会精神的关键时刻，召开的一次十分重要的大会。大会的主题是：高举中国特色社会主义伟大旗帜，坚持以习近平新时代中国特色社会主义思想为指导，深入学习贯彻党的十九大和十九届历次全会精神，认真落实省市委决策部署，回顾五年工作，部署今后五年任务，动员全县各级党组织和广大党员干部群众，走好新时代赶考路，奋进现代化新征程，谱写高质量发展建设共同富裕示范区海岛样板新篇章！

现在，我代表中国共产党岱山县第十三届委员会向大会报告工作，请各位代表审议，并请其他与会同志提出意见。

一、在高质量发展中阔步前行的五年

县十三次党代会以来的五年，是岱山加速国家战略落地、综合实力显著增强的五年，是岱山全面深化改革开放、创新活力竞相迸发的五年，是岱山城乡面貌日

新月异、城市品质大幅提升的五年，是岱山高水平全面建成小康社会、人民群众获得感明显提高的五年。五年来，我们在省市委的坚强领导下，坚持以习近平新时代中国特色社会主义思想为指导，团结带领全县广大干部群众，坚定扛起“五大历史使命”①，忠实践行“八八战略”，加快建设“四个岱山”，奋力打造“重要窗口”海岛风景，交出了一份厚重提气的五年成绩单。预计2021年全县地区生产总值470亿元，较2016年翻一番，年均增长21.6%。一般公共预算收入年均增长6.8%；规模以上工业增加值连续突破200亿元、300亿元大关，年均增长56.9%，领跑全省；全社会固定资产投资累计突破2000亿元，是前五年的3.8倍；城镇和渔农村常住居民人均可支配收入分别达到61460元、42770元，年均增长7.4%和8.6%，收入比缩小至1.44∶1。岱山发展动能和质量显著提升、对外开放能级显著提升、城乡环境品质显著提升、人民生活水平显著提升，成为长三角地区发展速度最快、综合实力提升最明显的县（市、区）之一。

这五年，我们旗帜鲜明讲政治、坚定践行“两个维护”，确保上级决策部署落地落实。始终把学懂弄通做实习近平新时代中国特色社会主义思想作为首要政治任务，巩固深化“两学一做”学习教育成果，深入开展“不忘初心、牢记使命”主题教育、党史学习教育，隆重庆祝中国共产党成立100周年，从百年党史中汲取智慧和力量，忠诚拥护“两个确立”、坚决做到“两个维护”。及时学习贯彻总书记重要讲话和指示精神，对总书记每一次重要讲话、作出的每一项重要指示批示，及时传达学习、对标对表、贯彻落实。建立健全“八八战略”抓落实机制，全力抓好“六稳”“六保”、统筹疫情防控和经济社会发展、统筹发展和安全、长三角一体化、自贸试验区建设、共同富裕、全面深化改革、生态文明建设、治理体系和治理能力现代化等决策部署落地落实，交出了各项工作的高分报表。岱山高质量发展的生动实践，充分彰显了习近平新时代中国特色社会主义思想强大的真理力量、实践伟力。

这五年，我们全面融入新发展格局、坚定落实国家战略，开创了开发开放的崭新局面。坚持从服务保障向全面融入跃迁，深化拓展“四上”项目党建工作法、“连队化+科技化”管理模式，颗粒化梳理落实任务清单，切实做好项目建设中的疫情防控、社会治安、矛盾调解等工作，全力打造“重要窗口”标志性大平台，舟山绿色石化基地十年建设任务四年完成，被李克强总理称赞体现了“中国速度”。浙石化项目一期稳定运行、二期基本建成，累计投资超1600亿元，2021年产值超1300亿元，成为全市首个千亿级产值企业。黄泽山油品储运基地一期151万立方米地面储罐项目建成投用，二期104万立方米项目、黄泽山—鱼山原油管道加快建设，30万吨级油轮实现常态化靠泊。鼠浪湖矿石中转基地开港运营，累计靠泊40万吨级超大型船舶超200艘、货物吞吐量突破2亿吨，年混配矿量突破1700万吨，跃升为全国最大的混配矿基地。复制推广自贸试验区改革试点经验195项，形成13项自主改革创新成果。主动融入长三角一体化，推进基础设施互联互通，宁波舟山港主通道全面建成，岱山人民翘首以盼的大桥梦、连岛梦成为现实，岱山昂首步入大桥时代。加快推进江海联运服务中心建设，支持江海联运船队发展，全县海运运力突破200万载重吨，2021年全县港口货物吞吐量达到2亿吨，年均增长21.1%。坚定不移扩大开放，加快建设国际海事服务基地，新增开放口岸5个，综保区衢山分区二期封关运作，全县开放面积达到470平方千米。岱山开放的大门越开越大，形成全方位、多

---

①“五大历史使命”：是指书写忠实践行“八八战略”新篇章、展示奋力打造“重要窗口”新成果、展现探索构建新发展格局有效路径新担当、开启争创社会主义现代化先行省新征程、提升党员干部队伍推进现代化建设新能力。

层次、宽领域的对外开放新格局。

这五年，我们深入实施创新驱动战略、坚定推动转型升级，跑出跨越发展的加速度。始终把壮大实体经济作为主攻方向，出台支持科技创新、制造业高质量发展等系列政策，新旧动能加速转换。科技新政深入实施。中科院宁波材料所岱山新材料研究和试验基地、航天科工未来产业创新中心、中国招商局集团邮轮研究院舟山分院等一批重大科创平台成功落地，汽船配内饰密封件产业创新服务综合体列入省级创建名单，世界首座海洋潮流能发电站投入运营，新增高新技术企业25家、科技型中小微企业155家，全社会研发经费支出占GDP比重达到3.3%，是2016年的2.2倍。大力实施人才新政，开展岱山“英才”“专才”系列评选、百名行业优秀人才评荐行动，建成宁波人才飞地，新增博士后工作站2家、教授（专家）工作室4家，人才资源总量达到4.5万人，国家引才计划人才引进实现历史性突破。工业发展势头强劲。改革完善开发区体制机制，聚焦石化产业建链延链强链，高起点谋划建设新材料产业园、石化循环经济产业园，成功引入上海卓然、瑞程等一批石化产业“链主型”项目，全国重要的石化装备全产业链基地加速形成。常石、友联、惠生等船舶海工企业稳步发展，岱美公司总部成功上市，海山密封、晨光电器获评省“隐形冠军”企业和国家专精特新“小巨人”企业，东沙汽船配小微企业园通过省级认定，成功入围第三批“浙江制造”品牌培育试点县。大力推进上规升级，新增规模以上企业20家、小微企业1978家，省股权交易中心创新板、成长板挂牌28家。2021年规模以上工业增加值达到345亿元，是2016年的9.5倍。现代服务业提档升级。新产业、新业态、新模式层出不穷，新天地综合体建成运营，开元、宝盛等一批高品质酒店建成营业，中国海洋文化节、海岬半程马拉松、东海民谣音乐节、国际风筝节等文体赛事品牌持续打响，东沙古镇跻身省级旅游风情小镇，秀山滑泥公园获评省级生态旅游区，岱东鹿栏晴沙、衢山观音山创成国家AAA级景区，荣获省全域旅游示范县称号。渔农业现代化步伐加快。完成高亭中心渔港江南段、长涂避风锚地、大衢渔港改扩建工程，大力推动减船转产，创成省渔业转型发展先行区。开展第二轮土地延包全国试点，渔农合联“三位一体”[①]实体化运作，获评省农业绿色发展先行县、省农产品质量安全放心县。岱山产业结构实现根本性变革，重塑了高质量发展的新优势。

这五年，我们坚持数字化改革牵引、坚定优化营商环境，释放出改革创新的强劲动能。坚持把数字化改革作为全面深化改革总抓手，健全完善“152”体系架构，建成一体化智能化公共数据平台，5个综合应用全部上线，初步形成科学决策、高效执行、有力监督、精准评价的整体智治体系。建成数字岱山创新大厦，推进政务服务2.0平台升级，260项高频民生事项“就近可办”，39件企业和个人全生命周期“一件事”实现全流程“最多跑一次”，政务办事、交通出行、景区旅游等多领域实现“刷脸通办”。大力发展数字经济，新增工业机器人300台、企业上云480家，岱山工业互联网平台入围全省重大新基建项目库，浙石化入选省“未来工厂”试点企业。深化“亩均论英雄”改革，大力整治低效企业，累计处置“僵尸企业”24家，盘活土地240公顷，获评省国土资源节约集约模范县、省淘汰落后产能和“腾笼换鸟”工作考核先进县。深化国企国资改革，组建交投、城投、开投、衢投等国有企业。积极化解“两链”风险，银行不良贷款率由2.8%下降到0.3%。着力打造市场化法治化国际化营商环境，建立县营商服务综合体，实施惠企政策“免申即享”，全面应用投资项目在线审批监管平台3.0，实现一般企业投资项目审批“最多65天”，企业开办由20个工作日缩短到4个工作时，县域营商环境明显改善，在中国社科院财经战略研究院发布的全国县域营商环境排

① 渔农合联“三位一体”：是指具有生产、供销、信用“三位一体”服务功能的农民合作经济组织联合会。

名中高居第50位。五年来，成功引进亿元以上产业项目86个，实际利用市外资金520亿元、外资4亿美元，新增市场主体9852家。岱山发展前景更加广阔，已然成为备受投资者青睐、优质资源竞相涌入的热土。

这五年，我们大力推动城乡融合发展、坚定推进生态文明建设，绘出海岛大花园的美丽画卷。坚持规划引领，高标准编制县域总体规划、双峰新城、美丽渔港等规划，精心绘就城市发展蓝图，城区规划面积达到18.6平方千米，常住人口城镇化率提升到71%。加快完善基础设施。舟岱大桥、鱼山大桥、秀山大桥、新江南大桥建成通车，秀山客运中心投入运营，526国道岱山段改建、燕窝山陆岛交通码头、岱山交通集散中心等项目加快推进，建成舟山大陆引水三期岱山段工程，新建改造220千伏岱山输电线、110千伏竹屿变等一批项目，岱山水电路网全面升级，成功入选全国县城新型城镇化建设示范名单。全面提升城乡品质。加快城市有机更新，建成安澜阁观景平台，提升改造长河路、人民路精品示范街，打通磨盘山、蓬莱路等8条断头路，新增停车位5436个。大力推进“三改一拆”，拆迁整治12个城中村，改造提升老旧住宅269幢，拆除违法建筑61.3万平方米，创成省“无违建县”。全力创建全国县级文明城市，加大市容市貌、交通秩序、农贸市场等整治力度，马路市场、流动设摊、车辆乱停等“脏乱差”现象得到有效解决，市民文明素养和城市文明程度明显提高。完成衢山小城市培育试点三年行动，小城镇环境综合整治全面完成，获评省小城镇环境综合整治工作优秀县。深入实施乡村振兴战略，深化“千万工程”升级版，规划建设小长涂未来乡村，创成省美丽乡村示范乡镇7个、精品村17个，获评省新时代美丽乡村示范县。健全“大城管”体制，加强智慧城管建设，提升城市管理科学化、精细化、智能化水平。深化生态文明建设。蓬莱森林公园、东海郊野公园、秀山樱花公园加快建设，新增造林300公顷、彩色健康森林1600公顷，建成省级森林城镇6个，创成省级园林城市。打好污染防治攻坚战，从严抓好中央环保督察、国家海洋督察和省级环保督察问题整改，污水零直排区实现全覆盖，荣获省清新空气示范县、省清洁能源示范县称号，连续三年捧得“大禹鼎”，创成国家生态文明建设示范县。岱山城市更有品质更具魅力更加宜居，生动展现了海岛大花园的生态之美、生活之美、人文之美。

这五年，我们大力推进共同富裕、坚定办好民生实事，建成高水平的全面小康社会。以共同富裕为导向，牢牢把握民生需求，健全基本公共服务标准体系，不断提高公共服务和民生投入的精准度、有效性，全县累计民生支出达200亿元，是前五年1.7倍。坚决打好精准脱贫攻坚战，低收入渔农户同步迈向高水平小康社会，低保标准提高到10920元/年，“两不愁三保障”①突出问题、年家庭人均收入8000元以下情况、集体经济薄弱村“三个清零”目标全面完成。推进社会保障提质扩面，基本养老保险参保率达95.4%。全力稳就业促就业，累计新增城镇就业2万人，零就业家庭实现动态清零，城镇登记失业率控制在3%，创成省无欠薪县。加大优质教育资源供给，建成启用岱西镇中心幼儿园、柏基幼儿园等学校，义务教育标准化学校、等级幼儿园覆盖率100%，浙海职院岱山校区挂牌成立，教育现代化发展水平位居全省前列，获评国家级农村职业教育和成人教育示范县、省教育现代化基本达标县，全国义务教育优质均衡发展县通过省级验收。深化健康岱山建设，县第一人民医院迁建工程动工建设，高亭、长涂、秀山中心卫生院建成投用，组建岱山医疗健康集团，浙二院岱山分院挂

①“两不愁三保障”:“两不愁”是指稳定实现农村贫困人口不愁吃、不愁穿;“三保障”就是保障其义务教育、基本医疗和住房安全。

牌成立，加强与上海仁济医院、金山医院等三甲医院合作，医疗服务水平大幅提升，创成国家卫生县城。坚决打好新冠肺炎疫情防控的人民战争、总体战、阻击战，全县无一例确诊和疑似病例出现。加大养老供给侧结构性改革，建成全国首家海岛服务驿站。深入细致做好群众基本生活保障，岱山本岛实现燃气供气一体化，建成高亭中心菜场，全力确保“米袋子”“菜篮子”保供稳定。推进殡葬改革，县城全面实现集中治丧。加大公共文化服务供给，新时代文明实践中心、站（所）实现全覆盖，3个村获评全国文明村，荣获省农村文化礼堂建设示范县称号。成功举办县第九届运动会。完成全国第七次人口普查、第四次全国经济普查。当前的岱山，一个个民生愿景正变成一幅幅幸福实景，人民群众对美好生活的向往一步步变成现实。

这五年，我们创新和加强社会治理、坚定统筹发展和安全，保持社会大局和谐稳定。推进“县乡一体、条抓块统”改革，构筑“一体两地”县社会矛盾纠纷调处化解中心、乡镇“基层治理四平台”、村社党群服务中心、全科网格的社会治理体系，实现矛盾纠纷化解“最多跑一地”。实施“大综合、一体化”行政执法改革，实现乡镇“一支队伍管执法”。坚持和发展新时代“海上枫桥经验”，打响“瀛洲红帆”“东海渔嫂”等治理品牌，东沙镇荣获“全国乡村治理示范乡镇”，罗家岙派出所获评全国首批“枫桥式公安派出所”、全国先进基层党组织。完成“七五”普法，高亭司法所荣获“全国模范司法所”称号，我县获评法治浙江（法治政府）建设先进单位。构建完善风险闭环管控大平安机制，深入推进扫黑除恶专项斗争，完成政法队伍教育整顿，严厉打击各类违法犯罪活动，社会治安环境持续优化，高亭派出所获评“全国公安机关执法示范单位”。积极化解信访积案，创成省无信访积案县。加强渔业、工矿、危化品、道路交通等重点领域安全监管，创成省食品安全县、省平安渔业示范县，连续5年获省平安县称号，捧得省平安银鼎。岱山社会环境越发和谐，呈现了人民安居乐业、社会安定有序的美好画面。

这五年，我们全面加强党的建设、坚定全面从严治党，巩固发展风清气正的政治生态。坚持和加强党的全面领导，抓牢抓实“七张问题清单”[①]整改，全面构建党建统领整体智治体系。顺利完成机构改革，成立县委深改委、财经委、网信委、国安委等议事协调机构。牢牢把握意识形态工作主动权，把意识形态工作纳入巡察重要内容，压紧压实主体责任。依法依规管理宗教事务，提高宗教法治化水平。突出政治标准和实干导向，开展干部政治素质考察，注重在基层一线、大战大考中培养使用干部，大力培养选拔优秀年轻干部，锻造了一支想干事、敢干事、能干事的高素质干部队伍。顺利完成乡镇、村社换届，村社组织一肩挑比例100%，基层党组织整体素质和战斗力显著提升。全县广大党员积极投身疫情防控、文明城市创建一线，充分发挥了先锋模范作用。深化清廉岱山建设，完成纪检监察体制改革，完善“四责协同”[②]，创新实施项目化推进机制，一体推进不敢腐、不能腐、不想腐。严格落实中央八项规定精神，开展违规投资入股、经商办企业等专项整治，力戒形式主义官僚主义。五年累计立案245件，给予党纪政务处分225人次，留置17人，移送司法11人。精准运用监督执纪“四种形态”，批评教育帮助和处理827人次，其中第一、第二种形态占比71.9%和19.7%，切实发挥了抓早抓小、防微杜渐作用。高标准完成省委巡视反馈问题整改，县委巡察实现全覆盖。支持人大及其常委会依法行使职权，支持政协发挥专门协商机构作用，支持监委、法院、检察院依法履职。巩固和发

① “七张问题清单”：是指重大巡视问题、重大督察问题、重大审计问题、重大信访问题、重大安全生产问题、重大生态环保督察问题、重大网络舆情问题。

② “四责协同”：是指党委主体责任、纪委监督责任、党委书记第一责任和班子成员“一岗双责”的责任。

展爱国统一战线，加强新的社会阶层统战人士工作，注重发挥非公经济人士、党外代表人士作用。深入推进群团改革，工商联、工青妇、科协、残联等群团组织工作得到新加强。荣获省双拥模范县“八连冠”。党管武装、退役军人、民族、对台、审计、老干部、老龄、残疾人、关心下一代、慈善、气象、党校、史志、档案等工作取得新成效。全县上下团结一心干事业、只争朝夕谋发展的氛围越发浓厚。

各位代表、同志们！五年的奋斗历历在目，五年的变化有目共睹，五年的成绩来之不易。这些成绩的取得，最根本在于以习近平同志为核心的党中央坚强领导，在于习近平新时代中国特色社会主义思想的科学指引，是省市委坚强领导的结果，是全县上下众志成城、奋力拼搏的结果。在此，我代表中共岱山县委，向付出艰苦努力的全县各级党组织和广大党员干部群众，向支持岱山发展的各界朋友、驻岱部队、武警官兵，致以崇高的敬意和衷心的感谢！

五年的砥砺奋进，创造了辉煌业绩，积累了宝贵经验：必须把习近平新时代中国特色社会主义思想作为行动指南，把忠诚核心、拥戴核心、维护核心、紧跟核心作为最大政治，忠诚拥护“两个确立”、坚决做到“两个维护”。必须全面贯彻党的基本理论、基本路线、基本方略，不折不扣落实党中央和省市委决策部署，确保始终沿着正确方向前进。必须坚持新发展理念，实现创新成为第一动力、协调成为内生特点、绿色成为普遍形态、开放成为必由之路、共享成为根本目的的高质量发展。必须坚持以人民为中心，把人民放在心中最高位置，与人民群众想在一起、干在一起，关心人民安危冷暖、解决群众急难愁盼，不断满足人民日益增长的美好生活需要。必须坚持统筹发展和安全，把安全发展贯穿发展各领域全过程，强化系统观念，树立底线思维，有效防范化解各类风险挑战，实现高质量发展与高水平安全良性互动。必须坚持党要管党、全面从严治党，不断提高党的建设质量，充分发挥党组织的创造力、凝聚力、战斗力，激发党员干部担当作为精气神，汇聚起推动新时代改革发展的磅礴伟力！

在肯定成绩的同时，我们也要清醒地看到，岱山经济社会发展还存在诸多短板和问题，发展质量效益有待提高，创新和人才对高质量发展的支撑还不够有力；数字化改革牵引撬动作用还不够明显，重点领域关键环节改革仍需突破，系统性制度性重塑力度还需加大；共同富裕任务依然艰巨，中等收入群体占比偏低，收入分配结构不够合理，城市功能亟待完善，教育、医疗、文体等公共服务还不能满足人民群众的美好需要；基层社会治理还有不足，精准性前瞻性识别风险、抵御风险的能力还需加强；部分党员干部思想解放还不够，战略视野、思维方式、科学素养和变革能力还有待加强；落实全面从严治党还有薄弱环节，党风廉政建设和反腐败斗争任务依然任重道远。对于这些问题，我们必须高度重视，拿出务实举措，针对性加以解决。

二、今后五年的奋斗目标和要求

党的十九届六中全会是在我们党走过百年光辉历程的重大时刻、站在“两个一百年”奋斗目标历史交汇点上召开的一次十分重要的会议。全会确立习近平同志党中央的核心、全党的核心地位，确立习近平新时代中国特色社会主义思想的指导地位，是深刻总结党的百年奋斗、党的十八大以来伟大实践得出的最大政治成果、最重要的历史结论，反映了全党全军全国各族人民的共同心愿。习近平总书记作为马克思主义政治家、思想家、战略家，展现出非凡政治勇气、卓越政治智慧、强烈使命担当和“我将无我、不负人民”的赤子情怀，深受全党全国人民爱戴，引领新时代中国巨轮劈波斩浪，不断从胜利走向胜利。习近平总书记不愧是雄才大略的领导核心、胸怀天下的大国领袖、引领中华民族伟大复兴的英明舵手，不愧是我们党应对一切不确定性的最大确定性、最大底气、最大保证。有习近平总书记掌舵领航，是党和国家之幸、人民之幸、中华民族之幸！

过去一百年，我们党向人民、向历史交出了一份优异的答卷。现在，党团结带领中国人民又踏上了实现第二个百年奋斗目标新的赶考之路。时代是出卷人，我们是答卷人，人民是阅卷人，我们一定要继续考出好成绩，在新时代新征程上展现新气象新作为。走好赶考路、奋进新征程，必须把握大势、坚定信心。当前，世界百年未有之大变局加速演进，新冠肺炎疫情仍在持续演变，新一轮科技革命和产业变革深入发展，我国正加快构建新发展格局。我们要胸怀“两个大局”，牢记“国之大者”，牢固树立“不走在前列也是一种风险”的意识，针对经济运行新情况加强跨周期调节，准确识变、科学应变、主动求变，努力在危机中育先机、于变局中开新局。走好赶考路、奋进新征程，必须抢抓机遇、乘势而上。随着长三角一体化、自贸试验区、全省“四大”建设、甬舟一体化持续推进，宁波舟山港主通道建成通车，岱山进入黄金机遇期、加速飞跃期，区位优势、资源优势、开放优势更加彰显。我们要立足大桥时代，应势而动、顺势而为、乘势而上，加快推动高质量发展。走好赶考路、奋进新征程，必须扛起使命、奋勇向前。高质量发展建设共同富裕示范区是党中央赋予浙江的重大历史使命，岱山要打造共同富裕示范区海岛样板，改革发展目标要求更高、任务更艰巨。我们要坚决扛起时代使命，埋头苦干、开拓创新、勇毅前行，在新起点上奋力谱写发展新篇章。

今后五年工作的指导思想是：高举中国特色社会主义伟大旗帜，坚持以习近平新时代中国特色社会主义思想为指导，深入贯彻党的十九大和十九届历次全会精神，弘扬伟大建党精神，统筹推进“五位一体”总体布局，协调推进“四个全面”战略布局，坚持稳中求进工作总基调，完整、准确、全面贯彻新发展理念，服务和融入新发展格局，以推动高质量发展为主题，以供给侧结构性改革为主线，以改革创新为根本动力，以满足人民日益增长的美好生活需要为根本目的，以全面从严治党为根本保证，忠实践行“八八战略”，聚焦改革突破争先、服务提质争先、风险防控争先，统筹疫情防控和经济社会发展，统筹发展和安全，做好跨周期和逆周期调节各项工作，走好新时代赶考路，奋进现代化新征程，加快建设“四个岱山”，奋力打造“重要窗口”海岛风景，谱写高质量发展建设共同富裕示范区海岛样板新篇章。

今后五年的奋斗目标是：

——坚持创新发展，跻身全国县域综合实力百强县。科技新政、人才新政深入实施，经济总量和质量效益明显提升，产业基础高级化、产业链现代化水平大幅提升，基本建成具有国际竞争力的海洋产业集群。到2026年地区生产总值超过1000亿元，年均增长15%以上。规模以上工业增加值年均增长18%以上，全社会研发经费支出占GDP比重达3%，县域综合实力大幅跃升。

——坚持开放发展，打造链接双循环海上战略枢纽节点。以数字化改革牵引撬动各领域改革，高标准完善市场体系，全方位激发市场活力，建成国内一流的县域营商环境。深度融入长三角一体化、全省“四大”建设和甬舟一体化，“融舟接甬联沪”的大交通格局加快形成，港口集群建设取得重大进展，建成以油气、铁矿石为核心的大宗商品资源配置基地，港口货物吞吐量超过2.5亿吨，打造畅通国内大循环为主体、国内国际双循环相互促进的海上战略枢纽节点。

——坚持绿色发展，展现全域全景的海岛大花园。国土空间开发保护格局得到优化，污染防治攻坚战取得新突破，空气质量保持全国领先，全县森林覆盖率达48%以上。碳达峰碳中和迈出坚实步伐，能源资源配置更加合理、利用效率大幅提升，可持续绿色低碳发展体系基本形成。“绿水青山就是金山银山”价值转化全面加快，优良生态环境成为岱山高质量发展最鲜明的底色。

——坚持协调发展，构建城乡一体的新型城镇化格局。新型城镇化和乡村振兴战略深入实施，城乡融合发展步伐加快，县城城镇化补短板强弱项工作加速推进，基础设施配套持续完善，建成一批未来社区和未来乡村，省新时代美丽乡村精品村建成率达到80%，常住人口城镇化率达到76%以上。城市治理精细化、智能化水平全面提升，社会文明程度持续提高，创成全国县级文明城市。

——坚持共享发展，建设百姓富足安康的美好社会。城镇和渔农村常住居民人均可支配收入年均分别增长7.3%以上、7.5%以上，中等收入群体比重明显提高，城乡居民收入倍差1.5左右。基本公共服务实现均等化，社会民生发展主要指标居省市前列，人民全生命周期需求普遍得到更高水平满足，生活品质明显改善。“县乡一体、条抓块统”高效协同治理格局全面形成，重大风险防范化解能力明显增强，发展安全保障更加有力，县域治理现代化水平大幅提升。

重点把握好以下几方面要求：

必须加强党的全面领导。坚持党建统领整体智治，把党的全面领导贯穿于改革发展稳定各领域全过程，充分发挥县委把方向、管大局、作决策、保落实的作用，确保总揽全局、协调各方，为高质量发展建设共同富裕示范区海岛样板提供坚强保证。

必须坚持人民至上。践行以人民为中心的发展思想，着力解决发展不平衡不充分问题和人民群众急难愁盼问题，加快缩小“三大差距”，全面“扩中”“提低”，提供更稳定的工作、更优质的教育、更高水平的医疗服务、更可靠的社会保障、更舒适的居住条件、更美好的生活环境，坚定不移走全体人民共同富裕道路。

必须坚持数字化改革牵引。要把数字化改革作为推动共同富裕示范区海岛样板的核心动力，用数字化改革驱动党政机关整体智治、驱动经济高质量发展、驱动高品质公共服务、驱动海岛治理现代化，从整体上实现县域经济社会发展和治理能力的质量变革、效率变革、动力变革。

必须强化实干争先。坚持系统观念，拉高工作标杆，时刻保持精益求精、好中求好的工作追求，保持奋进者姿态，激发创造性张力，聚焦问题导向，强化责任担当，以争创一流的标准谋发展，以钉钉子精神抓落实，全力破解改革发展中的堵点难点问题，推动各项工作再创新业绩。

必须保持战略定力。聚焦“四个重大”①，做深做实项目、科创、产业、平台、人才、环境等文章，锚定目标不放松，一张蓝图绘到底、一任接着一任干，坚持以国家战略引领发展、以科技创新驱动发展、以重大项目带动发展，脚踏实地、久久为功，在接续奋斗中不断书写新篇章。

三、谱写高质量发展建设共同富裕示范区海岛样板新篇章

习近平总书记指出“奋斗创造历史，实干成就未来”。我们要立足新发展阶段、贯彻新发展理念、构建新发展格局、推动高质量发展，在新的赶考路上创造新辉煌。

（一）全面融入新发展格局，放大对外开放新优势。充分发挥区位优势、海洋优势，实施更大范围、更宽领域、更深层次对外开放，走出服务和融入新发展格局的岱山路径。

推进自贸试验区创新发展。围绕“一中心三基地一示范区”②建设，加速油气进口、储运、加工、贸易、服务全产业链发展，将自贸试验区建设成为东部地区重要的海上开放门户示范区、有国际影响力的大宗商品资源配置基地。加快国际一流的绿色石化基地建设，确保浙石化一期、二期项目安全运行，谋划建设三期项目。加快黄泽山整岛开发，完成二期104万立方米项目，建成黄泽山—鱼山原油管道，实现两大功能岛战略对接、联动发展。加快建设国家大宗商品储运基地，完成鼠浪湖码头延长工程和

① “四个重大”：是指重大政策、重大项目、重大改革、重大平台。
② “一中心三基地一示范区”：一中心是指国际油品交易中心；三基地是指国际海事服务基地、国际油品储运基地、国际石化基地；一示范区是指大宗商品跨境贸易人民币国际化示范区，以此构建油品全产业链。

西三区扩建工程，大力发展铁矿石仓储、分销、加工及配送服务，到2026年铁矿石堆存能力达到6000万吨、混配矿3000万吨以上。深化油气等大宗商品领域差异化改革探索，加强改革系统集成、协同高效，建设数字自贸区，研究探索自由贸易港建设。

深度融入长三角一体化。围绕“融舟接甬联沪”目标，建成燕窝山陆岛交通码头、燕窝山客运中心，谋划建设青山大桥，配合沪舟甬跨海大通道前期工作，加快形成北通上海南连宁波的对外开放新格局。积极融入甬舟一体化，参与共建宁波舟山全球海洋中心城市，加强在基础设施、港口发展、产业联动、资源配置、旅游健康、公共服务等方面的协作。充分发挥岱山南北海运航线与长江黄金水道“T”形交汇处的区位优势，推进江海联运服务中心建设，完善海陆联运、江海联运、水水中转等联运网络，增强联动长三角、联通长江、辐射亚太的枢纽功能，助力打造世界一流强港。加快国际海事服务基地建设，大力发展航修、综合船供等业务，完善锚地等配套基础设施，打造专业供油船队，做大做强东北亚船用燃料油供应中心。

全力打造一流营商环境。制定实施优化营商环境五年行动计划，加大制度供给、服务供给、要素供给，打造吸引投资的强大磁场，县域营商环境持续争先进位。实施政务服务“去中心化”改革，健全完善县营商服务综合体运行机制，主动靠前服务，实施以承诺制为核心的极简审批，推行惠企政策“免申即享”，实现企业“进一个中心，能办所有事”。深化“双随机一公开”监管，全面推行“综合查一次”，使监管既“无事不扰”又“无处不在”，依法平等保护企业产权和企业家权益。坚持把招商引资摆在更加突出位置，迭代升级稳外贸政策举措，主攻油气、铁矿石全产业链，全力引进一批大项目好项目，用重大项目增量调整产业结构、优化经济结构，每年引进10亿元以上项目3个、1亿元以上项目20个。

贯彻国家战略就是抓住发展机遇。我们要主动作为、积极有为，全力落实国家战略，在服务和融入新发展格局中加快壮大自身、展现岱山新作为！

（二）深入实施创新驱动战略，放大发展活力新优势。坚持把创新和人才作为发展的战略支撑和重要基石，大力实施科技新政、人才新政，加快形成以创新为引领和支撑的经济体系和发展模式。

大力支持企业科技创新。制定实施科技体制改革三年行动方案，强化企业创新主体地位，完善支持企业科技创新政策，健全研发投入奖励、项目资金扶持等系列措施，引导企业加大研发投入。鼓励企业建设研发机构和创新平台，建成卓然、宁兴船舶等一批企业研究院，规模以上工业企业研发活动、研发机构实现100%全覆盖，到2026年新增省级研发机构5家以上。深入实施科技企业“双倍增”行动，新培育100家以上创新型初创企业、20家以上高新技术企业、5家以上年产值超10亿元的创新型领军企业。健全重点关键技术“科技悬赏奖”制度，实施“揭榜挂帅”等科技攻关模式，攻克一批“卡脖子”关键核心技术，全力夺取“科技创新鼎”。

建设高能级的创新平台。加快建设岱山科技创新园区，建成中科院宁波材料所岱山新材料研究和试验基地、航天科工未来产业创新中心、中国招商局集团邮轮研究院舟山分院等一批重大创新平台。鼓励企业与高校、科研机构合作在岱建立技术研发中心、中试基地，引进创新载体10家以上。加快完善汽船配产业创新服务综合体功能，谋划建设石化新材料产业创新服务综合体，打造玩具产业创新联合体，探索建设省际“飞地”研发机构，加强众创空间、科技企业孵化器、大学生创业基地等双创平台建设，到2026年引进创新团队20个以上，孵化企业60家以上，集聚科研人员1000名以上。深化产学研结合，制定和实施知识产权创造激励政策，推动创新链与产业链深度融合，加快科技成果就地转化，实施发明专利项目50项以上。

打造高素质创新人才队伍。大力实施人才强县战略，以超常规方法、超常规力度抓好人才工作，加大人才发展投入，完善人才引育留用全链条，努力使岱山成为人才辈出之地、向往之地。优化人才政策，更大力度向市场主体倾斜，发挥企业主体作用，升级打造宁波人才飞地，大力引进高精尖创业创新人才、高校毕业生和各类技能人才，新引进“高精尖”人才300人、高校毕业生1.5万人以上，培育职业技能人才1.2万人以上，到2026年全县各类人才达到6万名以上。以数字化改革破解人才发展难点堵点，打造人才工作重大场景应用，强化人才全周期全要素保障，办好幼托、教育、医疗等“关键小事”，建设高品质人才公寓，让人才引得进、留得住、发展得好。大力涵养开放包容文化，保障外来人口同等享受各项基本公共服务和办事便利，形成“来了就是岱山人”的浓厚氛围。

惟创新者强，惟创新者胜。只要我们坚持把创新作为第一动力，把人才作为第一资源，加快建设科技强县、人才强县，就一定能够赢得主动、赢得优势、赢得未来！

（三）建设现代化海洋产业体系，放大海洋经济新优势。坚持把经济着力点放在发展实体经济上，实施先进制造业五年倍增计划，推进制造业集群化、智能化、品质化、服务化发展，提高经济质量效益和核心竞争力。

做大做强石化产业链。全方位推进产业基础再造和产业链提升，推动浙石化充分释放产能，带动石化产业做大做强做优。谋深谋细石化产业链，高起点推进建链、延链、强链，大力引进和培育“链主型”企业，全方位提升产业链水平。集中力量建设岱山经济开发区发展大平台，建设“园中园”，布局发展石化装备制造、安装运维、安全与环保、石化特种运输、检验检测等项目，建成浙石化物流基地、绿色石化装备运维技术产业园，打造石化生产性服务业基地；大力引进石化前沿领域新材料项目，加快四川润和催化剂等项目集聚发展，打造新材料产业创新高地；加快石化循环经济产业园建设，推动上海卓然等重大产业项目产能释放，打造全国重要的石化装备全产业链基地。

大力发展先进制造业。做强船舶与临港装备产业，推动船舶修造、海工等临港产业向智能化、高端化方向转变，支持常石集团、浙江友联等企业发展豪华邮轮及其他高附加值船舶，加快金海智造战略重组，打造国内外知名的船舶修造基地、豪华邮轮修改造基地；推动惠生海工拓展发展大型海工装备业务，打造国内重要的海洋工程装备制造基地。大力培育战略性新兴产业，发展高端装备制造、新能源、海洋电子信息等产业，加快形成一批战略性新兴产业集群。推进军地融合发展，积极引培军地融合海上应急设备、船舶配套装备等产业。支持汽船配产业发展壮大，高标准建设东沙汽船配小镇，打通石化产业与汽船配产业转化渠道，打造汽船配产业集群。支持玩具和微电机在产品、关键元器件等领域实施一批重点技改项目，向“专精特新”方向迈进。推进水产向绿色、精深加工方向发展，建成蟹文化产业园。

发展壮大现代服务业。加大服务业供给侧结构性改革，坚持培育和引进并重，着力解决供给、需求、质量方面存在的矛盾和问题。大力发展生活性服务业，合理布局商业中心、特色街区，谋划建设竹屿新区商业综合体，建成江南未来渔村集海港休闲、文化体验、餐饮美食、旅游购物于一体的一站式风情渔港体验地，建设原高亭码头商业综合体，盘活老城区原高亭农贸市场、闸口电影院等区块，支持各乡镇因地制宜发展小集镇商贸服务业，推动生活性服务业向高品质和多样化升级。大力发展港口物流、石化生产性服务业，谋划发展研发设计、科技服务等高端生产性服务业，推进生产性服务业向专业化和中高端延伸。加快服务业数字化、标准化、品牌化，提升现代商贸、旅游、文化、体育、养老、物业等服务质量。

实体经济是现代化经济体系的坚实基础。只要我们心无旁骛地把制造业搞上去、把实体经济发展好，壮大体量、提升质量，就一定能增强岱山的经济实力、综合实力！

（四）深化数字化改革引领全方位系统性变革，放大体制机制新优势。坚持以数字化改革对传统理念、制度、体系和手段进行系统性重塑，增创市场有效、政府有为、企业有利、群众受益的体制机制新优势。

全面深化数字化改革。围绕“152”体系，加快平台贯通、应用贯通、体制机制贯通，推进海岛特色改革，打造更多有岱山辨识度和影响力的应用成果。迭代升级城市大脑，依托一体化智能化公共数据平台，打破“数据孤岛”“信息壁垒”“业务障碍”，提升数字资源配置效率。推进党政机关重塑性变革，打造“掌上办事之县”“掌上办公之县”“掌上治理之县”，实现党的领导向“制度”“治理”“智慧”转变。深入实施数字经济五年倍增计划，加快数字化改造，建设一批无人车间、智能化车间，建成浙石化未来工厂，培育壮大数字企业，数字经济核心产业增加值每年增长15%以上。加快社会数字化转型，大力实施数字生活新服务行动，深化智慧城管、智慧交通、智慧旅游等领域建设，全面推行“刷脸办”，实现“刷脸畅行岱山”。深化“城市大脑+未来社区+未来乡村”建设，把未来社区理念贯穿到城市旧改新建、有机更新的全过程，推进全域未来社区建设，建成星浦未来社区，每个乡镇建成1个以上未来乡村，让城市和乡村更聪明、更智慧。

大力激发市场主体活力。坚持市场化方向深化国企国资改革，加快国有经济布局优化和结构调整，健全完善现代企业制度，做大做强交投、城投、开投、衢投等国有企业，探索实施国企混合所有制改革。毫不动摇鼓励、支持、引导非公有制经济发展，保障民营企业公平参与市场竞争，保护民营企业合法权益，促进民营经济高质量发展。大力支持各类市场主体发展，加大小升规、规改股、股上市力度，深入实施“雄鹰行动”“雏鹰行动”，新增上市企业2家以上。实施外商投资准入前国民待遇加负面清单管理制度，健全外商投资政策服务体系。弘扬企业家精神，构建“亲”“清”政商关系。

推进要素市场化改革。深化“亩均论英雄”改革、单位能耗改革，实施资源要素差别化配置，全面整治“低散乱”企业，加快“腾笼换鸟”，推动优质资源向好项目好产业集聚，切实提高经济密度，到2026年规模以上工业亩均增加值达到200万元、亩均税收达到40万元以上。实施新一轮扩大有效投资行动，充分发挥投资对优化供给结构的关键作用，深入实施省市县长项目工程，加快“两新一重”建设，建立健全重大项目谋划、储备和滚动实施机制，大力推进强基础、增功能、利长远的重大项目建设，五年累计完成固定资产投资1800亿元以上。加强财政资源统筹，保证财政支出强度，加快支出进度，完善以绩效为核心的集中财力办大事财政政策体系和资金管理机制。实施融资畅通工程升级版，引导金融机构加大对实体经济特别是小微企业、科技创新、绿色发展的支持，构建金融有效支持实体经济体制机制。加快培育发展数据要素市场，推动构建数据确权、开放、流通、交易机制。深化信用岱山建设。

数字化改革是通向现代化和共同富裕的“船”和“桥”。我们要推动数字技术与生产、生活、生态全面融合，以更好姿态迈向数字文明新时代！

（五）深入推进城乡一体化发展，放大协调发展新优势。全面提升新型城镇化建设质量，大力推进乡村振兴，促进城乡一体、产城融合，努力把岱山建设成为品质高端、充满活力、独具韵味的海上花园城市。

全面提升城市功能品质。坚持以县国土空间开发保护战略为引领，完成各类空间专项规划，强化规划约束管控，增强规划的前瞻性、严肃性和连续性。统筹生产、生活、生态空间布局，建设双峰新城，全面推进城乡风貌整体提升，展现城市优美“天际线”和独特风貌。加强城市项目设计，统筹地上地下空间利用。高水平实施“七个一”提升工程，建成双合登陆点（双合互通）和秀山码头入城门户、526国道岱山段迎宾大道、以行政中心为核心的市民中心、长河路和星河路景观大道、宝盛大酒店和日达广场中央商务区、十里滨海绿道、东沙古镇特色小镇。统筹城市有机更新和历史风貌保护，注重小尺度微改造，布局城市驿站，精心打造岱山本岛南部美丽港湾，让人们更好感受街区里弄人家的独特气质。各个乡镇要谋划实施好本乡镇的一条迎宾大道、一条商业街、一个小镇阳台、一个文化中心、一条小镇绿道。加快智慧城市建设，健全“大城管”体制，以绣花功夫管理城市。加快小区物业管理全覆盖，提高物业服务品质。

深入实施乡村振兴战略。围绕“产业兴旺、生态宜居、乡风文明、治理有效、生活富裕”总要求，建立健全城乡融合发展体制机制和政策体系，把乡镇建成服务渔农民的区域中心，加快推进渔农业渔农村现代化。坚持全县“一盘棋”，编制乡镇国土空间总体规划，推进村庄整体规划设计，实现村域层面“多规合一”。深化“千万工程”升级版，实施农村人居环境整治提升五年行动，抓好厕所、污水、垃圾“三大革命”，打造可食地景，建成一批美丽乡村精品村，培育乡村片区综合体，创成省新时代美丽乡村标杆县。大力发展村集体经济，实施新一轮村级集体经济提升发展五年行动计划，鼓励集体经济组织优化农村土地资源配置，支持组建强村公司，发展休闲农业、乡村旅游等多种形式的经营，到2026年，70%以上的村年经营性收入达到50万元以上。坚决遏制耕地“非农化”、防止“非粮化”，保障粮食安全。加大减船转产力度，因地制宜发展海洋养殖，加强就业培训，引导渔民往岸上走、往休闲旅游走，建设渔港经济区，促进渔民增收致富。

加快完善基础设施。开展县城城镇化补短板强弱项工作，适度超前开展基础设施投资，建成岱山交通集散中心、岱山公交总站，完成526国道岱山段改建、浪激渚至双合公路改扩建、磨心山隧道等工程建设。优化提升衢山路网，建成秀山环岛公路。发展通用航空，规划建设鱼山、长涂、衢山等直升机停机坪。建设岱山快递物流园区，建成邮政快递分拣中心。优化完善电力网络，实施500千伏鱼山变、220千伏衢山变、110千伏岱西变等输变电工程。加快岱山县水资源优化联调工程，完成董家岙、郧家岙等10座水库“库库”联网及磨心水库、黄沙水库扩容工程，新建岱山自来水厂，建设一批城乡排涝、海塘安澜项目，打造多源共济、优水优用的高品质城乡供水网，形成水系连通、调控有序的生态配水网。

城市是人民的城市。我们要把人的感受度作为最根本的衡量标尺，把宜居宜业宜游的城市环境摆在突出位置，体现“城市，让生活更美好”的价值取向和人文关怀！

（六）加快建设岱山海岛大花园，放大生态文明新优势。深入践行习近平生态文明思想，牢固树立“绿水青山就是金山银山”理念，统筹山水林田湖草海系统治理，推动人与自然和谐发展。

大力推进全域全景建设。发挥海洋海岛优势，坚持一岛一韵、一村一景，打造“岛岛是花园、村村见美景”的海岛大花园。全面推行“林长制”，实施国土绿化五年行动计划，下好“微改造”的“绣花”功夫，加快本岛“一心八廊”生态廊道建设，以山体林地、水系、海岛、交通线路等为载体，实施绿化、美化、彩化工程，建成蓬莱森林公园、东海郊野公园、秀山大花园等一批高品质生态郊野公园，创建岱西镇、双合村、涂口村等一批森林城镇、森林村庄，争创国家森林城市，打造“开窗见景、出门见绿”的绿色生态系统。围绕环境美、生活美、产业美、人文美、治理美，完成美丽城镇建设三年攻坚行动，形成具有海岛特色、历史记忆的全域大美新格局。

高标准实施碳达峰碳中和行动。抢抓新增可再生能源和原料用能不纳入能源消费总量控制政策机遇，系统推进能源、工业、建筑、交通、渔农业、居民生活等重点领域绿色低碳转型，加强绿色低碳科技创新支撑，实现能耗“双控”向碳排放总量和强度“双控”转变。大力发展清洁能源，建成双剑涂渔光互补光伏发电、岱山1号海上风电场等新能源项目，加快构建清洁低碳安全高效的能源体系。组织实施一批减污降碳技术应用示范工程，推动开发区园区循环化改造、企业绿色化转型，有序推广低碳建筑、低碳交通，政府投资项目执行绿色建筑标准。统筹海岛海洋资源，通过开发绿色资源，打通资源变资产变资金通道。大力推进海洋碳汇基础研究、监测评价、试点示范等工作，提升生态系统碳汇增量，让海洋贡献更多的生态效应。

深入打好污染防治攻坚战。以更高标准打好蓝天、碧水、净土、清废、治塑攻坚战，全面推进清新空气行动，严格落实河（湖）长制、湾（滩）长制，完成高亭城区污水处理厂扩建、垃圾中转站迁建项目，建成工业固废集中收运处置中心，全力创建“无废城市”。强化湿地、沙滩等沿海生态资源保护，推进岸线整治和修复，建设生态海岸带。加快健全环境治理的智能化管控闭环体系，实施最严格的生态环境保护制度，健全“三线一单”①生态环境分区管控体系，落实“双随机一公开”“黑名单”等制度，全面完成中央和省级环保督察问题整改。建立海岛地区GEP核算标准，探索生态产品价值实现机制。

绿色生态是最大财富、最大优势、最大品牌。我们要坚持走生态优先、绿色发展之路，把好山好水守护好，让绿色成为岱山最动人的色彩！

（七）大力推进共同富裕，放大共建共享新优势。坚持在做大“蛋糕”的基础上分好“蛋糕”，着力解决发展不平衡不充分问题，打造民生事业“七优享”金名片②，让人民群众有更多获得感幸福感认同感。

全力做好“扩中”“提低”。针对不同收入群体，采取针对性更强、作用更直接、效果更可持续的增收措施，实施居民收入和中等收入群体双倍增计划，加快“扩中”、全面“提低”。在推动高质量发展中强化就业优先导向，鼓励多渠道灵活就业，支持新就业形态发展，培育新就业增长点，确保零就业家庭动态清零，累计新增城镇就业2.5万人，城镇登记失业率控制在3%以内。强化创业带就业，落实减税降负、就业创业、技能培训以及居民增收政策，推动劳动者自主就业创业。拓宽城乡居民经营性、财产性收入渠道，鼓励居民通过房屋租赁、土地出租、金融资产利息等多种形式增加收入，探索知识、技术、管理、数据等要素由市场评价贡献、按贡献决定报酬的机制，激发技能人才、科研人员、小微创业者等群体增收潜能，推动更多劳动者通过勤劳创新致富。高度关注“平均数以下”问题，实施低收入群体同步基本实现现代化行动，确保低收入群体收入增速高于居民收入平均增速，实现共同富裕路上一个也不掉队。

精准提供基本公共服务。坚持普惠性、保基本、均等化、可持续方向，健全常住地提供基本公共服务制度，稳步提高公共服务可及性，减轻居民教育、医疗、养老等方面负担，增加城乡居民隐形财富。落实三胎生育政策，出台鼓励支持措施，多渠道降低生育、养育成本。深化户籍制度改革，做大人口基本盘。坚持教育优先发展，全面提升教育现代化水平，大力发展普惠幼托服务体系，推动学前教育普惠优质发展，新建、扩建未来社区幼儿园、东海幼儿园等一批托儿所、幼儿园，创成全国学前教育普及普惠县。加大优质教育资源供给，建成双峰新城学校，高质量普及学前至高中段15年教育，大力推进义务教育“双减”，促进教育公平、提高教育质量，创成全国义务教育优质均衡发展县。加强教师队伍建设，加快形成一支师德高尚、业务精湛、结构合理、充满活力的高素质专业化教师队伍。深化产教融合，开展中高职一体化人才培养，实施“岱山工匠”工程、“金蓝领”职业技能提升行动，培育高素质的产业大军。深化县域医共体改革，规划建设公共卫生中心，完成县第一人民医院迁建工程，办好县中医院、衢山二院，健全与上海、杭

---

①“三线一单”：是指生态保护红线、环境质量底线、资源利用上线和生态环境准入清单，是推进生态环境保护精细化管理、强化国土空间环境管控、推进绿色发展高质量发展的一项重要工作。

②“七优享”金名片：是指浙有善育、浙里优学、浙派工匠、浙里健康、浙里长寿、浙里安居、浙有众扶。

州等地三甲医院合作长效机制，强化“三医联动”“六医统筹”[①]，更好满足人民群众对优质医疗资源的需求。改革完善公共卫生应急管理体系，提高重大疫情防控能力，科学精准做好常态化疫情防控。深化养老供给侧结构性改革，构建居家养老为主、社区为依托、机构为补充、医养康养相结合的养老服务体系和健康支撑体系，推动老龄事业高质量发展。

健全完善社会保障体系。推进社会保障提质扩面，健全基本养老、基本医疗保险筹资和待遇调整机制，稳妥推进被征地农民和渔民的社会保障工作。完善最低生活保障制度，构建低保群众、失独家庭、残疾人、空巢老人等特殊群体帮扶解困长效机制，推动兜底救助由户籍人口向常住人口转变。开发覆盖城乡、多跨协同、政策集成的困难群体帮扶数字化应用场景，实现人群精准识别、情况动态监测、帮扶直达到位。坚持房子是用来住的、不是用来炒的定位，加强预期引导，建立健全长租房政策，扩大保障性住房供给，多途径解决新市民、低收入群众等重点群体住房问题。健全完善稳物价长效机制，畅通农产品物流体系，着力降低群众生活成本。发挥慈善等第三次分配作用，支持有意愿有能力的企业和社会群体积极参与公益慈善事业。

实现共同富裕是岱山人民的共同愿望。我们要切实办好人民群众息息相关的民生大事，做好人民群众天天有感的关键小事，让大家的日子过得更有盼头、更有甜头！

（八）加快建设文化强县，放大海洋文化新优势。紧扣举旗帜、聚民心、育新人、兴文化、展形象，更好凝聚正能量、提振精气神，增强岱山文化归属感，促进人民精神生活共同富裕。

加强精神文明建设。坚持马克思主义在意识形态领域的指导地位，深入开展习近平新时代中国特色社会主义思想学习教育，加强党史、新中国史、改革开放史、社会主义发展史教育，守好红色根脉，深入挖掘岱山红色文化，用共产党人的精神谱系感染人、激励人。大力弘扬社会主义核心价值观，用好新时代文明实践中心、所（站），厚植责任意识、契约精神、科学观念、人文素养和勤劳致富意识。推进媒体深度融合，实施全媒体传播工程，建强用好融媒体中心，积极提升对外传播能力。深入开展文明创建活动，深化市民素养提升行动，全面整治不文明陋习，擦亮“文明岱山　有礼有我”品牌，全力创成全国县级文明城市。

加大公共文化服务供给。实施文化惠民工程，加快文化基础设施建设，改造提升系列博物馆、图书馆、档案馆等场所，建好用好文化礼堂、城市书房、农家书屋，实现县有“四馆一院”[②]、乡镇有综合文化站、村有文化礼堂、社区有文化家园。加强历史文物与海洋非遗保护，改造提升非物质文化遗产展示馆，建设渔港文化记忆馆、盐文化体验中心。深入挖掘提炼海洋文化、宋韵文化在岱山的深厚内涵，传承和延续海岛特色文脉。积极引进和培育文化企业，壮大文化市场主体。发展文化创意、影视制作、文化会展等产业，建设文化创意街区，把文化资源优势转化为产业和市场优势。

推动文旅体深度融合发展。坚持全域化、标准化、精品化、国际化方向，把全县作为一个大景区全域打造，串珠成链、全面提升，建设长三角重要的海岛休闲旅游目的地。加快核心景区建设提升，完成磨心谷公园、衢山双龙湾等项目建设，东沙古镇、秀山岛创成AAAA级旅游景区。积极培育专业运营企业（团队），全面提升东沙古镇、秀山滑泥公园等景区市场化运作水平。大力培育文旅体品牌，布局建设一批体育公园，建成双峰新城体育中心、岱山体育公园，高标准举办中国海洋文化节、国际风筝节、

① “三医联动”“六医统筹”：“三医联动”是指医保体制改革、卫生体制改革与药品流通体制改革联动；“六医统筹”是指对医保、医疗、医院、医药、医生和中医“六医”制度设计的系统性和部门间工作的联动性，对医改的资源进行优化配置。

② “四馆一院”：是指文化馆、图书馆、博物馆、非遗馆或展示场所、戏院或大剧院。

海岬半程马拉松，打造国家级海洋运动休闲岛。

文化自信是更基本、更深沉、更持久的力量。岱山有着深厚的海洋文化底蕴，我们要坚持创造性转化、创新性发展，让岱山文化软实力展现出独特魅力、时代价值！

（九）统筹发展与安全，放大风险识别与闭环管控新优势。 深入贯彻习近平法治思想，一体推进法治岱山、平安岱山建设，注重防范和化解各类风险，构建舒心安心放心的社会环境。

深化法治岱山建设。 落实全面依法治国方略，充分发挥法治对改革发展稳定的引领、规范、保障作用，维护和增强法治公信力。深化法治政府建设，全面提升依法行政效能，加强综合行政执法、行政复议体制改革，严格规范公正文明执法。深化司法体制综合配套改革和政法领域改革，加强刑罚执行一体化建设，深入开展“执行难”问题综合治理，努力让人民群众在每一个司法案件中感受到公平正义。健全执法司法对民营企业的平等保护机制，防止因诉讼拖延影响企业正常生产经营，努力避免“办了一个案子，垮了一家企业”现象的发生。深化政法队伍教育整顿，提升执法司法规范化水平。大力开展“八五”普法宣传教育，提升领导干部运用法治思维和法治方式解决问题的能力，引导广大群众通过法律途径维护权益、化解矛盾，建设法治社会。强化公职律师、公证员、人民调解员的队伍建设。

完善社会治理体系。 深化“县乡一体、条抓块统”改革，推动“152”体系与“141”体系① 有效衔接，建设县级社会治理中心，推动“基层治理四平台”与县级层面指挥机制联通，充分发挥村社党群服务中心和全科网格作用，深入推进“大综合、一体化”行政执法改革，实现整体智治、协同高效。深化“瀛洲红帆”“东海渔嫂”等品牌，打造新时代“海上枫桥”升级版。加强前置防线、前瞻治理、前端控制、前期处置，坚持全链条、全领域、全过程管控，规范重大决策社会风险评估，坚决消除各种“物的不安全状态、人的不安全行为、管理上的漏洞、监管上的缺失”。严格落实信访工作责任制，提升群众初信初访办理质效和公信力，积极化解信访积案，全力创建信访工作现代化示范县。推动常态化扫黑除恶走深走实，加强社会治安防控体系建设，严厉打击各类违法犯罪活动，确保经济健康运行、社会安定有序。

深化平安岱山建设。 一体推进政治、国土、经济、金融、文化、社会、科技、网络、生态、能源、生物、城市运行等诸多领域安全，增强风险防控的前瞻性、敏锐性，提高风险防控的制度化、智能化水平，确保简单矛盾不发酵成为复杂问题、一般风险不传导成为政治风险。完善多跨协同的监测、预警、处置、反馈的风险闭环管控大平安机制，坚持系统治理、综合治理、依法治理、源头治理和专项治理有机结合，推动实现维稳保平安向法治创平安、静态平安向动态平安、一时一域平安向全程全域平安的根本性转变。加快构建“大安全、大应急、大减灾”体系，完善应急管理体制机制，深化安全生产领域改革，加强安全生产监管执法，强化渔业、道路交通、工矿、危化品、消防等重点领域安全生产监管，坚决消除重大隐患、坚决遏制重大事故发生。

安全和发展是一体之两翼、驱动之双轮。我们要下好先手棋、打好主动仗，增强忧患意识、底线思维，勇于战胜一切风险挑战，让岱山高质量发展和高水平安全良性互动！

四、坚定不移推进全面从严治党

事业成败，关键在党，关键在党要管党，全面从严治党。我们要从党的百年奋斗历史中汲取前进力量，在新的征程上毫不动

① “141”体系：“1”是指县级社会治理中心；“4”是指乡镇（街道）基层治理“四个平台”（综治工作平台、监管执法平台、应急管理平台、公共服务平台）；“1”是指村社全科网格。

摇坚持和加强党的全面领导，弘扬伟大建党精神，坚持党建统领整体智治，建立健全“七张问题清单”闭环管理机制，大力实施“红色根脉强基工程”，把各级党组织建设得更加坚强、更加有力，为建设共同富裕示范区海岛样板提供坚强保证。

（一）忠诚拥护“两个确立”、坚决做到“两个维护”。坚持忠诚核心、拥戴核心、维护核心、紧跟核心，不断提高政治判断力、政治领悟力、政治执行力，坚定不移做“两个确立”忠诚拥护者、“两个维护”示范引领者。坚持不懈用习近平新时代中国特色社会主义思想武装头脑，落实好“第一议题”制度，持续巩固深化“不忘初心、牢记使命”主题教育、党史学习教育成果，坚定道路自信、理论自信、制度自信、文化自信，最根本最关键的是坚定对领袖的自信。以“钉钉子”精神抓好习近平总书记批示指示精神贯彻落实，紧扣2023年“八八战略”实施20周年，不断建立健全落实“八八战略”的目标体系、工作体系、政策体系、评价体系，完善抓落实机制，确保每一件做到位、每一项落到底。

（二）凝聚高质量发展的磅礴力量。坚持人民主体地位，发展全过程人民民主。加强和改进新时代人大工作，支持和保证人大及其常委会依法行使职权、开展工作，丰富人大代表联系人民群众的内容和形式，扩大人民有序政治参与。充分发挥人民政协专门协商机构优势作用，用好“请你来协商”平台，把协商民主贯穿政治协商、民主监督、参政议政全过程。支持监委、法院、检察院依法履行职能、开展工作。严格落实意识形态工作责任制，推进宣传思想工作守正创新，弘扬主旋律、凝聚正能量，推动全县上下团结一心朝着新时代新目标阔步前进。充分发挥新时代统一战线法宝作用，促进民族关系、宗教关系、阶层关系、海内外同胞关系和谐，找到最大公约数，画出最大同心圆。充分发挥工会、共青团、妇联等群团组织的桥梁纽带作用，把各自联系的群众紧紧凝聚在党的周围。加强新形势下党管武装工作，健全退役军人服务保障体系，扎实做好老干部、关心下一代等工作，形成推动岱山高质量发展的强大合力。

（三）提升领导干部塑造变革能力。坚持新时代好干部标准，深入落实选人用人“一体系三机制”，突出政治标准、树立实干导向，落细落实干部政治素质考察，注重在重大项目、重大改革、重要工作一线培养选拔干部，以实绩论英雄、凭实绩用干部，营造唯实唯先、善作善成的团队文化，让真正敢担当、能干事的干部有为有位。加大优秀年轻干部培养选拔力度，统筹做好党外干部、女干部培育选拔，持续优化干部队伍结构。实施新时代干部现代化建设能力提升工程，不断提升洞见力、先决力、整合力、耐压力、执行力、创新力、学习力、自我革新力。坚持严管和厚爱结合、激励与约束并重，落实“三个区分开来”①要求，建立健全崇尚实干、带动担当、加油鼓劲的正向激励体系，旗帜鲜明为改革者鼓劲、为实干者撑腰、为负责者负责。

（四）全力打造变革型组织。坚持大抓基层的鲜明导向，深入实施组织力提升工程，使基层组织形态与发展形态、社会形态、治理形态更加耦合融合。全面落实“百县争创、千乡晋位、万村过硬”工程，构建基层党建工作履责、实践、评价、保障机制，实现基层党组织政治优势和组织优势向发展优势的转化，推动基层党建工作质量整体跃升。深入实施村社干部能力提升行动，打造讲政治、能力强、作风硬、善治理、懂发展的村社班子和干部队伍。坚持党的一切工作到支部，统筹抓好渔农村、社区、机关、事业单位、国企、新兴领域和新就业群体等各领域党建工作，创新发展项目党建，更好整合各类组织、各种资源、各方力量，不断扩大党的影响力、号召力。健全完善领导干部包乡走村联系制

---

①“三个区分开来”：是指把因缺乏经验先行先试出现的失误与明知故犯行为区分开来，把国家尚无明确规定时的探索性试验与国家明令禁止后的有规不依行为区分开来，把为推动改革的无意过失与为谋取私利的故意行为区分开来。

度，常态化开展“四为”专题实践活动①，真心实意为企业、群众和基层办实事、解难题。

（五）巩固风清气正政治生态。切实增强全面从严治党永远在路上的政治自觉，严格落实管党治党政治责任，严明政治纪律和政治规矩，做深做细“五张责任清单”②，持续加强对“一把手”和领导班子监督，让党员干部适应、习惯在受监督和约束的环境中工作生活。深化清廉岱山建设，把“严”的主基调长期坚持下去，精准运用“四种形态”，一体推进不敢腐、不能腐、不想腐。紧盯重点领域和关键环节，持续加大惩治腐败力度，坚决查处民生领域和群众身边腐败问题。锲而不舍落实中央八项规定精神，持续纠治形式主义、官僚主义，坚决防止“四风”问题反弹回潮。开展理想信念、党纪国法和案例警示教育，引导党员干部怀德自重、洁身自好，永葆清正廉洁的政治本色。深化政治巡察，推进十四届县委巡察全覆盖。

各位代表、同志们！征程万里风正劲，扬帆奋楫开新篇。历史洪流奔涌向前，时代重任落在了我们肩上，在新的赶考路上，我们一定要知责于心、担责于身、履责于行，坚决扛起光荣使命，不断续写新的华章，不负人民重托，不负时代韶华。让我们更加紧密地团结在以习近平同志为核心的党中央周围，走好新时代赶考路，奋进现代化新征程，谱写高质量发展建设共同富裕示范区海岛样板新篇章！

---

①“四为”专题实践活动：我为群众办实事、我为企业解难题、我为基层减负担、我为创城做贡献。

②“五张责任清单”：是指县委书记第一责任人责任清单、县委主体责任清单、县委常委会其他成员责任清单、县纪委专责监督责任清单、县委组织部门职能监督责任清单。

政府工作报告

——在岱山县第十七届人民代表大会第一次会议上

2022年2月13日

岱山县人民政府代县长　卢建波

各位代表：

现在，我代表县人民政府向大会报告工作，请予审议，并请政协委员和其他列席人员提出意见。

一、过去五年和2021年工作回顾

过去五年，是岱山发展史上极不平凡的五年，是在变化变局中抢抓机遇、在苦干实干中砥砺前行、在大战大考中奋发有为的五年。五年来，我们坚持以习近平新时代中国特色社会主义思想为指导，在省市党委政府和县委的坚强领导下，在县人大、县政协的监督支持下，紧紧依靠全县人民，统筹抓好疫情防控和经济社会发展，扎实做好“六稳”“六保”，一以贯之建设“四个岱山”，解决了许多长期想解决而没有解决的难题，办成了许多过去想办而没有办成的大事，取得了一批历史性、创新性、标志性成果，较好地完成了“十三五”规划和本届政府的各项目标任务，高水平全面建成小康社会如期实现，经济社会高质量发展跑出了加速度、迈上了新台阶。

这五年，是岱山综合实力大幅跃升、战略地位显著提高的五年。2021年全县地区生产总值超530亿元，是2016年的3.2倍，年均增长21.6%；人均地区生产总值达25.4万元，是2016年的3.1倍；海洋经济增加值占比达80%以上，较2016年提高12个百分点；规模以上工业增加值年均增长57.2%，连续5年领跑全市，规模以上工业产值跻身全省30强；一般公共预算收入20.30亿元，年均增长6.8%；固定资产投资累计突破2000亿元，是前五年的3.8倍；城镇和渔农村常住居民人均可支配收入分别达61759元、43048元，年均增长7.5%和8.7%，收入比缩小至1.43∶1，全省领先；成功入围全国县城新型城镇化建设示范名单，连续三年入选中国社科院发布的全国县域经济投资潜力百强县（市）榜单，位列2021年中国社科院发布的全国营商环境百强县（市）第50位。舟山群岛新区、自贸试验区、舟山江海联运服务中心等国家战略加快落地见效，国际一流的舟山绿色石化基地全面建成投产，浙石化项目累计投资超1600亿元，被李克强总理称赞体现了“中国速度”；国际油品储运基地稳步推进，黄泽山一期151万立方米项目建成投运；鼠浪湖矿石中转基地开港运营，累计靠泊40万吨级大型船舶232艘，跃升为全国最大混配矿基地；综保区衢山分区通过封关验收，新增开放口岸5个，县域开放面积扩大到470平方千米；舟山江海联运服务中心核心区建设深入推进，港口货物吞吐量突破2亿吨，跻身全省县域港口前三名，大宗商品全球配置能力明显提升。主动融入长三角一体化、甬舟一体化，深化与上海金山、奉贤、宁波镇海等地交流合作，宁波人才飞地①建成运营，累计引进长三角产业项目152个，在长三角一体化发展进程中发挥了岱山优势、展现了岱山作为。尤其令人振奋的是，舟岱大桥全面建成通车，岱山昂首跨入大桥时代，这是岱山历史上具有里程碑意义的伟大时刻。通过五年的努力，岱山的区位优势、资源优势、开放优势更加凸显，一跃成为长三角最具发展潜力、最具发展活力、最能体现国家战略的地区之一。

这五年，是岱山产业能级持续提升、新旧动能加速转换的五年。工业经济强劲发展。深化开发区整合提升，改革完善开发区体制机制，高标准规划建设石化循环经济产业园、新材料产业园，累计引进产业链项目45个，“四链两图”工作法②入选省工业领域“最佳实践”案例。常石造船、浙江友联等船舶海工企业稳步发展，岱美公司总部成功上市，海山密封、晨光电器获评国家级专精特新“小巨人”企业，成功入选省小微企业园建设提升重点县。大力发展数字经济，新增工业机器人300台、企业上云480家，岱山工业互联网平台入围全省重大新基建项目库，浙石化入选省“未来工厂”试点企业。发布“浙江制造”标准5个，通过“浙江制造”品牌认证4个，成功入围第三批“浙江制造”品牌培育试点县。现代服务业稳步向好。海岛旅游持续升温，岱东鹿栏晴沙、衢山观音山创成国家AAA级景区，东沙古镇跻身省级旅游风情小镇，秀山滑泥公园获评省级生态旅游区，创成省级全域旅游示范县。海运业结构持续优化，总运力规模达220万载重吨。城市商贸业提档升级，新天地餐饮综合体建成运营，宝盛、开元、丽都等高品质酒店建成营业。渔农产业加快转型。深化渔业绿色发展，改造科技示范船145艘，创建省级以上水产健康养殖示范场13家，获评省渔业转型发展先行区。全面推行“港长制”③，高亭中心渔港江南段、长涂避风锚地、大衢渔港改扩建工程建成投用，岱山渔港经济区入围中央财政支持试点名单。加快发展美丽农业，创建国家农民合作社示范社4家，新增农业经营主体145家，沙洋晒生获得国家农产品地理标志认证，衢山皇坟基第二轮土地延包全国试点顺利完成，获评省农业绿色发展先行县。

这五年，是岱山改革创新深化拓展、发展活力竞相迸发的五年。综合集成改革系统推进。超前谋划推动数字化改革，引进海康威视组建大数据运营合资公司，启用数字岱山创新大厦，城市大脑基础能力平台、智慧治理指挥中心上线运行。深化“最多跑一次”改革，迭代升级政务服务平台，260项高频民生事项“就近可办”，39件企业和个人全生命周期“一件事”实现全流程“最多跑一次”，“一站式”营商服务综合体实体化运作，“企业码”④广泛应用，“证照分离”实现全覆盖，一般企业投资项目审批由“最多90天”压缩至“最多65天”，企业开办由20个工作日压缩至4个工作时，5项改革经验入选《竞跑者》。复制推广自贸试验区改革试点经验196项，形成13项自主改革创新成果。五年来，累计新增市场主体9900家以上，引进亿元以上项目86个，实际到位市外资金520亿元，实际利用外资4亿美元。市场要素改革成效明显。深化“亩均论英雄”改革，全面完成亩均3万元以下企业整治提升，累计处置“僵尸企业”24家，盘活闲置土地240公顷，获评省淘汰落后产能和“腾笼换鸟”工作考核先进县，荣获省政府督查激励。加强土地资源要素保障，累计出让标准地541.4公顷，消化批而未供

① 人才飞地：指注册在本地的企业，在异地创新资源集聚地区，建立集中办公区域、创业园区等，搭建信息资源平台，打通人才、资金、项目流通共享渠道，实现项目孵化在异地、产业化在岱山的一种柔性引才方式。

② “四链两图”工作法：指将乙烯、丙烯、芳烃和生产配套四大产业链，作为石化产业链建链延链强链的核心，从面到点画出产业链鱼骨图和招商图。

③ “港长制”：指渔港港长负责依法依规落实地方监管主体责任，促进依港管船、依港管人、依港管安全。

④ “企业码”：指以二维码为标识，以省企业服务综合平台为应用支撑，围绕政策直达、公共服务、产业链合作和政银企联动等环节，通过多系统工作协同和数据资源集成利用，实现企业服务的“最多跑一次”。

土地666.67公顷，再开发低效用地316.47公顷，火箭盐场集中垦造耕地工程基本完成，成功创建省级国土资源节约集约模范县。深化投融资改革，完成城投、交投、开投、衢投4家国企市场化改革，累计申请地方政府债券40亿元，发行企业债券30.40亿元，2021年全县存款、贷款余额分别是2016年的1.5倍、3.3倍，存贷比提高至96.5%，不良贷款率下降至0.3%。创新驱动战略深入实施。新增高新技术企业25家、科技型中小企业155家、省级企业研发机构5家，中科院宁波材料所岱山新材料研究和试验基地、航天科工未来产业创新中心、中国招商局集团邮轮研究院舟山分院等一批重大科创平台成功落地，汽船配内饰密封件产业创新服务综合体成功列入省级创建名单，研发投入强度达3.3%，高于全省平均水平。世界首座海洋潮流能发电站投入运营，中广核岱山4号海上风电项目全面投运，荣获省清洁能源示范县。大力实施人才新政，开展岱山“英才”“专才”系列评选、百名行业优秀人才评荐行动，新增博士后工作站2家、教授（专家）工作室4家，建立引才工作站3个，人才资源总量达4.5万人，国家引才计划人才引进实现历史性突破。

这五年，是岱山海岛面貌精彩蝶变、城乡发展更为协调的五年。基础设施大幅提升。全力打好综合交通大会战，鱼山大桥、秀山大桥、新江南大桥相继建成通车，526国道岱山段支线一、环城北路三期、磨盘山隧道开通运行，打通瓶颈路12条，新增公路里程48千米，完成公路大中修126千米，新增公共停车位5400个以上。秀山、衢山、大长涂客运码头建成投用，航班密度较五年前增长2倍。深化智慧交通建设，智慧停车全域推行，水陆旅客网络售票全面实现，公交智能调度系统建成投用。全面完成舟山大陆引水三期岱山段工程，整治水库山塘52座、海塘6.5千米。新改扩建220千伏变电站3座、110千伏变电站4座，岱东综合供能服务站建成投运。城乡面貌加快改善。推动城市有机更新，建成精品示范街2条，拆迁整治城中村12个，改造提升老旧住宅269幢，治理城乡危房394户，创成省“无违建县”。全面完成6个乡镇小城镇环境综合整治，荣获全省整治工作优秀单位。衢山镇获评省级小城市培育考核优秀单位。深入实施乡村振兴战略，挂牌成立县乡村振兴局，创成省美丽乡村示范乡镇7个、精品村17个、美丽庭院1700户，建成“四好农村路”125千米，荣获省新时代美丽乡村示范县。生态环境持续优化。打好污染防治攻坚战，从严抓好中央和省级环保督察、国家海洋督察反馈问题整改，创成国家生态文明建设示范县。空气质量全国领先，优良率保持在97%以上，获评省清新空气示范县。建成品质河道15条，“污水零直排区”实现乡镇全覆盖，城镇污水处理厂全部完成一级A提标改造，连续三年捧得“大禹鼎”。深化“森林岱山”建设，新增彩色健康森林1600公顷，创成“一村万树”示范村9个，实现省级森林城镇全覆盖。

这五年，是岱山社会事业蓬勃发展、民生福祉持续增进的五年。累计民生支出超200亿元，占一般公共预算支出比重达75%。社会保障提质扩面。打好精准脱贫攻坚战，集体经济薄弱村全面消除，年家庭人均收入8000元以下渔农户全部清零，低保标准提高到910元/月。新增城镇就业2万人，城镇登记失业率控制在3%以下，零就业家庭实现动态清零。户籍人口基本养老保险、基本医疗保险参保率分别稳定在95%和99%以上，全市首个长期护理保险改革试点稳步实施。新增居家养老服务中心33家，全国首家海岛服务驿站建成投用，“残疾人之家”实现乡镇全覆盖。新增综合性“菜篮子”供应店13家，高亭中心菜场建成运营。实施渔农村饮用水达标提标行动，新增受益人口7.8万人。本岛管道燃气实现供应一体化。率先实施殡葬基本服务全流程免费，县城集中治丧有序推进。公共服务持续提升。推动教育优质均衡发展，组建岱山实验学校教育集团，新改扩建学校和幼儿园14所，等级幼儿园覆盖率、省义务教育标准化学校创建率均达100%，浙海职院岱山校区挂牌成立，获评省教育基本现代化县、国家级农村职业教育与成人教育示范县。深化县域医共体改革，成立岱山医疗健康集团，新增国家卫生乡镇5个，创成国家卫生县城，人均期望寿命突破80岁，健康浙江考核蝉联优秀。文体事业加快发展，新增文化礼堂40个，新时代文明实践中心、站（所）实现全覆盖，国际风筝节、海岬半程马拉松、中国海洋文化节等文体活动带动效应明显，“非遗让古渔镇焕发新活力”入选全国非遗与旅游融合十大优秀案例，成功举办县第九届运动会，获评省体育强县。高质量完成第七次全国人口普查、第四次全国经济普查。平安建设不断深化。慎终如始加强常态化疫情防控，落实“源头查控+硬核隔离+精密智控”机制，疫苗接种有序推进，海上防控抓紧抓实，“人”“物”同防形成闭环。坚持和发展新时代“海上枫桥”经验，打响“东海渔嫂”“瀛洲红帆”等治理品牌，组建县社会矛盾纠纷调处化解中心，圆满完成国庆70周年、建党100周年等重大节点维稳安保任务，东沙镇获评“全国乡村治理示范乡镇”，罗家岙派出所获评全国“枫桥式公安派出所”、全国先进基层党组织，高亭派出所获评“全国公安机关执法示范单位”，高亭司法所获评“全国模范司法所”，衢山田涂东海渔嫂协会获评全国维护妇女儿童权益先进集体。深入推进扫黑除恶专项斗争，开展安全生产重点领域专项整治，创成省无信访积案县、省无欠薪县，获评省平安渔业示范县、省食品安全县、省农产品质量安全放心县等称号，捧得平安银鼎。推动军地融合深度发展，荣获省级双拥模范县“八连冠”。外事侨务、民族宗教、档案、史志、气象、科普、工会、妇女儿童、青少年、老干部、工商联、慈善、红十字等事业取得新成绩。

这五年，是岱山政府自身建设全面加强、治理效能明显提升的五年。坚持把党的政治建设放在首位，隆重庆祝建党100周年，高质量开展“两学一做”学习教育、“不忘初心、牢记使命”主题教育、党史学习教育，深入实施政府“两强三提高”建设行动计划，扎实开展“大学习大调研大抓落实”活动，增强“四个意识”、坚定“四个自信”、做到“两个维护”，始终同以习近平同志为核心的党中央保持高度一致。加强数字政府建设，“浙里办”注册人数达12.5万人，“浙政钉”日活跃率达85%以上，“互联网+监管”掌上执法率稳步提升，机关事业单位人员职业生涯全周期管理“一件事”改革全面完成，省基层政务新媒体规范化试点工作通过验收。加强法治政府建设，组建行政复议局，建立完善府院联席、府检联席会议制度，开展全市唯一乡镇综合行政执法改革试点，全面启动“大综合一体化”行政执法改革，实现政府部门法律顾问全覆盖，获评法治浙江（法治政府）建设先进单位。定期向县人大常委会报告工作，自觉接受人大依法监督和政协民主监督，办理代表建议739件、委员提案480件，满意率均达100%。重视发挥咨询委作用，规范政府重大行政决策程序，圆满完成“七五”普法。加强廉洁政府建设，压紧压实全面从严治党主体责任，严格落实中央八项规定精神，加强对重要领域、重点项目、重大资金的审计监督，累计完成审计项目85个，年均压减一般性支出10%，将有限的财力用在惠企利民上。

各位代表，刚刚过去的2021年，是中国共产党成立100周年，也是实施“十四五”规划的开局之年。一年来，我们立足新发展阶段，贯彻新发展理念，融入新发展格局，奋力打造共同富裕示范区海岛样板，经济社会继续呈现高质量发展良好态势。全年地区生产总值增长18.3%，一般公共预算收入增长12%，规模以上工业增加值增长28.2%，固定资产投资增长10.5%，城乡居民人均可支配收入分别增长9%和9.7%。重点抓了以下六方面工作：一是国家战略加速落地见效。舟山绿色石化基地产能持续释放，浙石化年产值达1390亿元，成为全市首个千亿级产值企业。黄泽山油品储运基地二期104万立方米项目完成基础工程，黄泽山—鱼山原油管道项目动工建设。全力保障大宗商品储运基地建设，启动工程顺利开工。加快建设国际海事服务基地，衢山岸基产业园进场施工。二是海洋产业发展提质增效。重点产业重点项目亮点纷呈，卓然石化装备制造、润和催化剂项目开工建设，瑞程石化建成投产，惠生海工交付全球最大极地液化天然气模块，和泰船舶建成全国首制1.4万吨级江海直达散货船。创新成果不断涌现，中科院宁波材料所岱山新材料研究和试验基地加快建设，舟富食品研发产品入选神舟十二号载人飞船“食谱”，蟹笼渔船自动化捕捞装备技术研发列入省“尖兵”计划，全年规模以上工业研发费用增长67.4%，高新技术产业投资增长32.9%，均位居全市前列。三是数字化改革跑出加速度。体系化规范化推进数字化改革，一体化智能化公共数据平台建成启用，五大综合应用系统上线贯通，“岱山安养”“智慧鱼山”等15个省级试点项目高质量推进，形成79项制度成果，12项数字化改革核心指标全面完成，年度考核位居全市前列，“掌上办事之县”“掌上办公之县”“掌上治理之县”基本建成。四是海岛大花园加快建设。对标大桥时代补短板强弱项，燕窝山陆岛交通码头、燕窝山客运中心、县交通集散中心加快推进，秀山环岛公路、磨心山隧道开工建设，衢山大道、长河路完成提档升级；水资源优化联调工程启动实施，建成库库联网项目2个、强排泵站9座。高标准推进美丽渔港建设，牛轭山生态修复工程基本完工，清泰路入口改造提升工程顺利完成。星浦未来社区入选省级创建名单。东海郊野公园核心区主体工程基本完成，2个城市口袋公园建成开放，创成省级园林城市。五是全国文明城市创建开局良好。制定实施创城三年行动方案，打好城乡环境综合整治大会战，一大批影响市容市貌的突出问题得到有效治理，积存垃圾、卫生死角、违章建筑得到及时清除，31条主次干道实行撤桶进店，150条背街小巷旧貌换新颜，城区垃圾分类实现全覆盖；创新实施50余项常态化管理制度，培育文明学校、文明家庭、文明单位75个，注册志愿者34000名以上，斑马线礼让蔚然成风，“文明岱山　有礼有我”逐渐成为群众共识，年度测评成绩名列全省第一。六是共同富裕迈出坚实步伐。组建岱山县社会建设委员会，制定共同富裕海岛样板政策体系，“四梁八柱”初步搭建完成。推动教育、医疗等公共服务优质共享，上海世外附属高亭初级中学顺利开办，城西幼儿园、盛世豪庭幼儿园正式启用，“双减”政策落地实施，14所义务教育学校全面开展课后服务，新型城乡教育共同体实现全覆盖，全国义务教育优质均衡发展县创建通过省级验收；县第一人民医院迁建工程动工建设，浙大二院岱山分院挂牌成立，省级慢性病综合防控示范区通过复评考核。

各位代表！回顾过去的五年，展现在我们面前的，是一段艰苦创业的难忘历程，是一幅波澜壮阔的生动画卷，是一片硕果累累的丰收景象。这些沉甸甸的收获和成就，是以习近平同志为核心的党中央举旗定向、掌舵领航的结果，是省市党委政府和县委坚强领导、科学决策的结果，是县人大、县政协有效监督、合力支持的结果，也是全县上下团结奋进、努力拼搏的结果。在此，我代表县人民政府，向全县人民、广大建设者，向人大代表、政协委员、工商联、人民团体和社会各界人士，表示衷心的感谢！向部省市属在岱单位、驻岱部队、武警官兵、公安干警、消防救援队伍，表示衷心的感谢！向关心支持岱山发展的港澳同胞、台湾同胞、广大侨胞和海内外朋友们，表示衷心的感谢！

同时，我们也清醒地看到，发展道路上还面临不少困难和挑战，主要是：经济发展质量和效益还有待提高，扩大有效投资任务比较艰巨，科技创新和人才支撑存在短板，企业核心竞争力依然不强；数字化改革“硬核”成果不多，牵引撬动各领域改革作用有待增强，营商环境还需持续改善；共同富裕任务依然艰巨，中等收入群体占比偏低，城市功能亟待完善，海岛公共服务供给还需持续提升；基层治理、平安建设还存在薄弱环节，疫情防控形势仍然严峻，防范化解风险能力还需加强；政府系统“整体智治”水平有待提高，部分政府工作人员办事质量和效率不高，服务意识还需进一步增强。对此，我们一定勇于直面问题，深入剖析问题，着力解决问题。

二、今后五年目标任务

未来五年，是开启全面建设社会主义现代化国家新征程、向第二个百年奋斗目标进军的第一个五年，也是岱山全员拥抱大桥时代、全面展示“重要窗口”海岛风景、全力打造高质量发展建设共同富裕示范区海岛样板的关键五年。县第十四次党代会确定了“走好新时代赶考路、奋进现代化新征程，谱写高质量发展建设共同富裕示范区海岛样板新篇章”的总体思路，这是置身新方位顺势而为的战略抉择，是站在新起点乘势而上的科学考量，是承载新使命应势而进的历史担当。

展望未来，我们心潮澎湃、满怀期待。随着舟岱大桥通车利好的持续释放、燕窝山陆岛交通码头的即将投用、526国道的全面开通和青山大桥的谋划建设，岱山的区位优势将进一步放大；随着舟山绿色石化基地的全面达产、大宗商品储运基地的开工建设、石化产业链的培育壮大、清洁能源产业链的加速落地、船舶海工产业的逐步复苏，岱山的产业动能将进一步激活；随着美丽渔港、水资源联调等一批重点工程的建成投用和双峰新城的全面开发，岱山的城市能级将进一步提升；随着东海郊野公园、海岬公园、衢山双龙湾等一批靓丽风景线的加快打造和一批环岛公路的建成投用，岱山的生态底色将进一步擦亮。踏上新时代赶考路，我们完全有底气、有能力、有信心，在新征程中不断夺取新胜利。全县上下要坚决扛起时代使命，抢抓机遇、克难攻坚、勇毅前行，全力推动岱山发展开创新局面、放大新优势、铸就新辉煌。

今后五年政府工作的指导思想是：高举中国特色社会主义伟大旗帜，坚持以习近平新时代中国特色社会主义思想为指导，深入贯彻党的十九大和十九届历次全会精神，弘扬伟大建党精神，统筹推进“五位一体”总体布局，协调推进“四个全面”战略布局，坚持稳中求进工作总基调，立足新发展阶段，贯彻新发展理念，融入新发展格局，以推动高质量发展为主题，以供给侧结构性改革为主线，以改革创新为根本动力，以满足人民日益增长的美好生活需要为根本目的，以全面从严治党为根本保证，忠实践行“八八战略”，统筹疫情防控和经济社会发展，统筹发展和安全，做好跨周期和逆周期调节各项工作，走好新时代赶考路，奋进现代化新征程，加快建设“四个岱山”，奋力打造“重要窗口”海岛风景，谱写高质量发展建设共同富裕示范区海岛样板新篇章。

今后五年政府工作的总体目标是：到2026年，跻身全国县域综合实力百强县，地区生产总值超过1000亿元，年均增长15%以上；研发投入强度达3%；常住人口城镇化率达76%以上；规模以上工业增加值年均增长18%以上；城镇和渔农村常住居民人均可支配收入分别年均增长7.3%、7.5%以上，城乡居民收入倍差1.5左右。

根据目标要求，重点抓好六方面工作任务：

（一）坚定不移扩大高水平开放，打造链接双循环海上战略枢纽节点。以更大力度推进自贸试验区高质量发展，全力服务保障舟山绿色石化基地、国际油品储运基地、国家大宗商品储运基地、国际海事服务基地建设，谋划推进衢山南部LNG接收站项目，加快推动油品管网互联互通，建成以油气、铁矿石为核心的大宗商品资源配置高地，做大做强东北亚船用燃料油供应中心，到2026年实现原油加工能力4000万吨、铁矿石堆存能力6000万吨、混配矿3000万吨以上。纵深推进制度创新，建设数字自贸区，创新大宗商品储备运营体制机制，探索自由贸易港建设。主动融入宁波舟山港世界一流强港建设，升级打造江海联运服务中心，提升港口集疏运能力，到2026年港口货物吞吐量超过2.5亿吨。主动融入长三角一体化，围绕“融舟接甬联沪”目标，加强基础设施、产业联动、公共服务等方面协作，参与共建宁波舟山全球海洋中心城市，加快谋划建设青山大桥，配合做好沪舟甬跨海大通道前期工作。坚持项目引领，狠抓招商引资，着力推动民间投资、央企投资、外商投资、政府投资“四轮驱动”，完成固定资产投资1800亿元以上。

（二）坚定不移推动高质量发展，构建现代化海洋产业体系。突出创新在现代化建设中的核心地位，谋划建设岱山科技创新园区，打造高能级科创平台，初步建成石化新材料、海洋智能制造、海洋新能源三大科创高地，奋力夺取“科技创新鼎”。突出企业创新主体作用，实施科技型企业“双倍增”行动，推动规模以上工业企业研发机构全覆盖，累计新增高新技术企业20家、科技型中小企业100家、创新型领军企业5家以上。实施人才强县战略，到2026年全县各类人才达到6万名以上。实施制造业产业基础再造和产业链提升工程，大力发展石化产业链，做强船舶与临港装备产业，加快汽船配、微电机、水产加工等产业转型升级，推进先进制造业与现代服务业深度融合，建设具有海洋特色的制造强县。抢抓碳达峰碳中和战略机遇，落实好新增可再生能源和原料用能不纳入能源消费总量控制新政，积极发展风光电等清洁能源产业链，着力破解能耗指标瓶颈。大力发展数字经济，建设未来工厂、数字化车间，完善工业互联网平台体系，形成一批新技术融合应用场景，数字经济核心产业增加值年均增长15%以上。深化“亩均论英雄”改革，到2026年规模以上工业亩均增加值200万元、亩均税收40万元以上。打造开发区产业大平台，高标准建成星浦未来社区，加快东沙片区协同发展，实现园区空间形态、产业结构、亩均效益、安全等级的迭代升级。

（三）坚定不移促进高标准均衡，推进城乡一体新型城镇化。加强规划引领管控，完善“多规合一”规划体系。适度超前推进综合交通网、水利保障网、能源供给网、城乡服务设施网建设，建成526国道岱山段、岱山公交总站等一批道路、码头、场站工程，探索发展通用航空；完成水资源优化联调工程，建成一批海塘安澜、城乡排涝项目；实施500千伏鱼山变、衢山220千伏、岱西110千伏等输变电工程，完善充换电网络布局；建设岱山快递物流园区，建成邮政快递分拣中心，打造客货邮融合发展示范县，加快实现城乡交通、供水、电网、燃气同规同网。全面提升城市功能品质，高标准建设双峰新城，实施“七个一”提升工程①，创成全国县级文明城市。加快城市有机更新，统筹推进旧改新建，推动未来社区增点扩面、老旧小区需改尽改，精心打造岱山本岛南部美丽港湾。全面实施乡村振兴战略，开展渔农村人居环境整治提升行动，每个乡镇建成1个以上未来乡村，省新时代美丽乡村精品村建成率达80%以上，创成县域风貌样板区；开展更高标准集体经济巩固提升行动，促进产村融合和片区组团发展，到2026年70%以上的村集体年经营性收入50万元以上；强化科技兴渔，发展海洋牧场，建设现代渔港经济区。

（四）坚定不移展现高颜值生态，建设全域全景海岛大花园。坚持“一岛一韵、一村一景”，以山体林地、水系、海岛、交通线路等为载体，实施国土绿化五年行动计划，全面推行“林长制”，下好“微改造”的“绣花”功夫，建设本岛“一心八廊”生态廊道②，建成东海郊野公园、蓬莱森林公园、秀山大花园等一批高品质公园，创建一批省级森林村庄，争创国家森林城市，全县森林覆盖率48%以上，打造“岛岛是花园、村村见美景”的海岛大花园，成为长三角重要的海岛休闲旅游目的地。科学有序实施碳达峰碳中和行动，强化能源运行调度，推进资源节约集约循环利用，倡导简约适度、绿色低碳的生活方式。深入打好污染防治攻

① “七个一”提升工程：指建成一个高速（主要客运码头）入城门户——双合登陆点（双合互通）和秀山码头入城门户、一条迎宾大道——G526迎宾大道、一个市民中心——以行政中心为核心的市民中心、一条景观大道——长河路和星河路景观大道、一个中央商务区——宝盛大酒店和日达广场中央商务区、一条滨海绿道——十里滨海绿道、一个特色小镇——东沙古镇特色小镇。

② 本岛“一心八廊”生态廊道：“一心”指磨心山生态绿心，“八廊”指构建八条通山达海的生态走廊，串联磨心山生态绿心与大海，将城市空间有机划为若干组团，塑造良好的“山—海—城”关系。

坚战，以更高标准守护蓝天、碧水、净土，严格落实河（湖）长制、湾（滩）长制，构建海岛地区GEP核算制度①，建立健全以“三线一单”为核心的分区管控体系，空气质量优良率保持在97%以上，市控以上断面Ⅲ类以上水质比例达100%，创成省“无废城市”。

（五）坚定不移创造高品质生活，绘就共同富裕美好新图景。探索“先富带后富”岱山模式，打造民生事业“七优享”金名片，率先推动共同富裕取得实质性进展。扎实做好“扩中”“提低”工作，实施居民收入和中等收入群体双倍增计划，推动更加充分更高质量就业，完善创新要素参与分配机制；实施低收入群体同步基本实现现代化行动，确保共同富裕路上一个也不掉队。聚焦“一老一小”问题，积极应对人口老龄化，多渠道降低生育、养育成本，建设老年友好型、育儿友好型社会。加快推进教育现代化，高质量普及学前至高中段15年教育，积极推动普惠性幼儿园扩容提质，创成全国学前教育普及普惠县；建成双峰新城学校，引进长三角优质教育资源，加强教师队伍建设，全面提升教学质量，省现代化学校建成率达45%以上。深化健康岱山建设，完成县第一人民医院迁建工程，办好县中医院、衢山二院，健全与长三角地区三甲医院长效合作机制，县域就诊率巩固在90%以上；规划建设岱山公共卫生中心，改革完善公共卫生应急管理体系，科学精准做好常态化疫情防控。优化公共文化服务供给，深入挖掘海洋文化、红色文化，建成双峰新城体育中心，每万人拥有公共文化设施面积达4350平方米。深化军地融合发展，争创省双拥模范县“九连冠”。

（六）坚定不移强化高效能治理，争当县域治理现代化典范。坚持以数字化改革为引领，推动流程再造、系统重塑、制度重构，率先形成与数字变革时代相适应的现代化治理方式。围绕“152”体系，加快平台贯通、应用贯通、体制机制贯通，依托一体化智能化公共数据平台，建好用好岱山城市大脑，谋划建设一批海岛特色多跨协同应用场景，打造更多可复制可推广的改革成果。完善数据安全体系，掌握公共数据资源所有权。制定实施优化营商环境行动计划，推进政务服务“去中心化”改革，推动“一件事”集成改革，建设“信用岱山”，持续提升县域营商环境。加强法治岱山建设，深化“大综合一体化”行政执法改革，实施“八五”普法，打造法治浙江示范区。高水平建设平安岱山，深化“县乡一体、条抓块统”改革②，持续擦亮“瀛洲红帆”“东海渔嫂”等治理品牌，打造新时代“海上枫桥”升级版。常态化推进扫黑除恶斗争，打造“县域治安首善之地”。加快构建“大安全、大应急、大减灾”体系，努力实现平安建设“夺鼎摘星”。

三、2022年政府主要工作

2022年是党的二十大召开之年，是新一届政府的开局之年，必须迈好第一步，展现新气象。综合分析发展环境和自身条件，建议2022年全县经济社会发展的主要预期目标为：地区生产总值增长12%以上，一般公共预算收入增长7%以上，研发投入强度达3.3%以上，规模以上工业增加值增长20%以上，社会消费品零售总额增长7.5%以上，城镇和渔农村常住居民人均可支配收入分别增长7.5%和8%以上，完成上级下达的能源和环境指标计划目标。

在具体工作中，必须牢牢把握“稳进提质、除险保安、塑造变革”三个方面，切实增强“没有走在前列也是一种风险”的忧患意识，以数字化改革为牵引，以“项目攻坚年”行动为抓手，以开局就是决战、起步就要冲刺的奋进姿态，全力夺取全年经济

① GEP核算制度：指生态系统生产总值核算制度，通过计算森林、荒漠、湿地等生态系统以及农田、牧场等人工生态系统的生产总值，来评价和展示生态系统的状况。

② “县乡一体、条抓块统”改革：是一项以党建为统领，基层治理现代化为目标，赋能乡镇为核心内容，重塑县乡管理体制和基层治理体系为出发点的重大基层改革，是数字化改革在基层的综合性探索与实践。

社会发展的高分报表。重点抓好九个方面工作：

（一）聚焦聚力实施国家战略。坚决扛起国家战略叠加地的政治担当，深化自贸试验区新一轮发展，加快推进一批标志性重大项目，持续放大开放发展新优势。全力服务保障舟山绿色石化基地一期、二期安全稳定运营，实现产值1800亿元以上，争取三期项目早日启动。加快建设国际油品储运基地，建成黄泽山二期104万立方米、黄泽山—鱼山原油管道项目，谋划建设小衢山、双子山油储项目。全面推进大宗商品储运基地建设，统筹做好审批服务、要素保障、政策处理等工作，鼠浪湖矿石中转基地实现港口货物吞吐量6700万吨、混配矿1800万吨以上。加快建设国际海事服务基地，建成衢山岸基产业园一期，引进海事服务企业5家以上，实现保税燃料油加注常态化。创新形成4项以上制度成果，争取入选省级创新案例。聚焦长三角一体化、甬舟一体化，加强与浙江自贸试验区杭州、宁波、金义片区和上海自贸试验区的合作交流，谋划推进一批石化产业、江海联运、科技创新、公共服务等领域合作项目，吸引更多资源要素向岱山集聚。

（二）聚焦聚力扩大有效投资。强化“项目为王”理念，坚持优存量、扩增量并重，以重大项目推动产业能级提升、城市品质提升、生活水平提升。全面开展项目招引。聚焦绿色石化、高端制造、清洁能源、商贸服务、教育卫生、文化旅游等重点领域，精准画出产业链鱼骨图和招商图，完善招商引资考核办法、项目准入评估机制，着力引进一批创新能力强、投资规模大、产业层级高、带动潜力足的重大项目，争取落地20亿元以上项目1个、10亿元～20亿元项目2个、1亿元以上项目20个，确保实际到位市外资金40亿元，实际利用外资9000万美元。全力攻坚重点项目建设。加快谋划推进重大产业、重大基础设施、重大民生项目，深入实施省市县长工程项目，完成固定资产投资350亿元以上。加快续建项目建设进度，确保新建项目开工率一季度达40%以上，上半年达60%以上，三季度达85%以上、力争全部开工，出让或盘活产业用地27宗，竣工投产10个。全程优化项目推进机制。深化“项目中心制”，强化清单化管理、专班化运作、全流程督查；深化招投标改革，推行极简审批、并联审批、模拟审批，加快项目前期进度；加强“五未”土地①治理，全力争取专项债、中央预算内资金，争取重大项目实现能耗单列，有效破解土地、资金、能耗等要素制约，加快推动重大项目落地见效。

（三）聚焦聚力产业转型升级。坚持做大做强实体经济，依托大石化、大平台做好建链、延链、强链文章，加快培育发展标志性产业链。大力发展绿色石化产业集群。集中力量做大做强开发区产业大平台，加快建设石化循环经济产业园、石化装备运维技术产业园、浙石化物流基地，推动润和催化剂等新材料项目尽快投产，新引进石化产业链项目10个以上，打造全国重要的石化装备制造基地、石化服务业基地和新材料研发制造基地。加快培育清洁能源产业。围绕“可再生能源+储能+联合制氢+碳汇”路线，实施“风光倍增工程”，加快推进双剑涂渔光互补、岱山1号海上风电场等项目建设，积极引进清洁能源产业联合体，逐步形成光电、风电、储能装备制造、蓝碳等产业链为主的产业集群。改造提升传统制造业。坚持数字化、高端化、绿色化发展方向，支持常石造船、浙江友联、惠生海工等重点企业拓展大型海工装备、豪华邮轮等修造业务，加快金海智造战略重组，打造国内外知名的船舶与海洋工程装备制造基地；打通新材料产业至汽船配产业转化渠道，打造汽船配产业集群；支持电机、水产加工、玩具产业向“专精特新”方向迈进。积极发展数字经济。加快推进数字产业化、产业数字化，招引数字企业3家，完成企业数字化改造5家，培育建设数字化车间8个，新增工业机器人50台

①“五未”土地：指批而未供、供而未用、用而未尽、建而未投、投而未达标的土地。

以上，谋划建设化塑（合成树脂）产业数据中心、船舶行业综合服务平台等一批应用场景，数字经济核心产业增加值增长15%以上。

（四）聚焦聚力强化创新驱动。充分发挥科技创新的动力引擎作用，促进创新链、人才链、产业链深度融合，把科技创新的“关键变量”转化为高质量发展的“最大增量”。发挥企业创新主体作用。培育壮大创新型企业，新增高新技术企业3家、科技型中小企业20家，建成宁兴船舶等省市级企业研发机构2家以上。开展企业研发精准帮扶行动，规模以上工业研发费用增长15%以上。打造高能级创新平台。建成中科院宁波材料所岱山新材料研究和试验基地，创新市场化运行机制，首批5个新材料项目投入中试，力争中试成果本地产业化实现突破。完善提升岱山汽船配内饰密封件产业创新服务综合体，集聚服务机构30家以上，高标准通过省科技厅中期验收。优化科技创新政策体系。制定实施新一轮科技扶持政策，完善科技金融、成果转化等举措，健全“科技悬赏奖”[①]制度，深化产学研合作，高质量实施全省“尖兵”研发攻关计划项目，开展关键技术攻关项目6项以上，实施市级以上科技项目20项、发明专利产业化项目5项以上。打好招才引智组合拳。迭代升级人才政策，大力培育创新型“新生代”企业家，绘好数字化“人才地图”，升级打造宁波人才飞地，完善柔性引才机制，引育“高精尖”人才60人、高校毕业生2000人、高技能人才1150人以上，形成“来了就是岱山人”的浓厚氛围。

（五）聚焦聚力深化数字化改革。坚持以数字化改革牵引撬动各领域改革，增创市场有效、政府有为、企业有利、百姓受益的体制机制新优势。迭代升级数字化改革。聚焦“两年大变样”目标要求，优化数字化改革体系架构，完善一体化智能化公共数据平台，高效运行数字化改革总门户和5大综合应用系统，加快推进“152”体系与“141”体系整体贯通，迭代形成“1512”[②]体系架构，加快培育一批最佳应用，省级重大应用贯通率达100%，打造“掌上办事之县”“掌上办公之县”“掌上治理之县”。持续优化营商环境。实施营商环境数字化提升行动，健全营商服务综合体运行机制，推行惠企政策“免申即享”，推进公共资源交易全流程电子化，加快实现商事主体登记“零干预、零材料、零费用、零跑动”。加大减税降费力度，全年为企业减负5亿元以上。全面落实《浙江省民营企业发展促进条例》，实施外商投资准入前国民待遇加负面清单管理制度，保障各类市场主体公平参与市场竞争。纵深推进要素市场化改革。深化“亩均论英雄”改革，开展亩均税收5万元以下低效企业整治，确保规模以上工业亩均税收增长15%以上。实施融资畅通工程升级版，引导金融机构加大支持力度，扩大首贷、信用贷、无还本续贷、中长期贷款规模，全县贷款余额增长10%以上，综合融资成本稳中有降。加快市场主体升级，培育拟上市企业2家。探索实施国企混合所有制改革，加快市场化转型。

（六）聚焦聚力推进新型城镇化。坚持城乡一体、产城融合发展，打造更加宜居、更具韧性、更为协调、更趋共享的城镇化格局。加快完善基础设施。全面融入大桥时代，深化青山大桥前期工作，建成开通526国道双合至南峰段，加快建设磨心山隧道、衢山环岛西线、秀山环岛公路等一批道路工程，启动实施双峰新城路网、管网、水系等基础设施工程，完成公路大中修24千米；优化岛际交通网络，建成燕窝山陆岛交通码头、燕窝山客运中心、县交通集散中心，开通燕窝山至小洋山、沈家湾、嵊泗、衢山航线，增开5条长三角地区班线。实施水资源优化联调工程，加快建设磨心水库扩容及河库联网、岱北

① “科技悬赏奖”：指围绕产业链、创新链关键“卡脖子”技术，由企业、产业创新服务综合体、企业研究院、新型研发机构等提出需要解决的重大应用研究开发项目，面向全社会公开寻找项目研发人员和团队。

② “1512”：“1”即一体化智能化公共数据平台，“5”即五大综合应用系统，“1”即基层治理平台，“2”即理论体系、制度规范体系。

水厂等项目，整治水库山塘7座、河道3条。加快城市有机更新。把未来社区理念贯穿到城市旧改新建、有机更新的全过程，建设蓬莱新村旧改类未来社区试点，实施老旧住宅改造170幢，完成2条城区道路白改黑、兰秀大道改建、衢山大道东侧城市空间提升工程。以美丽渔港建设为重点，加快建设海塘安澜工程、江南山未来渔村，完成滨港路立面改造、江南段护岸综合整治、江南山避风锚地疏浚工程。加快发展城市经济。推动商贸服务业提档升级，培育楼宇经济、总部经济，打造以宝盛大酒店、日达广场为核心的商贸集聚圈，建设原高亭码头商业综合体，建成蟹文化产业园，培育发展小集镇商贸服务业，引进一批品牌化、连锁化、高端化消费品牌。

（七）聚焦聚力打造海岛大花园。牢固树立“绿水青山就是金山银山”理念，统筹推进绿色、低碳、循环发展，持续擦亮岱山生态金名片。大力推进全域美丽建设。实施绿化美化彩化工程，提升岱西双合、东沙燕窝山两大门户和526国道沿线景观，加快推进东海郊野公园、蓬莱森林公园建设，创建高亭、岱东市级美丽乡镇，建设小长涂未来乡村，新增“一村万树”示范村2个，新建口袋公园2个，争创新时代美丽乡村标杆县。巩固提升环境质量。深化清新空气行动，确保 $PM_{2.5}$ 平均浓度低于每立方米19微克，守护“岱山好空气”；深化碧水行动，建成县污水处理厂扩建工程，完善农村生活污水设施第三方运维，确保市控以上水质断面全部达标；深化净土行动，加快推进垃圾中转站迁建、工业固废集中收运处置中心等项目，争创省级“无废城市”。加强生态修复和保护。深入实施“蓝色海湾”工程，完成入海排口整治120个以上，实施船舶垃圾闭环管理，加快推进围填海历史遗留问题整改。深化舟山渔场修复振兴，持续抓好伏季休渔秩序，增殖放流岱衢族大黄鱼等苗种7800万尾。加强全域土地综合整治，完成秀山秀东村土地综合整治项目，治理废弃矿山5座，新增国土绿化120公顷、彩色健康森林200公顷以上。

（八）聚焦聚力建设文化强县。坚持以文铸魂、以文兴业、以文惠民，打造文化共富“海岛模式”。加快文旅融合发展。全面推进全岛旅游开发，积极引进第三方运营企业，建成启用磨心谷公园，完成鹿栏晴沙、秀山滑泥公园、双合石壁景区提升工程，加快衢山双龙湾整体开发，建设岱东省级休闲运动乡镇，办好中国海洋文化节、国际风筝节、海岬半程马拉松等特色文体赛事，高质量完成岱山海岛公园建设三年行动计划。提升文体供给水平。开工建设双峰新城体育中心，建成县全民健身中心、县图书馆文化客厅、非物质文化遗产展示馆，实施海洋文化系列博物馆提升三年行动，培育“仙岛夜精彩”“仙岛朗读会”等文化品牌，完善“15分钟品质文化生活圈”。深化全国文明城市创建。培育践行社会主义核心价值观，建立健全常态化、精细化、全域化管理机制，持续加强文明细胞建设，广泛开展志愿服务主题活动，深入实施新一轮城乡环境综合整治大会战，强势攻坚物业管理等薄弱环节，持续擦亮“文明岱山　有礼有我”品牌。

（九）聚焦聚力推动共同富裕。围绕民生福祉，大力实施富民惠民安民新举措，让共同富裕看得见、摸得着、更加可感。全力做好“扩中”“提低”。加大就业创业支持力度，抓好退捕渔民、高校毕业生、退伍军人等重点群体就业，新增城镇就业3000人以上，城镇登记失业率控制在3%以内。抢抓国家战略落地机遇，以高质量创业带动高质量就业，在服务产业发展中谋划集体经济、居民增收。拓宽城乡居民经营性、财产性收入渠道，大力发展民宿经济，鼓励居民通过房屋出租、利息、股息等多种形式增加收入。推动以集体经济为核心的乡村集成改革，支持组建强村公司，稳步开展集体经营性建设用地入市试点，深化宅基地“三权分置”①，实现村集体经营性收入

① 宅基地“三权分置”：指宅基地的所有权、资格权和使用权这三权分置，即所有权归村集体，资格权归农户，使用权则放活。

增长5%以上。加快提升公共服务。加大优质教育资源供给，巩固扩大“双减”成果，开工建设双峰新城学校，加快推进高亭中心小学、衢山敬业小学等学校综合改造工程，创成全国义务教育优质均衡发展县；推进产教融合发展，开展中高职一体化人才培养。深化县域医共体改革，推进县第一人民医院迁建工程，放大浙大二院岱山分院品牌资源优势，确保通过国家卫生县城复评。切实加强社会保障。深化养老服务、残疾人服务供给侧改革，加快建设东沙康养联合体、残疾人托养中心。加强保障性住房供给，建成山外、东海安置小区。下大力气抓好“菜篮子”工程，打好降低菜价组合拳，让群众吃上质优价廉的放心菜。扎实管好“米袋子”，坚决遏制耕地“非农化”“非粮化”，确保粮食播种面积933.33公顷以上。实施县殡仪服务中心改扩建工程。持续深化平安建设。纵深推进“县乡一体、条抓块统”改革，加强基层治理“一中心四平台一网格”建设，完善基层矛盾纠纷调处化解机制。推进“公安大脑”建设，建立大桥时代道路交通治理新机制，做好党的二十大等重要节点维稳安保工作。加强基层应急管理体系和能力建设，强化重点海域气象灾害精准监测预警，推进地质灾害、台风洪涝等自然灾害防治，培育发展民间救援力量。深入开展“遏重大”攻坚战，大力推进道路交通、船舶修造、涉海涉渔、危化品、消防等重点领域隐患排查整治，确保事故起数、死亡人数“双下降”。精准抓好常态化疫情防控，建立完善六大机制，突出平战结合、扁平化管理，加强疫苗接种，做好外防输入，强化重点环节、重点人群、重点场所管控，有效筑牢疫情防护网。

各位代表，民之所望，施政所向。县政府高度重视民生实事项目，围绕共同富裕“七优享”，经过前期广泛公开征集，共梳理出岱山安居、岱山健康、岱山优学等12大类30个候选项目，计划年度投资3亿元以上，提请会议票决。我们将根据票决结果，认真抓好组织实施，高质量兑现为民承诺。

各位代表！实现新的奋斗目标，必须加强新一届政府自身建设，打造“整体智治、唯实唯先”现代政府。旗帜鲜明讲政治。深入学习贯彻习近平新时代中国特色社会主义思想，增强“四个意识”、坚定“四个自信”，不断提高政治判断力、政治领悟力、政治执行力，争做“两个确立”忠诚拥护者、“两个维护”示范引领者。坚决贯彻落实中央和省市决策部署，确保始终沿着正确方向前进。坚决服从县委领导，维护县委权威，确保“县委有要求，政府抓落实”。永葆初心强作风。牢记“江山就是人民、人民就是江山”，在工作谋划上更加注重考虑群众需求，在制定政策上更加注重倾听群众呼声，在推动工作上更加注重汲取群众智慧，在展示成效上更加注重接受群众评判。坚持在干中学、学中干，深入开展调查研究，不断提高解决问题、推动发展的能力。依法行政固基石。深化法治政府建设，严格行政规范性文件合法性审查与监督管理；稳步推进“大综合一体化”行政执法改革，全面推行“综合查一次”，综合行政执法事项占比达20%。自觉接受人大依法监督和政协民主监督，强化审计监督、司法监督、群众监督和舆论监督。整体智治提效能。深化数字政府建设，推动综合应用更加成熟定型，全面实现政务服务“一网通办”，以年度工作目标为核心的各项业务实现跨业务、跨层级、跨部门高效协同。树立“唯实唯先、善作善成”理念，加强清单化管理、专班化运作，确保说一件、干一件、成一件。清正廉洁塑形象。从严落实党风廉政建设责任制，认真履行“一岗双责”，严格执行中央八项规定精神，坚决反对形式主义、官僚主义，全面建设廉洁政府。牢固树立“过紧日子”思想，严格控制和压减一般性支出，以政府的辛苦指数换取群众的幸福指数。

各位代表！实干托起梦想，奋斗成就未来。让我们紧密地团结在以习近平同志为核心的党中央周围，在县委的坚强领导下，奋勇争先担使命，乘势而上开新局，为谱写高质量发展建设共同富裕示范区海岛样板新篇章而努力奋斗，以优异成绩迎接党的二十大胜利召开。

舟岱大桥

宁波舟山港主通道项目，是保障浙江自贸试验区建设和舟山绿色石化基地等重工产业配套的重要基础设施，也是舟山北面大通道重要的先导工程和甬舟开放大通道重要的海上交通枢纽。项目路线起于定海富翅岛，顺接甬舟高速（G9211)，经烟墩乡、东海农场东北角，穿规划区后入海，越长白航道后于长白岛西侧登陆，再跨经灰鳖洋，于岱山岱西双合码头登陆；在双合村北侧设置终点互通，通过支线连接舟山绿色石化基地和岱山本岛内环公路，同时预留延伸至大小洋山条件。路线全长28千米，按双向四车道高速公路标准设计建造，设计速度为100千米／小时。其中的舟岱大桥系宁波舟山港主通道主线，起自定海烟墩蟹浜湾，互通连长白岛，跨越灰鳖洋，终于岱西镇双合山。大桥全长18千米，为三塔海上斜拉桥。工程于2017年1月开工建造，2021年1月主桥贯通，实现海域与陆域成功相连，10月全线建设完工，12月29日通车。舟岱大桥建设总投资163.24亿元。

舟岱大桥地理环境

灰鳖洋，是舟岱大桥跨越的必经之地。

清康熙时，灰鳖洋称“龟鳖洋”，因洋东端有上、下灰鳖山得名，位于岱山县西面、杭州湾口，呈东西走向，北起七姊八妹列岛至火山列岛；西北连王盘洋；南承接金塘水道；东起双合至长白山岛，与高亭港相连。东北接岱衢洋，西近大陆海岸。全长约55千米，宽约40千米，面积约1281平方千米。水深在5米～15米，由西向东渐深。西段5米～10米，东段10米～15米，有急流。底质，西段泥沙为主，东段泥为主。潮汐属规则半日潮，涨潮流向西，落潮流向东，流速4～6节。夏季多东南风，冬季多西北风。

灰鳖洋，是岱山海区客货船舶通向宁波北仑港，西往杭州湾的中心航道，更是外轮进入北仑港的航道之一，可通行万吨级船舶。灰鳖洋周边导航设施有鱼腥脑灯塔及双合山、长白山、七星峙等7座灯桩。

舟岱大桥重要施工节点

2017年1月，举行舟岱大桥开工仪式。是月初，栈桥钢管桩开打。5月底，栈桥桩基施工完成。6月，栈桥桥台浇筑完成。9月，舟岱大桥双合段B16号桩开钻，标志着舟岱大桥工程施工正式拉开序幕。

大桥主墩钢套箱全部下放完成。2018年10月18日上午，舟岱大桥南通航孔桥NT4主墩，一长49.66米、宽34米、高9.41米、重1300余吨的钢套箱下放至NT4主墩。至此，舟岱大桥最后一个主墩钢套箱顺利下放。自2018年7月14日首个千吨级主墩防撞钢套箱安装完成以来，历时161天，圆满完成7个钢套箱的安装工作。

大桥非通航孔开始架梁。2019年3月13日，舟岱大桥4标段开始非通航孔桥的节段箱梁吊装施工。大型架桥机缓缓提起一榀百吨重的预制节段箱梁置于桥墩上部，在几十米高空中，将两块箱梁组装拼接在一起。舟岱大桥4标段北侧跨径非通航孔桥其左右两幅各有9跨、共有356榀节段梁架设，于2019年6月底完成架设施工。

大桥箱梁首件成功架设。2019年4月18日，舟岱大桥一块长69米、宽12.55米、重达1800余吨的“巨无霸”箱梁被“奋进号”起重船提起，精准落至大桥NZ24号和NZ25号墩上。至此，舟岱大桥首榀预制箱梁成功完成架设。舟岱大桥预制标准箱梁共370榀，每榀梁长70米、高4米、上部宽11米至12.55米不等，整个标准段架梁施工于2020年5月完成。

大桥超长钢管桩施工完成。2019年5月16日，ZB43号墩最后一根钢管桩顺利沉放到位，标志着舟岱大桥大直径超长钢管桩全部施工完成。舟岱大桥70米非通航孔桥采用打入钢管桩作为桥梁基础，最大桩径达2米，长达109米、重达112吨，全线2700根钢管桩，总重量超24万吨，近6个北京鸟巢钢结构的用量，总长度超260千米，相当于5条英吉利海峡隧道长度，或6个全程马拉松的长度。单根钢管桩最大长度达109米，相当于36层楼房高度。

大桥主塔完成封顶。2019年12月18日，舟岱大桥主通航孔桥主塔顺利实现封顶。这标志着国内最大跨径三塔跨海斜拉桥主塔施工全部完成。舟岱大桥主通航孔桥为主跨2×550米三塔双索面钢箱梁斜拉桥，全长1630米，其跨径组合为国内三塔跨海斜拉桥之最，能满足10万吨级油轮通航需求，是国内通航等级最高的桥梁。主通航孔桥3座主塔采用钻石形塔身，形似“玉净瓶”，塔总高度均为180米。大桥主塔自2018年10月29日施工以来，先后经历两个季风期和一个台风期，年有效作业时间仅210天。

大桥南通航孔桥主塔斜拉索张拉完工。2020年3月13日，舟岱大桥南通航孔桥4根直径为97毫米的斜拉索成功安装在南通航孔桥主塔两侧，首次完成斜拉索安装。南通航孔桥共有2个索塔，每个索塔分别布置11对斜拉索，全桥共88根斜拉索。

大桥通航孔桥逐个合龙。舟岱大桥海上主线共有3个通航孔，分别为北通航孔、主通航孔和南通航孔。2020年4月26日，舟岱大桥主通航孔桥首个次边跨合龙。5月2日，舟岱大桥北通航孔桥右幅中跨合龙段钢箱梁吊装成功，顺利合龙。6月22日，舟岱大桥南通航孔桥顺利实现边跨合龙。6月29日，舟岱大桥主通航孔桥顺利合龙。7月27日，舟岱大桥南通航孔桥顺利合龙。至此，舟山灰鳖洋海面，3座180米高的主塔成功“牵手”。大桥主塔采用钻石形塔身，由下塔柱、中塔柱、上塔柱和下横梁组成，塔高均为180米。独特的钻石形塔身成为舟山的代表性建筑。

大桥陆域段桥梁贯通。2020年6月8日上午，最后一片重达78吨、长30米T梁吊装就位，舟岱大桥陆域段桥梁实现贯通。舟岱大桥主线全长约28千米，其中陆域桥梁总长约9千米，由何家大桥、涨次大桥、烟墩大桥、赤坎大桥、东海农场大桥和沿屯坑大桥组成，共计T梁2205片、盖梁320片、立柱652个。

大桥主通航孔桥钢箱梁架设完成。2020年6月9日，舟岱大桥主通航孔桥一片桥面钢箱梁起吊，并于当天顺利完成合龙。舟岱大桥主通航孔桥全长1630米，为三塔双索面钢箱梁斜拉桥，需架设113片钢箱梁，于7月全部完成架设。

大桥长白互通承台全部浇筑完成。2020年10月27日，随着B09号承台浇筑完工，舟岱大桥长白互通承台全部施工完成。舟岱大桥长白互通由6条匝道组成，共104个承台，连接线长4.17千米，是国内第4座海上互通，舟山历史意义上第一座海上交通枢纽，也是装配化程度最高、结构形式最复杂的大型海上互通立交桥。

大桥陆域与海域桥梁连接完成。2020年11月23日，随着蟹浜湾大桥最后一片节段梁吊装完成，舟岱大桥入海口彻底打通，陆域和海域桥梁连接完成，这标志着舟岱大桥节段梁吊装全部完成。

大桥主桥贯通。2021年1月24日上午，重达1800多吨的70

米箱梁被海上大型浮吊吊起，并放至舟岱大桥主通航孔北边跨高墩上，合龙宣告完成，舟岱大桥实现主线贯通。舟岱大桥箱梁共计370片，单片长达70米，重达1854吨，是国内在建跨海大桥中最重最长的混凝土箱梁。经大桥建设者600多个日日夜夜奋战，期间克服技术、施工、台风、潮水等诸多困难，至2021年1月24日，大桥3个通航孔桥先后实现顺利合龙。

大桥索塔换装。舟岱大桥全长18千米，共筑有5座主塔，其中主通航孔桥3座，南通航孔桥2座，均为钻石形塔身，塔身高度188米。2021年5月，主塔开始涂装，于8月涂装施工全部完成。大桥主塔披上“乳白色嫁衣”，实现华丽变身。

创中国桥建史上多项之最

世界最长的连岛高速公路。宁波舟山港主通道项目全长36.78千米，包括富翅门大桥、鱼山大桥和舟岱大桥，是沪舟甬跨海大通道的重要组成部分。该项目直接与甬舟高速相连，使舟山连岛工程总建设里程达到74千米，跨越8个岛屿，拥有8座大桥。远期还将一路向北连接上海，成为世界上最长的连岛高速公路和最大的跨海桥梁群，使上海、宁波、舟山形成最短的陆路交通，对完善地区综合交通网络、支撑国家产业布局规划、推进长三角一体化发展具有重要意义。

跨径创外海桥梁世界之最。舟岱大桥采用大直径超长钢管桩基础，为全世界规模最大的跨海桥梁工程。其通航孔桥为三塔双索面钢箱梁斜拉桥，主跨2×550米，全长1630米，可通航10吨级油轮，跨径创外海桥梁世界之最；北通航孔桥主跨260米，全长510米，是国内外最大跨径的节段拼装钢砼混合连续刚构跨海桥。

规模位居国内在建外海交通工程之最。宁舟港主通道项目主要由鱼山大桥、舟岱大桥、富翅门大桥及其接线组成，连接起富翅岛、舟山岛、长白岛、岱山岛、鱼山岛等5座岛屿。整个项目建设共使用混凝土总量超200万立方米，钢材总量超80万吨，相当于建造3个北京大兴机场航站楼的用钢量，规模位居国内在建外海交通工程之最。

工程建设创多项之最。舟岱大桥工程建设中创钢管桩打设最长、中国海上装配式程度最高、海上最重钢套箱、最重承台、最大跨径斜拉桥等多项“之最”。仅舟岱大桥钢材用量达到21万吨，相当于建造2个鸟巢的用钢量。该项目海上钢管桩共1384根，总长125.9千米，相当于北京到天津的距离。其中最长钢管桩109米，最大桩重125吨，为整根卷制而成，刷新世界跨海大桥钢管桩长度的记录。

创品质工程建设

舟岱大桥项目处于灰鳖洋外海，风高浪急，地理环境复杂，施工难度极具挑战性。为此，主通道舟岱大桥项目从耐久性设计、工艺管控、质量标准等方面谋划，多角度、多目标、多阶段地开展各项实体质量提升工程。主通道项目在细节品质上精益求精，不断突破科技创新，确保平安百年品质工程。

提升混凝土强度和耐久度。为提升混凝土强度和耐久度，2021年，建立一座华东地区暴露面积最大、腐蚀分区最全面的混凝土材料野外观测场——“东海海域跨海桥梁长期性能提升与保障野外观测基地”。基地内涵盖大气区、浪溅区、水位变动区、水下区等典型海水腐蚀分区，并策划放置2000多组不同研究方向的混凝土观测样品，力求混凝土施工“最优解”。在混凝土强度、钢筋保护层控制、钢箱梁桥位焊接质量等众多实体质量检测“易错题”上，实现项目钢箱梁桥位环焊缝超声波检测一检合格率98%以上，外观检查一检合格率95%以上。

拥有众多前沿性核心技术。舟岱1标全预制桥梁墩梁一体化快速建造、舟岱3标大体积混凝土裂缝控制关键技术、舟岱5标关于预制墩身预应力体系分析、全国首个全天候应用全北斗测量技术的跨海桥梁项目等众多技术，为新时代桥梁工业化建设提供技术支持。

工厂化管理，标准化施工。2021年，舟岱大桥主通道项目在工厂化覆盖率上实现4个100%；全线混凝土拌和实现统一供应，集中拌和，工厂化覆盖率为100%；混凝土预制构件工厂化覆盖率为100%；现浇墩柱钢筋成品工厂化覆盖率为100%；其他钢筋半成品加工工厂化覆盖率为100%。

（何启鸿）

人才新政

2021年，岱山县委大力实施人才新政，以“人才强县”重要战略部署为目标，全力推进人才工作提质增量、创新增效，以政策迭代释放强劲人才“引力”，着力打造海洋经济人才集聚高地，奋力打造“重要窗口”，为海岛风景新篇章提供坚强人才保障。

深化人才发展体制机制改革。2021年，中共岱山县委人才工作领导小组办公室（简称县人才办）统筹推进人才发展机制改革。完善《岱山县人才分类目录及认定标准》，将企业专技人才和新获中级职称人才纳入县级优秀人才范畴，制定出台《企业技术技能人才培育奖励补助办法》，进一步加大对技能人才的奖励，落实各类相应保障。根据不同人才类型，给予人才创业资金、就业补贴、年金奖补、安家奖励、税收奖补、津贴补助、引才奖励等，吸引鼓励县外人才来岱就业创业。累计新引进大学生1910人，同比增加30%，其中到企业入职人数占96%，引进各类紧缺专业人才55人，外国专家人才70人，占全市总数的50%。

统筹力量抓好双招双引。2021年，县人才办坚持拓源挖潜，积极探索现有人才招引的有效途径。围绕“石化循环经济产业园”建设，推出“一企一策”奖补激励措施，引进石化装备制造关联企业20家，高层次人才项目38个，其中亿元以上项目11个。高标准建设中科院宁波材料所岱山新材料研究试验基地，首期入驻新材料项目5个、研究团队成员133人，其中博士47人，省部级以上人才5人。大力扶持企业研发平台发展，全年新增高新技术企业6家、省科技型中小企业32家，促成浙江友联与中科院深圳研究院共建专家工作室，东沙汽船配小镇实现博士后引进“零”的突破。完善“甬舟一体化人才发展飞地”运营管理机制，入驻以绿色石化、新材料制造、数字经济为主营方向的高能级企业12家，常驻人员硕博学历占50%以上。

全链条提升人才留居生态。2021年，县人才办以人才所需、人才所虑为工作导向，打造具有海岛城市温度的人才生态。安排人才子女优先入学、免费幼托，免费提供青少年培训，2021年帮助解决各类人才子女幼托、入学370人。实行人才免费体检、不限号预约专家等就医便捷服务。注重向重点企业、项目一线人才提供人才住房保障，新建高品质人才公寓99套，配套书吧、无人超市、洗衣房、健身馆等个性化服务设施。搭建“岱山人才服务”数字化应用场景，推出集合涵盖教育医疗、文化体育、公共交通等领域7大类21项专属服务的“人才服务码”，县内人才持码率100%。

（虞佳茜）

责任编辑：虞迪燕

2021 年全县新冠疫情防控工作

2021 年，全县疫情防控工作坚决贯彻县委县政府的决策部署，把疫情防控作为头等大事，全力落实疫情防控“四方责任”，紧扣境外输入特别是海上输入和进口冷链食品防疫最大风险点，强机制、补漏洞、严落实，做到人、物、环境同防同监测，按照“四个确保、一个力争”目标要求，毫不放松地做好疫情防控工作，保障全县经济社会稳定发展。是年，全县未发生本土阳性病例。

强化核酸检测能力建设。按照 24 小时内基本完成全县全员核酸采样、提升新冠病毒核酸检测要求，系统梳理全县核酸检测能力，安排 59 个核酸采样点，细化完善大规模核酸检测工作预案，加强核酸采样人员、检测人员配备和物资储备。至 2021 年年底，县第一人民医院、县疾控中心 2 个检测点最高日检测能力为 3680 单管；岱山医疗集团与杭州迪安医学检测公司签订《大规模核酸检测协作协议》，紧急情况下迪安公司可提供 3 辆移动核酸检测车来岱，日检能力每车 4000 单管。

提升医疗救治能力。全年累计投入 400 余万元对定点医院隔离病区进行改造，增设 5 间负压房，其中 1 间负压手术室、4 间负压病房（12 张床位），并配备相应的救治设备，隔离病区可设置新冠患者收治床位 30 张。县第一人民医院、县第二人民医院完成发热门诊方舱 CT 设置，并各配备负压救护车 1 辆。7 家乡镇卫生院完成发热诊室规范化改造。

做好防疫物资保障工作。根据防疫物资库存情况，精准排摸物资需求，全年共采购医用口罩、防护服、医用手套等物资 9 批次，共计 153 万元。落实应急运输保障，县邮政公司明确 5 辆运输车及工人负责应急运输，保障防疫物资的紧急调拨。全年累计调拨发放防疫物资 70 余次，共 20 余万件。做好大规模核酸检测的物资储备工作，全县设大规模核酸检测物资储备大仓库 2 个，在全县各乡镇（浙石化）分设 21 个片区和 20 个储备点，并完成物资采购及配送工作。

加强对重点人、物、环境的核酸检测。对重点疫区来岱人员和境外入岱人员、返乡人员、密切接触者进行新型冠状病毒核酸及血清抗体检测，全年累计开展人员检测 402966 人次，环境检测 109976 份，食品检测 7466 份。全年未发现本土确诊病例和疑似病例。

分梯次推进新冠疫苗接种工作。自 3 月起，全县开展全民新冠病毒疫苗接种工作，全年完成 3 ～ 11 周岁人群第一剂接种 8708 人，完成全程接种 8305 人；12 ～ 17 周岁人群第一剂接种 5794 人，完成全程接种 5471 人；18 周岁及以上人群第一剂接种 206760 人，完成全程接种 199208 人，加强剂接种 49736 人。

抓好进口冷链食品、水果的管控。推行“卡口设点 + 点位细查”联动机制，在双合集散中心设立冷链车辆检查卡点，24 小时对入岱的冷链食品车辆实行“逢车必拦、逢车必检”，对“三证”不全进口冷链运输车辆实行劝返或引导至市集中监管仓，把牢“入岱关”。借助“浙冷链”“浙食链”，对进口冷链食品、进口水果的生产经营主体、经营品种做到“应上尽上”，全县88家进口冷链食品和58家进口水果的经营主体上链率达到100%，累计查处无“三证一码”进口冷链食品违法行为18起，持续夯实进口冷链食品“动态清零”成果。

做好海上疫情防控工作。通过船舶装卸审批、装卸“三不接触”原则、海关登临检测、线上24小时巡查等方式，强化对装卸船舶管控；严格落实船舶审单制度，在“四不接”原则的基础上，采取市、县、乡三级联合会审的形式，严格控制有境外换班记录，确保岱山县海上疫情防控持续有力。根据船员换班“应换尽换、应上尽上、应隔尽隔”的总体原则，强化换班审批，对离船船员进行闭环管控。全年累计完成换班船员2637人，其中上船1460人，下船1281人，上、下船人员均无异状；安全、有效处置6艘染疫船舶，26名染疫船员。同时，采用电子24小时监控和现场检查相结合的方式，确保企业落实主体责任和“三不”管控措施。

强化防疫数字化应用。运用数字化理念、数字化技术，研发升级“智慧鱼山”系统防疫功能，添加中高风险地区筛选模块。借助“鱼山码”预申报机制，全年累计拦截各类风险地区人员5000余人。归集公安、卫健等多部门数据，实现“鱼山码、健康码”的二码融合。通过“红、黄、绿”三色，对进出基地人员可信身份认证同时进行防疫风险查验，建立“快速、精准、便捷”的管控模式。全年累计查验人员6万余人，发现涉疫风险人员87人，落实管控45人。

（高乐明）

全县乡村振兴工作

2021年，岱山县认真贯彻落实《中华人民共和国乡村振兴促进法》《浙江省乡村振兴促进条例》，全面履行乡村振兴工作法定职责，围绕“产业兴旺、生态宜居、乡风文明、治理有效、生活富裕”的总要求，深入实施乡村振兴战略，获评省农村垃圾分类优胜县、省新时代美丽乡村示范县。

完善乡村振兴工作保障机制。2021年，全县健全完善常委领导“包乡走村”机制及县委“三农”工作联席会议制度，全面部署落实、督促推进乡村振兴工作。制定出台乡村振兴考核办法、细则。编制《岱山县农业农村现代化十四五规划》，挂牌成立岱山县乡村振兴局，制定出台《2021年岱山县乡村振兴任务清单》，明确落实4大类、88项年度目标任务的牵头部门和责任部门。是年，岱山县安排乡村振兴专项资金38836万元；政府性基金预算安排用于乡村振兴专项资金10064万元。

推进海岛特色乡村共富工作。2021年，全县促进渔农民增收，开展渔农家乐（农户）共富计划，以岱西镇双合村、衢山镇沙龙等渔农家乐集聚区为重点，推进重点区域提升行动。全县渔农家乐增至206家，吸收从业人员1100人。发展壮大集体经济，出台《岱山县新一轮村级集体经济提升发展五年行动计划》。加快盘活闲置农房，鼓励通过自营、出租、入股、合作等方式盘活闲置农房，增加渔农村群众财产性收入。全年全县闲置农房盘活1153套，其中农房出租居住盘活1007套，其他业态146套。推动扶贫帮困行动，全县共结对贫困户1523对，帮扶资金和实物价值稳定在每户1600元以上。完善“一户一策一干部”帮扶机制。帮扶干部覆盖率和入户覆盖率均达100%。稳步推进产业扶贫，培育农民专业合作社以扶贫基地形式吸纳低收入农户5户就业。持续开发公益性岗位，16个村推出公益性岗位，安排30户低收入渔农户就业。

着力发展乡村产业。2021年，全县加快渔农产业转型升级，积极培育文化旅游、农村电商等新业态，乡村产业基础扎实，创成岱西镇、秀山乡2个市级重点农业乡镇。是年，全县实施家庭农场整体提升县创建，建设20个家庭农场基地提升项目，创评一批示范性家庭农场，成立岱山县家庭农场联盟。推动渔农村一、二、三产业融合发展。大力发展乡村酒店、特色民宿等项目及配套产业，形成岱东沙洋等五大民宿集聚区。挖掘开发衢山紫菜、沙洋晒（花）生等渔农产品品牌，进一步打通农村电商通道，全县有10家渔业电商平台。培育乡村振兴创业人才。开展面向回乡创业大学生、青壮年农民和退役军人的技能培训班76场，培训2000余人次。强化乡村专业技术人才培养，组织乡村振兴合作创业带头人培训班9期，培训467人次。

精心打造生态环境。2021年，全县开展美丽小岛创建模式、美丽乡镇创建模式、美丽风景带创建。2021年，累计开展岱西镇等美丽乡镇创建项目9个；打造枫树村、司基村等县级美丽精品村5个。完成长涂镇美丽小岛，岱西镇林家欢乐田园综合体、后岸村民广场项目、双合村景观亮化工程等9个项目的建设工作。启动高亭镇、岱东镇2个美丽乡镇建设，完成高亭镇包括大峧山民宿、蓬莱森林公园、大峧花海、金桂山庄等乡村旅游景点的打造。完成“蓬莱乡韵”美丽风景带建设项目，逐步打造新时代海岛美丽风景线。完成前岸大转盘景观绿化、对江五彩步道、摇星浦美丽农田建设项目等14个项目。完成衢山镇风景带沿港路海塘美化、美丽村口打造、岛侧山景观打造、村内绿化提升等项目7个。提升渔农村人居环境，实施整洁村庄专项行动，全年累计清理各类陈年垃圾45000余吨，整治房前屋后乱堆乱放42000余处。完成7个乡镇“污水零直排区”建设。渔农村生活垃圾分类处理工作实现建制村全覆盖，渔农户覆盖率80%以上，建成渔农村生活垃圾分类处理终端6座，先后2次获评省垃圾分类优胜县。

深入建设乡风文明。2021年，全县科学组织编制村庄规划，已新编完成板井潭村、枫树村、北峰村、龙头村、皇坟村等村庄规划十余个。加强传统村落保护利用。推进长涂镇倭井潭村历史文化村建设，获得第七批省历史文化重点村验收优秀。积极开展非遗保护传承工作。投入70余万元对非遗传习所、木偶戏馆、渔民画馆进行改造提升，接待游客8万余人次，开展省内外学生夏令营、研学，旅行社团队定制体验活动20余场，服务学生游客10000余人次。开展传统戏剧、曲艺的带薪授艺，非遗传习所传统文化公益培训30余次，受训400余人次。全面启动未来乡村建设。启动未来乡村建设7个，长涂镇倭井潭村、岱东镇涂口村、岱西镇前岸村等3个未来乡村建设被列为省级未来乡村建设试点。

提升乡村治理水平。2021年，全县健全乡村社会治理体系。聚焦乡村治理重点探索数字乡村治理机制，支撑“四治融合”乡村治理机制。东沙镇利用大数据技术手段赋能社会治理模式，在部省共建乡村振兴示范省推进会上被列入“浙江乡村振兴十大模式”。完善渔农村队伍建设。制定出台《岱山县高质量推进新时代村（社区）班子和干部队伍建设的实施意见》，组建“兴村治社”红领团，建立“1个总团+7个分团+87个支团”的点对点落实帮扶体系。推进法治乡村建设。紧紧围绕“县乡一体、条抓块统”改革，健全完善“141”治理体系，提前部署“1612”与“141”体系贯通工作。发挥村社党群服务中心和全科网格作用，做好网格信息收集、社会治安巡防、安全隐患排查、矛盾纠纷化解。将“瀛洲红帆”“东海渔嫂”等纳入网格员。强化“清廉村居”建设，制定《清廉村居建设实施方案》，东沙镇、岱西镇、岱东镇、长涂镇、秀山乡等5个乡镇“清廉村居”创建率达100%。

（孙玉婷）

岱山县创建全国县级文明城市工作纪实

自2020年1月岱山县在成功获得全国县级文明城市创建提名资格以来，全县各级党政组织带领广大群众紧紧围绕创建全国县级文明城市目标，全力创建全国县级文明城市，常态化开展各类创建工作，加大市容市貌、交通秩序、农贸市场等整治力度，马路市场、流动设摊、车辆乱停等“脏乱差”状况得到迅速解决，市民文明素养和城市文明程度显著提高，“文明岱山　有礼有我”逐渐成为岱山人的共识。

体制机制方面建设。2021年，在创建全国县级文明城市工作中，全县立足于创建工作的长效性，着力强化领导、责任、考核三大工作机制。坚持党政同责，坚持问题导向、目标导向、效果导向，做到与全县经济社会发展重点工作同安排、同部署、同检查、同考核。强化组织领导，成立由县委书记、县长任组长，县委副书记为常务副组长兼办公室第一主任，相关部门主要负责人组成的县创建领导小组，组建由县四套班子领导牵头的18个专项行动组，抽调工作能力突出、责任心强的人员充实县创建办力量。召开创建全国文明城市动员大会，各部门、各乡镇、各社区（村）及时跟进，累计召开各个层面的动员部署会180场，迅速形成全县上下统一思想、凝聚共识的局面。开展县领导带队督查活动，县委、县政府主要领导进行每周1次督查，18个专项组牵头领导每月2次督查，已累计开展150余次。完善工作机制，建立“县委统一领导、党政群齐抓共管、创建办组织协调、有关部门各司其职、全社会积极参与”的领导体制和工作机制。出台创建全国文明城市三年行动方案和专项组工作职责、考核办法、责任追究办法等系列文件，制定动态问题清单挂图销号机制、抄告督办机制、问题提交机制、月度例会机制、责任追究机制和点位长制度、志愿者管理制度等制度50余项。建立创城“揭榜挂帅”机制，首批发布攻坚项目榜单11个，引导各乡镇、部门揭榜认领，激发创建工作积极性。系统开展创建督查机制，开展督查180批次，发送抄告单95期，督办单25期，通报25期，排查整改问题35000余个。开发数字应用。借力数字化改革，开发启用“数智创城”应用，提高问题处置效率和创建工作成效。通过平台应用，累计上传创建问题1773个，处置整改问题1487个，扎实推动全县文明城市创建工作。

创城项目执法管理方面建设。2020年，全县立足富民强县，狠抓惠民工程、精神文明、专项整治不放松。完善基础设施，提升城市能级，高亭镇2条精品示范街、150条背街小巷旧貌换新颜，18个老旧小区完成升级改造，132幢老旧小区房子完成“空中缆线”整治，完成4个农贸市场的提档升级，完成鱼市场、沿港中路、安澜路等10个公厕和5座公园广场的提升改造。完善公共设施，完成全县26条市政道路的提升改造，完成35000平方米草坪、5000平方米绿篱的补种；完成5个重点路口交通标志的标线工作，修补交通标志48处、安装交通隔离设施30千米、新建路口交通信号灯3个。建设完成公共停车场27个，共计车位2269个，32个路段、812个路侧收费泊位的投入使用，完成7000余米人行道的修复。推进沿街电瓶车充电桩的建设，在城区10条主要道路新增26个充电点位，设置充电桩32组，居民生活便利度显著提升。实施城市“颜值”提升工程。整治市容秩序，坚持疏堵结合、综合治理相结合，全面清理城区卫生死角，累计清运各类垃圾及杂物5000余车，清洗污渍3万余处，清洗果壳箱及垃圾桶7万余次。清理各类橱窗、墙面、立柱等张贴、喷涂的小广告1385处，立案查处乱刻画、乱涂写、乱张贴行为1起。整治渔农村环境，聚焦渔农村旱厕、露天粪缸等突出问题，累计整改旱厕、露天粪缸3587个，基本实现渔农村旱厕、露天粪缸双清零。开展清洁村庄行动。自2021年以来，全县渔农村共投入环境整治资金约3000万元，74个行政村累计清理各类陈年垃圾45000余吨，整治房前屋后乱堆乱放42000余处，乱贴乱画37600余处，提升全县渔农村人居环境。打造精细化管理。加强执法力度，查处机动车违停24247起，拖移未按规停放非机动车8109辆，清查僵尸机动车66辆，强制拖移12辆，清理僵尸电瓶车、摩托车、自行车321辆，立案查处绿地乱停车现象47起。立案查处携犬出行未牵绳、遛犬随地便溺等行为85起。处置禁烟区吸烟80起，立案查处丢烟蒂行为574起。文明规范出行，改造升级电子警察8个，全面启用不礼让斑马线抓拍系统点位111个、违章停车抓拍系统54处、单行线抓拍系统15处，共查处、曝光各类交通违法行为11.88万起，同比增长5.5%，其中违法停车2.2万起，未礼让斑马线1.35万起，电动车违法3万起，重点路口行人、电动车、机动车守法率均在98%以上。

全民参与引领方面建设。 2021年，全县搭建城市啄木鸟、数智创城、媒体曝光台、市民随手拍等平台，畅通12345市民热线，设立问题举报电话，收集并上报苗头性创建问题和舆情问题941个，充分吸收广大群众意见建议。坚持报、台、网联动，在岱山电视台、仙岛岱山公众号等主要媒体的重要版面，报道创建工作情况，开设“不文明行为曝光台”“创城随手拍”等专题专栏，开展“治理不文明行为，一起来行动”有奖抓拍等活动，广泛引导群众参与监督。在创城氛围营造方面，制定《岱山县创建全国县级文明城市工作宣传方案》，运用新闻媒体宣传、社会宣传、网络宣传、文艺宣传等形式，全方位调动全民全社会参与文明城市创建的积极性和主动性。拍摄专题创城宣传片1部，运用LED电子屏、公益广告、宣传栏等载体宣传公益内容，制作公益广告牌4700余块，宣传栏35个，LED刊播公益2800余条。加强新闻舆论宣传，在各媒体平台开设《创城曝光台》《创城在行动》《创城回头看》等专栏，共刊播相关报道近900条，其中曝光类新闻35条。组织各乡镇、结对单位入户发放《岱山县文明手册》9万余册，不断扩大创建工作知晓率。在志愿活动提升方面，常态化开展志愿服务，发挥各级志愿者示范带动作用，打造“城市啄木鸟”志愿服务品牌。实行“路口、路长制”，小区、道路结对制度，全面布点“路口”“路长”“小区结对”等重点点位，确保包干责任到位。依托各新时代文明实践所（站）和学雷锋志愿服务站点等阵地，围绕“3·5”学雷锋日、“12·5”国际志愿者日和“我们的节日”等重要时间节点，各级各类志愿服务组织、志愿者常态化开展“我爱我家”、文明创建市民巡访、文明交通劝导等志愿服务活动8830场次，参与人数超过9.5万人次。在文明新风引领方面，大力开展社会主义核心价值观教育活动，精心组织核心价值观宣讲、核心价值观小报展、核心价值观书法比赛等活动15场。深入挖掘选树先进典型，入选为省道德模范1名，市道德模范2名，浙江好人2名。广泛开展向道德模范学习的宣传活动，制作刊播道德模范视频短片，开展“德耀岱山”道德模范展进社区、进企业、进机关、进学校等活动10场，组织道德模范宣讲活动5场。在新媒体推出“岱山好人故事”专题，不断扩大“好人”品牌的公信力影响力。加强未成年人思想道德教育，以“童心向党”主题实践活动为载体，全县全年累计开展活动1265场，覆盖全县11000名未成年人。文明实践开展方面。以新时代文明实践中心、所、站建设为抓手，构建“5+10+N”新时代文明实践志愿服务体系建设，提供理论政策宣讲等五大实践活动，推出十大爱心套餐，组建“10+N”支服务团队，74个渔农村完成文明实践所的阵地打造及开展服务，全县共有新时代文明实践志愿服务队伍436支，共开展志愿服务活动4000余场，参与志愿者人数22390人次。

（何飚翁）

舟山绿色石化基地建设

2021年，为深入贯彻落实“长江经济带”发展等国家战略目标要求，充分发挥高水平对外开放优势，县委、县政府紧紧围绕舟山绿色石化基地（简称基地）建设的总体要求，积极开展基地（项目）建设审批、资源要素保障、社会公共服务综合管理等方面工作，全力助推舟山绿色石化基地项目建成投产，基地申报并获评2021年度中国化工园区潜力园区10强、排名第一。

4000万吨/年炼化一体化项目一期以及二期部分试运行装置实现正常平稳运行，并生产出合格产品。2021年，全年加工原油2652万吨，完成投资469亿元，累计固定资产投资近2000亿元，财政总收入90亿元，实现产值1390亿元。浙石化已成为全市第一家千亿级产值企业，进出口总额995.91亿元，低硫船用燃料油出口配额36万吨；共运输各类危化品6188吨；炼化一体化项目二期工程整体形象进度完成92.3%，其中炼油芳烃部分100%、乙烯化工部分86.7%、公用工程部分89.7%、码头储运部分93.6%。炼油芳烃部分含常减压、硫黄、催化、重整、芳烃等33套。乙烯化工部分含140万吨/年乙烯、丁二烯、乙二醇等29套装置。至2021年年底，二期已建设完成56套，6套加紧建设中，东区成陆工程完成产值约6400万元，累计完成产值约21.26亿元。2021年1月27日，东区成陆A、D区单位工程通过交工验收及质量评定。1—6月，完成东随塘三河1.2千米河道的建设任务，实现通水。11月，顺利完成东随塘二河2.3千米河道的建设任务，实现通水。同步推进宁波侧危化品码头、鱼山危化品码头、西堠危化品码头等建设工作。成功入选全国第四批“智慧化工园区试点示范（创建）单位”，完成全年各项重点任务。

基地落地50亿元以上重大石化项目1个，实际到位市外资金约425.58亿元，落地项目为浙石化新建高密度聚乙烯等化工装置项目，计划实现固定资产投资64.20亿元；积极对接SK集团、华润电力等企业，利用海上风能光伏，开展绿氢生产项目的方案研究，风光储氢综合能源项目完成签约，光伏项目完成备案，华润电力开展项目勘测、地形测量、海洋生态和水文调查等前期工作；推进英力士醋酸项目的洽谈，协调浙石化项目原料和公用工程的保障；联系美国AP公司与浙石化就二氧化碳综合利用项目进行合作商谈；对接北欧化工、台塑集团、法液空股份、陶氏集团等外资企业，争取达成合作意向。

围绕140万吨/年乙烯项目开展的基地总规调整获省政府批复，规划环评调整通过审查；邀请王基铭院士等专家对规划进行把脉论证，围绕基地三期高质量的发展，完成规划修编的初稿；完成基地控制性详细规划的编制及基地1∶500地形的测绘工作；鱼山作业区规划调整方案通过省市预审会和专家咨询会；基地燃气专项规划编制完成并通过评审。推进动力中心项目的顺利核准，甲醇合成氨项目取得环评批复，帮助企业开展项目手续完备性的检查；协调推进浙石化、德荣及新奥项目，完成消防图纸的审查和验收工作；围绕已落地的39个项目，开展审批完备性的检查，会同企业对项目的立项、环评、能评和安评审批等情况进行梳理，查漏补缺，确保项目合法合规运行。

基地围绕“民营、绿色、国际、万亿、旗舰”的目标定位，规划总面积约41平方千米，全部纳入中国（浙江）自贸试验区范围。基地分三期开发。其中一、二期开发面积约26平方千米，至2021年底形成4000万吨/年炼油、1180万吨/年芳烃、420万吨/年乙烯的生产能力，炼化一体化规模跃居国内第一、全球第五。基地三期计划开发面积约15平方千米，以发展绿色化、循环化、高端化、精细化、差别化、功能化的化工新材料和高端化学品为方向，发展国家紧缺、“卡脖子”的高端新材料和特色化学品，打造成国家级高端新材料产业基地。

（马金峰）

县一体化智能化公共数据平台启用

一体化智能化公共数据平台是浙江省政府数字化改革的标志性成果，是打破信息孤岛、实现数据共享的重要抓手，是全方位、系统性推进数字化改革的强大动力和重要支撑。县一体化智能化公共数据中心（简称中心）按照自建模式，建成县级一体化智能化公共数据平台，2021年8月，实现省市县三级贯通并正式上线运行。

夯实公共数据平台基底。中心全面遵循省“四横四纵”八大体系，结合岱山实际，建成包含基础数据库、主题数据库的岱山数据资源体系。建立岱山县公共数据平台工作专班，制定《岱山县一体化智能化公共数据平台建设方案》，邀请省市15名专家学者组建县数字化改革专家库，引进省联通专家团队力量，定期召开交流推进会，已基本完成数据归集、数据治理、数据交换、数据共享、数据开放、数据安全六大基础核心能力建设，动态归集数据1.23亿条，编制数据目录1397个，承接5批省回流数据7753万条入库，研发上架3个组件，通过网络安全等级2.0三级评测及备案。

助力全域整体智治。中心依托一体化智能化公共数据平台，不断释放大数据活力与价值，加速推进社会治理体系和治理能力现代化。以“建为用”思维支撑场景建设。精准对接与五大应用牵头单位、揭榜挂帅应用单位数据需求，至是年底，已收集整理部门间共享需求125条。以“用促治”思维支撑社会治理，通过数据比对预警、分析研判，助力基层治理。对接智慧城管、岱山安养、智慧食安等场景的数据共享需求，支撑智慧养老、海上应急医疗救援、数字残联等多跨应用场景。大数据平台对接支撑多跨应用场景10余个，全县形成政府负责、部门多跨协同的治理体系，促进部门服务应用相互衔接，变“群众来回跑”为“部门协同办”。

提升向上对接能力。岱山作为首批省级县级特色数据仓试点，按照“互联互通、以用促建、经济适用、共建共享”的原则，中心制定《岱山县一体化公共数据平台数据仓建设方案》，进行“自建模式”的开发建设。这是全县首次面向政府侧开放政务数据资源，并组织专业培训作全面推广使用，各部门可通过统一分配的账号登录岱山县公共数据平台“加购”数据。结合“三张清单”，围绕场景应用培育项目，梳理场景应用、数据需求、数据开发情况、对接成效“四张清单”，持续推进县本级公共数据的归集、更新，挖掘数字经济、四治融合、智慧民生等领域特色数据，不断增强数据赋能本领。全县从基础设施、数据资源、应用支撑和业务应用四大体系着手，完善数据开放管理标准规范，进一步迭代提升一体化平台，持续提升开放数据规模和质量，在合法合规的前提下，做深做实公共数据开放。

（张　璎）

舟富食品研发产品入选神舟十二号载人飞船“食谱”

浙江舟富食品有限公司（简称舟富公司）创办于2004年，是一家具有自营进出口权，从事水产食品精深加工、即食食品加工、常温食品加工和军用食品加工等，具有综合加工能力的企业。舟富公司占地面积24.28公顷，建筑面积1.6万平方米，总投资8600万元，建有5000吨级冷藏库1座、生产车间4个，拥有冷冻、单冻、蒸煮、含气调理生产线和冷、热烘道等设备，2011年投入3800万元引进国际一流常温软包装食品生产加工设备。

自创办以来，舟富公司获得浙江省“十五”技术改造优秀企业、浙江省农业科技企业、浙江省“绿色企业”称号；2011年，被浙江省商务厅列为第七批浙江省农产品流通龙头企业；2014年，被舟山市商务局评为外经贸运行监测先进企业；2015年以来，连续3次被浙江省科学技术厅评为浙江省高新技术企业；2014—2016年，连续三年被评为岱山工业重点骨干企业。2021年，舟富公司创立省级重点农业企业研究院——省级新食品研究院。

舟富公司依托多年的冻品加工基础，积极开发常温食品加工。自2012年企业入库中国人民解放军总后勤部承制商库以来，先后为解放军、武警部队提供各种食品。与总后勤部军需食品研究所合作研发的食品已申报发明专利7项。

舟富公司是浙江省唯一一家入库解放军总后勤部的城市供应商。自2012年以来，生产的军用食品均无任何质量问题，得到部队官兵的一致好评。

2015年起，国家相关部门开始委托舟富公司研发航天食品。2020年3月14日，通过国家航天中心考核，舟富公司成为浙江省唯一的航天食品研发生产单位；是年6月，研发的产品得到委托单位的认可。经过一段时间试吃分析研究，“舟富食品”23个航天主副食产品开始定型量产，至此，舟富公司成为中国航天中心航天员食品研发和生产基地。2021年，国家相关部门与舟富公司签订生产协议，并派专人现场监督生产，6月，舟富公司生产的23种航天主副食品全部入选神舟十二号载人飞船“食谱”，这也是全县食品加工企业的一个里程碑。

（林　皓）

责任编辑：虞迪燕

大事记

Chronicle of Events

1月

1日　全国政协副主席夏宝龙考察舟山绿色石化基地，市委书记、新区党工委书记俞东来，市委副书记、市长何中伟，市委常委、秘书长刘永艺等陪同。

是日　岱山县启用全国统一新版“渔业船舶证书”证件。

4日　省政协副主席刘小涛考察舟山绿色石化基地、526国道岱山东沙段，省政协办公厅副主任李耀武，省交通运输厅港航管理中心主任胡旭铭，副市长毛江平，县委书记周国岭等陪同。

是日　市委副书记、市长何中伟到岱山开展“深化拓展三服务、凝心聚力”活动，并实地考察舟山海山密封材料股份有限公司、卓然（浙江）集成科技有限公司和岱东镇沙洋村。

8日　中共岱山县第十三届代表大会第五次会议在高亭召开。审议通过县委《立足新发展阶段　融入新发展格局　奋力谱写“重要窗口”海岛风景新篇章》的报告和县纪委《围绕新要求　展现新担当　为奋力谱写打造“重要窗口”海岛风景新篇章提供坚强保障》的报告。

12日　市委书记、新区党工委书记俞东来考察卓然（浙江）集成科技有限公司、浙江瑞程石化技术有限公司、数字岱山创新大厦内智慧城管应急指挥系统的基层社会治理四平台建设和岱西镇双合村，市委常委、秘书长刘永艺，县委书记周国岭等陪同。

是日　县首批集充电、购物及加油于一体的海岛综合供能服务站在长涂镇和秀山乡投入运营。

13日　浙江自贸区中石油燃料有限公司在岱山鼠浪湖北锚地为利比里亚籍散货轮“艾尔斯号”加注500吨低碳保税船用燃料油，为舟山北部港区首单供应保税船用燃料油。

18—21日　中国人民政治协商会议第九届岱山县委员会第五次会议在高亭召开。会议听取政协第九届岱山县委员会常务委员会第四次会议以来的工作报告和提案工作情况报告；审议和通过政协第九届岱山县委会常务委员会工作报告和提案审查情况报告；选举陈海平为政协第九届岱山县委委员会主席，同意陈雅君因年龄关系辞去政协第九届岱山县委委员会主席职务；会议还表彰2020年度政协先进活动组、参政议政积极分子、提案办理工作先进单位、提案优秀承办件和优秀提案，通过县政协九届五次会议决议。

19—21日　岱山县第十六届人民代表大会第五次会议在高亭召开。会议听取和审议县政府工作报告、县人大常委会工作报告、县人民法院工作报告和县人民检察院工作报告，并对上述报告作出相应决议；审查和批准岱山县2020年国民经济和社会发展计划执行情况及2021年国民经济和社会发展计划草案审查的报告、岱山县2020年财政预算执行情况和2021年财政预算草案审查的报告；投票表决2020年度民生实事项目；补选县十六届人大常委会委员，通过县人大有关专门委员会主任委员名单，大会选举产生和表决通过的县人大常委会委员，县人民代表大会有关专门委员会主任委员向宪法宣誓。

24日 宁波舟山港主通道项目舟岱大桥主线最后一片重达1800多吨的70米箱梁在主通航孔高墩安装成功，实现舟岱大桥主线贯通。

26日 岱山北侧海域4号海上风电场浮灯航标被宁波航标处列为永久性航标。

27日 岱山县被列入2021—2023年创建周年全国文明城市提名城市名单。

是月 岱山长途客运中心长途客车经舟山市客运中心至金华、衢州、永康、椒江和山东临沂等5地客运班线开通。

是月 岱山县退役军人服务中心和高亭、东沙、长涂、岱东、衢山等5个镇的退伍军人服务站被列为全国首批示范性退役军人服务中心（站）。

2月

4日 宁波舟山港主通道项目舟岱大桥长白互通段下匝道合龙，实现舟岱大桥全线贯通。

6日 高亭镇首批哈啰共享单车投放城区，市民用智能手机下载“哈啰出行”APP或者通过支付宝扫描车身上的二维码即可解锁骑行。

8日 岱山县被中共浙江省委全面依法治省委员会表扬为2020年度法治浙江（法治政府）建设先进单位。

19日 岱山县推行长三角区域（上海、浙江、江苏、安徽〈合肥〉）户籍居民跨省户口网上迁移多地跑，实现异地办理，当场办结。

20日 岱山县大陆引水三期衢山岛引水工程启用，该工程管线由岱山本岛东沙镇江窑湖社区费家岙下海，经岱衢洋至衢山岛打水岙海岸登陆，再至塘岙水库。总长24千米，其中海上管线长13.35千米，引水规模为0.2立方米/秒，年均可引水450万立方米。

25日 县政府印发《岱山县养老服务供给侧改革实施方案》。

3月

1日 县委、县政府印发《岱山县全国县级文明城市创建工作三年行动计划（2021—2023）》。

是日 全市首支基层城管综合行政执法队在秀山乡成立，以政府名义对外执法。

2—3日 省政协副主席周国辉率队到岱山开展“推进共同富裕”重点履职课题的调研，市领导姜建明、张伟等陪同。

3—5日 县委书记周国岭率相关部门主要负责人考察上海嘉科工程有限公司、江苏固耐重工（苏州）有限公司和杭州浙江智英石化技术有限公司。

4日 市委决定：陈琳尹因工作调动离开岱山，免去其中共岱山县委常委、委员职务。

5日 根据省人力资源和社会保障厅统一部署，岱山县集公民身份、就业、参保、医疗、金融等信息于一体的第三代社会保障卡的换发工作全面启动。

是日 省政协副主席孙景淼考察岱山县2020年度全省平安建设工作。

7日 岱山县“文明岱山 有礼有我”创建全国县级文明城市志愿者誓师大会在高亭举行。

8日 全县为期40天的春运工作结束，县交通运输部门共投入营运车辆155辆、各类客船31艘，输送客运总量24.35万人次，完成2021年春运平安工作。

10日 市委书记、新区党工委书记俞东来考察舟山绿色石化基地。

12日 浙江自贸试验区首艘“舟山船型”多功能海事服务船“富瑞168号”在岱山顺正船业公司码头下水，该船于2020年11月开建，船型总长35.4米，型宽8米，型深3.2米，配柴油机2台，双桨、双舵，载货量约95吨，总投资约500万元，将于5月投运。

13日 岱山县秀山卫生院全科医生刘明赴东南太平洋，为秘鲁渔场作业的中国渔民、船员开展为期一年的医疗服务工作。

15日 全县领导干部会议在高亭召开，传达学习十三届全国人民代表大会第四次会议和全国政协十三届第四次会议精神。

是日 经县十六届人民代表

大会第五次会议审议通过，县政府印发《岱山国民经济和社会发展第十四个五年规划和二〇三五年远景目标纲要》。

17日 省委、省政府举行全省扩大有效投资重大项目集中开工仪式，岱山县污水处理厂扩建工程和岱山新材料产业技术创研中心建设项目名列其中。

是日 526国道岱山段改建项目东沙大桥全长1405米的首片约30米、重达72吨预应力混凝土T梁架设完成，标志着东沙大桥正式进入桥梁上部结构施工阶段。

22日 经省邮政管理局研究决定：成立岱山县邮政管理局。

23日 全县首届校际五人制足球联赛在岱山中学举行。

25日 全县数字化改革部署推进会议在高亭召开，全面部署推进全县数字化改革工作。

27日 县教育局与上海世外教育集团签订合作办学协议，为岱山县在义务教育方面首次与上海合作办学。

是日 岱山县被省委、省政府表扬为2020年度平安县，授予“平安牌”。

28日 失联70年的王阿良烈士的墓地在四川省泸州被找到，王阿良，男，衢山镇人，1947年8月参加中国人民解放军，任西南军区第三十八师八十九团一营二连班长，于1951年在剿匪战斗中负伤，经医治无效牺牲，其姓名被录入舟山籍烈士英名录。

是月 《中国共产党浙江岱山历史简明读本（1950—1978）》由岱山县史志研究室内部印制，该书设4章17个目及附录、后记，约10万字。

4月

1日 即日12时起至9月16日12时，全县捕捞渔船禁捕禁售抱卵梭子蟹及幼蟹。

2日 县政府印发《岱山县深化残疾人供给侧改革实施方案》。

9日 县政务服务办公室与浙江岱山县农商银行联合创办全县24个政银一体化为民办事网点，首批政银一体化网点在高亭、东沙、岱西、岱东、长涂、衢山和秀山6镇1乡投入运行。

10日 岱山县2021年徐福游园会暨百姓文化节启动仪式在岱东镇上船跳举行。

11—13日 第三届岱山海岬半程马拉松赛在岱东镇涂口村开赛，来自全国各地3564名选手参赛，共设半程马拉松、健康跑和家庭跑3个组别，其中参加半程马拉松赛2086人，健康跑839人，家庭跑639人。

14日 一彩民在高亭镇蓬莱路体彩代售点喜中刮刮乐“六福喜事”奖金100万元。

15—16日 市人大常委会主任张明超到岱山调研“十四五”规划科技创新发展和《舟山市科技创新促进条例》的贯彻落实情况，县人大常委会主任沈兆幸陪同。

18日 岱山经济开发区与中国台湾地区投资客商签约总投资约1.20亿元的3000吨/年高性能润滑改性材料项目。

22日 岱山经济开发区与卓然（浙江）集成科技有限公司签约总投资约80亿元的岱山石化循环经济产业园项目，副市长韩俊，县委副书记、县长孙志龙参加签约仪式。

27日 县十六届人民代表大会常务委员会第三十四次会议在高亭召开，审议县政府《关于岱山县法治政府建设实施纲要（2015—2020）》的实施情况和《关于全县职业教育发展情况》的专项工作报告；审议和通过县政府2021年政府重大投资项目和县人大常委会《关于岱山县人民代表大会常务委员会专题询问工作报告》；会议接受陈琳尹因工作调动离开岱山，同意其辞去岱山县人民政府副县长职务。

28日 市委决定：陈华清、徐剑锋任中共岱山县委委员、常委；张剑光因工作调动离开岱山，免去其中共岱山县委常委、委员职务。

29日 浙江鼎盛石化工程有限公司和岱山中学江爱国、高亭镇中心卫生院鱼山绿色石化基地门诊部乐艳、浙江省岱山县官山投资开发有限公司韩毅昆、衢山镇打水村顾兆平分别被市委、市政府授予2018—2020年度舟山市模范集体和劳动模范称号。

是月 岱山县的海岛（偏远山区）数字化医疗急救服务和居

家老人养老智慧暖心服务被省发改委公布为第二轮浙江省数字社会建设名单。

5月

1日　岱山县在全市率先实施（含岱山籍和非岱山籍）居民死亡后在各殡仪馆、殡仪服务中心、骨灰存放堂办理丧事可免除基本流程服务费用。

7日　位于岱山经济开发区徐福大道北侧、摇星南路西侧、占地面积15.46公顷的新材料产业园开工奠基，新建年产10万吨润和催化剂项目，总投资约20亿元；该项目分两期建设，其中一期建设规模为年产7000吨的丙烷脱氢催化剂和年产1000吨的银催化剂项目。

11日　县委、县政府印发《岱山县食品药品安全供给侧改革实施方案》。

12日　浙江大学医学院附属第二医院岱山分院在县第一人民医院揭牌。

16日　位于舟山北部海域的岱山4号海上风电场并网运营，该风电场有风力发电机组54台，包括36台4.5兆瓦和18台4兆瓦机组，总装机规模234兆瓦，年上网输送电量6.18亿千瓦时，全部输送至舟山绿色石化基地，每年可节约标准煤17万吨，减少各类有害气体排放约47万吨。

17日　岱山县被省委、省政府评为2020年度美丽浙江建设（生态文明示范创建行动计划）工作考核优秀县。

18日　岱山县被省发改委公布为2020年度全省扩大有效投资15个优秀市、县（市、区）之一，名列第13位。

21日　岱山县颁发首批网络预约出租车运输证。

23日　2021年中国海岛公园·秀山岛徒步大会暨岱山县群众体育大会在秀山乡吽唬开幕，设半程5000米和全程10000米赛，来自长三角地区的3000余名徒步爱好者参赛。

25日　岱山县公共资源交易中心集投标文件远程解密、开标现场直播、在线视频询问、异议投诉线上解答回复、监督部门在线监控等功能于一体的“不见面开标大厅”投入运行。

26日　党史学习教育省委第二巡回指导组到岱山开展全县党史学习教育指导工作；其间，考察舟山绿色石化基地、县先锋联盟中心、秀山海域LHD林东模块化大型海洋潮流能发电项目，县委书记周国岭陪同。

28日　国家发改委副主任胡祖才一行考察舟山绿色石化基地，省委常委、常务副省长陈金彪，省发改委主任孟刚、副主任胡奎，市委副书记、市长何中伟等陪同。

是日　岱山县2021年新时代好少年表彰会议在高亭小学召开，30名县级新时代好少年分别获“勤学创新好少年”“热心公益好少年”“尊师孝亲好少年”“诚信守礼好少年”“自强自立好少年”等称号。

31日　县委办、县府办印发《岱山县新一轮村级集体经济提升发展五年行动计划》。

是日　县委办、县府办印发《2021年岱山县城乡环境综合整治大会战实施方案》。

是月　由县海洋与渔业局携手中国航天集团科研十三所，在岱山河鱼人渔业专业合作社蟹笼渔船上开展模拟智能化“自动起纲脱钩拔蟹笼”的机器换人改造试点，获得初步成功。

是月　经公开招标，有5艘浙岱渔船更名为浙舟护渔船“持证上岗”，开展区域内的海上巡查协管和劝阻违规作业渔船，协助清理违规网具以及执法宣传等任务。

是月　根据岱山县第七次全国人口普查公布的全县常住人口为207982人，与2010年第六次全国人口普查的202164人相比，10年共增加5818人，增长2.88%，年平均增长率为0.28%；全县常住人口中，共有家庭户82444户，人口为163226人，集体户人口为44756人；按性别和年龄构成：男性人口为123467人，占59.36%，女性人口为84515人，占40.64%；其中，0～14周岁为12911人，占6.21%，15～59周岁为137619人，占66.17%，60周岁及以上为57452人，占27.62%。

是月起　岱山县全面开展补领婚姻登记证和补办结婚登记证工作。

6月

7日 岱山县与华润电力公司签约总装机容量约848兆瓦的华润岱山滩涂光伏发电产业项目，总投资约6.50亿元。

8日 岱山县秀山乡惠生海洋工程有限公司承接的由中国长江三峡集团有限公司建造的全国首座“浮式海上风电半潜式绿色低碳清洁能源基础平台”完工，并在基地举行装船下水仪式，该基础平台单机容量5500千瓦，风轮直径达158米。

10日 岱山县乡镇振兴局挂牌成立。

11日 岱山县选送的庆祝中国共产党成立100周年主题宣传视频《跨山海　见未来》入选国家档案局主办的庆祝中国共产党成立100周年微视频展播。

是日 县政府批转县综合行政执法局《关于岱山县城市绿地系统规划（2020—2035）》《岱山县城市主要绿地绿线规划（2020—2035）》。

是日 全县领导干部会议在高亭召开，学习贯彻省委十四届九次全会精神。

15日 岱山“跟着节气游乡村”（芒种）海岛业态投资洽谈会在高亭举行，现场推荐高亭、衢山、长涂和秀山4个农旅项目，来自全国各地的乡村文旅运营商家参加，签约8个乡村振兴项目。

16日 2021年舟山群岛·中国海洋文化节暨休渔谢洋大典在岱山鹿栏晴沙景区举行。

17日 由浙江舟富食品有限公司研发生产的粥、炒饭、炒面、葱油饼、太空香粽等多种米、面制品被神舟十二号载人飞船带入中国空间站“天和”核心舱，航天员吃上来自岱山本土味的航天食品。

22日 省政协副主席陈铁雄一行考察舟山绿色石化基地。

是日 高亭城区主要道路各路侧机动车停车泊位实现收费无人化。

25日 10时26分，舟山绿色石化基地最高用电负荷达100.18万千瓦，占舟山市社会用电总负荷197.74万千瓦时的50.7%，创历史新高。

是日 11时30分，中国香港籍矿砂船“明青号”装载33.38万吨进口铁矿石顺利靠泊到宁波舟山港衢山港区鼠浪湖矿石中转码头，为该码头开港以来的第200艘次40万吨级矿石轮船。

26日 副省长卢山考察舟山绿色石化基地、秀山海域LHD林东模块化大型海洋潮流能发电项目，副市长韩俊等陪同。

27日 舟山市共有党龄50年以上老党员6236名，其中，岱山县1507人领到“光荣在党50年”纪念章。

28日 县公安局罗家岙派出所党支部被中共中央授予“全国先进基层党组织”称号。

30日 省委常委、常务副省长陈金彪考察舟山绿色石化基地一期投产效率和二期项目建设情况。

是日 县十六届人民代表大会常务委员会第三十五次会议通过，依法选举陈华清为岱山县人民政府副县长。

是月 国家电网浙江省岱山县供电公司承建的全市首台柔性接地选线装置在高亭镇竹屿10千伏调配电变频电站投入运行。

是月 县第一人民医院引进的数字减影血管造影系统（DSA）投入试运营。

是月 岱山县高亭镇金维映故居—石马岙烈士陵园—东沙镇司基东岳宫—金维映史迹陈列室—中国海洋渔业博物馆—中共东海工委革命史迹陈列室—东沙非遗特色街—非遗传习所，长涂镇老街—抗倭碑—参府庙—传灯庵—西嘴鹤灯塔—军港文化馆—倭井潭硬糕非遗展示馆被舟山市文化和广电旅游体育局列为“不忘初心　牢记使命”红色一日游主题教育线路。

7月

1日 上午8时，全县党员干部群众收看北京天安门广场举行的庆祝中国共产党成立100周年大会和习近平总书记重要讲话的盛况。

6日 位于岱东镇工业园区内，全县首个社会力量建设运营的体育馆投入试运营。该馆占地面积约8000平方米，共设4个篮球场地、3个羽毛球场地。

7—8日 岱山县档案馆通过国家级数字档案馆测评。

10日 由岱山县和泰船厂首制1.4万吨级双机双舵平底结构特定航线，服务于长江中下游地区的“江海直达”散货船下水，该船总长128米，型宽22.6米，型深9米。

是日 岱山县选送的革命英雄金维映、血战大鱼山革命烈士入选浙江省“百年潮涌·之江楷模”。

10—13日 2021年中国·岱山岛气排球精英赛在岱山体育馆举行，来自全国各地62支队伍、500余名运动员参赛。

20日 全市政务服务数字化创新应用赛在岱山举行。

30日 中共岱山县十三届十五次全体（扩大）会议在高亭召开，学习贯彻习近平总书记在7月1日庆祝中国共产党成立100周年大会上的重要讲话、省委十四届九次全会和市委七届十一次全会精神，审议《岱山县高质量发展 建设共同富裕示范区海岛样板实施方案（2021—2025）》；全会提出岱山县“十四五”时期共同富裕的目标和主要任务：到2025年岱山要建设成为高质量发展、竞争力提升的创新城市，要建设成为融入新发展格局、链接国际国内双循环开放城市，要建设成为城乡一体、独具韵味品质城市，要建设成为共建共享、精神富足幸福城市，到2035年“四个岱山”建设基本实现共同富裕。

31日 2021年岱山·东海民谣音乐节在鹿栏晴沙景区举行。

是月 全县首批采用5G智慧路灯在高亭镇长河路建成。

是月 位于高亭镇环城北路“大岙香澜家园”竣工，惠及居民641户，为全县首个城镇改造安置工程。

8月

1日 岱山县的基础养老金标准由每人190元／月调整为225元／月，增幅达18.4%，惠及26000余人；另外，全县3900余名年满80周岁及以上的每人增发10元／月。

是日 岱山县执行新的最低工资标准，由原来的每月1800元调整至2070元；非全日制工作的最低每小时工资标准，由原来的16.50元调整至20元，分别增长15%和21.2%。

是日 12时起，全县首批1074艘桁标拖虾、笼壶类、刺网类、围（敷）网类伏休渔船解禁，陆续开赴渔场生产。

2日 联合国科学技术组织公布53位学者为科学院首批院士，岱西镇茶前山村金家，1964年10月出生，毕业于岱山中学的金安君名列其中。

10—11日 省委副书记、省长郑栅洁考察鼠浪湖矿石储运基地、舟山绿色石化基地和秀山岛常石集团（舟山）造船有限公司，省政府秘书长陈新，市委书记、新区党工委书记俞东来，市委副书记、市长何中伟，市委副书记华伟等分别陪同。

11日 浙江省农播示范（舟农先锋）基地“红映晴沙”在岱东镇上船跳青年电商文创园开播，是继定海区小沙示范点“红润锦沙”后的全市第二家党建农播基地。

12日 县委、县政府印发《岱山县高质量发展建设共同富裕示范区海岛样板实施方案（2021—2025）》。

是日 市人大常委会主任张明超率相关部门负责人调研岱山县上半年度人大工作以及全县国民经济和社会发展情况，并考察舟山惠生海洋工程有限公司、浙江瑞程石化技术有限公司，县委副书记、县长孙志龙，县人大常委会主任沈兆幸陪同。

13日 省委、省政府举行全省高质量发展建设共同富裕示范区重大项目集中开工仪式，衢山黄泽山—鱼山原油管道基础设施项目、浙石化4000万吨／年炼化一体化自备燃气热电联产项目和岱山石化循环经济产业园名列其中。

是日 中国邮政岱山分公司联合县公路与运输管理中心开通偏远区域客运、物流、快递线路，为全市首条“客货邮”三合一合作服务线路。

16日 市委决定：张春华任中共岱山县委委员、常委。

18日 副省长王文序调研岱山县养老事业发展情况。

是日 国家电网浙江岱山县供电公司联合浙江启明集团有限公司与舟山惠生海洋工程有限公司秀山基地签约建设面积11.98万平方米，总装机容量12兆瓦的屋顶分布式太阳能光伏发电项目。该项目建成后预计年发电量1200万千瓦时，可节约标准煤4320吨，减少二氧化碳排放1964吨。

20日 根据第七次全国人口普查，截至2020年11月1日，舟山市拥有常住人口的岛屿共87个；除舟山本岛定海片、普陀片外，人口数排名前10的岛屿，分别是岱山岛、六横岛、衢山岛、金塘岛、泗礁山岛、大鱼山岛、朱家尖岛、鲁家峙岛、秀山岛和桃花岛，其中100人以上岛屿增长前3位的是小衢山岛、大鱼山岛和鼠浪湖岛。

26日 由舟山惠生海洋工程有限公司秀山基地承建的全球最大北极二液化天然气集成管廊模块LNG完工，从惠生集团秀山码头装船运往俄罗斯北部港口城市摩尔曼斯克。

27日 岱山县文物局挂牌成立。

30日 县市场监管局发布《沙滩高尔夫球赛事组织与服务规范》，为全县首个体育领域标准规范。

31日 装载着2万吨GF88磨矿产品“万铭号”货船驶离鼠浪湖磨矿中心码头，为该中心与巴西淡水河谷合作的首次交付业务。

是月 位于526国道岱山段西北侧的交通集散中心开工建设，该项目规划用地20863万平方米，其中地上建筑面积9920平方米，地下建筑面积10943平方米，总投资约3.58亿元。

是月 由舟山市大众胶带有限公司为主制定的《汽车V带》和浙江省舟山玩具厂为主制定的《小型电动毛绒玩具芯标准》被省品牌建设联合委员会公布为“浙江制造”团体标准。

是月 由岱山县委、县政府主办，岱山年鉴编纂委员会编纂的《岱山年鉴（2020）》获评第八届全国地方志（年鉴类）优秀成果二等奖。

9月

1日 省人大常委会副主任李学忠考察舟山绿色石化基地，市人大常委会主任张明超，县人大常委会主任沈兆幸陪同。

是日 全市“减船转产”暨帆张网渔船集中拆解现场会议在岱山经济开发区举行，会议现场为转产渔民发放减船补助资金，上交渔船证书和拆解浙岱渔船11艘，计2670千瓦，市委常委姜建明，县委副书记、县长孙志龙出席现场会议。

3日 省人大常委会副主任李学忠调研岱山县贯彻《浙江省实施〈中华人民共和国环境保护法草案〉办法》的执行情况，并实地考察生态环境治理、污染防治设施和绿色低碳节能环保产业发展情况，市人大常委会主任张明超，县人大常委会主任沈兆幸陪同。

是日 东沙中学教师叶丹丽在完成援疆支教任务后，返回岱山2个月又赴新疆阿克苏地区第一中学支教，为县内首位连续两次援疆支教的老师。

8日 岱山新天地联合工会成立暨第一次会员代表大会在高亭召开，民主选举产生第一届工会委员会。该联合工会由就业形态劳动者200余人组成，为全县首个集多家连锁餐饮品牌于一体的综合体工会。

9日 由县农业农村局与浙江国际海运职业技术学院岱山校区和岱山职业技术学校联合组建的岱山县乡村振兴学院成立。

是日 浙石化岱山教育基金成立，浙江石油化工有限公司出资2亿元作留本冠名基金，用于奖励全县优秀教师、优秀学生、引进人才等群体，为全县单笔数额最大的教育捐赠基金。

是日 庆祝第三十七个教师节大会在高亭召开，会议表彰2021年度“蓬莱之春·春华奖”“蓬莱之夏·夏荷奖”和岱山县模范教师、教育模范团队。

10日 岱山交通投资汽车运输有限公司投资330余万元，购置6辆电池容量90千瓦、满电可行驶150千米以上的新能源电动微公交车投入高亭城区运营。

17日 受第14号台风（灿都）影响，原定于16日中午12时东海渔场伏休结束，是日晨6

时，全县最后一批600余艘拖网类、单锚张网（帆式张网）渔船扬帆起航，开赴渔场生产。

20日 由国家电网浙江岱山县供电公司建设的全县首个C级“无人化”自助刷脸办电营业厅在秀山乡投入运行；27日，高亭等6个乡镇营业厅相继上线“刷脸办电”功能，成为全市率先实现“刷脸办电”全覆盖县（区）。

21日 祖籍岱山县秀山乡的中国近代航空发展事业活动家、设计师厉汝燕生平事迹研讨会在秀山乡举行，来自浙江省民国史研究中心、省工商大学、省孙中山研究会等有关专家和学者参加。

22日 岱山县高亭镇太极拳队代表浙江省队在第十四届全运会群众展演太极拳决赛中获农村乡镇组四十二式太极拳二等奖。

23日 岱山县首发全市第三代智能残疾人证。

24日 由国家电网浙江舟山市供电公司承建的洛迦变电站经长礁变电站—舟岱大桥—鱼山大桥—舟山绿色石化基地二期动力中心变电站（浙石化4号化工变电站）220千伏高压电缆敷设工程历时半年建设竣工投产。该输送电线路全长46.7千米，其中随桥线路16.35千米，总投资8.90亿元。

26日 14时左右，“浙岱渔11492号”船在172海区7小区救起沉没的“浙嵊渔05119号”船16名落水船员；是月30日被舟山市渔业应急指挥部通报表彰；11月9日，市委常委姜建明代表市委、市政府到岱山慰问，并奖励抢险救灾“见义勇为”奖20万元。

27日 岱山县为贯彻落实长三角一体化和甬舟一体化发展战略，中科院宁波材料所岱山新材料研究和试验基地在岱山经济开发区开工奠基。该基地占地面积7.3公顷，建筑面积5.9万平方米，计划投资5.50亿元。

28日 岱山岛燕窝山陆际交通码头最后一个分断层面浇筑完工，标志着主体工程建设全面完成。

29日 县十六届人民代表大会常务委员会第三十七次会议在高亭召开。会议表决通过《岱山县人大常委会关于县乡两级人民代表大会换届选举有关事项的决定》《岱山县县乡两级人民代表大会换届选举工作实施方案》《岱山县人大常委会关于设立岱山县选举委员会的决定》《岱山县人大常委会关于设立乡镇选举委员会及县直属机关选举工作领导小组的决定》和县乡（镇）两级人大换届选举工作的有关决定；审议通过《浙江省岱山经济开发区人大工作委员会工作规则（试行）》《浙江省岱山经济开发区人大工作委员会代表工作制度（试行）》《浙江省岱山经济开发区国有资产管理工作监督办法（试行）》《浙江省岱山经济开发区财政预算审查监督实施办法（试行）》以及浙江省岱山经济开发区人大工作委员会有关制度；会议通过接受孙世华因工作调动离开岱山，同意其辞去岱山县人民政府副县长职务。

是月 岱山县为推进饮用水水资源地规范化建设，建立饮用水水资源地环境保护长效机制，对全县“千吨万人”及重要乡镇级饮用水水资源地名作了调整，调整后的“千吨万人”级水库为高亭枫树水库、岱东磨心水库和长涂浪荡湾水库，重要乡镇级水库为高亭黄官泥岙水库、岱东洛沙湾水库、衢山塘岙水库和秀山馒头山水库。

是月 中央电视台《海上看中国》栏目组走进岱山休闲渔船和台风博物馆，通过CCTV官网/APP、微博、Facebook、YouTube、Twitter等十多个新媒体平台进行直播，进一步提升岱山县知名度。

是月 岱山新建的柏基幼儿园开学，该园按浙江省一级幼儿园标准建造，总建筑面积5200平方米，开设托班和小班、中班、高班共12个班。

10月

9日 由岱山县高亭中心菜场400多位经营户组成，以商户为纽带、市场为平台的联合工会成立。

13日 市人大常委会主任张明超率省人大代表舟山中心组考察舟岱大桥、舟山绿色石化基地、浙江瑞程石化技术有限公司、岱山岛燕窝山陆际交通码头建设工程、岱山县乡村振兴发展和美丽海岛建设情况。

14日 10时许，一居民在

岱东洛沙湾水库附近河流捕获一条全身棕褐色、头部钝圆扁平、四肢短小，体长约80厘米的珍稀两栖动物，经鉴定为学名“大鲵”，又称“娃娃鱼”，属于国家二级保护动物，后放生于水域好的水库。

15日 岱山县被生态环境部公布为第五批国家生态文明建设示范区。

17日 2021年中国海岛公园·岱山岛沙滩高尔夫球对抗赛在鹿栏晴沙景区举行，来自长三角地区的9支代表队、200余名选手参赛。

20日 县委印发《岱山县高质量推进新时代村（社区）班子和干部队伍建设实施意见》。

20—21日 境内首次近距离发现10余羽野生黑天鹅在高亭镇峰景湾周边海岸滩涂捕食、栖息。

22日 全市深化民政残联改革工作现场会议在岱山召开，与会人员现场参观高亭镇弘美残疾人之家和居家养老服务中心。

23日 由县总工会和县人力资源社会保障局联合组织的2021年岱山县电工技能大比武在县职业技能发展服务中心举行，优胜者核发高级电工职业资格证书。

25日 岱山县被省政府命名为第二批浙江省全域旅游示范县（市、区）。

26日 全县启用电子驾驶证，与纸质驾驶证具有同等法律效力，全国通用。

28日 浙报集团融媒体共享联盟（舟融体）岱山微融媒体站在县融媒体中心揭牌成立。

是月 岱山县与杭州巨浪能源科技有限公司合作开发的数字海洋移动观测平台在长涂岛海域试水，该平台能检测传输附近海域、岛屿的波浪能、风能、太阳能等数据，为县海洋与渔业局、县交通运输局、县应急管理局等9部门提供海洋能源互补。

11月

1日 全县实施电动自行车“码牌合一”一码统管数字车牌。

2日 岱山岛童家山2号桥T梁完成架设，标志着526国道岱山段最后一座在建跨海大桥贯通。

是日 发生于2020年11月22日岱山高亭中心渔港码头，被公安部门查获的走私香烟案的郦某建、施某奖等26名犯罪嫌疑人，犯走私普通货物罪被判刑，其中，郦某建被市人民法院依法判处14年有期徒刑，并处罚金250万元，施某奖等25名犯罪嫌疑人分别判处11年以下有期徒刑，并处不同罚金。

9日 全县首个政企消防救援站在秀山乡常石集团（舟山）造船有限公司成立。

10日 县十六届人民代表大会常务委员会第三十八次会议通过《关于促进和保障高质量发展建设共同富裕示范区海岛样板的决定》。

是日 县纪委、县监委派驻浙江省岱山经济开发区纪检监察工委挂牌。

13—14日 2021年岱山县群众体育大会气排球赛在岱山县体育馆举行。

14日 县市场监督管理局核发全市首张全程电子化食品经营许可证。

18日 全县领导干部会议在高亭召开，传达学习贯彻中共十九届六中全会精神。

24日 市委决定：卢建波任中共岱山县委委员、常委、副书记，孙志龙因工作调动离开岱山，免去其中共岱山县委副书记、常委、委员职务。

25日 县十六届人民代表大会常务委员会第三十九次会议在高亭召开，依法选举卢建波为岱山县人民政府副县长，决定其代理岱山县人民政府县长职务，曹敏为岱山县人民法院副院长，决定其代理岱山县人民法院院长职务，黄志刚为岱山县人民检察院副检察长，决定其代理岱山县人民检察院检察长职务；会议同意接受孙志龙因工作调动离开岱山，辞去其岱山县人民政府县长职务。

是日 市委副书记、代市长徐仁标考察舟山绿色石化基地。

是日 18时左右，岱西镇双合村村民王昂飞在高亭镇滨港路海口处不顾个人安危跳入海中勇救落水者，后与岸边人员齐力救起一中年女子。

是月 舟山神鹰滤清器制造有限公司和舟山市银岱汽车零部件有限公司被认证为“浙江制造”品牌企业。

12月

1日　市委决定：徐新任中共岱山县委副书记，张杰任中共岱山县委委员、常委、岱山县纪委委员、常委、书记；郑虎任中共岱山县委委员、常委；免去陈海平的中共岱山县委副书记、常委职务；免去施静海的中共岱山县委常委、委员、岱山县纪委书记、常委、委员职务；免去庄晨辉的中共岱山县委常委、委员职务。

2—3日　市人大常委会主任张明超率队到岱山宣讲党的十九届六中全会和贯彻落实全国人大工作会议以及省委十四届十二次全会精神，并考察岱东镇、秀山乡等地，县人大常委会主任沈兆幸陪同。

3日　市委副书记、代市长徐仁标调研衢山鼠浪湖矿石储运基地。

是日　县政务服务大厅公安窗口为安徽户籍杜某某第二胎新生儿按照新政策办理入户手续，是岱山县首例长三角区域新生儿入户“跨省通办”业务。

4—5日　省委副书记、代省长王浩考察岱西镇及双合村和省重点工程——舟岱大桥、舟山绿色石化基地，省委常委、常务副省长陈金彪，副省长高兴夫，市委书记、新区党工委书记何中伟，市委副书记、代市长徐仁标等陪同。

7日　岱山县被中国社会科学院财政战略研究院公布为2021年全国营商环境百强县（市、区），第50位，是舟山市唯一入选的百强县（市、区）。

9日　省重点工程宁波舟山港主通道项目舟岱大桥，继11月25日质量评定后，顺利通过交工验收；该桥全长26千米（含海域段17千米），是连接舟山本岛至岱山岛的唯一海上通道，投运后将结束岱山悬水海岛时代，为岱山经济社会发展发挥重要作用。

13日　岱山县县、乡两级人大代表换届投票日，全县88个县级选区和180个乡镇选区（点）有序进行投票选举工作，共选出县级人大代表195名，乡镇级人大代表486名。

15日　县十六届人民代表大会常务委员会第四十次会议通过，依法选举赵璞、王海峰为岱山县人民政府副县长，张杰、顾仲立为岱山县监察委员会副主任；会议通过，同意接受刘奋伟、司徒贤存辞去岱山县人民政府副县长职务、施静海岱山县监察委员会主任职务。

23日　县委、县政府印发《岱山县青年发展“十四五”规划（2020—2025年）》。

24日　岱山县工商业联合会（商会）第七次代表大会在高亭召开，会议选举产生新一届领导班子。

27—29日　中国共产党岱山县第十四次代表大会在高亭召开。会议听取和审议周国岭代表十三届县委作题为“走进新时代　赶考路　奋进现代化新征程　谱写高质量发展建设共同富裕示范区海岛样板新篇章”的报告和张杰代表十三届县纪委作题为“坚持全面从严治党　永葆自我革命精神　为谱写高质量发展建设共同富裕示范区海岛样板新篇章提供坚强保障”的报告，会议表决通过各项报告决议，选举产生县委委员33名，候补委员7名，县纪委委员17名；经中共十四届县委第一次全体会议选举周国岭为县委书记，卢建波、徐新为县委副书记，周国岭、卢建波、徐新、陈华清、王锡兵、方海英、郁曙军、叶军、徐剑锋、张杰、郑虎、张春华为常委；十四届县纪委第一次会议选举张杰为县纪委书记，戴巨斌、顾仲立为副书记。

28日　市政府办公室印发《关于调整舟山市自然资源有关信息数据的通知》，全市共有海岛2085个，其中，岱山县有海岛571个（含居民海岛29个、无居民海岛542个）。

是日　由浙石化新奥（舟山）燃气有限公司承接，总投资约3亿元、历时1年5个月建成的舟山绿色石化基地天然气输配一体化综合数字化鱼山门站通气运行，供气能力约70亿立方米/年，每年可替代标准煤1222.31万吨，减少二氧化硫排放量42.67万吨，减少飞灰排放量134.28万吨，减少炉灰排放量451.44万吨。

29日　11时整，历时4年3个月建设，全线长约37千米的省重点工程宁波舟山港主通道项目——舟岱大桥通车，该桥全长

26千米，按双向四车道高速公路标准建设，设计时速100千米/小时，概算总投资163亿元。

是日 由中石化投资的岱山东海加油站建成投入运营，为县内首家实行24小时营业的站点。

30日 全县高质量推进中国（浙江）自贸试验区岱山片区建设会议在高亭召开。会议深入贯彻落实党的十九届六中全会和中央经济工作会议以及省、市高质量推进自贸试验区建设会议精神，总结2021年工作，部署2022年重点任务。

是日 中共岱山县委社会建设委员会揭牌成立，与县发展和改革局合署办公，作为县委派出机关。

是日 市委决定：江建能任岱山县人民政府副县长（挂职）。

是日 县交通运输局决定：因舟岱大桥开通，即日起，高亭新江南大桥至官山大桥至秀山大桥通行货车，非机动车、行人仍限制通行；撤销高亭山外码头至三江码头（定海）快艇、客滚轮船航线、高亭山外码头至秀北码头客滚轮船航线，保留高亭山外码头至官山、高亭山外码头至大峧山客渡船航线。

是月 岱山县高亭至石化小区至双峰新城公路开工建设，该项目起于环城北路与蓬莱路交叉口，途经板井潭村、石化小区（沿线含隧道、桥梁、涵洞等工程），终点止于海悦路与526国道岱山段交叉口，线路长约5000米，按一级公路标准建设，设计时速60千米/小时。

（高美红　徐若瑜）

责任编辑：吴依芳

县情概览

Survey of Daishan

综述

【建置沿革】 岱山古称“蓬莱”。元大德《昌国州图志》载：“岱山在海之北，传所谓岱舆蓬莱，或者名始于此。”据境内大舜庙后墩、北畚斗、孙家山3处遗址出土的石器、陶器考证，在新石器时代至商周时期，已有人类在岛上繁衍生息。春秋时，岱山属越国甬东地。秦时，属会稽郡鄮县。两汉、三国、南北朝时，属地因之。隋属句章县。唐武德四年（621），属鄞州。武德八年（625），属鄮县。开元二十六年（738），始置蓬莱乡，隶翁山县。广德元年（763），袁晁农民起义军占领翁山，县废，蓬莱乡隶鄮县。五代后梁开平三年（909），蓬莱乡隶鄞县。北宋熙宁六年（1073），蓬莱乡隶昌国县。元至元十五年（1278），蓬莱乡隶昌国州。明洪武二年（1369），蓬莱乡隶昌国县。洪武十九年（1386），倭寇侵扰，朝廷迁徙岛民入内地，次年蓬莱乡废。嘉靖四十年（1561），倭患匪乱稍平，沿海人民陆续到岱山、衢山等岛捕鱼、垦荒定居。清顺治十四年（1657），朝廷以“舟山不可守”为由，再次迁徙居民入内地。康熙二十七年（1688），舟山展复，建定海县，展复蓬莱乡。衢山岛以其“地处险远”，仍为禁地。康熙五十一年（1712），内务府员外郎戴保提请召民开垦衢山岛，未准。道光二十一年（1841），提议出让衢山岛土地于民，“缴价助饷”，未果。光绪元年（1875），开征衢山岛赋税，遭民反抗。光绪四年（1878），定海直隶厅派兵镇压，捕诛为首的金屺兰及其亲属等20余人，丈地征赋。光绪六年（1880），设衢山庄，隶蓬莱乡。光绪三十四年（1908），撤蓬莱乡，改设第九、第十两个选区，隶定海县。宣统二年（1910），建岱山镇及第二十一乡（长涂）、第二十二乡（秀山）、第二十三乡（衢山，含大洋山），隶定海县。民国38年（1949年）8月，建滃洲县（从定海县析置），为岱山置县之始。1950年5月，岱山解放，废滃洲县，并入定海县。1953年4月，析定海县所辖岱山、衢山两区，建岱山县。1958年10月，撤岱山县，并入舟山县。1962年4月，恢复岱山县；从岱山县析衢山区，嵊泗县析洋山、滩浒等地建大衢县。1964年6月，撤销大衢县，并入岱山县，原大衢县所属洋山、滩浒等地划归嵊泗县。岱山置县至今，为全国12个海岛县之一。2021年，县辖6镇1乡（高亭镇、衢山镇、东沙镇、岱西镇、岱东镇、长涂镇、秀山乡）、13个城镇社区居民委员会、74个村民委员会和78个股份经济合作社。

【地理概况】 岱山位于浙江省沿海北部、舟山群岛新区中部，在长江、钱塘江、甬江入海交汇处，东连公海；东南至黄大洋、小板门水道，连接普陀区海域；西南至灰鳖洋；南至灌门水道，与定海区海域相交；西至七姊八妹列岛，与平湖、慈溪市海域交界；北至川湖列岛，与嵊泗县海域相邻。境域地理坐标：北纬30° 07′ ～30° 38′，东经

121° 31′～123° 17′。毗邻上海国际航运中心洋山港，衢山港区的小衢山深水岸段距洋山东港区不到10海里。全县由571个岛屿组成，其中住人岛屿29个。县境东西长169.6千米，南北宽57千米。总面积5242平方千米，其中，海域面积4915.5平方千米，占93.8%；移山填海、围涂造地陆地面积达326.5平方千米。岱山岛为境内最大岛，面积104.97平方千米，为舟山群岛第二大岛。境内大部分山峰海拔在200米以下，最高点衢山岛观音山海拔314.4米。境内为海岛丘陵地貌，群岛环抱，分布密集，地质构造为白垩纪火山岩，主要为凝灰岩及酸性熔岩、火山岩、花岗岩等。海域属东海浅海大陆架海区，岸线长且顺曲相间，水深10米～40米，分岱衢洋、黄泽洋、灰鳖洋、黄大洋4个渔场。海域介于长江口南端、杭州湾外缘，与多条国际航线连接，至日本、韩国、俄罗斯及东南亚各国等重要口岸甚为便捷，与亚太地区的新兴港口呈扇面辐射。国内航线可直通宁波、上海、南京、大连及厦门、广州、香港、澳门、台北等港口，有扼东部江海联运和长江黄金水道要冲之优势，在长江三角洲中具有通江达海的区位特点，其可利用的航道、深水港、岛屿等资源丰富。是“长三角”对外贸易的物流通道和海上集散基地。

【自然资源】 岱山素有“蓬莱仙岛”之称，具有独特的区位优势、海洋自然资源优势以及以海洋博物馆系列和群众性海洋文化活动为主轴的海洋文化优势，在中国海洋文化建设中具有十分重要的地位、作用及影响。岱山拥有上千年的渔盐历史，是全国十大重点渔业县之一，曾是浙江省最大的民营盐场和原盐主产区，年产原盐占全省总量的50%以上，以“渔盐之利、舟楫之便”名闻遐迩。海洋资源蕴藏丰富，海洋生物种类繁多，仅鱼类就有300余种，曾是著名的“岱衢族”大黄鱼的故乡，为中国东海的一座“活鱼库”。拥有华东地区最丰富的风力资源，尤其是衢山岛年均风速在6.9米/秒以上，风能有效密度大于1700瓦/年·平方米，建有浙江省最早的风力发电场；潮汐能资源十分丰富，龟山水道300千瓦潮流能电站建成并运行发电。境内海域广阔，海岸线绵长，深水岸线资源丰富，拥有岸线717千米，其中，水深超过10米以上岸线35.3千米，20米以上岸线9.94千米，多数深水岸线还未得到充分利用，占全市未利用深水岸线总数的40.9%；华东地区最好的3个深水港资源有2个在岱山县，分别是衢山的蛇移门港和衢黄港，县域内另有条件良好的深水港址10余处；舟山市可通航30万吨、40万吨级的航道大多在岱山县境内，是舟山群岛新区规划建设大宗商品储运中转加工交易中心，打造国际物流岛枢纽，建设中国现代海洋产业基地，打造海洋产业岛的核心区域，建造国际一流港口尤其是水水中转港口和发展临港工业的理想选址。全县主要航道有29条，均建有航标设施，可通行1000吨～10000吨级船舶。海域锚地较多，主要有22个。此外，尚有不少锚地可供小型船舶停泊、避风。境内自然景观绚丽多姿，渔家风情浓郁诱人，鹿栏晴沙、双合石壁、佛教文化、新石器时代文化遗址以及港湾、渔村风情构成了独具魅力的“蓬莱仙岛”胜景，拥有一批以渔港美景为主题的休闲度假村、渔农家乐，为省级旅游风景名胜区，是集观光旅游、休闲度假、娱乐运动于一体的海岛旅游胜地。海洋文化底蕴深厚，尤其是渔民画蜚声中外，1983年被文化部命名为“中国现代民间绘画之乡”。岛上遗风古迹犹存，民俗民间文化丰富多彩。渔民谢洋节，舟山渔民号子，徐福东渡传说分别被列入国家、省级非物质文化遗产名录，岱山县获浙江省民族民间艺术（渔歌）之乡称号。

【气候】 境内气候属北亚热带南缘海洋性季风气候区，冬夏季长，春秋季短，四季分明，冬无严寒，夏无酷暑，温暖湿润，光照充足。风速大，雨量较充沛，季风显著，全年多大风，春季多海雾，夏秋多台风，冬季少冰雪，春、夏、秋三季常有雷暴天气，在冬季偶尔也会发生，干旱年出现频率高。春季的特征：冷暖空气交替频繁，风向多变，温度变化大，呈跳跃式上升，降水明显增多。季内主要灾害性天气为倒春寒、大雾等。倒春寒2年一遇，雾日占年雾日52.5%。夏季的特征：受太平洋副热带高压影响，盛行偏南风，为最热季节。无酷暑，气温高于35℃的年均4.9日。6月中旬至7月上旬为初夏梅雨期，多阴雨天气，雨量集中，时有大暴雨，空气湿度为全年之最。7月中旬出梅后，进入盛夏季节，除短时间雷阵雨、台风影响外，以晴热少雨天气为主，日照多，蒸发大。季内主要灾害性天气为暴雨、台风、干旱。秋季的特征：太平洋副热带高压减弱，大陆高压势力日趋加强，气温始呈波状下降，常"一场秋雨一场凉"，昼夜温差较大。10月下旬后进入深秋季节，降水减少，空气干燥，多秋高气爽天气，俗称"十月小阳春"。季内主要灾害性天气为低温连阴雨、秋寒、台风。冬季的特征：受大陆冷高压控制，北方冷空气频繁南下，气温急剧下降，盛行偏北风，为最冷季节，季内8级及以上大风日数年均10.2天，无严寒。常年月均气温6℃以上，雨量占全年的12%，降雪日、结冰日、霜降日年均分别为7.2日、11.1日、5.2日。季内主要灾害性天气为大风、干旱。年平均气温17.4℃，历年极端最高气温39.5℃，历年极端最低气温零下6.7℃。年均日照时数1889.4小时。岱山为典型的季风气候，冬季盛行偏北风，夏季盛行偏南风，春秋两季均为过渡期，地域分布自南向北递增。大风天气多是境内海岛的最大特点，年均风速4.1米/秒，历年极大风速38米/秒。大风主要由冬季冷空气、春季低气压、夏秋台风及短期雷雨天气产生。11月至翌年1月冷空气影响频繁，7—9月受台风影响，大风强度最强。境内年平均降水量1275毫米，降水季节变化明显，全年有2个明显的雨季，2个相对干季。春雨、梅雨和秋雨降水量占年降水量的51%。境内年均雾日20天，3—5月居多。

【人口状况】2021年年末全县户籍人口170723人，同比减少3010人，其中，男性人口84270人，女性人口86453人。全年户籍出生人口477人，死亡人口1651人，人口自然增长率为-6.8‰。迁入人口694人，迁出人口2531人，机械增长率为-10.7‰。年末全县常住人口20.98万人，同比增加0.14万人。城镇化率为69%，同比提高0.34个百分比。

经济建设

【概况】2021年，岱山县立足新发展阶段，贯彻新发展理念，融入新发展格局，奋力打造共同富裕示范区海岛样板，经济社会继续呈现高质量发展态势。地区生产总值增长18.3%，一般公共预算收入增长12%，规模以上工业增加值增长28.2%，固定资产投资增长10.5%，城乡居民人均可支配收入分别同比增长9%和9.7%。全年财政总收入31.23亿元，同比增长14.6%。一般公共预算收入20.31亿元，同比增长12%。全年全县实现社会消费品零售总额82.39亿元，同比增长8.3%。

【国家战略加速落地见效】2021年，舟山绿色石化基地产能持续释放，浙石化年产值达1390亿元，成为全市首个千亿级产值企业。黄泽山油品储运基地二期104万立方米项目完成基础工程，黄泽山—鱼山原油管道项目动工建设。全力保障大宗商品储运基地建设，工程顺利开工。加快建设国际海事服务基地，衢山岸基产业园进场施工。

【海洋产业发展提质增效】2021年，岱山县重点产业项目建设扎实推进，卓然石化装备制造、润和催化剂项目开工建设，瑞程石化建成投产，惠生海工交付全球最大极地液化天然气模块，和泰船舶建成全国首制1.4万吨级江海直达散货船。创新成果不断涌现，中国科学院宁波材料研究所岱山新材料研究和试验基地加快建设，舟富食品研发产品入选神舟十二号载人飞船"食谱"，蟹笼渔船自动化捕捞装备技术研发列入省"尖兵"计划，全年规模以上工业研发费用增长67.4%，高新技术产业投资增长32.9%，均位居全市前列。

【现代服务业稳步向好】2021年，

岱山县构建全域旅游新格局，编制、实施《岱山海岛公园创建规划》，着力打造秀山旅游主题岛、磨心谷、鹿栏晴沙等核心景区，加快建设海金小镇、郊野公园、岱东运动休闲乡镇等样板区重点项目。扎实推进“百城千镇万村景区化”工作，创建A级景区村庄17个。实施旅游业“微改造，精提升”，非遗传习所等21个项目入库建设。新增升级民宿20余家，锦舟宝盛酒店正式开业，希尔顿欢朋、开元名庭等酒店加快建设。举办杭州文旅推介会，拓展长三角旅游市场。

【渔农产业加快转型】 2021年，全县粮食作物种植面积953.3公顷，产量4573.64吨。启动秀山乡秀南水稻高产示范地建设。加快现代农业发展，创建岱山海岛茶叶、特色水果精品绿色农产品基地，完成3家县级高品质绿色科技示范基地验收。加快农田水利建设步伐，全年水利建设资金总投入3.65亿元；农田有效灌溉面积2499.33公顷；节水灌溉面积1860公顷。加快渔船机器换人，对接航天九院十三所，开展渔船蟹笼自动脱钩装置、饵料切割机等渔具的研发。实施科技示范船改造，改造30艘渔船通导设备、生活舱室和鱼舱冷藏设施。加快推进三品一标两场绿色养殖建设，完成海水蟹配合饲料养殖面积超400公顷。加快推进蟹文化产业园项目，全年累计完成投资约9790万元。

政治建设

【概况】 2021年，中共岱山县委坚持把党的政治建设放在首位，深入学习贯彻习近平新时代中国特色社会主义思想，团结带领全县人民，坚决贯彻落实中央和省市决策部署，聚焦“立足新发展阶段，融入新发展格局，奋力打造‘重要窗口’海岛风景新篇章”的主题主线，担当使命、实干争先，实现“十四五”良好开局。年内，加强数字政府建设，“浙里办”注册人数达12.5万人，“浙政钉”日活跃率85%以上，“互联网+监管”掌上执法率稳步提升，机关事业单位人员职业生涯全周期管理“一件事”改革全面完成，省基层政务新媒体规范化试点工作通过验收。加强法治政府建设，组建行政复议局，建立完善政府法院联席、政府检察院联席会议制度，开展全市唯一乡镇综合行政执法改革试点，全面启动“大综合一体化”行政执法改革，实现政府部门法律顾问全覆盖，获评法治浙江（法治政府）建设先进单位。定期向县人大常委会报告工作，自觉接受人大依法监督和政协民主监督，办理代表建议739件、委员提案480件，满意率均达100%。重视发挥咨询委作用，规范政府重大行政决策程序，圆满完成“七五”普法任务。

【强化理论武装】 2021年，中共岱山县委深入学习贯彻习近平新时代中国特色社会主义思想，认真贯彻落实党的十九届六中全会精神，全面对标对表、抓好贯彻落实，切实增强“四个意识”、坚定“四个自信”、做到“两个维护”。深入开展党史学习教育，集中学习13次，从百年党史中汲取智慧和力量，开展“六讲六做”，实施“我为群众办实事、我为企业解难题、我为基层减负担、我为创城做贡献”专题实践活动，累计破解各类民生实事、发展难题1500余件。坚决贯彻落实中央和省市委决策部署，建立健全“八八战略”落实机制，全力抓好“六稳”“六保”、统筹疫情防控和经济社会发展、自贸试验区建设、共同富裕、数字化改革、治理体系和治理能力现代化等决策部署落地落实，交出各项工作的高分报表。贯通校园内外，结合思政教育，打造全景式青少年教育课堂，开展课内外学习活动1300余场。组建县委讲师团、“东海渔嫂”宣讲队、“红色方言”宣讲队、“瀛洲红帆”宣讲队等特色宣讲队伍40余支，采用菜单式宣讲、互动式宣讲、情境式宣讲、服务式宣讲、云宣讲等多种形式，实施分众宣讲1800余场，持续做强做实“岱”你讲习宣讲品牌。

【平安建设深化】 2021年，岱山县大力推进平安岱山、法治岱山、政法队伍建设，维护社会安全稳定。全年平安指数有9个月位列全省前4名，其中2个月居全省首位。加强常态化疫情防控，落实“源头查控+硬核隔离+精密智控”机制，疫苗接种有序推进，海上防控抓紧抓实，“人”“物”同防形成闭环。坚持和发展新时代“海上枫桥经验”，打响“东海渔嫂”“瀛洲红帆”等治理品牌。全县建立县、乡镇、村社三级矛盾纠纷分级调解体系，建成乡镇社会矛盾纠纷调处化解中心7个、村（社区）社会矛盾纠纷调处化解中心87个，“智慧鱼山”数字化改革场景应用被省党政机关整体智治系统评为“重要窗口”绿箱项目，被浙江省自贸试验区推介为新一批创新成果。加强村社党群服务中心基层治理一体化平台建设，推行网格事件“周榜制”，开展“网格啄木鸟”专项行动，全县网格事件有效率达到97.9%。加强“智慧村社”建设，建成“智慧村社”53个，实现电脑端用户1102个、群众用户45137个，发布资讯量5899条。完善社会治理类事件分级处置机制，共受理社会治理类事件43692件，全部按期办结。

【政府效能不断提升】 加强廉洁政府建设，压紧压实全面从严治党主体责任，严格落实中央八项规定精神，加强对重要领域、重点项目、重大资金的审计监督，累计完成审计项目85个，年均压减一般性支出10%，将有限的财力用在惠企利民上。

【数字化改革加速】 2021年，岱山县体系化规范化推进数字化改革，一体化智能化公共数据平台建成启用，五大综合应用系统上线贯通，“岱山安养”“智慧鱼山”等15个省级试点项目高质量推进，形成79项制度成果，12项数字化改革核心指标全面完成，年度考核位居全市前列，“掌上办事之县”“掌上办公之县”“掌上治理之县”基本建成。

文化建设

【概况】 2021年末，全县有群众文化馆1个，文化站7个。全年组织举办展览38次，文艺活动348次，举办各类训练班741次，培训13874人次。有公共图书馆1个，藏书量37.59万册，同比增长5.6%。有县级广播电视台1个，乡镇电视台4个，全年制作广播节目时间261.2小时，制作电视节目时间901.5小时，分别同比增长23.1%和3.1%。全县有线电视用户数4.65万户。广播和电视人口综合覆盖率分别为100%和99.9%。年末有文化礼堂66家，新建16家。全县有体育场地582个，总场地面积54.99万平方米。年末创建省级社区多功能公共运动场16个，市级小城镇文体健身广场5个。全年举办群众体育活动60次，参加人数14万人次，举办岱山海岬半程马拉松、中国海岛公园秀山岛徒步大会、中国·岱山岛沙滩高尔夫球挑战赛、全国气排球精英赛等大型赛事。全年销售体育彩票4163万元，其中飞鱼体育彩票销量508万元。

【“庆百年”主题活动开展】 2021年，岱山县举行“永远跟党走　奋进新征程”庆祝中国共产党成立100周年专场文艺演出。成立“红歌嘹亮”宣讲团，编排巡演《我是党员》等红色作品，惠及群众万余人。设立“中国共产党成立100周年党史党政”图书专柜，推出“从这里　航向深海”主题展等系列展览10余场，录制《红木箱中的记忆》等微视频，艺术再现百年奋斗历程和辉煌成就。挖掘“红色印记”，推出长涂军港寻味之旅、革命英雄故里游、红色海防研学游等红色旅游线路，以旅游为载体，弘扬革命精神。

【文旅体数字赋能新突破】 2021年，岱山县谋划打造文旅体管理执法数字平台，推动建设阅读一件事、智慧体育、智慧景区等特色应用场景。图书馆领先全市实现刷脸借阅，“网借中心”成功打破借阅地域壁垒。博物馆访客系统建设完成。依托“岱你玩”小程序，开发休闲渔船游客登记录入、“小福袋”抽奖系统、来岱疗休养团队统计等3个小切口应用场景，实现信息收录、特定游客统计、惠民福利在线发放等功能。

【文体事业新发展】 2021年，岱山县加大基础设施建设，有序推进图书馆文化客厅、全民健身中心、双峰新城体育中心等大型项目建设，促进衢山电影院微精提升和闸口影剧院业态转型，新增城市书房2家、三余书屋10家，百姓健身房2家，累计发放健身路径9套，启动海洋系列博物馆改造。深入开展文体惠民，完成送戏下乡80场，送书1.5万册，送电影1000余场，博物馆研学活动10余场。岱你“艺”+“益”累计授课456小时，受益群众近万人。“体育三下乡”“体育进文化礼堂”有序开展，县体发中心荣获2017—2020年度全国群众体育先进单位称号，文广局机关个人荣获2017—2020年度全国群众体育先进称号。深入挖掘传统文化，大力推广非遗项目20余项，开展相关公益培训30余次，累计教学400余课时，服务游客8万余人次。

【海岛公园建设稳步推进】 2021年，岱山县继续推进秀山文化旅游主题岛建设，重点推进滑泥公园、海钓公园、湿地公园、全民健身公园等提升工程。推进舟岱大桥、燕窝山陆岛码头等重点连岛交通工程和磨心谷、美丽渔港、东沙海金文创园、岱山交通集散中心等重点文旅项目建设。依托滨海、沙滩资源，挖掘海洋文化、非遗文化，结合东沙风情小镇、海金文创园、岱东运动休闲乡镇、郊野公园等建设推进岱山海岛公园样板区重点项目建设。推进全域景区化创建，在东沙古镇、鹿栏晴沙、上船跳等景区和乡村旅游点等区域布局新业态。截至12月底，全县重大文旅项目完成投资约20.80亿元。

社会建设

【概况】 2021年，岱山县统筹做好经济社会发展各项工作，全县居民人均可支配收入55378元，同比增长9.4%。全年城镇常住居民人均可支配收入61759元，同比增长9%；城镇常住居民人均生活消费支出33574元，同比增长15.1%，恩格尔系数32.4%，同比下降0.1个百分点。全年渔农村常住居民人均可支配收入43048元，同比增长9.7%；渔农村常住居民人均生活消费支出30003元，同比增长16.2%，恩格尔系数33.9%，同比下降0.3个百分点。城镇、渔农村居民收入比为1.43∶1。年末城镇居民人均住房建筑面积46.70平方米，渔农村居民人均住房建筑面积56.98平方米。年末，全县有敬老院20所，社会福利院1所，床位2290张；有各类社会福利企业12家，残疾职工就业人数346人。年末，有1971人纳入政府最低生活保障，其中城镇居民最低生活保障家庭户178户、205人；渔农村居民最低生活保障家庭户1487户、1766人；城镇特困户数7户，农村特困户数102户。全年发放纯低保金1990.50万元。城乡低保对象最低生活补助标准由每人810元/月提高至910元/月。

【海岛大花园加快建设】 2021年，岱山县对标大桥时代补短板强弱项，燕窝山陆岛交通码头、燕窝山客运中心、县交通集散中心加快推进，秀山环岛公路、磨心山隧道开工建设，衢山大道、长河路完成提档升级。12月23日，浙江高速S6双合收费站亮相岱山。12月29日，经过4年多建设、全长28千米的舟岱大桥建成通车，结束岱山海上悬岛的历史。水资源优化联调工程启动实施，建成库库联网项目2个、强排泵站9座。高标准推进美丽渔港建设，牛轭山生态修复工程基本完工，清泰路入口改造提升工程顺利完成。星浦未来社区入选省级创建名单。东海郊野公园核心区主体工程基本完成，2个城市口袋公园建成开放，创成省级园林城市。

【全国文明城市创建开局良好】 2021年，岱山县制定实施创城三年行动方案，打好城乡环境综合整治大会战，一大批影响市容市貌的突出问题得到有效治理，积存垃圾、卫生死角、违章建筑得到及时清除，县城31条主次干道实行撤桶进店，150条背街小巷旧貌换新颜，城区垃圾分类实现全覆盖；创新实施50余项常态化管理制度，培育文明学校、文明家庭、文明单位75个，注册志愿者在34000名以上，斑马线礼让蔚然成风，“文明岱山　有礼有我”逐渐成为群众共识，年度测评成绩名列全省第一。

【共同富裕扎实推进】2021年，岱山县坚持惠民生、保平安，大力推进民生领域改革。全力保就业，全年新增城镇就业7116人，城镇失业人员再就业776人，就业困难人员再就业545人，城镇登记失业率1.8%。建设叶菜类蔬菜保障型生产基地2.87公顷，全县新开设"菜篮子"供应店2家，新增"鱼篮子"销售点2个。组建岱山县社会建设委员会，制定共同富裕海岛样板政策体系，"四梁八柱"初步搭建完成。推动教育、医疗等公共服务优质共享，上海世外附属高亭初级中学顺利开办，城西幼儿园、盛世豪庭幼儿园正式启用，"双减"政策落地实施，14所义务教育学校全面开展课后服务，新型城乡教育共同体实现全覆盖，全国义务教育优质均衡发展县创建通过省级验收。设立浙石化岱山教育奖学奖教基金，评选出35名"岱山名师"。县第一人民医院迁建工程动工建设，浙二院岱山分院挂牌成立，省级慢性病综合防控示范区通过复评考核。

生态文明建设

【概况】2021年，岱山县生态环境持续优化。打好污染防治攻坚战，从严抓好中央和省级环保督察、国家海洋督察反馈问题整改，创成国家生态文明建设示范县。空气质量全国领先，优良率为98.5%，获评省清新空气示范县。建成品质河道15条，"污水零直排区"实现乡镇全覆盖，城镇污水处理厂全部完成一级A提标改造，连续三年捧得"大禹鼎"。深化"森林岱山"建设，新增彩色健康森林1600公顷，创成"一村万树"示范村9个，实现省级森林城镇全覆盖。

【成功创建国家生态文明建设示范县】2021年10月12日，岱山县被命名为国家生态文明示范区。全面落实环境报告制度。全县7个乡镇全部完成2020年度生态环境质量报告，完成《水生态环境示范县建设方案》《美丽岱山建设纲要》《十四五生态环境保护规划（报批稿）》的编写。

【蓝天碧水清废净土有新成效】2021年，全县污染防治攻坚战取得新进展。治气方面，岱山县14家水产加工企业已基本按照规范完成整治工作，柴油货车污染治理攻坚年度任务稳步推进。1—10月，全县环境空气质量优良率为98.5%，同比提升1.5个百分点，$PM_{2.5}$平均浓度为15微克/立方米，同比降低3微克/立方米。治水方面，成功捧得"大禹鼎"银鼎，完成291个入海排口的6个问题清单与一口一策整治计划制定。在全市首开无人机巡航湾滩工作机制。清废治土方面，开展全县"无废城市"特色化创建，建成29个"无废城市细胞"，其中舟山鼠浪湖码头有限公司成功打造全市首座"无废码头"，以陆海联运的方式，破解岛上固废运输短板。打造小微企业危废收运海岛样板，打通海上运输通道，完成85家危废产生单位的收集协议签订工作，提前完成省对县目标考核任务。固废集中收运处置项目建设有序推进。

【生态环境治理能力现代化】2021年，岱山县环境监测监控能力进一步强化。全年投入约430万元，全县在大石化背景下的应急监测、环境质量监测等水平得到提升。年内，新建覆盖全县城乡的清新空气监测系统。完成各乡镇小微空气站验收工作，建设完善清新空气监测系统，实现全县清新空气监测系统城乡全覆盖。继续推广"区域环评+环境标准"改革实施方案，为全县重点项目落地创造先决条件。

（虞迪燕）

中国共产党岱山县委员会

Daishan County Committee of the Communist Party of China

综述

【概况】2021年，中共岱山县委深入学习贯彻习近平新时代中国特色社会主义思想，团结带领全县上下，坚决贯彻落实中央和省市决策部署，聚焦“立足新发展阶段，融入新发展格局，奋力谱写打造‘重要窗口’海岛风景新篇章”的主题主线，担当使命、实干争先，全力抓好经济社会发展各项工作，实现“十四五”良好开局。全年地区生产总值增长18.3%，一般公共预算收入增长12%，规模以上工业增加值增长28.2%，城镇和渔农村常住居民人均可支配收入分别为61759元和43048元，增长9%和9.7%。

【拥护“两个确立”做到“两个维护”】2021年，中共岱山县委以习近平新时代中国特色社会主义思想为指导，深入学习贯彻党的十九届五中、六中全会、习近平总书记重要讲话和指示精神，全面对标对表、抓好贯彻落实，县委理论学习中心组召开13次学习会，县委常委会21次进行学习传达，切实增强“四个意识”、坚定“四个自信”、做到“两个维护”。深入开展党史学习教育，从百年党史中汲取智慧和力量，认真开展“六讲六做”，实施“我为群众办实事、我为企业解难题、我为基层减负担、我为创城做贡献”专题实践活动，累计破解各类民生实事、发展难题1500余件。坚决贯彻落实中央和省委、市委决策部署，建立健全“八八战略”抓落实机制，全力抓好“六稳”“六保”、统筹疫情防控和经济社会发展、自贸试验区建设、共同富裕、数字化改革、治理体系和治理能力现代化等决策部署落地落实，交出高质量发展和社会和谐稳定的高分报表。

【国家战略项目推进】2021年，岱山县加快建设国际一流的舟山绿色石化基地，做好项目审批、医疗卫生、交通服务、社会治安、矛盾调解等工作，做到“鱼山所需、全县保障”，浙石化项目一期全面投产、二期基本建成，全年产值1390亿元，成为全市首家千亿级产值企业，黄泽山油品储运基地一期151万平方米地面储罐项目建成投用，二期104万平方米项目、黄泽山—鱼山原油管道等加快建设，30万吨级油轮实现常态化靠泊；鼠浪湖矿石中转基地开港运营，累计靠泊40万吨级超大型船舶超200艘、货物吞吐量突破2亿吨，年混配矿量突破1700万吨；复制推广自贸试验区改革试点经验30项，形成制度创新经验3项；加快建设国际海事服务基地，衢山联检锚地开展试供油业务，加注保税燃料油7348吨，岸基产业园进场施工。

【加快产业转型升级】2021年，岱山县抢抓舟山绿色石化基地机遇，全力将产业链拉长、把产业做大，改革完善开发区体制机制，高起点谋划建设新材料产业园、石化循环经济产业园，成功引入上海卓然等链主企业，带动沈阳鼓风机集团等16家知名配套企业集聚落户开发区，全国重要的石化装备全产业链基地加速形成。狠抓招商引资“一把手”工程，组建招商小分队+专项招商组，主动上门招商、以商招商，实际利用市外资金45亿元，实际使用外资8527万美元，成功引入20亿元项目1个、10亿元项目1个、亿元以上项目12个；深入实施投资新政，聚焦“两新一重”，加大项目申报和建设进度。完成12个2022年地方政府专项债券项目储备工作，合计总投资39.60亿元；省级重点建设项目5个、市级重点建设项目27个、县级重点建设项目45个，均超额完成年度投资计划。

【科技新政、人才新政的实施】 2021年，全县出台“科技创新鼎”工作实施方案、科技企业“双倍增”奖励、“科技悬赏奖”管理办法等政策，中国科学院宁波材料研究所岱山新材料研究和试验基地、汽船配产业创新服务综合体等科创平台加快建设，新认定省级科技型中小企业32家，新入库高新技术企业11家，全社会研发经费支出占GDP比重达到3.3%；舟山惠生海洋工程（简称惠生海工）交付全球最大极地液化天然气模块，和泰船舶建成全国首制1.4万吨级江海直达散货船，蟹笼渔船自动化捕捞装备技术研发列入省“尖兵”计划，舟富食品研发产品入选神舟十二号载人飞船“食谱”；出台《岱山县优秀人才选拔管理办法》，开展岱山“英才”“专才”系列评选、百名行业优秀人才评荐行动，建立引才工作站3个，打造“甬舟人才飞地2.0版”，引进高校毕业生1875名，增长30.1%；紧缺专业人才55名，增长48.6%。

【各领域数字化改革】 2021年，岱山县坚持体系化规范化推动数字化改革，健全完善“152”体系架构，建成一体化智能化公共数据平台，5个综合应用全面上线贯通，“岱山安养”“智慧停车”“智慧鱼山”等15个项目获得省级试点。建成数字创新大厦，推进政务服务2.0平台升级，260项高频民生事项“就近可办”，39件企业和个人全生命周期“一件事”实现全流程“最多跑一次”，政务办事、交通出行、景区旅游等多领域实现“刷脸通办”；大力发展数字经济，岱山工业互联网平台入围全省重大新基建项目库，浙石化入选省“未来工厂”试点企业；大力推进市场要素改革，深化“亩均论英雄”改革，全面完成84家亩均税收3万元以下企业的整治，规模以上工业亩均增加值达到191.20万元，规模以上工业亩均税收达到21.30万元，受到省政府督查激励；深化国资国企改革，做大做强交投、城投、开投、衢投。着力打造一流营商环境，建立企业综合服务中心，实施惠企政策“免申即享”，全面应用投资项目在线审批监管平台3.0，实现一般企业投资项目审批“最多65天”，企业开办缩短至4个工作时，县域营商环境明显改善，新增市场主体2272家。

【海岛大花园建设】 2021年，岱山县推进新型城镇化，高标准规划建设美丽渔港，526国道岱山段改建工程、燕窝山陆际交通码头、岱山交通集散中心等项目加快推进，星浦社区成功入选未来社区创建新名单，小长涂未来乡村加快建设，首家五星级酒店舟山锦舟宝盛大酒店开业运营；全力创建全国县级文明城市，全面复制市创城经验做法，以项目化方式对市容市貌、交通秩序、农贸市场等18项内容进行整治，一大批影响市容市貌的突出问题得到有效治理，“文明岱山、有礼有我”逐渐成为群众共识；深入推进生态文明建设，积极推进碳达峰碳中和工作，加快建设蓬莱森林公园、东海郊野公园、秀山樱花公园等项目，全力打好治水治污大会战，从严抓好中央环保督察、国家海洋督察和省级环保督察等问题的整改，捧得“大禹鼎”银鼎，获评国家生态文明建设示范县。

【大力推进共同富裕】 2021年12月，组建中共岱山县委社会建设委员会，研究出台《岱山县高质量发展　建设共同富裕示范区海岛样板实施方案》《岱山县新一轮村级集体经济提升发展五年行动计划》，支持组建强村公司，大力发展民宿经济，成功打造岱西双合、衢山凉峙、秀山秀东等民宿村。多渠道增加渔农民财产性收入，通过房屋出租、土地出租、利息股息等多种形式，千方百计让群众口袋“鼓起来”；加大优质教育资源供给，新型城乡教育共同体实现全覆盖，全国义务教育优质均衡发展县创建通过省级验收；深化健康岱山建设，县第一人民医院迁建工程动工建设，浙二院岱山分院挂牌成立，健康浙江考核获评优秀；抓好常态化疫情防控，全县无一例确诊和疑似病例出现；加大公共文化服务供给，新增文化礼堂15家，新时代文明实践中心、站（所）实现全覆盖，获评省农村文化礼堂建设示范县；加快“县乡一体、条抓块统”改革，出台深化“基层治理四平台”改革实施方案，健全完善“141”治理体系，实现矛盾纠纷化解“最多跑一地”；实施“大综合、一体化”行政执法改革，全面整合县属部门下放的1000余项事项，实现7个乡镇一支队伍管执法。加强渔业、工矿、危化品、道路交通安全等重点领域的监管，获评省平安县称号。

【全面从严抓党建】 2021年，岱山县委坚持党建统领整体智治，深入落实“七张问题清单”整改，季度化开展党建“晒比评”，建立健全“一个问题、一名领导、一套班子、一抓到底”的问题发现、整改、销号等全链条闭环机制；深入开展“整乡推进、整县提升”，出台《高质量推进新时代村（社）班子和干部队伍建设实施意见》，推动村（社）组织规范运行、村（社）干部高效履职；着力打造变革型组织，顺利完成乡镇、村（社）换届；大力实施“红色根脉强基工程”，突出政治监督导向，深入开展常态化疫情防控、换届纪律、优化营商环境等专项监督，高质量实现本届县委巡察全覆盖，巩固发展风清气正的政治生态。

（傅　烨）

重要会议

【中共岱山县第十三届委员会第十三次全体会议】 2021年1月5日，县委召开中共岱山县第十三届委员会第十三次全体会议。会议审议决定中国共产党岱山县第十三届代表大会第五次会议相关事宜，审议通过中国共产党岱山县委员会工作报告、中国共产党岱山县纪律检查委员会工作报告。县委委员、县委候补委员，县纪委委员，不是县委委员、候补委员的县四套班子领导等约60人参加会议。

【中共岱山县第十三届代表大会第五次会议】 2021年1月8日，县委召开中国共产党岱山县第十三届代表大会第五次会议。会议听取和审查中国共产党岱山县委员会工作报告，审查中国共产党岱山县纪律检查委员会工作报告。中国共产党岱山县第十三届党代会代表、列席人员和邀请人员约320人参加会议。

【县委渔农村工作会议】 2021年3月2日，县委召开县委渔农村工作会议。会议以习近平新时代中国特色社会主义思想为指导，全面落实中央、省委和市委农村工作会议精神，总结实施乡村振兴战略经验做法，围绕高水平推进农业农村现代化和乡村全面振兴，以深化农业供给侧结构性改革为主线，深入实施农业农村现代化建设行动，促进农业高质高效、乡村宜居宜业、农民富裕富足进行交流。县四套班子主要领导，县委常委，副县长，县委、县政府农业和农村工作领导小组成员单位、县乡村振兴领导小组成员单位和县属（含部、省、市属在岱山）有关单位主要负责人，各乡镇党委书记、乡镇长和党委分管负责人，村（社区）党组织书记，渔农村工作指导员代表等约150人参加会议。

【县委全面深化改革委员会第三次会议暨全县数字化改革部署推进会】 2021年3月25日，县委、县政府召开县委全面深化改革委员会第三次会议暨全县数字化改革部署推进会。会议以习近平总书记全面深化改革重要思想为指导，学习贯彻中央、省委全面深化改革委员会相关会议和省、市数字化改革会议精神，听取数字化改革工作汇报，研究部署岱山县数字化改革工作，推进全面深化改革向纵深发展，以高质量的改革引领岱山高质量发展。相关县领导，县属（含部省市属在岱山）有关单位主要负责人，乡镇党委或政府主要负责人等约70人参加会议。

【县招商引资暨营商环境工作会议】 2021年3月26日，县委、县政府召开全县招商引资暨营商环境工作会议。会议贯彻落实全市招商引资工作会议精神，总结2020年度招商引资工作成绩，研究部署2021年度工作，全面优化营商环境，动员全县上下以超常规力度、超常规举措开创招商引资新局面。县四套班子领导，县人民法院院长、县人民检察院检察长，县属（含部省市属在岱山）单位主要负责人，乡镇党委和政府主要负责人约120人参加会议。

【县委党的群团工作会议】 2021年4月12日，县委召开县委党的群团工作会议。会议以习近平新时代中国特色社会主义思想为指导，学习贯彻落实习近平总书记关于党的群团工作的重要指示和省委、市委党的群团工作会议精神，总结过去五年全县群团工作和改革经验，研究部署新发展阶段党的群团工作，努力开创全县群团工作新局面。有关县领导，县属有关单位主要负责人，乡镇党委书记、副书记，各乡镇群团组织（工会、共青团、妇联、科协、残联、计生协会）主要负责人等约80人参加会议。

【全县党建统领、整体智治“晒比评”会议】 2021年4月23日，县委召开全县党建统领、整体智治“晒比评”会议。会议深入学习贯彻习近平总书记关于党的建设重要论述，全面贯彻落实全省数字化改革大会精神，坚持数字化改革为引领，持续推动基层治理现代化，加快构建“党建统领、整体智治”格局,为奋力谱写“重要窗口”海岛风景新篇章提供坚强组织保障。县四套班子主要领导，县委常委，县人民法院院长、县人民检察院检察长，县属（含部省市属在岱山）有关单位党委（党组）主要负责人，乡镇党委书记等约90人参加会议。

【全县制造业高质量发展大会】 2021年4月29日，县委、县政府召开全县制造业高质量发展大会。会议深入贯彻习近平新时代中国特色社会主义思想和党的十九届五中全会精神，认真落实党中央、国务院和省委省政府、市委市政府推动制造业高质量发展的总体部署，回顾总结一年来的全县制造业高质量发展工作，部署今后一个时期的制造业高质量发展工作。有关县领导，县属（含部省市属在岱山）有关单位主要负责人，各乡镇党委和政府主要负责人，重点制造业企业，县经信局班子成员等约90人参加会议。

【县建设平安岱山工作暨政法信访、扫黑除恶专项斗争总结表彰会议】 2021年4月29日，县委、县政府召开全县建设平安岱山工作暨政法信访、扫黑除恶专项斗争总结表彰会议。会议贯彻落实中央和省市政法、信访工作会议，以及全国和省市扫黑除恶专项斗争总结表彰会议、省市平安建设工作会议精神，系统总结平安岱山建设成效，回顾总结全县扫黑除恶专项斗争情况，表彰先进，分析形势，研究部署当前和今后一个时期平安岱山建设、政法信访工作和常态化扫黑除恶工作。县委建设平安岱山领导小组和县扫黑除恶专项斗争领导小组组长、副组长，县属（含部省市属在岱山）有关单位主要负责人，县委政法委、县信访局班子成员，乡镇党委书记、分管负责人、综合信息指挥室负责人以及所属村、社区党组织主要负责人等约200人参加会议。

【美丽岱山建设、中央环保督察整改暨治水治污大会战会议】 2021年5月27日，县委、县政府召开美丽岱山建设、中央环保督察整改暨治水治污大会战会议。会议以习近平生态文明思想为指导，全面贯彻落实省委、省政府新时代美丽浙江建设和市委、市政府新时代美丽舟山建设的决策部署，聚焦打造“重要窗口”海岛风景，总结回顾2020年度工作成效，研究部署新时代美丽岱山建设、中央环保督察整改和治水治污大会战重点工作任务，全力助推“四个岱山”建设。县四套班子主要领导，县政府分管领导，县属（含部省市属在岱山）有关单位主要负责人，乡镇党委和政府主要负责人，县美丽岱山建设办公室、县治水治污办公室负责人约80人参加会议。

【全县党建统领、共同富裕“晒比评”会议】 于2021年7月16日召开。会议深入学习贯彻习近平总书记“七一”重要讲话精神，深刻领会中央赋予浙江高质量发展建设共同富裕示范区的重要意义，贯彻落实省委十四届九次全会、全省县（市、区）委书记工作交流会精神，坚持党建统领，扎实推进共同富裕，为奋力谱写打造“重要窗口”海岛风景新篇章提供坚强保障。县四套班子主要领导、县委常委，县人民法院院长、县人民检察院检察长，县属（含部省市属在岱山）有关单位党委（党组）主要负责人，乡镇党委书记等约90人参加会议。

【2021年度县委议军暨党管武装工作（国动委）会议】 于2021年7月29日召开。会议深入学习贯彻习近平总书记关于加强党管武装和国防动员工作重要指示精神，分析半年以来全县人民武装工作和后备力量建设形势，总结表彰先进单位和先进个人，研究解决具体问题，部署下一步任务。县四套班子主要领导，县委常委，县国防动员委员会全体成员和各办公室成员，县人武部党委委员，乡镇党委书记、人武部长等约80人参加会议。

【中共岱山县第十三届委员会第十五次全体（扩大）会议】 于2021年7月30日召开。会议认真学习贯彻习近平总书记在庆祝中国共产党成立100周年大会上的重要讲话、省委十四届九次全会和市委七届十一次全会精神，全面贯彻新发展理念，研究部署高质量发展建设共同富裕示范区工作。县委委员、候补委员，县纪委委员，不是县委委员、候补委员的县四套班子领导，县人民法院院长、县人民检察院检察长，其他县处级领导干部，县政协秘书长；县人大、县政协各专委会主要负责人，乡镇党委和政府主要负责人、纪委书记，县属单位（含部省市属在岱山）单位主要负责人，县委各巡察组组长，曾担任过正县处级领导职务的老同志，县属单位副科级领导干部，乡镇党委副书记，县工商联主要负责人约550人参加会议。

【全县县乡两级人大换届选举工作部署会】 于2021年9月23日召开。会议学习贯彻习近平总书记关于换届选举重要指示、中央、省、市县委关于换届选举工作中的要求和有关事项及全省县乡两级人大换届选举工作部署会议精神，研究部署全县县乡两级人大换届选举工作。乡镇党委书记、人大主席、组织委员、宣传委员、乡镇人大联络员，县人民法院、县人民检察院、县属（含部省市属在岱山）有关单位负责人约60人参加会议。

【中共岱山县第十三届委员会第十六次全体会议】 于2021年10月18日召开。会议听取《关于召开中国共产党岱山县第十四次代表大会决议（草案）》的说明，审议通过《中国共产党岱山县第十三届委员会第十六次全体会议关于召开中国共产党岱山县第十四次代表大会的决议》，县委委员、县委候补委员，县纪委委员，不是县委委员、县委候补委员的县四套班子领导约60人参加会议。

【岱山县高质量发展建设共同富裕示范区工作会议】 于2021年10月22日召开。会议贯彻落实省、市委有关会议和县委第十三届第十五次全会精神，重点研究推进岱山县高质量发展建设共同富裕示范区的体制机制，研究部署提高居民收入、公共服务优质共享等重点任务。相关县领导，县属（含部省市属在岱山）有关单位主要负责人，乡镇党委书记约80人参加会议。

【中共岱山县第十四次代表大会代表选举工作会议】 于2021年10月22日召开。会议研究部署中国共产党岱山县第十四次代表大会代表选举工作。县属单位（部门）党委（党组）负责人，乡镇党委书记、组织委员，县人武部分管负责人等约80人参加会议。

【县委“六讲六做”大宣讲活动动员部署会】 于2021年11月26日召开。会议深入学习贯彻党的十九届六中全会精神，按照省市委总体部署，精心组织“六讲六做”大宣讲，推动全县上下持续兴起学习宣传贯彻全会精神的热潮，以优异成绩迎接党的二十大胜利召开。有关县领导，县属(含部省市属在岱山）有关单位主要负责人，乡镇党委书记、宣传委员，宣传干事、文化站站长，基层宣讲员代表约150人参加会议。

【平安岱山暨法治岱山建设考核推进会】 于2021年11月29日召开。会议全面落实2021年平安岱山、法治岱山建设考核任务，认真研究分析当前形势，部署下一步工作任务，决胜冲刺平安建设、法治建设考核。县委有关领导，县委建设平安岱山领导小组、依法治县领导小组成员单位主要领导，乡镇党委或政府主要领导约80人参加会议。

【2022年重大政府投资项目汇报会】 于2021年12月20日召开。会议贯彻落实中央经济工作会议部署，突出高质量发展，深入研究、系统谋划，提前布局、抢抓机遇，加快推进政府投资项目。县委、县政府主要领导和相关县领导，县属有关单位主要负责人，乡镇党委书记约50人参加会议。

【中共岱山县第十三届委员会第十七次全体会议】 于2021年12月22日召开。会议审议通过提交中国共产党岱山县第十四次代表大会的县十三届委员会工作报告和十三届县纪委工作报告，对岱山县新一届县委委员、候补委员、县纪委委员和出席舟山市第八次党代会代表候选人预备人选的说明，酝酿新一届县委委员、候补委员、县纪委委员和出席舟山市第八次党代会代表候选人预备人员名单。县委委员、候补委员，县纪委委员，不是县委委员、候补委员的县四套班子领导，县人民法院代院长、县人民检察院代检察长等约60人参加会议。

【县委检察工作会议】 于2021年12月24日召开。会议深入贯彻落实《中共中央关于加强新时代检察机关法律监督工作的意见》、省、市委检察工作会议精神，进一步加强党对检察工作的领导，以更有力的法律监督，为岱山全面展示“高质量发展建设共同富裕示范区海岛样板”提供法治保障。市人民检察院代检察长、县四套班子领导，县人民法院代院长、县人民检察院代检察长，县属（含部省市属在岱山）有关单位主要负责人，县检察院班子成员、中层正职以上干部约80人参加会议。

【中国共产党岱山县第十四次代表大会】 于2021年12月27—29日召开。会议听取和审查中国共产党岱山县第十三届委员会工作报告，审查中国共产党岱山县第十三届纪律检查委员会工作报告，表决通过上述两个报告和其他决议；选举中国共产党岱山县第十四届委员会和中国共产党岱山县第十四届纪律检查委员会，选举岱山县出席中国共产党舟山市第八次代表大会代表。县第十四次党代会全体代表、列席人员等约250人参加会议。

【高质量推进中国（浙江）自贸试验区岱山区块建设大会】 于2021年12月30日召开。会议贯彻落实省、市高质量推进中国（浙江）自贸区建设大会精神，服务保障自贸试验区等国家战略，加快建设“四个基地”，突出重大项目牵引，全力打造大宗商品资源配置基地，带动全县经济社会高质量发展。有关县领导，县属（含部省市属在岱山）有关单位主要负责人，乡镇党委书记等约50人参加会议。

（唐美红）

重要决策

【制定全国县级文明城市创建三年计划】 2021年3月1日，中共岱山县委、岱山县人民政府（简称县委、县政府）印发《岱山县全国县级文明城市创建工作三年行动计划方案（2021—2023年）》（简称《创城方案》）。《创城方案》提出全国县级文明城市创建工作的总体要求和四项基本原则。《创城方案》指出，要按照一年基本达标、两年再上台阶、三年全面冲刺的工作要求，对标《全国县级文明城市测评体系》《全国县级文明城市创建实操手册》，力争通过3年不懈努力，达到如下创建目标：2021年在全国县级文明城市测评中，测评总分在全省所有提名城市（县级）中位列前十；2022年在全国县级文明城市测评中，测评总分继续位列全省所有提名城市（县级）前十，并获得全国县级文明城市参评资格；2023年在全国县级文明城市测评中，国测总分位列全国所有提名城市（县级）前列，成功创建成为全国县级文明城市。《创城方案》明确创城的工作步骤、突破项目和推进措施。

【推进新型城镇化建设】 2021年3月9日，县委、县政府出台《岱山县推进新型城镇化建设工作方案》（简称《新型城镇化方案》）。《新型城镇化方案》指出要聚焦“重要窗口”海岛风景，统筹生产、生活、生态空间布局，构建“一城一带三组团”城市格局，以补短板、强弱项为主抓手，重点在公共服务、环境卫生、市政公用、产业培育等四个方面发力，建设功能齐全、宜居秀美的海岛县城。通过加强顶层设计，明确建设路径；聚焦补齐短板，明确战略布局；强化专班运作，构建闭环机制，切实推进公共服务设施提标扩面，大力实施城市品质提升工程，健全完善教育卫生设施，改善养老社会福利设施，提升打造文化旅游设施；推进环境卫生设施提级扩能，完善垃圾无害化资源化处理设施，健全污水集中处理设施，提升改造县城公共厕所；推进市政公用设施提档升级，优化市政交通设施，完善市政管网设施，改善配送投递设施，推进全域数字化改革，更新改造老旧小区；推进产业培育设施提质增效，完善产业平台配套设施，建设自贸产业服务平台，健全冷链物流设施。《新型城镇化方案》对保障机制和县城新型城镇化“十四五”重点项目进行了明确。

【开展数字化改革行动】 2021年3月26日，县委全面深化改革委员会出台《关于印发〈岱山县数字化改革行动方案〉的通知》（简称《数字化方案》）。《数字化方案》指出，要按照“一年出成果、两年大变样、五年新飞跃”的工作要求，推动各部门核心业务和重大任务流程再造、协同高效，构建整体智治体系。主要任务有：推进一体化智能化公共数据平台建设，深化“浙里办”“浙政钉”两个掌上（前端）应用，构建规范高效应用集成系统，完善一体化应用支撑体系，构建县域数据资源体系，夯实“云网”基础设施支撑体系，提升政务网络全体系安全体系；推进党政机关整体智治系统建设，构建党政机关整体智治综合应用岱山模块，全面推进“主要领域”核心业务数字化，构建“重大任务”贯彻落实的综合集成机制；推进数字政府建设，构建数字政府综合应用，深化常态化疫情防控、科技创新、产业发展、双循环、营商环境市场活力、乡村振兴、区域协调发展、生态环境保护综合协同管理、民生保障、安全生产风险防控和应急救援等应用，打造智慧治理大联动、自贸试验区、智慧海洋管理、最美海岛文旅、引智引资等应用，推动政府效能管理应用提升；推进数字经济建设，汇聚政府端、企业端经济数据，建设工业互联网平台，实施新智造示范专项，探索数字产业发展新路径，推进公共资源交易数字化整合，推进科技成果转移转化数字化建设，提升数字赋能金融服务水平，推进服务贸易数字化转型；推进数字社会系统建设，提升社会事业领域数字化能力，迭代提升未来社区智慧服务，数字赋能乡村振兴，推进城市大脑建设并迭代升级，打造特色“数字海岛”；推进数字法治建设，完善政法一体化办案体系，完善综合行政执法体系，完善社会矛盾纠纷调处化解体系，完善“智慧村社”体系。《数字化方案》明确数字化改革工作实施操盘人机制，建立专班运行机制，倒排“468”时间表，加强督查考核机制。

【深化“基层治理四平台”改革】 2021年5月6日，县委办、县府办出台《关于印发〈岱山县关于深化“基层治理四平台”改革实施方案（试行）〉的通知》（简称《基层治理四平台方案》）。《基层治理四平台方案》指出，要深入贯彻落实党的十九届四中、五中全会和全省数字化改革大会精神，持续擦亮“基层治理四平台”品牌，全面构建符合岱山县实际的“县乡一体、条抓块统、整体智治、高效协同”基层社会治理格局，形成“重要窗口”标志性改革工程的岱山成果。《基层治理四平台方案》指出，深化“基层治理四平台”改革是贯彻落实“数字法治”建设和“四个重大”的具体举措，是推进县域治理现代化主要工作任务，要从全局战略高度充分认识深化“基层治理四平台”改革的重大意义，思想上高度重视，工作上积极主动，措施上有力有效。《基层治理四平台方案》明确深化“基层治理四平台”改革的工作目标、重点任务、工作要求和运行架构图、流程图，强调按照“职能配置精准化、业务协同一体化、数字智控高效化、资源调配动态化、编制管理法治化”的要求，构建“县乡一体、条抓块统、整体智治、高效协同”基层社会治理格局，全面提升社会治理体系和治理能力现代化水平，不断增强群众的获得感、幸福感、安全感，为建设更高水平的平安岱山，奋力打造“重要窗口”海岛风景提供坚强保障。

【研究制定《岱山高质量发展建设共同富裕示范区海岛样板实施方案》】 2021年，县委、县政府高质量发展建设共同富裕示范区是以习近平同志为核心的党中央赋予浙江的重大历史使命、光荣政治责任。省委十四届九次全会系统研究部署高质量发展建设共同富裕示范区的各项工作，市委七届十一次全会明确以“四个舟山”建设新成绩，争当高质量发展建设共同富裕示范区先行市。岱山坚持国家所需、浙江所能、岱山所为、群众所盼，创造性系统性落实各项目标任务，在推动共同富裕上展现岱山担当、实施岱山行动。5月起，部署谋划共同富裕工作，着手准备起草《岱山高质量发展建设共同富裕示范区海岛样板实施方案》（简称《样板实施方案》）。《样板实施方案》通过召开座谈会和意见征求反馈的形式，先后开展5轮意见征集，广泛吸纳各乡镇、各部门及社会各界的意见，并结合县“十四五”规划安排和“四个重大”工作，科学合理地充实《样板实施方案》内容。7月2日，《样板实施方案》经县政府常务会议讨论通过。7月5日，县委常委会会议审议通过《样板实施方案》审议稿，于7月30日提交中国共产党岱山县第十三届委员会第十五次全体（扩大）会议审议通过。《样板实施方案》共有三部分组成，总体框架与省市相同，每部分展开侧重于在落实省、市方案的基础上，提炼出岱山实现共同富裕的特色路径。第一部分提出细化落实发展目标。深刻领会习近平总书记关于共同富裕的重要论述精神，围绕省委提出的“到2025年推动高质量发展建设共同富裕示范区取得明显实质性进展”目标，紧扣建设“四个岱山”、打造“重要窗口”海岛风景，提出在海洋经济发展、海上枢纽节点建设、城乡协调融合发展和海岛居民全生命周期公共服务这四方面取得更为明显的实质性进展的发展目标。第二部分提出具体的落实举措。主要从经济高质量发展、收入分配制度改革、公共服务优质共享、城乡区域协调发展、精神文明建设、生态文明建设、治理体系现代化、推进机制八大领域，提出44点任务要求。第三部分制定目标指标。从经济高质量发展、城乡区域协调发展、优化收入分配、公共服务优质共享、精神文明建设、全域美丽建设和社会和谐和睦七大方面，提出3项衡量指标。

其他党务工作

【概况】 2021年，中共岱山县委办公室（简称县委办公室）围绕中共岱山县委提出的“走进新时代赶考路　奋进现代化新征程　谱写高质量发展建设共同富裕示范区海岛样板新篇章”为主线，立足新发展阶段，贯彻新发展理念，融入新发展格局，立足国家战略、海洋产业、数字化改革、海岛大花园建设、全国县级文明城市创建和共同富裕等工作，充分发挥参谋助手、综合协调、督查落实等各项职能，打造让县委放心、让全县人民满意的一流机关、模范机关，忠诚履职、担当使命、实干争先，全力保障县委、县政府重大决策部署的贯彻落实和各项工作的高效开展。

【深化“三服务”工作】 2021年，中共岱山县委办公室（简称县委办公室）全面打造“三服务”2.0版，制定《关于全面实施“三服务”2.0版工作的意见》，开展疫情防控“三服务”、走亲连心“三服务”等活动，建立健全县领导联系指导乡镇长效工作机制和县领导、县属部门和乡镇领导三级联系服务制度，推动服务理念、方法、机制、作风系统的重塑，全年共办理“三服务”事项3103条，办结3094条，办结率达99.7%，其中1个典型案例入选全省“三服务”活动月度十个好典型。

【参谋辅政工作】 2021年，县委办公室坚持把参谋辅政作为第一要务，不断完善落实调查研究、重要文稿起草联动、紧急信息预警报送等机制，高水平服务县委决策。聚焦落实“六稳”“六保”、统筹疫情防控和经济社会发展、统筹发展和安全、共同富裕、数字化改革等县委中心工作，精心组织调查研究，提出一系列针对性强的意见建议，研究起草县级“八八战略”抓落实机制，推动县委决策部署落地落实。高质量完成县十四次党代会、县委全会等重要文稿的撰写，全年起草各类讲话稿、汇报材料、工作报告共300余篇。加强信息工作，全年共编发《岱山信息》111期，被省委办公厅录用信息20余条，被市委办公室录用信息30余条，《岱山县强化土地资源配置提升产业集聚度》等10余条信息获省、市领导批示。

【加强协调沟通】 2021年，县委办公室强化上下协调，围绕“上情下达、下情上传、综合汇总、协调联络”的工作要求，加强与省、市单位的联系沟通，圆满完成上级交办的各项任务；注重沟通左右，加强与各乡镇、各部门和基层的联系，落实“4+5”月度联席会议制度，推动各方力量往县委中心工作聚焦、向发展大局发力。规范运行县委改革办、县委国安办、县委财经办等议事协调机构办公室工作，提升议事效率。

【落实督促检查】 2021年，县委办公室围绕“1个综合考核+N个专项考核”工作主线，突出“四个重大”内容和数字化改革全县年度综合考核新体系，严格实行督查检查年度计划管理，制订出台《2021年全县督查检查考核年度计划》《2021年度全县重点工作任务分解方案》等文件，强化对22项督查检查年度计划落实情况的监督，压实各单位主体责任。制定全县重点工作、服务经济开发区、服务浙石化项目、科技工作、人才工作“五张任务清单”，定期以实地或书面方式开展精准督查，形成督查专报32期，下发督办告知单20份。建立健全舆论监督机制，新设《蓬莱聚焦》栏目，播出14期。全程跟进领导批示办理，做到事事有着落、件件有回音，全年共办理省、市级领导批示件51件、县委领导批示件369件、政协提案建议成果交办单13件。

【日常保障工作】 2021年，县委办公室积极构建顺畅有序的“大接待”工作模式，不断提高党务、政务接待水平和满意度，顺利完成30余批次的中央、省、市重要领导到岱山考察接待任务。加强会议活动保障，认真制定县党代会、县委全会等全县性重要会议、重大活动的方案，精心组织落实。重点保障县第十四次党代会，成立筹备工作领导小组，严格疫情防控，细化会务安排，落实食、宿、行、医等保障事项，确保大会顺利召开。持续落实省市县关于精文简会通知精神，制定全县县级机关（活动）管理规定、会议年度指标管理制度，全年共召开全县性会议34次、全县部门会议110次；严把公文收发关，持续完善公文流转机制，确保收发文工作规范、高效，全年累计发文271件，处理各级来文870余件，纳入精简范围的文件发文154件。做好日常办公、值班应急、公务出行、档案史志管理等工作，全力保障县委工作顺畅、高效运行。

【推进党内法规工作】 2021年，县委办公室贯彻落实县委法律顾问制度和县委党内法规工作联席会议制度，切实强化党内法规执行力度。全面推进党内规范性文件备案工作，严格执行规范性文件前置审核机制。坚持“有件必备、有备必审、有错必纠”，年中、年底各开展一次全县党委（党组）发文目录审查工作，有力提升全县规范性文件管理质量。积极主动向市委报备县委党内规范性文件，全年报备党内规范性文件17件，备案及时率、通过率均达到上级要求。扎实推进党务公开，印发《关于中共岱山县委全面实施党务公开工作方案的通知》，规范党务公开方案审批办事指南、党务公开事项审批表、党务公开方案审批办事流程图等事项内容，将责任落实到人、落实到细节。

（傅　烨）

组织工作

【概况】 2021年，中共岱山县委组织部（简称县委组织部）坚持以习近平新时代中国特色社会主义思想为指导，深入贯彻落实省、市委对组织工作的重要指示精神，认真开展党史学习教育、庆祝中国共产党成立100周年活动，坚持以党的政治建设为统领，紧紧围绕县委中心工作，高质量做好县、乡领导班子换届，统筹推进基层党建、人才引育、党员发展、干部队伍建设等各项工作，持续加强机关自身建设，为打造“重要窗口”奋力谱写高质量发展建设共同富裕示范区海岛样板新篇章提供坚强的组织保证。是年，各级党组织按照“控制总量、优化结构、提高质量、发挥作用”的要求，严格做好发展党员工作。全年全县共发展新党员220人。其中女党员74人，占总数的33.6%；处在生产第一线的157人，占71.4%；机关事业单位工作人员89人，占40.5%；专业技术人员45人，占20.5%；35岁及以下135人，占61.4%；大专以上文化程度169人，占76.8%；高中、中技及中专文化程度24人，占10.9%；初中及以下文化程度27人，占12.3%。至年末，全县有入党积极分子392人。

【深入学习习近平新时代中国特色社会主义思想】 2021年，县委组织部将深入学习习近平总书记“七一”重要讲话、习近平新时代中国特色社会主义思想、党的十九大及十九届历次全会精神，全面贯彻落实省委十四届第八、九次全会、市委七届第十、十一次全会及县委十三届五次、县十四次党代会作为首要政治任务，县委理论学习中心组成员带头学思践悟，通过召开县委理论学习中心组学习、全县领导干部大会等会议开展专题学习，各基层党委（党组）书记带头走进田间、船头、工棚、车间，宣讲党的方针、政策、决议精神，因地制宜开展学习研讨，迎接党的二十大胜利召开。

【全县党委（党组）书记抓基层党建和人才工作述职评议会】 2021年2月8日，县委召开2020年度全县党委（党组）书记抓基层党建和人才工作述职评议会。会议深入学习贯彻习近平新时代中国特色社会主义思想，认真贯彻落实党的十九届五中全会、省委十四届八次全会、市委七届十次全会、县委十三届十二次全会和县委十三届五次党代会精神，围绕立足新发展阶段、融入新发展格局、奋力谱写打造“重要窗口”海岛风景新篇章，突出构建党建统领的整体智治体系，紧扣中心抓党建，开展基层党建和人才工作述职评议，对进一步落实党委（党组）书记抓党建工作责任、高质量推进全县党的建设进行研究部署。县委常委，县属有关单位主要负责人，乡镇党委书记，县委组织部部务会议成员，各乡镇组织委员等约70人参加会议。

【全县村社党组织书记工作交流会】 2021年11月1日，县委召开全县村社党组织书记工作交流会。会议深入学习习近平总书记在庆祝中国共产党成立100周年大会上的重要讲话（简称“七一”重要讲话）和关于基层党建的重要论述，贯彻落实全省基层党建工作会议精神，增强守好红色根脉的高度自觉，加快构建党建统领基层整体智治体系，大力推动村社组织建设质量整体跃升，奋力打造高质量发展建设共同富裕示范区海岛样板。县四套班子主要领导、县委常委，县属（含部省市属在岱山）有关单位党委（党组）主要负责人，乡镇领导班子成员，所属村（社区）书记约300人参加会议。

【全县基层党建工作会议】2021年11月8日，县委召开全县基层党建工作会议。会议深入学习习近平总书记“七一”重要讲话精神和关于基层党建工作的重要论述，贯彻落实全省、全市基层党建工作会议精神，坚持以党建为统领，以数字化改革为牵引，全面实施“红色根脉强基工程”，推动高水平打造新时代党建高地，为加快建设“四个岱山”、奋力打造高质量发展建设共同富裕示范区海岛样板提供坚强保证。县四套班子主要领导、县委常委，县属（含部省市属在岱山）有关单位党委（党组）主要负责人，乡镇党委委员，所属村（社区）书记，其他领域党支部书记代表约300人参加会议。

【锻造专业复合型干部队伍】2021年，县委组织部持续坚持“好干部从基层来、好干部到基层去”的导向，全年共进行7批次人事调配，交流调整干部129人次。开展乡镇领导班子届末政治素质专题调研，提拔任用重点工作一线35岁以下年轻干部6名，择优提拔乡镇选调生2名。做好各乡镇人事调配工作，共提拔领导干部20名，乡镇领导班子中85后干部占34.1%。严肃换届风气和换届纪律，开展换届风气督查27次，发现督促整改问题32个。开展新时代基层干部推动共同富裕主题培训行动，轮训县管领导干部406人。举办全县90后优秀年轻干部集训班和优秀青年干部培训班71名。落实“浙里好干部”应用三级贯通任务，建立干部立体画像、立体监督等两个多跨场景模块的清单梳理及数据采集。完成535卷领导干部档案数字化制作工作，完成制作率达100%。

【招才引智工作】2021年，县委组织部制定《柔性引进“高精尖”人才政策简表》，完善各类柔性引进人才对靠政策归集。全年柔性引进“高精尖”人才16人，同比增加130%；引进大学生1910人、紧缺专业人才55人。集中力量打造中科院宁波材料所岱山新材料研究和试验基地等重点创新合作平台，进一步加速科学研究与高端人才集聚。出台《企业技术技能人才培育奖励补助办法》，增设专业技术人才提升奖励、技能人才突出贡献奖励、人才培养平台建设补助和企业岗位练兵技能比武奖励。全年开展各类技能培训4191人次，新增高技能人才1323人，同比增加55%，3人荣获“浙江工匠”称号。开展全县各行业优秀人才评荐行动，评荐出首批涵盖科技创新、教育医疗、匠人技师、海洋文化、乡村振兴等各大行业领域优秀人才100人。迭代升级“岱山人才卡”服务功能，推出集合涵盖教育医疗、文化体育、公共交通等7大类21项专属服务“人才服务码”应用。

【推进村（社）组规范运行】2021年，县委组织部制定出台《岱山县高质量推进新时代村（社区）班子和干部队伍建设的实施意见》，全方位、系统性推动村（社区）组织规范运行、村（社区）干部高效履职。组建“1+7+87”个“兴村治社”红领团，实现村（社区）帮扶全覆盖。建立“晒比评、促共富”机制，推动村（社区）“领头雁”上台竞技、比拼思路，18个示范村（社区）“打榜”。实施村（社区）党组织年度重点实事项目清单化管理，174个重点实事项目实行“月查、季督、年考核”管理，拨付专项经费152.50万元。创新“五事五议五办”“先锋公约”等村级议事新模式，累计为民办实事500余件。

【推动两新党建高质量发展】2021年，岱山县新经济与社会组织工作委员会（简称县两新工委）制定《2021年岱山县有形有效专项行动实施方案》，在全县开展“三查两整改”工作，完成整改“瘫痪党组织”3家、“失联、失管、漏管流动党员”35名。探索“党建+产业链”工作法，创新推出“红帆引航·绿链入岛”党建品牌，设置“政企、银企、社企、企企”协调联动的石化产业链党建联盟，党组织工作覆盖到石化下属产业链，首批吸纳企业成员251家、企业党组织94个、党员1305名。拓展全县“两新工委”党组织规模，全年新增非公企业党组织2家，培养入党积极分子59人，发展新党员32人。

【选举产生县第十四次党代会代表】 2021年，县委组织部开展高质量推进中国共产党岱山县第十四次代表大会代表选举工作，贯彻执行民主集中制原则，“自下而上、上下结合、反复酝酿、逐级遴选”的原则贯彻到代表选举工作的全过程，代表人选经过县纪委、县监委、县公安局等24个相关部门联合审查，于12月20日前选出各条战线具有先进性的县第十四次党代会代表198名，代表中女性代表65名，占32.8%。其中，各级领导干部108名，占54.6%；各类专业技术人员38名，占19.2%；先进模范人物47名，占23.7%；解放军、武警5名，占2.5%；代表中大专以上文化程度188名，占94.9%；45岁以下（含45岁）的代表116名，占58.6%。

【全县党员队伍构成状况】 至2021年年末，全县共有党员12552人。其中预备党员298人，占党员总数的2.4%；少数民族12人；女党员3836人，占30.6%；35岁及以下2185人，占17.4%；36～45岁1855人，占14.8%；46～55岁2312人，占18.4%；56岁～60岁的1185名，占总数的9.4%；60岁以上的5015名，占总数的40%。研究生、大学本科、专科毕业5493人，占43.8%；中专毕业782人，占6.2%；高中、中技毕业1284人，占10.2%；初中及以下4993人，占39.8%。公有经济、非公有经济单位在岗职工2229人，占17.8%；农渔民3385人，占27%；离退休人员3279人，占26.1%；其他职业816人，占6.5%。

【渔农村党员队伍状况】 至2021年年末，全县渔农村共有党员5393人，占全县党员总数的43%。其中35岁及以下835人，占全县渔农村党员总数的15.5%；36～45岁562人，占10.4%；46～55岁844人，占15.6%；56岁～60岁的565名，占总数的10.5%；61岁及以上的2587名，占总数的48%。大专及以上毕业1149人，占21.3%；中专毕业235人，占4.4%；高中、中技毕业636人，占11.8%；初中及以下3373人，占62.5%。

（陈思远）

宣传工作

【概况】 2021年，中共岱山县委宣传部（简称县委宣传部）以习近平新时代中国特色社会主义思想为指导，深入贯彻落实党的十九大和十九届历次全会精神，全面落实省委、市委、县委相关会议精神，增强“四个意识”、坚定“四个”自信、做到“两个维护”。全县宣传思想文化工作围绕举旗帜、聚民心、育新人、兴文化、展形象的使命任务，立足新发展阶段，贯彻新发展理念，融入新发展格局，以庆祝中国共产党成立100周年为主线，开启“十四五”规划和社会主义现代化建设的开局之年、奋进新征程为主基调，深入开展宣传思想文化工作“九大工程”，着力推进新时代文化强县建设，为加快建设“四个岱山”，奋力打造“重要窗口”海岛风景，提供坚强思想保证和强大精神动力。

【意识形态工作】 2021年，县委宣传部高质量开展意识形态工作责任制年度检查和专项巡察，组建意识形态专项检查人才库，不断加大检查和问责力度。全年对县委所属53个党委（党组）意识形态工作责任制落实情况进行专项督查，并及时反馈做好整改，牢牢掌握意识形态工作领导权、话语权、主动权。网络综合治理体系不断完善，深化网络生态“瞭望哨”工程，完成“瞭望哨”技术平台搭建，调整制定《岱山县网络评论员管理细则》，打造全市首个阅读量超亿人次的“云尚岱山”网宣品牌，得到市委领导的批示肯定。深化文化礼堂“建管用育”一体化建设，持续完善中心组进礼堂、千名教师进礼堂、体育进礼堂、青年宣讲进礼堂等常态化活动机制，是年，岱山县被省委宣传部被评为省级文化礼堂建设示范县。

【思想理论武装】 2021年，县委宣传部持续推动学习贯彻习近平新时代中国特色社会主义思想走深走实。制定《2021年县委中心组理论学习计划》，县委理论学习中心组率先垂范，学习习近平新时代中国特色社会主义思想作为意识形态领域首要政治任务，开展党史学习等集中学习13次。深化中心组观摩旁听工作，印发《岱山县党委（党组）理论学习中心组学习巡听旁听制度（试行）》，将巡听旁听开展情况纳入全县意识形态专题督查和年度宣传思想工作考核。贯通校园内外，结合思政教育，打造全景式青少年教育课堂。是年，开展课内外学习活动1300余场次。组建县委讲师团、“东海渔嫂”宣讲队、“红色方言”宣讲队、“瀛洲红帆”宣讲队等特色宣讲队伍40余支，采用菜单式宣讲、互动式宣讲、情境式宣讲、服务式宣讲、云宣讲等形式，实施分众宣讲1800余场次，持续做强“岱”你讲习宣讲品牌。制定《做好“学习强国”学习平台供稿工作的通知》，形成以县委宣传部领导、县融媒体中心主导、各机关企事业单位共同参与的供稿机制，举办首次县级供稿员培训，全年供稿1003条，同比增长100%。

【党史学习教育】 2021年，县委宣传部谋深做实党史学习教育，第一时间成立县党史学习教育领导小组及办公室，印发《岱山县党史学习教育实施工作方案》，制定方案清单，开展巡回指导，及时动员部署，编写工作简报、开设专栏专版共103期，积极向中央和省市新闻媒体、“学习强国”平台等报送新闻信息。谋划开展“我为群众办实事、我为企业解难题、我为基层减负担、我为创城做贡献”专题实践活动，推动解决问题1520余个。做好党的十九届五中、六中全会精神“六学联动”，组建县处级领导干部宣讲队、党史学习教育宣讲团和全县党史学习教育宣讲联盟，开展十九届六中全会精神“六讲六做”大宣讲活动，推出“六百”宣讲行动，广泛开展党员干部调研式宣讲，全年累计到基层单位开展宣讲约1800余场次。

【主流舆论引导】 2021年，县委宣传部巩固壮大主流思想舆论，讲好“岱山故事”，传播好“岱山声音”。围绕庆祝中国共产党成立100周年，立足推进党史学习教育，做好党的十九届五中、六中全会精神宣传，利用县融媒体中心全媒体平台推出“奋斗百年路 启航新征程”总专栏，下设“党史上的今天”“听爷爷讲过去的故事”“峥嵘岁月”等10多个子栏目，营造良好舆论氛围。拍摄岱山建党百年主题MV《少年》，开展“红歌唱响爱国主义教育基地”短视频征集大赛，制作长篇报告文学《鱼山壮大》、漫画书籍《阿U漫说岱山——鱼山故事》等。围绕深化“十四五”开局、高水平全面建成小康社会，全媒体联动，开展成就性报道，推出《奋进中的岱山》《打造一流营商环境》《我心中的共同富裕》等10余个专栏，全景展示岱山县高水平全面小康成色。做实做优外宣工作，全年对外宣传报道累计2500余条次。中央电视台《味道》《生财有道》《经济半小时》栏目，中国国际电视台《海上看中国》等栏目，《人民日报》、新华社等国家级重要媒体持续关注宣传报道岱山，其中，在《人民日报》刊登《官山大桥换新装》，在《新华每日电讯》刊登《东海小岛崛起绿色石化“超级工厂”》；《人民日报》头版、中央电视台《新闻联播》关注报道舟岱大桥。严格落实《疫情防控“三情”联动工作机制》《疫情防控宣传引导协同联动工作机制》等，常态化运作宣传舆情工作专班，营造强信心、暖人心、聚民心的舆论氛围。

【“数字化创城”应用场景】 2021年，县委宣传部谋划搭建“数智创城”应用场景，形成从日常督查到集中测评、从问题发现到整改落实，从单一制作到部门联动，从智能生成到一窗发布，从过程监督到终端考核的全国县级文明城市创建常态化长效闭环工作机制，推动创城迭代升级。积极推进文化礼堂数字化建设管理，效能指数

2021年8月20日，全县首家24小时营业的智慧超市亮相岛城
（县委宣传部 供图）

位居全市前列，打造海上一体化治理协同应用“海上预警哨”，入选全省网信系统首批重点培育应用场景。

【休渔谢洋大典】 2021年6月16日，2021舟山群岛·中国海洋文化节暨休渔谢洋大典在岱山鹿栏晴沙景区海坛举办。大典以“百年新纪元，初心新起点，圆梦新岱山”为基点，立足岱山新发展阶段和新发展格局，讴歌党，讴歌人民，描绘岱山人民劈波斩浪驶向辉煌初心的美好蓝图，展现岱山人民全面实施乡村振兴战略的现代化美好愿景。本次节庆活动以“筑梦仙岛·幸福可岱”为活动主题，总流程分为颂辞迎客、寄语岱山。通过嘉宾致辞，倡导保护海洋感恩海洋理念；祭海谢洋，感恩海洋，通过规范而稳定的祭祀仪式，展现岱山祭海特色，原汁原味再现舟山的海岛生活魅力；全民盛会，幸福岱山。通过歌舞盛宴，展现幸福生活场景，借助虔诚心愿，祈福美好愿景。序幕《拢洋颂铭》，表现岱山人民的文化自信与胸怀天下的豪迈情怀。第一篇章为《仙岛渔丰盛世兴》，以“落地桶”为元素进行演绎；第二篇章为《缘结渔海幸福来》，以网具制作中的“绳结”为元素进行演绎；第三篇章为《梦圆岱山新时代》，以生活场景“上船跳”为元素进行演绎。尾声为《感恩海洋》主题歌合唱。场后环节《互动祈福》，拉近活动与百姓及游客的距离，让节庆品牌深入沉淀到百姓心中。延续环节《休渔谢洋大典系列活动》，拓展节庆活动的广泛性和持续性，让节庆真正成为老百姓自己的节日。

【东海民谣音乐节】 2021年7月31日—8月1日，2021岱山·东海民谣音乐节在鹿栏晴沙景区举办。县委宣传部、岱东镇、交投公司、公安等16个成员单位联合组建工作专班，制定实施方案、安保方案以及应急预案。按照疫情防控要求，从严从紧做好核酸检测工作，20余个全国民谣明星及乐队登场演出，现场设主舞台、禅舞台、运动区、露营区以及展示台，开展集大海、沙滩、音乐、美食等于一体的特色活动，加强中国网、新华网、浙江新闻等媒体的宣传报道，向外推介岱山深厚的海洋文化底蕴和独特的山海风光，打造岱山县“重要窗口海岛风景”知名度。

【新闻出版工作】 2021年，全县有印刷企业19家、出版物零售单位14家、电影放映单位2家。组织文旅、公安、市场监管、消防等部门，开展联合执法检查3次。完成印刷企业、出版物零售单位的年度核验工作；开展“双随机、一公开”工作。制定年度抽查工作计划，建立检查对象名录库和执法检查人员名录库，监管事项入驻率100%，开展双随机检查7次、即时检查21次；全年完成行政执法证换证、影院放映质量检测、复检、印刷厂疫情防控工作；强化疫情防控主体责任，专人负责疫情防控，检查印刷企业、影院的空气质量、空调设施等，以及其内部环境卫生、周边绿地环境，确保年度核验工作。

【"扫黄打非"工作】 2021年3月，县委宣传部召开全县"扫黄打非工作会议"，出台"扫黄打非"行动方案，完善县、乡镇、村（社区）三级工作责任制，落实全县"扫黄打非"工作。是年，开展"扫黄打非"专项整治18次，检查相关经营场所235户次，发放宣传资料10670份，切实保障意识形态安全，舟山绿色石化基地获评省级"扫黄打非"基层标兵；开展"安全清朗·护航百年"专项行动。加强印刷复制企业安全生产检查，对承印企业登记不及时和不规范的责令整改；开展违禁歌曲专项检查KTV17家，未发现有关问题；开展"护苗"工作，全县17所中小学校园实现绿色上网、文明上网。建好"护苗"工作站，岱山实验学校率先建立"护苗"试点工作站，加强与家长、学生的联系，推动社会、学校、家庭等共同引导学生文明上网、绿色阅读。深入整治中小学校园周边文化市场，结合开学季，县"扫黄打非"办公室联合文旅、市场监管等部门组织专项督查，加大对校园周边文化经营场所的清查力度。

2021年7月29日，全县召开扫黄打非工作会议　　（县宣传部　供图）

【文化惠民活动】 2021年，县委宣传部加大农村公益电影放映次数，全年共放映电影1190场次，受益群众79384人次。为丰富舟山绿色石化基地建设者的精神文化生活，配送优秀电影放映30场次。开展农家书屋图书配送工作，66个渔农村农家书屋配送图书3600余本，丰富渔农民精神文化需求。

（虞娉婷）

统战工作

【统一战线思想引领工作】 2021年，中共岱山县委统一战线工作部（简称县委统战部）聚焦建党100周年，开展"同心跟党走迈向新征程"主题系列活动。县委统战部举办新时代统一战线工作图片展，岱山县党外知识分子联谊会（简称县知联会）举办"同心向党礼赞百年"庆祝活动，岱山县归国华侨联合会组织开展"群团星耀党旗"活动，岱山县民族宗教事务局组织开展宗教场所唱红歌等活动，共同庆祝中国共产党百年华诞。聚焦党史学习教育，召开全县统一战线学党史动员会，组织全县优秀党外干部、非公经济代表人士、无党派和新的社会阶层人士等赴上海交通大学开展党外代表人士学党史专题培训，组织各乡镇、统战社团开展学党史·学《中国共产党统一战线工作条例》知识竞赛；组织全县宗教界人士、基层统战（民宗）等干部开展学"四史"教育培训，到余姚市四明山革命根据地、嘉兴市南湖区开展现场学党史；组织全县统一战线工作领导小组成员单位、各乡镇分管统战工作领导和党外代表人士等开展学习贯彻落实《中国共产党统一战线工作条例》（简称《条例》），各级党委开展《条例》专题学习；在融媒体微信公众号等开设《条例》学习专栏，营造学《条例》的良好氛围。

【新乡贤联谊组织建设】 2021年，县委统战部坚持党组织对新乡贤工作的领导，在全县各乡镇新乡贤联谊组织的基础上，加强属地管理。秀山乡完成乡贤参事会社团登记，为全市首个在民政部门注册的乡贤参事会；激励新乡贤回归助力家乡建设，宁波岱山商会为代表的企业家林长城等乡贤以个人名义建立教育基金，连续3年捐赠岱山教育基金30万元，助力岱山教育事业发展；激励新乡贤回归家乡创业，岱东乡贤夏军泽投资新建岱山蟹文化产业园；充分发挥异地商会的作用，建立乡贤驿站，为乡贤搭建交流平台；深入挖掘新乡贤典型事迹，经省、市相关媒体报道宣传，新乡贤盛建军被推荐为全省优秀新乡贤候选人；邱珍球等4名新乡贤入选舟山市首届新乡贤初评名单，新乡贤夏永祥科技兴渔事迹被浙江新闻客户端报道。

【创建清廉民营企业示范点】2021年4月，县委统战部印发《岱山县清廉民营企业示范点创建工作方案》，明确示范点建设的指导思想、主要目标、基本原则、主要举措、时间安排及组织实施等环节。组织召开“亲清直通车·政企恳谈会”2期，分别与县科技局、县税务局合作，听取企业在科技、税法等方面的意见建议，将意见建议反馈给相关部门，并逐一作出答复。开展清廉民企示范点创建，为促进民营企业建立现代企业治理结构，打造经济高质量发展的示范企业，确定海山机械密封材料股份有限公司、舟山晨光电器有限公司等5家企业为清廉民营企业创建示范点。是年年末，各示范点完成异地商会的创建工作，在继宁波岱山商会之后，新成立上海岱山商会。

【加强党外人才培养】2021年4月起，县委统战部加强党外代表人士队伍建设，开展全县优秀党外代表人士推荐工作，完成21家单位和7个乡镇推荐的130名党外代表人士考察工作。是年，完成无党派人士认定登记工作，新增优秀党外干部。县知联会开设知联大讲堂，成立县知联宣讲团，排出宣讲内容，到文化礼堂送课于民，开展知联大家谈，举办提升艺术修养、人文素养等沙龙活动，围绕县重点热点内容，参政议政，民主监督；开展知联大服务，围绕服务国家战略、服务基层、服务中心，持续深化“蓬岛公益”品牌项目，发挥会员优势，不定期为全县群众和相关企业提供公益讲座；依托岱山爱心志愿服务队、县民安公益救援队等公益社团，开展献爱心送温暖、民间应急救援等活动。组织引导广大统战成员加入一线，抗击新冠肺炎疫情和台风“烟花”“灿都”，捐款捐物，发挥党组织领导下的统一战线的强大凝聚力和战斗力。

（王小仪）

机构与编制

【概况】2021年，中共岱山县委机构编制委员会办公室（简称县委编办）高举习近平新时代中国特色社会主义思想伟大旗帜，学习贯彻落实党的十九大和十九届历次全会精神，以《中国共产党机构编制工作条例》为导向和省委、市委机构编制工作为主线，紧紧围绕县委十三届五次会议以来和全县机构编制工作大局，完

2021年4月6—10日，岱山县党外代表人士学党史培训班在上海举行

（县委统战部　供图）

善权责清单梳理工作，建立乡镇“属地管理”事项责任清单，全面梳理、动态调整，将乡镇“属地管理”事项责任清单，纳入全县17个部门法定职责中需乡镇协同落实的70个“属地管理”事项，促进乡镇明责减负、赋能增效。部署开展乡镇“属地管理”责任清单事项“五个一”工作体系建设，形成17个领域20个典型案例，进一步深化完善乡镇“属地管理”。调整完善部门权责清单，完成部门权力事项和监管事项清单集中梳理认领工作，健全部门监管事项动态管理机制。至年末，全县权力事项认领2957项，监管事项认领9250项，行政检查事项3047项，认领率和覆盖率均达到100%。

【县级行政机构和人员编制】 至2021年年末，全县共有行政机构38个（不含乡镇），其中县委工作机构7个，政府工作部门21个，人大机关1个，政协机关1个，法院1个，检察院1个，使用行政编制的群团机关4个，派出机构2个。是年，县级机关行政编制总数为1149名（不含乡镇），实有人员1140人。其中：党政群团行政编制493名，实有人员522人；政法专项编制558名，实有人员531人；地方专项编制（市场监管、物价）98名，实有人员87人。

【县级事业机构和人员编制】 至2021年年末，全县共有各类事业机构181家（不含乡镇），其中：全额拨款155家，差额拨款17家，经费自理9家。是年，全县县属事业编制总数4021名，实有人员3850人。其中：全额拨款编制2742名，实有人员2691人；差额拨款编制1191名，实有人员1088人；经费自理编制88名，实有人员71人。

【乡镇机构和人员编制】 至2021年年末，全县设置6镇1乡，分别为衢山镇、高亭镇、东沙镇、岱西镇、岱东镇、长涂镇和秀山乡。乡镇党政内设机构为7～9个。其中，衢山镇、高亭镇、东沙镇、岱西镇、岱东镇、长涂镇、秀山乡有事业机构2个：基层治理四平台服务中心、综合安全管理中心。另外，衢山镇设置衢山殡仪馆、东沙镇设置东沙环卫所。全县乡镇行政编制核定299名，实有人员273人。乡镇事业编制核定279名，实有人员283人。

【调整优化开发区体制机制】 2021年，县委编办研究调整和优化岱山县经济开发区管理体制方案，设立中共浙江岱山经济开发区工作委员会，为中共岱山县委的派出机构，与浙江岱山经济开发区管理委员会合署办公、一套机构，机构规格为正科级。制定岱山经济开发区管理机构“三定”规定，实行编制分类管理、人员统筹使用，进一步厘清开发区管理机构与属地乡镇间职责边界。深化开发区纪检监察机构改革，明确县纪委、县监委派出开发区纪检监察工委，健全开发区纪检监察机构设置职责权限，理顺工作关系，加强人员编制配备，强化对开发区的监督管理，推动开发区纪检监察工作的高质量运行。

【“大综合一体化”行政执法改革】 2021年，县委编办聚焦构建“大综合一体化”行政执法体系目标，配合相关部门推进大范围综合行政执法改革。深化完善应急管理综合行政执法体制改革，在县安全生产监察大队基础上组建县应急管理行政执法队。印发《岱山县“大综合一体化”行政执法改革机构编制调整方案》，精简执法队伍，根据行政执法职权调整情况，撤销县劳动监察大队、县水政监察大队、县能源监察大队、县殡葬改革执法大队4支执法队伍，形成“1+8+1”行政执法架构，执法队伍数量从14个缩减至10个，有效推进执法资源和执法力量整合。同步推进乡镇“一支队伍管执法”。在衢山镇、长涂镇综合信息指挥室加挂镇综合行政执法队牌子，与县综合行政执法局派驻中队实行“一个机构、两块牌子”管理模式。

【其他领域体制机制调整】 2021年，县委编办聚焦乡村振兴均衡发展，调整优化全县扶贫机构职能，构建县农办、农业农村部门、乡村振兴机构“三位一体”职责体系，设立岱山县乡村振兴局，与县农业农村局合署办公。强化文物保护管理机构编制保障，设立岱山县文物局，与县文化和广电旅游体育局合署办公，压实全县文物保护责任，进一步加强文物保护工作。聚焦建设变革型组织的要求，组建县委社会建设委员会，加强全县社会建设的顶层设计和统筹谋划。

【加强编制资源统筹】 2021年，县委编办强化编制资源统筹，不断提升编制使用效益。全年收回事业编制84名，加大对乡村振兴、科技创新、开发区等全县重点工作项目人才招引编制需求的支持力度，核增相关单位事业编制7名，引进人才50名。核准2022年招录用编101名，其中乡镇及教育卫生系统招录用编计划64名，占招聘用编总计划的63.4%；核准人才引进用编42名，满足高层次人才用编需求，改善全县人才结构。建立选调生“编制周转池”，打破行政编制、人事关系等方面的“瓶颈”制约，对新招录尚未明确单位的选调生实行统一入编、单列管理。坚持“总量控制”优先保障选调生招录需求，是年，有6名选调生纳入周转池。深化“县管校聘”改革，11名落聘教师分流至县属部分部门及乡镇下属事业单位。

【推动机构编制法治化】 2021年，县委编办加强《中国共产党机构编制工作条例》和法规的贯彻落实及宣传，开展一次机构编制知识竞赛、制作一个宣传短视频。加大机构编制督查力度，借助巡视巡察、选人用人专项检查、机构编制核查等，提升机构编制管理的权威性和严肃性，抓好巡视反馈问题的整改，全年共实地核查县属部门、事业单位在30%以上，完成整改17家县级部门职数倒挂问题，推进全县机构编制管理科学化、规范化。

【规范事业单位登记】 2021年，县委编办完成2020年度全县197家事业单位法人年度公示工作。其中，办理开办资金变更登记72家，占比36.5%。开展事业单位法人公示信息抽查，实地抽查8家事业单位。深化事业单位信用体系建设，整改完成岱山县机动车辆综合性能监测站统一社会信用代码重码问题。开展事业单位章程制定工作，指导事业单位做好章程制定（修订），全年共完成学校、医院等科教文卫下属事业单位60家。

（王晓旭）

精神文明建设

【概况】 2021年，岱山县精神文明建设指导中心（简称县精神文明建设指导中心）以习近平新时代中国特色社会主义思想为指导和中国共产党成立100周年为契机，立足新发展阶段，贯彻新发展理念，构建新发展格局，培育和践行社会主义核心价值观为根本，全面对照文明县城创建标准，实施全国县级文明城市双提升工程，常态化开展文明县城、文明单位、文明乡镇、文明村（社区）、文明家庭创建和道德模范、最美系列评选活动。在旧城改造、环境整治、山林绿化、管理服务等方面，扎实做好精神文明建设创建基础工作，市民文明素养等诸方面取得明显提升。

【全县创建全国县级文明城市动员大会】 2021年3月2日，县委、县政府召开全县创建全国县级文明城市动员大会。会议动员部署2021—2023年创建全国县级文明城市工作。县四套班子领导，县人民法院院长、县人民检察院检察长，县属（含部省市属在岱山）各单位主要负责人，各乡镇党委和政府主要负责人，全县各村（社区）党组织书记，县创建办全体人员约150人参加会议。

【群众性精神文明建设】 2021年，县精神文明建设指导中心以社会主义核心价值观为引领，以群众思想道德建设为根本，积极开展文明村镇、文明单位、文明家庭创建和先进人物推选申报工作，其中申报市级、省级、全国级文明单位共8家、文明村镇共10家。是年，有县级文明家庭50家，市级文明家庭13家。入选中国好人1名，浙江好人2名，舟山好人10名，省级道德模范1名，市级道德模范2名。举办“德耀岱山”道德模范先进事迹宣讲及巡回展览共23次，制作刊播“二十

余年公益之路 用爱心传播温暖”等视频短片6部，推出“岱山好人故事”11篇，全社会崇德向善、见贤思齐的浓厚氛围逐渐形成；开展“移风易俗树新风”“弘扬真善美 传递正能量”等移风易俗活动共118场次；整合阵地资源，将文明实践，“勤俭节约”纳入村规民约，打造“实践中心、实践所和实践站”，加快文化礼堂、综合文化站、党群服务中心建设，全年建成县、乡镇、村（社区）三级公共服务新时代文明实践中心1个，乡镇新时代文明实践所7个，村（社区）新时代文明实践站70个。

【未成年人思想道德建设】 2021年，县精神文明建设指导中心抓好未成年人思想道德建设，推进文明校园创建，出台《关于2021年全面深化文明校园创建活动的实施方案》。明确在市级文明校园全覆盖的基础上，全力创建省级文明校园。各校增设核心价值观52处，调整公益广告538处，每季度更新宣传橱窗。在岱山电视台和《今日岱山》联合推出“文明校园风采”“文明校园创建”“未成年人思想道德建设工作品牌巡礼”专栏，共刊播相关新闻37条。加强“一校一品”文化特色品牌建设，其中，怀慈小学“方瓦育人”品牌入选第三批全国中小学中华优秀传统文化传承学校，秀山乡中心小学“红领巾气象”品牌获市创新案例三等奖。广泛开展“扣好人生第一粒扣子”主题教育，组织评选新时代好少年、童心向党、学雷锋、劳动美等活动1265场。岱山实验学校承办“2021年童心向党学习强国主题教育实践活动”，2495名学生唱响红歌视频。做好寒暑期“春泥计划”工作，秀山乡中心小学开展“我的家”托管服务，岱东镇联动宁波大学开展暑期未成年人实践课堂，1.7万名学生参加“红歌唱响爱国主义教育基地”打卡活动和童谣征集比赛，8件作品获县、市级奖，其中2件获市级一等奖。完成全县未成年人思想道德建设工作网上申报台账说明报告56条、图片67张、文件制度22个和表格6张，为全县创城提供台账等基础性工作。

（何飚翁）

融媒体中心工作

【概况】 2021年，县融媒体中心牢牢把握正确舆论导向，充分发挥媒体深度融合和聚合共振效应，全面落实意识形态工作责任制要求，不断提高新闻信息生产、传播、服务能力，为全县经济社会发展提供强大的宣传舆论保障和精神文化支撑。是年，荣获浙报集团融媒共享联盟最具传播力奖。中心有内设机构7个，分别为办公室、总编室、记者部、编发部、新媒体运营部、策划营运部、技术保障部；下辖1家公司，即岱山华数广电网络有限公司。核定事业编制109名，设主任1名（兼任台长、总编辑），副主任3名（兼任副台长、副总编辑）；内设机构股级职数14名。实有在编人员96名，配主任1名，副主任3名，正股级7名，副股级7名；核定编外用人控制数56名，实有37名。

【办公室工作】 2021年，办公室负责中心日常运转，承担文秘、档案、信访、保密、信息、会务、综合治理、安全保卫、后勤保障等工作。承担中心党群工作和机构编制、队伍建设、人事管理、劳动工资、教育培训等各项事务的统筹协调、综合管理。负责人大、政协建议提案和领导重要批示件的督办工作。研究提出中心整体发展规划、思路、工作计划和总结等。承担管理人员岗位考核及人才的选用育留等工作。

【总编室工作】 2021年，总编室根据编委会的采编工作部署，策划组织年度有较大影响力的重大主题报道，统筹协调中心的日常编务和精品创优工作，负责阶段性重点新闻宣传和重大新闻报道活动的策划。负责新闻业务培训、阅评、通联、外宣等工作。

【记者部工作】 2021年，记者部组织实施新闻宣传和重大报道的策划方案；负责县域内政治、经济、文化、社会、生态、环境、便民服务和全国县级文明城市创建等方面新闻线索的搜集采访，为编辑部提供文字、图片、音频、视频等全媒体稿件，做好视频内容的剪辑工作。

【编发部工作】 2021年，编发部设电视新闻、《今日岱山》、广播节目、社教节目等4个编辑室，由各室编辑根据时效要求，分别编辑完成当天发布的新闻稿。电视新闻编辑室策划制定电视新闻宣传计划，确定宣传重点，负责电视新闻的编、制等工作；《今日岱山》编辑室策划制定报纸宣传计划，确定宣传重点，负责《今日岱山》报的编辑、版面创意设计、印发等工作；广播节目编辑室策划制定广播节目宣传计划，确定宣传重点，负责做好广播新闻、专题节目的编、播等工作；社教节目编辑室策划制定电视专题宣传计划，负责电视专题节目的采、编、播工作。

【新媒体运营部工作】 2021年，新媒体运营部负责中心各类新媒体内容的编辑发布和新媒体产品的研发，依托“仙岛岱山”“岱山电视台”微信公众号、“看岱山”APP、岱山新闻网、“仙岛岱山”微博号、“岱山县融媒体中心”抖音号等平台，发布新闻资讯、便民服务信息及短视频；依托国家级和省级众多平台，积极组织开展重大活动和公益类直播等对外宣传工作。

【策划营运部工作】 2021年，策划营运部负责社会活动的策划、组织、实施，做好全县重大活动的现场录制、后期制作等工作。

【技术保障部工作】 2021年，技术保障部负责中心技术规划的制定、技术改造方案的实施以及技术设备的采购；负责转播中央电视台节目，播出自办广播电视节目；负责全县重大活动的技术保障工作；负责全台技术设备的调试、维护、保养和升级改造。负责广播电视节目的安全播出。

（王润东　何　璐　王晓琼）

对台工作

【搭建岱山与台湾产业交流平台】 2021年，中共岱山县委台湾工作办公室（简称县台办）继续促进舟山和泰船舶修造有限公司、浙江友联修造船舶有限公司、岱山金海船舶修造有限公司等3家船舶修造企业与台湾船东建立业务合作关系，有10多名台湾籍高级工程技术人员在相关船企服务。4月28日，县台办主要负责人参加“台商走进自贸区产业座谈会”，加强对台招商引资工作，推进与省内台商台企经贸交流合作。9月8日，市委台湾工作办公室组织县（区）台办相关负责人参加厦门第二十一届中国国际投资贸易洽谈会，其间，县台办人员参与台资企业参与“一带一路”主体研讨会。

【加强与台湾地区青少年交流交往】 2021年，县台办打造对台基层交流工作队伍，走访在岱山工作的台湾籍青年和定居台胞，听取其意见建议，并建立在岱山工作的台湾籍青年基础数据库，与台湾籍青年交流30余人次。6月7日，开展“海相连心相印——中国台湾青年看舟山”岱山站活动，18名在宁波创业的台湾籍青年实地参访舟山绿色石化基地，与岱山青年企业家座谈交流，提升台湾

2021年6月7日，县台办组织开展“海相连心相印——台湾青年看舟山”岱山站活动
（徐裴宇　摄）

籍青年对岱山经济社会快速发展的印象以及在大陆发展的信心。

【做好台胞疫情防控工作】2021年，县台办及时做好全县新冠肺炎疫情涉台人员的排查管控及信息送报工作，并协助县疫情防控办、县卫健局等部门，落实在县境内的台胞新冠疫苗接种工作，全年有入岱山县的台湾籍返乡探亲和商务人员23人，其中接种台胞新冠疫苗针10余人。

【涉台事务性工作】2021年，县台办全力搜集台湾老兵史料，走访全县涉台人员中的教育人物材料，做好涉台风险防范工作，协调处理各类涉台纠纷，涉台人员的来信、来访等事务。是年，慰问困难台胞10人，发放慰问金12000元。

（徐裴宇）

县直属机关党建工作

【概况】2021年，中共岱山县委直属机关工作委员会（简称县直机关工委）牢牢把握机关党建“走在前、作表率”的时代定位，以“围绕中心、建设队伍、服务群众”为工作主线，加强县直机关党组织党建工作力度，扎实推进“建设清廉机关、创建模范机关”工作，为打造“重要窗口”最美海岛风景提供坚强政治保障。至年末，县直机关工委下辖党组织218个，其中机关党委11个（含国有企业党委2个）、党总支17个、党支部190个，共有党员2760余人。

【机关党的政治建设】2021年，县直机关工委以“政治建设、思想建设、组织建设、作风建设、纪律建设”五大重点内容为抓手，常态化落实全县机关党建“晒比评”工作机制，通过常态晒、对标比、定期评，压实责任、直面问题、狠抓整改。完善机关党组织“堡垒指数”考评和党组织书记述职评议机制，表彰优秀党组织13家。深化片组管理，以5个片组59家县属机关党组织为基础，推行每季度一主题的片组化活动机制，不断完善横向机制联动，全面推行“4433”机关党建工作法，将机关党建工作列为年度考核项目。深化“党务工作进干部履历”，加强党务、业务干部的双向流动机制，推动各项党务工作任务精准落实。

【机关党的思想建设】2021年，县直机关工委以习近平总书记“七一”重要讲话精神和岱山县庆祝中国共产党成立100周年活动为主题，围绕党史学习教育，组织机关新党员到鱼山教育培训基地，开展集中入党宣誓仪式、征文比赛、青年理论宣讲大赛、“回首百年路·勇担新使命”专题活动20余场，全县机关党员2700余人参加。围绕“四为”活动，联合乡镇和民政部门排摸诉求清单766项，动员机关党员认领“微心愿”，解决群众诉求508项。围绕党员培训，依托“产业发展大讲坛”“云上教育”“党员@未来”等平台载体，开展机关党务干部以及年轻干部的政治理论培训、业务轮训、理想信念教育共15次。围绕纪律教育，开展“百年·勤廉说”系列活动，机关青年干部通过讲述身边的勤廉典型的生动故事，传播主旋律、

2021年7月1日，2021年度新发展的机关党员到鱼山教育培训基地进行集中宣誓

（县委直机关工委　供图）

弘扬正能量。

【机关党组织助力全县中心工作】2021年，县直机关工委组织机关党员干部职工1960余名志愿者分批次赴鱼山、舟岱大桥双合站、竹屿码头和秀山码头等各点位、卡口，落实疫情防控工作。在“烟花”“灿都”台风防汛期间，组织100余名机关党员力量，建立临时党支部，下沉全县13个安置点，全力做好物资发放、秩序维护、应急抢险等工作。在创建全国县级文明城市攻坚中，依托“项目化+网格化”，各机关党组织有党员1600余人分片包干创城一线，在职党员均加入“兼合式”党支部，常态化参与环境整治、文明劝导等18项创城专项整治任务。在数字化改革中，举办“畅想数智”机关干部论坛，组织机关干部赴杭州滨江城市大脑等地考察调研，邀请专家授课，有效拓宽机关干部数字化视野。立足省委“152”体系和市委、县委工作要求，依托“智慧党建”系统，全面核对所属2700余名党员和212个党组织基本信息，梳理6大类、17条重点业务流程，努力实现党员管理“一件事”、支部运转“一条链”、党建工作“一张网”。

【机关党组织规范化建设】2021年，县直机关工委在强化责任落实、规范组织建设上下功夫。坚持书记抓、抓书记，不断强化直属机关党组织书记和机关党支部书记第一责任人职责，持续推进半年度履职交流和履职情况分析、年度党组织书记述职评议和党建工作考核制度，于3月、9月2次召开机关党建工作会议，晾晒实绩、检视问题、补齐短板，不断压实制度促进职责。建立专项督查、问题整改和回头看等工作机制，以督查促进问题整改，全县212个机关党组织、191个机关党支部开展党规范化建设“推磨互查”全面体检1次，及时发现并整改一批组织生活不规范、党费收缴不到位、支部手册记录不完善等问题。通过技能培训、岗位练兵等形式，开展“送课上门”系列活动4期，为机关党务干部提供针对性业务指导。做好党组织换届、党员发展工作的常态化指导，全年先后完成所属5个党总支、11个党支部的换届指导工作，发展预备党员66名。

【机关党组织推进“双建争先”工作】2021年，县直机关工委以“围绕中心、建设队伍、服务群众”为重点，“对党忠诚、为民服务、勇于担当、求真务实、清正廉洁”五好模范为主线，全面推进“建设清廉机关、创建模范机关”（简称“双建”）工作。细化创建要求，量化考核权重，制定《“建设清廉机关、创建模范机关”评价指标体系》，将体系细化为4方面11项一级指标、42项二级指标和4种“清零指数”，分类分层抓好督促指导，将59个直属机关党组织分为“先进、中间、后进”三个档次，开展结对联系制度，组织开展培育试点和帮扶整改。全年走访指导所属机关党组织40余家，指导各级党组织建立“清廉机关”建设示范阵地。是年，按照“建成一批党建活动阵地、达标一批机

2021年4月20日，县直机关工委调研“双建”示范阵地

（县委直机关工委　供图）

关党组织、表彰一批模范机关”的思路，加强阵地建设，全县有公安局罗家岙派出所“党群联盟驿家”、县住房和城乡建设局“红色工地”、市烟草公司岱山分公司（县烟草专卖局）“岱烟党群服务站”等党建先进阵地。

（林颂钧）

2021 年 11 月，县委老干部局组织县处级老领导考察岱山经济开发区

（县委老干部局　供图）

老干部工作

【概况】至 2021 年年末，全县共有离休干部 26 人（含代管 1 人），其中抗日战争时期入伍的 5 人，解放战争时期入伍的 21 人；行政事业单位退休干部职工 3074 人，其中县（处）级退休干部 30 人，科级（实职）退休干部 237 人，一般退休干部职工 2807 人。

【落实老干部政治待遇和生活待遇】2021 年，县委老干部局组织离退休老干部学习习近平总书记“七一”重要讲话、党的十九届五中、六中全会、十三届全国人大第四次会议和全国政协十三届第四次会议（简称全国“两会”）等精神，参加县十三届党代会第五次会议、县十六届人代会第五次会议、政协第九届岱山县委员会第五次会议、全县经济社会形势通报会和全国离退休干部网上专题报告会等各类会议共 22 次，并为全县离休干部和县（处）级退休干部订阅《浙江老年报》《今日岱山》《共产党员》。认真落实老干部有思想顾虑、家庭问题、重大节日、生病住院和特殊困难必访的“五必访”和每季度一次的联系慰问制度，对重病、生活长期完全不能自理的老干部每月走访至少 1 次，全年共联系走访 400 余人次；上门慰问年届 80 周岁、90 周岁的退休干部和 90 周岁、95 周岁的离休干部共 38 人次。5 月，组织老干部参观岱山本岛海水稻（耐盐碱水稻）苗秧种植情况。6 月，开展“七一”专项走访，为光荣在党 50 年以上的离退休党员干部送去纪念章。10 月，组织县（处）级退休干部到县第一人民医院进行健康体检；11 月，组织县（处）级退休干部考察岱山经济开发区和岱西镇海水稻（耐盐碱水稻）的收割，参观老干部局布点社区“家门口老年大学”4 所，满足部分退休干部就近学习的需求；联合电信、移动、联通、建行等单位，开展退休干部每月一次的“跨越数字鸿沟”专项课程，引导退休干部主动融入智慧社会。

【党史学习教育活动】2021 年，县委老干部局组织离退休干部通过“离退休干部工作”微信公众号，宣讲“红色百年”云党课学习 2 次；开展全县离退休干部党支部“红色基因永相传”主题党日活动 4 次，参观金维映故居、东海工委旧址、盐民协会旧址、大鱼山战斗遗址等红色教育基地，开展电影党课、上门送学等学习教育共 100 余场次；组建银龄讲师团，打造宣讲精品课，开展“金维映烈士”、血战“大鱼山岛”等本地红色党史宣教活动 30 场次；助力创建全国县级文明城市，组织退休干部开展科普下乡、环境

2021年6月，银龄讲师为机关党员干部讲党课　　（县委老干部局　供图）

卫生整治、文明劝导等活动20次。

【离退休干部党建工作】2021年，县委老干部局组织全县离退休干部聚焦建党百年，开展“十百”系列活动：退休干部编织3500余颗红星，拼制成2米×2米的党徽一枚和中国共产党成立一百年字样横幅，被列入岱山电视台“献礼建党100周年”专栏作品；播放红色电影100场次；征集老干部各类祝福、感言109条，书画作品100幅；拍摄老干部笑脸102张；募集乐施微基金11468元，认购微心愿物品330份、合计金额11531.05元，捐赠至云南省红河州元阳县黄茅岭乡大山小学。4月，在县先锋联盟中心召开全县离退休干部党建工作推进会；出台《岱山县离退休干部党支部规范化建设标准》，推动全县离退休干部党支部规范化建设，至年末，县政协离退休干部党支部、县教育局机关离退休干部党支部、县海洋与渔业局离退休党支部、县经济和信息化局第一老年党支部、衢山镇机关退休干部第一党支部5个支部被浙江省委老干部局评为首批规范化离退休干部党支部；开设第二期异地大党课，组织50余名县外的岱山籍离退休党员干部到舟山市老干部活动中心集中接受党性教育和主题党日活动，推荐县海洋与渔业局3名新退休党员干部到罗家岙派出所探索“学习+实践”活动；开展“百年百佳　最美银辉”寻美活动，至年末，有2个老干部工作室、2个老党员驿站、4个集体和9个人被舟山市委老干部局评为最美银辉。

2021年4月，2021年度退休党员干部在罗家岙派出所跟班学习
（县委老干部局　供图）

【引导老干部发挥余热】2021年，县委老干部局组织全县离退休老干部党支部和离退休老干部到乡镇（村）社区，宣讲党的十九届五中、六中全会、全国两会和习近平总书记“七一”重要讲话精神等12场次；组织开展志愿服务活动，多形式参与社会治理、城乡环境整治、垃圾分类、上街文明劝导依法经营不占道、做人做

事讲诚信、行人走路要走人行道、过街要走斑马线、自觉控烟不扰民、遛狗牵绳别留便、骑电动自行车要戴头盔、公共场所不躺卧、外出旅行讲文明、说话谦和别粗鄙以及疫情防控、普法宣传等各类文明活动20场次，组织开展书画展12场次；联动全县离退休干部党支部，发挥老干部所长，助力全国县级文明城市创建。

（虞佩雄）

党校工作

【概况】 2021年，中共岱山县委党校（简称县委党校）全面落实县委、县政府的决策部署和岱山县经济社会发展，制订学习党的十九届五中全会教育、全县干部培训计划，切实抓好党史学习教育，立足党校实际，深化教育教学改革，创新培训方式，丰富教学内容，努力发挥党校理论教育“主阵地”、党性教育“大熔炉”的作用，全年共召开全体教职工学习会议16次，中心组理论学习会议12次，学习党的十九届五中、六中全会精神专题会议5次，县属部门中层干部培训班7期，举办优秀青年干部、村（社区）支部、纪检监察干部、党员发展对象等各类培训班10次，圆满完成全年各项任务。

【高质量完成培训任务】 2021年，县委党校坚持党校姓党，高质量完成干部教育培训任务。举办全县村（社区）党组织书记“数字乡村改革赋能”专题培训班、科级干部“共同富裕”轮训班（三期）、县域数字治理现代化暨推动共同富裕专题研讨培训班。重点推进党史学习教育进课堂，着重增加各培训班党史课程比重，实现党史课程不低于总课时的10%。联合县委统战部举办全县宗教界党史学习教育，将党史学习教育贯穿于干部教育培训的全过程。全年共举办各类主体培训班10期、培训学员822人，部门培训班8期、培训人员679人。深入学习贯彻党的十九届五中、六中全会精神，研究发表专题课程5节（课），撰写理论文章4篇，有3名教师作为省双“百千万”宣讲员。

2021年度县委党校培训班次一览表

表1　　　　单位：天、人

序号	时间	单位	内容	天数	人数
1	1月25—27日	县委组织部	发展对象培训班（第一期）	3	49
2	3月22—26日	县委组织部	全县村（社区）党组织书记“数字乡村改革赋能”专题培训班	5	95
3	4月19—21日	县委组织部	发展对象培训班（第二期）	3	106
4	5月26—29日	县委统战部	全县宗教界党史学习教育	4	250
5	6月16—18日 6月21—23日	县纪委	岱山县纪检监察干部素质提升班（两期）	3	100
6	7月6—7日	县直机关工委	党员集中培训	2	81
7	9月1—3日	县委组织部	发展对象培训班（第三期）	3	54
8	9月6—16日	县委组织部	优秀年轻干部集训班	11	34
9	10月11—22日	县委组织部	公务员初任培训	12	41
10	10月12—13日	县委政法委	县域数字治理现代化暨推动共同富裕专题研讨培训班	2	47
11	10月21—22日	县卫健局	全县计划生育业务暨服务乡村振兴培训班	2	120
12	11月1日—12月15日	县委组织部	第十七期青干班	45	37

续表 1

序号	时间	单位	内容	天数	人数
13	11 月 15—16 日	县直机关工委	县直机关股所级干部培训班	2	31
14	11 月 22—26 日	县卫健局	卫健系统能力素质提升班	5	50
15	11 月 18—20 日 11 月 25—27 日 12 月 2—4 日	县委组织部	科级干部“共同富裕”轮训（三期）	3	406

【理论学习与主流舆论引导】 2021 年，县委党校由校领导讲授专题党课，并做好教职工思想政治建设，安排 2 名教师围绕绿色石化、意识形态、法治思想等，开展专题课程讲授。全年共召开党委理论学习中心组学习 12 次、全体教职工学习 16 次。完成省委党校交办的“共同富裕”典型案例研究，撰写“打造优质均衡海岛教育新样板”课题，研发共同富裕相关课程 4 篇。参与全国县级文明城市创建全员投入，将宁园小区、日达公寓点位长作为责任单位，建立健全志愿服务机制，扎实做好环境清洁、入户调查等工作；针对日达公寓物业管理薄弱、基础设施落后等问题，联动各乡镇、社区（村）、县住建局、县公安局、县创建文明城市办公室等共同协调解决，投入资金做好电动自行车充电桩完善、电梯维护等工作。7—9 月，在台风“烟花”“灿都”期间，组织 16 名教职工组建志愿者团队，下沉至嘉和社区、育才社区，以“最小单位”凝聚抗疫“最大力量”，确保志愿服务按时转入应急状态；强化进出校园管理，以多元力量示范带动全校教职工持续落实疫情防控机制，常态化开展双合、鱼山、秀山等重要卡点志愿服务 60 人次。

【专班工作效能提升】 2021 年，县委党校印发《中共岱山县委党校关于成立工作专班的通知》。成立办学质量评估整改回头看、数字化改革、党史精品课程、对外合作拓升、党校迁建规划等 5 个工作专班，实行定任务、定目标、定责任、定时间“四定”方式，明确推进落实的时间表和成效图。7 月，办学质量整改专班完成省市县党校创优评估问题“回头看”实地整改督查；数字化改革专班依托浙政钉打造线上教务管理系统，对接市委党校信息处，引入其开发的教务系统，进一步丰富系统功能；党史精品课程专班提供“建党百年　党史学习”精品课程 11 次，开设专题宣讲菜单，开展宣讲 90 余次；对外合作拓升专班先后与省委党校、宁波市委党校教务处、浙江海洋大学马克思主义学院签订合作协议；党校迁建规划专班完成项目规划方案的设计工作。

【红色专题课程】 2021 年，县委党校举办红色学府大讲堂 3 期，邀请省委党校陈愉瑜教授、舟山市人大常委会监察与司法委员会主任赵利平、舟山日报社专刊中心主任邱波彤到校授课。整合全县 20 余个现场红色教学基地，打造一条红色现场教学精品路线，优化县域党员干部的教学形式。用好线上教学资源，借助视联网设备，为学员提供省、市级党校、中国干部教育网络学院等优质党课。充分运用微信公众号，组织党史知识竞赛 3 期，“党史云课堂”由教研室骨干教师围绕党史学习教育主题讲授“微党课”1 次，请专业摄像队录制“党史问答”“每周一书”共 2 次。选派 1 名教师到县史志研究室开展中共党史教育讲授 1 次，制定党史学习教育实施方案，开展“学党史、迎百年”系列活动，全年共举办青年教师“迎建党 100 周年，听我讲党史”系列理论宣讲比赛、专题党课宣讲共 11 场次。校领导发挥示范带头上讲台，班子成员准备 1 ～ 2 次党课专题授课。

【加强专业人才队伍建设】 2021 年，县委党校启动教师素质提升工程，加强专业人才队伍建设和年轻干部培养，着力培养和提升教师撰写调研报告、咨政文章的能力水平，邀请省、市级教授、学者到校指导教科研工作，提高教师教学能力和整体素质。加大人才经费投入保障，开展师资队伍建设、科研合作提升，外聘专家、学者以及加强与长三角党校和高校的战略合作，并与省委党校签订教师综合能力提升合作协议。招聘厦门大学宗教学专业、宁波大学思想政治专业共2名硕士研究生。

【教学科研工作】 2021年，县委党校持续开展教育教学培训、教学课题调研、师资建设、理论研究等，与省委党校、浙江海洋大学马克思主义学院、宁波市委党校签订共建合作协议，通过教师科研助力全县党员干部培训提档升级。全年，县委党校共发表各类科研论文17篇，其中1篇论文被市社科联课题立项，2篇文章参加市社科联和市委党校等4家单位共同举办的蓝色经济论坛征文，同时，获县直机关工委征文三等奖；1篇论文参与全省党校系统“庆祝中国共产党成立100周年理论研讨会征文”获三等奖；4篇论文谈党的十九届六中全会在《今日岱山》发表。按时完成市委组织部“从严治党制度成就研究”课题任务。是年，县委党校专门制定和出台信息考核办法，将资政研究成果作为教师年终考核重要依据，资政文章《关于全县直播经济存在的问题及对策建议》先后发表于岱山县《领导参阅》《舟山日报》，其中由青年教师王晓结合舟山绿色石化基地编研的“党旗凝聚力量 共筑鱼山蜃景”教学课程，入选舟山市教育培训好教材、好课程。

【做好基础设施建设】 2021年，县委党校联合高亭镇政府投资15万元进行校园电力改造、修复围墙，提升校园安全系数；启动党校校址迁建工程，实地考察南京市委党校、临安区委党校等4家党校校址，撰写《关于建设岱山县综合培训中心工作情况的报告》，并与设计公司和相关部门就推进规划方案设计进行沟通，撰写项目《事前绩效评估报告》，有6家设计公司招投标，其中南京启迪设计院中标。

【结对帮扶工作】 2021年，县委党校为推进党史学习教育，持续与岱西镇双合村、高亭镇育才社区结对，开展帮扶维护工作，联合育才社区打造“红色书屋”“廉政图书角”，采购廉政书籍供居民借阅。是年，向村社图书馆赠送各类书籍300余册，开发村社专题党课，进村入社开展党史宣讲30余次；为异地群众办事、信访等提供优质服务，全年志愿服务接待124天，共接待7批次、约450人次。

（郑展鹏）

信访工作

【概况】 2021年，中共岱山县委、岱山县人民政府信访局（简称县信访局）立足全县信访工作实际，扎实推进信访主体办理责任制。全年受劳资纠纷、文明县城创建、新冠疫情防控等影响，共受理县内外来信、来访、网上信访、来电信访10826件（批）次，同比上升83.2%。其中来信81件次，同比上升47.3%；来电8378件次，同比上升135.7%；网上信访1552件次，同比上升28.3%；来访851批次2934人次，同比分别上升41.8%和60.6%。

【社会治理体系】 2021年，县信访局将信访工作纳入社会治理体系统筹和基层党建述职评议制度内容，强化“书记抓信访”主体责任。加强领导干部带头接待群众来访、批阅群众来信工作，其中县（处）级领导接待群众来访人员44批次246人次，占初访的73.9%。开展渔船悬挂宗教标识物专项治理工作，推进全县272艘渔船自觉自愿完成整治任务。加强网上信访和“12345”来电信访的解答工作，信访“效能指数”全市第一。

【加强重大信访问题处置】 2021年，县信访局提升发现信访问题能力和风险防控意识，认真梳理一批信访领域突出问题，建立全量问题库、蓄水池、问题清单的分层级处置机制，其中市级交办的两项“重大信访问题”，明确整改责任、措施、期限，扎实开展重复信访事项专项治理工作，推进重大信访问题按时销号、按件办结。

【落实初信初访责任】 2021年，县信访局拓宽“信、访、网、电”

四位一体的诉求表达平台，对初信初访实行“全流程反馈”机制，形成信访事项受理、告知、答复、督办的透明化处理。落实“首办责任制”，主动将所有信访事项录入平台，做到全领域、全覆盖，通过规范办理、精准答复、督查督办等各个环节，有效提升信访办理质效，及时就地化解群众诉求。全年信访受理率、答复率、信访部门满意率均达到100%。

【再创省级“无信访积案县”】2021年，县信访局梳理全县现存的重复信访事项，进行全面排查、摸清底数，累计排摸各类积案64件，以“无信访积案县”创建为抓手，严格落实“一把手领办”和“双责任主体界定”机制，由县领导带头对重点积案进行包案，属地乡镇与职能部门形成化解稳控合力，分解积案化解责任。是年，全县国家级、省级信访积案化解率100%，新增积案率0.9%，连续四年获评省级“无信访积案县（市、区）”。

【专项工作】2021年，县信访局分析研判重点档案35份，保持每月一更新动态化管理。开展各类风险隐患排查分析，做好矛盾纠纷化解工作。

【“信访代办”工作】2021年，县信访局不断延伸一站式“信访代办”工作，各乡镇、村（社区）统一由基层干部、专职网格员、“两代表一委员”、社会乡贤等代办员队伍共228余名组成信访代办站（点），形成“信访代办人才库”供群众“点单式”选择，变群众“乱跑”为“代办员”代跑，实现在家门口能反映问题，就地化解群众诉求。关于城乡建设、劳资纠纷、农业农村土地规划、渔农民养老保险等信访事项，得到就地及时解决。打造信访代办专家服务团，提升信访工作办理速度。全年，信访代办员代办各类信访事项247件次，实现“小事不出村、大事不出镇、矛盾不上交”的工作目标。

【加强矛调中心建设】2021年，县信访局着力探索社会治理领域的“整体智治”，强化源头管控、精密智控、多元参与，以“矛调中心”为枢纽，打造社会治理共同体，实现治理过程联动协同、治理手段精密智控、治理成果人人享有。7月21日，县矛调中心正式对外发布“浙江解纷码”数字法治应用场景，将线下矛盾纠纷化解模式延伸至线上，通过在线调解、在线仲裁、在线诉讼层层分流递进，为群众提供一站式线上受理和服务，实现“解纷不出户”“律师在身边”。全年，“浙江解纷码”完成用户申请172件，调解成功33件。

（邵思远）

档案与史志工作

【概况】2021年，岱山县档案馆（史志研究室）始终坚持以习近平新时代中国特色社会主义思想为指引，深入贯彻落实习近平总书记对党史、档案工作的重要指示精神，牢记“党史与档案工作”的政治属性，围绕中心大局，突出整体智治，推动全县档案与史志工作高质量发展。至年末，县馆藏档案共56873卷、342293件，照片22742张，光盘录像等260张，实物档案1571件，馆藏资料20630余册。全年共接待查档利用1300余人次（含网上查档446人次、异地查档107人次），利用案卷3103卷、1536件，复印档案7382页，出具证明29份，审核和指导村志10余本，出版发行《岱山年鉴（2021）》《中共岱山历史简明读本》，内部发行《岱山记忆》4期，圆满完成全年档案与史志工作的各项任务。

【“同舟共济·记忆岱山”征文活动】2021年，县档案馆（史志研究室）开展“同舟共济·记忆岱山”献礼“七一”庆祝中国共产党成立100周年征文活动，历时4个月，收到社会各界参赛作品170余篇，评选出若干奖项。联合县委网信办制作微视频《跨山海　见未来》，从档案史志人的视角，讲述岱山从交通不便的海上悬岛到腾虹架龙的海岛花园蝶变故事，生动再现岱山人民砥砺奋进共筑“大桥梦”的圆梦之路。

【党史学习教育】 2021年，县档案馆（史志研究室）以《中国共产党浙江岱山历史（1950—1978）》为龙头，以及《中国共产党浙江岱山历史简明读本（1950—1978）》《岱山记忆》期刊等为分册的“1+N”党史学习教育本土教材。成立党史宣讲团，全年累计宣讲10余次，参与1000余人次，依托金维映故居、岱山记忆党史馆等阵地作用，接待参观者约15000余人次。举办“‘岱’你学党史,红歌微诵唱”活动，联合县委组织部、县融媒体中心分别开展“‘岱’你追寻红色记忆”等专题党史宣传。撰写《一个木箱子背后的故事》《东海抗日斗争中缴获的永久牌自行车》入选浙江省“红色文物故事”。

【档案资源建设】 2021年，县档案馆（史志研究室）完成29家单位2020年度疫情防控档案的收集工作，数据共计130GB；完成大、小鱼山2000吨级滚装码头基建等5项工程档案的专项验收；依法接收鱼山工程档案、海洋文化节档案、学校撤并档案共970余卷（件）；征集鱼山相关视频10余个、融媒体中心照片100余张。

【国家数字档案馆创建】 2021年，县档案馆通过完善各项制度、投入资金、更新软硬件、升级系统、完备日常管理等举措，档案信息化、数字化、安全化水平显著提升。7月，经国家级档案考核组测评，高分通过国家级数字档案馆测评验收。

【档案服务基层】 2021年，县档案馆以东沙镇为试点，推动全县村社档案规范化、信息化工作，促进乡镇、村、社区档案资源共建共享。东沙镇所辖村、社区（司基村、桥头村、桥头社区、泥峙村、东沙社区）均完成实体档案整理和数字化建设，共整理出文书、业务、照片等档案1.4万余卷（件），电子目录9.3万条、扫描件40万件。11月，东沙镇顺利通过由市档案局组织的试点验收。

【档案信息安全保障】 2021年，县档案馆加强做好涉民业务数据的登记备份，先后接收县残疾人联合会、舟山市生态环境局岱山分局等10余家单位业务数据档案2.2TB，常态化开展档案异地备份，岱山馆藏档案9.8TB数字化成果在舟山市档案馆备份。联合县消防大队举办一期消防安全培训，联动县委网信办开展“建党百年·铸网岱山”网络安全应急演练，提升夯实安全突发事件应急处置能力。开展多形式的档案执法和监督检查。县档案局运用“互联网+监管”平台，对秀山乡人民政府、县民政局、县纪委等6家单位的档案开展专项执法检查7次，对岱山县托普档案事务所、县人民法院等4家单位开展双随机执法检查5次，均未发现问题。采用档案管理云平台在线数字化检查与实体抽检相结合的形式，完成全县近百家机关、企事业单位年度归档工作的检查。

【《岱山年鉴（2021）》编纂】 由县委、县政府主办，岱山年鉴编纂委员会编纂的《岱山年鉴（2021）》出版，该书采用分类法编辑，设类目、分目、条目三个层次，全书有类目35个、分目258个、条目1426个，随文照片258（包括彩插49张）张，图标45张，约82.2万字，全面、系统、真实地记载2020年度岱山县经济、政治、文化和社会生活的基本面貌和发展状况，2021年12月由方志出版社出版。《岱山年鉴（2020）》荣获第八届全国地方志优秀成果（年鉴类）二等奖。推进全县村志编修工程，审核、指导各村民委员会编纂的村志10余本。

【《中共岱山历史简明读本》编纂】 由县史志研究室编纂的《中国共产党浙江岱山历史简明读本（1950—1978）》，该书采用章、目体式，除附录、后记外，共设4章、18目，约5.5万字。系统简明地记载和反映自解放以来至1978年党的十一届三中全会召开，中共岱山县委和各级党组织在上级党委领导下，岱山的政治、经济、文化、社会以及人们的思想和精神风貌等各个方面的发展变化，简明地总结28年间的社会主义革命和建设时期正反两方面的经验教训。该书编纂历时3年，从2018年2月启动至2021年2月完稿，2021年3月内部发行。

【《岱山记忆》编印】 由岱山县《岱山记忆》编纂委员会主办，岱山县档案馆（史志研究室）编纂的《岱山记忆（2021）》内部印制，该期刊记载建党百年巡礼、特载、史海钩沉、往事寻踪、人物春秋、风俗民情、胜迹掠影、工作动态等8类15个条目，介绍岱山渔、农、盐、工、商、学和经济、社会、文化、旅游等发展变化，全年有季刊4期，至2021年年末，累计发行16期。

【档案史志队伍建设】 2021年，县档案馆（史志研究室）充分发挥党管档案史志工作的体制优势，全面落实档案与史志工作责任制。加强意识形态工作，结合党史学习教育，持续深入学习习近平新时代中国特色社会主义思想。开展党的十九届五中、六中全会精神等专题学习讨论10余次。持续打造“兰台红”党员服务品牌，助力疫情防控、文明城市创建，搭好成长平台、强化教育培训。全年累计举办全县档案业务、疫情防控档案归集等专题培训班4期，参训人数240余人，参加省、市、县党史编纂，地方志编修，数字化转型，保密和文件管理等培训30余人次。

（王　芳）

责任编辑：吴依芳

岱山县人民代表大会

Daishan County People's Congress

综述

2021年，岱山县人民代表大会常务委员会（简称县人大常委会）深入学习贯彻习近平法治思想和全国人大工作会议精神，忠实践行“两个确立”，坚决做到“两个维护”，深入开展党史学习教育，护航经济社会发展，推进民生福祉改善、维护社会公平正义、发挥代表主体作用、完成县、乡人大换届、强化人大自身建设，推动人大工作从“事”向“制”“治”“智”转变，为加快建设“四个岱山”、奋力谱写打造“重要窗口”海岛风景新篇章做出积极贡献。全年共召开人民代表大会1次、人大常委会会议11次，人大常委会主任会议25次，听取和审议各种工作报告16个，作出决议、决定、审议意见38项，开展执法检查3次，专题询问1次，依法任免国家机关工作人员48人次，24名新任命领导干部进行宪法宣誓，审查规范性文件21件，圆满完成县十六届人大五次会议确定的各项任务。

重要会议

【县十六届人大五次会议】 2021年1月18—21日，岱山县第十六届人民代表大会第五次会议在高亭召开，应到代表170人、出席145人，列席95人。会议共举行三次全体会议。听取和审查县政府县长孙志龙所作的岱山县人民政府工作报告、县人大常委会主任沈兆幸所作的岱山县人民代表大会常务委员会工作报告、县人民法院院长金旭光所作的岱山县人民法院工作报告、县人民检察院检察长卢宏辉所作的岱山县人民检察院工作报告，并作出决议。审查和批准岱山县国民经济和社会发展第十四个五年规划和二〇三五年远景目标纲要、岱山县2020年国民经济和社会发展计划执行情况及2021年国民经济和社会发展计划的报告、岱山

2021年1月18—21日，岱山县第十六届人民代表大会第五次会议在县行政中心召开

（县人大常委会办公室　供图）

县2020年财政预算执行情况及2021年财政预算的报告。审议、票决2021年民生实事项目。依法补选县第十六届人民代表大会常务委员会委员林华、唐松标、曹啸海。通过岱山县第十六届人民代表大会有关专门委员会主任委员名单。

【县十六届人大常委会会议】 常务委员会由主任、副主任和委员若干人组成，每两个月至少举行一次，由主任召集并主持。2021年共召开县人大常委会会议11次。

2021年岱山县人大常委会会议情况一览表

表2

届次	时间	主要议题
十六届三十次	1月5日下午	审议通过县十六届人大五次会议有关事项；通过关于召开岱山县第十六届人民代表大会第五次会议的决定；审议通过《岱山县人大常委会关于政府重大投资项目审查监督暂行办法》；表决通过县人大常委会主任会议提请的关于庄舟波、邱宜伦免职的议案，关于曹啸海任职的议案；表决通过县人民政府提请的关于杨增富、曹啸海免职的议案，关于殷军、刘国凯任职的议案；表决通过关于接受庄舟波辞去岱山县第十六届人民代表大会代表职务的决定；并举行宪法宣誓仪式
十六届三十一次	1月12日下午	初审岱山县人民政府工作报告、岱山县2020年国民经济和社会发展计划执行情况及2021年国民经济和社会发展计划草案报告、岱山县2020年财政预算执行情况和2021年财政预算草案的报告，初审岱山县国民经济和社会发展第十四个五年规划和二〇三五年远景目标纲要（草案），初审2021年民生实事候选项目（草案）；初审岱山县人大常委会工作报告、岱山县人民法院工作报告、岱山县人民检察院工作报告
十六届三十二次	1月18日上午	讨论通过关于代表变动和补选代表的资格审查情况的报告
十六届三十三次	3月10日上午	听取和评议部分常委会任命干部现场述职，并进行测评；通过岱山县人大常委会2021年工作要点
十六届三十四次	4月27日上午	听取和审议县政府关于《法治政府建设实施纲要（2015—2020年）》实施情况的专项工作报告，听取和审议县政府关于全县职业教育发展情况的专项工作报告；审议通过县政府2021年政府重大投资项目，审议通过《岱山县人民代表大会常务委员会专题询问工作办法》；表决通过县人民政府提请的关于陈琳尹免职的议案
十六届三十五次	6月30日	审议通过《关于岱山县岱东镇人民代表大会换届选举的决定》《关于设立岱东镇选举委员会的决定》；听取和审议县政府关于《舟山市科技创新促进条例》贯彻实施情况的专项工作报告，并进行专题询问；听取和审议县政府关于全县国有资产管理情况的综合报告，听取和审议县政府关于2020年全县环境状况和环境保护目标完成情况的专项工作报告，听取和审议县政府关于全县体育及全民健身情况的专项工作报告，表决通过县人民政府提请的关于陈华清任职的议案，表决通过县人大常委会主任会议提请的关于张建晖任职的议案；表决通过县人民法院提请的关于赵友剑、郑斌、任世斌免职的议案，关于郑斌、任世斌任职的议案；并举行宪法宣誓仪式
十六届三十六次	9月6日	听取和审议县政府关于上半年全县经济社会发展情况和下半年政府工作的报告，审议县政府关于2021年国民经济和社会发展计划上半年执行情况的报告；听取和审议县政府关于上半年财政预算执行情况的报告，听取和审议县政府关于2020年度财政预算执行情况的报告、2020年度财政收支决算草案的报告、2020年度县本级预算执行和全县其他财政收支的审计工作报告，审查、批准2020年度财政决算；听取和审议县政府关于全县渔业安全生产情况的专项工作报告；听取和审议县政府关于《舟山市物业管理条例》贯彻实施情况的专项工作报告；表决通过县人民法院提请的关于蒲华峰、郑力奋免职的议案，关于王渊洁、张行、余秀宝任职的议案

续表 2

届次	时间	主要议题
十六届三十七次	9 月 29 日上午	表决通过《岱山县人大常委会关于县、乡两级人民代表大会换届选举有关事项的决定》《岱山县县、乡两级人民代表大会换届选举工作实施方案》《岱山县人大常委会关于设立岱山县选举委员会的决定》《岱山县人大常委会关于设立乡镇选举委员会及县直属机关选举领导小组的决定》；审议通过《浙江岱山经济开发区人大工作委员会工作规则（试行）》《浙江岱山经济开发区人大工作委员会代表工作制度（试行）》《浙江岱山经济开发区国有资产管理工作监督办法（试行）》《浙江岱山经济开发区财政预算审查监督实施办法（试行）》；表决通过县人大常委会主任会议提请的关于叶军、翁燕敏、徐风华任职的议案；表决通过县政府提请的关于孙世华、傅剑波免职的议案，关于刘海峰任职的议案；并举行宪法宣誓仪式
十六届三十八次	11 月 9 日下午至 10 日	审查、批准县政府关于调整 2021 年民生实事项目部分实施内容的议案，审查、批准县政府关于调整 2021 年政府重大投资项目部分实施内容的议案，审查、批准县政府关于调整 2021 年岱山县本级地方政府债务限额和预算调整方案的议案；听取县政府《关于在全县开展法治宣传教育的第八个五年规划（2021—2025 年）》制定情况的报告，表决通过《岱山县人民代表大会常务委员会关于开展第八个五年法治宣传教育的决议》；表决通过《岱山县人民代表大会常务委员会关于促进和保障高质量发展建设共同富裕示范区海岛样板的决定》；听取和审议县政府关于全县“菜篮子”工程建设审议意见落实情况的专项工作报告，听取和审议县政府关于全县应急管理体系建设情况的专项工作报告，听取和审议县政府关于县十六届人大五次会议代表建议、意见办理情况的专项工作报告；听取县人民检察院部分检察官履职情况的报告，并进行评议；表决通过县人大常委会主任会议提请的关于董佳丽任职的议案
十六届三十九次	11 月 25 日下午	表决通过县人民政府提请的关于卢建波任职的议案；表决通过县人民法院提请的关于曹敏任职的议案；表决通过县人民检察院提请的关于黄志刚任职的议案；表决通过县人大常委会主任会议提请的关于接受孙志龙辞去岱山县人民政府县长职务的决定，关于接受金旭光辞去岱山县人民法院院长职务的决定，关于接受卢宏辉辞去岱山县人民检察院检察长职务的决定，关于卢建波代理岱山县人民政府县长职务的决定，关于曹敏代理岱山县人民法院院长职务的决定，关于黄志刚代理岱山县人民检察院检察长职务的决定；并举行宪法宣誓仪式
十六届四十次	12 月 15 日下午	表决通过县人民政府提请的关于刘奋伟、司徒贤存免职的议案，关于赵璞、王海峰任职的议案；表决通过县人民政府提请的关于方明、司徒贤存、柴忠堂、姚斌免职的议案，关于黄飞跃、王海峰、李明波、李志勇任职的议案；表决通过县监察委员会提请的关于王明辉免职的议案，关于张杰、顾仲立任职的议案；表决通过县人大常委会主任会议提请的关于接受施静海辞去岱山县监察委员会主任职务的决定，关于张杰代理岱山县监察委员会主任职务的决定；并举行宪法宣誓仪式

依法监督

【经济运行监督】 2021 年，县人大常委会密切关注经济运行态势，听取和审议上半年全县经济社会发展情况和下半年工作安排、全县国有资产管理情况、2021 年部分政府重大投资项目实施情况等 7 项专项报告，提出相关审议意见。深化财政预决算监督，进一步加强对政府财政支出的监督。听取浙江岱山县经济开发区工作开展情况、全县“数字经济”发展审议意见落实情况和全县低效工业企业整治提升情况等 3 项专题汇报，结合调研和视察中发现的问题，及时向县政府提出相关意见建议，助推产业经济高质量发展。

【民生热点监督】 2021 年，县人大常委会继续实行“一月一联系、每季一督查、半年一报告、一年一测评”的跟踪监督模式，推动十大项民生实事项目当年见效、群众受益。对关系群众切身利益的全县渔业安全生产、职业教育发展、体育及全民健身、环境状况和环境保护目标完成、饮用水提质供给等情况进行专项调查，持续跟踪监督“菜篮子”工程建设情况，提出解决问题的意见建议，以更加有力的担当助推民本民生改善。

【民主法治监督】 2021 年，县人大常委会坚持把全面推进依法治县作为应尽之责，认真履行法律监督职能。为规范专题询问工作，制订出台《岱山县人民代表大会常务委员会专题询问工作办法》，对《浙江省粮食安全保障条例》《舟山市物业管理条例》等法规条例开展执法检查，专题询问《舟山市科技创新促进条例》的贯彻实施情况，开展《浙江省电动自行车管理条例》贯彻实施的专项监督，切实加强法律监督。听取和审议《法治政府建设实施纲要（2015—2020 年）》实施情况专项工作报告，作出关于开展第八个五年法治宣传教育的决议，对 21 件政府规范性文件进行合法性审查，制定实施《县人民法院、县人民检察院规范性文件备案审查工作规定》，将“两院”的规范性文件纳入备案审查范围，切实加强依法行政监督。开展部分检察官履职评议，持续跟踪监督法官履职评议整改落实情况，深入开展公益诉讼案件人大代表专项评议活动，加强司法监督。

【人大数字化改革】 2021 年，县人大常委会牢牢把握数字化改革总体部署，以“四个一”工作机制为抓手，全方位推进人大数字化改革，积极承接上级人大应用试点，代表履职服务系统、代表议案建议处理系统、选民信息登记系统等应用场景上线运行；积极创新探索，建设“政府投资时时督”特色应用场景，谋划“民生小事时时督”特色应用场景，以数字赋能的手段实现闭环式监督。

【开发区人大工作试点】 2021 年，县人大常委会作为全省开发区（园区）人大工作第一批试点单位，及时研究制定《岱山经济开发区人大工作试点实施方案》，设立工作机构，明确职责任务，由兼职人员任职方式设立开发区人大工作委员会，在县人大常委会和开发区党工委的领导下开展工作。在实施方案的基础上，参照相关工作制度制定《浙江岱山经济开发区人大工作委员会工作规则（试行）》《浙江岱山经济开发区财政预算审查监督实施办法（试行）》《浙江岱山经济开发区国有资产管理工作监督办法（试行）》《浙江岱山经济开发区人大工作委员会代表工作制度（试行）》，依法开展对经济开发区的工作监督和法律监督，依法推进经济开发区预算审查的监督和国有资产的监督，做深做实做细各项经济开发区人大工作建设，为全省推进开发区人大建设工作提供海岛样板。

代表工作

【县乡人大换届】 2021 年，县人大常委会把握换届工作的总体要求、基本原则、工作重点，把坚持党的领导、充分发扬民主、严格依法办事贯穿到换届选举全过程各方面。及时成立人大换届选举工作机构，组建 8 个指导督导组，抓实业务专题培训、巡回宣讲培训、专家辅导培训，依法做好选民登记、保障代表资格、严格工作流程，严把组织主导关、代表入口关、代表结构关，做到调查研究到位、组织领导到位、责任分工到位，走好县、乡两级人大换届选举法定链条每一步。全县共选出新一届县人大代表 195 名，乡镇人大代表 486 名。全县新一届乡镇人代会第一次会议顺利召开，依法选举乡镇国家机关工作人员 46 名。

【加强履职服务保障】 2021 年，县人大常委会加强履职服务保障，推进人大代表联络站建设，全县 7 个乡镇代表联络站均达到“五好六化”的建设标准。注重提高代表素质，组织开展县人大代表第六期履职培训。深化“社情民意直通车”制度，全年共编印《社情民意直通车》10 期，解决选民实际问题 214 件。精心组织代表活动，以“代表活动周”“代表活动月”“人大代表在行动”主题活动、专项调查等为载体，引导代表积极参与创建全国县级文明城市监督、“聚民情、汇民智，助力‘十四五’开新局，喜迎建党百年”走访服务选民活动、低效工业企业整治提升情况专项监督等中心工作，通过考察、督察、建言等方式助推政府工作开展。

【议案建议办理】 2021 年，县人大常委会扭住议案建议办理这个关键，不断提高办理效率和办结效果，使代表提出的建议意见事事有回应，群众期待的急事难事件件有着落，着力打造践行宗旨的代表机关。县十六届人大五次会议交付代表建议意见121件，闭会期间2件。其中属于渔农业和渔农村方面33件，工业和交通方面19件，财政和社会保障方面17件，市政建设方面25件，教科文卫方面9件，环保旅游方面12件，政法内务方面4件，其他方面4件。123件建议意见全部办理完毕，已解决和基本解决的A类件80件，占办理总数的65%；正在解决和列入计划解决的B类件26件，占办理总数的21.1%；因受条件限制、暂时无法解决的C类件14件，占办理总数的11.4%；没有采纳、留作参考的D类件3件，占办理总数的2.4%。

视察调研

【把脉全县职业教育工作】 2021年3—4月，县人大常委会从制约全县职业教育发展的瓶颈和困难入手，走访部分学校、企业和部门，召开多种形式座谈会，对相关情况进行细致了解，针对调查中发现的产教融合、师资建设、发展规划等问题，向县政府提出要着力构建高质量发展新格局，围绕产业所需加大力度改革攻坚等多方面的意见建议，积极推动全县职业教育向更优水平发展。

【专题询问《舟山市科技创新促进条例》实施情况】 2021年4—5月，县人大常委会坚持问题导向，围绕《舟山市科技创新促进条例》贯彻实施情况，实地走访部分企业和部门，召开不同层面的座谈会，面向社会公开征集问题、征求人大代表意见，确保专题询问拟提出的问题具有针对性、有效性。询问会上，听取和审议县政府关于该《条例》贯彻实施情况的专项工作报告，紧密结合该《条例》和岱山实际，围绕“共同富裕示范区建设”，聚焦“十四五”期间贯彻落实省市县委对科技创新的工作部署、科技创新资金使用监管和绩效、渔农村创新项目、科技创新人才培养等问题展开询问。

【关注全民健身事业发展】 2021年4—5月，县人大常委会对全县实施《全民健身计划（2016—2020年）》工作落实情况进行专项调查。通过听取专项工作报告、现场参观考察、与群众交流意见、同体育类协会座谈等方式，深入了解全民健身、监督全民健身、支持全民健身。针对城乡区域发展不平衡不充分、场地设施存在短板、产业发展有待进一步拓展等问题，提出要凝聚多方合力，构建更加健全的服务保障体系；坚持规划先行，提供更加充分的场地设施；专注精准定位，打造更加多元的体育产业等多条建议。

【助推物业管理水平提升】 2021年7月起，县人大常委会开展《舟山市物业管理条例》执法检查，通过听取部门汇报，实地走访物业小区、物业管理企业等，检查全县物业管理体系建设、物业管理行为规范、部门协作机制落实、政策资金制度保障等内容，广泛征求属地乡镇、社区居委会、业主委员会代表等的意见和建议，并在常委会会议上听取和审议相关报告。围绕构筑完善的物业监管体系，提升物业管理服务水平，建立长效管理机制，推进法规落地见效等向县政府及相关部门提出意见建议，助推全县物业服务行业健康有序发展。

【跟踪调查“菜篮子”工程建设】 2021年，县人大常委会持续跟踪问效“菜篮子”工程建设情况，基于2020年调查发现的蔬菜基地、流通体系、价格调控等方面长期存在的短板，始终如一守住“小篮子”里的“大民生”，将“菜篮子”工程建设审议意见落实情况的跟踪调查列入当年重要议事日程。8月至9月，调查组实地走访部分蔬菜种植基地、“菜篮子”供应店、农贸市场等场所，到岱山、宁波、定海、嵊泗等地开展“菜篮子”商品价格调查，分别召开种植大户代表和相关部门座谈会，听取县“菜篮子”办公室的工作汇报。在11月召开的人大常委会会议上提出要提高思想认识，大力推进基地建设，不断增强调控能力，完善流通体系，强化质量安全监管等五条意见建议，全力推动“菜篮子”工程提档升级。

【应急管理体系建设专项调查】 2021年8—9月，县人大常委会成立调查组，通过实地察看、现场询问、个别访谈、座谈交流等方式对全县应急管理体系建设情况开展调查。针对调查发现的应急管理体制磨合融合有待加强，应急预案体系有待完善，应急处置与救援能力有待提高，应急管理干部队伍素质有待提升，基础性保障工作有待深化，共建共治共享应急格局尚未形成等问题，提出要压实责任、强化督导、协调发展、夯实基层等意见建议，进一步树牢全社会风险防范意识，推进应急管理体系和能力现代化。

【创建全国县级文明城市综合监督】 2021年，县人大常委会围绕全国县级文明城市创建，制定《关于开展“深入推进创建全国县级文明城市——人大代表在行动”主题活动实施意见》。6月，组织60余名人大代表开展文明城市“活动周”暨创建全国县级文明城市专题监督，围绕志愿服务实施、交通秩序优化、文化市场管理、市政设施完善、城市管理提质、经营秩序规范、渔农村环境整治等项目，提出相关意见建议40余条，并编入《情况反映》专刊。

【注重饮用水提质保供】 2021年3月，县人大常委会组织考察组到宁波姚江、定海黄金湾水库考察了解原水水质及引水系统运行情况，并对全县各乡镇的水库及翻水站以及自来水公司运维情况进行实地考察。4月，县人大常委会主任会议听取县人大常委会考察组和县政府关于全县饮用水供给以及质量达标提标建设情况的专题汇报，主任会议肯定县政府关于逐年加大供水事业资金的投入，注重水源地管理保护，落实管护经费，加强水质监测，积极推进数字化管理，供水能力逐步改善，供水质量不断提高，在饮用水达标提标三年行动中形成“城市和岛域网为主、联村局域网为辅、单岙单点网为补充”的终端供水网络体系，支持全县经济社会的快速发展。

2021年6月3日，省人大常委会委员、教科文卫委员会主任委员郑金平（居中）调研岱山职业教育发展情况　　（县人大常委会办公室　供图）

【配合省市人大开展调研监督】 2021年，县人大常委会积极配合省人大常委会开展职业教育发展情况调研、《浙江省粮食安全保障条例》省市县三级联动执法检查；配合市人大常委会调研岱山经济开发区人大工作、市县乡三级人大代表换届选举有关工作、民生实事项目人大代表票决制工作实施情况、“岱山县推进落实‘十四五’规划科技创新发展部署、加快建设高水平创新型城市情况”等工作，配合开展群众体育工作、乡村振兴推进工作、海岛岛礁保护工作、医疗保障工作等专项调查，以及《浙江省生活垃圾管理条例》执行情况的检查。

（孔梦迪）

责任编辑：吴依芳

岱山县人民政府

Daishan County People's Government

综述

【概况】 2021年，岱山县人民政府（简称县政府）团结依靠全县人民，立足新发展阶段，贯彻新发展理念，融入新发展格局，奋力打造共同富裕示范区海岛样板，经济社会继续呈现高质量发展良好态势。全年地区生产总值增长18.3%，一般公共预算收入增长12%，规模以上工业增加值增长28.2%，固定资产投资增长10.5%，城乡居民人均可支配收入分别增长9%和9.7%。

【加快临港工业发展】 2021年，岱山县重点国家战略加速落地见效，舟山绿色石化基地产能持续释放，浙石化年产值达1390亿元，成为全市首个千亿级产值企业。黄泽山油品储运基地二期104万立方米项目完成基础工程，黄泽山—鱼山原油管道项目动工建设。全力保障大宗商品储运基地建设，启动工程顺利开工。加快建设国际海事服务基地，衢山岸基产业园进场施工。

【加快海洋产业发展建设】 2021年，岱山县海洋产业发展提质增效，加快重点产业重点项目，卓然石化装备制造、润和催化剂项目开工建设，瑞程石化建成投产，惠生海工交付全球最大极地液化天然气模块，和泰船舶建成全国首制1.4万吨级江海直达散货船。创新成果不断涌现，中科院宁波材料所岱山新材料研究和试验基地加快建设，舟富食品研发产品入选神舟十二号载人飞船“食谱”，蟹笼渔船自动化捕捞装备技术研发列入省“尖兵”计划。全年规模以上工业研发费用增长67.4%，高新技术产业投资增长32.9%，均位居全市前列。

【推进数字化改革】 2021年，岱山县数字化改革跑出加速度，体系化规范化推进数字化改革，一体化智能化公共数据平台建成启用，五大综合应用系统上线贯通，“岱山安养”“智慧鱼山”等15个省级试点项目高质量推进，形成79项制度成果，12项数字化改革核心指标全面完成，年度考核位居全市前列，“掌上办事之县”“掌上办公之县”“掌上治理之县”基本建成。

【海岛大花园加快建设】 2021年，岱山县对标大桥时代补短板强弱项，燕窝山陆岛交通码头、燕窝山客运中心、县交通集散中心加快推进，秀山环岛公路、磨心山隧道开工建设，衢山大道、长河路完成提档升级；水资源优化联调工程启动实施，建成库库联网项目2个、强排泵站9座。高标准推进美丽渔港建设，牛轭山生态修复工程基本完工，清泰路入口改造提升工程顺利完成。星浦未来社区入选省级创建名单。东海郊野公园核心区主体工程基本完成，2个城市口袋公园建成开放，创成省级园林城市。

【文明城市创建】 2021年，岱山县全国县级文明城市创建开局良好。制定实施创城三年行动方案，打好城乡环境综合整治大会战，一大批影响市容市貌的突出问题得到有效治理，积存垃圾、卫生死角、违章建筑得到及时清除，31条主次干道实行撤桶进店，150条背街小巷旧貌换新颜，城区垃圾分类实现全覆盖；创新实施50余项常态化管理制度，培育文明学校、文明家庭、文明单位75个，注册志愿者34000名以上，斑马线礼让蔚然成风，“文明岱山　有礼有我”逐渐成为群众共识，年度测评成绩名列全省第一。

【共同富裕迈出坚实步伐】 2021年，县政府制定共同富裕海岛样板政策体系，“四梁八柱”初步搭建完成。推动教育、医疗等公共服务优质共享，上海世外附属高亭初级中学顺利开办，城西幼儿园、盛世豪庭幼儿园正式启用，“双减”政策落地实施，14所义务教育学校全面开展课后服务，新型城乡教育共同体实现全覆盖，全国义务教育优质均衡发展创建通过省级验收；县第一人民医院迁建工程动工建设，浙江大学医学院附属第二医院岱山分院挂牌成立，省级慢性病综合防控示范区通过复评考核。

（王艺霖）

重要会议

【县政府全体会议】 2021年2月17日，县政府第一次全体（扩大）会议在县行政中心召开。会议主要议题是深入贯彻中央、省委经济工作会议，省人代会、市委全会、县党代会和人代会、政协会议（三会）精神，走好新时代赶考路，奋进现代化新征程，忠实践行“八八战略”，加快建设“四个岱山”，谱写高质量发展建设共同富裕示范区海岛样板新篇章，围绕县政府工作报告提出的目标任务，安排部署2022年政府重点工作。县长、副县长，县政府直属各单位、各乡镇政府、国有企业主要负责人；各乡镇党委主要负责人、县委各部门负责人，县人大、政协办公室主要负责人，部、省、市属在岱山单位主要负责人，县人武部、县人民法院、县人民检察院负责人以及各群众团体、工商联等单位主要负责人共100余人参加会议。

【县政府常务会议】 2021年，县政府常务会议由县长、副县长、县政府办公室主任组成，由县长或县长委托负责常务工作的副县长召集和主持。根据需要安排有关部门、单位主要负责人列席会议。全年共召开县政府常务会议10次。

2021年岱山县政府常务会议情况一览表

表3

届　次	时　间	主要议题
十六届 四十一次会议	1月11日	审议《岱山县国民经济和社会发展第十四个五年规划和二〇三五年远景目标纲要草案（送审稿）》《岱山县国民经济和社会发展第十四个五年规划和二〇三五年远景目标纲要草案（送审稿）》、会议原则同意《岱山县国民经济和社会发展第十四个五年规划和二〇三五年远景目标纲要草案（送审稿）》，要求县发改局根据会议要求修改完善后递交县委常委会审议
十六届 四十二次会议	1月28日	会议听取《关于岱山县县属重点国有企业负责人年薪调整方案的汇报》《关于岱山新天地广场扩容项目的情况汇报》《关于2020年度岱山县政府质量奖评审情况的汇报》，审议《岱山蓬莱交通投资集团双子山石料矿处置方案（送审稿）》《岱山县养老服务供给侧改革实施方案（送审稿）》《岱山县人民政府关于秀山乡人民政府相对集中行使行政处罚权公告（送审稿）》。会议审议《岱山蓬莱交通投资集团双子山石料矿处置方案（送审稿）》，会议审议《岱山县养老服务供给侧改革实施方案（送审稿）》，会议审议《岱山县人民政府关于秀山乡人民政府相对集中行使行政处罚权公告（送审稿）》

续表 3

届次	时间	主要议题
十六届 四十三次会议	3 月 22 日	会议听取岱山县人民政府 2020 年法治政府工作报告的汇报，审议《2021 年重点骨干企业和龙头企业评选名单》《关于进一步加强全县渔业安全生产管理工作的实施方案》（送审稿）、《关于加快我县现代服务业创新发展的实施意见》（送审稿）、《岱山县深化残疾人服务体系供给侧改革实施方案》（送审稿）、《岱山县 2021 年海上花园城市建设攻坚行动实施方案》（送审稿）、《浙江岱山衢港建设投资集团有限公司组建方案》（送审稿）
十六届 四十四次会议	5 月 6 日	会议审议《2021 年全县城乡环境综合整治大会战实施方案》（送审稿）、《岱山县食品药品安全供给侧改革方案》（送审稿）、《关于促进 3 岁以下婴幼儿照护服务发展的实施意见》（送审稿）、《岱山县新一轮村级集体经济提升发展五年行动计划》（送审稿）、《岱山县关于进一步强化居民小区物业管理工作的实施意见》（送审稿）。会议审议县综合行政执法局起草的《2021 年全县城乡环境综合整治大会战实施方案》（送审稿）
十六届 四十五次会议	6 月 17 日	会议审议了《岱山县 2021 年城乡生活垃圾分类一体化行动计划》（送审稿）、《岱山县 2021 年治水治污大会战实施方案》（送审稿）、《岱山县低效企业整治提升工作方案》（送审稿）、《岱山县勇夺“科技创新鼎”工作实施方案（2021—2023 年）》（送审稿）
十六届 四十六次会议	7 月 2 日	会议审议县发改局起草的《高质量发展建设共同富裕示范区岱山实施方案（2021—2025）》（送审稿）。会议认为该方案是岱山县认真贯彻习近平新时代中国特色社会主义思想，全面落实省委十四届九次全会精神和省市高质量发展建设共同富裕示范区实施方案（2021—2025）工作部署的重要举措，是未来五年内岱山高质量发展的行动纲领
十六届 四十七次会议	8 月 2 日	会议听取关于启动岱山县人武部机关大楼装修工程事宜的情况汇报，审议《岱山县 2021 年度国内捕捞渔船“减船转产”实施方案》。会议审议县海洋与渔业局起草的《岱山县 2021 年度国内捕捞渔船“减船转产”实施方案》。会议指出，实施捕捞渔船“减船转产”是贯彻省委省政府坚决打赢遏制重大生产安全事故百日攻坚战部署的具体体现，有利于消除岱山县帆张网等老旧渔船重大安全隐患，切实保障渔民群众生命财产安全。会议强调，县海洋与渔业局要结合岱山实际长远谋划，科学制定补助政策，合理设定补助标准，持续优化渔业产业结构，助推浙江渔场修复振兴。会议原则同意《岱山县 2021 年度国内捕捞渔船“减船转产”实施方案》，要求县海洋与渔业局根据会议意见细化完善后牵头抓好落实
十六届 四十八次会议	8 月 27 日	会议听取《关于浙江省岱山县美丽渔港（渔港经济区）—高亭中心渔港江南山避风锚地疏浚工程的情况汇报》《关于岱山县 2020 年度城镇基准地价、集体建设用地、农用地基准地价和城镇标定地价成果编制工作的情况汇报》《关于撤销县机动车辆综合性能检测站及成立秀山大桥超限超载管理站的情况汇报》《关于要求岱山县秀山环岛（岬嘘至兰山段）公路列入 2021 年政府投资项目年度计划前期储备类项目的情况汇报》，审议《大岙香澜家园安置房交付工作方案》、《关于进一步促进支持数字经济发展暂行办法》（送审稿）、《岱山县城区排水系统建设管理体制机制调整方案》（送审稿）、《岱山县绿化建设管理机制体制调整方案》（送审稿）、《岱山县市政公用设施建设管理体制机制调整方案》（送审稿）、《岱山县城市照明管理体制机制调整方案》（送审稿）
十六届 四十九次会议	9 月 18 日	会议审议《岱山县耕地功能恢复工作实施方案》（送审稿），听取《关于要求调整岱山县第一人民医院迁建工程建设投资规模和方式的情况汇报》《关于县文化和广电旅游体育局所属 1 处原文化馆资产划转给岱山交投集团的情况汇报》《关于岱东镇东发路 22 号资产确权的情况汇报》《关于要求解决浪前线（S201 规划省道）大中修地方配套资金的情况汇报》
十六届 五十次会议	10 月 27 日	会议审议《岱山县贯彻落实第二轮中央生态环境保护督查报告整改方案》（送审稿）、《岱山县渔农村生活污水处理近期建设规划》（送审稿）、《岱山县犬只收容场所工作规范》（送审稿），听取关于香澜家园安置后剩余房产销售的情况汇报、关于要求对岱山县东海郊野公园（一期）附属配套工程进行立项的情况汇报、关于要求增加岱山县垃圾中转站总投资额的情况汇报、关于东沙中学所属（原泥峙中学）校产权属划转给县民政局、县残疾人联合会的情况汇报、关于调整 2021 年政府重大投资项目部分实施内容的报告、关于调整 2021 年民生实事项目部分实施内容的报告、关于 2021 年岱山县本级地方债务限额和预算调整方案的报告

【县政府专题会议】 2021年，县政府专题会议由县长、副县长主持召开，根据会议内容，分别召集有关部门和乡镇负责人出席，特殊情况，县长、副县长委托县政府办公室主任或副主任主持召开。全年共召开县政府专题会议11次。

（徐若瑜）

重要工作举措

【支持全县经济高质量发展】 2021年1月12日，县政府出台《岱山县关于进一步加强金融工作支持全县经济高质量发展行动方案》。该《方案》明确，对标“重要窗口”海岛风景新目标新定位，坚持新发展理念和稳中求进工作总基调，按照市场化、法治化原则，以深化金融供给侧结构性改革为主线，短长结合、综合施策、精准发力，创新直达实体经济的金融工具，优化现代金融治理方式，疏通金融政策传导机制，打通金融服务实体经济的堵点痛点，推动解决民营企业特别是小微企业融资难融资贵问题取得实质性突破，为做好“六稳”工作、落实“六保”任务和促进全县经济高质量发展提供强有力的金融保障。

【深化残疾人服务供给侧改革】 2021年4月2日，县政府出台《岱山县深化残疾人服务供给侧改革实施方案》。该《方案》明确，对标全县打造“重要窗口”海岛风景新目标新定位，把不断满足残疾人日益增长的服务需求作为出发点和落脚点，坚持政府主导、社会参与，加强统筹规划，注重资源整合，以残疾人全周期服务“一件事”为牵引，不断深化残疾人服务供给侧改革，提高残疾人服务体系对需求的适配性，进一步增强残疾人的获得感、幸福感，努力将岱山县残疾人事业打造成为全省“重要窗口”特殊风景线中的海岛窗口。

【严控食品药品安全风险】 2021年5月25日，县政府出台《2021年岱山县食品药品安全工作要点》。该《要点》明确，坚持以人民为中心的发展思想，坚持贯彻新发展理念和构建新发展格局，对标“重要窗口”海岛风景，遵循“四个最严”要求，以数字化改革为牵引，以食品药品安全供给侧改革为根本动力，严防、严管、严控食品药品安全风险，构建农田到餐桌、实验室到医院的食品药品安全全过程精密智控体系和风险闭环管控机制，推动“全受控、全方位、全时空”监管执法走深走实，整体提升食品药品安全县域治理现代化水平，确保不发生重大食品药品安全事故事件，确保食品药品安全工作继续走在全市前列，确保人民群众获得感、幸福感、安全感更加充实、更有保障、更可持续，以优异成绩庆祝中国共产党成立100周年。

【推进地质灾害防治】 2021年6月2日，县政府出台《2021年岱山县地质灾害防治方案》。该《方案》要求，深入贯彻习近平总书记关于新时期防灾减灾救灾工作一系列重要论述精神，认真落实中央巡视反馈问题整改的要求，立足新发展阶段、贯彻新发展理念、构建新发展格局，以“不死人、少伤人、少损失”为工作目标，积极减灾、科学防灾、主动避灾，着力构建与新时代相适应的地质灾害风险隐患双控管理体系，为奋力打造“重要窗口”海岛风景建设提供地质环境安全保障。

【治水治污大会战】 2021年7月12日，县政府出台《岱山县2021年治水治污大会战实施方案》。该《方案》明确，坚定践行“两山”理念，坚持按照省市“五水共治”“治水治污大会战”工作部署，以“布新局树新标强推进”为工作主线，以提升水环境质量和保障水生态健康为工作重点，高水平推进全县治水治污工作体系建设和能力现代化，打响水生态环境巩固提升持久战，推动治水治污工作向纵深发展，向更高水平提升，为“湾区明珠·自贸港城”建设不断增添亮丽水色彩。

【整治提升低效企业】 2021年7月12日，县政府出台《岱山县低效企业整治提升工作方案》。该《方案》明确，以高质量发展为主题，深入推进“亩均论英雄”

改革，坚持企业主体和政府引导相结合、正向激励和反向倒逼相结合、三年规划和分阶段实施相结合，突出改造集中区块和盘活低效用地，集聚发展优势产业、优质企业，激发全县产业升级和动能转换新活力。《方案》要求，2021年、2022年、2023年分别开展亩均税收3万元、4万元和5万元以下的工业、服务业和港口物流企业整治提升，到2023年完成全部低效企业整治提升，全县亩均产出和效益达到全省平均水平；2021—2023年，每年都安排启动一批低效企业集中的低效区块整治。到2023年，全县低效区块的形象面貌明显改善，企业环境保护、安全生产等水平得到有效提升，产业更新升级基本完成；到2023年，全县累计盘活利用闲置低效用地242.83公顷以上，围绕“四链两图”做实石化产业链建链延链强链，积极招引高新项目落地，经济密度和产业竞争力上一个新台阶。2021年度闲置低效用地盘活在80.94公顷以上。

【加快实施“减船转产”】2021年8月18日，县政府出台《岱山县2021年度国内捕捞渔船“减船转产”实施方案》。该《方案》明确，深入落实高质量发展要求，以实施乡村振兴战略为总抓手，围绕打好“五大会战”、建设“四个岱山”重点工作安排，坚持依法治渔、改革创新，综合施策、标本兼治，加快实施减船转产行动，助推浙江渔场修复振兴。

【“大综合一体化”行政执法改革】2021年10月25日，县政府出台《岱山县“大综合一体化”行政执法改革实施方案》。该《方案》要求，锚定打造“重要窗口”主题主线、更高水平推进区域治理现代化目标，以数字化改革为引擎，以整体政府理念统筹行政执法为重点，坚持“利民为本、法治为基、整体智治、协同高效”理念，大力推进行政执法体制、机制创新，更大范围整合执法职责，优化配置执法资源，健全执法协同机制，构建职责更清晰、队伍更精简、协同更高效、机制更健全、行为更规范、监督更有效的“大综合一体化”行政执法体系。

【全面推行“综合查一次”工作】2021年11月8日,县政府出台《岱山县全面推行“综合查一次”工作实施方案》。该《方案》明确，认真贯彻落实习近平总书记考察浙江重要讲话精神，按照共建共治共享“整体政府”的理念，遵循“依法履职、高效协同、公开公正、整体智治”的原则，坚持“一件事”系统集成思维，打破部门壁垒、条块分割、信息孤岛，归集“事项、人员、对象、装备”等监管要素，针对适合联合执法的同一行业、同一区域、同一对象，全面推行跨部门、场景式“综合查一次”联合执法机制（以下统称“综合查一次”），努力做到检查成本最低化、市场干扰最小化、执法效能最大化，进而实现资源整合、市场减负、执法增效，力争到2022年年底，将“综合查一次”作为各执法部门开展行政检查的主要手段和方式。

政务工作

【概况】2021年，岱山县人民政府办公室（简称县政府办公室）立足新发展阶段，贯彻新发展理念，融入新发展格局，奋力打造共同富裕示范区海岛样板，围绕国家战略、海洋产业、数字化改革、海岛大花园建设、全国县级文明城市创建和共同富裕等中心工作，充分发挥参谋助手、综合协调、督查落实等各项职能，主动担当，务实创新，保障县委、县政府决策部署的贯彻落实和政府系统工作的高效运转。

【加强政府系统工作】2021年，县政府办公室制定高质量政策，高水平以文辅政、高标准办文办会，在当好参谋助手中展现作为，督查督办有力、综合协调有效、接待保障有序；在深化服务意识中强化履职，“三服务”活动拓展新实践、口岸通关环境得到新优化、机关事务工作实现新突破、政务公开呈现新亮点、海防建设和反走私工作创出新样本、数字政府建设取得新进展；在推动重点工作中彰显实干，坚持强化党建引领中锤炼队伍。

【以文辅政工作】2021年，县政府办公室紧紧围绕打造共同富裕示范区海岛样板主题主线，主动作为、提质增效，积极发挥政务信息和机关公文参谋助手、下情上达、辅政建言的重要作用，切实提升“以文辅政”能力，更好地服务岱山经济社会发展大局，得到县政府领导的充分认可。全年完成《政府工作报告》以及领导讲话稿、汇报材料等各类重要文稿100余篇，调研报告2篇，向市政府办公室、省政府办公室报送信息100余条，其中被市政府办公室录用20余条，获市领导批示2条，被省政府办公室录用4条，被国务院办公厅组稿信息录用1条。

（王艺霖　毛康泽）

【服务管理工作】2021年，县政府办公室共办理发文280件，发文同比减少6%。加强会议管理，力求精减会议数量、控制会议规模、严控会议时长，切实提高会议的质量和实效。完成省市领导到岱山调研等会议活动的筹备和举办，全年主办政府系统全县性重大会议（活动）17次，同比减少3.9%，会议数量持续下降，“文山会海”现象得到有效遏制。全力做好公务接待工作，累计接待中央、省、市重要领导到岱山考察37批次。提升公务用车保障能力，规范公车平台管理，提升统筹调度水平，努力提供优质安全的公务用车服务，全力做好全县重要活动、会议和各类调研组、检查组、考察团的用车保障。严格物资采购，大宗物品一律实行政府采购。加强安全保卫，严格执行值班制度，确保信息畅通，维护县政府正常办公秩序，保障财产安全。

（徐若瑜）

【政府信息公开】2021年，县政府办公室制定《岱山县政务公开工作要点》，聚焦政策文件、规划信息、行政服务、市场监管、财政信息、涉疫信息公开，加强政策解读回应，推进政府网站、政务新媒体建设，开展政务信息精准推送和公共数据开放，夯实基层政务公开标准化规范化基础。承接浙江省基层政务新媒体规范化试点工作，开展政务新媒体账号排查、主账号建设、弱账号关停等八大行动。9月，“浙江岱山”集约化县政府微信公众号上线运营，并建立政务新媒体工作体系、指标体系、监管体系、评价体系，出台岱山县政务新媒体规范化工作指南，于11月末，试点工作通过省级验收。制订岱山县线下政务公开专区建设提升方案，将有独立办公条件的县属部门纳入专区体系，重新形成“3+7+N”专区体系（即行政服务中心、图书馆、档案馆3个县级专区，7个乡镇便民服务中心专区，10个部门专区）。全年，县政府及各部门受理信息公开申请17件，上年度结转3件，除1件需结转、下年度继续办理外，其余申请件均按期予以答复，未发生因信息公开引起的行政诉讼和行政复议等争议。

（汤瑞杰）

【人民代表建议和政协提案办理】2021年，县政府共收到县十六届人大五次会议代表议案建议114件、县政协九届五次会议提案80件。在县人大常委会和县政协的监督支持下，经过51个承办单位用心调研，高效承办，顺利完成办理工作，面商率、办复率、满意率均为100%，“回头看”后问题解决率持续提升。面对疫情期间新挑战新问题，各承办单位办理期间多举措沟通、多角度集智、多方面聚力，为办理工作积累工作经验，在加快海岛共同富裕先行和县域现代化先行中展现担当作为。

（陈　弈）

外事工作

【涉外疫情防控工作】2021年，岱山县人民政府外事办公室（简称县政府外事办）根据省、市、县防疫工作的总体要求，及时做好境外新冠肺炎疫情输入防控工作，对境外来浙人员建立县级一对一联系机制，加强陆上管控政策告知、信息核查、动态跟进、协调对接等工作，共同筑牢精密智控网。至年末，共呈报一对一联系信息1659条次，其中外籍人士204人次。协助做好国内疫情防控，确保防疫闭环。参与区域数据协查工作，共同做好国家及省、市相关部门推送人员到岱山信息的核实，参与信息分发、督促、核查、处理、上报等工作。

【因公出国核报和邀请来华核报工作】 2021年，因境外疫情形势仍然严峻，县政府外事办暂停党政领导干部和国家工作人员因公出国的审核报批工作。做好新冠肺炎疫情期间外籍人士来华核报工作，开通防控快捷安全通道，动态跟进拟来华外籍人士24批、265人次。指导乡镇做好入境政策告知，对132名外籍入境人员做好动态对接、信息核报等工作。

【涉外其他工作】 2021年，县政府外事办积极参与涉外海上突发事件的处置。配合做好相关信息协查、对接沟通，通过与市政府外事办对接、相关部门协调，顺利处置涉外海上突发事件2起。依托市政府外事办相关专家组力量，开展公共场所外语标识检查工作，重点对全县主要旅游景点、码头、道路、酒店以及各乡镇等公共场所外语标识的规范性进行专项检查，加强对从业人员现场指导，进一步提升县境内的景点标志栏、外语标识牌的修复。持续做好涉外相关领域的稳定工作，与相关部门协同维护国家安全、反恐、反邪教，打击境外经济犯罪和境外赌博等综合治理工作，确保涉外工作主动可控。

（陈　弈）

大数据管理

【概况】 2021年，县大数据管理中心按照“数字岱山”建设的总体要求，组织、指导、协调公共数据和政府系统电子政务发展管理；深化数字化改革，落实支撑改革相关的信息系统建设任务，推进“互联网+政务”深度融合；负责浙江政务服务网岱山平台、县政府门户网站建设管理，指导政府网站建设管理；组织协调全县公共数据资源整合、归集、应用、共享、开放；统筹推进政府系统电子政务建设管理；组织健全全县智慧大脑大联动机制，整合政府各类数据资源和管理力量，负责全县社会治理大联动工作的任务分流和协调指派、力量调度、工作检查督办、考核奖惩建议等工作；全力推动岱山城市大脑、公共数据平台、一体化数字资源系统、政府信息化项目建设等工作的落实，圆满完成年初确定的各项工作任务。

【城市大脑基础能力建设完成】 自2020年12月，签订岱山县城市大脑建设合同以来，县大数据管理中心明确分工，积极推进，定期召开专题会议，至2021年年末，完成城市大脑基础建设能力的90%（总投资9500万元），构建的组件化能力服务平台为本地应用提供标准组件接口。以社会治理大联动应用推动全县跨部门业务协同，以一体化协同应用解决一批海上无数据短板；自主开发核酸及疫苗接种比对应用，实现本地疫情防控数据管理闭环；公共视频监控实现全县各单位分层按权限按需共享。

【公共数据平台贯通上线】 2021年，县大数据管理中心全面对标“1612”工作体系，聚焦“一体化”“智能化”，结合海岛实际，制定公共数据平台建设方案及手册指南5个，召开专班例会11次，发布工作推进通知19个。8月，全县公共数据平台正式上线运行，实现省、市、县贯通。至年末，成功支撑8个县域多跨协同场景落地，涉及各类数据及接口申请50余条，完成数据共享申请工单179个，全面发挥数字化改革“1”的核心数据支撑作用。

【一体化数字资源系统基本建成】 2021年5月，县大数据管理中心按照省定标准，搭建一体化数字资源系统，31个一体化数字资源系统存量应用全部通过终审，数据关联率100%，被关联数据占比100%，资源关联率100%，实现数字资源一本账管理、一站式浏览、一揽子申请。动态归集数据3916万余条，涉及146个编目，10个开放集，承接5批省回流数据7753万条的入库。

【海域治理数据库建设】 2021年3月，岱山县被省大数据中心列为全省大数据仓试点县，根据浙江省数据仓建设标准规范，县大数据管理中心完成全县总体框架设计，确定第一批4个专题数据库，开展针对性相关数据的归集治理、数据表融合、模型建立以及数据共享工作。集中攻坚海域治理专题数据库建设，调整政府部门12类重要数据，整合省11张表、市5张表、本地归集3张表，建成海域“专题数据仓”和“一张图”，做到所有数据一仓归集、所有信息一图展示、各种预警一表罗列、海上一体化协同应用业务一网处置，实现海域治理数据现代化。

【投资信息化项目建设】 2021年初，县大数据管理中心按照“突出重点、保障基础、集约共享”的原则，联合县发展和改革局、县财政局编制出台《2021年度政府投资信息化项目计划》，明确全年需实施的17个信息化项目。根据数字化改革考核要求，制定信息化项目相关管理办法3个，至年末，17个信息化项目完成方案编制及招投标工作，其中9个项目完成建设并通过验收，8个项目在持续推进中，全年合计完成投资5140万元。围绕小切口大场景，海上一体化、智慧养老等一批优秀数字化项目得到落地应用。

【“浙里办”“浙政钉”工作】 2021年，县大数据管理中心推进全县“浙里办”实名注册用户突破12万人，月活跃用户7000余人，便民惠企政务服务类应用入驻“浙里办”，至年末，全县有“岱山安养”“海岛急救”“鱼山码”等5个应用完成整合上架“浙里办”舟山城市频道岱山专区运行，“浙里办”的推广使用给广大群众和企业带来便利。在“浙政钉”方面，依照省、市大数据局统一部署，完成“浙政钉”的整合迁移，各机关事业单位累计注册人数达9400余人，激活率、信息完整率保持在100%，工作日日均活跃率保持在85%；推进掌上办公应用的搭建和上架工作，全县共有“岱山安养”“智慧鱼山”“海岛急救调度审批”等16个自建应用上架至浙政钉工作台。

【“互联网+监管”工作】 2021年，县大数据管理中心继续深入推广“互联网+监管”，实现县域治理“一网统管”，依托“浙政钉”，在抓好数据信息化相关工作整改和指标提升的基础上，全面保障“掌上执法”“掌上办案”常态化运行，掌上执法率、双随机任务完成率、双随机事项覆盖率、应用信用规则率、跨部门监管率、监管库事项认领率、主项覆盖率等核心指标均达到省、市标准。

【“互联网+政务服务”工作】 2021年，县大数据管理中心将“互联网+政务服务”整合“一网通办”，从“能办”向“好办”转变。按照全省政务服务2.0建设要求和技术规范，推行“一窗受理、集成服务”，为全县申请六类政务服务事项接入省政务服务2.0平台。至年末，完成1328个事项2.0改造上线，上线率为85.7%，办件归集率由0%提升至99%，一网通办率为91%，助力“证照分离”线上改造。紧扣放宽市场准入改革，升级“政务服务工作平台”，大幅减少行政审批，减证便企。

【政府门户网站工作】 2021年，县大数据管理中心继续推动岱山县政府网站的集约化运维能力，中心根据国务院办公厅秘书局《关于印发政府网站与政务新媒体检查指标、监管工作年度考核指标的通知》及《2021年浙江省政府网站工作要点》等文件精神，运用网站普查平台，每天专人专员负责对网站的监测，发现问题及时通知各单位网站管理员进行整改，维护网站的安全，提高网站的质量。至年末，各网站完成用户中心、智能问答等功能的改造、网站老版和移动版的上线工作。

【网络安全工作】 2021年，县大数据管理中心为加强网络安全进行网站备案，出台《岱山县公共数据管理办法（试行）》《岱山县公共数据开放评估及审查管理规定（试行）》《岱山县数据安全组织管理体系》等相关数据管理制度及应急预案9个，提升网站的访问速度。政务外网的安全管理，要求各接入单位按照“谁主管、谁负责、谁使用、谁负责”的原则，建立本单位计算机系统安全组织和安全管理制度，并采取必要的安全技术防范措施，明确专人负责本单位的电子政务外网 IP 地址分配和管理工作。中心定期对各单位政务外网的安全管理情况进行抽查，至年末，本地自建应用按照省级考核比例完成 25 个本地应用保测评、保备案工作。

【数字岱山创新大厦的运行管理】2021 年，县大数据管理中心负责数字岱山创新大厦的运行管理，不断提升服务能力和水平。针对装修遗留的问题和不足，做好改进和完善，重点做好高配机房、电梯的优化和改造，确保重点区域安全。做好应急指挥中心后勤技术的保障和抗台风、防疫、突发应急等各项重要事项指挥中心后勤技术的服务。做好创建全国县级文明城市各项工作。张贴禁烟、安全疏散示意图、温馨提示等各种标识标志 3200 余张；按规定摆放垃圾分类箱，实行垃圾分类管理。做好车辆停放管理，对大楼周围实施禁停区，确保车辆出入大楼畅通；对非机动车棚加强停放管理、重新规划停车顺序。督促物业所有人员完成疫苗接种，做好公共区域卫生消毒、中心会务接待、疫情防控等工作。全年累计开展会议服务 225 场次、与会人数 7000 余人，接待来访人员 8000 余人。

【全县数字化改革工作推进会】岱山县委分别于 3 月 25 日、7 月 2 日、9 月 3 日和 11 月 19 日召开全县数字化改革工作推进会。会议贯彻落实省、市数字化改革工作推进会精神，总结前阶段数字化改革工作推进情况，研究部署下阶段工作重点。全县数字化工作聚焦“三个贯通、一个推进”，加快省、市、县“152”体系与县以下“141”联通，加快形成更多“硬核”成果，交出高质量数字化改革高分报表。

（张　璎）

机关事务管理

【一体化文印中心投入运行】2021 年，县机关事务管理中心贯彻落实县委、县政府中心工作，在创建全国县级文明城市和先进机关事务管理工作基础上，拟定《岱山县行政中心文印一体化管理方案》，组织实施和整合行政中心机关事业单位文印设备 30 余台，精简相关文印办公人员 10 余人，设立行政中心一体化文印中心，制定文印中心内部管理规章制度，落实人员纪律、场所管控等保密措施，确保文印中心安全平稳运行；推行全县机关事业单位文印耗材集中统一采购，按照《岱山县人民政府办公室关于全县机关事业单位部分文印耗材集中供应的通知》的要求，中心通过公开招投标形式，明确耗材供应企业，对机器和其他设备的购置以及用量大且较常见规格、型号的纸张、硒鼓等文印耗材实行统筹调配供应，有效降低各单位文印成本。

【县政府公物仓投入运行】2021 年，县机关事务管理中心探索创新国有资产调剂机制，联合县国有资产委员会制定出台《岱山县县级政府公物仓管理办法（试行）》，管理办法明确资产范畴、流转程序和相关责任等规范执行，依托“资产云”系统将常规的办公用具、设备等国有资产统一纳入政府公物仓管理与调剂，进一步梳理整合全县机关事业单位办公资产资源。行政中心开设公物仓库库房存放的国有资产实行集中统一管理，全程监管，每笔资产调剂过程规范，避免出现账目混乱、资产流失等问题。全年共接收闲置办公用具、设备 252 件（套），为 14 家县属单位（部门）调剂办公用具 135 件（套），节省财政预算资金约 10 万余元，并建立起国有资产先调剂后采购的管理新模式，闲置资产得到合理利用。

【“无废机关”创建和垃圾分类工作】2021 年，县机关事务管理中心制定《岱山县“无废机关”创建工作实施方案》，落实全县“无废城市”建设工作部署，牵头开展“无废机关”创建行动，组建工作领导小组，分批指导，有序创建，全县首批 11 家单位成功创建“无废机关”。贯彻落实新颁布的《浙江省生活垃圾管理条例》，组织机关事业单位相关人员参加生活垃圾精准分类业务培训，利用电子屏幕、宣传手册和浙政钉工作群、“云尚岱山”微博群等，宣传舟山市城镇生活垃圾（有害垃圾、可回收垃圾、易腐垃圾、其他垃圾）四分类标准和“无废机关”创建倡议，点击阅读量达1.3万余人次。对照任务清单，开展垃圾分类攻坚行动，指导检查并督促整改，提升机关事业单位垃圾分类成效，建立“红黑榜”考核通报机制，全年，共检查县级机关事业单位84家，通报表扬16家，批评18家，在全市（县、区）生活垃圾分类测评中，岱山县排名第一，中心被市政府表彰为垃圾分类突出贡献集体。

【公共机构节能降耗工作】2021年，县机关事务管理中心积极开展以“节能降碳·绿色发展”为主题的宣传周系列活动，通过电子海报宣传、节能知识网络竞答等形式，着力提高干部职工绿色生活、绿色节能的意识。加强节能技术改造，重点推进行政中心辅楼空调的集中更新和路灯升级改造项目，按计划、分批次，稳步推进节约型机关创建行动，落实公共机构“双控”工作要求，定期开展冬夏两季的办公用能专项监察行动，出具整改通知书，督促整改落实到位，检查整改结果纳入年度考核。全年完成330余间办公用房和食堂就餐大厅的一、二级能效空调的更新安装、42盏太阳能草坪灯的升级改造和食堂供水管网的节水改造，实现高能耗老旧设备的淘汰更新，公共机构能耗稳定维持在合理范围内。

【办公用房管理规范有序】2021年，县机关事务管理中心整合办公资源，严把标准规范，统筹做好机关事业单位办公用房的分配，调配办公用房32间，约810平方米。依规完成县应急管理局、县大数据管理中心、县科技局办公楼迁址任务，按照办公用房最新的标准要求，对20余家独立办公的县属单位、乡镇机关开展办公用房“回头看”检查，巩固办公用房清理整改成果。加强与上级机关事务部门的对接，结合岱山实际梳理潜在的问题并做好备案管理，理顺非经营性资产管理体系，按照办公用房“谁使用，谁负责”的原则，对移交管辖房产加强前置管理，排除老旧房产的安全隐患，进一步规范非经营性资产管理。

【行政中心设施设备维护】2021年，县机关事务管理中心加强行政中心基础设施隐患点的排查，先后完成行政中心主楼地下室进出口沉降修复、主楼2号会议室数字设备迭代升级空调、主楼服务器机房改造、电梯系统日常检测维护和故障排除、供水管网及下水道维修疏通、受潮霉变地板更换、机关食堂、锅炉房渗漏防水修补及其他零星维修等一批基建工程，推进设备设施升级改造。全年累计完成各楼宇维修、保养1600余单次，确保行政中心平稳运行。

【机关后勤服务保障工作】2021年，县机关事务管理中心实行全天制巡逻，筑牢行政中心安保网络，护航建党百年安全稳定，有效阻拦外来信访、推销人员等异常访客，积极做好维稳处突工作，全年共登记外来人员出入行政中心约3万余人次，处置信访事件130余批次、2100余人次。参加全市机关后勤技能比武，安保队伍业务素质得到提升。开展反恐防暴、消防灭火演练，抓好消防安全。集中清理“僵尸”车辆，规范车辆停泊秩序管理，对违停车辆贴单通报，合理布局调整停车位，增设无障碍停车位共计268个。加强司勤人员队伍建设、安全教育、技能比武和培训，落实绩效考核办法，提升司勤人员的业务能力和综合素质，督促司勤人员配合创建全国县级文明城市，开展文明礼让、安全行车等相关教育，关注车辆安全运行性能状况，排除故障隐患；更新车辆6辆。完成省、市级领导到岱山视察、参加海洋文化节等重大公务活动的公车保障任务，共派车辆2.2万余单次，总行驶里程100余万千米，服务满意率100%。做好常态化疫情防控形势下的会务、保洁和餐饮等基础性后勤服务工作，安排落实会场环境消杀、分隔入座等要求，累计服务保障县十四次党代会、县十六届人大五次会议和县政协九届五次会议等全县性会议650多场次、3.8万余人次。加强环境卫生保洁督查力度，开展禁烟、防虫灭鼠、治尘和防疫消杀等工作，净化美化行政中心整体环境。把牢食堂餐饮安全关，严格落实食品保鲜、餐具消毒。督促食堂主体责任，制定印发《机关食堂制止餐饮浪费操作指南》，通过倡议、张贴宣传标语、播放公益广告等形式，倡导节俭风尚，引导干部职工适量选购，推广“拼盘适价”“小份菜”公务简餐、线上预订等举措；严格流程管控，促进源头减量避免浪费。实行错时分批就餐等，规范用餐秩序，全年共接待机关事业单位餐饮人员33万余人次。

（张　帆）

政务服务

【概况】 2021年，岱山县政务服务办公室围绕企业生产和群众生活关系最紧密的领域和事项，以数字化改革为牵引，以企业和群众的满意度为标杆，聚焦“深化‘放管服’改革、打造优质‘营商环境’”，努力建成勤政为民、高效审批、群众满意的服务窗口，在全市政务服务数字化改革考核中位列县区第一。全年共受理各类审批服务事项27.3万余件，办结27.1余万件，日均受理760余件，按时办结率达100%。市公共资源中心岱山分中心组织各类交易活动587次，预算金额662702.33万元，交易额627485.27万元，增收1914.32万元，节约资金37131.38万元，未发生有责投诉和违纪违规现象。

2021年9月，“互联网+政务服务”体验区　　（邱思洁　摄）

【完善智慧大厅2.0管理体系】 2021年，县政务服务办公室整合取号排队，政务服务大厅窗口统一叫号、办事评价，实行智慧大屏幕实时显示政务服务大厅窗口各业务审批办事版块、审批办事时间、办事满意度等，确保服务可视化。完成“浙里办”预约取号对接，实现办事群众在服务大厅事项范围内，可在浙里办APP上提前预约或实时取号，形成大厅“24小时自助服务区”“互联网+政务服务”体验区、政务服务综合受理区和后台集中审批协同中心的“三区一中心”功能布局。

【“政务服务2.0”平台建设】 2021年，县政务服务办公室实现全县2338项政务服务事项要素及办事指南完整度与省、市的统一，平均承诺办理事项时限缩短至0.5个工作日，审批提速在90%以上，即办率达94.4%，平均办事材料从5.5件缩减至3件，压缩率达45.5%。是年，全县1453个2.0事项全部上线，大厅一窗通过2.0平台共办理各项业务21余万件，一网通办率达89.2%。

【智慧大厅2.0延伸基层】 2021年，全县7个乡镇便民服务中心和87个村（社区）便民服务站点全部实现2.0政务服务大厅上线运行，全年联动办理936件业务，实现“基层综合受理、部门远程审批、统一出件”的“就近智办”模式。至年末，各乡镇和舟山绿色石化基地均配置一体式政务服务自助机，为群众提供常办高频自助事项，实现家门口自助办事。

【推进政务服务办事新模式】 2021年，县政务服务办公室积极推进“跨域通办”“智能秒办”的政务服务办理模式。全县第一批23个部门共907个事项推行“跨地域通办”，其中涉及民生事项77

项，实现从“申请零材料、填报零字段、审批零人工、领证零上门”的“四零”秒办模式，范围覆盖到异地婚姻登（离）记、失业登记、公积金、医保社保、不动产、出入境、交管、税务等领域。

【创新政银服务均等化】2021年，县政务服务办公室进一步深化全县“办事不出岛”改革，借助岱山农商银行点多面广的金融服务网络，依托“政务+金融”平台融合，实现偏远海岛政务服务均等化、便利化，对大峧山岛、鼠浪湖岛等4个悬水偏远海岛的服务覆盖，实行“一岛一策”服务标准。至年末，通过岱山农商银行10个支行和14家分理处政银平台办理各类业务23000余件次。

【打造营商服务综合体】2021年，县政务服务办公室立足企业营商发展环境需求，突出部门高效协同，精准推送惠企政策目录及办理渠道，全力打造集诉求受理、企业开办、项目审批、政策兑现等一站式营商服务综合体，为企业提供全周期、全链条的政务服务。全年累计办理868家企业1400余件事项，办事满意度达100%。

【招投标工作】2021年，舟山市公共资源交易中心岱山县分中心（简称岱山县分中心）共组织完成各类交易活动587次，预算金额为662702.33万元，交易额为627485.27万元，增收1914.32万元，节资37131.38万元。

【不见面开标大厅投入使用】2021年4月，岱山县分中心加速推进招投标人无需到现场、即可参与实际招投标全过程的不见面招投标大厅系统的升级改造，实现公共资源交易全流程电子操作。5月25日，采用“不见面开标”完成全县首个维修改造招标项目，减轻招投标中心人力、财力、物力、时间压力，降低招投标费用成本。

【办公用品耗材集中采购招标】2021年9月23日，岱山县机关事业单位办公耗材——“硒鼓、纸张”采购招标项目在招投标中心大厅完成招标，实现资源节约，降低行政成本。其中，硒鼓费用与预算相比节约69%，纸张费用节约25%。

【完成地标性建筑带方案拍租】2021年，岱山县分中心围绕“产业布局，提档升级，提质增效”的总体思路，对部分体量大、有区位优势、有产业布局的房产实施带方案租赁权出让，进一步加速经济动能切换升级，通过带方案出让，进一步提高准入门槛，岱山新天地带方案拍租成功入驻，推进低小散服务企业退出，引导优势企业入驻，产业布局更加合理。

【优化招投标营商流程】2021年3月，岱山县分中心制定出台《岱山县招投标领域营商环境专项整治行动方案》，开展招投标领域营商环境专项行动。优化招投标流程，减少招投标环节，缩短招投标时间，推行使用电子保函，投标单位投标采用电子保函代替投标保证金，在勘察、设计、施工等总承包领域，全过程咨询招标采用“评定分离”方式，减轻企业人力、物力、资金周转压力。

（戎世泽）

责任编辑：吴依芳

政协岱山县委员会

Daishan County Committee of the CPPCC

综述

2021年是中国共产党成立100周年和“十四五”的开局之年，也是九届岱山县政协收官之年。一年来，县政协常委会贯彻落实中共岱山县委《关于新时代加强和改进人民政协工作的实施意见》，紧紧围绕县委确立的奋斗目标，立足新发展阶段，融入新发展格局，坚持发扬民主和增进团结相互贯通，为打造“重要窗口”海岛风景贡献政协力量。全年，先后召开全县政协会议1次，常委会会议9次，常委会（扩大）会议1次，“请你来协商”专题政治协商会议5次，开展调研视察8次，专项集体民主监督1次；共受理各界政协委员提出意见建议91件，审查立案90件，其中集体提出22件，委员个人和联名提出68件，提案内容涉及经济、社会发展、政治、文化、生态环境、精神文明建设、全国县级文明城市创建和百姓民生事业等。7月，依据《县政协提案审查立案实施细则》，分阶段、分期、分批次，有步骤地得到落实和答复，至年末，所有提案提出的意见建议全部办结。意见建议建言资政、凝聚共识，发挥专门协商机构作用，提高政治协商、民主监督、参政议政水平。

重要会议

【县政协九届五次会议】 2021年1月18—21日，岱山县政协九届五次会议在高亭举行，会议应到委员165名，实到163名，邀请列席人员26名。会议听取和审议政协第九届岱山县委员会常务委员会工作报告和提案工作情况的报告；举行委员大会发言，开展分组讨论；审议通过政协第九届岱山县委员会第五次会议决议；补选政协第九届岱山县委员会主席、秘书长、常务委员；表彰第二届“出彩委员”、2020年度政协先进活动组、参政议政积极分子、提案办理工作先进单位、提案优秀承办件、优秀提案。会议期间，与会人员列席岱山县十六届人民代表大会第五次会议，听取讨论《政府工作报告》《岱山县国民经济和社会发展第十四个五年规划和2035年远景目标纲要草案》《岱山县2020年国民经济和社会发展计划执行情况及2021年国民经济和社会发展计划草案的报告》以及其他报告。

【县政协九届三十次常委会会议】 2021年1月12日，县政协召开九届三十次常委会会议，审议通过县政协九届常委会工作报告和提案工作情况的报告；审议通过县政协常委会2021年工作要点；研究确定九届五次会议有关事项；审议通过有关人事事项。

【县政协九届三十一次常委会会议】 2021年1月18日，县政协召开九届三十一次常委会会议，听取各组讨论九届常委会工作报告和提案工作报告情况汇报。

【县政协九届三十二次常委会会议】 2021年1月19日，县政协召开九届三十二次常委会会议，听取各组讨论政府工作报告等5个报告的情况汇报；审议《关于同意陈雅君同志辞去政协第九届岱山县委员会主席职务的决定》（草案）；审议选举办法（草案）；协商提出政协第九届岱山县委员会主席、秘书长、常务委员候选人建议名单；审议总监票人、监票人名单（草案）；审议县政协九届五次会议决议（草案）。

【县政协九届三十三次常委会会议】 2021年1月20日，县政协召开九届三十三次常委会会议，听取各组讨论“两院”工作报告、选举办法（草案）、候选人建议名单、总监票人、监票人（草案）、决议（草案）等情况汇报；审议通过县政协九届五次会议选举办法；协商确定政协第九届岱山县委员会主席、秘书长、常务委员候选人名单；审议通过总监票人、监票人名单；指定总计票人、计票人名单。

【县政协九届三十四次常委会会议】 2021年6月4日，县政协召开九届三十四次常委会会议，听取和讨论关于岱山县就业服务体系建设情况的报告；审议通过有关人事事项。

【县政协九届三十五次常委会会议】 2021年8月2日，县政协召开九届三十五常委会会议，听取和讨论关于岱山县国民经济和社会发展计划、财政预算上半年执行情况的报告；听取和讨论关于公共卫生应急管理情况的报告。

【县政协九届三十六次常委会会议】 2021年9月29日，县政协召开九届三十六次常委会会议，听取和讨论关于岱山县服务业发展情况的报告；审议通过有关人事事项。

【县政协九届三十七次常委会会议】 2021年11月30日，县政协召开九届三十七次常委会会议，听取和讨论县政府关于提案办理情况的报告；听取和讨论关

2021年1月18—21日，中国人民政治协商会议第九届岱山县委员会第五次会议在县行政中心召开

（县政协　供图）

于推进存量建设用地盘活情况的报告。

【反映社情民意信息工作会议】2021年5月10日，县政协召开2021年度反映社情民意信息工作会议。会议表彰2020年度反映社情民意信息工作先进单位、个人，分享交流反映社情民意信息工作的经验和做法，部署2021年度相关工作。

【政协常委（扩大）读书会】2021年9月3日，县政协举办政协常委（扩大）读书会。县政协常委会组成人员及部分县政协委员、政协机关干部、信息员参加读书会。县政协主席陈海平主持会议。副县长刘奋伟通报上半年岱山县经济社会发展情况，指出，在县委、县政府的领导下，全县上下立足新发展阶段、贯彻新发展理念、构建新发展格局，坚持稳中求进，做好“六稳”“六保”，大力开展争先创优行动，各项经济指标位居全市前列。其中，上半年15项主要经济指标有8项位居全市第一，经济实现高速高质量发展。这些成绩的取得是全县上下齐心协力、奋力拼搏的结果，也凝聚着广大政协委员的智慧和汗水。充分肯定县政协工作及政协委员在创建全国县级文明城市、助推经济社会发展中的作用，要求县政协及广大政协委员继续监督和支持政府工作，促进政府工作决策的科学化、民主化、法制化、多建言献策。读书会还邀请县大数据中心汪潇作数字化改革及应用的专题讲座。

“请你来协商”专题政治协商会议

【推进既有住宅电梯加装　改善全县群众居住环境】2021年5月19日，县政协围绕“推进既有住宅电梯加装　改善全县群众居住环境”召开专题政治协商会议。县委副书记、县长孙志龙，县委副书记、县政协主席陈海平，副主席方信伦，秘书长杨增富参加会议，部分政协委员和行业代表到会参与协商。会议由陈海平主席主持。会议播放县政协前期调研视频，提出加快制定相关政策，加大宣传引导力度；加快优化申办流程，及时跟上便民服务；将电梯加装工作与“旧城改造”相结合，借势借力，取得事半功倍的效果；增加资金来源，鼓励社会资本投入；理顺工作机制，形成推进合力；打造样板，让居民直观体验加装电梯的效果，以点带面、示范引领；总结经验，推广应用，保障后期监管服务等意见建议。

【重视服务新居民，促进高质量发展】2021年7月16日，县政协召开“进一步重视和服务新居民，促进经济社会高质量发展”专题政治协商会议。县委副书记、县政协主席陈海平，县委常委徐新，县政协副主席俞赛飞、方信伦，秘书长杨增富，县属相关单位负责人等参加会议。会议听取和讨论有关部门关于全县新居民服务管理情况及流动人口服务管理工作报告，提出提高对新居民重要价值的共识；保障新居民公平享受公共服务；切实增强新居民的归属感、融入度；着力提升新居民的文明素养；进一步重视各领域欠薪问题等意见建议。

【养老服务供给侧改革】2021年9月18日，县政协召开“请你来协商——养老服务供给侧改革”专题政治协商会议。县委副书记、县政协主席陈海平，县政府副县长赵丁义，县政协副主席俞赛飞出席会议。县委老干部局、县民政局、县卫生健康局、高亭镇、东沙镇、岱西镇、岱东镇、长涂镇、秀山乡、衢山镇等有关部门和单位负责人，部分市、县政协委员，群众代表等应邀参加会议。会议听取和讨论有关部门关于岱山县养老服务供给侧改革实施的总体情况及全县养老事业基本情况报告，提出多元配置，提供更为丰富的养老服务产品；优化和提升社区和居家养老服务质量；关注机关退休人员的养老工作；推进全域养老数据采集，打造数字化养老平台；提升机构养老服务品质；推进和发展医养结合养老服务等意见建议。

【推进科技创新】2021年10月29日，县政协召开“请你来协商——推进科技创新”专题政治协商会议。县委副书记、县政协主席陈海平出席会议，县政府副县长赵红波应邀出席会议。县发改局、县经信局、县科技局、县财政局、县农业农村局、岱山经济开发区管委会、县科协等部门负责人，部分市、县政协委员和各界代表到会参与协商。会议围绕主题，从激发企业家注重科技创新、帮助企业做好人才引进、推进科技创新、加强基础产业科技扶持等方面开展协商讨论，提出精准扶持科技项目，合理使用科技经费；提高企业科技创新意识；做好科技创新平台建设；加大对社会民生事业、基础产业项目资金支持等意见建议。

【加强城市精细化管理】 2021年11月30日，县政协召开“请你来协商——加强城市精细化管理助推全国县级文明城市创建”会议，县委副书记、县政协主席陈海平出席会议，县政府副县长宫钦飞应邀参加会议。县委宣传部（县创建办）、县公安局、县自然资源和规划局、县综合行政执法局、县住建局、县安澜城投集团、高亭镇等部门负责人，部分市、县政协委员到会参与协商。会议听取和讨论有关部门关于岱山县城市精细化管理情况及2021年创城工作情况报告。提出应用新技术构建数字城管新体系，促进信息协同共享；政府主导、多方参与，强化基础设施建设；搞好停车场（点）规划，加大改造力度；充分发挥行业主管部门管理和属地管理作用，发挥小区业主委员会作用，努力提高物业公司服务水平；细分职责、措施，健全激励机制，抓效能提升等意见建议。

调研视察

【调研数字医疗建设】 2021年4月上旬起，县政协港澳台侨与社会和法制委员会组织部分政协委员和相关单位人员围绕“以数字医疗建设为抓手，切实推进‘三医联动’‘六医统筹’”开展调研。调研组在充分听取了解相关情况的基础上，提出以数字借力，实现医疗公共服务优质化、看病就医流程简单化、医疗质量控制精细化和医院管理运营高效化等意见建议。

【调研菜篮子工程】 2021年4月上旬起，县政协农业与人口资源环境委员会组织调研组成员开展“菜篮子工程”调研。调研组通过走访、了解、座谈，提出优化完善“菜篮子”工程体制机制，加大政策、资金扶持，加强市场调控力度，组建或委托国有公司对市场进行调控；加快“菜篮子”市场和批发零售市场建设；深化供应店改革，加强安全保障；推进保供基地建设，进一步提高应急保障能力；推进市场调控管理数字化建设，提升数字化水平等意见建议。

【调研双峰新城开发建设】 2021年4月中旬起，县政协经济科技委员会、县咨询委就“岱山县双峰新城开发建设时序及投融资模式相关情况”开展调研。调研组在充分听取了解相关情况的基础上，结合外地先进经验和做法，提出建立与岱山县经济社会发展程度相契合的开发时序，加大人口集聚和市场扩容的政策支撑力度、积极探索新城开发建设多元投融资模式，着力发挥县属国有公司在新城开发建设中的作用等意见、建议。

【调研提升职业教育服务岱山产业发展】 2021年4月下旬起，县政协文史资料与教文卫体委员会就“进一步提升职业技术教育服务岱山产业发展”开展调研。调研组通过实地视察、召开会议、听取情况介绍等方式，提出推动岱山职业技术学校和浙江国际海运职业技术学院岱山校区融会发展；加快提升现有职业技术教育服务产业发展水平；多措并举推进职业教育健康快速发展等意见建议。

【视察县矛调中心建设运营情况】 2021年3月23日，县政协港澳台侨与社会和法制委员会组织有关政协委员对县矛调中心建设运营情况进行专题视察。视察组一行实地走访了解县矛调中心、县矛调中心舟山绿色石化基地板块、秀山乡“四个平台”、板井潭村党群服务中心，听取县矛调中心主要负责人关于岱山县矛调中心建设运行情况的介绍，并就如何进一步推动矛调中心建设进行座谈，提出提高思想认识，树立为民服务理念；强化要素保障，打造社会治理共同体；建立运行机制，推进治理能力现代化等意见建议。

【视察饮用水提质及保供能力情况】 2021年5月27日，县政协农业与人口资源环境委员会组织相关政协委员专题视察岱山县饮用水提质及保供能力情况。视察组一行先后深入海水淡化厂、小高亭水库、小高亭水厂等地，详细了解全县饮用水提质及保供能力情况，听取县农业农村局、市生态环境局岱山分局的工作汇报，提出加强水网建设，挖掘原水潜能；推进分质供水，实现高质量饮用水；实施数字化改革，探索供水管理的“整体智治”；加强宣传和管理以及水资源的保护等意见建议。

【视察县城区幼儿教育情况】 2021年6月28日，县政协文史资料与教文卫体委员会组织相关政协委员对岱山县城区幼儿教育情况进行专题视察。视察组在实地走访诺亚舟·峰景湾幼儿园、县中心幼儿园、城西幼儿园（暂名），听取县教育局关于县城区幼儿教育情况的介绍，提出重视改善岱山县中心幼儿园兰亭分园办园条件、对城西幼儿园（暂名）户外活动场地作进一步论证、优化师资队伍建设、加强日常安全管理等意见建议。

【视察县低效企业整治提升工作情况】 2021年9月26日，县政协经济科技委员会组织部分政协委员对县低效企业整治提升工作进行专题视察，县政协副主席方信伦参加视察。视察组一行现场参观卓然（浙江）集成科技有限公司，听取县经济和信息化局关于低效企业整治提升工作的汇报，并就进一步推进低效企业整治提升工作进行座谈交流，提出强化保障，成立专班、建立库表、对标提升、开发应用；强化政策支持，推动要素重组，开展反向倒逼；建立联合执法、示范引导、督查考核机制等意见建议。

专项集体民主监督

【开展美丽大花园·海上花园城市建设监督】 2021年4月起，县政协根据省、市政协《关于围绕深入推进美丽大花园建设努力打造美丽中国先行示范区开展三级政协联动专项集体民主监督的实施方案》的部署要求，组建8个民主监督小组，围绕监督内容，坚持面上督察与重点监督相结合，推动问题整改与建立长效机制相结合，发现问题与总结经验相结合，为助推美丽大花园、美丽中国先行示范区和海上花园城市建设进行专项集体民主监督。

【养老服务事业发展监督】 2021年9月起，县政协根据2021年工作安排和“请你来协商”——养老服务事业供给侧，专题政治协商会议要求，围绕全县养老服务事业发展，坚持政策导向，组织县委老干部局、县民政局、县卫生健康局等部门对高亭、东沙、岱西、岱东、长涂、衢山六镇和秀山乡进行养老服务总体情况、基础设施、多元结构配置、优化建筑环境、构建养老服务体系、强化养老服务保障、提升养老服务质量，推进全域养老服务数据采集，打造养老服务数字化平台建设，加快养老服务供给侧改革进行专项集体民主监督。

提案工作

【提案立案情况】 2021年，县政协九届五次会议以来，县政协委员和政协参加单位、专门委员会、界别和活动组，紧紧围绕县十三届五次党代会确定的目标任务，积极通过提案建言献策，反映民意，以提案形式提出意见建议91件。提案委员会根据《县政协提案审查立案实施细则》，审查立案90件。其中，集体提出的22件，委员个人和联名提出的68件。

【提案主要内容】 2021年，县政协提案在经济建设方面，主要内容有：加快石化产业园区建设，推进产城融合发展；进一步加快衢山国际海事服务基地建设；整合平台数据，建设数字岱山；发展直播经济；加快推进蟹文化产业园项目；打造“岱山海岛特色美丽风景线”；推进智慧旅游建设；破解村集体经济发展难题；大力实施乡村振兴战略，加快推进渔农业和渔农村现代化等。在政治建设和文化建设方面，主要内容有：加强政治建设，引领产业工人做推动高质量发展的时代先锋；加强服务和管理，促进新岱山人更好地融入岱山发展；深化乡镇“基层治理四平台”建设，高水平推进县域现代化；提升岱山县人才孵化平台建设；倡导文明婚俗新风；实施岱山方言抢救保护工程；增加公共休闲文化场所建设；开设石化专业课程，解决人才外流和缺少专业技术人才等。在社会建设和生态文明建设方面，主要内容有：加大文明城市创建力度，提升美丽海岛文明水平；加强无障碍环境建设，助推全县文明城市创建；开展体医融合，助推健康岱山建设；加强公共卫生人才储备；进一步打造海洋运动岛，推进海岛大花园建设；提高水库利用率，建设资源节约型社会；推进海上垃圾分类；进一步推进美丽乡村建设等。

【提案办理举措和结果】 2021年，县政协加强与党政部门的联系沟通，把提案办理协商作为重要环节，认真做好提案交办中“落实责任”的协商、提案办理中“解决问题”的协商、提案督办中“成果转化”的协商，推动提案办理单位由公文办理、书面答复向调研为基、协商为本转变。加大联动力度，将提案工作与议政协商、委员视察、专题调研等有机结合。加强提案跟踪督办，组织开展提案督办月活动，对办理单位承诺逐步解决的提案进行“回头看”，选择有代表性特别是涉及民生和热点难点问题的提案开展“二次办理”，推进提案分阶段、有步骤地解决落实。所有提案于7月底全部办复，提案者对答复办理情况均表示非常满意和满意。

（李　军）

责任编辑：吴依芳

中共岱山县纪律检查委员会 岱山县监察委员会

Daishan County Commission for Discipline Inspection&Daishan County Supervisory Commission

综 述

2021年，中共岱山县纪律检查委员会、岱山县监察委员会（简称县纪委、县监委）坚持以习近平新时代中国特色社会主义思想为指导，自觉发挥监督保障执行、促进完善发展作用，党风廉政建设和反腐败斗争保持高质量发展的良好态势。全年共召开十三届县纪委全体会议1次，县领导专题研究巡察工作会议4次，常委会会议20次，县委巡察工作领导小组会议5次，纪检监察机关组织全体纪检监察干部参加党史教育学习会32次，开展疫情防控、数字化改革、意识形态、文明城市创建等专项监督，整改问题182个，处理47人，其中党纪政务处分11人次；开展侵害群众利益专项治理，实施农村回迁安置问题专题治理项目15个，处理反映问题线索184件，立案60件，处理201人，其中党纪政务处分59人；澄清失实举报，13名干部得到正名，回访教育处分人员36名；以明察暗访形式，开展正风肃纪检查64次，发现问题46个，处理63人，其中党纪政纪处分22人；查找制度漏洞、责任缺位、治理短板，发放纪检监察建议书22份；落实中央、省委巡视巡察指导督导反馈问题，形成整改问题清单、责任清单、任务清单等举措17项；县委巡察组巡察3个县属单位、12个社区党组织，督促整改问题123个，建立健全制度105项；对2个县直部门、5个乡镇和16个渔农村进行“回头看”巡察，督促整改各类问题61个，清退违规资金184.57万元；深化基层信访工作，突出涉纪信访源头治理，建立县领导下访接访，纪检监察干部全员接访，基层监察联络站参与涉纪信访矛盾调解机制，加大初信初访化解力度，注重涉纪信访程度，有效把信访矛盾化解在基层，其中涉纪信访受理率、重复信访率分别比上年下降31.1%和80.8%。

重要会议与调研

【县纪委十三届七次全会】 2021年2月20日，中国共产党岱山县第十三届纪律检查委员会第七次全

2021年2月20日，中共岱山县第十三届纪律检查委员会第七次全体会议在县行政中心召开
（县纪委、县监委　供图）

体会议在县行政中心召开。县委书记周国岭出席会议并发表讲话，要求全面贯彻落实中央纪委全会和省、市纪委全会精神，推动全面从严治党向纵深发展，促进广大干部清廉守正、担当作为，为奋力谱写打造“重要窗口”海岛风景新篇章和“十四五”开好局、起好步提供坚强保障。县委常委、县纪委书记、县监委主任施静海在会上作题为“立足新阶段 聚焦高质量为岱山谱写‘重要窗口’海岛风景新篇章提供坚强保障”的工作报告，总结2020年全县纪律检查工作，部署2021年工作任务。市纪委、市监委第三监督检查室有关负责人到会指导。3家单位党委（党组）负责人向全会述责述廉并接受评议。县四套班子领导，县人民法院院长、县人民检察院检察长，其他县处级领导干部，县政协秘书长，县纪委委员、县监委委员，县属及部省市属在岱有关单位主要负责人、分管纪检或党建工作负责人，乡镇党政主要负责人、纪委书记、纪委副书记、专职纪检监察干部，乡镇副科级以上干部，部分县党代表，村（社区）书记、主任，县纪委县监委特约监察员，县委巡察组组长、县纪委县监委派驻纪检监察组组长、县纪委县监委派出纪工委书记、国企纪委书记、机关各室负责人等约300人参加会议。

【县纪委常委会】 2021年，县纪委县监委召开常委会20次，主要是传达和研究贯彻上级纪委和县委有关工作要求，研究重要案件、人事调配等工作。

政治监督

【开展专项监督】 2021年，县纪委县监委践行“两个维护”，有力保障全县政治生态和发展环境优化。认真履职监督职责，出台并实施《2021年政治监督工作实施方案》《关于监督护航保障高质量发展建设共同富裕示范区海岛样板的实施意见》，制定《关于疫情防控不力行为追责问责处置意见》，围绕服务保障舟山绿色石化项目、疫情防控、数字化改革、意识形态、全国县级文明城市创建等中心工作，开展专项监督，发现并督促整改问题182个，处理47人，给予党纪政务处分11人次。

【落实主体责任】 2021年，县纪委县监委协助县委出台《2021年党风廉政建设和反腐败工作组织领导和责任分工》等有关制度。协助县委落实全面从严治党主体责任，做好舟山市党风廉政建设“四责协同”在线测评与线下考评工作，实现年度在线测评“零扣分”，并报送加分项目资料，获满额加分3分，实现全市总分第一。

【澄清正名和回访教育】 2021年，县纪委县监委组织县属党组织负责人向纪委全会述责述廉，开展政治生态评估，优化“互联网+”主体责任在线考评。认真落实“三个区分开来”要求，累计为13名受到失实举报的干部澄清正名，回访教育处分人员36名，有效激励干部担当作为。

【加强和改进意识形态工作】 2021年，县纪委县监委组织机关干部深入学习《中共中央关于党的百年奋斗重大成就和历史经验

2021年2月7日，县纪委县监委组织人员到秀山码头督查疫情防控工作
（县纪委、县监委 供图）

2021 年 7 月 7 日，县纪委县监委举办全县“百年 · 勤廉说”活动
（县纪委、县监委　供图）

【拓展意识形态阵地】 2021 年，县纪委县监委用好“清廉岱山”微信公众号与“岱山廉政网”两大平台，作为县纪检监察机关信息公开、新闻发布、政策阐释、民意倾听、网络举报的主渠道、主阵地，提升党风廉政宣传教育和舆论引导能力。开展廉洁好家风倡议、家庭助廉座谈会、纪检监察开放日、“我承诺　你监督”等活动，将建设清廉文化的触角延伸至机关企事业单位、部门、乡镇、村（社区）各个单元。

的决议》、十九届五中、六中全会和庆祝中国共产党成立 100 周年大会等重要讲话精神，贯彻落实中央、省、市、县委关于意识形态工作安排的部署，与纪检监察机关工作实际结合起来，持续加强和改进意识形态工作，提高纪检监察干部思想认识，不断加大巡察监督和问责力度，对巡察单位和部门的意识形态工作责任制落实情况进行督查，并做好整改反馈；利用全县红色党史教育基地，做好党史学习教育，深入开展“我为群众办实事、我为企业解难题、我为基层减负担、我为文明城市创建做贡献”专题实践活动，增强纪检监察机关抓意识形态工作的责任意识和使命担当。

【推动意识形态落实】 2021 年，县纪委县监委为落实中央、省、市、县委关于意识形态工作的决策部署，列为年度政治监督的任务。将意识形态工作责任制落实情况列入常规巡察工作的重要内容，其中发现 2 家单位有意识形态领域问题 6 个，均纳入督促整改和反馈报告。要求全县党员特别是党员领导干部严守政治纪律和政治规矩，严禁通过网络论坛、微信微博等方式传播散布、恶意炒作有关政府重大项目的虚假信息行为。

清廉岱山建设

【清廉单元打造】 2021 年，县纪委县监委以清廉单元“示范群”、清廉文化“阵地群”等建设为抓手，打造清廉岱山，推进全年度 59 个清廉岱山重点建设项目和“7+1+X”清廉单元建设，以

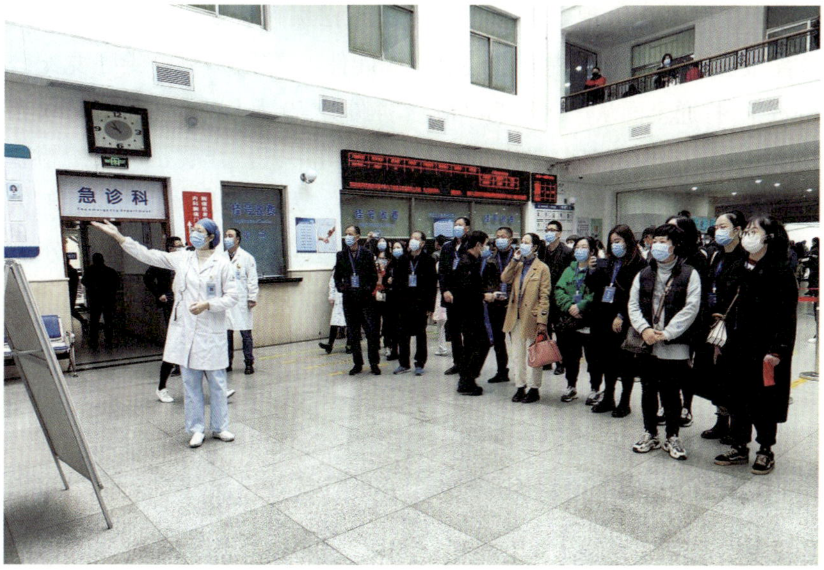

2021 年 12 月 8 日，县纪委县监委举办开放日活动，接受社会各界监督
（县纪委、县监委　供图）

项目化监督、“晾晒比评”等方式，营造共创共建良好氛围。以市纪委市监委“揭榜挂帅”项目实施为契机，“两步四强”推进清廉学校建设，具有岱山辨识度的清廉学校建设样本初步形成；清廉村居实现弯道超车，市级示范点岱山独占一半以上份额；清廉机关建设经验在省级刊物交流推广；清廉医院独创“三张处方”建设模式；清廉交通扎实推进，纪企共建护航主通道建设；清廉国企引入数字化思维，实现智能化监管；清廉民企取得突破，规模化规范化建设逐步形成；清廉文化融入文明城市创建，清廉小品随处可见；东海廉嫂初具效应，清廉家庭助推基层治理；建设清廉工程、清廉园区等一批岱山首创的清廉单元建设。清廉岱山相关工作报道在中央、省、市级媒体刊登400余篇，居全市第一、全省前列。

【促推基层综合治理】 2021年，县纪委县监委进一步提升基层监督水平，打通全面从严治党的“最后一公里”。规范基层监督，制定村级党组织领导、支持监察工作联络站履职、工作协作等制度，编制联络站工作指导手册，建立履职情况月通报机制，对全县7个乡镇纪委书记、副书记和87名监察工作站联络站站长开展全员培训，基层监督的组织形式、职能定位更加清晰。深化专项治理，开展漠视侵害群众利益问题专项治理，实施农村回迁安置问题等专题治理项目15个，解决一批群众操心事、烦心事、揪心事。突出涉纪信访源头治理，深化基层涉纪信访“三清三提升”工程，加强领导干部带头下基层接待群众来访、纪检监察干部全员参与接访工作，推行基层监察联络站参与涉纪信访矛盾化解机制，加大初信初访化解力度和关注程度，有效把矛盾化解在基层，全年涉纪信访受理数、重复信访数分别比上年下降31.1%和80.8%。

反腐败工作

【正风肃纪反腐】 2021年，县纪委县监委始终把深化“三不”一体推进方针贯穿正风肃纪反腐全过程各方面，切实增强政治效果、纪法效果、社会效果。精准运用监督执纪“四种形态”处理201人次，四种形态分别占比70.1%、23.4%、3.5%、3%；严肃查处违纪违法案件，处置反映问题线索184件，立案60件，给予党纪政务处分59人；以专项检查、明察暗访等形式，开展正风肃纪检查64次，发现问题46个，处理人员63人，其中党纪政纪处分22人。深入查找案件背后的制度漏洞、责任缺位、治理短板，发放纪检监察建议书22份，推动资产管理、队伍建设等方面的廉政风险防控，提升全县民生、财经、工程等领域的管理水平。

【廉政教育】 2021年，县纪委县监委组织35名县属部门“一把手”专题警示教育和28名县管领导干部开展任前廉政教育，组建清廉课堂“讲述人”、清廉岱山“推广大使”队伍，开展廉洁好家风倡议、家庭助廉座谈会、纪检监察“开放日”等活动，不断增强党员干部不准腐、不敢腐、不想腐的自觉性。

【增强监督合力】 2021年，县纪委县监委持续深化纪检监察体制改革，着力促进各项纪检、监督相互协同，效能持续提升。完成开发区、省以下垂直管理单位的纪检监察体制改革任务，向浙江岱山经济开发区派出纪检监察工委，将县自然资源和规划局纳入派驻综合监督，推动县属国企配备专职纪委副书记。围绕开展服务保障舟山绿色石化基地建设监督，先后与市纪委市监委驻市政府办公室纪检监察组、驻市海洋产业集聚区管委会纪检监察组构建联动机制，形成对国家战略项目建设的监督保障合力。完善片组协作机制，解决派驻机构、乡镇纪委监督力量、办案能力不足等问题，全县乡镇监察办公室均实现自办案件零突破，各派驻纪检监察组立案19起，同比增长5倍多。

巡察工作

【加强对巡察工作的全面领导】 2021年，县委坚持对巡察工作的全面领导，县委常委会、县委书记专题会议研究部署巡察工作4次，县委巡察工作领导小组组织相关会议5次，对巡察方案、巡察情况、问题线索处置等进行专题研究。落实中央、省委巡视巡察指导督导反馈问题的整改，形成问题清单、责任清单、任务清单，落实举措17项。

【开展巡察工作】2021年，县委巡察工作领导小组和巡察组对3家单位、12个社区党组织开展巡察，发现并督促整改问题123个，移送问题线索12件，清退违规资金184.57万元，推动建立健全制度105项；对2家单位、5个乡镇和16个渔农村开展“回头看”巡察，发现并督促整改问题61个；组织开展工程领域专项巡察、涉粮领域交叉巡察。至本届末，根据县委反腐败和巡察工作部署，县纪委县监委、县委巡察组累计完成全县55个县属部门、74个渔农村、13个城镇社区党组织的巡察，发现并督促整改问题1664个，建立健全相关制度563项，为集体挽回直接经济损失2479万元，高质量完成巡察全覆盖任务。

队伍建设

【干部政治素质提升】2021年，县纪委县监委领导全县各级纪检监察组织开展廉政风险排查活动，形成风险防控三张清单，严防“灯下黑”，聚焦素质提升和能力锤炼，着力打造政治素质高、忠诚干净担当、专业化能力强、敢于善于斗争的纪检监察队伍。县纪委常委会坚持把学懂弄通做实习近平新时代中国特色社会主义思想作为第一的政治要求，结合党史学习教育，开展从党史学习中增强信仰“第一议题”学习32次，带动全县纪检监察系统原原本本学、深入思考学、联系实际学。实施32项重点工作创新项目“揭榜挂帅”，形成“晾晒比拼”“创先争优”的工作氛围，健全“业务培训班+线上知识测试+月度学堂+以干带训”模式。全年累计培训干部600余人次，抽调18名干部参与全县巡视巡察、上级审查调查县重点项目等工作。

【干部业务素质提升】2021年，

2021年6月16日，县纪委县监委召开全县纪检监察干部素质提升班　　（县纪委、县监委　供图）

县纪委县监委在全县纪检监察系统开展“日日学、周周练、月月测”业务练兵等活动，举办全县纪检监察干部素质提升班，实现纪检监察干部全员培训。持续实施“蹲苗”工程，选派年轻优秀干部到重点工作、重点岗位挂职锻炼，干部实战能力不断提升。推进纪检监察工作信息化建设，加强干部信息系统运用能力的培训，检举举报平台处置子平台，实现线上单轨运行，问题线索处置、案件查办更加规范高效。

【强化管理监督】2021年，县纪委县监委续聘特约监察员12名，进一步解决“谁来监督纪委监委”问题。深化“五张清单一张网”建设，建立个性化责任清单36张，县纪委县监委机关党风廉政建设主体责任进一步压实。开展县纪委县监委政治生态情况自查自评，加强纪检监察干部廉政档案建设，对干部一一进行政治画像，强化动态监管。创新八小时外监督载体，对干部所在社区进行走访。进一步完善工作考核考评体系，合理设置考核指标和权重，发挥考核激励鞭策导向作用。

智慧纪检监察工作

【组建智慧纪检监察专班】2021年，县纪委县监委积极组建数字化改革工作专班，召开纪检系统数字化改革专题会议2次，组织全县纪检监察干部专题学习数字化改革3次，专题研究数字化改革工作10余次，制定数字化改革实施方案，拟订纪检监察领域的综合应用方案1份、跨领域综合应用方案2个，制订“任务书”“操作图”，建立“日报告、周通报”等工作机制。开展全县纪检监察系统网络安全风险评估，并做好相关问题的整改工作，推进纪检监察外网向国企纪委、浙江岱山经济开发区延伸，纪检监察内网信创替代等工作，推进全县智慧纪检监察体系建设。

【推进整体智治】2021年，县纪委县监委认真落实省纪委省监委关于全省更新检举举报系统平台应用业务要求。9月，完成“子”平台系统更新应用，提升全县纪检监察平台应用数字化、信息化水平。与县委改革办对接沟通，采用数字化门户手段，打造图文结合党政机关整体智治“党的纪律建设”模块，梳理出党纪教育数字化等核心业务清单7张，形成工作流程和业务清单，整体智治有机统一，其中，“重大巡视问题清单”管控指数在全市四县区中排名第一。

【大数据监督平台】2021年，县纪委县监委推广运用基层公权力大数据监督平台，构建采集村级工程、资产资源、劳务用工、村级采购、困难群体救助等数据预警机制，建立处置流程，实现网上监督、综合分析、精准处置。全县87个村（社区）均启用公权力全程在线审批应用，各乡镇累计录入1.06万余条数据，红色预警信息推送117条，使岗位责任和工作责任“两个责任”在线考评系统迭代升级，推动构建党委主体责任、书记第一责任、班子成员“一岗双责”、纪委监督责任联动贯通一体落实，实现“四责协同”监督平台投入运用。

（费涵立）

责任编辑：吴依芳

群众团体

Mass Organizations

岱山县总工会

【概况】2021年，岱山县总工会紧紧围绕县委确立的奋斗目标，立足新发展阶段，融入新发展格局，突出政治引领、疫情防控、建功立业、关爱服务、固本强基等五个重点，全面落实工会改革举措，团结动员全县广大职工积极投身“五大会战”和“四个岱山”建设。截至12月，全县共有基层工会组织380家，其中独立建会325家，联合建会55家，共涵盖单位1354家、会员47995人。

【立功竞赛活动】2021年，县总工会推进526国道岱山段等“两重一新”立功竞赛活动5场，上报2021年市级劳动竞赛项目3个。开展全县电工大比武活动，有39名选手核发高级电工职业资格证书。组织职工参加全省叉车司机职业技能竞赛，浙石化鼎盛公司曹磊荣获个人第一名，岱山队获团体全市第一、全省第二名。东沙、岱西2个乡镇入选浙江省级百场竞赛最受好评的乡镇。衢山通衢水产林娜获“全国五一巾帼标兵”。舟山鼠浪湖码头有限公司推荐申报2020—2021年度浙江省“安康杯”竞赛活动优胜单位。

【职工建功立业行动】2021年，县总工会充分发挥劳模、高技能人才的示范引领作用，广泛开展职工技能大赛和岗位创新活动，鼓励各系统培育创新团队、培养创新人才、推广创新成果。强化技能人才培育和素质提升工作，依托技能大赛、名师带徒、技能培训、班组竞赛等平台载体，选树一批具有工艺专长、掌握专业技能、体现领军作用的“首席工人”。广泛开展群众性技能竞赛活动，引导职工积极参加安全生产民主管理、民主监督等实践活动，最大限度地提高职工群众安全生产意识。联合县精神文明建设指导中心在高亭仙洲公园举行“助力全国县级文明城市创建，蓝海卫士在行动”现场主题宣传服务活动。

2021年9月7日，县总工会组织基层工会参加浙江省叉车司机职业技能竞赛。浙石化鼎盛公司曹磊荣获个人第一名，岱山队获全省第二名（县总工会 供图）

【工会组织建设】 2021年，县总工会围绕深化“基层工会改革年”活动，积极推进工会改革创新和特色品牌建设，吸收农民工、渔业劳工等群体加入工会组织，最大限度提高工会的组织覆盖、工作覆盖。制定新业态新就业群体建会入会三年工作规划，积极推进新业态、新就业群体工会组建，新建新天地联合工会、高亭中心菜场联合工会等12家新业态新就业群体工会组织，涵盖职工800余人。

【完善基层工会体制机制】 2021年，县总工会召开首次全县乡镇总工会主席述职评议会，7个乡镇总工会专职副主席就2020年度乡镇总工会的工作开展情况进行述职，并对2021年度工作安排进行汇报。全面推行职代会事项工会呈报制度，印发《关于全面推行企事业单位职代会事项工会呈报制度的通知》。在全县非公企业中建立工会工作指导员制度，机关全体工作人员分别联系片区非公企业工会工作。开展工会“推优入党”工作，组织6名“推优入党”对象赴红色教育基地参加市总举办的党性教育培训。组织工会干部、工会会员代表、建党推荐培养对象、优秀职工观看两新组织云党课。组织全县各级工会干部参加“深入学习习近平总书记在全国劳模大会上的重要讲话精神”专题网络培训班，8人获电子结业证书。继续推行基层工会“四亮”（工会亮牌子、干部亮身份、工作亮计划、年底亮业绩）制度。

【数智工会建设】 2021年，县总工会积极构建数智工会架构，不断提高工会会员实名数据库的会员率。在服务平台上，充分利用“岱山工会”公众号平台，改进“职工点单工会派单”培训业务，知识竞答、随手拍等项目全面融入工会“数字化”。在职工医疗互助报销实现“一卡通”的基础上，完善数字化参保工作。12月，启动“岱工码”建设，将工会会员生日蛋糕券项目植入“新生岱”小程序中，工会会员可实现“扫码提糕”，丰富采购内容，便捷购买流程。

2021年9月29日，浙江省岱山县高亭中心菜场联合工会成立大会暨第一次会员代表大会召开 （县总工会　供图）

【文明城市创建行动】 2021年4月22日，县总工会举行“学党史、做志愿、助创城”岱山县工会志愿服务大队成立暨全县工会志愿服务周启动仪式，组建岱山县工会志愿服务大队以及县总工会志愿服务队6支，先后组织开展抗台防汛、创城及疫情防控等志愿服务活动。继续深入开展“创文明厂区，做文明职工”主题活动，通过三年行动，进一步提升职工文明水平，打造文明、整洁、美丽、和谐、有序的企业生产经营环境。组织职工志愿服务队开展志愿活动11场，惠及职工5600余人。举办“文明从点滴做起”线上随手拍有奖征集活动和“共建文明城市　共享美好生活”创城知识微信有奖竞答活动，参与职工5000余人次。建立乡镇总工会补助经费与创城工作挂钩制度，落实结对小区、村专项创城资金补助18万元。深化“创文明厂区　做文明职工”主题活动，参与职工8000余人。定期组织机关干部开展“门前四包”专项整治行动，安排机关干部到美好

2021 年 4 月 22 日，全县工会志愿服务大队成立　　（县总工会　供图）

家园开展创城志愿服务，落实点位长职责。

【职工文化建设】 2021 年，县总工会在元旦春节期间开展“健康过春节　文化暖企业”专项服务行动。开展“以爱为家　留岱过年”主题宣传、公益期刊赠阅、“送福送春联进企业”、职工书法志愿服务、职工微信有奖竞答、“我在岱山过年，挺好的——幸福瞬间”有奖随手拍网上征集、为留岱外来务工人员理发、迎春礼包慰问坚守一线的劳动者代表、“岱山因你而美”插花花艺等活动，累计为 3000 余名职工提供各类服务。五一期间开展“中国梦　劳动美”主题宣传教育活动，引领职工思想建设。依托公共场所及工会宣传阵地，开展劳动模范、模范集体、产业工人等事迹的集中宣传，弘扬“劳模精神、劳动精神、工匠精神”。以“展示职工风采　引领时代风尚”为主题，围绕“技能、生活、才艺”三大主线，开展职工达人形象集中展示活动，凝聚打造“重要窗口”海岛风景新篇章的工人智慧和工人力量。举办 2021 年岱山县群众体育大会职工篮球联赛，组织参加 2021 中国海岛公园秀山岛徒步大会暨岱山县群众体育大会开幕式。加强职工文化阵地建设，打造“群团星·耀党旗”岱山先锋联盟中心和鱼山建设者之家等示范点建设，培育长涂镇职工活动中心申报省级职工书屋，指导长涂未来蓝港一条街工会、东沙镇民宿行业联合工会等职工文化阵地建设，在衢山镇黄沙村工会设置便利型职工阅读站点并配送书籍。

【产业工人队伍建设改革】 2021 年，县总工会召开推进新时代岱山产业工人队伍建设改革工作协调小组第一次会议，落实推进新时代岱山产业工人队伍建设改革工作县级部门任务清单。成立深化岱山非公企业产业工人队伍建设改革试点工作专班，建立非公企业产业工人队伍建设改革“三大员”（指导员、观察员、宣传员）队伍，指导企业做好相关产改试点工作。组建产业工人联络员群，制作简报 4 期、公众号 4 期。推选舟山海山机械密封材料股份有限公司为省深化非公企业产业工人队伍建设改革试点企业，推选浙江鼎盛石化工程有限公司为市级非公企业产业工人队伍建设改革全面试点企业，舟山晨光电器有限公司为县级非公企业产业工人队伍建设改革技能提升方面试点企业。升级鱼山建设者之家功能，打造市级“群团星·耀党旗”示范点阵地。拓展“1+X”服务功能，指导企业开展“导师带徒”，有 248 名技术骨干与 256 名新入职职工结为师徒。

【保障职工的合法权益】 2021 年，县总工会完善集体协商机制，有 220 家企业规范化开展工资集体协商。主动参与并妥善处理惠生公司拖欠农民工工资事件，获省总工会主要领导批示肯定。接待职工来电来访 120 件，帮助追讨拖欠工资 80 余万元。创新“尊法守法、携手筑梦”公益法律服务行动，开展“竞猜式”等活动 7 场。

【开展困难帮扶】 2021 年，县总工会做好精准帮扶工作，建立“帮扶联系人制度”和一对一的立卡信息。有在档困难职工12人，其中确定5名职工为2021年度特困职工。开展2021年“两节送温暖”工作，慰问困难职工40人次，发放慰问金15万元。有职工医疗互助参保单位228家、14194人，比上年增加8.6%，为2209名职工报销医药费60.57万元，普惠服务持续扩大。开展“留岱过年”等专项服务行动，新春期间慰问外来务工人员3000名。持续关注青年职工婚恋，开展联谊活动5场，营造“来了就是岱山人”的浓厚氛围。开展“春风行动”等促就业活动，为职工推介岗位968个。

【劳模评选管理服务】 2021年，县总工会积极弘扬劳动精神、劳模精神、工匠精神，有1家企业和4名职工分别被评为2018—2020年度舟山市模范集体和劳动模范。推荐县电工创新工作室申报第二届中国长三角地区劳模工匠创新工作室。成立劳模工匠宣讲团，开展主题宣讲3场。开展88名市级以上劳模荣誉津贴和医疗费补助落实情况的摸底调查。在元旦、春节期间，慰问149名劳模，发放慰问金18.70万元；补助全国劳模退休荣誉津贴2.16万元；建党百年、七一期间，慰问70周岁以上各级劳模37人，发放慰问金3.70万元；组织85名劳模参加体检。

【深化“三服务”活动】 2021年，县总工会建成并启用县职工技能发展服务中心，深化劳模工匠技师服务队“三服务”机制，举办技能培训30班（次），培训职工1500人，开展入企服务70次。19家企业建立首席工人制度，22名职工参评市首席工人，4项职工技术创新成果获市成果奖。贯彻执行全国总工会经费返还政策，缓减、返还企业上缴工会经费381万元，惠及企业311家。深化“当一周工人、体工会初心”活动，安排14名机关干部入企与工人同劳动，做好“三讲”服务。

2021年4月14日，县总工会组织劳模开展“三服务”活动

（县总工会　供图）

【开展党史学习教育】 2021年，县总工会牢牢把握党史学习教育总要求，突出关键环节，坚持效果导向，注重方式方法创新，不断推动党史学习教育与单位实际工作深度融合。4月29日，在高亭成校报告厅举办“群团星·耀党旗”我心向党主题宣讲活动开讲仪式，为职工党史宣讲团、劳模工匠宣讲团、草根网络宣讲团中的15名红色宣讲员颁发聘书。是年，全县各级工会组织开展“群团星·耀党旗”系列主题活动29场（次），3000余名职工参与。开展“学党史　跟党走”学习读书活动，全县共有761名工会干部参与，筛选出优秀心得25篇。

【建党百年主题活动】 2021年，县总工会组织开展“永远跟党走”“我心向党”等群众性主题宣传教育活动和“双百引领”活动。全年举办红歌巡唱、网络歌唱等活动10余场，参与职工群众1万余人；开展全县职工摄影比赛，共收集作品70余幅，并推荐优秀作品参加全市“千岛职工心向党”职工摄影比赛；广泛开展“我为群众办实事”实践活动。

（林　艳）

共青团岱山县委

【概况】 2021年，共青团岱山县委员会（简称团县委）聚焦党政所需和青年所盼，准确把握新发展阶段，积极融入新发展格局，不断深化落实各项体制机制，推动团工作稳步向前。全县共有团（工）委25个，团（总）支部277个，各级团干部444人，团员2852人。设鱼山联合团委1个，下辖33个团支部。

【思想建设】 2021年，团县委广泛动员各级团员青年开展学习教育，依托“青年大学习”、新媒体矩阵、“浙里潮音”青年宣讲团等载体，学习贯彻习近平总书记“七一”讲话精神、十九届六中全会精神等重要内容，累计开展宣讲活动216场。全年开展“青年大学习”主题团课学习64期，参与人数超8.2万人次。开展“青春担当·岱你追梦前行”“践行真善美·争做新时代好队员”等系列主题活动，鼓励引导全县青少年旗帜鲜明讲政治、敢担当、善作为。

【志愿服务】 2021年，团县委在全市首推“不起诉+志愿服务”机制，有效将社会中的“不良因素”转换为“促进因素”。7个乡镇均建立志愿服务中心，建立社区志愿服务站94个。志愿汇APP登记注册的志愿者34481人，总活跃人数18756人，注册志愿者参加志愿服务活动的人数占注册志愿者总人数的比例达54.4%，累计志愿服务时数为63.4万余小时。推出“大手拉小手”亲子志愿品牌，全年开展亲子志愿服务活动32场，参与人数700多人。

【鱼山项目团建】 2021年，团县委推行团组织建设和项目建设双轨并进模式，针对鱼山项目组分布距离远、工作忙的特点，通过线上互通联系、线下互联共建，实现参建单位团组织引领全覆盖，把团的学习活动阵地延伸至各个工地。根据企业发展情况与青年需求，开展“群团星·耀党旗”宣讲、“鱼山杯”篮球赛等文体活动，丰富岛上青年精神文化生活。

【参与全国县级文明城市创建】 2021年，自全县创城工作开展以来，团县委组织奋战在创城一线的创城工作人员和志愿者超600人，开展文明劝导、宣传走访等活动，累计开展志愿服务8600余场次，参与人数超过5.5万人次。积极引领青年投身创城志愿服务工作。相继开展“守护海岸线，夏日炎炎志愿服务不停歇”“清洁社区，美化家园”等志愿活动，营造良好市容市貌。

【青少年权益维护】 2021年，团县委以“亲青筹”“亲青帮”平台为依托，推进助学帮困活动，通过“亲青筹”发起爱心投资。完善涉案未成年人帮教机制，加强与公安、检察等部门的协调配合，构建多领域社会关爱体系。以青少年宫校外教育阵地为依托，深化校外教育公益阵地的作用，延伸留守儿童、新居民子女、外来务工农民子女的覆盖面。

【青少年责任担当】 2021年，团县委夯实“青”字号品牌建设，以青年文明号、青年安全岗、青

2021年6月7日，团县委开展“群团星·耀党旗”宣讲行动暨第二届青年员工演讲活动
（团县委　供图）

2021 年 7 月 21 日，团县委开展“守护海岸线”志愿服务活动（团县委　供图）

年突击队等为载体，鼓励引导青年积极参与基地社会事务管理，形成共建共治共享良好氛围。在抗击台风“烟花”期间，第一时间组织动员全县各乡镇、机关企事业单位和社会组织志愿者投身抗台第一线。在抗击新冠肺炎疫情战斗中，认真落实防控措施，有序开展各项工作。

【青年人才服务】 2021 年，团县委开展“家燕归巢”活动，联合 13 家县内机关企事业单位，为岱山籍在校大学生提供实习岗位 27 个，鼓励岱山籍在外学子返乡发展，充分挖掘本土青年人才资源。鼓励青年创业创新，深化银团合作，联合农商银行、民泰银行推出“志愿贷”及创业贷，为青年创新创业保驾护航。深耕“岱山·青年说”“浙里相遇”“恋上岱山”等品牌，开展音乐沙龙、国学讲座、联谊交友等各类活动 55 场。

（赵永红）

岱山县妇女联合会

【概况】 2021 年，岱山县妇女联合会（简称县妇联）以守好“红色根脉”的政治自觉和政治担当，着力打造红色妇联、实干妇联、为民妇联、数智妇联、品牌妇联，引领妇女群众进一步增强打造高质量发展建设共同富裕示范区海岛样板的责任感和自觉性，共同书写巾帼助力新篇章。是年，国家税务总局岱山县税务局第一税务所（办税服务厅）、岱山县东沙中学德育导师团获评浙江省巾帼文明岗；“东海渔嫂”消安员联盟被评为 2021 年度全省十大特色消防志愿队；长涂“金银渔嫂”协会入选浙江省生态文明教育基地。

【“百千万巾帼大宣讲”】 2021 年，县妇联重点深化“百千万巾帼大宣讲”行动，梳理制定“东海渔嫂”宣讲团“宣讲菜单”25 项，开展“讲述红色故事　传承红色基因”巡回宣讲 7 场，参与妇女千余人次。创新微网宣、船头宣、公益宣、小喇叭等宣讲形式，通过点单派单、主动送课、比赛促学，推动思想政治引领“六进”行动，受益群众万余人。紧扣党史学习教育专题，以听红色宣讲、走红色线路、看红色电影等形式进一

2021 年 5 月 25 日，“讲述红色故事·传承红色基因”百千万巾帼大宣讲在衢山镇田涂村开讲（县妇联　供图）

步凝聚思想，增强信念。县妇联有序推进专题学习、党课讲授，开展青少年群体“三个一”行动、亲子共绘中国梦、女性红色文艺作品展播等活动27场。

【助推数字改革】2021年，县妇联聚焦“家庭”主业，完善妇联家庭建设综合平台，助推打造全省“大数据+服务”“浙里家·连心桥”应用场景。联合县委政法委、县海洋与渔业局探索推进“东海渔嫂”海陆智慧双网格多跨场景应用建设，依托社会治理大联动平台、网格微连心、海上一体化平台等数字化应用，打造报事平台、“东海渔嫂”小喇叭、渔嫂帮办等应用场景，以数字赋能编织渔业生产安全网。整合“微课堂”“微议事”“微论坛”三微平台，形成集创业就业帮扶、婚姻关系调适、家庭教育指导等于一体的网上“妇女之家”，开展微活动28次，惠及妇女群众近3100人次。

【家庭家教家风建设】2021年，县妇联紧扣“创城”主题，举办“弘扬时代好家风　共建幸福文明城”东海渔嫂家庭文化季，创评县级以上最美家庭60户、文明家庭50户。升级打造“爱的起点”东海渔嫂红娘联盟，链接大舟山等红娘资源，开展各类交友活动15次，落实“一对一”见面红娘服务298次，参与1200余人次，牵手成功62对。重点关注社会治理中婚姻调解领域，成立“爱的回归”东海渔嫂婚调工作室，招募婚姻家庭辅导员4名，开展常态化婚姻家庭辅导430人次，其中离婚调解110对，劝和率达45.7%，离婚量同比下降53%。加强基层“东海渔嫂”维权工作站建设，各级妇联共处理各类纠纷调解278件，同比增加162%，结案率100%。舟山绿色石化“东海渔嫂巾帼先锋联盟”累计参与排查人口信息25000余人，新居民以外治外参与纠纷调解110余起。

【“东海渔嫂”巾帼虹志愿行动】2021年，县妇联以精神引领和示范引领为着力点，打造宣传先行，组织、行动、成效于一体的“东海渔嫂”全周期管理服务闭环。全年开展“颂百年风华　传红色基因”宣讲、“最美榜样”主题展播、“好家风我来说”作品征集展览、双减背景下家庭教育公益送课行等45场，受益5400余人次；在端午、重阳等重要时间节点，以“东海渔嫂”小喇叭方言宣的方式，落实“金婚关爱”“孝心传承”等服务，凝聚“夕阳红”创城力量；面对中心城区路口志愿者短缺问题，设立“东海渔嫂”交通执勤岗，定时定点开展志愿服务，助力创城迎检工作。全县195支“东海渔嫂”队伍、13300余人工作在各个点位，开展志愿汇服务时长达27500小时。

【东海渔嫂助力共富行动】2021年，县妇联顺应数字化发展趋势，推进“十百千万”巾帼云创行动。成立电商直播志愿服务队，创建“东海渔嫂”云创基地，以沙龙、微课、讲座等形式，开展“东海渔嫂”电商培训15期、500余人次。聚焦农产品滞销问题，妇联执委通过开设“东海渔嫂”直播平台，累计销售农产品2.65万千克，总价值27万余元。实施“高素

2021年10月12日，县妇联在高亭镇枫树村文化礼堂开展“家风润仙岛·暖爱沐重阳”——我们的节日·重阳节主题活动　（县妇联　供图）

2021 年 3 月 5 日，岱山县东海渔嫂电商直播志愿服务队成立仪式举行
（县妇联　供图）

质渔嫂成长计划”，开展家政服务、手工技能、民宿经营等培训 40 余次，2000 余人次“东海渔嫂”取得育婴师、高级中式烹调师等各类技能证书，带动渔嫂创收共富。联合县农业农村局推进“美丽庭院”提质扩容，新建板井潭村、司基村等“美丽庭院”示范带 2 条，县级以上“最美庭院”100 户。有 300 余户家庭参与“我家庭院（阳台）四季美”随手拍活动。

【妇联执行力建设年行动】 2021 年，县妇联开展“东海渔嫂”社会组织倍增计划，全年新增“东海渔嫂”组织 10 家。在女性社会组织、快递行业、石化企业等，指导新建“四新”领域妇联 6 家，成立学校妇联 1 家。“东海渔嫂”十大员队伍新增骨干 1300 余人。以“群团大融合、服务助中心”为主旨，牵头打造的群团工作阵地岱山先锋联盟中心以高分入选市级“群团星”示范点。升级完善县级示范“妇女微家”7 家。健全儿童关爱保护体系，创建岱山县示范型儿童之家 3 家，舟山市示范型儿童之家 2 家。举办各级妇联干部能力提升培训班 29 场，实施“2+1 名师带徒”举措，“一肩挑”女书记和乡镇妇联主席为新上任的村社妇联主席提供工作指导，提升新任妇联主席的履职能力。

（张　盈）

岱山县科学技术协会

【概况】 2021 年，岱山县科学技术协会（简称县科协）紧扣“四服务一加强”职责定位，按照县委关于群团工作的整体部署，实施创新驱动助力工程，优化升级创新载体，主动服务科技人才；抓好数字赋能，深入开展“银龄跨越数字鸿沟”科普专项行动；聚焦科普联动，整合资源助推科普惠农；全面开展科学普及工作，着力提升全民科学素质，为推动岱山高质量发展建设共同富裕示范区海岛样板贡献科协力量。

【科技创新驱动助力工程】 2021 年，县科协深入实施科技创新驱动助力工程。搭乘“甬舟人才一体化

2021 年 6 月 15—19 日，县妇联在宁波市鄞州区委党校举办岱山县妇联系统党史学习教育暨妇联主席综合能力提升培训班　（县妇联　供图）

2021 年 8 月 11 日，县科协在岱西葡萄科普馆开展“深耕葡萄 文化助力乡村振兴活动”（县科协 供图）

发展行动”的“快车”，推动与宁波江北区科协在科技经济融合、服务地方重点产业、高端人才资源引入、院士专家服务等领域的合作；对接省科协，为浙江岱山经济开发区企业招聘设备环评工程师服务；邀请省环境科学学会、省生态环境科学设计研究院专家到岱山开展“臭氧问题”技术指导；参与浙江省高校院所技术转移联盟（宁波地区）的调研。

【助力乡村振兴行动】 2021 年，县科协深入践行“乡村振兴”战略，整合科普资源，助推科普惠农。以加强阵地建设和科普网络为突破口，在岱西镇摇星浦村建设以情景科普融合地方特色，结合多样性科普内容，集休闲性、教育性于一体的科普主题广场；在东沙镇云尚数字馆打造“互联网 + 科普 + 直播”公益平台。举办“科普助推乡村振兴”公益直播活动，各乡镇科协开设乡村新产业新业态新模式致富技术、农民数字化生产、生活应用、乡村治理现代化体系和能力建设等多项“农函大”培训课程。全年共举办培训班 53 期、3097 人次。

【全民科学素质提升】 2021 年，县科协助力全国县级文明城市创建，深入科普教育基地，开展社会主义核心价值观教育实践活动 20 余场，参与人数近万人；举办县第十九届科普节暨 2021 年全国科普日活动，做强“科学小玩家”科普工作品牌，组织开展“青少年机器人创客”科普课堂、“气象科普大篷车”进校园、“数字赋能乡村振兴”大讲堂、“科学防疫、健康你我”专题培训、“碳达峰碳中和”专题讲座等系列活动。围绕“疫情防控”“台风应急”“乡村振兴”等内容，申报全国科普日特色项目 23 项，开展科普下乡进基层活动 27 次，发放科普资料 3 万余份。

【数字科协建设】 2021 年，县科

2021 年 9 月 17 日，县科协在秀山小学开展“气象科普敞篷车进校园”活动（县科协 供图）

协紧跟数字化改革步伐，在“网上科协”数据中心，完善岱山科协、县级学会、企业科协等各级科协组织及人员的基础数据，实现与省市科协系统“上下左右”互联互通。依托“科普中国”信息化平台，探索推进数字经济时代背景下科普全域化，在鱼山建设者之家设置“科普中国”e站1台，为公众提供智慧化科普服务。围绕破解数字化与老龄化共振中的难题，以科技志愿服务为主要手段，聚焦老年人生活需求，围绕交通出行、就医、消费、金融、办事服务、文体活动等重点，率先在全市开展“银龄跨越数字鸿沟”科普专项行动，累计开展老年人智能手机操作应用培训1962人次，超额完成全年培训任务目标。

【服务科技人才】 2021年，县科协主动服务科技人才，深化“群团大融合、服务助中心”改革创新大行动，创新科技人才成长成才服务方式，为浙江鼎盛石化200名员工举办学历提升教育培训班；建立科技人才激励举荐机制，推荐岱山县科技人才参与第九届舟山市青年科技奖评选，努力当好科技工作者的“秘书处”和“娘家人”。

（邬建斌）

岱山县归国华侨联合会

【概况】 2021年，岱山县归国华侨联合会（简称县侨联），围绕中心、服务大局，进一步强化侨务意识，最大限度地团结、培育、发展海外友好力量，充分调动侨界的独特优势和资源为侨服务，推动全县侨联工作向纵深发展。是年，县侨联高亭“侨之家”获“全省五星级侨胞之家”称号。

【联络联谊】 2021年，县侨联依托“侨之家”，开展为侨服务，成立岱山高亭“侨之家”志愿服务队，调动广大归侨侨眷和海外侨胞参与高亭镇中心工作的积极性，助力全国县级文明城市创建。借助各级侨联平台，组织策划对华侨华人的宣传活动，组织带队参加全市侨界“侨心向党、同心同行”红歌合唱比赛。加强联谊联络，涵养侨情，配合市侨联开展“群团星·耀党旗”舟山市群团组织庆祝中国共产党成立100周年主题系列活动，聘请侨联委员代表为党史宣讲员，开展对社区、企业的党史宣讲；培养新侨代表，加深感情、增强互信、增进友谊。

【涉侨法律法规政策宣传】 2021年，县侨联借助各级侨界平台，开展《中华人民共和国归侨侨眷权益保护法》《浙江省华侨权益保护条例》等涉侨法律法规政策的宣传，组织开展对华侨华人的宣传工作，不断深入宣传国家战略、国家意义，自觉做岱山全面深化改革开放的建设者、贡献者、共享者。

【服务侨界人士】 2021年，县侨联通过“了解侨情，温暖侨心，维护侨益，宣传侨声，发挥侨力”，为广大归侨侨眷、海外侨胞提供服务。开展常态化联系联络，重大节日期间，看望走访重点侨眷、困难侨眷，协调解决生活生产上的困难，排摸全县贫困归侨侨眷7名。配合做好疫情防控工作，做好浙江省海外侨胞回国健康信

2021年11月25日，县侨联组织侨界人士参观考察舟山绿色石化基地

（县侨联　供图）

2021 年 12 月下旬，县侨联在高亭镇“侨之家”召开侨届重点人士座谈会

（县侨联　供图）

息预申报工作，关注华人华侨、归侨侨眷、留学生等人员回国情况，补充回国申报信息，并做好全县留学人员新冠病毒疫苗紧急接种登记工作。

【完善侨界基础数据库】 2021 年，县侨联做好侨情数据的更新工作，开展在读留学生的信息排摸，做好信息储备，为开展联络联谊工作打好基础。充实全省统战基础侨情信息数据库，通过各种方式和途径，将岱山籍侨团侨领、侨商领袖、科技人才、专家学者、知名华商、华裔名人等人员的基本情况、投资方向、产业发展、专业领域、独特优势等录入，充实岱山建设招商引资引才的数据库。

【为侨联界政协委员服务】 2021 年，县侨联充分发挥侨界的独特优势，集中侨界智慧，不断提高参政议政的能力和水平，组织参加“助力全国县级文明城市创建——政协委员・党外人士在行动”活动，围绕文明城市创建、“最多跑一次”改革等热点，开展专题调研和督查，提出建设性意见，反映侨界心声，把侨界关注的热点、难点问题及时反映给相关部门。

（王小仪）

岱山县工商业联合会

【概况】 2021 年，岱山县工商业联合会（简称县工商联）紧紧围绕“四个岱山”建设，充分发挥工商联的优势和作用，广泛凝聚非公有制经济人士力量，促进全县非公有制经济的高质量发展和非公有制经济人士的健康成长。围绕“领导班子好、工作保障好、会员发展好、商会建设好、作用发挥好”的“五好”要求，扎实开展全国“五好”县级工商联创建活动，成功获评 2020—2021 年度全国“五好”县级工商联。

【商会组织建设】 2021 年 12 月，县工商联（商会）第七次代表大会在县行政中心召开。会议听取和审议县工商业联合会（商会）第六届执行委员会工作报告，选举产生县工商联新一届领导班子。经大会选举，舟山晨光电器有限

2021 年 12 月，岱山县工商业联合会（商会）第七次代表大会在县行政中心召开

（县工商联　供图）

公司总经理吴永宽当选为第七届工商联（商会）主席，同时，选举专职副主席3人、副主席15人、秘书长1人。县委书记周国岭等四套班子主要领导到会参加。

2021年4月26日，上海市岱山商会成立第一届第一次会员大会召开，图为大会现场
（县工商联　供图）

【非公经济代表人士综合评价】 2021年，县工商联对86名非公经济代表人士进行综合评价，认定A级73人、B级1人、C级12人。综合评价体系的完善，提升非公经济代表人士队伍建设的工作水平，增加代表人士培养选拔的科学性、客观性、公开性、透明性和导向性。

【政企交流】 2021年，县工商联贯彻落实“亲”“清”新型政商关系，聚焦聚力高质量发展，引导全县企业家树立新发展理念。是年初，对工商联常委以上会员企业进行走访慰问，了解企业当前生产经营中面临的主要困难和矛盾，对企业家反映的意见建议进行梳理，积极向上级和有关部门反映企业家的诉求。开展“亲清直通车·政企恳谈会”，组织召开“亲清直通车•政企恳谈会”3期，收集意见建议50余条，将恳谈会上收集的意见建议反馈至相关部门，并由相关部门作逐一答复。

【异地商会建设】 2021年4月，上海市岱山商会第一届第一次会员大会在上海召开，上海市岱山商会会员和岱山籍在沪各届人士共100余人参加。会议选举产生首届上海市岱山商会领导班子，宣告上海市岱山商会正式成立。岱山县四套班子领导出席会议，县长孙志龙代表县委县政府对上海市岱山商会的成立表示祝贺。

【招商引资】 2021年，县工商联依托各类工商联组织网络优势，组织人员到宁波、杭州、上海、深圳等地，以商引商、以情招商。发挥异地商会的作用，县工商联走访联络在外地的岱籍企业家，积极向外推介岱山，并邀请宁波、杭州、上海、深圳等地的企业家到岱山进行商务考察。

（刘传刚）

2021年4月19日，县工商联举行2021年“便民办税春风行动”政企恳谈会
（县工商联　供图）

岱山县文学艺术界联合会

【概况】 2021年，岱山县文学艺术界联合会（简称县文联）团结

引领全县广大文艺工作者围绕中心、服务大局，认真履职、积极作为，持续推进岱山文艺繁荣发展，开创岱山文艺事业新局面，为打造“重要窗口”海岛风景、高质量发展建设共同富裕示范区海岛样板助力添彩。坚持用习近平新时代中国特色社会主义思想引领文艺和文联工作，推动全县文艺界开展党史学习教育，切实将党的创新理论融入文艺创作、文艺服务全过程。开展文艺“三服务”活动，进一步强化文艺工作者自觉服务群众的使命意识，促进和推动文艺工作者“深入生活、扎根人民”。

【建党百年系列主题活动】 2021年，县文联组织开展建党百年系列主题活动，有“百年潮涌·潮起东海”庆祝中国共产党成立100周年大型书画摄影联展、“唱支红歌给党听——学百年党史 展海岛风景”红歌展演活动、“百年红色旋律 千载仙岛艺韵”文艺巡演、“奋斗百年路 启航新征程”庆祝中国共产党成立100周年主题视频宣传活动。与县委宣传部、县档案馆联合举办“同舟共济·记忆岱山”献礼中国共产党成立100周年征文比赛，“追寻红色足迹，讲好红色故事——庆祝中国共产党成立100周年”征文活动，党史教育之“鸦片战争与岱山”讲座。

【文艺惠民】 2021年，县文联以“文艺结对帮扶”为载体，深化文艺惠民“三服务”活动，推动和促进文艺工作者“深入生活、扎根人民”。组织开展庆祝中国共产党成立100周年主题文艺巡演、“传统文化”进军营进社区进校园、文化礼堂红歌展演、“我们的村晚”、2021年百姓文化节等文艺活动35场次。组织8个文艺家协会与全县首批16个文化礼堂结对帮扶，共开展文艺培训辅导、惠民演出、展览展示等活动70余场。开展“文明创建 你我同行”专题文艺下乡活动，共组织开展文明城市创建专题文艺下乡演出10余场。

2021年7月6日，县文联在县行政中心举行“唱支红歌给党听——学百年党史展海岛风景”礼堂红歌展演活动 （县文联 供图）

【文化交流】 2021年9月10—11日，县文联与市文联《海中洲》编辑部联合举办“群岛文学精品创作”研讨（加工）会,《文学港》《西湖》《江南》《海中洲》等编辑对岱山作协会员的作品进行点评，提升岱山海洋文学精品创作水准。与义乌市美术家协会联合举办“对话：巨变——岱山·义乌两地美术展”，展览的作品有油画、水彩画、中国画、丙烯画、综合材料绘画等。积极搭建文化交流平台，指导各文艺协会举办文艺沙龙、文学采风、专题讲座等活动，挖掘培养有潜力的文艺新人，壮大文艺队伍，开展培训、讲座共20余场次。

【作家协会】 2021年，县作家协会编辑出版《群岛》5期、《群岛小小说》4期；“群岛文学”微信公众平台推送62期；编辑出版《海水，每天在喂养我们——群岛诗群评论集》。1月，会员邱波彤历史纪实文学集《中英第一次血战——鸦片战争1840年浙东抗英全景记录》由浙江大学出版社出版。10月，会员厉敏海洋诗歌集《海山间》由团结出版社出版，会员谷频组诗《在旅途》获第三

2021 年 1 月 27 日，县书法家协会送春联到舟山绿色石化基地（县文联　供图）

届《海燕》年度诗歌奖，会员徐琦瑶散文《说海》在《人民文学》（2021 年第 7 期）刊发。全年共有会员作品 50 余篇在《小说月报》《诗刊》《散文百家》等刊物发表。

【书法家协会】 2021 年，县书法家协会组织骨干会员赴舟山绿色石化基地、嘉和社区等开展送福送春联活动，共计送春联 5000 余对。4 月 23 日，与县图书馆联合举办“时代新，国富强”庆祝中国共产党成立 100 周年书法作品展，展出作品 40 余幅。与县委宣传部联合举办“百年潮涌　潮起东海——岱山县庆祝中国共产党成立 100 周年”书法作品展，展出会员作品 40 余幅。承办“廉政文化”进礼堂活动，向 55 家文化礼堂赠送书法作品 295 幅。组织会员参加徐福文化节、百姓文化节、海阳杯书法比赛、公益书法培训等活动。2 位会员作品入展浙江省艺心向党 700 家大展；19 位会员作品入展全市庆祝中国共产党成立 100 周年大展，其中 1 人获奖，1 人获提名奖。

【美术家协会】 2021 年，县美术家协会创作成果显著。俞世祥的《智慧抲鱼新科技》、杨淞杰的《采珠渔夫》分别获“幸福小康　美好生活”第三届全国农民画作品展前 20 名（中国美术家协会资格）和入展奖。戎建军作品多次入展获奖，其中《跨海时代》入选“新时代新使命新征程”奋进粤港澳大湾区——全国中国画、油画作品展，《夏日记沙滩》获第五届中国油画展入会资格作品，《游艇基地》在“家园乡情”首届全国油画风景双年展中获奖并被主办方收藏，《庭院》入选首届全国水彩写生作品展，《斑马线之二》获“琅韵·丹青——2021 全国小幅油画作品展”学术奖（最高奖 2 个之一）。5 位会员作品入展“衢州有礼·运动柯城——浙江省农民画作品展”，其中 2 件作品获优秀学术提名奖，1 件作品获学术提名奖；10 名会员作品入选“潮涌百年——舟山美术作品大展”；15 名会员作品入选“清廉舟山”第二届舟山现代民间绘画展。“美·美与共——岱山县美术家协会美术作品系列下乡展览”走进岱西镇青黑文化礼堂、衢山镇冷峙文化礼堂。微信号“岛

2021 年 1 月 17 日，岱山油画作品在舟山市美术馆展出　（县文联　供图）

2021 年 10 月 23 日，县戏剧曲艺家协会送文化下乡活动走进闸口一村
（县文联　供图）

迹如期”共发布会员作品双月展 5 期，参加画家 16 人，累计作品 140 余件。

【戏剧曲艺家协会】 2021 年，县戏剧曲艺家协会将党史学习教育、文明城市创建融入文艺创作中，编排现代越剧《唱支山歌给党听》《红色浪漫》，戏剧小品《做人守人格》《谁的垃圾》《红色志愿》《垃圾分类》，快板《文明创城　你我同行》等节目。联合开展戏剧文化走进校园、戏剧公益培训等活动 20 余场，扩大戏剧文化的影响力和知晓度。

【音乐舞蹈家协会】 2021 年，县音乐舞蹈家协会组织会员参加“致敬百年　唱响未来”2021 舟山新民歌创作大赛，4 首歌曲作品获奖，其中《四季行舟》《渡口的车》《东沙角》获评大赛十佳歌曲，《海上小镇》获评大赛优秀歌曲。会员创作的 3 首歌曲作品《四季行舟》《渡口的车》《落地桶》参加 2021 年舟山市文艺创作作品展演比赛，其中歌曲作品《四季行舟》入选 2021 浙江省第二十届群众音乐大赛决赛。创作的歌曲《画岱山》，编排的歌舞《灯火里的中国》《不忘初心》《再一次出发》《领航新时代》等，在文艺巡演中获好评。

【民间文艺家协会】 2021 年，县民间文艺家协会自编自拍曲艺唱新闻《岱在浙里过大年》，并通过“岱山非遗”微信公众号推出。开展民间文化书籍编写，扶持出版《仙岛秀才村石马岙》一书；会员翁志峰主编完成《枫树村志》《火箭村志》。会员灯谜作品入选 2021 年 5 月出版的《中华灯谜年鉴（2020）》，会员金鸽作品获全国灯谜创作大赛十佳灯谜奖、“江苏航运学院杯”党建廉政灯谜创作大赛佳谜铜奖。

【摄影家协会】 2021 年，县摄影家协会举办“建党 100 周年摄影艺术展”，共有 26 名会员的 200 余幅作品参展，于国庆期间在县文化广场展出。会员何仁岳作品《桥台夜色》、符鸿雁作品《东海

2021 年 10 月 1—7 日，县摄影家协会在县文化广场举办摄影作品展
（县文联　供图）

明珠》、黄盛作品《再靠近一点》、张信龙作品《跨海大桥》在《中国摄影报》刊登；会员方佳作品《长臂经济》获2020年“黄鱼故乡瀛洲衢山”全省摄影大赛金奖；会员贺友定作品《群鸥展翅岛斗中心渔港》获铜奖；有14幅会员作品入选。

【影视艺术工作者协会】2021年，县影视工作者协会拍摄的短视频、电视专题片共3部入围舟山市“庆祝建党100周年青年大学生影视文化季”，其中《金维映陈列馆》获优秀作品奖；会员沈磊、方佳的2件作品分获“舟山记忆”纪实摄影大赛二等奖。系列短视频《馆长说收藏》、广播剧《听爷爷讲过去的故事》分获浙江省县市新闻奖二、三等奖；《看！东海小岛上的“鱼山速度”》入选省“寻红色印记·看美好‘窗口’”融媒体作品征集100件优秀作品。

【队伍建设】2021年4月17—19日、24—25日，县文联在浙江大学舟山校区举办全县文艺工作专题研修班，县文联直属各协会主席、副主席、秘书长、文艺骨干等20余人参加培训。实施协会党支部建设提升工程，组织各协会党员开展政治理论学习、到蚂蚁岛红色教育基地开展“红色之旅”主题党日活动。是年，县作家协会新增市级会员2名、省级会员1名；县书法家协会新增省级会员2名。

（虞娉婷）

岱山县残疾人联合会

【概况】2021年，岱山县残疾人联合会（简称县残联）紧紧围绕本职工作，认真履行“代表、服务、管理”职能，超额完成全年各项工作任务。是年，县残联获评“十三五”期间浙江省残疾人工作成绩突出集体、舟山市2021年度综合考评优秀单位以及2021年度全市群团组织创新项目优秀奖。

【2020年县政府残工委全体会议暨县残联第七届主席团第四次全体会议】于2021年1月5日在县行政中心召开。会议总结七届主席团三次会议以来工作开展的情况，部署2021年工作。县委常委、县残工委主任徐新、部分县政府残工委成员单位分管负责人、各乡镇分管负责人、县残联负责人出席会议。

【“先锋助力　残健同行”党建品牌】2021年，县残联发挥系统和专门协会兼合式党支部中残疾人党员先锋模范作用，以“群团星　耀党旗”“看岱山　爱家乡”等活动为载体，结合“四为”开展“三服务”、疫情防控、特困走访等活动60余场次，服务群众5000余人次。完成高亭镇残疾人自强“加油站”阵地建设，培育组建衢山心连心渔嫂助残协会。开展首届“最美残疾人”“最美助残人”（各10名）的评选，全面提升社会各界扶残助残正能量的宣传氛围。

【残疾人服务供给侧改革】2021年4月，县人民政府出台《岱山县深化残疾人服务供给侧改革实施方案》。《方案》围绕残疾人社会

2021年1月5日，2020年县政府残工委全体会议暨县残联第七届主席团第四次全体会议在县行政中心召开　（县残联　供图）

2021 年 5 月 16 日，岱山县首届“最美残疾人”“最美助残人”颁奖典礼举行
（县残联　供图）

保障、精准康复、托养庇护、教育就业、文化体育、权益保障等方面需求，作出具体规定。这是全省首个县级层面残疾人服务领域供给侧改革方案，省残联以工作专刊形式介绍岱山做法并在全省进行推广。10 月 22 日，舟山市深化民政残联改革工作在岱山召开现场会，并在会上作经验交流发言。

【“残疾人之家”建设】 2021 年，县残联实现万人以上乡镇“残疾人之家”全覆盖（共 8 家，其中企业举办 5 家、政府举办 3 家）。围绕“一家一品”特色赋能，在辅助性就业、生活技能培训等功能的基础上，植入非遗文化传承（渔民画、渔绳结等）、文体素质拓展（旱地冰壶）、心理赋能、公益助残（助力创城）等元素，打造高星级残疾人之家矩阵（全县有五星级 1 家，四星级 4 家，三星级 3 家）。共安置 149 名劳动年龄段精神、智力和其他重度残疾人，其中辅助性就业 131 人（可获得不低于最低工资标准的劳动报酬和职工社保）。

【促进残疾人就业增收】 2021 年，县残联全面排摸全县劳动年龄段残疾人就业需求，成立县级残疾人职业技能培训基地，开展精准就业适配援助和个性化就业技能服务（新增就业 77 人）。高质量落实残疾人就业政策，是年，全县共有 1442 名有就业意愿和能力的劳动年龄段残疾人实现就业，就业率达 64.9%；推出事业单位单招单考残疾人岗位 1 个。舟山岱美汽车零部件有限公司位列全省安置残疾人就业企业百强榜（位列 20）。全面落实残疾人集中就业单位税费减免、社会保险补贴等政策，共发放各类就业创业补助资金 441.23 万元。全年组织技能培训班 7 期，共有 202 名残疾人得到培训。保障特殊教育向偏远海岛延伸，继续办好县特殊教育培智点（高亭中心小学），新设衢山敬业小学特教班，3 名残疾儿童实现就近就便入学。

【残疾人保障水平提高】 2021 年，县残联深化“清廉残联”建设，继续巩固残疾评定和两项补贴动态管理防控机制，实施残疾儿童康复服务廉政风险防控项目。是年，落实“三应三尽”“三级三审核”工作制度，动态审核残疾人各项社会保障支出。实现持证残疾人意外伤害保险全覆盖，全

2021 年 4 月 1 日，衢山镇举办残疾人渔民画培训班　（县残联　供图）

2021年9月10日，县中医院康复病房正式运作 （县残联 供图）

年有38户因病因灾造成临时性困难的残疾人家庭得到救助，救助资金24.40万元。困难残疾人生活补贴累计享受1377人，重度残疾人护理补贴累计享受4419人，累计补贴资金1391.21万元。加大社保补贴力度，对532名从事个体经营及灵活就业的残疾人发放养老保险补助资金118.98万元，对94名参加城镇职工基本医疗保险的残疾人发放补助资金30.43万元。在春节、全国助残日等重要节日期间，开展走访、慰问和服务活动，共慰问残疾人556户，慰问资金40.82万元。

【残疾人康复服务体系构建】 2021年，县级残疾人康复指导中心在县中医院正式实体化运作，接待门诊271例、住院22例。继续全面落实“三位专家联合评定”“双审双签”等岱山特色评残制度，规范残疾人证评定管理和源头管控。完善乡镇康复服务站布局，依托乡镇卫生院建设残疾人康复服务站，建成运行东沙镇服务站、衢山镇（田涂）服务站。建立县、乡镇、村社三级康复辅具配送体系，全县91个“共享辅具”服务点实现村社全覆盖，辅具服务全面下沉，实现就近就便服务（累计租用295次，实物配发512件）。规范残疾人家庭医生签约服务，严格落实“残疾人签约服务包”内容，持证常住残疾人家庭医生签约服务率为90.3%。

【数字赋能助残服务】 2021年5月，县残联数字赋能助残服务项目入选省残联系统数字化改革“揭榜挂帅”中榜名单（共5类19个单位）。8月，提前完成在舟山社保卡中加载的岱山县所有持证残疾人证内的七类关键信息7848条，让残疾人以社保卡为媒介，享受更多助残优惠公共服务。9月23日，在全市率先发放全面推进智能化残疾人证换发工作。11月，完成全部发放工作，并对第二代纸质证进行同步回收。开发上线“岱山惠残”便民助残应用场景，整合全县91个线下“共享辅具”村社服务点资源，构建线上线下一体化的辅具适配新模式，满足残疾人及特殊群体的辅具租赁、配发的就近就便服务需求。开发上线“残疾人证直通车便民助残”应用场景，实现残疾评定全过程网办，达到流程再造、制度重塑的目的。率先实现残疾人证跨区域通办、残疾评定预约、重度残疾人上门评定、快递送达证件等环节的优化。

【全域无障碍环境建设】 2021年，县残联将无障碍环境建设全面纳入县级全国文明城市创建等工作中，是年，新建、改建无障碍车位、坡道等设施84处（个）。开展无障碍环境建设检察公益诉讼助力创城专项监督行动，梳理问题清单37条，常态化开展无障碍设施体验活动2次，将“有爱无碍”无障碍体验活动渗透到公共项目验收前期。实施秀山乡秀北社区省级无障碍社区创建，投入资金54.27万元，提前完成56户困难残疾人家庭的无障碍改造。

【残疾人文化体育特色培育】 2021年，县残联将旱地冰壶作为

2021 年 4 月 28—29 日，县残联代表舟山市参加省第三届残疾人旱地冰壶锦标赛　（县残联　供图）

县残疾人体育重点培育项目，举办县首届残疾人旱地冰壶锦标赛（轮椅、听力、智力三个组别），连续 3 年代表舟山市参加全省比赛，成绩位列全省前列。组建残健共融县残疾人艺术团，选送《听力障碍女孩绘漫画致敬袁隆平院士》《用手语“唱”国歌　无声胜有声》《特殊的烘焙人》《请为轮椅铺一条小路》等作品，参加浙江省残联举办的“喜看新变化　我心永向党”主题征文、书画摄影创作和微视频演讲大赛，分获一、二、三等奖。累计开展特殊艺术进农村文化礼堂演出活动 5 场。成立观影无障碍助残志愿者队伍 1 支，组织开展岱山县“观影无障碍，志愿暖人心”专项活动累计 12 场次、累计观影 1016 人次。

【助残扶残融媒体宣传】2021 年，县残联组织开展“全国助残日”“国际爱耳日”等活动，持续开展一周手语新闻及“无声世界的美丽表达”公益手语课堂等。是年，“县残疾人联合会”微信公众号全年发布信息 139 期，推送文章 522 篇，被省残联微信录用信息 16 篇、市残联微信录用信息 39 篇。在县残疾人联合会官方网站发布工作动态 86 期、基层信息 17 期和党建园地 15 期，被省残联网站录用信息 55 篇，被市残联网站录用信息 111 篇，在《今日岱山》《岱山新闻》《舟山日报》等新闻媒体报道残疾人信息 81 次。

（陈春燕）

岱山县红十字会

【概况】2021 年，岱山县红十字会共有理事单位 43 家、团体会员单位 14 家、学校红十字会 17 家、乡镇红十字会 7 家、村级红十字小组 15 家、博爱家园 4 家、救护培训基地 10 家、志愿服务队 5 支，红十字会员 2870 人，其中成人会员 522 人。全县建立县红十字会学校工作委员会、志愿者工作委员会、医疗卫生工作委员会，乡镇、学校、医疗机构建会率达 100%。以“博爱送万家”“走进基层走进群众”三下乡、救护比武、疏散演练、阳光公益等专项特色活动为宣传平台，做好红十字文化精神的宣传工作。县红十字会和基层红十字组织联系渠道畅通，推进全县红十字事业的稳步发展。

【“群团星”示范点建设】2021 年，县红十字会主动融入鱼山建设者之家“群团星”示范点创建。依托鱼山建设者之家，以设立红十字“博爱之窗”为载体，聚焦红十字辨识度，把握“三救三献”

核心职能，全力打造“群众身边的红十字会”。配备急救箱、体温计、电子血压计等基本自测健康仪器，为鱼山建设者日常健康自我监测提供便利。在石化企业职工开展应急救护技能培训、健康教育讲座、红十字流动医院义诊服务、红十字精神文化传播等。

【“三服务”活动】2021年，县红十字会联合县总工会、县海洋与渔业局、县应急管理局、县交通运输局、县文广旅体局等部门，组织开展安全生产知识进企业、进园区、进工地。6月22日，分别到鱼山浙石化公司开展“救在身边守护你我”培训和客运服务人员应急救护技能比武活动。6月24日，联合中交三航公司开展交通码头人员落水应急救护演练，通过理论讲授、现场演示、实践操作等形式，面对面传授现场心肺复苏、创伤救护、常见急症、突发事件等自救互救应急知识。

【数字化改革】2021年，县红十字会及时完成各模块数据的录入，利用“浙里办”APP，完成个人和团体会员的申请、造血干细胞登记、支付宝账户配置。在救护员培训人群中推广使用“来浙学急救”小程序；组织参加全省“数字红会”综合业务管理系统线上培训，参训率100%。

【救护培训进渔村】2021年，县红十字会在伏季休渔期，联合县海洋与渔业局在衢山镇举办应急救护知识培训。针对船员海上作业的特点，系统进行现场心肺复苏、创伤救护以及常见急症现场处理的学习培训。全力打造“一船一员一站”模式，即每艘渔船配备一名渔民救护员，配备急救小药箱，建立船上急救站。全年共发放急救箱150只、急救包300只，培训渔民近千人。

2021年5月11日，县红十字会在高亭小学开展避灾疏散演练

（县红十字会　供图）

【救护培训进企业】2021年，县红十字会为浙石化鱼山基地、惠生海工、金海智造、526国道岱山段建设单位、中交三航公司、岱山蓬客公司等企业开展救护培训。采取线上视频培训+线下授课实训方式，开展以理论讲授、现场演示、实践操作的培训教学，线下1个急救培训老师带8～9名学员，确保每位学员掌握急救理论知识和现场实操。

【救护培训进文化礼堂】2021年，县红十字会进一步落实全县健康素养进农村文化礼堂三年行动计划，联合各乡镇红十字会开展救护培训进文化礼堂活动。先后在秀山乡秀北村，岱东镇北峰村，岱西镇茶前山村、摇星浦村，东沙镇桥头村、泥峙村，高亭镇渔山村、黄官泥岙村和长涂镇长西村、港南村等文化礼堂，向渔农村群众普及健康知识、传播健康理念、培育健康文明的生活方式。

【救护培训进学校】2021年5月11日，县红十字会在高亭小学救护培训基地开展应急避险疏散演练，内容包括应急疏散和救护培训，全校1300余名师生参加演练。3月，主动对接浙江海运职院石化学院，把应急救护设为第二课堂，利用周末时间开展培训，共开设救护员培训2期，共计137人。

【助力半程马拉松比赛】2021年

3月底，县红十字会联合县卫健局、浙江海运职院石化学院，对150名青年志愿者和50名赛道医疗点、救护车医疗救护人员开展培训，系县红十字会第3年开展海岬半程马拉松赛事的应急救护培训工作。

【巡回医疗服务】 2021年，县红十字会联合县政协、县委宣传部、县卫健局、县知识分子联合会等组成流动医院，下小岛进渔村，为老年人较多的渔农村社区和敬老院服务。1—12月，共开展下乡服务13次，服务群众4272人次，提供免费赠送药品价值3.50万元。

【博爱家园活动】 2021年，全县已建成红十字“博爱家园”4家。其中，岱东镇虎斗村、岱西镇前岸村、长涂镇东剑村成立居家养老红十字志愿者服务队，为辖区内困难老人、空巢老人、长期患病生活不能自理老年人等弱势群体提供送餐、生活照料、爱心陪聊等服务。衢山镇田涂村借助“博爱家园”平台，成立红十字渔嫂志愿服务队，开展禁毒宣传、医疗等志愿服务活动。组织流动医院和红十字志愿服务队到4家博爱家园点开展送医送药服务和对困难群众的人道救助活动，共组织志愿服务活动8次，参加志愿者人员278人次，受益群众2000多人次。

【开展人道救助】 2021年春节期间，县红十字会开展“红十字博爱送万家”活动，为全县100户困难群众送去价值10万元的款物，并做好困难受助对象的书面资格审核和社区公示工作。县佛教协会和义火禅寺捐赠43.27万元至郑州市红十字会，定向用于河南省基层卫生服务设施的灾后恢复重建。

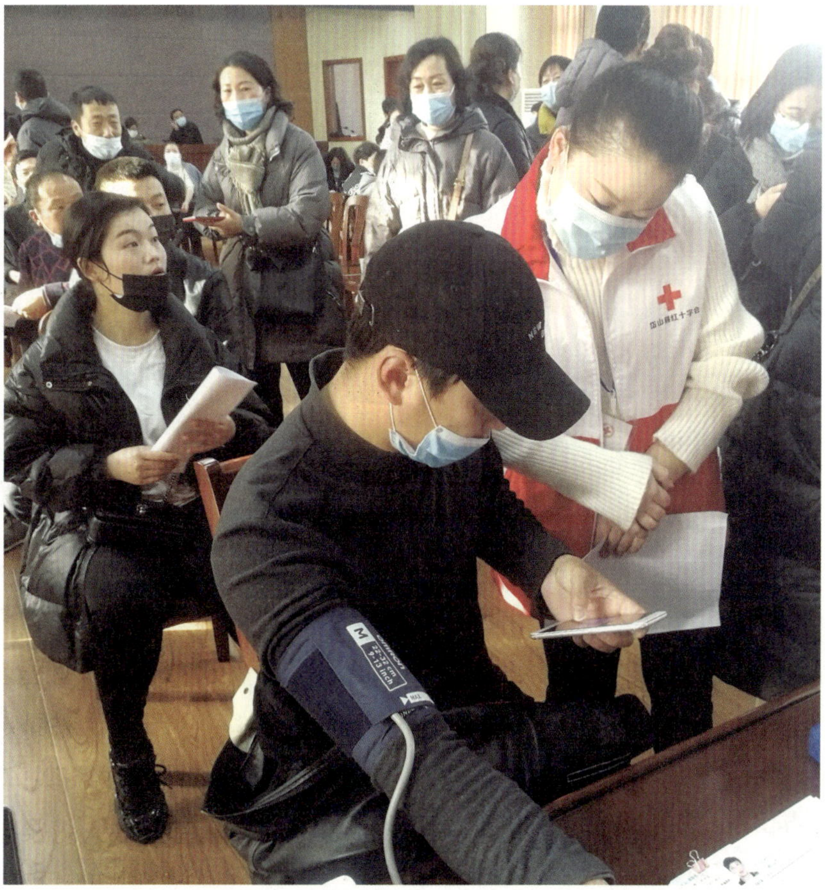

2021年2月2日，造血干细胞捐献现场　　（县红十字会　供图）

【“两捐”工作】 2021年，县红十字会深入衢山、长涂、秀山等小岛，开展造血干细胞捐献采集活动。通过造血干细胞志愿者微信群，进行“造干”知识的宣传，发动更多爱心人士加入志愿者队伍。1—12月，完成采集造血干细胞血样9人的目标。看望慰问全县首位角膜捐献者家属，并送上慰问金2000元，为1名器官捐献者的家属申请每年8000元的助学补贴。

（任　芳）

岱山县计划生育协会

【概况】 2021年，岱山县计划生育协会（简称县计生协会）紧紧围绕全县卫生健康工作大局，聚焦生育关怀和家庭健康，进一步发挥计生协会服务优势，促进人口均衡发展与家庭和谐幸福，加快推进健康岱山建设。是年，全县各级计生协会慰问计划生育困难家庭212户，发放慰问救助资金6.32万元。全年开展教育培训、宣传倡导、健康服务、青春健康等生育关怀服务活动86场次，惠及群众1.75万人次。

【生育关怀行动】 2021年，县计生协组织开展“生育关怀——圆梦微心愿”和“慈善关怀走访行动”，共走访慰问计生困难家庭152户，送去慰问金4.56万元；开展“微心愿”活动，共走访慰问计生困难家庭30户，送上电饭煲、保暖被等心愿物品，帮他们解决生活中的难题。

【群团星行动】 2021年，县计生协会将“群团星·耀党旗”主题系列活动作为庆祝中国共产党成立100周年的重要活动载体，选派优秀宣讲员参与“群团星·耀党旗”进社区宣讲行动，组织乡镇计生协通过“志愿汇”平台，开展打卡义诊下乡暖民心等各类活动，提供健康及政策咨询等。以各乡镇计生协为主体，组织发动辖区“五老”、协会志愿者等联合组团参与特色宣讲活动。

【健康教育活动】 2021年，县计生协会走进校园为初高中学生开展以“我和青春有个约定——拥抱健康青春”等为主题的青春期健康教育专题讲座8场次，发放青春期健康教育口袋书1200余本。围绕如何加强青春期自我保健、学会人际交往、防止性侵害、预防性传播疾病等内容，让学生们感悟成长，建立健康的性心理。开展“暑期青春健康教育进社区”活动10场次，各乡镇、社区计生协加强与学校、村社区、医院等单位的沟通，邀请专家老师，为孩子和家长们送去专题讲座，让青少年们正确对待青春期生理、心理上的变化，懂得以正确的方法和途径解开心中的迷茫和困惑。

2021年9月2日，青春健康讲座进岱山实验学校　（县计生协会　供图）

【“5·29”会员活动日】 2021年，县计生协会围绕省计生协“永远跟党走”这一活动主题，开展“传承红色基因　献礼百年华诞——庆祝中国共产党成立100周年”系列活动。各乡镇计生协相继开展“学党史　守初心”“红色方言话党史”、便民服务暖心活动等主题活动。“5·29”会员活动日期间，全县各级计生协举办健康知识讲座2期，开展上街、入户等创城宣传服务活动16次，发放宣传资料3000余份，发放慰问品2万余元，线上宣传健康科普小知识3万余人次。

【市计生协会到岱山调研】 2021年8月31日至9月1日，舟山市人大党组副书记、市计生协会会长钱军一行到岱山调研计生协会工作。调研组一行实地考察长涂镇长西村未来社区精品菜园会员实践基地、计生协会会员之家和计生协会会员非遗体验馆，并听取长涂镇阳光志愿服务项目汇报，围绕《中共中央　国务院关于优化生育政策促进人口长期均衡发展的决定》，探讨对“孕得优、生得安、育得好”的认识与体会。

【基层计生协会工作转型】 2021年，县计生协会以基层计生协会更名为人口家庭协会为契机，进一步完善协会的人口家庭服务功能，带动基层协会创新活动方式和服

2021 年 9 月 1 日，市计生协会会长钱军一行调研岱山县计生协会工作　（县计生协会　供图）

务模式，增强组织活力和服务能力。从加强组织建设、完善工作机制、明确工作职责三个方面提出指导意见和具体要求，按照试点先行、整体推进的工作思路，将高亭镇定为该项工作试点单位，在全县率先召开乡镇人口家庭协会成立大会，选举产生乡镇人口家庭协会第一届理事会，将辖区内基层组织统一更名换牌。其他乡镇及所辖社区（村）协会组织分别通过召开人口家庭协会第一届理事会议的形式进行更名，审议通过更名有关事项，变更理事会成员。

（孙珊瑚）

责任编辑：姜小金

法 治

Rule of Law

政法委工作

【概况】 2021年，全县政法工作紧扣县委中心工作任务和全县社会稳定大局，大力推进平安岱山、法治岱山、政法队伍建设，维护社会安全稳定。是年，全县平安指数有9个月位列全省前4名，其中2个月居全省首位。“智慧鱼山”数字化改革场景应用被省党政机关整体智治系统评为“重要窗口”绿箱项目，被浙江省自贸试验区推介为新一批创新成果。是年，中共岱山县委政法委员会（简称县委政法委）被省国家安全委员会办公室评为省维护国家安全先进集体，被市委市政府评为全市扫黑除恶专项斗争先进集体。

【保障重点项目建设】 2021年，县委政法委创新探索“法治服务进项目”，为重大项目保驾护航。在舟山绿色石化基地实行“中心调解＋网格除患＋专班整治”的集成治理模式，发挥鱼山巡回审判点、“驻浙石化检察服务工作站”“小何工作室”，基地管委会、鱼山社会矛盾纠纷调处化解中心、建工领域专家、浙石化公司法务部、人民调解员等矛盾化解的作用。建立重点项目推进事前评估、事中保障、事后跟踪的专案机制，对526国道岱山段配套工程建设、秀山环岛公路（海岙至九子段）工程、舟山绿色石化基地拓展区总体发展规划等24个重点建设项目进行社会稳定风险评估，及时排查化解潜在矛盾隐患，经评估的重大项目建设均未引发群体性事件。

【疫情防控工作】 2021年，县委政法委牵头疫情防控重点人员管控组及数据组，积极应对春运、五一、十一等返乡回岱潮以及国内部分地区疫情反弹的态势，通过整合数字围栏、上级推送、村社排查、交通站点反馈等信息，24小时备勤不间断响应，累计核查反馈、推送预警信息57049条，

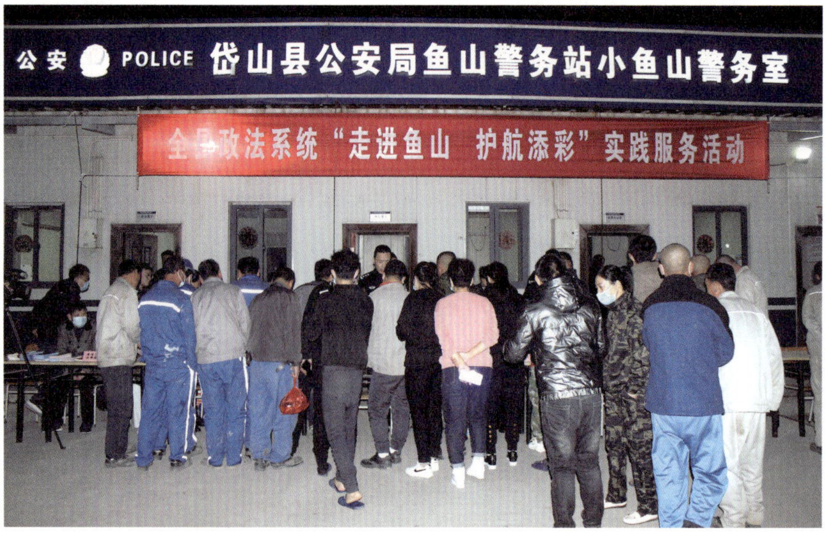

2021年3月23日晚，全县政法系统“走进鱼山　护航添彩”实践服务活动在鱼山岛举行
（县委政法委　供图）

参与应急演练23次，确保全县疫情期间社会稳定。

【政法队伍建设】 2021年，全县政法系统以政法队伍教育整顿为主线，通过抓学习教育、“亮晒评比”、作风建设、为民办实事等，提升政法队伍的凝聚力、战斗力和创新力。依托“学习强国”平台、微信公众号、“浙政钉”等开设“云上课堂”，组织开展政治轮训、党史专题讲座、“书记上党课”“党员话感想”等系列活动。结合数字化改革及社会治理热点难点问题，组织参加政法工作、数字化改革、基层治理等专题培训班。开展庆祝中国共产党成立100周年安保维稳、疫情防控、扫黑除恶、护航发展等工作，选树先进典型11个，召开政法系统先进事迹报告会，深化“学习身边榜样”“跟班先进找差距”“最美舟山人”等活动。创新开展政法单位党组（党委）监督、党支部监督和党员监督“三重监督”，定期开展谈心谈话、召开党性分析会，对“常见病”“微腐败”现象及时发出《提醒告知书》，制定出台长效机制42项。岱山县政法队伍教育整顿领导小组办公室联合纪委监委、组织、宣传等部门，组织策划3轮专项督查及政治巡查，提出“补课”建议40余条。年内，处置政法干警违纪违法案件7起、6人。

【法治环境建设】 2021年，县委政法委牵头，政法各部门开展“我为群众办实事、我为企业解难题、我为基层减负担”专题实践活动，制定出台《关于全县政法机关服务保障高质量发展建设共同富裕海岛样板的实施方案》，对标营造一流法治化营商环境，妥善办理涉企案件784件、1803人次，对犯罪情节轻微且认罪悔罪的实体企业经营者，不起诉18人，依法打击合同诈骗、盗窃等侵犯企业权益违法犯罪，批捕23人，起诉22人。

【扫黑除恶专项斗争】 2021年，岱山县扫黑除恶专项斗争领导小组办公室坚持扫黑除恶工作常态化，制定出台《岱山县推进四大行业领域整治工作方案》，建立四大行业领域整治月度报告制度，打垮恶势力犯罪集团和互联网黑恶团伙各1个，破获九类涉黑恶案件11起，采取刑事强制措施49人，移送起诉9件、33人，审结16件、51人，判处罚金13.20万元，追缴和责令退赃62.30万余元，打伞破网立案1起。开展人大代表、政协委员等初步人选审查700余人次。

【平安岱山建设】 2021年，县委政法委建立完善社会风险闭环管控大平安机制，下发风险隐患问题清单33项，对突出问题开展集中整治。重点聚焦帆张网渔船生产作业全周期风险隐患，出台管理清单18条，强化管理举措6项，实现清单化闭环管控。针对个别渔船越界非法捕捞现象，成立集中整治领导小组，加强严查严管严治，依法对非法捕捞渔船老大采取刑事措施，遏制非法生产活动。紧盯平安创建的短板和弱项，压紧压实主体责任。建立完善动态掌控、常态督查、定期分析等工作机制，开展专项督查27次，排查落实整改问题隐患400余处，形成平安形势分析11期、平安专报40期，其中8期专报获县委书记周国岭批示。

【社会维稳工作】 2021年，县委政法委把庆祝中国共产党成立100周年、党的十九届六中全会等重点时段的维稳安保作为重大政治任务，严格落实社会面等级响应机制，强化值班备勤、卡点值守、会商研判、平安日报、工单督办等工作举措，严格落实“六个一”管控措施。围绕政治安全、反恐防暴、社会治安、公共安全、重点人员管控等重点环节、重要领域，开展全方位排查，确保全县社会稳定。

【政法系统数字化改革】 2021年，全县政法系统立足舟山绿色石化基地管理需求，开展大型工地数字化治理模式调研，牵头建设完成“智慧鱼山”人车进出智控、重点人员智管、疫情智防、危爆物品全链条管控等四个子场景，形成大型工地数字化治理的制度体系，列入省数字法治系统多跨场景清单1.0，被省自贸试验区推介为新一批创新成果，并于11月9日入选省公安数字化改革最佳应用，在《浙江日报》省公安厅数字化改革专刊中予以报道。县委政法委牵头，协同大数据中心研发建设社会治理大联动平台，实现社会治理大联动平台与基层治理综合信息平台对接互通。谋划以平安建设为主题的“平安精智”场景应用，围绕县域平安建设业务，聚焦“风险源头、各方职责、处置流程、制度规范”等方面，找准痛点、堵点、难点问题，积极谋划和推进平安检查、平安画像、风险预警、平安地图、综合指挥等5个子场景建设。

【社会治理】 2021年，县委政法委牵头建立县、乡镇、村社三级矛盾纠纷分级调解体系，建成乡镇社会矛盾纠纷调处化解中心7个、村（社区）社会矛盾纠纷调处化解中心87个，编制的《诉调联盟创新枫桥经验 筑巢引凤激发海岛活力》专题片在浙江电视台新闻频道播出。加强“基层治理四平台”建设，完善“基层治理四平台”架构、事件报送处置、运行管理考核等机制，出台《县属部门派驻乡镇机构干部管理考核办法（试行）》，加强人员整合，全面推行“一支队伍管执法”。加强村社党群服务中心基层治理一体化平台建设，推行网格事件“周榜制”，开展“网格啄木鸟”专项行动，全县网格事件有效率达97.9%。加强“智慧村社”建设，建成“智慧村社”53个，实现电脑端用户1102个、群众用户45137个，发布资讯量5899条。完善社会治理类事件分级处置机制，共受理社会治理类事件43692件，全部按期办结。

【“海上枫桥”品牌打造】 2021年，县委政法委深化“瀛洲红帆”行动，充分发挥海上“红色堡垒”作用，新命名“瀛洲红帆”船13艘，全县“瀛洲红帆”船总数达113艘。推进“东海渔嫂”十大员建设，推行“东海渔嫂”10+X队伍模式，增建“东海渔嫂”楼管员、消安员、交管员队伍；开展“我为队伍荐一员”活动，“东海渔嫂”专业队伍达到86支、人员2336名；动员“东海渔嫂”参与护航建党100周年、创建文明县城、平安建设、疫情防控等志愿服务活动。“东海渔嫂”消防安全员联盟被评为2021年度全省特色消防志愿队伍，其中4名“东海渔嫂”入选市级十大员形象代言人。“东海渔嫂”经验在全市相关会议上作交流。

（潘盈贝）

2021年7月20日，全县深化“基层治理四平台”改革现场推进会在秀山乡召开

（县委政法委 供图）

政府法治工作

【履行政府职能】 2021年，中共岱山县委全面依法治县办公室实行“申报零障碍、开办零成本、退市零负担、全程零见面”线上服务链，全县在册市场主体17704户，注册资本（金）706.63亿元，同比分别增长4.4%、4.3%。企业开办所需材料从20份精简至5份，简易注销公告时间由45天压缩至20天。深化“证照分离”改革，实现454项“岱山版”事项清单全覆盖，共办理“证照分离”改革事项924件。领跑全市实行12个行业“证照并销”改革，审批时限由法定的40个工作日压缩至承诺即办。全面推广证明事项告知承诺制，加

强部门间数据共享，实现线上线下联动办理，减少群众和企业提交材料以及跑腿次数。实施证明材料开具登记制度，全县共开具各类相关证明3500余份。构建闭环式工作机制，制发《岱山县2021年打造一流营商环境全域指标评价体系考核工作方案》，明确52个县属部门171项全域指标考核任务,确立量化测评的“岱山指数”，构建全领域全周期全链条“三全”营商环境工作指标评价体系。

【加强制度建设】 2021年，全县出台《打造一流营商环境工作任务清单40条》《全县打造一流营商环境补短板突破式抓手清单》《全县打造一流营商环境突破式亮点创新清单》等文件。构建“发现问题—任务清单—落实整改—跟踪效果”的工作闭环模式，实现集企业开办、招标审批、政策兑现、诉求受理、线上线下等跨部门多业务的企业全生命周期全链式综合服务，开办企业环节压缩至3个。新设企业电子营业执照、电子印章全面同步发放率100%，减免企业开办成本15.44万元；全市首创房地产首次登记及土地抵押转房地产抵押模式，压缩办理环节，减少企业办理费用。推动市场准入负面清单制度，对清单之外的行业、领域、业务等，各类市场主体皆可依法平等进入，确保“一单尽列、单外无单”。围绕惠民、助企、安全、智治四大领域，划定12条浙里主跑道、35条子跑道；统筹谋划梳理“三张清单”，梳理汇总淘鱼吧、海上一体化监管、区域旱情预警及调度等“三张清单”应用建设项目8项。实现政务服务“一网通办”，自政务服务2.0平台建设完成以来，全县1453个2.0事项“一网通办”率达85.7%，单事项“一网通办”率达91.1%。至10月底，全县7个乡镇便民服务中心和87个村（社区）便民服务站点全部实现2.0政务大厅上线运行，联动办理974件基层业务。出台“工程码”制度，实现项目全生命周期的“一个库、一条链、一张图”的信息化、精细化、智能化管理。将主要涉企审批部门的窗口数由原来的23个缩减成营商服务4个综合窗口。

【行政决策工作】 2021年，县政府（县府办）共制发行政规范性文件19件，向市人民政府和县人大常委会备案19件。共审查部门及乡镇报备的行政规范性文件3件。开展县级行政规范性文件年度全面清理，共清理行政规范性文件153件，保留106件、修改21件、废止26件。制定《岱山县人民政府重大行政决策程序实施细则》，加强重大行政决策目录化管理，确定《岱山县食品药品安全供给侧改革实施方案》《岱山县农业农村现代化十四五规划》《关于促进3岁以下婴幼儿照护服务发展的指导意见》和《岱山县主城区规划管理单元划分及重点控制性详细规划》为县政府重大行政决策事项，并按重大行政决策程序组织实施。全县7个乡镇均出台合法性审查全覆盖实施方案及配套制度。聘请乡镇法律顾问，配强法制审核力量，秀山乡和岱西镇任命专职法制审核员，对党的规范性文件、行政规范性文件、行政机关合同、重大行政决策、重大执法决定等方面开展合法性审查，逐步实现从有形覆盖到有效覆盖。严格落实市、县行政机关合同管理办法，共审查县、乡两级政府、县级行政机关各类合同200余份，通过舟山市行政机关合同管理系统备案179份。全县行政机关、乡镇政府共聘用法律顾问33人，实现政府法律顾问全覆盖。积极推行公职律师制度，县发改、公安、司法、财政、人力社保、交通、自然资源规划、市场监管、综合行政执法等9家县属部门共有公职律师14名。

【深化执法改革】 2021年，全县建立县综合行政执法改革领导机构,制定《岱山县“大综合一体化”行政执法改革实施方案》，实现乡镇行政执法全覆盖。赋予衢山镇、长涂镇相应的行政处罚权，自12月1日起在其行政区域内，以自身名义相对集中行使县属部门下放的9个领域97项行政处罚权及与之相关的行政检查权、强制权，挂牌成立镇综合行政执法队，与县综合行政执法局派驻中队实行“一个机构、两块牌子”。秀山乡深化“一支队伍管执法”，创新“综合执法+片区警务+村网格员”的“联勤”机制，探索非现场执法手段，优化执法方式，提高执法效率。12月起，建立“全县一盘棋、全盘一把抓”的大综合行政执法体制新格局。进一步完善行政执法“三项制度”，实现行政执法事前事中事后信息依法及时主动公开、行政执法全过程留痕和重大执法决定法制审核全覆盖。通过浙江政务服务网公开行政执法事项及法律依据、办事程序、审批依据、监督方式、救济渠道和执法结果等信息；完善执法文字记录，规范音像记录、行政执法档案，实现行政执法全程留痕，全县主要执法部门及乡镇政府共配置执法记录仪497台、照相机88台、录音笔29支；推行重大行政执法决定法制审核制度，落实法制审核主体责任，配强法制审核人员，编制重大行政执法决定法制审核目录清单。

【强化专业执法】 2021年，全县全面实行行政执法主体确认和执法人员持证上岗制度。全县共计持有执法证人数1254名（含369本警察证），平均持证率达97.9%，做到持证上岗，亮证执法。组织开展全国统一行政执法证换发及申领工作，至12月底，全县完成执法证的换证工作，共计换发申领中华人民共和国行政执法证884本。共有118人报名参加行政执法综合法律知识培训考试。深入推进“双随机、一公开”执法方式，2021年双随机抽查369次，任务完成率100%，双随机事项覆盖率100%，跨部门监管率达15.4%，信用关联双随机任务占比90%。推行全县行政执法多领域“首错免罚”清单执法模式，制发《岱山县行政执法多领域“首错免罚”清单模式实施办法》，共梳理12个条线103项“首错免罚”事项清单，自7月15日起实施至年底，共办理首错免罚25起。推进“综合查一次”执法方式改革，全县24家相关部门明确分管领导和联络员，成立“综合查一次”工作专班，建立联络员工作群，制发《“综合查一次”联合执法机制实施方案》，开通省行政执法监管平台权限，同步梳理建立应用场景73个，涵盖500余项检查事项，至12月底已完成全部应用场景检查覆盖，检查75家，出动执法人数359人次，查出问题4个并全部整改。

【规范行政权力】 2021年，全县印发《2021年行政执法监督工作计划》，开展系列督查行动，对检查督查中发现的违规执法问题及时通报，并督促限期整改落实，发放行政执法监督通知书3份，促进行政机关正确履职。严格落实行政机关负责人出庭应诉职责，连续11年行政机关负责人出庭应诉率达100%。积极推进政务和重点领域信息公开，落实基层政务公开标准化规范化，出台《2021年岱山县政务公开工作要点》，公开各类政府信息440条，受理政府信息公开申请2件。是年，未发生因信息公开申请引起的行政诉讼、行政复议案件。

【矛盾纠纷化解】 2021年，全县健全多元纠纷化解机制，形成矛盾纠纷分层过滤解决机制，建成县级矛调中心1个、乡镇矛调中心7个、村（社区）矛调中心87个，形成县、乡、村三级矛盾纠纷分级调解体系。新批复成立企业人民调解委员会4个，人民调解派驻工作室2个，配备专职人民调解员62名，开展矛盾纠纷专项排查等工作，全县共调处矛盾纠纷2419件，成功2418件。开展“以案治本”“复议为民促和谐”专项行动，做到调解优先、每案必调。共接到行政复议咨询12件，新收行政复议申请19件，受理前成功调解4件，正式受理14件，不予受理1件，经行政复议后诉讼案件实现零败诉。全县新收一审行政诉讼案件30件，同比下降33.3%，一审行政诉讼案件协调撤诉率68%，一审行政诉讼败诉1件，一审行政诉讼败诉率4%。制定普法责任清单，各乡镇、各部门严格落实“谁执法谁普法谁主管谁普法”责任制度，加强法治宣传及以案释法工作，宣传《中华人民共和国民法典》《舟山市文明行为促进条例》等法律法规，深化“民主法治社区（村）”创建，指导乡镇在换届中同步完成村规民约、社区公约的修订的法定程序。完成善治村（社区）17个、省级2个、市级“民主法治村（社区）16个”创建材料的申报工作。是年年底，命名市级“民主法治村”16个。

【法治基础建设】 2021年，全县落实党政主要负责人法治建设第一责任人职责，县委县政府主要领导、分管领导就法治政府（依法行政）建设工作多次作出批示。贯彻落实《舟山市党政主要负责人履行推进法治建设第一责任人情况列入年终述职内容工作实施方案》。县委理论学习中心组组织开展学法6次，政府常务会议学法4次。开展领导干部任前法律知识考试5次、28人次，通过率为100%。全县1733名县管干部和公务员参加年度法律知识测试，成绩在合格以上。印发《2021年度市对县法治政府建设（法治政府）考核责任分解表》，对法治政府（依法行政）建设工作作出具体部署，并将各项工作任务分解落实责任单位，落实巡察督查机制，实施考评整改清单化管理，加强阶段性督查。

（宓倩垚）

公安

【概况】 2021年，岱山县公安局（简称县公安局）开展“最平安城市、最便利服务、最高效警务、最优质执法、最忠诚警队”创建活动，各项工作取得新进展。是年，接有效警情15570起，同比减少11.6%；立刑事案件572起、同比增长1.8%；破案250起，移送起诉犯罪嫌疑人524名、同比减少3.5%；查处违反治安管理案件1346起，同比减少4.4%；治安拘留409人次。5月，鱼山警务站更名为鱼山派出所。

【立功创模工作】 2021年，县公安局共有20个集体、25人次受到市级以上记功嘉奖或通报表扬，其中，有11个集体、10名个人立三等功。县公安局被浙江省公安厅评为执法质量优胜单位，罗家岙派出所党支部被中共中央评为全国先进基层党组织，罗家岙派出所获记集体一等功。

【维稳安保工作】 2021年，县公安局将庆祝中国共产党成立100周年维稳安保列为全年的中心工作，成立局工作领导小组，先后制订《全县公安机关庆祝建党100周年安保工作总体方案》和《建党100周年护旗百日攻坚行动工作方案》，召开全警动员大会。开展政治安全保卫战、疫情防控持久战、重大项目护航战、突出犯罪攻防战、道路交通攻坚战、基础工作提升战等“六大战役”，加强对重点物品、重点部位、重点时段和重要活动的管理。完成三级以上（含）警卫任务4场、其他群众性活动安保任务16场，全县未发生一起影响较大的涉稳事件。

【疫情防控工作】 2021年，县公安局组建公安流调溯源工作专班并24小时运转，制订《全县防范新冠肺炎疫情小区封控方案》，派驻警力协助做好入县通道防疫检查、涉疫场所值守和小区封控，深入开展治安场所的防疫检查和全民防疫宣传工作。共研判涉疫

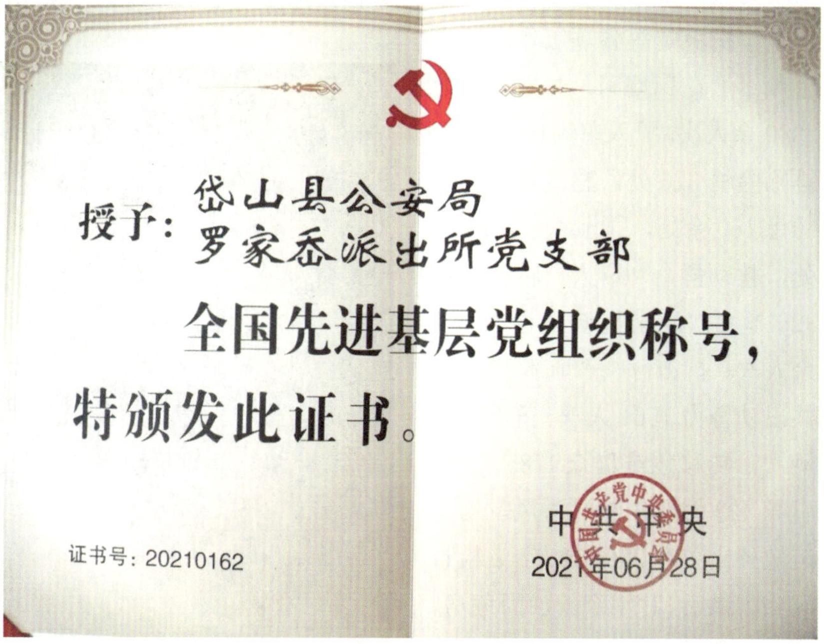

2021年6月28日，岱山县公安局罗家岙派出所党支部被中共中央授予“全国先进基层党组织”称号

（县公安局　供图）

2021 年，县公安局开展治安场所的防疫检查　　（县公安局　供图）

数据 5900 余条，在 3 个集中隔离医学观察点和 7 个疫苗接种点累计投入值守警力 600 余人次，处罚未按规定落实小门管控措施的旅馆等人员聚集场所 219 家、责令整改 350 余家次。

【抗台风工作】 2021 年，县公安局全力做好战台风、排隐患、保安全、护稳定等各项工作。抗击台风“烟花”期间，共出动警力 2380 余人次，投入车辆 620 辆次，排除险情 326 处，整改各类安全隐患 160 余处，排泄积水路段 53 处，救助群众 269 人，转移群众 32611 人次，劝离疏散游客 670 余人次。抗击台风“灿都”期间，共出动警力 1561 人次、车辆 322 辆次，转移危难群众 1785 人次，引导 422 艘船舶进港避风，劝返疏散外来游客 2700 余人次；检查码头、港岙口 31 个，加固危房、临时工棚等 210 处，转移物资价值 20 余万元。

【扫黑除恶专项斗争】 2021 年 4 月，县公安局在刑事侦查大队增设犯罪侦查中队，开展涉黑恶势力违法犯罪案件侦查和情报、线索处置工作。6 月，召开扫黑除恶专项斗争总结表彰大会，总结全县公安机关 2018—2020 年扫黑除恶专项斗争工作情况，部署扫黑除恶斗争工作。10 月，出台《全县公安机关扫黑除恶六大行业领域整治工作方案》，开展自然资源领域专项整治行动，走访排摸矿场、沙料堆场 30 余家和工程项目 50 余处。接收县扫黑办移交可疑线索 2 条，成案打击 2 起，采取刑事强制措施 20 余人，办结率达 100%。

【网络诈骗犯罪治理】 2021 年，县公安局制订《2021 年全县打击电信网络新型违法犯罪绩效评估办法》，对重特大案件开展“一案双查”。共立电信网络诈骗案件 345 起，同比上升 23.2%，涉案金额 2639.30 万元，同比上升 33.1%，其中，百万元以上案件 4 起；破获相关案件 25 起，其中，涉案金额百万元以上的部督案件 2 起，抓获相关犯罪嫌疑人 90 余人；劝阻被骗群众 2915 名，挽回损失 2014.10 万元。在城镇开展“无诈社区”“无诈楼道”创建，

2021 年 7 月 24 日，为抗击台风“烟花”，县公安局出动警力紧急转移群众（县公安局　供图）

在大型企业工地打造“无诈集体宿舍”。进社区、进农村、进企业、进学校、进工地宣传，动员“东海渔嫂”反诈员加入反诈队伍，共计开展集中性宣传活动120余次，发放宣传资料5.6万份，分发社区反诈民警名片3万余张，张贴横幅80余条，发送反诈宣传短信13万条。完善预警劝阻机制，依托舟山市公安局“反诈之眼”预警平台，联合银行系统建立24小时在线“三方通话”劝阻模式。

【出入境管理】 2021年，县公安局共受理公民因私出境证件申请430件；受理签发外国人签证证件195件；登记境外来岱人员1495人次，在岱常住境外人员140人，其中A类外籍人才68人，占舟山市外籍人才总数的60%；办理涉外案件13起。深化出入境办证“最多跑一次”改革，落实“一窗通办”，推出老年人便民服务措施，实行“办事不出岛”。8月，县公安局被省公安厅出入境管理局认定为二类县级签证点。开展为期一年的集中打击妨碍国边境管理犯罪专项斗争，破获组织偷越国边境刑事案件2起、抓获7人。开展打击跨境赌博专项行动，侦办跨境网络赌博案件4起，刑事打击处理27人。开展“三非”（非法入境、非法居留、非法就业）外国人专项治理行动，查处非法入境1人。落实疫情防境外输入措施，排查境外海员2900余人次。

【禁毒工作】 2021年，县公安局破获涉毒刑事案件2起，抓获犯罪嫌疑人3人，查处吸毒人员6人；查处非法种植毒品原植物案件1起，发现并铲除非法种植的毒品原植物80株。以推进“2021猎毒2号”、“肃毒”百日护航、“廿镇百村”毒品治理、“平安关爱”、“云战”系列专项行动为主线，对全县二级涉毒管控人员、进入公安机关办案区七类重点人员采集并及时检测毛发毒品，共采集检测毛发1812份。联合县应急管理局、市场监督管理局，加强对全县易制毒企业生产、经营、运输等环节的监督管理。开展娱乐场所、寄递行业的毒品检查，深化“毒驾”治理，未检测出有吸毒嫌疑人员。开展“全民共创无毒东海”专题禁毒宣传活动，实现禁毒宣传进文化礼堂全覆盖。全县组建禁毒员队伍7支、成员74人，打造“东海渔嫂”禁毒教育基地1个，接待岱山本岛东海渔嫂、渔民百余人。

【监所安全管理】 2021年，县公安局看守所共收押人员387人，同比增加6.6%，办理出所418人，其中刑满释放53人，投送监狱161人，其他出所204人。岱山县拘留所收拘469人，办理出所479人。投入资金160万元，升级加固监区基础设施，对周界高压电网进行维修保养，在提讯区走廊加装金刚网和铁栅栏，对提讯区内防护设施进行加固，在监区北大门建立车辆待检区，增设防冲撞设施，在天罗地网上方加装倒刺网。坚持在押人员安全管理和监所疫情防控工作并重，组织在押人员分批接种疫苗，严格入所人员防疫措施，实现监所安全和疫情防控2个“零事故”。4月，开展排查整治违规违法办理减刑、假释、暂予监外执行案件专项工作，全面排查出近30年由公安机关提请的减刑案件39起、假释案件22起、暂予监外执行案件2起，发现问题案件1起，移交上级相关部门处理。保障公安机关审查办案和其他司法活动，完成提审提讯1763人次（远程提讯480人次），落实律师会见794人次，网上换押892人次，文书送达等代办业务1000余人次；开展司法矛盾化解工作，化解3起。

【交通整治】 2021年，全县机动车保有量27356辆，同比增长4.5%；机动车驾驶员46864人，同比增长2.2%；县公安局交通警察大队共处理交通事故类警情3683起，同比下降8.7%；查处各类交通违法行为为131571起，办结行政案件442起、刑事案件64起，移送起诉64人，刑事拘留57人，行政拘留71人；全县共发生全口径死亡事故9起、死亡9人，较前三年平均数减少18.1%。升级道路交通安全设施，投入280万元，新建智能灯控系统8处、抓拍系统升级8处，渠化路段3.2千米、改造路口4处；开展舟岱大桥接线道路的专项治理，清除安全隐患114起，封闭隐患路口58处。劝查路面交通违法，投入500余万元，聘请74名保安，加强重要路口劝导，在全国县级文明城市创建省级测评等时段，抽调全局警力支援交警。全县“两客一危”车辆“三率”（驾驶人审验率、换证率、学习率）均达100%，重型货车年检率、报废率、违法处理率分别为99.4%、99.5%、99.1%；挂牌电动自行车10万余辆；开展“情暖夕阳，平安团圆”老年人宣教和“迎接大桥时代”交通主题宣传等活动。

【数字化改革】 2021年，县公安局将“平安智治”建设纳入县政府民生实事项目，筑牢前端感知“六张网”，全面建成智安小区76个、智安乡村2个，在全市率先实现全覆盖，全县传统盗窃等可防性案件同比减少40%。积极推动全县“多杆合一”，深化立体化、信息化社会治安防控体系建设。打造“整体智治、高效协同”大型工地数字化治理典范，上线运行“智慧鱼山”系统场景应用，被中国（浙江）自由贸易试验区评为新一批创新成果，被市委列为市领导领衔项目；创新推出“人码脸”一体化的“鱼山码”综合管理机制，入选全省数字法治系统建设最佳实践案例，“超大型工地数字化治理”纳入全省党政机关整体智治绿箱项目。在鱼山建成全国首家大型工地“无人警务超市”，为企业务工人员办理户籍、出入境、交管等提供一站化、自助式服务；上线运行民生警务“鱼山直通车”APP程序，打造“指尖上的服务”；研发鱼山“劳资纠纷追踪预警”模型，实现劳资纠纷“一键推送、部门联治、源头化解”；积极探索大型工地“主动式报警地理标志”措施，提高快速出警、规范出警水平。

【“一件事”改革】 2021年，县公安局完成“车检一件事”改革，实现“网上约、到即检、一窗办、交钥匙”，将平均检车时间由原先的90分钟缩短至30分钟，实施外岛上门车检服务46次、实现车检不出岛。首创应征入伍人员户口注销申请前置服务以及公民身份信息变更“一件事”联办服务，实现“一站服务”“一表申请”“一网覆盖”办理，并在全市复制升级推广。

【执法管理】 2021年，县公安局狠抓执法办案效率提升，深化执法顽疾查纠整治，打造“最优质执法”。2021年度，县公安局被省公安厅评为执法质量优胜单位，执法质效“六项重点指标”达标率为100%，其中立案审查用时、刑事案件快办率、行政案件快办率均居全市第一。在全市执法质量考评中名列第一。

【警务辅助人员管理】 2021年，县公安局相继出台《岱山县公安局关于进一步规范和加强公安机关警务辅助人员管理工作的实施办法（试行）的通知》《岱山县公安局警务辅助人员履职管理规定（试行）》《岱山县公安局警务辅助人员着装管理规定（试行）》《岱山县公安局警务辅助人员考核工作办法（试行）》，进一步规范警务辅助人员招录程序和达标考核工作，组织辅警开展岗位知识、基本体能和专业技能测试，提升素质能力。出台《岱山县公安局警务辅助人员薪酬待遇暂行规定（试行）》，提高辅警待遇。

【大练兵工作】 2021年，县公安局深化全警岗位实战大练兵活动，严格“每周一学”“训练日”制度，开展理论考试、业务培训、体能测试、射击训练练兵等活动60余场。包珂华在全市公安机关网络攻防比武中获个人成绩第一名，王琦吉入选全市公安机关优秀青年民警人才比武选拔获奖名单。

【人口】 2021年，全县总户数为75805户，总人口数为170723人（男性84270人，女性86453人），较2020年年末总人口173733人减少3010人，人口年增长率-1.75%。2021年，全县出生477人，死亡1651人，人口自然增长率为-6.8‰。迁入人口694人，其中省内迁入241人，省外迁入453人；迁出人口2531人，其中迁往省外317人，迁往省内2214人，人口机械增长率为-10.7‰。全县重复户口注销3人，补录户口4人。因人口自然减少、机械减少以及重复户口注销，2021年全县总人口较2020年减少。

（施一雄）

检察

【概况】2021年，岱山县人民检察院（简称县检察院）以推动高质量发展为主题，加强法律监督，为打造“重要窗口”海岛风景新篇章提供坚强的司法保障。是年，县检察院荣获全市扫黑除恶专项斗争先进集体等市级集体荣誉5项，5名干警在省市级业务竞赛中获奖，1名干警获评全国实施妇女儿童发展纲要先进个人，1名干警获评全国检察宣传先进个人，1名干警入选全省数字检察人才库。

【保障重大项目建设】2021年，县检察院着力提升鱼山绿色石化基地法治化水平，依托“驻浙石化检察服务工作站”，主动对接企业需求，收集相关意见建议5条，开展法律咨询、普法宣传等活动5次，发放宣传资料600余份。深化自贸区刑事风险防控，就部分企业未及时发放民工工资可能引发的法律风险，联合县人力资源和社会保障局对县内17家用工单位进行集体约谈并制发《刑事合规风险告知书》，提出防控建议和整改意见，经跟进监督，相关企业落实发放工资款4.50亿余元。制订的《舟山绿色石化基地部施工单位欠薪企业合规监督案》，入选2021年上半年全市检察机关典型案例。

【法治化环境建设】2021年，县检察院加强刑事合规考察司法实践探索，深入推进“认罪认罚+合规考察+不起诉（轻处罚）”办案模式，对符合条件的涉案企业开展合规整改工作，经涉案企业合规整改、组织第三方合规整改考察、公开听证进行合规整改验收等方式，对涉案企业作出不起诉决定4家、提起公诉并建议从轻处罚3家。积极探索企业合规第三方监管工作，引入第三方专业监管人，同两家律师事务所签订专业合规监管人协议。加快破解合规治理瓶颈，就合规监管费用问题，联合县商会出台会议纪要，建立民营企业资金垫付机制以及操作流程。

【助力全国县级文明城市创建】2021年，县检察院聚焦创城工作，强化检察服务保障力度。制发全市首份“窨井盖”公益诉讼检察建议书；开展无障碍环境建设专项监督行动，解决特殊群体出行难题。创新“不起诉+志愿服务”机制，联合团县委出台《关于建立轻微刑事案件被不起诉人参与志愿服务机制的意见》，将教育感化被不起诉人和志愿服务社会有机融合，该项做法被《浙江日报》予以报道。加强法治宣传教育，就防诈、防盗、禁毒、未成年人保护等群众关心的法律问题，开展法治宣传活动20余次。开展志愿服务活动，组织干警参与文明交通出行、文明小区结对等志愿服务活动400余人次。

【护航平安岱山建设】2021年，县检察院严格落实维稳安保工作，全力护航建党100周年。切实履行好刑事检察职责，依法批准逮捕160人，同比上升

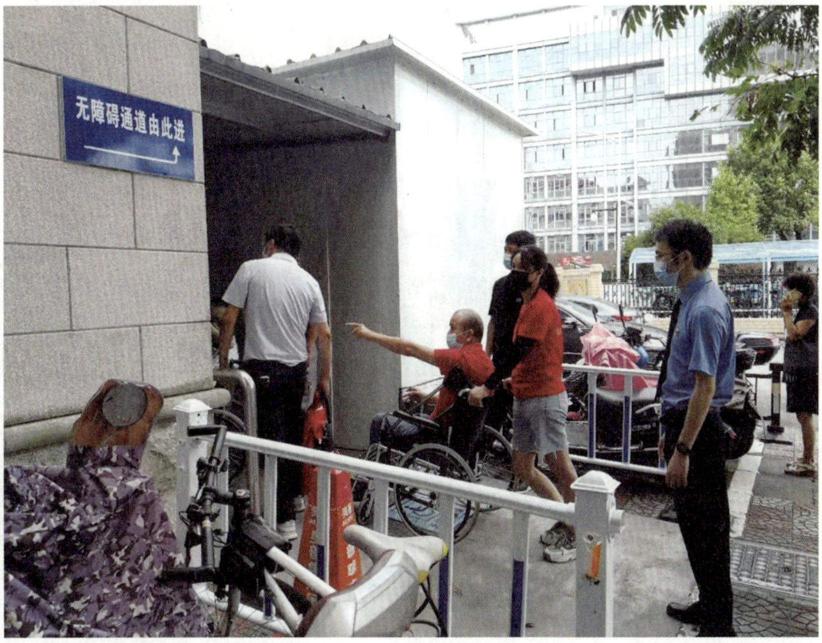

2021年8月10日，县检察院联合县残联开展“‘有爱无碍’助力创城、无障碍公共设施体验”活动
（县检察院 供图）

12.7%；提起公诉352人，同比上升47.9%。深化认罪认罚从宽制度落实，办理认罪认罚从宽案件201件、415人，适用率达85.6%，确定量刑建议提出率88.6%，采纳率97.8%。强化不起诉案件“回头看”的监督实效，集中排摸2020年至2021年发出的行政处罚检察意见书47份，其中回复并作出处罚37份，督促跟进10份，对确实不宜作出行政处罚的案件要求作出书面说明。强化经济犯罪打击力度，积极推进“断卡”行动，全年办理利用“两卡”（银行卡、电话卡）实施犯罪案件40余起，依法对一起人数较多、涉案数额特别巨大的“杀猪盘”案件提起公诉。常态化推进扫黑除恶工作，加强案件质量管控，依法对一起恶势力犯罪集团10名犯罪嫌疑人提起公诉。

【刑事、民事、行政检察职能履行】 2021年，县检察院加强刑事立案和侦查活动监督，推进驻公安、海警检察官办公室实质化运作，立案监督和监督撤案各1件，追捕1人，发出纠正违法通知书5份、侦查监督通知书3份、口头纠违3份。加强刑事执行监督，开展讯问合法性核查1件，暂予监外执行审前监督5件，对刑事执行违法行为，发出纠正违法通知书、检察建议各1份。坚持刑民并重理念，以贯彻实施《民法典》为契机，加强民事检察监督，开展司法网络拍卖专项监督行动，办理民事执行监督10件。以类案监督模式，办理行政非诉执行监督7件。制订出台《岱山县人民检察院诉讼程序违法专项监督活动实施方案》，就公民代理、管辖权、公告送达、审理期限等问题，共摸排监督线索5件。

【公益诉讼检察职能履行】 2021年，县检察院坚持稳数量、提质量，切实履行公益诉讼检察职能。共办理公益诉讼案件34件，其中行政公益诉讼30件，民事公益诉讼4件，完成公益损害赔偿金39万余元。办理的行政机关未依法履行无障碍设施监管职责行政公益诉讼案入选2021年上半年全市检察机关典型案例。聚焦生态环境和资源保护、食品药品安全等重点领域，强化检察监督力度。开展冷鲜禽食品安全专项监督行动，就未公示营业执照问题，制发检察建议书，维护餐桌上的安全。开展安全生产专项监督行动，就高亭中心渔港码头用电安

2021年4月8日，县检察院召开“助力创城、督促整治无障碍环境建设”公益诉讼听证会　（县检察院　供图）

全的隐患，制发检察建议书。常态化开展公益诉讼人大代表专项评议活动，组织10余名县人大代表实地走访案件现场，并就检察建议落实情况开展集中评议，提升法律监督实效。

【海洋检察工作】 2021年，县检察院延伸检察职能，强化海洋治理检察服务监督保障。开展“守护海洋”专项监督行动，办理全省首例碍航沉船打捞公益诉讼案，获市人大常委会批示肯定，并被《检察日报》和《浙江日报》报道。就办案中发现的打捞工作存在主体落实难、法律冲突和实践空白等诸多问题，形成专题调研报告，获市海洋检察优秀调研成果三等奖。参与全县打击越界非法捕捞渔船专项整治行动，办理全市首例越界非法捕捞水产品刑事案件，组织40余名渔船老大现场观摩庭审。加大涉海领域法律监督，对办案中发现的大量渔民买卖假船员证和农贸市场非法出售海马等珍贵、濒危野生动物制品等问题，办理民事公益诉讼2件。

【参与社会治理】 2021年，县检察院深化公益诉讼损害与诉讼违法举报中心建设，着力推进举报事项案件化办理，落实群众来信件件有回复制度，共受理各类举报线索49件，成案5件，检察长接待3人次，院领导接访办案并息诉息访1件，做到七日内程序性回复、三个月内办理过程或结果答复率两个100%。组织开展“检察听证：让公平正义看得见”检察宣传周活动，落实案件常态化公开听证工作。开展检察听证45件次，院领导主持听证7人次，对一起偏远地区盗窃案，走进社区，听取人民监督员、渔嫂等各方意见，取得较好法律效果。强化为民服务意识，开展“敬老院送关爱”、结对扶贫等活动，认领岱东镇贫困户“微心愿”9户；开展“社区帮扶”实践活动，落实帮扶资金4万余元；开展司法救助，办理司法救助案件4件、6人（其中5人为未成年人），发放司法救助金5.50万元。

【未成年人检察工作】 2021年，县检察院加强未成年人犯罪预防和权益保护，联合县团委、妇联、民政、教育等部门建立未成年人保护联盟，整合各方力量，推动未成年人社会保护体系建设。健全预防性侵未成年人违法犯罪机制，联合公安、教育、卫健、妇联4个部门出台工作方案，通过进一步加强教职工队伍管理、落实留守儿童关爱服务、规范校园及周边治安综合治理等举措，净化未成年人成长环境。严惩侵害未成年人犯罪，对9名侵害未成年人犯罪嫌疑人提起公诉，坚持“教育、感化、挽救”方针，对涉嫌轻微犯罪的未成年人依法不起诉3人，相对不起诉2人，附条件不起诉1人。突出法治宣传引导作用，强化未成年人“知法守法”意识，组织开展各类专题活动23次，覆盖师生、家长1万余人，法律效果社会效果良好。

【思想政治建设】 2021年，县检察院加强思想政治建设，强化党建引领，院领导上党课11次，组织各支部党员开展学习49次、专

2021年12月4日，县检察院到岱中小学举办“12·4”国家宪法日专题讲座
（县检察院　供图）

2021年12月4日，县检察院举行全体员额检察官宪法宣誓仪式

（县检察院 供图）

题交流研讨9次。研究制定《谈心谈话实施方案》，共计谈心谈话82人次，实现谈话全覆盖。制定《2021年岱山县人民检察院员额检察官遴选工作方案》，2名检察官助理纳入员额管理（其中1人递补）。深化人员分类管理改革，做好检察官、法警和综合类公务员职务职级晋升工作，全年职级晋升9人次。开展每周一学专题学习活动，引导干警学史明理、学史增信、学史崇德、学史力行。

【数字检察建设】 2021年，县检察院深入贯彻落实全省数字化改革和全省数字检察专题会议精神，成立改革领导小组和工作专班。深化政法一体化办案系统应用，共接收单轨制案件357件，办结325件，所有案件均进入2.0系统进行办理。推进浙江检察移动检务平台应用，为律师绑定案件99件，提供在线阅卷申请办理103件，律师提交法律意见29份。通过案件信息公开网发布案件程序性信息520条，法律文书公开226份，文书公开率达100%。建成无纸化检委会办公系统并投入使用，完成公开听证室改造并启动同步录音录像。充分运用自主研发的“检察有数”数据统计软件，实现自动化采集与分析数据，成功办理各类监督案件24件。

（陈金泉）

法院

【概况】 2021年，岱山县人民法院（简称县法院）接收各类案件3958件，同比下降0.2%。办结案件3924件，一线法官人均办案158.87件。办案质效的指标多项位居全省基层法院前列。县法院被评为全省法院党建工作先进集体。行政庭获评全省法院2021年度集体二等功。

【保障国家战略】 2021年，县法院主动对接自贸试验区和绿色石化等国家重大战略项目，优化“院企对话”“巡回服务”等五项服务机制。全面落实“护航发展”各项重大举措，完善涉重大项目案件院领导督办制度，畅通办案

2021年9月7日，县法院法官在衢山镇田涂村与渔嫂一起做调解工作

（县法院 供图）

绿色通道，共处理相关案件531件。关注舟山绿色石化基地建设情况，加强纠纷源头治理，积极参与鱼山社会矛盾纠纷调解指导中心建设，巡回法官经常性送法进基地，为企业劳动用工、安全生产等提供法律体检。

【“三服务”活动】 2021年，县法院常态化、精准化开展“三服务”活动，院领导带头走访调研县属重点企业，开展“我为企业办实事”系列活动70余次。依法支持民营企业健康发展，审结涉企纠纷843件。强化府院联动，依法审结破产类、清算类案件2件，成功处置“僵尸企业”8家，盘活企业存量资产1.58亿元，释放土地资源18.8公顷，房屋面积10.22万平方米。

【平安岱山建设】 2021年，县法院常态化推进“扫黑除恶”专项斗争，严厉打击虚开发票犯罪、电信诈骗犯罪等，审结虚开增值税专用发票案件22件、30人，维护国家税收利益，审结电信诈骗案件13件、31人。

【基层治理】 2021年，县法院强化诉源治理，深化工作重心、人员力量“双下沉”工程，将纠纷化解在基层，民事案件可调撤率达70.1%。在全市率先推进行政争议调解中心整体入驻县社会矛盾纠纷调处化解中心，诉前实质性化解行政争议22件，行政诉讼收案同比下降34.8%。

【智慧法院建设】 2021年，县法院全面推进全域数字法院建设，形成全业务网上办理、全流程依法公开、全方位智能服务的“智慧法院”新格局，共网上立案2754件，在线调解908件，开庭直播977件，有36.6万余次播放量，智能送达应用率为100%。

2021年9月7日，县法院在衢山镇龙潭村开展巡回审判　（县法院　供图）

【“共享法庭”建设】 2021年，县法院利用数字化技术平台，开展调解指导、纠纷化解、线上诉讼、普法宣传等服务，设立“共享法庭”44家，开展“百庭百讲”普法等系列活动，培训调解员100余人次。

【“两个一站式”建设】 2021年，县法院深化司法领域“最多跑一次”改革，构建现代化诉讼服务体系。完善司法援助、救助常态化机制，为35名困难当事人缓减免交诉讼费11.43万余元。

【司法改革】 2021年，县法院建立“四类案件”识别监管机制，利用数字化手段对重点案件实现自动标识、自动提醒、自动预警、自动督办，压实院庭长监督管理责任，纳入“四类案件”监管198件。坚持常规检查、重点评查相结合，评查案件3357件。加强类案总结，统一司法裁判尺度，召开专业法官会议5次，一审案件改判发回瑕疵率下降0.4%。落实宽严相济刑事政策，对304名认罪认罚被告人依法从宽处理，对111名被告人适用缓刑等非监禁刑。

（朱希晨）

司法行政

【法治政府建设】 2021年5月28日，县委常委会专题听取2020年度法治政府建设报告，县委书记周国岭作工作指示。县司法局召开县委法治岱山建设工作会议和3次考核工作推进会，分析上一年度法治岱山建设考核工作存在的问题和工作短板，研究2021年法治浙江考核细则内容，部署法治岱山工作。印发《2021年度市对县法治建设（法治政府）考核责任分解表》《岱山县贯彻落实习近平总书记在中央全面依法治国工作会议上的重要讲话精神分工方案》，初拟《法治岱山2021—2025年建设规划》。

【习近平法治思想的学习和贯彻】 2021年，县司法局将习近平法治思想纳入全县各级理论中心组学习和年度领导干部、公务员法律知识考试内容，举办学习贯彻中共十九届五中全会精神暨“十四五”规划专题培训班、习近平法治思想专题学习会，组织全县2000余人次的国家工作人员收看习近平法治思想网络直播讲座，将习近平法治思想课程纳入党校课程。对全县各乡镇开展法治岱山建设工作专项督查，对县自然资源和规划局的法治建设工作开展法治建设工作巡察，提出相关建议4条。对法治岱山工作群众满意度进行模拟调查，发送短信至全县18～70周岁人群共15.5万余人次。

【执法改革】 2021年，县司法局牵头推进全县“大综合一体化”综合行政执法改革，制定《岱山县综合行政执法改革工作方案》，构建“1+8+1”的县级行政执法架构。赋予衢山镇、长涂镇9个领域97项行政处罚权，成立镇综合行政执法队。出台《岱山县人民政府办公室关于印发岱山县行政执法多领域“首错免罚”清单模式实施办法的通知》，首批共梳理出12个条线103项“首错免罚”事项清单，并发文公布，共办理首错免罚25起。与县人民法院联合成立全市县区首个行政争议调解中心，并入驻县社会矛盾纠纷调处指导中心，通过该中心达成调解的复议和诉讼案件共27件，调解成功率64.3%，依托“浙江政务服务网”等智能化平台实现行政复议在线申请。开展“以案治本”“复议为民促和谐”专项行动，共接到行政复议咨询12件；新收复议申请19件，受理前成功调解4件，正式受理14件，不予受理1件，经复议诉讼案件败诉率为0。

【法制监督】 2021年，县司法局完成县政府2021年度重大行政决策事项目录清单编制，收到县属部门及乡镇目录19件并向社会公布。各部门办理一般程序和简易程序（交通违法案件除外）的行政处罚案件共计2993件，其中线上办结2926件（含统一处罚系统和各系统自建系统），办案率达97.8%。推广应用舟山市行政机关合同管理系统，共修正县政府签订的合同草案10份，提出意见56条，全县共备案合同183件。组织开展规范性文件清理及专项清理工作，共出具县府办送审的行政规范性文件合法性审查意见书20份，校正部门和乡镇行政规范性文件3件，梳理惠企政策35条，并在舟山市惠企政策汇聚平台公示。开展行政许可事项实施情况的专项监督检查，共梳理全县行政许可大项234个、子项451个，其中涉企类经营许可事项共42大项纳入告知承诺事项，形成《岱山县行政许可事项目录》。开展证明事项告知承诺制实施情况专项监督，对各单位上报的16项告知承诺事项进行审核，公布全县实行告知承诺制事项清单（第一批）共计7项。开展全县行政执法案卷评查工作，评选出全县年度行政许可、处罚等优秀案卷共12件。开展水行政执法领域专项综合评议并予以反馈。制发行政执法监督通知书，叫停违规行政行为，全县共制作发放行政执法监督通知书3份。

【普法阵地建设】 2021年，县司法局召开县委全面依法治县委员会守法普法协调小组全体会议，审议通过《中共岱山县委宣传部岱山县司法局关于在全县开展法治宣传教育的第八个五年规划（2021—2025年）》。完成2个省级、16个市级“民主法治村（社区）”创建材料的申报工作，开展创城法治宣传、“送法进乡村”“送法进社区”等活动，发放法治宣传资料、普法环保袋等共1万余份，接受法律咨询500余人。开展《中

高亭镇司法所获评2021年度“全国模范司法所”、浙江省“枫桥式”司法所

华人民共和国民法典》颁布一周年、“12·4”国家宪法日等主题法治宣传活动，开展阵地展示、媒体发布等各类宣传400余次。县司法局获评“2016—2020年浙江省普法工作成绩突出集体”。

【基层执法规范化】 2021年，全县各调解委员会共调处矛盾纠纷2419件，成功2418件。新批复成立企业人民调解委员会4个，人民调解派驻工作室2个。高亭司法所获评“全国模范司法所”、浙江省“枫桥式”司法所，秀山司法所获评市级“文明规范公正”司法所。衢山司法所与罗家岙派出所共同成立“渔哥渔嫂”联调驿家调解工作室，聘任辖区内渔哥渔嫂调解员10名，协助从事辖区内的矛盾纠纷调解工作，共调处各类纠纷12起。开展半年度全县社区矫正执法质量考评活动，创新推出社区矫正“一县一品”，落实“衢山田涂东海渔嫂”社会化服务购买项目，提升全县社区矫正管理水平。加强监地合作，为服刑人员和其亲人提供远程视频探监服务。

【法治服务保障】 2021年，县司法局开展“法雨春风”法律服务月活动，共调解各类矛盾纠纷77起，组织全县律师走访联系村（社区）105次，企业222家，受理企业委托诉讼案件23件，帮助解决企业涉法问题困难48个，解答村（社区）法律咨询329人次，帮助审查修订村务合同11件。推进律师行业“扬帆行动”，新增专职律师3名、公职律师5名，律师万人比达到1.39。开展法律服务行业“双随机”抽查11户次，其中与县人力资源社会保障局联合监管抽查1户次，专项检查7户次，即时检查8户次，完成省库监管事项行政检查全覆盖。

【便民公证服务】 2021年，县司法局为舟山绿色石化基地企业务工人员提供材料告知、错峰办证、延时公证等服务，共办结公证事项164余件，累计送达公证书200件，解答来电来访咨询1300余人次，提供延时公证服务45人次。为县重点民生项目招投标、秀山岛徒步大会暨长三角万人徒步大会提供公证方案制定、现场监督公证等服务，对涉民营企业

2021 年 5 月 23 日，县公证处受邀对“2021 中国海岛公园秀山岛徒步大会”赛程结束后的抽奖活动环节办理现场监督公证

公证实行优先受理、优先审查、优先审批、优先出证的政策，共办理招投标公证 132 件。推行公证证明材料清单制、一次告知制、上门预约制、证明材料清单备案管理制，首次在公证办理中推行证明材料告知承诺制度。开通“浙里办”在线公证申请，实现出生医学证明公证、居民身份证公证、结婚证公证等 19 项事项“网上办”“掌上办”。推出“浙江省岱山县公证处在线平台”微信小程序，提供 16 类共 36 项公证服务事项。全年共办理各类公证事项 752 件，其中国内民事 597 件，涉外涉港澳、涉台公证 155 件。

【法律援助工作】 2021 年，县司法局充分发挥援助志愿律师作用，与县法院、检察院、看守所等建立刑事联席会议制、值班律师预约制，实现刑事案件律师辩护全覆盖。在舟山绿色石化基地社会矛盾纠纷调处指导中心设立法律援助“前沿阵地”，就地处理群体讨薪、伤亡赔偿等案件。进一步深化法律援助“最多跑一次”改革，推行法律援助“千岛通办”模式、容缺受理机制、经济困难证明实行承诺制等。共办理法律援助案件 857 件，其中刑事案件 71 件、民事案件 342 件，认罪认罚 444 件。

（宓倩垚）

责任编辑：韩信安

军 事

Military Affairs

人民武装

【概况】 2021年，岱山县人民武装部（简称县人武部）紧贴形势任务，全面贯彻军地融合发展战略要求，突出海防战备、民兵整组、军事训练、兵役征集四个重点，谋打仗、备打仗，着力提升国防后备力量建设水平。深化政治整肃，持续深入抓好党史学习教育，不断强化明理、增信、崇德、力行成效。结合形势任务，突出思想纯洁、政治忠诚，抓实思想政治教育，着力培塑立身做人的作风和素养，夯实立岗实干、练兵兴武、备战打赢的思想政治根基。

【海防战备】 2021年，县人武部全面深入贯彻习近平总书记关于海防建设和备战打赢有关指示要求，扎实开展重要目标防卫演练；结合年度重要任务，修订完善本级作战方案，着重抓好练兵备战准备、指挥链路通联，以临战状态抓好各项备战工作。着眼当前海上斗争新形势，坚持树牢“面向海洋、重心向船”的工作指导方针，坚决执行上级命令指示，圆满完成舟山警备区赋予的各项海上行动任务。

【民兵整组】 2021年，县人武部围绕应急维稳、抢险救灾、助力经济发展等，扎实编建符合全县任务的民兵队伍。针对海岛地区人员净流出大，退伍军人、专业人员较少等问题，积极与县退役军人事务局、规模以上企业、民间救援队等部门，对接民兵编组事宜，编实编强民兵专业队伍。

【军事训练】 2021年，县人武部根据年度训练计划安排，采取理论授课、专业辅导、实装操作等方法，组织民兵训练，按照上级军事机关的统一部署，动员和组织民兵参与各级演训活动，认真抓好民兵岗位练兵活动，在上级军事部门组织的各项比武活动中，夺得3个单项第一和综合第一的好成绩。

【安全管理】 2021年，县人武部抓好“四反”、保密、安全、意识形态、党风廉政等教育；利用周交接班会、月办公会和临机日交接班会等时机，抓好人员思想、保密办公、安全用网、疫情防控、日常安全等问题隐患的排查清理；突出季节性事故预防、大项活动安全风险评估、涉密重点场所目标管控，确保安全工作稳定有序。

【“四反”工作】 2021年，县人武部根据干部、文职人员、职工思想实际，定期开展时事政策、条令法规、安全保密等教育；常态化抓好重要岗位人员的政治审查工作，逐人开展谈心谈话，严防出现思想问题隐患。积极做好与网监、信访等部门的联系，抢占正面舆论宣传主阵地。

【正风肃纪】 2021年，县人武部聚焦主责主业不偏移，强力正风肃纪不手软，保持高压态势不松劲。持续加强《纪律检查委员会工作规定》等党纪党规学习，以各级通报的“翻墙”、顶风违纪、严重贪腐典型案例为反面教材，开展法纪警示教育。关注重点领域、整顿纪律作风，对照问题线索、深入剖析自查，切实强化纪律意识，严守政治纪律和政治规矩，党风廉政建设成效明显。

国防动员与国防教育

【概况】 2021年，岱山县国防动员委员会（简称县国动委）紧贴形势任务和军事斗争需要，加强“九办”成员单位联系，摸底县域范围国防动员潜力数据，推动各领域军民联同发展。围绕提升国防动员和后备力量“能打仗、打胜仗”的能力，着力构建完善应战准备、应急处突等机制，建立军民结合、平战一体的联合指挥体系。岱山县国防教育委员会（简称县国教委），紧密结合党史学习教育，以习近平总书记在庆祝中国共产党成立100周年大会上的重要讲话为统领，根据县国教委统一安排，分层级、抓节点，进社区、进校园，不断丰富教育内容、方式，狠抓全县国防教育不放松。

【党管武装】 2021年7月29日，县委召开议军会、党管武装暨国防动员委员会全体会议，回顾总结上年度全县国防后备力量建设情况，表彰2020年度武装工作先进单位和先进个人；县委书记周国岭就进一步加强全县武装工作作指示。会后，县四套班子领导集体参加“军事日”活动。

【国防潜力调查统计】 2021年，县国动委适时组织召开全县国防动员潜力调查联络员业务培训会，对搞好国防动员潜力工作的内容、标准、要求和注意事项进行明确。利用一个月的时间，对全县国防动员潜力进行摸底、调查、统计、录入和上报，圆满完成全县国防动员潜力数据调查工作。

【征兵工作】 2021年，县人武部根据“一年两征”的工作要求，按照工作安排做到提前筹划、提前部署、扎实开展。利用县电视台、《今日岱山》、公交视讯系统等传媒载体，开展征兵政策宣传；利用市场投屏滚动播放征兵宣传片；和联通公司合作，精准推送征兵宣传10万余条；发动学校领导、教师和乡镇网格员开展“应征入伍”点对点宣传活动。是年，通过开展上站体检、政治考核、走访摸底、廉洁公示、心理评估、新兵输送等工作，圆满完成全年新兵征集任务，大学生比例达100%。

【国防教育】 2021年，根据县国防教育委员会统一部署，采取县委领导带头学、乡镇层级合力抓，利用征兵工作、民兵训练、学生军训等时机，组织开展习近平主席关于国防建设重要论述及有关军事政策法规学习教育；抓好国防教育进校园活动，做好县委党校中青年干部培训班和中学生国防教育集中授课；进一步完善乡镇“八一光荣榜”，通过融媒体大力宣扬岱山籍现役官兵立功授奖光荣事迹。全民国防教育日期间，在县文化广场开展国防教育活动，不断增强全民国防意识。

【双拥共建】 2021年，县人武部组织全县民兵各类应急分队积极投身抗台防汛救灾任务，全力抗击台风“烟花”“灿都”灾害。协调县退役军人事务局开展慰问军属大走访活动，为3名荣立个人三等功的岱山籍现役军人家庭上门送立功喜报；有12名“优秀士兵”，荣登《今日岱山》2021年度“八一光荣榜”。

（吕君巧）

武警岱山中队

【概况】 2021年，中国人民武装警察部队浙江省总队舟山支队岱山中队（简称武警岱山中队）顺应新编制、新体制、新使命要求，坚持以习近平强军思想为引领，深入贯彻落实《军队基层建设纲要》，全面贯彻三级党委扩大会议精神，进一步认清中队建设形势，明确建设总体目标，强化按纲建队意识，夯实自身建设基础，提高整体建设水平，努力实现“两个确保”，争创“四铁”先进单位目标。是年，中队被舟山支队评为“四铁”先进单位，中队长秦伟荣立三等功一次。

【战备】 2021年，武警岱山中队聚焦使命任务，牢固树立备战打仗意识，培育“一不怕苦、二不怕死”战斗精神，按照平战一体、战备训练任务一体的要求，战备教育经常，战备制度落实，战备秩序正规，装备物资齐全。及时修订方案，组织战备演练，提高应急战备水平，狠抓“3+1”战备值班力量建设，规范编携配装，不定时检查拉动，增强战备意识和快速反应能力，联系地方有关单位，研究细化联勤训练，确保情报信息畅通。

【执勤】 2021年，武警岱山中队深入贯彻“十六字”执勤思路，树立底线思维，端牢执勤饭碗，严格落实执勤八项制度，抓好信息化条件下组勤、管勤、执勤、联勤规范；抓实专哨专训、专勤专训和处置演练，利用每日交班、回放录像、不定时抽查等措施，狠抓站哨形象、执勤动作、着装仪容和能力素质培养。严格落实奖惩制度，常态开展执勤讲评工作，每月召开军人大会评比最美哨兵，对执勤违规违纪人员进行严肃处理，高效应对各类突发情况，全年实现执勤目标安全无事故。

【训练】 2021年，武警岱山中队遵照训练“八落实”要求，执行新版大纲的按纲施训周期运行法，坚持实战实训、按纲施训、从严治训，年内军事训练总评成绩在良好以上，全年无训练事故。提高警官、警士队伍组训能力和指挥技能素质，努力实现教练员“四全”要求，培养出若干名在支队范围内叫得响的训练尖子和教练员。加强针对性、适应性训练，全年无偏训、漏训科目和训练事故。发挥教育平台作用，推进军事职业教育，引导官兵多学多思多收获。开展岗位竞赛、创破纪录、每季度组织评选，张榜公布，将训练尖子、训练标兵纳入先进表彰评比和入党积极分子培养对象。

2021年7月，武警岱山中队官兵开展擒拿格斗训练（武警岱山中队 供图）

【政治思想教育】 2021年，武警岱山中队始终把政治建设放在首位，坚持用习近平主席系列讲话精神建队育人，通过落实制度、丰富内容、灵活手段、创新方式，提高思想政治教育的针对性、主动性、实效性。围绕“忠诚维护核心、矢志奋斗强军”主题，结合中队实际，扎实做好思想政治工作，传承红色基因，弘扬优良传统，培养“四有”革命军人，严格落实教育制度，创新教育方式方法，开展大谈心活动，深入研究思想预防工作，确保内部关系纯洁和谐、官兵精神状态良好、理想信念坚定可靠、正能量浓厚充盈。

【专题教育】 2021年，武警岱山中队扎实开展“忠诚维护核心、矢志奋斗强军”主题教育，推进“赞颂新成就、喜迎二十大”“学思想、铸忠诚、担使命”实践活动，用活用好网络平台，增强教育主动性、针对性、实效性。坚持用“三种眼光”管好部队带好兵，加强经常性法纪警示教育，用好“三互”“双四一”等活动载体，认真分析摸排官兵思想，做好教育和思想疏导工作，建立与官兵家属联系制度，形成联管共抓机制。

【红色传承教育】 2021年，武警岱山中队利用驻地红色资源，结合主要节庆等时机，组织开展学雷锋、“重温入党誓词”“重温忠诚卫士誓词”等活动。推进中队荣誉墙建设，努力挖掘中队历史和荣誉，不断丰富营区政治环境。中队按照每月形势政策、理想信念、使命任务、内部关系、道德法纪、心理健康等6类教育内容，开展经常性政治教育。充分发挥橱窗、板报、网络、公众号等载体作用，转载红色故事、励志故事，分享心灵鸡汤、人生感悟、军旅轶事，推进政治文化环境建设。

【疫情防控】 2021年，武警岱山中队根据《中国人民解放军传染病防治条例》和《武警部队处置突发公共卫生事件应急预案》等法规制度和支队首长指示精神，结合疫情特点和中队实际制定应对新型冠状病毒疫情防控预案，认真做好监测、报告和各项应急准备工作，配备和储备必需的消毒药械、口罩、体温计等防疫物资，维护部队稳定和战斗力。

【后勤保障】 2021年，武警岱山中队严格按照后勤保障相关规定，全面提升后勤服务保障能力，深化拓展后勤领域重点问题“清仓归零”整治活动，中队支部坚持按照规定理财，落实双主官联签、按级审批等制度，坚持厉行节约的原则，有效管住方向、管住总量、管住资金。炊事人员结合实际每周制定食谱，积极调配饭菜花样，确保官兵吃得好、吃得饱。

（秦　伟）

2021年9月，武警岱山中队组织新兵开展中队荣誉教育

（武警岱山中队　供图）

人民防空

【概况】 2021年，岱山县人民防空管理中心（简称县防空管理中心），坚持践行人防建设“战时防空、平时服务、应急支援”的使命任务，在人防宣传教育、指挥通信、工程结建和规范化建设等方面取得长足发展。组织开展“5·12”人员疏散掩蔽演练、“浙江金盾—21”（舟山·岱山）实战化演习，大幅扩充人防专业队队伍。对全县已建人防工程开展全面检查，落实人防行政事项审批规范化操作，按省、市进一步梳理企业建设投资项目网上审批的要求，完善人防网上审批事项。

【宣传教育】 2021年，县防空管理中心强化防空防灾宣传教育，结合“3·1”国际民防日、“5·12”防灾减灾日、“九一八”事变和中国共产党成立100周年等重要时间节点，利用县电视台、微信公众号、《今日岱山》等主流媒体开展“防空防灾”知识宣传活动；积极参与县普法办组织的“国家宪法日”广场咨询宣传活动，现场发放宣传资料1200余份。全年共向社区、乡镇、各机关单位发放防空防灾宣传品3500多份，向各中小学发放人防知识教材2300余册。

【疏散演练】 2021年，县防空管理中心联合县融媒体中心在盛世豪庭小区开展“5·12”人员疏散掩蔽演练，并结合“浙江金盾—21”（舟山·岱山）人民防空实战化演习，组织县自来水公司开展以抢险抢修为主题的实战化应急演练。

【工程建设】 2021年，县防空管理中心加强在建工程人防工程建设管理，以及人防结建工程日常检查工作，及时向建设、施工单

2021年10月25日，县防空管理中心组织开展自来水公司应急演练
（县防空管理中心 供图）

位提出整改意见，以确保人防工程质量。开展已建工程执法检查，配合省、市人防办开展结建工程平时使用和维护管理检查，抽查4个小区防空地下室，确保工程防空效能和平时正常使用。

【通信警报】 2021年，县防空管理中心加强通信警报建设，顺利完成年度省、市、县及重点镇人防应急指挥网络和通信电台常态化互联互通训练，指挥通信、视频演练等达到规定要求。加强人防警报维护管理，组织参加全省“5·12”“九一八”防空警报统一试鸣，科学规划指挥信息系统建设，更新升级警报器2台。

【专业队伍】 2021年，县防空管理中心结合年度组织整顿，对抢险抢修、医疗救护等7支人防专业保障队进行调整和充实，在维持专业队人员数量200人的基础上，对人员年龄结构进行调整，平均年龄更显年轻化，专业技术人员比例提高。各专业队按“准军事化”要求，结合人武部民兵应急分队训练和部门岗位技术练兵等活动，进行整组点验和专业训练，队员参训率90%以上。通过参加县人武部组织的应急民兵整组工作会议，进一步强化局应急民兵队伍建设，整合编组新加入的应急民兵，提高民兵预备役人员遂行任务的能力。

【人防规范化建设】 2021年，县防空管理中心立足人防工作实际，筑牢“人民防空人民建，人民防空为人民”发展理念，按照“最多跑一次”“多合一”等要求，进一步梳理完善人防网上审批事项，积极推进投资项目在线审批监管平台建设。加强人防业务知识的学习培训，组织19人次参加省、市办等相关业务培训，按照规范化建设要求，认真做好“二库一室”建设，严格执行保密纪律落实保密措施。

（黄泽宏）

2021年12月14日，县防空管理中心对板井潭BJT-03地块工程进行检查
（县防空管理中心 供图）

岱山县退役军人事务局

【概况】2021年，岱山县退役军人事务局积极做好双拥与优抚安置工作，指导开展“市级双拥模范乡镇”创建活动。是年，高亭镇、长涂镇、岱东镇荣获“市级双拥模范乡镇”称号；县发改局、教育局、司法局、国网岱山县供电公司等4个单位荣获市“拥军优属先进单位”称号；91837部队警卫勤务连荣获“拥政爱民先进单位”称号；虞娜、王建军、薛鹏举、徐信龙荣获市“双拥共建先进个人”称号。做好某集团军到岱山海训时拥军工作，帮助解决用电、供水、住宿等困难，并送价值10万元的慰问品。办好“拥军优抚百件实事”，投入38万元助力武警岱山县中队完成智能阅读吧、游艺室、网络学习室、体育活动室、数字荣誉文化建设。做好现役军人家庭生活排忧解难工作，向随军家属发放生活补助，解决部队子女就学和随军家属随调工作。春节、八一期间，走访慰问驻岱部队，发放慰问金。组织做好“9·30”烈士纪念日公祭活动，开展“守护·2021清明祭英烈”网上祭扫活动。

【优抚工作】2021年，县退役军人事务局认真落实优待政策，发放义务兵家庭优待金，大学生入伍奖励优待金，增发义务兵立功受奖优待金。关心、关爱义务兵家庭，为义务兵父母和优抚对象安排免费健康体检。落实医疗政策，发放在乡重点优抚对象门诊医疗补助金，补助优抚对象住院医疗资金。开展庆祝中国共产党成立100周年走访慰问工作，慰问退役军人和优抚对象，发放慰问金。做好残疾军人换证工作，报批带病回乡退役军人认定1人、接收残疾军人1人，新批60周岁农村籍退役军人老年生活补助19人。组织做好退役军人和优抚对象第二轮信息采集。组织开展优抚对象年度核查工作，开展“代办代跑”亲情服务，简化办事程序，主动为退役军人出具军龄认定证明，着力深化“最多跑一次”。

【安置工作】2021年，县退役军人事务局做好接收2020年度秋、冬季退役士兵和转业士官工作，发放退役士兵一次性经济补助金。坚持实行阳光安置，按照公开、公正、公平竞争原则，安置转业士官，事业单位比率为78%；安置转业干部，参公率为100%。实施退役士兵大学生定向招聘事业单位考试。完善和实施退役士兵职业技能教育培训，完成对当年退役士兵职业技能教育培训，补助培训费9.05万元。

【退役军人服务站建设】2021年，县退役军人事务局推进“浙江省新时代枫桥式”退役军人服务站创建。是年，高亭镇、嘉和社区、东沙社区、枫树村、泥峙村、涂口村、东剑村等7个退役军人服务站成功创建为浙江省新时代枫桥式退役军人服务站，其中高亭镇退役军人服务站入选浙江省百家红色退役军人服务站；县退役军人服务中心获评浙江省退役军人服务保障体系建设先进单位。

2021年春节期间，县退役军人事务局组织走访慰问困难退役军人家庭

（县退役军人事务局　供图）

2021 年 3 月 29 日，县退役军人事务局为现役军人家庭送立功喜报　　（县退役军人事务局　供图）

【创新基层退役军人事务】 2021 年，县退役军人事务局创新基层退役军人事务工作方式方法，全面实施“轮值站长”制度，激发基层退役军人工作创造力，焕发基层退役军人工作“新活力”。按照“一站一队伍、一县一特色”思路，健全县、乡、村三级退役军人志愿服务体系，打造“蓬莱老兵”退役军人志愿服务品牌，有针对性地开展应急救援、抢险救灾、志愿服务、帮扶解困等工作。开展为现役军人立功送喜报活动，营造尊崇英雄、关爱功臣的浓厚氛围，提升退役军人的荣誉感和自豪感。

（王贝晔）

责任编辑：姜小金

工 业

Industrial

综述

【概况】2021年，岱山县认真贯彻落实中央、省、市决策部署，以新发展理念引领制造业高质量发展，扎实推进新一轮制造业“腾笼换鸟、凤凰涅槃”攻坚行动，做好淘汰落后、创新强工、招大引强、质量提升等攻坚行动。是年，全县新增规模以上企业7家，实现规模以上工业总产值1532.66亿元，同比增长71.6%；规模以上工业增加值同比增长28.2%。规模以上工业总产值和工业增加值增速均位列全市县区第一。

【加强工业性投入】2021年，全县工业基本建设项目32项，技术改造项目16项，完成工业性投入465.30亿元，同比增长17.2%，工业技改投资12.90亿元，同比增长36.1%。从行业来看，石化项目全年累计完成投资额457.20亿元，占全县工业投资的90%。惠生海工模块管线车间、岱山华丰技术改造等船舶海工项目，卓然、润和等石化产业链配套项目相继开工建设，总投资近30亿元。宁兴船舶、荣畅船舶、岱山华丰等企业设施设备改造升级完成后，产能持续释放。

【优化资源配置】2021年，全县改造提升亩均税收3万元以下低效企业84家，完成处置低效用地38.6公顷。深化“亩均论英雄”改革、新一轮制造业“腾笼换鸟、凤凰涅槃”攻坚行动分别受到省政府督查激励，连续两年获评全省淘汰落后产能工作考核先进县。

【加快数字经济发展】2021年，县政府相继出台《关于进一步支持数字经济发展暂行办法》《岱山县关于促进数字经济创新发展实施方案》《岱山县制造业数字化改造实施深度上云专项行动实施方案》等政策，助推数字经济

2021年9月，惠生海工为客户制造的炼化设备（县经济和信息化局　供图）

发展。是年，全县数字经济核心产业营收6.57亿元，同比增幅28.8%，增速位列全市第一。在浙江省数字经济发展综合评价中，岱山县数字经济发展指数居全省第48位，比上年提高33位，上升幅度居全市第一。全年数创园区新增入驻企业5家，累计35家，实现营业收入1.72亿元，税收467万元。是年，全县实施数字化改造工业企业6家，新增5G基站266个，全县总数达473个。

【数字经济系统建设】 2021年，全县编制完成《岱山县数字经济系统建设方案》，组建县数字化改革数字经济系统建设工作专班，下设办公室和8个工作组，形成一用（应用）一组（工作组）制度。数字经济系统门户迭代至3.0版，上线无动力船舶E管通、企业画像、金融综合服务等应用场景11个，其中“无动力船舶E管通”获市级数字经济多跨场景应用比赛三等奖，并上线市级数字经济系统首个地方创新应用。成立迪塔班克（浙江）数据公司，推进化塑（合成树脂）产业数据中心建设，为化塑产业大脑标准体系建设、数据共享、数据安全等理论研究做出有益探索。

（黄　伟　曹　泱　童良波）

2021年9月，浙江友联船舶修造有限公司修理集装箱轮

（县经济和信息化局　供图）

船舶

【概况】 2021年，全县正常生产的船舶修造企业共13家，完成规模以上工业总产值69.82亿元，占全县规模以上工业总产值（除浙石化外）的49%。交付船舶103万载重吨，同比增加11%；手持订单39万载重吨；全县较大型修船企业完成船舶修理511艘。是年，全县船舶行业实现进出口总额9.10亿美元，出口额6.80亿美元，进口额2.30亿美元。

【盘活江南山基地】 2021年，舟山中集长宏船舶修造有限公司，投资近2亿元，对金海智造江南山基地进行改造建设，全年完成码头、船坞和车间等技术改造，所有设备均具备生产条件，被列入2021年度舟山市“小升规”、首次上规工业企业名单。

【舟山华丰租赁原海舟船厂】 2021年，舟山市华丰船舶修造有限公司与卓然（浙江）集团签署租赁协议，租赁区域为二坞二码头、部分车间及相关设备设施，并成立全资子公司岱山华丰船舶修造有限公司，投资约1亿元。完成码头船坞动能压力管道和电缆的安装、门机龙门吊设备和船坞泵房设备等的修复以及80%场地的硬化和车间设备的采购等。

（金志广）

水产品加工

【概况】 2021年，全县规模以上水产品加工企业5家，实现总产值4.81亿元，同比下降19.1%。是年，岱山县水产品行业实现外贸自营进出口总额2.34亿元，同比增长16.6%。其中出口额2.28亿元，同比增长24.1%；进口额

0.06亿元，同比下降66%。舟山环太海洋食品有限公司被列入2021年度舟山市首次上规工业企业名单。

【舟富食品外贸形势向好发展】2021年，舟富食品有限公司外贸增长势头强劲，全年实现进出口总额1.70亿元，同比增长22%；出口额1.67亿元，同比增长33.3%。是年，为继续减少全球疫情对外贸水产企业带来的冲击，该公司积极开拓市场，先后参加CFIE中国食材展、长三角国际应急减灾和救援博览会、青岛渔业博览会等多个展会，展出自热米饭、冷冻炒饭、海鲜配菜等产品，其中在青岛渔业博览会上收获意向外贸订单500万元。

（黄　伟　祝冰辰）

机械制造和纺织纤维

【汽配行业】2021年，全县汽配行业共有企业86家，比上年减少13家，其中规模以上14家，期末从业人员达到8722人，实现规模以上工业总产值21.20亿元，同比增长23.3%；实现自营出口总额7.90亿元，同比增长34.6%。聚焦小微企业质量提升，金鑫海绵入选2021年度舟山市“专精特新”企业，银岱零部件、金鑫海绵、奥博管业等3家企业入选浙江省“专精特新”企业。

【化纤行业】2021年，化纤行业受全球疫情影响，订单锐减。是年，舟山欣欣化纤有限公司全年实现产值3009万元，同比下降47.3%。

（黄　伟）

玩具与电机

【玩具制造业】2021年，全县共有138家玩具及配件企业，期末从业人员1779人，舟山玩具厂作为全县唯一一家规模以上玩具制造企业实现产值2010万元，与上年持平。是年，全县共有6家玩具企业开展对外贸易，实现外贸自营出口总额6281万元，同比增长61.3%。其中，岱山县华弘玩具有限公司自营出口总额2904万元，同比增长142.2%，占全县玩具制造业自营出口总额的46.2%；舟山玩具厂自营出口总额1678万元，同比增长9.7%，占比26.7%。受疫情影响，线下各种经贸展会和展览项目均取消，浙江舟山玩具厂、舟山艺成贸易有限公司，岱山县易达欣玩具有限公司、岱山县华弘玩具有限公司等多家企业积极参与线上展销活动，多渠道开拓国际市场。

【电机制造业】2021年，电机制造业继续推进转型升级，全县共有电机制造业企业69家，期末从业人员7875人。规模以上企业舟山晨光电器有限公司实现年产值5.92亿元，同比增长39.3%，自营出口额1.20亿元，同比增长30.5%。是年，晨光电器技改投资2500万元，用于新建电机生产车间和研发中心等工程项目。

（黄　伟）

工业技术

【概况】2021年，县科技局以“产业创强”“平台创优”“助企创新”等行动为抓手，围绕产业链部署创新链，持续激活产业发展新动能，全力助推区域经济实现高质量发展。全年列入市级（含市）以上科技项目71项，省级“尖兵”研发攻关计划项目1项；全县新增高新技术企业6家、省级科技型企业32家、省级企业研究院1家；岱E智谷列入市级众创空间；2020年全社会科学研究与试验发展经费支出占地区生产总值比例达3.3%，同比增长2.6倍，增幅位于全省第一。岱山县被推荐为2021年度市县党政领导科技进步目标责任制考核优秀单位。

【科技项目】2021年，岱山县持续深化创新引领产业的改造提升，抓好科技项目实施，加快推进石化新材料、船舶海工、汽车零部件、微电机等领域关键技术的研发，着力提升区域科技进步，为全面推进全县经济和社会快速发展提供技术支撑。全年共实施省级项目68项，市级项目3项。

2021 年岱山县县级以上科技项目

表 4

级别	项目名称	承担单位
省级	梭子蟹笼渔船自动化捕捞装备技术研发与应用示范	岱山县金鑫海绵制品有限公司
	步行转弯智能玩具狗	浙江省舟山玩具厂
	高纯度双酚 A	浙江石油化工有限公司
	连续法双金属催化剂基聚醚多元醇	浙江石油化工有限公司
	30% 甲醇钠	浙江石油化工有限公司
	薄壁注塑专用料	浙江石油化工有限公司
	110 千伏及以上超高压电缆绝缘料 XLPE	浙江石油化工有限公司
	基于高浓度有机废液的生化系统碳源	浙江石油化工有限公司
	碳酸二甲酯装置联产的聚酯级乙二醇	浙江石油化工有限公司
	基于轻组分去除工艺的甲基丙烯酸甲酯	浙江石油化工有限公司
	高熔抗冲牌号 K9928H	浙江石油化工有限公司
	高共聚茂金属聚乙烯模试技术	浙江石油化工有限公司
	海岛大型石化基地全厂应急电源系统	浙江石油化工有限公司
	提高裂解炉热效率的技术	浙江石油化工有限公司
	利用苯酚丙酮装置焦油回收技术生产的苯乙酮	浙江石油化工有限公司
	国产化钛系催化剂全密度聚乙烯生产技术	浙江石油化工有限公司
	全密度聚乙烯 DFDA7042 产品	浙江石油化工有限公司
	基于高氧化物工况下质量控制技术生产的丙烯	浙江石油化工有限公司
	聚丙烯装置助催化剂及给电子体	浙江石油化工有限公司
	高密度聚乙烯中中空专用料	浙江石油化工有限公司
	2000 万吨 / 年炼化一体轻烃资源利用优化技术	浙江石油化工有限公司
	海底长距离输送氢气管道防泄漏技术	浙江石油化工有限公司
	高密度聚乙烯 IBC 吨桶专用料	浙江石油化工有限公司
	茂金属聚乙烯催化剂成套技术	浙江石油化工有限公司
	爬壁除锈机器人	浙江友联修造船有限公司
	一种集成式超高压液压动力单元	浙江友联修造船有限公司
	一种可调式重型牵引运输小车	浙江友联修造船有限公司
	扰流器	浙江友联修造船有限公司
	开式脱硫塔	浙江友联修造船有限公司
	一种供靠岸船舶使用的可移动式升压电源装置	浙江友联修造船有限公司
	自升式风电安装平台	浙江友联修造船有限公司
	BLDC65 无刷干湿数码电机研发	舟山晨光电器有限公司
	直流干湿随手吸电机开发	舟山晨光电器有限公司
	轻量化汽车发动机密封垫片	舟山海山机械密封材料股份有限公司
	橡胶金属复合型发动机密封垫片	舟山海山机械密封材料股份有限公司
	超大型海工模块整体吊装工艺	舟山惠生海洋工程有限公司
	管廊模块三维深度模块化设计技术	舟山惠生海洋工程有限公司
	超大型海上风电单钢管桩设计建造技术	舟山惠生海洋工程有限公司
	海上风电钢结构长寿命防护技术	舟山惠生海洋工程有限公司

续表 4

级别	项目名称	承担单位
省级	海洋智能电缆高性能制造技术	舟山惠生海洋工程有限公司
	F182 重质裂解炉节能降耗技术	舟山惠生海洋工程有限公司
	北极 LNG 天然气管廊模块建造技术	舟山惠生海洋工程有限公司
	LNG 模块高效建造技术	舟山惠生海洋工程有限公司
	特种乙烯裂解工艺绿色节能技术	舟山惠生海洋工程有限公司
	复合衬里的高温绝热技术	舟山惠生海洋工程有限公司
	轻量化 SUV 保险杠骨架开发	舟山市奥博管业有限公司
	一种全金属气缸垫	舟山市恒顺密封件有限公司
	满足高可靠性能要求的新型金属汽缸垫	舟山市恒顺密封件有限公司
	一种隔热耐高温柴油发动机气缸垫	舟山市恒顺密封件有限公司
	HYB-01L 无锡自抛光防污漆	舟山市恒泰漆业有限责任公司
	第二代线性自抛光防污漆 HYB-02	舟山市恒泰漆业有限责任公司
	“互联网 +”智能化汽车服务平台	舟山市微岱网络科技有限公司
	舟山市市民卡综合管理信息服务系统	舟山市微岱网络科技有限公司
	基于灾情预警的避灾安置场所信息化管理系统	舟山市微岱网络科技有限公司
	公交移动支付市民卡升级系统	舟山市微岱网络科技有限公司
	舟山市公共信用信息平台	舟山市微岱网络科技有限公司
	C1UG 拉线头枕	舟山市银岱汽车零部件有限公司
	CD539 扶手总成的结构设计与产品开发	舟山市银岱汽车零部件有限公司
	长城 P01 遮阳板总成的结构设计与产品开发	舟山市银岱汽车零部件有限公司
	WL 第一排头枕总成的结构设计与产品开发	舟山市银岱汽车零部件有限公司
	P758 遮阳板的结构设计与产品开发	舟山市银岱汽车零部件有限公司
	耐温差抗冻混凝土	舟山市元鑫预拌混凝土有限公司
	-30℃无裂缝的隧道用耐久抗裂混凝土	舟山市元鑫预拌混凝土有限公司
	隔音隔热泡沫混凝土	舟山市元鑫预拌混凝土有限公司
	再生废水混凝土	舟山市元鑫预拌混凝土有限公司
	原液着色海军蓝白条抗菌纤维	舟山欣欣化纤有限公司
	超棉抗菌弹性复合丝	舟山欣欣化纤有限公司
	超棉吸湿排汗网络丝制备工艺	舟山欣欣化纤有限公司
市级	豪华邮轮升级改装关键技术研究与应用	浙江友联修造船有限公司
	高品质净素膳食营养制品新含气调理技术研发与示范	浙江舟富食品有限公司
	WD-WL 第一排头枕总成的结构设计与产品开发	舟山市银岱汽车零部件有限公司

【工业技术发展】 2021 年，全县积极推动传统产业向高端化、智能化、绿色化方向发展，舟山市银岱汽车零部件有限公司、舟山海山机械密封材料股份有限公司等 9 家企业被列入 2021 年度县级智能化（数字化）车间培育试点企业；舟山晨光电器有限公司“BLDC 无刷吸尘器电机”获评 2021 年度浙江制造精品；舟山惠生海洋工程有限公司“千吨级片体联合吊装技术”通过省级工业新技术鉴定。是年，国家相关部门与舟富食品有限公司签订生产协议，并派专人现场监督生产。6 月，该企业生产的 23 种主副食品全部入选神舟十二号载人飞船“食谱”。

（曹 泱 林 皓）

【科创平台建设】 2021 年，全县高标准推进岱山汽船配内饰密封件产业创新服务综合体建设，建设主体工程占地面积 15.98 公顷，其中科创综合大楼建筑面积10758平方米。主体装修工程经过立项、审核、招标等系列程序，于11月进场施工。是年，新引进宁波大学、上海船舶工艺研究所等多个创新载体，浙江方易校准检测技术有限公司、舟山君耀科技发展有限公司等多家服务机构为企业提供检验检测等技术服务350余家次，基本形成“一平台六中心”服务格局。

【新材料研究和试验基地建设】2021年2月26日，岱山县成立岱山新材料研究院；11月12日，研究院完成设立登记；9月27日，研究和试验基地正式开工建设；截至12月底，完成工程总量的30%。首批确定入驻“环境友好及功能性树脂”等5个先进高分子复合新材料中试项目。

【培育创新主体】2021年，全县新增高新技术企业6家，分别为舟山惠生海洋工程有限公司、浙江瑞程石化技术有限公司、舟山林东潮流发电有限公司等。新增省科技型企业32家，分别为岱山海莱云智科技有限公司、舟山宁兴船舶修造有限公司、中交三航局舟山海洋工程有限公司、舟山市明美汽车内饰件有限公司等。至年底，全县共有高新技术企业22家，省科技型企业182家。

【与高校科研院所交流合作】2021年，全县实施企业当家作主的产学研协同创新制度，深入挖掘企业需求，促进产业端与技术端的精准对接。加强与浙江大学、浙江海洋大学等高校院所的科技合作交流，舟山市恒泰漆业有限责任公司联合东南大学开展“仿生超浸润材料”的研发；浙江友联修造船有限公司联合武汉理工大学实施“豪华邮轮升级改装关键技术研究与应用”项目；岱山县金鑫海绵制品有限公司联合航天九院十三所共同推进“梭子蟹笼渔船自动化捕捞装备技术研发与应用示范”项目。

2021年9月27日，岱山新材料研究室研究和试验基地开工建设

（县经济和信息化局　供图）

【科普宣传】2021年5月22—28日，县科技局联合县卫健局、县市监局等有关单位在金维映广场举办以“百年回望：中国共产党领导科技发展”为主题的“科技活动周”系列活动。围绕当前科技和经济社会发展的热点及群众关心的焦点，发放科技创新、食品安全、防疫知识、防灾救灾等科普知识读本、宣传折页，开展相关知识展板宣传和有奖竞答、专题咨询服务等，营造“崇尚科学、学习科学、运用科学”的良好氛围。

【科技特派员制度】2021年，岱山县进一步实施科技特派员制度，助力农户增产增收。根据全县瓜果种植、乡村旅游等产业发展的实际需要，下派7名科技特派员，其中市级3人，县级4人，实现全县各乡镇全覆盖。全年共实施市县科技特派员项目7项，科技特派员结合自身特长，深入基层帮助农户掌握先进的农业适用技术，采取现场讲解、入户面授等方式提供技术指导，努力提高渔农民科技素质。是年，岱山县获得由省委办公厅和省政府办公厅联合颁发的“2019—2020年度科技特派员工作成绩突出单位”奖状。

（陈奕洁）

2021 年 5 月 22—28 日，县经济和信息化局在县文化广场举办科技周活动
（县经济和信息化局　供图）

电力

【概况】 2021 年，国网岱山县供电公司（简称县供电公司）践行“自立坚守、担当奉献、勇攀高峰”的高塔精神，以“强基础、精管理、塑文化、作标杆”为工作主线，全力谱写“示范窗口”海岛示范岱电新篇章。是年，岱山全社会用电量 75.62 亿千瓦时，同比增长 54.3%，剔除鱼山同比增长 8.1%；售电量 8.34 亿千瓦时，同比增长 2.8%，创历史新高。是年，荣获“国家电网有限公司先进集体”“全国巾帼文明岗”“舟山市电网建设、电力设施保护先进单位”“舟山市拥军优属先进单位”“岱山县政府质量奖”等荣誉，年度绩效考核居国网舟山市供电公司两区两县第一名。

【安全生产】 2021 年，县供电公司完成浙江省电力有限公司安全巡查“回头看”问题整改闭环销号。开展安全大检查和专项督查，整改问题 93 项，整改率 100%。建成安全管控中心，开展各类稽查 987 次，查处违章 71 起，违章记分 144 分，处罚金额 2.50 万元。完成电力设施安全警示标识专项排查整治，建立海上电力设施保护应急联动机制。政企联合建立客户专属保障团队，督促 7 户高危用户完成隐患治理。开展“应急救援基干队伍跨县域联合演练”“护网 2021”等演练 30 余次。开展 10 千伏引流线及设备线夹等系列专项排查，消除严重及以上缺陷 63 起。

【运行维护】 2021 年，县供电公司实施县域内 110 千伏及以下变电站属地化运维相关工作，柔直舟衢站等 10 座变电站正式进入属地运维时代。在全市范围内试点实现手持终端网络化下令应用，完成大衢变 35 千伏Ⅲ段母线扩建投运和 35 千伏大幸线、大福线综合检修工作。创新应用新技术新设备，投运全市首套 10 千伏柔性接地选线装置，实现 110 千伏竹屿变接地故障快速精准选线。应用自适应新型绝缘杆和带电作业机器人，全年带电作业次数同比提升 41.6%。

2021 年 6 月 4 日，机器人带电作业　（县供电公司　供图）

2021年4月20日，县供电公司首次应用自适性绝缘杆，开展“自动化”带电作业　　（县供电公司　供图）

【电网发展】 2021年，县供电公司积极构建海岛新型电力系统，编制形成《海岛多元能源新型电力系统县级示范实施方案》。与县政府签订《县域可利用屋顶分布式光伏战略合作框架协议》，促成全市最大单体容量惠生屋顶光伏项目落地，全年县域清洁能源装机新增1.41万千瓦，全额消纳绿电2.01亿千瓦时。引导县政府出台《清洁能源消纳长效机制》，要求新能源10%储能配置。完成《岱山县“十四五”电网发展规划》等7项规划编制。成立国家重点项目工作专班，提前启动220千伏衢山输变电工程和110千伏岱西输变电工程的前期工作。高效完成220千伏洛迦至鱼东输电线路工程属地政策处理工作。完成舟岱大桥随桥电缆在线监测电源接入工程。完成35千伏新大西变投运。落实《目标网架建设三年提升方案》，全面完成年度14项配电网建设改造任务，重点完成9回10千伏线路网架的完善，核心区域网架更为合理。

2021年8月18日，惠生海工光伏项目在岱山落地　　（县供电公司　供图）

【营销服务】 2021年，县供电公司建立业扩全流程管控与绩效强关联，全年高、低压业扩全流程平均时长缩短至25.34天、2.81天，获得电力指标从96.1%提升至100%。在全市范围内率先与政府签订《供电可靠性管制计划协议书》。依托“转供电费码”，开展转供电不合理加价行为治理，清退37.32万元，惠及终端用户69户。政企联动实现县域590户市场化交易用户全部入市。推动政府成立有序用电专班，完成8户35千伏及以上用户有序用电“一企一策”，实现精准施策、柔性限电。圆满完成需求响应负荷资源库年度建设任务。投运全市首家秀山无人化营业厅，实现全省首家县公司全域刷脸办电。大力拓展综合能源服务，与县城投集团签订《综合能源服务战略合作框架协议》。组建大客户专属服务团队入驻浙石化，实行合署办公模式。完成太阳城二期小区地下充电桩配套改造。完成建党百年重要时段、县“两会”、舟岱大桥通车仪式等30余项保电任务。

【企业管理】 2021年，县供电公司构建“工作清单化、管理标准化、业务流程化”管理体系，将周例会延伸至基层单位，实现任务贯穿、信息对称、闭环管理。做大有效资产盘子，完成用户资产接收3700万元，项目转资4600万元。实施“一线一档”精细化管控，衢山供电所、东沙供电所客户服务中心共7次入选全国线损管理百强供电所。全面推进数智化供电所“三化”建设，实现业扩报装等业务线上贯通，供电服务质效明显提升，衢山、东沙两供电所位列市公司营销同业对标年度排名前三。

2021年3月8日，县供电公司客户服务中心营业厅获评全国妇联“巾帼文明岗”称号　（县供电公司　供图）

【队伍建设】 2021年，县供电公司实施《358海燕人才培养计划》，实行“新员工、班组长、五级领导”三级人才培养，采取“大练兵、大比武”“小二班”集中培养等练兵赋能举措。弘扬劳模精神、工匠精神，以“蔡雄劳模创新工作室”和“龚方祥劳模创新工作室”为平台，调动广大职工开展技术创新活动的积极性和主动性。1项质量控制成果获2021年电力行业优秀质量管理成果特等奖、全国能源化学地质系统优秀职工技术创新成果三等奖，启航质量控制小组获“全国优秀质量管理小组”称号。成功选树“浙江青年工匠”3人，“浙江省质量工匠”1人。积极打造客服中心营业厅“火凤凰”品牌，创出舟山公司首个全国妇联“巾帼文明岗”。做好“娘家人工作室”工会品牌建设，打响“开心任大哥”文艺品牌团队知名度。

【企业自身建设】 2021年，县供电公司开展服务国家战略项目、助推绿色港口发展等重大主题宣传活动，围绕“建党百年”“海岛示范”等主题，推出融媒体深度报道12期，《海上亮灯人》等2项作品获第九届全国品牌故事大赛（宁波赛区）三等奖，作品《微光》获全国电力行业优秀影视作品大赛二等奖。深化“建党百年红船行·人民电业为人民”专项行动，细化“我为群众办实事”任务清单40项，开展暖心零距离服务50余次，打响“党员幸福红丝带”品牌。全力支撑全国文明城市创建，完成老旧小区集中表箱、小区飞线、电缆井盖改造3600余处。

2021年岱山县各行业用电量与比例表

表5　　单位：万千瓦时

行业分类		2020年	2021年
城乡居民生活用电合计	电量	17010.84	18896.70
	占比	3.47	2.50
农、林、牧、渔业用电合计	电量	687.16	651.74
	占比	0.14	0.08

续表 5

行业分类		2020 年	2021 年
工业用电合计	电量	392197.19	709846.68
	占比	80.04	93.87
建筑业用电合计	电量	59015.72	2244.20
	占比	12.04	0.30
交通运输、仓储和邮政业用电合计	电量	8108.03	9350.24
	占比	1.65	1.24
信息传输、软件和信息技术服务业用电合计	电量	1023.20	1150.70
	占比	0.21	0.15
批发和零售业用电合计	电量	2848.78	3351.05
	占比	0.58	0.44
住宿和餐饮业用电合计	电量	2304.13	2911.67
	占比	0.47	0.39
金融业用电合计	电量	303.22	298.92
	占比	0.06	0.04
房地产业用电合计	电量	616.14	860.34
	占比	0.13	0.11
租赁和商务服务业用电合计	电量	561.82	684.74
	占比	0.11	0.09
公共服务及管理组织用电合计	电量	5344.13	5979.59
	占比	1.09	0.79
全社会用电总计		490020.35	756226.56

2021 年岱山县供电生产情况表

表 6

项目	2020 年	2021 年
供电最大负荷（万千瓦）	16.66	17.73
供电量（万千瓦时）	83871.43	86751.70
售电量（万千瓦时）	81138.45	83403.44
线损电量（万千瓦时）	2732.98	3348.26
线损率（%）	3.26	3.86
供电负荷率（%）	79.02	89.73

（章怡帆）

岱山经济开发区

【概况】 2021 年，浙江岱山经济开发区（简称经济开发区）贯彻落实县委县政府关于建设经济发展大平台的决策部署，紧紧依托“鱼山大金矿”，加快推进招商引资、项目建设、营商环境等各项工作，整体发展态势逐步向好。是年，开发区核心区实现产值 112.36 亿元，同比增长 9.8%；实现税收 6.41 亿元，同比增长 36.2%。实际利用市外资金 25.70 亿元，合同利用外资 1845 万美元，实际到位外资 1027 万美元。

【招商引资工作】 2021 年，经济开发区紧盯浙石化、卓然科技、瑞程石化等行业龙头企业，通过以商引商、产业招商、宣传推介等方式，大力开展项目招引工作。全年共引进项目38个，其中20亿元以上项目1个，10亿元以上项目1个，亿元以上项目11个。4月，联合上海卓然股份举办“岱山石化循环经济产业园签约仪式”，引进石化装备制造关联企业20家。是年，石化循环经济产业园、润和石化、中试基地、佳瑶新材料、ABS辅料等一批重大项目开工建设，共完成企业性投资33.38亿元。

【基础配套建设】 2021年，经济开发区完成《浙江岱山经济开发区（南部片区）控制性详细规划》报批稿，推进东沙地块控规编制。完成《产业发展规划》《数字化排水专项规划》《区域能评》编制。星浦未来社区、中试基地、新材料污水处理厂、汽船配内饰密封件产业创新服务综合体等项目开工建设，小微企业园、危险品码头改造、园区路网、电网提升等项目前期加快推进。

【数字化改革】 2021年，经济开发区启动建设数字园区建设基础平台——CIM管理平台一期，项目包括开发区基底模型创建、数字沙盘等，构建数字孪生体，推进规划、建设、管理等要素全面数字化管理。项目一期投资1500万元，至年底，基底模型创建完成。推动机电、汽船配、海工制造等传统优势产业实施数字化改造，引导企业开展“机器换人”、企业上云等，加快推进岱美公司、奥博管业、晨光电器、宁兴船舶等企业的数字化改造项目。

【高耗低效企业整治】 2021年，经济开发区通过关停淘汰、政府收储、司法处置等手段，对32家亩均税收在3万元以下市级低效企业全部完成整治，盘活低效用地31.2公顷。扎实推进僵尸企业处置，完成港峰铜业、晨业船舶两家僵尸企业处置，盘活土地20.33公顷，涉及资金1.34亿元。

【营商环境优化】 2021年，经济开发区贯彻落实省市县开发区整合提升方案，在机构设置、职能边界、公司运营等方面改革符合

2021年12月15日，建设中的星浦未来社区二期工程　　（岱山经济开发区管委会　供图）

整合提升方案的要求，完成“三定”方案制定。建立县属各部门服务保障开发区工作任务清单制度，形成“开发区围绕产业转，部门围绕开发区转”的良好局面。充分发挥“一站式”行政审批服务中心作用，为44家企业提供全程代办服务80项。结合文明城市创建，加大基础设施投入力度，完成道路沿线立面改造9千米，增设“港湾式”公交候车亭19个、垃圾分类设施200余个，完成绿化投资1100万元。

【环保安全监管】 2021年，经济开发区开展船舶修造、危化、一般工贸企业的常态化检查，发现并整改安全隐患800余项。对94家正常生产企业安全风险进行技术评估，绘制完成安全风险分布四色图。开展危险化学品领域遏制重大事故和临时装卸作业点专项整治行动，取缔临时装卸点4个，园区安全生产形势总体保持稳定。联合市生态环境局岱山分局推进污染整治，开展污水零直排“回头看”专项行动，重新规划铺设水产企业污水管网。

【清廉园区建设】 2021年，经济开发区狠抓清廉园区建设，重点抓好工程项目的监管工作，制定《在建工程建设单位廉政制度》《在建工程施工单位廉政制度》《在建工程监理单位廉政制度》等多项制度，严防工程领域腐败。全力推进星浦未来社区清廉工程建设，打造“清廉岱山”工程样板。

【“三服务”活动】 2021年，经济开发区进一步健全相关制度，制定出台《效能监察工作实施办法》《改革创新容错免责机制实施办法》，切实转变机关工作作风，进一步激发开发区党员干部干事创业的激情，全年开展“三服务”173项，总数位居全县前列。

（姚　琼）

责任编辑：姜小金

海洋与渔业

Marine Management and Fishery

综述

2021年，县海洋与渔业工作深入践行新发展理念，抓好安全发展、绿色发展主线，以系统思维构建新发展格局，全面确保渔业高质量发展。全年渔业总产值55.35亿元，按现价计算，比上年增长2.9%。水产品总产量32.5万吨，比上年下降3.2%，其中国内捕捞29.94万吨，增长0.1%。渔民人均收入11.13万元，渔区人均收入4.35万元，分别比上年增长7.5%和8.1%。

海洋捕捞

【捕捞作业】 2021年，岱山海洋捕捞春秋汛生产单位按作业类型分，帆张网441个，对（单）拖网23个，蟹笼257个，拖虾363个，刺网246个，围网7个，小型张网119个。是年，全县国内捕捞生产效益总体较为平稳。帆张网、拖虾、对拖网等作业生产效益略长于上年，其中拖虾全年单位平均产值262.60万元，比上年增长47.42万元；帆张网全年平均产值276.63万元，比上年增长28.01万元；蟹笼全年平均产值266.55万元，比上年增长28.85万元；对（单）拖网全年平均产值223.04万元，比上年减少12.57万元。从渔获物种类看，梭子蟹产量67819吨，比上年减少8.5%；虾类产量39353吨，比上年增长1.2%；小黄鱼、带鱼生产形势较好，增长幅度较大，小黄鱼产量37337吨，比上年增长36.5%；带鱼产量39590吨，比上年增长22.9%。

【科技示范船】 2021年，县海洋与渔业局加强对渔船上通信导航设备、助渔设备、生活舱室和鱼舱冷藏设备的改造，提高渔业生产效率，年内共改造35艘渔船。加快渔船机器换人，对接航天九院十三所，精准开展对蟹笼自动脱钩装置、饵料切割机等渔具的研发。

2021年全县主要捕捞作业效益表

表7

类型	对拖	帆张网	拖虾	蟹笼	深围	大机流	单拖	灯抄
产量（吨）	4950	110936	78765	57352	2290	21892	595	13691
产值（万元）	4543	121996	95324	68503	1255	24324	587	10043

2021 年全县主要捕捞品种产量表

表 8

品种	小黄鱼	鮸鱼	梅鱼	带鱼	鲳鱼	海鳗	梭子蟹	虾类
产量（吨）	37337	7390	36740	39590	5153	4704	6740	36630

海水养殖

【养殖尾水治理试点建设】 2021 年，县海洋与渔业局委托第三方舟山市食品药品检验研究院对 4 家养殖尾水治理示范点（岱山县恒舟水产养殖专业合作社、岱山南峰水产养殖试验场、岱山县东升对虾养殖专业合作社和舟山市兴东水产养殖有限公司）的养殖尾水持续跟踪监测，并保持对该四家尾水治理点的重点关注。在生产季节保持每月检测 1 次的频率，根据检测数据显示，该 4 家尾水治理点尾水达标排放合格率为 100%。

【健康养殖示范场创建】 2021 年，县海洋与渔业局推进“三品一标两场”建设，成功创建省级水产健康养殖示范场 3 家。完成海水蟹配合饲料养殖面积 2428.25 公顷，超额完成 2021 年推广面积。

【推进渔业环境监测】 2021 年，县海洋与渔业局及时掌握岱山县养殖塘养殖原水、底泥和养殖尾水水质情况，完成年度内养殖水质的抽检任务，对水样不合格单位进行通报，并监督抽检单位整改，直至养殖水质符合标准为止。是年，共开展水质监测 120 批次，检测合格率达 100%。

【养殖技术培训】 2021 年，县海洋与渔业局开展养殖技术推广服务工作。6 月，在舟山市实用人才实践培训基地（岱山县兴丰梭子蟹养殖专业合作社）举办渔技推广培训班 1 期，邀请省海洋水产研究所专家现场教学指导，培训学员 45 人次。7 月，在 2 个水产养殖偏远且集中片区（岱西镇海丰村、长涂镇东剑社区）各举办一期水产养殖技术培训，邀请省海洋水产研究所专家现场授课。

渔业安全管理

【渔船动态点验工作】 2021 年，全县出台《渔船动态点验工作指南》，通过清单化的渔船动态干预闭环管控，确保渔船进出有报告、航行有编组、预警有干预、干预有落实，倒逼船东船长真正遵守航行规则、落实安全生产制度。强化宣传引导，累计向渔船老大、涉渔干部、渔民家属发送预警信息、管理指令、宣传信息等各类短信逾 200 万条。

【各类渔政执法检查】 2021 年，县海洋与渔业局通过海陆联动，加大对渔船回港执法检查和渔政船出海突击检查的频率，着力突出对“五超”行为、无证驾驶、编组不落实等违规对象的精准打击，加大对渔船安全生产主体责任的追究力度。共组织渔政执法检查 1109 次，查处渔船违法违规行为 176 起，强制停航 73 艘，移送公安、海警 14 起 32 人（其中行政拘留 10 人、刑事拘留 5 人）。

【渔船安全】 2021 年，县海洋与渔业局完成渔船风险普查 1751 艘，整治老旧渔船 95 艘、核定修正船员人数 430 艘、配备机舱水位报警器 1312 艘、核查稳性资料 1555 艘，夯实渔船的安全基础。在两次渔船集中开捕前夕，组织召开专题部署会，隐患整改不到位的渔船被列入不予开捕清单。

【千人培训工作】 2021 年，县海洋与渔业局全面升级船东船长面对面教育，将培训对象扩大至船副、渔嫂等，累计轮训 2896 人。通过线上学理论、线下练技能，提升渔业船员安全生产认知和操作能力，共培训普通船员 1840 人、职务船员 2041 人。

2021 年 5 月 17 日，县海洋与渔业局开展修造渔船安全检查　（县海洋与渔业局　供图）

【落实渔业安全生产工作体系】 2021 年，县海洋与渔业局通过一系列规章制度，规范全县渔业安全层级管理。设立渔业安全生产专业委员会，建立健全专班运行机制，负有安全监管职责的部门在工作调度、执法检查、日常管理等多方面实现一体联动，县域治理渔业安全生产工作体系逐步形成。

【商渔船互学机制】 2021 年，县海洋与渔业局建立商渔船互学机制，逐步破解商渔船沟通“老大难”问题。与海事部门开展干部交流挂职活动，签订“遏重大”商渔船防碰撞工作合作备忘录，并组织渔船、商船船长互登油轮和捕捞渔船，针对性开展救助演练，降低商渔船碰撞事故发生。

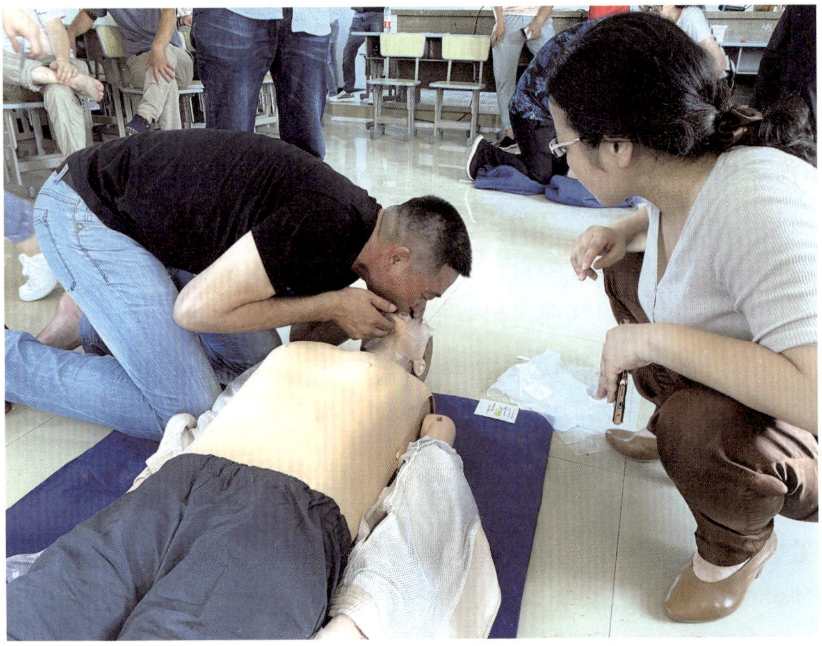

2021 年 7 月 7 日，全县渔民海上救护培训在衢山镇成人学校开展　（县海洋与渔业局　供图）

【渔业系统的数字智治】 2021 年，县海洋与渔业局以抓数字化改革为契机，提高渔业安全监管工作整体智治水平。智慧海上一体化平台初步上线，电子围栏、智能预警等功能不断完善。建立衢山镇船员管理服务中心，完善“淘渔吧”船员管理服务系统应用，并在长涂镇复制推广。

一打三整治

【小型三无船舶专项治理】 2021 年，县海洋与渔业局深化海上“打非治违”力度，保持对“三无”船

2021 年 8 月 31 日，县海洋与渔业局开展渔船安全精密智控工程终端设备备试安装工作　　（县海洋与渔业局　供图）

2021 年 5 月 13 日，县海洋与渔业局衢山分局开展“三无”船筏清理行动　　（县海洋与渔业局　供图）

艇“发现一艘、拆解一艘”的严打态势，共查获拆解 47 艘“三无”船艇。

【严查禁用渔具】 2021 年，县海洋与渔业局通过海上查、陆上堵，加强对禁用渔具的检查。是年，共清理取缔地笼网、滩涂串网等 895 件。

【严查流通渠道】 2021 年，县海洋与渔业局与县市场监督管理局开展联合执法，堵住违禁鱼货流通渠道。严格落实渔获物进场索票索证制度，派出执法人员驻守高亭农贸市场、城郊菜场和饭店经营场所，每日分时段开展抽查，禁止 8 种海洋捕捞冰鲜或活体水产品上市出售。共检查市场、饭店等场所 461 次，没收违禁渔获物 313 千克，全部赠予社会福利机构。

【开展增殖放流】 2021 年，全县共投放大黄鱼、三疣梭子蟹等苗种共计 9000 万尾，有效增加周边海域生物资源量。

渔业综合管理

【蟹文化综合产业园建设】 2021 年，全年累计完成政府性投资约 1.32 亿元。园区落户企业 2 家，累计完成投资约 1.43 亿元。集散中心工程完成立项手续及土地权证办理，其中土建综合楼及加工区已开工；附属项目招投标工作进行中；码头工程完成立项手续以及海域、岸线权证办理，完成约工程量的45%；海堤提标加固工程完成竣工验收。

【规范渔船建造】 2021年，县海洋与渔业局严格落实3个"相符"，即建造图纸符合船检技术规则规范、图纸与实船相符、实船与证书相符。是年，全县共新建各类渔业船舶105艘，其中本县渔船40艘，县外渔船65艘。

【登船检验工作】 2021年，县海洋与渔业局重点检验救生衣（圈）、灭火器、求生信号弹等安全设备；继续开展渔船号灯、自动舵等专项清理整治，巩固前期治理成果；继续实施对全县渔船老旧气胀救生筏的更新补助政策，是年，共补助渔船98艘，发放专项补助资金16.25万元。

【完善网格调解服务体系】 2021年，全县海上网格以各合作社渔船整体划分，陆上网格以"东海渔嫂"为依托，组建起渔村家庭的精准服务网，强化与海上渔民老大之间的联络，实现渔船海上服务"零距离"。同时，进一步强化与周边渔业县区的联谊协调。

海洋管理

【海洋监察】 2021年，县海洋与渔业局开展年度"海盾""碧海""护岛"三大专项执法行动，依法加强对全县海域使用、海洋生态环境以及无居民海岛周边生态环境的执法检查，依法查处各类违法违规用海活动。是年，共立案查处3宗，其中1宗未经核准在无居民海岛从事建设活动案，2宗未取得海域使用权非法

2021年7月29日，县海洋与渔业局开展"守护蓝海、法治护航"宣传活动　（县海洋与渔业局　供图）

占用海域。

【实施国家海洋督察问题整改行动】2021 年，县海洋与渔业局做好自然资源部东海局浙江省海洋专项督查工作，加快推进第二轮中央生态环境保护督察整改工作。全县大队配合县自然资源和规划局、县生态环境局，在巩固好中央第一轮中央环保督察整改工作成果的同时，继续梳理辖区内的围填海项目，为海洋督查、中央生态环境保护督察组下沉督察期间的资料调阅提供数据支撑。

渔港建设及管理

【美丽渔港建设】2021 年，县海洋与渔业局完成政府性投资 5.70 亿元，其中工程部分投资约 2.10 亿元，主要包括起止点生态修复工程、江南段护岸综合整治等工程项目的建设；征收方面投入约 3.60 亿元，主要为岱山荣达渔业、徐氏水产、清泰路入口等 36 处的土地收储。吸引舟山中集长宏船舶修造公司等 7 家企业到岱山投资，累计撬动社会资本投资约 5.10 亿元。

【开展渔港综合整治】2021 年，县海洋与渔业局专门配置渔港巡查力量和渔港保洁队伍，实时掌握渔港排污及靠泊渔船动向，确保渔港环境整洁有序。共开展渔港管理巡查 596 次，其中联合执法 182 次，派出人员 2480 人次。查处明火作业（船舶修理）等违规现象 110 起，全部完成整改；查获违规排放油污船舶 4 艘。共整改渔港渔通道乱堆放渔具 147 处，清理废旧品垃圾 95 处。保洁船清理渔港海上垃圾 106 车(约 43 吨)，清理渔港海上油污 25 次。

（方远辉）

责任编辑：李慧慧

农 业

Agricultural

综述

2021年，县农业农村局坚持以习近平新时代中国特色社会主义思想为指导，围绕新时期岱山"三农"工作目标，统筹开展乡村振兴战略实施，着力实施共同富裕示范建设，全力推进渔农业高质高效、渔农村宜居宜业、渔农民富裕富足，各项工作取得较好成效。成功入围浙江省新时代美丽乡村标杆县首批创建名单，入选省第一批水资源集约安全利用综合试验区（全省十个；全市唯一），获得省"五水共治"先进集体提名。县旱情预警及调度综合应用获评第一批省水利数字化改革优秀应用。扶贫帮困工作获"全省扶贫开发和消除集体经济薄弱村工作成绩突出集体"称号。衢山镇皇坟村平稳完成土地延保30年试点工作。是年，岱山荣获"2021年度全省农村生活垃圾分类处理工作优胜县"称号。年内，全县粮食作物种植面积953.34公顷，产量4573.64吨。启动秀山乡秀南水稻高产示范方建设。落实耕地"非粮化"整治，清理腾退"非粮化"面积32.33公顷，完成抛荒地整治面积113.73公顷。加快推进现代农业发展，推进岱山海岛茶叶、特色水果精品绿色农产品基地创建，完成3家县级高品质绿色科技示范基地的验收。成立岱山县家庭农场联盟，吸纳家庭农场成员100余家。持续推进"菜篮子"工程建设，建成叶菜类蔬菜保障型生产基地17.4公顷，全县新开设"菜篮子"供应店2家，新增"鱼篮子"销售点2个。完成猪舍全部土建工程，新建万头猪场，安装自动清粪系统2.5公顷，联达牧场年底存栏在3500头左右。加强农产品质量安全监管，完成定量检测105批次，其中监督抽检57批次，合格率均为100%；定性检测1630批次，合格率100%。开展对畜禽的重大疫病防控，规模场重大疫病预防免疫率达到100%；开展畜产品安全监测，屠宰检疫到位率100%，病害动物及其产品无害化处理率100%。加快农田水利建设步伐，全年水利建设资金总投入3.65亿元，比上年减少28.7%；农田有效灌溉面积2499.33公顷；节水灌溉面积1860公顷。完成磨心水库联网与董家岙至岱南平地水库联网工程2个、水系连通及水资源综合利用工程1项、闸泵等海塘配套工程8座、水库除险加固4座、山塘整治1座等。治理幸福河道4条，建成强排泵站8座、供水管网改造57千米，成功创建第三批浙江省节水宣传教育基地——岱山县节水宣传教育基地，完成黄沙湾灌区80.94公顷的节水灌区创建。依法加强行政管理，共审批水土保持方案19个，占地面积142.32公顷，收取水土保持补偿费104.50万元，对18个重点生产建设项目开展水土保持现场调查。推进新一轮集体经济发展。盘活闲置农房110套，建成岱西双合闲置农房盘活示范区。扎实推进宅基地管理工作，是年累计为农民建房"一件事"办理线上审批141件，审批总面积981.67公顷。完成

17个省级善治（示范）村和30个市级清廉村居示范村的创建，提升村集体“三资”管理，全县78个村社全面应用省版三资系统，网上审批率100%，全年审批支付成功业务19520笔，涉及资金4.07亿元。全县共结对贫困户1523对，每户帮扶资金和实物价值在1600元以上。

种植业

【种植业生产】2021年，全县粮食作物种植面积953.34公顷，产量4573.64吨。蔬菜种植面积1398.93公顷，产量19972.8吨。果用瓜种植面积283.13公顷，产量4322.1吨。油料种植面积418.6公顷、产量958.3吨。

【主要农作物品种】**水稻**　早稻以及单季、双季晚稻种植面积388.15公顷，产量2580.89吨。有单季晚稻品种秀水519、甬优1540、嘉58、嘉丰优2号等品种6个，主推品种为秀水134、嘉禾218、嘉优中科3号。

小麦　种植面积140.87公顷、产量530.13吨。

豆类　种植面积143.3公顷、产量426.73吨。蚕豌豆以鲜食为主，主要品种为白花大粒、双绿5号、浙豌1号。

玉米　以鲜食的苏玉糯2号、浙凤糯3号、美玉7号等甜糯品种为主，种植面积57.5公顷、产量203.73吨。

薯类　种植面积217.15公顷、产量989.86吨。

油菜　主要推广品种为浙大622、浙油50。种植面积为262公顷、产量441.1吨。

花生　种植面积为153公顷、产量506.8吨。主要产地位于岱东镇后沙洋。

蔬菜　播种面积1398.9公顷、产量19972.8吨。

瓜果　西瓜推广早佳、拿比特、早春红玉等品种，种植面积183.8公顷、产量3082.1吨。甜瓜推广哈翠、玉菇等品种，种植面积66.53公顷、产量998.4吨。草莓种植面积19.8公顷，主要推广红颜、章姬、圣诞红、香蕉等品种，产量169.8吨。

【栽培技术】2021年，县农业农村局示范推广单季晚稻“两壮两高”高产栽培、水稻缓（控）释肥轻简化施肥、西瓜长季节栽培、马铃薯大棚免耕栽培、穴盘育苗、蔬菜微灌及水肥一体化、土传病害防控、草莓立架基质栽培、秸秆综合利用等先进适用技术。开展水稻高产示范创建、缓释控肥等新肥药生产试验示范，实行农药购买实名制，推广有机肥替代化肥。

“菜篮子”工程建设

【生产基地建设】2021年，县农业农村局以提升南浦片蔬菜基地以及大型家庭农场的抗灾保收能力为重点，建设叶菜类蔬菜保障型生产基地2.87公顷（高亭镇1.53公顷、岱东镇0.67公顷、长涂镇0.67公顷）。下发《关于加强保障型蔬菜基地建设管理的通知》，对认定的保障型蔬菜基地加强监督管理。

【“菜篮子”供应】2021年，全县新开设“菜篮子”供应店2家，分别为三达东沙供应店、秀农秀山供应店，供应店布局逐步向渔农村及外岛乡镇发展。新增“鱼篮子”销售点2个，分别为千叶长河路供应店和源泰衢山供应店，丰富供应店供应品种。是年底，全县共有“菜篮子”供应店（点）20家，其中高亭农贸市场内3家（福平水产、戎万兴豆制品、欢兴香蟹园蔬菜供应点）、竹屿农贸市场内1家（福旺蔬菜供应点）、桥头农贸市场内1家（欢兴香蟹园蔬菜供应点），高亭城区范围农贸市场外9家（源泰嘉和园店、源泰锦绣华府店、绿欣锦元华庭店、绿欣闸口店、千叶长河路店、枫秀缘沿港路店、枫秀缘绿城店、兴博长河路店、戎万兴豆制品专营店），东沙2家（塘田桥头店、三达东沙店），衢山2家（源泰衢山店、振衢衢山店），长涂1家（鸿威长涂店），秀山1家（秀农秀山店）。

【“菜篮子”工程管理】2021年，全县完成2家省放心农贸市场（衢山中心菜场、岱东农贸市场）和4家乡村星级农贸市场（岱东农

2021年7月23日，台风前，县农业农村局工作人员检查“菜篮子”供应店商品储备情况 （县农业农村局 供图）

贸市场、桥头菜场、长涂菜场、衢山中心菜场）创建，并通过验收。完成浪激渚菜场“五化”市场创建工作，打造集便利化、智慧化、人性化、特色化、规范化于一体的市场服务体系。是年，共开展定量检测105批次，其中监督抽检57批次，检测合格率均为100%；定性检测1630批次，合格率100%。配合省市级完成各类检测任务151批次，其中例行监测48批次，不合格2批次；监督抽检62批次，不合格1批次。3批次不合格产品完成相应处理并上报省厅农监处。开展农贸市场内快速检测39970批次，合格率100%。

【应急保供】 2021年，县农业农村局落实蔬菜、猪肉、水产品、豆制品等重要“菜篮子”商品的应急储备，与相关企业签订应急储备协议。引导福平水产收储冻水产品300余吨，并于伏休期间供应市场。针对第6号强台风“烟花”和第14号强台风“灿都”影响，组织经营主体做好商品储备，摸清蔬菜在地情况，畅通“菜篮子”商品运输渠道，确保台风期间市场供应充足。

【市场供应活动】 2021年，县农业农村局在元旦、春节、五一、国庆等重大节假日，针对群众需求量较大的品种统一开展平价供应活动。是年，共开展4次平价供应活动，天数达27天。4月30日至8月1日期间，开展伏休期冻水产品平价供应活动，在全县3家“鱼篮子”销售点推出12个特价冻水产品品种，共计销售量62吨。

【新冠肺炎疫情防控】 2021年，县农业农村局强化对各供应店防疫工作的督促检查，下发《县农业农村局关于加强下属企业及“菜篮子”门店疫情防控管理的通知》，签订防控承诺书9份，通报处理防控不力的供应店4家。

畜牧养殖业

【畜牧禽养殖】 **家畜** 2021年，全县生猪饲养8728头。年内生猪出栏2708头。全县有生猪养殖场一家，存栏生猪6020头。山羊饲养6250头，年内出栏山羊3196头，羊肉产量为52.3吨。年末，耕牛存栏14头。

家禽 2021年底，全县饲养家禽72662羽，年末存栏32510羽，比上年分别下降17.9%和15.5%。年内出栏家禽40152羽，禽肉产量95.62吨。

畜牧生产 2021年，开展省畜禽遗传资源普查；12月，完成浙江徐丰农业有限公司产能核定，年内投产使用。

2021年家畜家禽饲养情况表

表9

家畜（头）						家禽（羽）					
猪			牛	山羊		饲养	存栏	肉禽	蛋鸡	蛋鸭	鹅
饲养	存栏	出栏	存栏	饲养	出栏			出栏	存栏	存栏	出栏
8728	6020	2708	14	6250	3196	72662	32510	30005	5940	1422	1075

【畜牧养殖污染治理】 2021年，全县规模畜禽养殖粪污综合利用率95%以上。岱山县联达牧场完成省级美丽牧场建设，并通过验收。

【生猪检疫】 2021年，县农业农村局共调入境外生猪实施活猪检疫8634头，对境内出栏生猪实施产地检疫2865头，岱山本岛、衢山2个定点屠宰场（点）的待宰生猪实施宰前检疫和宰后检验，检出病死猪16头，病害内脏7289.6千克，均作无害化处理。

【动物疫病防控】 **非洲猪瘟防控工作** 2021年，县农业农村局加强屠宰环节非洲猪瘟监测工作，共开展非洲猪瘟实验室检测748批次，做到及时初步诊断，及时采取相应措施。加强对县外调入冷鲜肉疫病防控工作，是年共开展专项检查20余次，抽检样本570份，监测结果均呈阴性。

重大动物疫病强制免疫工作 2021年，县农业农村局按照省防治动物疫病指挥部要求，分别于3月和9月组织开展春秋两季集中免疫工作，受新冠病毒影响，通过电话和文件形式组织开展防疫工作。全年共使用家禽禽流感疫苗5.65万毫升，免疫家禽4.14万羽次；使用猪瘟疫苗约1.87万头份，猪繁殖与呼吸综合征疫苗1.28万头份，猪口蹄疫1.43万毫升，免疫生猪0.97头；使用牛羊口蹄疫疫苗0.8万毫升，羊小反刍兽疫苗0.38万头份，注射羊0.46万头次；散养户家禽免疫率达到95%以上；散养户牲畜免疫率达到90%以上，规模养殖场免疫率达到100%。并在集中免疫后开展免疫血清监测。

犬免疫工作 2021年，县农业农村局实行《舟山市养犬管理条例》，配合公安在全县开展犬类集中免疫工作，共免疫犬类309头。

【动物疫病监测】 2021年，县农业农村局加强对境内规模户和散养户的畜禽进行抗体监测，抽检家禽禽流感、新城疫血清样本30份，山羊口蹄疫、小反刍血清样本27份，其抗体合格率85%以上。

【畜产品安全监管】 2021年，县农业农村局推行畜产品安全可追溯制度，督促养殖屠宰企业规范并落实病死或者死因不明的动物登记、报告和处置措施，杜绝病害动物及产品流向市场；全年对养殖和屠宰等环节开展瘦肉精检测1944批次，结果均呈阴性。

【病死动物无害化处理】 2021年，县农业农村局继续落实病死猪无害化处理补助相关政策。8月起，对岱山县联达牧场使用无害化处理冷库，委托舟山市东方环保科技有限公司实行集中专业化处理。全年生猪规模化养殖场病死猪无害化处理数量为250头，申请补助资金2万元，以一卡通形式拨付给养殖户；屠宰环节病死猪无害化处理数量为90.71头，申请补助资金7.98万元。

水利体系建设

【概况】 2021年，全县加快农田水利建设步伐，全年水利建设资金总投入3.65亿元，比上年减少28.7%；农田有效灌溉面积2499.33公顷；节水灌溉面积1860公顷；在建围垦工程为舟山绿色石化基地围填海工程项目，全年完成投资0.80亿元。开展重大项目磨心水库及河库联网前期工作，继续推进水利防洪排涝工程建设，重点实施水系连通工程1项、海塘加固1条、强排泵站建设9座、水库除险加固5座和山塘综合整治1座。

【水利规划编制】 2021年，县农业农村局完成《“十四五”水安全保障规划》《海塘安澜“一县一方案”》等规划编制工作，并联合县发改局印发，为岱山县水利高质量发展提供规划保障。

【防洪排涝体系建设】 2021年，县农业农村局针对重点滞涝区域在遇强降雨特别是高潮位时排涝不畅的问题，持续推进9座强排泵站和岱山县水系连通及水资源综合利用工程建设。

【重大水利项目建设】 2021年，县农业农村局持续推进衢山镇樟套海塘加固工程，完成海塘加固0.4千米。加快重大水利项目前期工作，完成磨心水库及河库联网工程的项目建议书、工程可行性研究报告的编制及批复。为保障各项水利项目顺利开展，由国家开发银行授信承诺专项贷款7亿元支持。

【农业水价综合改革】 2021年，县农业农村局组织开展农业水价综合改革“五个一百”示范创建活动7处，即示范泵站3座、农民用水组织1个、基层水利服务站2个和示范罐区1处，并全部入选省“五个一百”示范创建。

【“无欠薪”治理】 2021年，县农业农村局全面落实在建水利工程农民工实名制管理、进出场登记和工资保证金制度，实行人工费用与其他工程款分账管理制度，督促完善建立农民工工资专用账户，及时按月足额向农民工发放工资。2021年，在建水利工程项目中，有9个项目上报县规范和处置企业拖欠工资工作领导小组办公室，协同开展专项督查4次，对发现的问题及时督促整改落实，确保在建水利工程领域无欠薪情况发生。

水利工程运行管理

【小型水库系统治理】 2021年，县农业农村局对全县58座小型水库完成综合评估。在综合评估报告的基础上，按照水库正常运行、整治提升、降等报废等3种类型，11月，完成“一县一方案”和“一库一策”的编制和评审；12月，县政府发文批复“一县一方案”。

【“农村池塘”整治和“美丽山塘”创建】 2021年，县农业农村局完成农村池塘整治项目创建5个，并通过市级验收，分别为秀山乡沙河池塘、东沙镇桥头宫门小蓬莱池塘、岱东镇磨心池塘、岱东镇上船跳池塘、长涂镇长西池塘；完成5个“最美山塘”项目的创建评审验收工作，分别为桥头山塘、枫弄坑山塘、谢家岙山塘、沈家岙山塘、蟹钳岙山塘。

【山塘安全评定】 2021年，县农业农村局对全县140座山塘开展安全评定。完成对高坝、屋顶、饮用水水源地等山塘的初步安全评定并发文公布，其中有高坝山塘1座，屋顶山塘37座。经安全评定：31座安全山塘中，3座为基本安全山塘，4座为病险山塘。

【水库、海塘安全鉴定】 2021年，县农业农村局对琵琶栏海塘和黄沙水库、罗家岙水库、下洞礁等11座水库开展安全鉴定工作，并全部完成评审及批复。

【台风防御工作】 2021年，县农业农村局继续做好台风防御工作，提前部署进行预排预泄，降低水库、山塘水位，排空河道蓄水，在台风来临前留出调蓄库容，保证水库山塘运行安全；对标准偏低的海塘内保护人口进行排摸，做到及早提醒、及早转移，对城防海塘等27个缺口进行及时封堵，在沿港路等海水倒灌区进行围堰防护，同时用抽水机进行排水，防止海水倒灌入居民区。台风期间，通过电报传真、调度单、风险提示单、预警短信等形式，通知各乡镇、各责任人加强巡查排查，做好水利工程运行安全。同时通过电话抽查，要求各责任人履职尽职。在台风响应期，派出8个巡查组，对全县水利工程运行进行现场检查督查，对发现的安全隐患及时要求水管单位进行整改落实。

【汛前、汛中安全大检查】2021年3月，县农业农村局组织开展水旱灾害防御汛前大检查活动，进一步落实防汛工作责任，明确防御工作重点，通过摸排全县水利工程，发现安全隐患55处，完成整改47处，持续整改5处，落实安全度汛措施3处，确保度汛安全。6月上旬，开展“遏重大”综合检查暨“平安护航百年建党”水利工程安全度汛隐患大排查，对全县水库、山塘、在建工程的安全检查全覆盖，共发现隐患问题115处，通知各管理单位进行整改，并对整改情况组织“回头看”，对整改不到位情况进行通报，以确保水利工程安全度汛。

【山洪灾害调查】2021年5月，县农业农村局委托资质单位编制完成岱山县第一次水旱灾害风险普查项目实施方案，普查内容包括干旱灾害致灾调查、洪水灾害重点隐患调查、山丘区重点集镇山洪风险调查等3项任务。是年，完成项目评审，为山洪灾害预警、预案编制、人员转移、临时安置、防灾意识普及、群测群防等工作提供科学、全面、详细的信息支撑。

【水利数字化建设】2021年，全县完成水文补短板项目31个，其中新建水文测站1座，改建水文测站30座，省厅考核站点为21个。实施山塘水位监测项目，通过安装超声波、4G网络传输和山塘数据信息化平台建设，实现全县228座山塘水位的远程监控和实时监测，在梅雨、台风期的监测运行，为防汛抗台提供重要的数据保障。建设水利数据库和数据管理平台，对已建平台的数据资源进行整合和治理，11月，实现与省级数据仓的互联互通。积极向省厅申请水利视频AI组件试点项目，结合岱山水资源保护、水安全保障等方面数字化改革，做到视频信息采集自动化、传输网络化、分析智能化、执法电子化，实现水域智慧闭环化管理，建立一套智能化自动感知、识别的视频监控体系，提高全县在水域监管、工程巡查、水环境监测等方面的智能治理能力。

水资源管理

【大陆引水工程】2021年，大陆引水量为782.87万吨，其中舟山市大陆引水三期岱山段引水量为782.87万吨。

【海水淡化项目】2021年，全县4个海水淡化厂共供水207.49万吨，其中岱山本岛海水淡化27.38万吨，长涂海水淡化38万吨，衢山海水淡化64.77万吨，秀山海水淡化77.33万吨。

【节水宣传】2021年3月，县农业农村局组织开展节水知识网上问答活动，累计参与活动590余人，有效增加居民惜水、节水、护水意识。

【水土保持工作】2021年，县农业农村局共审批水土保持方案19个，占地面积142.32公顷，收取水土保持补偿费104.50万元，对18个重点生产建设项目开展水土保持现场调查，形成15份监督检查记录（3个项目未在施工期）。开展枫树水库水源地综合治理，共投入资金120万元，综合治理面积200公顷，新实施生态修复面积200公顷。

【自来水供应】2021年，舟山市岱山自来水公司总供水量为1954.26万吨。其中居民用水量为412.13万吨、非居民用水量为1354.76万吨，共计售水量为1766.89万吨。管网漏损量为187.37万吨，供销差率0.9，出厂水及管网水四项合格率均为100%。

秀山自来水厂总供水量为157.2万吨。其中生活用水为40.06万吨、非居民用水为92.37万吨，共计售水量为132.43万吨。管网漏损量为24.77万吨，供销差率0.84，出厂水及管网水四项合格率均为100%。

衢山自来水厂总供水量为499.2万吨。其中生活用水为123.11万吨、非居民用水为173.84万吨，共计售水量为296.95万吨。管网漏损量为202.25万吨，供销差率0.6，出厂水及管网水四项合格率均为100%。

全年自来水生产量为2610.66万吨，全县渔农村饮用水覆盖率达99.9%，供水保证率、水质合格率和城乡规模化供水工程覆盖人口比例均达99%，水费收缴率达98.8%。

农经管理

【村集体经济发展】 2021年，县农业农村局制定印发《岱山县新一轮村级集体经济提升发展五年行动计划》，明确发展目标。全县村集体年经营性收入增幅在5%以上，总收入增幅不低于当年农民人均可支配收入，各村经营性收入在15万元以上；加大项目贷款贴息力度，每个项目可给予3000万元、5000万元及全额贷款贴息；市竞争性示范项目给予1∶1配套。1—6月，有8个村被列为全市上半年村集体经济发展红榜前20名，全市占比最高；至2021年年底，全县村集体经济总收入2.03亿元，首次突破2亿元，比上年增长9.3%，其中经营性收入9820万元，比上年增长10.5%。经营性收入在50万元以上的有47个村，占总数的63.5%。

【清廉村居建设】 2021年，县农业农村局制定《清廉村居建设实施方案》，下发《关于深入推进清廉村居建设工作的通知》，并完成东沙、岱西、岱东、长涂、秀山等5个乡镇党的创建工作；高亭、衢山完成50%以上。是年，成功创建市级清廉村居示范点28个，创建省级善治村17个。

【闲置农房盘活利用】 2021年，县农业农村局筹备参与全市民宿招商会活动，视频录制、图文制作民宿招商项目8个，为高亭镇大峧山片区、东沙镇桐盘湾片区、岱东镇沙洋冷坑片区、岱西镇石壁民宿村、长涂镇钉嘴门片区、长涂镇长西片区、衢山镇打水村“绿野仙踪”、衢山镇狗头颈片区。是年，盘活闲置农房100套，打造完成岱西双合村闲置农房盘活示范区，并通过市级验收。

【健全村级三资监管体系】 2021年4月，县农业农村局在岱东镇试点省版三资系统，组织开展全县系统操作人员培训班。5月，全县78个村社全面应用省版三资系统，举办全市推进农村集体三资管理系统（省版）工作现场会。全年审批支付成功业务19520笔，涉及资金4.07亿元；强化审计整治，将渔农村一年一审工作与“三资”管理领域腐败问题的整治工作结合起来，重点治理村集体资产交易、非生产性开支执行、合同管理、侵占集体资产信访等问题。全年县级审计23个村，乡镇自审51个村，审计集体资产17亿元，提出整改问题五类，并完成整改。

【新型经营主体培育】 2021年，县农业农村局举办一期家庭农场经营业主培训班，确定立项家庭农场基地提升项目20个，并组织验收。组建成立岱山县家庭农场联盟，印发联盟包装宣传袋4万份，吸纳家庭农场成员100余家。培育示范经营主体，3家家庭农场获评省级示范性家庭农场，3家获评市级示范性家庭农场，培育提升家庭农场43家，培育农创客150名。

【宅基地网上审批管理】 2021年，县农业农村局根据省农业农村厅要求做好农民建房需求的调查，会同县自然资源和规划局落实农民建房用地计划，全年申请宅基地用地面积36700平方米。做好农民建房“一件事”办理工作，宅基地审批网办率100%，全年网上审批141件，宅基地面积14725平方米。

农业机械

【出台惠农补贴政策】 2021年，县农业农村局优化惠农资金投向，加大“机器换人”补贴力度，对规模化生产主体或农机专业合作社，购买列入浙江省农机购置补贴范围内的相关生产机具，最高可补贴购机价的70%。在用足用好农机购置补贴、报废补偿、报废更新等政策的基础上，结合上级新产品补贴政策，推进农业产业链各环节农机装备普及应用。

【农业“机器换人”】 2021年，

县农业农村局与省市相关专家团队探索解决本县农业机械化发展问题的行动方案，细化制定《岱山县农业“机器换人”高质量发展方案》。组织开展宣传培训会，通过现场观摩、演练、培训等，推广农机新装备与新技术。同时，以科技下乡活动为载体，以农民信箱等平台，向广大农户发放新机械购机补贴宣传手册，发送农机推广信息，重要时节、特殊天气状况下农机使用保养注意事项等。

2021 年度岱山县主要农作物耕种收综合机械化率汇总表

表 10

机耕面积（公顷）	其中：水稻	机耕率	机栽面积（公顷）	其中：水稻	机耕率	机收面积（公顷）	其中：水稻	机耕率	农作物耕种收综合机械化率	水稻耕种收综合机械化率
510.73	438.1	60.7%	393.33	260	46.8%	574.2	426.7	68.3%	58.8%	87%

注：计算方式为农作物耕种收综合机械化率 =0.4× 机耕水平 +0.3× 机播水平 +0.3× 机收水平

农产品质量安全

【农产品质量安全检测】 2021 年，县农业农村局制定出台《岱山县农业农村局关于做好 2021 年农产品质量安全监测工作的通知》。全年完成定量检测 105 批次，其中监督抽检 57 批次，检测合格率为 100%；定性检测 1630 批次，合格率为 100%。配合省市级完成各类检测任务 151 批次，其中例行监测 48 批次，不合格 2 批次，监督抽检 62 批次，不合格 1 批次。3 批次不合格产品完成相应处理并上报省厅农监处。

【追溯体系建设】 2021 年，县农业农村局完成新增“浙农码”追溯主体 6 家，依据《岱山县农产品质量安全追溯体系建设管理办法（试行）》，保障农产品质量安全追溯体系的有效运行。全县建成农产品“浙农码”可追溯主体 93 家，赋码 40 余万张，64 家规模以上农产品生产主体全部纳入浙江省农产品质量安全监管平台管理，并以“浙农码”开展追溯。继续做好地产食用农产品产地准出及市场准入有效衔接工作。依据《关于开展地产食用农产品产地准出与市场准入有效衔接工作的通知》的相关要求，为未配备农产品“浙农码”打印设备的主体及散户发放岱山县食用农产品合格证 500 余本，基本实现全县主要市场的地产食用农产品产地准出。

【专项整治】 2021 年，县农业农村局针对草莓、青菜、豆类、禽蛋等农药、兽药残留高风险品种，开展多次专项整治行动。行动期间，共组织执法人员 70 余人次，检查相关主体 30 余家次，抽检高风险农产品 78 批次，发现未有效开具合格证、生产记录不完善等相关问题 4 起，均完成整改。开展食用农产品“治违禁控药残促提升”三年行动。联合县人民法院、县人民检察院、县公安局、县海洋与渔业局、县市场监督管理局、县卫生健康局印发《岱山县食用农产品“治违禁控药残　促提升”三年行动方案》，围绕豇豆、草莓、芹菜、鸡蛋、羊肉、牛肉、滩涂贝类等重点品种，开展专项整治。在 8—12 月集中排查整治期间，共组织执法检查人员 119 人次，排查整治生产主体 54 家次，定性检测 1046 批次，定量检测 113 批次，检测结果均合格。开展春季执法以及农资打假系列专项行动，针对违法行为更为隐蔽、网络销售假劣农资等新情况，组织执法检查人员 28 人次，检查全县 14 家农资经营单位。经检查，各农资经营单位总体情况良好，未发现销售禁限用农药等违法违规行为。

【信用体系建设】 2021 年，县农业农村局根据《浙江省食用农产品信用综合监管实施办法（试行）》的要求，完成全县规模以上农业生产主体的入库，并对其从事种养过程中遵纪守法、质量管控、社会责任等相关信息进行评价。省农业农村厅根据农产品生产主体信用评价结果核定，发布严重失信者名单。依据《岱山县农产品质量安全“红、黑名单”管理办法》，评选岱山县石马岙蔬菜瓜果专业合作社等10家主体为红名单，依照农产品质量安全信用评定体系达成合作协议，根据农业经营主体农产品质量安全信用等级提高降低授信额度和贷款利率。

【“双安双创”工作】2021年，县农业农村局做好浙江省食品安全示范县创建工作。完成动态监测相关总结台账的递交。查漏补缺，完善食品安全示范县创建有关材料的准备。根据评测要求，开展规模农产品生产经营主体、屠宰企业及农资店的备查。加大食品安全县宣传力度，发放倡议书60余份及食品安全示范县创建宣传海报；利用“三下乡”等活动，开展食品安全放心县的宣传。

【农产品标准化试点建设】2021年，县农业农村局推荐岱山县枫秀缘家庭农场为农产品标准化生产试点评价主体，经过专家评测、实地考察等流程，最终评价为C级。同时，根据基地环境、设施设备基础、追溯开展以及产销对接等情况，岱山县枫秀缘家庭农场被评为县农产品质量安全全程可追溯试点单位。

【系列宣传活动】2021年3月，县农业农村局组织开展春耕备耕“五送”科技下乡服务活动，通过现场宣传和专题宣讲，扎实推进春耕备耕生产与农业发展。6月，在高亭镇石马岙村开展以“护航建党百年”为主题的农产品质量安全宣传活动。7月，在高亭中心农贸市场开展安全生产月的宣传活动。8月，在岱西镇火箭村开展农产品质量安全宣传活动。10月，在高亭镇育才社区开展农产品质量安全宣传活动，现场宣传农产品质量安全工作现状和各类农产品质量安全知识。

农业行政执法

【农业投入品检测】2021年，县农业综合行政执法队在全县范围内开展农业投入品质量监督抽检工作，共抽取农业投入品25批次，其中农药类13批次、种子类3批次、肥料类5批次、兽药类2批次、饲料及饲料添加剂类2批次，经检测，合格率为100%。

【农资监管】2021年，县农业农村局推进农药购买实名制活跃度考核工作，落实常态化农药经营监管要求，完善农药可追溯管理体系，完成省市下达的“肥药两制”改革相关考核任务。开展《农药管理条例》及配套规章的宣传贯彻、农药经营主体台账的督查等活动，指导农资经营单位、使用者切实履行主体责任，依法生产经营和科学使用农药。开展农业投入品的监管检查，重点加强对疫病防治、饲料中有毒有害物质、养殖过程中不规范用药的监管，全年共开展相关检查70次，分发识别假劣农药、肥料等农资宣传资料780余份。

【“绿剑”执法及农资打假系列专项行动】2021年，县农业农村局开展“绿剑”系列集中执法行动及农资打假护农保春耕联合执法行动，在加强日常行政检查的同时，通过“双随机一公开”抽查、“综合查一次”场景应用，联合县市场监管局等相关部门开展执法行动，检查行动以农资经营单位、食用农产品生产主体为主要对象，以种子、农药、肥料、兽药、饲料和饲料添加剂等农业投入品的经营和使用为检查重点，全年共组织执法人员112人次，检查农业企业、农资经营单位42家次，办结农业执法案件4起。

【农业植物疫情防控工作】2021年，县农业农村局进一步健全监测网络，常年监测疫情发生种类和危害严重程度，为掌握疫情信息、报告疫情发生动态和预报防控措施提供依据。开展梨树疫病、黄瓜绿斑驳花叶病毒病、红火蚁等系列植物疫情普查，未发现疫情。开展加拿大一枝黄花除治防控行动。制定防治方案，落实防治农药；组织各乡镇开展加拿大一枝黄花的春季秋季防控工作，并进行督查，确保各项措施落实到位。是年，全县加拿大一枝黄花防除面积 84.87 公顷，其中从 4 月起至 6 月梅雨季节前，以喷药防除为主要手段完成防除面积 48 公顷；秋季以人工、器械割除等完成除治面积 36.87 公顷。

水政执法

【水法规宣传】 2021 年，县农业农村局组织开展第二十九届“世界水日”暨第三十四届“中国水周”宣传活动，活动主题为“深入贯彻新发展理念，推进水资源集约安全利用”。通过在各大宣传屏幕和省农民信箱发布宣传口号，以及借助新建成的岱山县节水教育基地——节水馆，对志愿群体、中小学生进行岱山县供水格局、联网工程、大陆引水、节水标识、农业节水滴灌技术等的科普介绍，并开展节水知识点考查、VR 眼镜现场模拟体验活动等。活动期间，免费向群众发放水资源集约安全利用宣传册，内容包括治水思路、重大水利工程、水土保持法、节水知识理念、中国水故事等。

【水政监察】 2021 年，县水政监察大队开展水政监察日常巡查及专项行动，共组织执法人员 128 人次，排查是否存在侵占水工程设施及其管理范围，以及损毁防汛、水文、水土保持、水利工程设施等违法行为。协同县综合行政执法局、市生态环境局岱山分局等对全县饮用水水库的钓鱼、网鱼等行为进行专项检查。

科教信息

【特色示范创建】 2021 年，县农业农村局推进化肥农药减量示范项目建设，完成取土测土样本 43 个，推广配方肥 250 吨，按方施肥 349 吨；推进“肥药两制”改革，落实“一对一”指导责任制，提升肥药两制种植业试点主体活跃度，开展“肥药两制”改革数字化建设培训班 2 期；推进基层农技推广体系改革与建设，新建舟山市陇盛佳生态农业发展有限公司、岱山县承宏家庭农场等省级高品质绿色科技示范基地 2 家，开展各类农业新品种展示、引进试验以及高效栽培模式示范活动；完成省级绿色防控示范区创建 2 个。

2021 年 3 月，县农业农村局开展水法规宣传　　（县农业农村局　供图）

【高素质农民培育】 2021年，县农业农村局开展蔬菜专业高素质农民培育1期，联合县供销社举办岱山县乡村振兴农业经营人才素养提升培训班1期，共培育高素质农民57名；组织16人参加省级高素质农民培育。制定《关于下达2021年农村实用人才培训任务的通知》，完成培训人员252人，联合县妇联举办岱山县实用人才培训女性带头人素养提升班1期。选送24名基层农技人员到省各培训基地参加基层农技人员知识更新的培训。

【农业生态项目建设】 2021年，县农业农村局对2020年省级现代农业发展专项资金项目——衢山镇三弄村田园综合体建设项目、市级增效致富项目——岱西镇摇星浦水果基地扩建项目和岱西镇忠良果园转型升级示范项目进行验收。对省级绿色发展先行示范项目——岱山县屠宰废水处理提升改造工程、岱山县联达牧场畜禽排泄物资源化利用工程、岱山县衢山镇病死动物收集点建设、岱山县统防统治示范工程、农药定额施用建设项目、肥药两制改革数字化系统建设工程、秸秆离田利用建设工程等11个项目进行验收。继续实施岱东镇海岛果蔬特色园项目，完成对2017、2018年度5个项目的验收工作，完成对2019年度项目方案的评审、立项和实施。实施普陀佛茶地标工程建设项目——岱山县忠校生态茶园示范性建设项目，计划总投资21万元，省补资金15万元。实施省级产业团队项目——岱山沙洋晒生绿色生产和产销一体化示范推广项目，计划总投资25万元，省补资金20万元。

【农业标准化工作】 2021年，县农业农村局完成省精品绿色农产品基地——岱山海岛茶叶、特色水果等精品绿色农产品基地的创建。开展绿色食品续展1个，无公害农产品复查换证10个。是年末，无公害农产品个数达到30个，绿色食品14个，农产品地理标志1个。是年，县种植业绿色优质农产品比率为56.1%。

【渔农业产业化】 2021年，县农业农村局对市级渔农业龙头企业进行监测评价，全县共有省级农业龙头企业1家、市级5家、县级6家。做好“蓬莱仙芝”绿茶参展2021年度国际茶博会的相关工作。组织2个西瓜种植户参加全市西瓜擂台赛，岱山县七色蔬果蔬专业合作社获银奖，岱山县金荣家庭农场获优质奖。组织2个水稻种植户参加2021年舟山好稻米评选活动，其中岱山县安亭城乡建设有限公司荣获金奖。

渔农村工作

【“三美联创”】 2021年，岱山县参照《浙江省新时代美丽乡村认定办法（试行）》，确立新时代美丽乡村全域发展“3+1”创建模式，即美丽小岛创建模式、美丽乡镇创建模式、美丽风景带创建模式，以及空心岛（村）激活、保护计划。2021年，完成长涂美丽小岛主体项目工程，以及苗圃展销园、精品菜园、景观大道等系列项目的建设，同步打造户外拓展活动区。完成岱西镇林家欢乐田园综合体、后岸村民广场项目、双合村景观亮化工程等9个项目的建设工作，启动高亭镇、岱东镇等2个美丽乡镇的建设，完成高亭镇包括大峧山民宿、蓬莱森林公园、大峧花海、金桂山庄等乡村旅游景点的打造。完成岱东镇北纬30°主题公园智慧停车场项目建设，东海郊野公园先行区完工并投入使用。完成“蓬莱乡韵”美丽风景带建设项目，围绕“串珠成链、功能集成、引领示范”主题，逐步打造新时代海岛美丽风景线，完成前岸大转盘景观绿化、对江五彩步道、摇星浦美丽农田建设项目等14个项目。启动衢山“东海瀛洲·风情渔港”风景线，加快渔农村环境的美化整治。2021年，衢山镇风景带完成沿港路海塘美化、美丽村口打造、岛侧山景观打造、村内绿化提升等7个项目，完成资金投入714万元。是年，岱山获评2021年度浙江省新时代美丽乡村示范县。

【共同富裕示范带建设】 2021年，岱山县争取到省共同富裕示范带建设工作，实施项目22个，总投资4275万元，其中获得省补资金1250万元，建设周期为2年。

是年，完成双合房屋风貌管控工程、林家村欢乐田园文旅综合体等18个项目。

【人居环境】 2021年，岱山县农村生活垃圾增长率实现负增长，原生生活垃圾“趋零”填埋，其他垃圾“全焚烧”、易腐垃圾资源化“全覆盖”，有害垃圾统一处置。农村可回收生活垃圾总量约896吨，实际回收量约537.6吨，回收利用率达60%。农村生活垃圾产生量为2.16万吨，其中易腐垃圾总量0.52万吨，实际处理量0.52万吨，其他垃圾总量1.54万吨，实际处理量（焚烧发电）1.54万吨，有害垃圾总量0.01万吨，实际处理量0.01万吨，农村生活垃圾无害化处理率为100%。生活垃圾分类处理乡镇及农村覆盖率均达100%。整改完成旱厕、露天粪缸3587个；新建改建渔农村公厕10座，完成省级星级公厕创建32座，其中示范性公厕5座。全县74个行政村实现规范化渔农村公厕全覆盖，公厕“所长制”全覆盖，厕所污水全部得到有效处理，建立长效管护机制，渔农村公厕布局科学、数量合理、管理规范。是年，县农业农村局依照《岱山县创建全国县级文明城市渔农村乡镇管理专项工作三年行动计划》，开展渔农村人居环境督查工作，日常督查417次，突击检查28次，领导暗访7次，重点对渔农村人居环境进行督查，共发现问题3612个，其中，岱东镇426个、岱西镇528个、东沙镇326个、高亭镇914个、衢山镇564个、秀山乡562个、长涂镇292个，7个乡镇整改率均在95%以上，处理房前屋后堆放杂物711处，整治零星散落垃圾494次，清理垃圾桶及成片垃圾396处，治理河道等水体漂浮垃圾232次，整治不规范停车224次等。

【农业数字化工作】 2021年，岱山县围绕美丽乡村向美丽经济转变和乡村振兴战略目标，实现民俗节气与数字化跑道并轨，线下开展秀山插秧节、非遗文化暨芒种活动、海上芒种增殖放流活动、“芒里寻鲜，种下希望”岱山海岛业态投洽会、“祭海谢洋大典”等“芒里寻鲜　美好可岱”主题系列活动。线上完成岱山“数字芒种”多跨场景应用的搭建工作，实现线上线下联动。10月，完成岱山“数字芒种”——跟着节气游乡村多跨场景应用“浙里办”上架工作。

【历史文化(传统)村落保护利用】 2021年，岱西镇双合村历史文化（传统）村落保护利用工作进入收尾工作，主体建设工程及古建筑修复、巷道修复工程全部完工，完成建筑风貌的整体改造，完成游客服务中心、基础设施与市政工程的建设。是年，岱东镇沙洋村完成历史文化村的申报工作，成功列入省重点历史文化村并获得省补资金700万元，并完成与历史文化村规划团队的对接工作。

【未来乡村】 2021年，岱山县以缩小城乡差距、促进共同富裕为目标，聚焦“一统三化九场景”，启动未来乡村建设7个，全县目标创建岱东镇涂口村、岱西镇前岸村和长涂镇倭井潭村3个省级试点村。至年末，7个乡镇均已落实未来乡村的建设规划，部分实施项目已开工。

（夏丹维）

气象

【概况】 2021年，岱山县气象局（简称县气象局）认真学习贯彻习近平新时代中国特色社会主义思想，深入开展党史学习教育，坚持全面从严治党，努力推进气象现代化建设，深化气象数字化改革，开展公共气象服务，着力推动岱山高质量发展建设共同富裕示范区海岛样板。是年，县气象台获省气象局嘉奖，“岱山县气象局建立干部家访制强化干部八小时外监督”入选2021年清廉浙江气象建设特色工作重点推荐实例。

【基层党建和党风廉政建设】 2021年，县气象局走进县老年大学、全县7个乡镇，开展气象科普培训。7月14日，会同浙江省气象局纪检组党支部、舟山市气象局机关一支部开展党建“三级联动”，实地考察“舟岱跨海大桥”

气象服务需求，谋划建设场景化跨海大桥气象防灾减灾系统，促进大桥时代背景下基层气象事业高质量发展。是年，县气象局入选全省气象部门“身边的榜样”。党员赵虎炯先后在“群岛先锋”微信公众号和“学习强国”APP上被作人物专访，并被中国气象局授记个人二等功。贯彻落实党的人才政策，何欢然被县人才公共服务中心认定为F类人才；何欢然、包家玲以及朱思瑜撰写的三篇论文在第十八届长三角气象科技论坛中交流。

【政府决策服务和社会公共服务】 2021年，县气象局切实做好全年汛期、梅雨期、台汛期以及冬汛期等重大灾害性天气过程的监测预报预警服务。完成重大节庆、赛事和重大活动专题气象保障服务。是年，县气象局防旱决策建议获县委书记批示采纳。主动对接县自然资源和规划局，深化森林防火气象服务，通过气象显示屏、大喇叭等常态化开展森林防火社会宣传。加强与县环保部门的监测资料共享和联合会商，向社会发布岱山环境空气质量等级预报。聚焦全县渔船在江苏沿海渔港避风安全，主动对接南通市、县两级气象部门，建立气象信息服务共享合作机制，在台风和冷空气影响渔场期间，跨省向全县渔船老大（船长）转发如东、启东两地三天沿海风力预报，此项服务为全省唯一。全年累计发布各类预警信号144次（其中暴雨预警14次，大风预警62次，大雾预警16次，雷电预警62次，台风预警13次，联合县自然资源和规划局、县应急管理局发布地质灾害气象风险预警14次），发布台风消息、警报等78次，启动重大气象灾害（寒潮、暴雨、台风等)业务服务应急响应18次，发布天气公报4期、重要天气报告23期、春运气象服务专题41期、气象微博384条、微信公众号186条。气象短信免费服务对象5000余名，共发送气象短信732次，达350万条。

【气象服务数字化】 2021年，县气象局在全市率先完成预警系统本地化项目建设并正式投入运行，实现涵盖短信、微博、浙政钉、微信、显示屏、大喇叭等多种发布渠道的预警信号一键式发布，将预警发布流程用时缩短15分钟，提高预警发布时效和准确率；完成岱山休闲渔业气象服务平台升级改版，开展休闲渔业分海区精细化风力预报和适航指数预报，全年7个营运分海区增加适航天数均在80天以上，此专项气象保障服务作为全省气象部门的创新工作，经验在全省气象部门被复制推广；自主研发“岱山群众渔业避风渔港风力实时监测查询系统”纳入岱山县海上一体化协同应用；制作发布“岱山避风渔港风力预报三色图”，提高渔船避风的安全性和渔港管理气象服务针对性；开发完成“岱山渔业气象服务党员线上工作室”小程序，并应用于岱山气象微信公众号，开展伏休期渔业后勤生产气象提醒服务；借助北斗船舶定位系统的精准定位和天气雷达回波图的实时追踪，靶向实施大范围强对流天气下的海上渔船大撤离精准服务，实现全县千余艘渔船全部安全归港休渔。

【气象信息现代化建设】 2021年，县气象局聚力“三服务”，打造“百姓家门口的气象服务站”，继续通过“气象下乡，科普走亲”活动，在高亭镇闸口社区的天都花苑居民小区、衢山镇皇坟村、长涂岛军事研学基地等投放安装户外气象显示屏，开展从“气象进社区”延伸到“气象进小区”的城市居民小区颗粒化气象信息服务和防灾科普宣传。是年，全县城乡布点安装户外气象信息电子显示屏40套、农村气象大喇叭122套、户外公共气象科普宣传栏12座。丰富公共气象信息显示屏传播内容，向群众传播贴近民生的气象科普知识。实施乡镇自动气象站加密工程，三年任务两年完成。是年，完成秀山乡秀北站、岱西镇双合站等2个四要素自动站建设和岱西镇青黑站、衢山站、秀山客运中心站等3个站的风塔升级改造，完成开发区雨量站的迁建。全县47个各类气象自动站实现乡镇、主要岛屿、产业功能区块的全覆盖，基本消除气象灾害监测盲区。

【基层气象安全监管体系】 2021年，

气象防灾减灾工作纳入全县基层气象安全考核体系范畴。是年，县气象局通过邀请市气象安全技术中心防雷专家并联合县应急管理局，开展浙政钉“掌上执法”的防雷安全专项和双随机检查，完成对全县40家易燃易爆危险化学品场所的防雷安全全覆盖检查；联合县文化和广电旅游体育局完成全县4个AAA级以上旅游景区气象灾害防御工作检查；建立完善全县防雷安全重点单位“一企一档”数据库，9月，完成县内56家危化企业的防雷安全数字赋码，实现企业可直接通过微信小程序“防雷安全风险码”进行防雷码申报，“让数据多跑路、企业少跑腿”，为监管对象提供更贴心的服务。

【科普宣传】 2021年，县气象局利用世界气象日、全国防灾减灾日、全国科普日、国家宪法日等时机，联合渔业、应急、科协等部门常态化开展气象防灾科普社会宣传活动，组织干部职工走上街头、进村入户宣传防灾减灾法规、科普知识。是年，完成岱西镇双合村、秀山乡秀北村、衢山镇小衢村和三弄村等4个农村文化大礼堂气象科普点建设。利用遍布全县城乡的公共气象信息显示屏、户外气象科普公共宣传栏和气象预警大喇叭，向广大群众传播贴近民生的气象科普知识。组织开展气象灾害防御——春季养生课堂走进县老年大学宣教活动，将气象灾害防御、春季气候与老年人的保健养生等知识结合起来，受到老年学员们的欢迎。是年，中国台风博物馆入选参与中国气象报组织的全国六地气象部门世界气象日联合直播。岱山县气象局局长、中国台风博物馆馆长赵虎炯作为嘉宾参加中国国际电视台（CGTN）大型融媒直播节目《海上看中国》的《台风“灿都”袭来，我们走进了中国台风博物馆》外文版和中文版两场直播节目。是年，中国台风博物馆被中国气象局向中国科学技术学会推荐参评“全国科普教育基地”。

【“三桥四站”监测站建设】 2021年，县气象局在完成秀山秀北、牛轭岛高亭中心渔港、岱西双合和大鱼山“三桥四站”监测布点，建设和完善4个多要素自动气象监测站，并入全省气象监测站网运行，实时监测秀山大桥、官山大桥、鱼山大桥3座跨海大桥周边区域气温、降水、风向风速、能见度等气象要素变化情况。新建的岱西双合自动气象站地处鱼山大桥和舟岱大桥之间的夹角，监测范围覆盖两座大桥，同时该站将直接服务于岱西双合“桥头堡”区块的气象防灾减灾和海岛旅游。

【防台抗台气象业务服务】 2021年，县气象局在台风期间严格落实24小时值守班和局领导带班制度，及时向政府、各部门、乡镇提供决策气象信息和实时数据，参与指导舟山绿色石化基地防台抗台。服务舟山绿色石化基地近万名民工、秀山乡4000多名务工人员安全转移至岱山本岛各安置点；全县千余艘群众渔船、数百艘工程船、运输船等各类船只在台风影响之前有序进港避风；位于危险地段和居于危房的群众及时撤离。充分利用台风“烟花”的复盘成果，在台风“灿都”保障服务中提高台风预警准确度、优化业务流程、完善气象应急吹哨叫应机制，强化台风知识科普宣传，多渠道向社会普及台风防御指南，提高公众防灾避险能力。

【主要气候要素】 **气温** 2021年，全县年平均气温为18.2℃，同比常年偏高0.8℃，比上年偏高0.6℃，为岱山有气象记录以来最高年份（2020年和2007年年均气温均为18.0℃，为历史次高年份）。其中2月份月平均气温首次突破10.0℃。是年，全县极端最高气温为34.9℃，出现在9月1日；年内未出现≥35℃高温日。年极端最低气温为-5.9℃，出现在1月8日。

降水 2021年，全县年降水量为1961.9毫米，同比常年偏多686.9毫米，偏多53.9%；同比上年偏多480.8毫米，偏多32.5%，刷新2019年1886毫米的历史记录。2021年汛期（4月15日至10月15日）降水量为1452.8毫米，占全年总降水量的74.1%。其中，7月降水量为671.2毫米，为历年同期之最多，相比常年偏多567.2%。

日照 2021年，全县年日照时数为2150.7小时，同比常年增加262.1小时，偏多13.9%，同比上年增加301.3小时，偏多16.3%。除3月和7月日照比常年偏少外，其他月份都偏多。

天气日数 2021年，全县降水日数为148天，同比常年偏多9.5天，比上年偏少3天。大风日数为28天，同比常年偏少3.6天，比上年偏多6天。大雾日数为26天，同比常年偏多6天，比上年偏少9天。灰霾日数为4天，同比常年偏少11.2天，比上年偏少13天。

【主要气候事件及其影响】 2021年年初，受强寒潮影响，1月6—9日，全县出现大风、低温、冰冻天气。其中，7日夜间到8日全县各乡镇最低气温均在-6℃至-5℃，衢山镇最低为-6.6℃，接近历史极低值（-6.7℃）。岱山沿海普遍出现9～10级西北到北风。

春季强对流频繁，4—5月，岱山县共发生5次强对流天气。其中4月30日夜里至5月1日早晨，受在江苏生成南下的雷暴云团影响，岱山县自北而南出现9～11级雷雨大风和强雷电，2个监测站出现11级大风，8个监测站出现10级大风。

岱山县于5月27日入夏（常年为6月7日），较常年偏早11天，夏季达141天，比常年延长25天，为有气象记录以来最长夏季。夏季平均气温26.1℃，未出现35℃以上的高温天气。6月、7月上旬和8月上中旬多雷阵雨天气。受副热带高压边缘冷暖空气交汇影响，8月10—17日全县出现持续性降水，犹如黄梅天再现，历史罕见，全县面雨量113.5毫米。

岱山县于6月10日入梅（常年为6月14日），较常年偏早4天，7月5日出梅（常年为7月6日），梅雨期25天（常年为22天），较常年偏多3天。2021年梅雨期累计雨量168毫米（常年214.1毫米），较常年偏少46.1毫米，此期间出现3次较强降水过程。是年，梅雨期总体呈现入梅早、梅期较长、梅雨量少、梅雨不典型等特点。

2021年有2个台风影响岱山县，其中202106号台风“烟花”7月25日在舟山市普陀区登陆，为1949年以来第5个登陆舟山市的台风，也是历年7月份登陆浙江的最强台风。“烟花”台风移动缓慢，对岱山县影响时间长，致灾强度为“特重”等级。7月23日8时至28日8时，全县面雨量为420.9毫米，岱山沿海普遍出现12～14级大风。9月13—16日202114号台风“灿都”紧擦舟山市，并在东部海域长时间滞留回旋，路径曲折。全县面雨量160.4毫米，岱山沿海普遍出现11～13级大风。

岱山县于10月16日入秋，入秋后冷空气活动频繁。共有2次寒潮和4次强冷空气影响岱山县。

（于梦颖）

责任编辑：王贤照

岱山县供销联社

【概况】 2021年，岱山县供销联社（简称县联社）对标打造共同富裕示范区“重要窗口”海岛风景的目标定位，坚持为农服务初心，积极参与乡村振兴建设，扎实推进供销社综合改革。是年，全系统实现农资销售1710.8吨，其中化肥1646吨、农药46.3吨、农膜18.5吨，销售总额355.30万元。全系统共有有限公司5家，转制后留牌基层社8家，渔农民专业合作社21家，农资经营门店11家，庄稼医院4家，农资仓储配送中心1家，县渔农合联设有现代渔农业生产服务中心1家，特色产业农合联3家。

【数字化改革】 2021年，县联社重点推进两项数字化改革。完成基层农资销售平台“肥药两制”数字化建设，实现县域内任何一家农资店采集的人脸、身份信息在全县范围内“共享比对”。逐步建立健全农药销售监管、使用指导、回收处置等制度机制，形成农药“进—销—用—回”数据信息闭环，构建县域内农药全程可追溯体系，着力打造农药全程监管模式。推进数字农合联平台建设。是年，县域数字农合联建设被省供销社列入试点。组织人员参加省供销社数字农合联建设专题培训班，与浙江农合数字科技股份有限公司签署“数字农合联”平台服务协议，完成全县数字农合联基础信息采集，初步构建完成包含农合信息、生产服务等7个模块和特色产业农合联专业模块的“7+1”基础平台。年末，岱山县数字农合联融入全省浙农服综合平台并上线“浙里办”。

【供销综合改革】 2021年，县联社将“三位一体”改革贯穿于工作全过程，全面完善供销社管理机制，于5月20日召开全县供销合作社联合社第六次代表大会，选举产生新一届理事会、监事会，推动县联社逐步强化民主

2021年5月20日，岱山县供销合作社联合社第六次代表大会在县行政中心召开
（县联社 供图）

管理、民主监督。理顺渔农合联运行机制，建立完善渔农合联执委会联席会议制度，加强为农服务部门之间的信息互通，整合各部门为农服务资源，实施2021年岱山县渔农合联为农服务十大项目。推进供销组织体系改革，实施开放办社，同县源泰禽蛋专业合作社等6家单位签订开放办社入社协议。将合计53.33公顷农业基地、11家农产品直营门店、1家超市等经济主体纳入供销社经营服务组织体系。推进跨区域合作，同上海金山区供销社签署战略合作框架协议，在农村商贸流通、为农服务综合平台建设等领域开展高质量合作。

【渔农民合作经济组织网络建设】 2021年，县联社构建“政府放心、农民欢迎、运行高效”的渔农民合作经济组织网络，主动延伸为农服务内容。创建“农合联+产业”模式，先后成立“草莓产业农合联”“石马岙果蔬产业农合联”，通过“一业一联”发展，将为农服务模式从原来单体服务转变为根据产业特点实施精准化、组团化服务，县农商银行为两家产业农合联及其会员整体授信4000万元。推进为农服务平台建设，在高亭镇石马岙成立全市首家农合联为农服务综合体，建筑面积800余平方米，设有农资配送中心、庄稼医院、200平方米的蔬菜销售点，300立方米的冷藏库，配备冷藏车4辆。运行4个月，累积向农户销售化肥100余吨，在农资配送、农技推广、农废回收等方面开展服务5000余人次，实现农产品销售120万元。推进岱东为农服务中心建设，强化基层供销社同村集体经济组织的合作。向省供销社争取财政扶持资金150万元，同岱东涂口村旅游开发公司开展合作，在岱东上船跳打造为农服务中心。引入全新数字农合联平台和农商银行金融服务窗口、构建专家团队+特色产业渔农合联+合作社（家庭农场、企业）的新型农业技术推广服务体系。

【供销传统经营稳定】 2021年，县联社稳定以农资、资产经营为主的传统供销经营网络，推进渔农民合作经济组织发展。完善传统经营服务体系，稳定全县农资供应，推进农药实名制购买，做好全县200吨化肥、1吨农药储备和农废包装物的回收任务。全年回收农废包装物48万只（瓶、袋），回收总金额27.17万元，无害处置回收物5.86吨，无害处置率100%。稳定系统资产经营收入，完善《社有资产管理办法》，成立社有资产管理委员会，加强资产监管，推进资产多途径盘活，实现资产优化配置和高效运营，提高资产收益附加值，全年实现系统资产经营收入168万元。强化资产维修，结合全县创建文明城市工作，加大危旧资产维修力度，投入资金13.95万元，对衢山、长涂等基层供销社危旧房产开展维修和周边环境整治工作。

【助力合作经济组织发展】 2021年，县联社为现代农业服务中心建设等4个项目争取省、市供销社财政扶持资金171万元。“烟花”“灿都”台风后，及时对接省供销社，共为8家农民专业合作社落实受灾农资补助20万元。6月，石马岙蔬果专业社被评为国家级示范性农民专业合作社，茶叶合作社被省农合联评为第三届全省“十佳合作经济组织”。

【供销队伍建设】 2021年，县联社加大供销系统人才培训力度，10月，委托浙江农业商贸学院举办岱山县乡村振兴暨共同富裕培训班，渔农民专业合作社管理人员以及业务骨干共37人参加培训。组织产业农合联开展会员培训班3期，培训渔农民186人次。开展弘扬“扁担”精神，争当“三牛”先锋主题活动，围绕群众、企业、基层的突出问题和困难，扎实开展“三服务”、创城、防疫等志愿活动，为企业、基层解决实际困难20余个。

（范海旺）

烟草专卖

【概况】 2021年，岱山县烟草专卖局（分公司）立足“135”战略“数字强基年”定位，强基础、攻难关、活队伍，顺利完成各项目标任务，为“十四五”平稳开局贡献岱烟智慧和力量。是年，全县累计销售卷烟11592箱，实现销售额5.55

2021年4月10日，县烟草专卖局营销人员在现场引导消费者注册“香溢家”会员
（县烟草专卖局　供图）

亿元、毛利1.58亿元。以高质量党建统领企业高质量发展，县局机关党支部分别荣获“省、市、县三级先进基层党组织”称号。

【**经济运行情况**】2021年，县烟草专卖局（分公司）在常态化做好疫情防控的同时，统筹推进稳增长、优结构、强平台、增动能、促转型，实现经济运行可持续平稳健康发展。开展定制卷烟入婚宴、入景区、入企业推广20余场，推出“黄金带”陈列、“会员日”推广、“香溢坊”宣讲以及“云端会客厅”等活动，充分挖掘区域市场特色及消费潜力。全年定制卷烟销量139.8箱，增幅42.8%。累计建成加盟终端24家，占比1.8%；现代终端312家，占比22.9%；四全门店106家，占比7.8%，实现“六镇一乡”三星以上终端全覆盖。“香溢通”与双屏机覆盖面分别为31.5%和18.4%。刷脸支付比例19.3%，聚合支付比例18.1%；积极挖掘终端非烟订购潜能，进行精准数据分析，引导客户订购适销对路非烟产品，累计订货客户数401户，占比29.4%，订货金额252.20万元，户均销售额6289元。

【**烟草专卖管理**】2021年，县烟草专卖局（分公司）聚焦精准监管，重拳整治市场，全年共查获违法案件75起，其中10万元以上真烟案件2起、违法违规大户案件17起、省外流入“双五”无证运输案件2起；查获各类卷烟5908.9条，其中省外流入真烟2644条、假私烟825.7条。辖区市场净化率始终保持全省前列。推进云端破网行动，“3·22”互联网销售假私烟网络案，抓获犯罪嫌疑人10人，达到一级国标案认定标准；“7·02”非法经营加热卷烟案被列为部督案件，21名涉案人员全部获刑，并被认定为特级国标网络案；“11·21”特大海上走私卷烟案依法宣判，26人获刑，达到特级国标网络案

2021年4月26日，县烟草专卖局执法人员与公安干警联合执法销毁假烟
（县烟草专卖局　供图）

标准。年度大要案数量质量达到历史最高水平。

【政务服务】 2021年，县烟草专卖局（分公司）坚持放、管、服并重，不断提升行政许可服务和管理水平。在许可准入上，开展专项调研，参与全市合理布局规定修订；立足岱山工业园区点多、面广的实际，合法、合理解读相关条款，使园区的许可证数量达到兼顾需求、控制总量的目的。在许可服务上，全面对接“政务服务2.0”建设，全年累计办证792件，网上申请率达99.8%，办证好评率100%，办证平均时长缩短至1.92天，继续保持全省领先；推动红色驿站、红色代办点等提质扩面，构建完善行政许可前置服务体系，为195名办证民众提供预勘验服务。在后续监管上，按照“线上线下双向排查、专销共同实地核查、重点区域整体推进”的原则，做好低效证、无效证的清理工作，是年底，许可证总量比年中最高峰净减44本，列全市第一。

【深化整改成果】 2021年，县烟草专卖局（分公司）压紧压实管党治党政治责任，坚定不移推进全面从严治党，持续推进党风廉政建设和反腐败工作。全面对照行业巡视巡察、市局巡察回头看、延伸审计等反馈的问题、意见进行整改落实，通过清单式落实、常态化跟进、严肃化追责，共落实96项整改举措，问题整改率为100%。在整改过程中，开展追责问责，运用“第一种形态”提醒谈话2人次，以案示警。对接行规党纪，压实规范化管理。利用“钉钉”组织开展“党纪行规应知应会”测试2次，总计86人次。立足元旦、春节、五一、端午、中秋、国庆等重要节点，通过钉钉“点对点”发送廉政提醒7次，累计覆盖326人次。

【数字驱动建设】 2021年，县烟草专卖局（分公司）立足“数字强基年”，以“互联网+”全面赋能营销、专卖、企业管理。持续开展“1+1+1”经营指导，依托自律互助小组，通过钉钉直播、小视频、课程包、终端课堂等方式，“手拉手”结对培训农网老弱客户，自主制作相关课件12个，实现线上推送及直播培训全覆盖，争取海岛农网数字化转型。以大数据分析为抓手，深化与公安多警种的深度协作，完善“信息共享、事先介入、联合行动、优势互补”工作格局，实现市场状态全域感知，精准研判涉烟违法动向，成功查获一起案值8万余元的真烟外流大案。实施“党组出题—支部领题—青年破题”工作机制，以“项目+团队+人才”的形式凝聚合力，开展每周一学、每月一讲、每季一论坛、每年一晒活动，3个项目参加全市系统优秀质量控制课题及数据攻坚评审，分获二、三等奖。

【加强精实管理】 2021年，县烟草专卖局（分公司）整合全局资源，全力激发队伍活力，促进内部管理转型升级。完善对标分析机制，加大业绩考核应用力度，实现对各条线精准管理，获全省分层分类对标第一。抓严抓实疫情防控，落实“十个严防死守”，贯彻平战结合、平战转换等八大机制，实

2021年11月18日，县烟草专卖局开展“我为群众办实事”主题党日活动
（县烟草专卖局 供图）

现疫情防控“三零”目标。落实落细安全管理，不断提升安全综合水平，车队获评全省系统交通安全专项整治先进车队荣誉称号。严防严控舆情风险，因人施策落实保密责任，抓好信访维稳工作，确保全年和谐稳定，被市公安局评为2021年度“智安单位”。

【社会责任担当】 2021年，县烟草专卖局（分公司）围绕群众需求，展现国企社会担当与责任。常态化开展“路长制”“环境整治”“平安巡逻”“扶贫帮困”等文明创建活动127次。组建“香溢”志愿服务队，到一线交通卡口，开展“三班倒”全天值守。深入开展“我为群众办实事”实践活动51次，以实际行动关心帮助社会弱势群体和困难客户。

（王　喆）

粮油流通

【概况】 2021年，全县粮食工作以确保粮食安全责任制有效落实、切实保障全县粮食安全和有效保障应急救灾物资为目标，认真落实储备粮安全规范管理，配合市、县人大检查《浙江省粮食安全保障条例》的贯彻落实情况；认真谋划粮食物资储备库筹备事项，积极开展粮食安全领域漠视侵害群众利益问题专项治理，全力配合纪检部门做好粮食购销领域腐败问题专项整治工作；继续推进依法管粮，切实保障军粮供应，开展订单粮食收购，开展舟山—松原粮食对口产销合作，实现全年保供稳价。加强对原粮食企业房屋资产管理；切实做好救灾物资的收储、轮换、日常管理和应急配送工作，各项业务工作稳定有序。

【粮食安全责任制】 2021年，岱山县认真落实粮食安全党政同责要求，切实提高粮食可持续生产能力，保护农民种粮积极性；规范地方粮食储备管理，不断提高粮食应急保障能力，推进粮食质量安全监管保障能力建设，夯实粮食安全基础，守住粮食安全底线。

【粮油市场供应】 2021年，全县市场粮食供应以粮食经营企业（户）和超市为主，县城粮油供应超市所占份额基本同上年持平；粮食来源依靠市外调入，民营企业和部分经营规模较大的个体工商户直接从省外采调，多数个体工商户从宁波庄桥粮油批发市场采购。居民口粮以晚粳米为主，辅以少部分晚籼米。县内油菜籽种植较少，居民食用油多从县外调入，品种以瓶装调和油为主。是年，大米价格基本持平，年初高亭市场普通江苏晚粳米批发价为4.50元/千克，年末为4.33元/千克，普通吉林晚粳米年初批发价为5元/千克，年末为5元/千克；小麦粉价格略有上涨，江苏产“超级雪花粉”年初批发价为4.36元/千克，年末为4.56元/千克；食用油价格上涨，5升装“金龙调和油”年初批发价为58元/瓶，年末为65元/瓶。全年辖区内未发生粮价暴涨、断供和群体性粮食抢购事件，粮食市场平稳。

【粮食应急保障】 2021年，按《岱山县粮食应急预案》要求，全县落实应急供应网点11个、应急运输单位1个、应急加工单位1个，实行挂牌定点。12月，组织县内粮食企业和应急供应网点等开展粮食安全应急保供演练，进一步提高粮食安全应急预案启动时的应急反应能力和应急保障能力。落实成品粮储备350吨和应急成品粮250吨，并加强对库存落实情况的检查。做好粮食市场行情监测和分析工作，县粮食行政管理部门设立5个粮食价格监测点，对26个品牌的大米、小麦粉、食用油进行监测，并将监测点粮油价格信息和市场粮油行情分析通过政府信息平台向社会公开发布。

【粮食仓储管理】 2021年，岱山县严格落实省政府下达的计划落实地方储备粮计划，常年实物库存保持在70%以上，对照《浙江省地方储备粮管理办法》的相关要求，县粮食行政主管部门切实加强对储备粮的监管，按“双随机、一公开”原则，每季度一次对储备粮的数量、质量和安全生产等进行检查。全县储备粮数量真实、质量良好、储存安全。县粮食收储公司深入开展仓储管理规范化建设和“星级粮库”创建活动，严格抓好仓储管理制度，规范保粮工作，做到账实相符、账卡一致、堆装整齐、储粮安全。

【军粮保障】 2021年，全县认真落实军粮“一批、一检、一报告”制度，建立军粮质量档案；军粮做到专仓储存、专人保管，军粮采购实行全国统筹，实现统一粮源、统一加工、统一包装、统一配送的“四统一”；保质保量完成全年军粮供应任务。是年，2次组织相关人员到5个部队伙食单位传授粮食保管知识，探讨米、面制作办法，交流粮油营养健康常识，倡导节约用粮；召开座谈会，征求部队官兵对军粮质量和供应服务的意见和建议。

【侵害群众利益问题专项治理】 2021年，根据县纪委《关于开展漠视侵害群众利益问题专项治理的通知》，县粮食部门成立以局党组书记、局长为组长的专项整治漠视侵害群众利益问题工作领导小组，制定工作方案，认真开展自查自纠，着力治理在粮食收购工作中“对种粮农民关心的利益问题漠然处之，不维护、不作为，压级压价、抬级抬价、质价不符、限收拒收、推诿扯皮以及办事不公、侵害农民利益”等问题，进一步规范粮食收购工作。

【执行情况检查】 2021年，县人大组织开展对全县执行《浙江省粮食安全保障条例》情况的检查。

2021年10月18日，市人大常委会副主任方明一行到岱山检查粮食储备情况
（县经济和信息化局　供图）

检查结果总体较好，粮食安全行政首长责任制落实，粮食综合生产能力稳步提升，永久基本农田和耕地保有量任务完成，地方储备粮规模落实、管理规范，粮食流通监管规范，粮食应急保障措施有力；但一定程度上存在耕地“非农化”“非粮化”现象，农户种粮积极性不高，服务规模化粮食生产的设施设备不足，粮食仓储库点分散偏僻、设施和管理手段落后等问题。

【依法管粮】 2021年，县粮食部门贯彻落实《浙江省粮食安全保障条例》，结合“3·15”消费者权益日，在县文化广场向群众宣传该条例，倡议爱粮节粮、厉行节约。按照“双随机、一公开”要求，规范开展粮食政策性工作检查；对超期储存粮食和正常储存年限粮食竞价销售实施分类监管，落实属地监管责任和措施，督促存储企业履行出库义务。对补库的储备粮委托省粮油产品质量监督检查并做好满仓鉴定。是年，每季度一次对部分粮食经营单位库存粮食数量、质量和仓储设施进行督查，推进粮食市场的规范运行。

【订单粮食收购】 2021年，县粮食部门会同县财政局、县农业农村局、农发行舟山市分行出台当年订单粮食收购政策。订单对象为全县小麦、晚稻种植3.33公顷（含）以上的种粮大户；早稻收购全覆盖，小麦、早稻和晚稻中等质量标准每千克收购价格分别为2.86元、3.10元和3.06元；继续实行运费补贴政策，本岛每千克补贴0.08元，外岛补贴0.12元。全县有3户小麦种粮大户、8户晚稻种粮大户和3户早稻种植户同县粮食收储有限公司签订订单粮食收购合同，并投售小麦

2021 年 9 月 28 日，种粮大户向县粮食收储公司投售订单粮食

（县经济和信息化局 供图）

129 吨、早稻 58 吨、晚稻 662 吨，小麦和早稻作为商品粮公开销售，晚稻作为地方储备粮入库储存。

【产销合作】 2021 年，县粮食部门进一步深化粮食产销合作，继续保持和粮食主产区安徽省南陵县和东至县粮食部门的协作，互通粮食产销信息，促进产销区粮食企业的合作。县壮禾粮油贸易有限公司继续同江苏省泰兴市乾坤米业有限公司、如皋市海河米厂建立稳定的购销合作关系，当年调入岱山的优质大米继续保持上升势头。是年，县粮食收储有限公司在吉林省松原市建立省外粮源基地 600 公顷。

【房屋资产管理】 2021 年，县粮食部门继续加强对原粮食企业房屋资产的监管，全年组织开展对原粮食企业房屋资产的排查 4 次，对排查中发现的原衢山粮管所渔耕碗粮站围墙倾斜问题，及时进行加固和维修。将《收房通知书》再次上门送达高亭镇宫后弄和闸口粮站等 7 户住户手中，要求他们按县公有房屋集中管理办法，将房屋腾空交给县住建局统一管理。

【山外粮库拆除工作】 2021 年，根据高亭镇山外片区城中村改造项目进程，县粮食部门配合县治违拆违现场指挥部完成山外仓库地块的拆迁腾退工作，用旧房异地安置办法妥善安置 3 户住户；用现金安置办法妥善安置 2 户放物品用户；对已故和已享受房改政策不再安置的 2 户用户，通过多次上门宣传后完成腾退。

【应急物资保障】 2021 年，按 2 万名避灾安置人员需要和疫情防控工作要求，县粮食部门采用自储和代储的方式，按储备计划落实毯子、席子、压缩饼干等生活类物资和防护服、口罩等防疫类物资。“烟花”台风期间，向 17 个安置点配送物资 80 余次、计 13

2021 年 7 月 23 日，台风“烟花”登陆舟山期间，为避灾人员发放应急物资

（县经济和信息化局 供图）

万余件，保障7500余名安置人员的生活。全年累计调拨发放防疫类物资70余次、20余万件，保障全县防疫物资需求。

（丁海旻）

对外贸易

【概况】2021年，全县实现外贸自营进出口总额105.60亿元，同比增长14.2%；实现出口额为55.30亿元,同比下降23%。其中，船舶行业实现出口额44.10亿元，同比下降30.1%；水产行业实现出口额2.30亿元，同比增长24.1%；汽配、微电机行业实现出口额7.90亿元，同比增长34.6%；玩具实现出口额0.60亿元，增长61.2%。自营进口额为50.30亿元，同比增长143.9%。年末有自营进出口权企业210家，其中自营进出口额超200万美元的企业19家，同比增长11.8%。全年新增外商投资企业10家，合同利用外资12760万美元，实际利用外资8527万美元。全年新增16家获自营进出口权企业，同比增长6.7%。全县外贸继续保持平稳发展势头，进口对外贸整体情况支撑作用显著。

【外资规模增长】2021年，全县积极应对经济下行对外商投资的巨大冲击，强化利用外资政策导向，抓好政策宣传落实兑现工作，不断拓展利用外资新途径。全年新设外商投资企业10家，合同利用外资12760万美元；实际利用外资8527万美元，同比增长25.1%，完成目标任务8000万美元的106.6%；全年引入自贸区离岛片区新设外商投资企业4家，同比增长33.3%；自贸区内合同利用外资9154万美元；实际利用外资8527万美元，同比增长41.8%。产业涉及风力发电、远洋运输等外商投资领域。

【常石集团出口趋稳】2021年，常石集团（舟山）造船有限公司成功交付18艘船舶，同比增长12.5%，包括6艘集装箱船和12艘散货船。全年实现自营进出口额48.6亿元，同比下降6.6%，其中实现出口额33.60亿元，同比下降8.8%；实现进口额15亿元，同比下降1.5%。全年出口形势较往年呈平稳态势，对全县出口继续显现其支柱作用。

【汽配行业进出口创新高】2021年，全县汽配行业实现进出口额8.90亿元，同比增长35.2%. 其中实现出口额7.90亿元，同比增长34.6%；实现进口额1亿元，同比增长40.3%。银岱汽车零部件有限公司实现全年出口额5.70亿元，同比增长36.7%；晨光电器有限公司实现出口额1.20亿元，同比增长30.5%；神鹰滤清器制造有限公司实现出口额0.50亿元，同比增长43.8%。行业出口总量及增幅再创新高，行业出口占全县出口总额的14.3%，较上年提升6个百分点，骨干企业均呈现大幅增长态势。

【晨光电器出口增长】2021年，舟山晨光电器坚持以管理升级为主线，着力提升科技创新能力，引进高水平自动化设备，逐步提升市场份额。面对招工难、用人成本高、海运成本上涨等问题，晨光电器持续巩固其国内市场份额，积极拓展亚洲、中东欧等国际新兴国家市场。全面打造生产车间“数字化”“智能化”，出口订单持续逆势增长，企业出口竞争力进一步增强，全年实现出口额1.20亿元，同比增长30.5%，连续两年同比增幅超过30%。

【外贸企业线上拓市场】2021年，县商务局充分利用国家及省市举办的线上展会，组织出口企业参加线上广交会、浙江省网上交易会等各类线上展会，有效缓解全球疫情对岱山外贸出口形势的冲击，全年组织企业参加14个线上展会，助力外贸企业争取订单、拓展客户。

【邀请外籍商务人士来华工作】2021年，县商务局做好助企“三服务”工作，积极协助企业做好外籍人员入境邀请及外籍商务人士邀请函申请工作，主动对有申请需求的企业进行申报指导。是年，共组织申报30批次、278人。

（祝冰辰）

个私商业与电子商务

【概况】 2021年，全县社会消费品零售同比增长8.3%，增速排名市内各县区第二。限额以上批发零售业销售额增速为27.9%，其中限额以上批发业商品销售额增速为28.3%，限额以上零售业商品销售额增速为12.9%。限额以上住宿餐饮营业额增速为16.9%，其中限额以上住宿业营业额增速为7%，限额以上餐饮业营业增速为29.3%。

【商贸特色项目】 2021年，全县积极打造商贸特色项目，东沙古镇被评为舟山市商贸特色镇，秀山乡秀南村被评为舟山市商贸特色村，东沙镇桥头村被评为舟山市特色夜经济精品村。仙岛夜精彩项目被评为舟山市夜间经济十大标志性项目。岱山县蟹文化产业园区鲜活交易中心项目入选2021年全省农产品供应链体系项目，舟山环岛食品有限公司被评为舟山市供应链示范企业。

【电商数字馆运营】 2021年12月底，由电商协会打造的电商项目——云尚数字馆正式运营，一楼陈列农特产品、文旅产品、工业产品等岱山知名产品，并设立单独直播间，定期开展电商直播宣传售卖特产。二楼打造电商人才培训基地，可容纳培训人员60余人，配置电脑40余台，力争孵化本土直播带货网红。岱山云尚数字馆充分发挥“互联网+景区+平台”优势，丰富古镇景区旅游特色，助力渔农民致富增收。

（王 一）

市场管理与服务中心

【概况】 2021年，全县市场管理与服务工作坚持稳中求进的总基调，以开展党史学习教育为契机，以全国县级文明城市创建专项整治工作为重点，以提升市场管理和服务水平为根本，认真履行职能，突出精细化管理，建立长效工作机制，推进市场经营管理秩序规范化、制度化，实现全县市场健康发展。是年，浪激渚菜场创建“五化”市场；桥头、长涂等市场提升改造工作顺利完成；高亭中心菜场数字平台改造初步完成；继续在高亭城区市场和乡镇市场及市场周边，组织开展专项整治工作；“菜篮子”供应和食品安全工作有效开展，市场有效供给和食品安全保障进一步提升。是年，全县农贸市场完成交易总额53723万元，比上年下降11.8%；交易量28546吨，比上年下降21.2%。

【五化市场创建】 2021年，县市场管理与服务中心按照“便利化、智慧化、人性化、特色化、规范化”的创建标准，在浪激渚菜场投资约28万元，完善市场设施设备，增添共享雨伞、共享充电器、轮椅、急救医药箱等，设置社区邻里中心、阅览室、经营户之家、特色农产品展示区、网上菜场等区域，并在市场内设立政务服务一站式服务，为消费者提供各类行政便民服务，配置联网电子秤、商户屏和智慧化信息大屏等智能设备，实现市场各类信息集成展示、线上支付、电子溯源等功能。5月14日，省市场监督管理局对

浪激渚“五化”市场　　（县市场管理服务中心 供图）

浪激渚菜场“五化”市场创建工作进行验收；12 月 14 日，验收通过。

提升改造后的桥头市场　　（县市场管理服务中心　供图）

2021 年 9 月 30 日，高亭中心菜场联合工会成立（县市场管理服务中心　供图）

【市场提升改造工作】 2021 年 5 月，桥头市场和长涂市场提升改造工作启动。县市场管理服务中心制定“一场一策”推进计划，强化工作措施，落实专人负责，紧盯每个时间节点，顺利完成市场提升改造工作。7 月 22 日，桥头市场重新营业。8 月 4 日，长涂市场重新营业，总投资约 400 万元。是年，市场管理服务中心对高亭中心菜场数字平台进行优化升级，投资约 8 万元，为竹屿、浪激渚、衢山中心、岛斗等菜场安装信息公示屏和客流仪等设备，将采集到的市场中食品检测、商品准入、客流量等信息与数据中心联网，通过运用大数据手段，为消费者提供精准的服务。

【高亭中心菜场联合工会成立】 2021 年 9 月 30 日，全市首个农贸市场联合工会——高亭中心菜场联合工会成立，联合工会有会员 60 余人，包含以肉类、水产类、蔬菜类、干鲜类、熟食五大行业为代表的 5 个工会小组。联合工会把市场各类从业人员凝聚起来，为经营户和职工提供一个建言献策的平台，在创建全国县级文明城市、五化市场、放心市场等各种活动中发挥作用。

【市场管理】 2021 年，县市场管理服务中心结合全国县级文明城市创建工作，落实工作职责，推进市场专项整治。以高亭中心菜场为示范点，集中力量对市场环境卫生、占道跨门经营、商品摆放、门前三包、车辆违停等问题进行全面整治。12 个创城点位市场场长全部参与到高亭中心菜场整治工作，熟悉整治业务和整治要求、标准，通过 1 个月的专项整治，所属市场物品乱摆放、占道经营、车辆乱停放等不规范现象得到有效遏制；继续在所属市场实行经营户诚信经营 12 分考核机制，以“红黑榜”公示、扣除信用分和履约保证金、停业整顿等方法，规范市场经营秩序。

是年，共处罚经营户160余户次，停业整顿5户。严格落实市场招拍租实施规则及程序，房屋租赁合同，租金催收管理规定，经营性国有资产租赁、闲置情况月报等制度，规范经营性国有资产租赁工作，抓好市场摊位（营业房）租赁工作。是年，实现各项经济收入1600万元。

【食品安全和保障工作】 2021年，县市场管理服务中心继续做好市场食品安全和供应保障工作，及时督促批发大户做好重大节日、灾害天气、伏休等时期商品余缺调剂，保障商品正常供应；落实专人做好市场及菜篮子供应点商品采价工作，及时掌握商品价格信息；强化食品安全日常监管，严格落实索证索票管理制度，进行溯源管理，与每个经营户签订食品安全责任书，以增强经营户食品安全意识，规范交易行为。抓好上市商品的农药残留等检测工作，每天对市场内的近千种商品按照经营户数15%的抽查率进行抽样检测，全年共检测39970批次，合格率为100%。其中，检测农药残留28824批次，合格率为100%；其他项目检测11146批次，合格率为100%。

【"三服务"活动】 2021年，县市场管理服务中心继续以"三服务"工作为依托，开展为经营户（群众）做好"十件实事"工作，积极解决市场存在的热点和难点问题。通过调整、清理各市场摊位，帮助果农、菜农、养殖户等解决"卖难"问题；对市场经营户中的残疾人、低保对象，适当减免摊位租赁费；对60周岁以上老年人自产自销临时经营的免收摊位费。是年，为17户残疾人经营户减免摊位费共计9626元。落实服务19起，收集并处理各类问题59条。

（徐豪杰）

责任编辑：姜小金

住房和城乡建设

Housing and Urban-rural Development

综 述

2021年，全县住房和城乡建设工作围绕打造“海上花园城”的奋斗目标和建设“品质岱山”的工作主线，进一步用新发展理念谋划和推动住房城乡建设领域各项工作，城市品位不断提升。实施城市建设政府投资项目29个，完成固定资产投资15.13亿元。全县建筑业完成总产值18.26亿元，完成房地产开发投资11.06亿元，商品住宅成交均价10606元/平方米。至年底，实有城市道路面积169.31万平方米，排水管道长度137.81千米。是年，岱山县住房和城乡建设局（简称县住建局）获评浙江省建筑领域双碳工作绿色建筑优秀县区、全市住房城乡建设系统2021年度工作目标责任制考核优秀单位、岱山县2021年度全国县级文明城市创建工作突出贡献集体。

城区建设

【东海郊野公园建设】 东海郊野公园位于岱山县岱东镇，以“绿色、智慧、产业”为基础，打造为集渔业观光、农事体验、渔村文化、特色餐饮、休闲度假等功能于一体的新型生态休闲公园。公园占地共计7.9平方千米，分为先行区和主题板块。先行区主要为3.1千米道路1条和28.47公顷核心区1个。项目总投资为9985.45万元，2021年完成东海郊野公园核心区建设。

【安澜阁装修】 安澜阁位于高亭蓬莱公园。2021年，对新建的安澜阁进行内部装修，安澜阁建筑高度31.96米，地面以上共5层，建筑面积2196平方米；地面以下1层，建筑面积431平方米，为设备用房。总投资893.80万元，6月底，完成安澜阁装修。

2021年6月，安澜阁装修及亮化工程竣工并投入使用

（县住房和城乡建设局 供图）

【城市口袋公园建设】 口袋公园位于高亭镇康嘉路与人民路、蓬园路交叉口，红线面积约1381平方米，2021年，主要建设内容包括绿化提升、景观小品建设、道路铺装、景观照明等工程，其中景观绿化设计面积为1087.57平方米。东海小公园绿化提升改造工程，公园占地面积约12602平方米，主要建设内容包括园林绿化提升、景观亮化提升、水电改造、光纤搬迁改造等。工程总投资为483.04万元，2021年完成年度计划。

【城市山海地标亮化提升】 2021年，安澜阁、仙洲桥等城市山海地标提升改造顺利完工，成为城区新的网红打卡点。6月底，完成安澜阁装修及亮化工程。对仙洲桥进行灯光亮化提升，将其夜景景观亮度采用三级亮度模式分级处理，项目于1月开展施工方案设计等前期工作，3月进入施工阶段，7月底完成竣工验收。

【长河路景观配套工程建设】 2021年，实施高亭长河路景观配套工程，主要建设内容包括长河路河道两侧绿化提升、道路周边景观配套、智慧路灯建设等，全长1.8千米。项目总投资为1449.70万元，以“洁化、美化、序化”为改造标准。12月底，建成长河路景观配套工程，河道两侧绿化、沿街路牌路标、交通指示灯（牌）、无障碍设施等得到整体更新。

【衢山大道改建】 衢山大道（环城北路路口至黄官泥岙段）改建工程全长1.43千米，道路等级为城市主干路，其中机动车道改造面积38040平方米，非机动车道改造面积1789平方米，人行道改造面积3600平方米，增设超高段排水350米，绿化提升改造面积3050平方米。工程建设总投资为2500万元，2021年12月底完成。

【老城区道路项目改造】 老城区道路“白改黑”项目建设规模为和谐路、康嘉路、虹采路、康健路、蓬莱路、电信局东侧道路、新河路和育才路等8条道路，以及排水、交通等附属工程。计划道路总改造面积为24770.81平方米，其中人行道面积为18219.93平方米。2021年，实现和谐路等8条老城区道路“白改黑”，合计改造提升道路长度2528米。

市政建设

【交通治堵工作】 2021年，县治堵办拟定《2021年度岱山县治理城市交通拥堵工作实施方案》，分解工作职责，落实工作任务，协调解决难点问题，督查考核工作实绩。全年治堵工作任务细化为十大行动，完成新建改造城市道路1.50千米（长河路横向康嘉路、蓬莱路、康健路、和谐路），新建港湾式公交停靠站8个。

【城区车位改造】 2021年，县住建局通过数字化改革，建设视频停车管理系统、区间停车管理系统、停车场出入口收费系统等，实施城区停车场、路侧停车位智慧化改造工程。全年新增停车场库25个；新增路侧泊位共涉

2021年，在海月名都南门设置智慧停车场（县住房和城乡建设局 供图）

及23条道路。智慧停车业务管控平台方面，“智在安澜”公众号关注用户16491人，绑定认证车辆用户3732人。智慧停车运营范围内的场库日停车周转率平均保持在3.9%，峰值时可达8%；月周转率平均保持在3.2%，最高可达4.8%。日停车利用率平均保持在35%，峰值时可达63%；月利用率平均保持在33%，峰值时可达58%。路侧车位自7月投运以来，停车周转率从40%提升至2.8%以上，停车利用率从21%提升至60%以上。

【高亭老旧小区改造】 2021年，全县全域化开展老旧小区改造，积极推行“一户一策”“一幢一策”改造方案。通过防盗窗“凸改平”外立面改造提升、楼梯间修复粉刷、公共部位门窗修缮、蛛网飞线整改等措施，打造老旧住宅新形象；通过雨污水管网改造、小区内道路翻新等举措，完善修复老旧小区基础配套设施。是年，老旧小区改造涉及130幢，其中蓬莱三小区17幢，投资1700万元，完成立面改造；蓬莱四小区9幢，投资900万元，完成立面改造；康园新村15幢，投资1500万元；龙岗路宿舍楼4幢，投资400万元；蓬莱路清泰路口13幢，投资1300万元；杏花新村及山外路13幢，投资1300万元；银舟公寓23幢，投资2300万元；银厦路、沿港中路局部、长河路局部36幢，投资3600万元。

【县污水处理厂扩建】 岱山县高亭城区污水处理厂扩建工程位于徐福大道与聚星路交会处西南侧，拟用地面积45491平方米，工程总投资3.20亿元。该工程分综合处理厂区和预处理厂区建设，综合处理厂区收集高亭中心城区和经济开发区部分生活污水，预处理厂区主要收集海洋生物产业园产生的工业废水。综合处理厂区建设规模3万吨/日，其中扩建2万吨/日，预处理厂区建设规模0.4万吨/日。至2021年年底，完成主体结构工程，同步进行设备采购及单体设备安装。

【渔农村生活污水治理】 2021年，全县完成45个终端的改造，主要改造内容为老化设备配件更换、紫外线消毒设备加装、生化填料换新、湿地翻修、监测设备换新、标识标牌换新、环境整治等。按照省农村生活污水处理设施标准化运维评价准则，推进92个日处理能力20吨以上的设施完成标准化改造。投入资金300万元，综合运用互联网、物联网等技术，重新建立农村生活污水治理设施在线监测平台，覆盖全县区域范围内的治理设施，实现出水井的水量、终端整体全貌等远程监控。通过月自检、季督检、不定期抽检，对异常信号和迹象采取动态化措施，保障污水治理终端水质正常。

建筑业

【概况】 2021年，全县注册建筑业企业39家，新增企业2家、新批总承包资质2项、专业承包资质1项。另有2家建筑业企业扩增总承包资质2项。全县建筑业产值为18.26亿元，同比下降1.1%。

【建筑节能与新技术推广应用】 2021年，岱山县获浙江省建筑领域双碳工作绿色建筑优秀县区荣誉。全县新建城镇绿色建筑13项，建筑面积282528.87平方米，其中二星级绿色建筑6项，建筑面积117389.78平方米。是年，县全民健身中心项目被评为舟山市高星级绿色建筑示范项目，县文化中心立面改造项目被评为舟山市技能改造示范项目。

【工程招投标管理】 2021年，全县完成工程招投标项目128项，工程预算投资额391527.98万元，实际中标价361270.08万元，其中工程建设必招项目共43项，占比33.6%，工程预算投资额374759.84万元，实际中标价345388.62万元；建设工程非必招项目共85项，占比66.4%，工程预算投资额16768.15万元，实际中标价15881.46万元。非必招工程建设项目中，公开招标47项，累计工程造价9986.02万元，实际中标价9488.25万元；邀请招标38项，累计工程造价6782.13万元，实际中标价6393.21万元。工程造价平均下浮率6.3%，应招标项目招标率达100%。

【工程质量监督】 2021年，县住建局开展日常检查135次、专项检查31次，发现质量安全隐患793项，整改793项，签发整改通知单130份。全县房屋建筑工程竣工验收项目25个，建筑面积70.02万平方米；市政基础设施工程竣工验收项目6个，工程造价0.51亿元。竣工验收一次性通过项目31个，一次性验收合格率为100%。

【工程安全管理】 2021年，县住建局加强专项检查与危险性较大部分工程检查。组织开展各类专项检查（脚手架专项检查、节前节后专项检查、扬尘治理专项检查、危化品使用储存情况专项检查、重大危险源专项检查、防汛抗台专项检查、模板系统专项检查、起重机械专项检查）13次。是年，完成日常检查132次，提出整改意见658条，发放各类检查表51份，限期整改通知书14份，局部停工整改通知单6份，停工整改通知书20份。

【建筑工地创城】 2021年，县住建局创城综合巡查累计357次，发出问题抄告单20份，整改通知书10份，发现问题272个；点位工地巡查累计82次，发出问题抄告单22份，发现问题156个。

房地产业

【概况】 2021年，全县房地产开发投资11.06亿元，同比减少39.6%，其中：住宅投资9.15亿元，同比减少46.3%；商品房施工面积79.02万平方米，同比减少23.2%；商品房竣工面积26.69万平方米；商品房销售面积8.41万平方米，同比减少22.6%。商品住宅成交均价为10606元/平方米。是年年末，全县剩余可供市场销售商品住宅面积14.95万平方米，同比减少16.9%。共审核存量房交易1331件，建筑面积14.14万平方米，其中存量住宅交易审核1241件，建筑面积11.10万平方米。

【房地产市场监管】 2021年，县住建局贯彻落实房地产市场各项调控政策，加强对房地产市场的监管。继续推进房地产领域突出问题专项整治，开展长租公寓市场风险排查，定期开展商品房预售资金入账检查工作，确保所有在建项目排查全面覆盖；严格商品房预售许可、现售备案管理，批准2件商品房预售许可，商品房预售上市面积2.22万平方米，同比减少90.7%；做好盛世豪庭、银河湾小区一期等2个商品房项目现售备案工作。认真落实房地产项目风险防控工作专班各项任务，开展房地产开发项目风险排查，全面排摸未建、在售房地产项目，协调解决企业在建设中碰到的问题，及时做好房地产市场形势分析，全县房地产市场呈平稳发展。

银河湾小区 项目位于高亭镇环城北路6号，由舟山岱美房地产开发有限公司开发建设。规划地上建筑面积12.73万平方米，项目由13栋高层住宅楼和1栋保障房组成，其中：商品住宅979户，面积11.87万平方米；保障房108户，面积0.51万平方米。商业用房0.09万平方米。项目分二期投入建设。2021年年底，形象进度为一期项目竣工交付，二期项目完工并进入竣工验收阶段。全年投入开发资金1.45亿元。

盛世豪庭 位于高亭镇板井潭村，由岱山辰宇置业有限公司开发建设，小区房源作为舟山绿色石化基地企业职工配套住宅使用，不对外销售。规划用地面积12.1万平方米，地上建筑面积19.47万平方米，由31栋11层住宅楼和5栋18层住宅楼组成，住宅户数1840户。2021年年底，该项目已竣工交付。全年投入开发资金1.53亿元。

东方蜜月城堡 位于岱西镇双合村，由舟山缔业旅游发展有限公司开发建设。规划用地面积12.75万平方米，建筑面积6.15万平方米，由低层住宅楼、公寓楼、酒店等建筑体组成。2021年年底，一期工程完工并进入竣工验收阶段。全年投入开发资金5371万元。

【房地产市场防控】 2021年，县住建局全面排摸房地产企业和开发项目风险情况，掌握房地产市场存在的风险隐患，做到底数清、情况明、举措实，从源头上预防和减少突发事件。加大商品房预售资金收缴、使用和监管力度，及时掌握工程建设进度、商品房销售情况、预收款归集进度、工程款支付进度匹配情况等信息，对房地产开发项目进度和预售资金使用情况进行不定期的现场检查，防止预售资金违规使用引发的项目停工、烂尾甚至系统性风险，确保全县房地产市场平稳发展。

【白蚁防治】 2021年，县住建局办理新建房屋白蚁预防公共服务受理单14件，面积21.89万平方米，新建预防面积2.2万平方米，上门服务285户，安装监测装置68套。完善东沙镇历史文化名城名镇名村白蚁综合治理方案，加强重点区域内历史古建筑保护，安装监控装置，重点监控白蚁防治点蚁情信息。

【住房保障工作】 2021年，县住建局受理14批次城镇中等偏低以下收入住房困难家庭、新就业大学毕业生及公交、环卫行业一线职工公共租赁住房申请。新增公共租赁住房租赁补贴41户，实际在保租赁补贴299户，发放公共租赁住房租金补贴194.90万元；分配紧缺型引进人才及新毕业大学生公共租赁住房78户。5月，开展社会救助家庭情况排摸行动，针对住房保障范围内的高亭镇22个社区和衢山镇瀛洲社区关于公租房的保障需求，累计排摸低保、低保边缘、特困等社会救助家庭106户，其中获得住房保障56户，享受公租房租赁补贴或实物配租53户，享受经济适用住房保障3户。完善公租房后续动态管理，清退不符合条件公租房承租户99户；停发不符合条件中低收入家庭租赁补贴14户。10月，开展2021年以前在保392户城镇中等偏低以下收入住房困难家庭的年审工作。

【直管公房管理】 2021年，县住建局完成直管公房维修8处，计房屋建筑面积745平方米。开展每月1次及台风汛期直管公房的安全巡查工作。做好高亭镇、东沙镇直管公房租户共138户的资格审查工作，新申请入户2户，因租赁资格不符合予以清退3户。因美丽渔港建设，清泰路团结弄2～8号、沿港中路7～9号直管公房被征收拆迁。

【物业管理】 2021年，县住建局完成物业承接查验备案3件，物业竣工验收3件，住宅专项维修资金、房改房维修基金使用审核75件，保修金使用审核10件；物业服务合同备案9件、业主委员会备案审核4件；各类信访投诉615件；归集住宅专项维修资金3260万元，住宅物业保修金资2099万元；完成半岛城市花园、华枫花园、海德花园、恒丽府第、秀山菜场B2地块1～3号楼保修金的退还工作。制订出台《岱山县关于进一步强化居民小区物业管理工作的实施意见》《2021年居民小区创城的实施方案》；根据《岱山县居民小区物业管理全覆盖工作的实施方案》的计划安排，蓬莱社区、闸口社区、兰亭社区83幢无物业管理楼宇实现物业管理；印发《关于做好物业小区常态化管理的通知》，全面巩固并提升物业小区创城期间各项整治工作成果。

【居民小区创建文明城市工作】 2021年，县住建局完成16个物业小区主道路面破损修复，改造11个小区机动车停车位1015个，非机动车停车位149处，安装非机动车集中充电桩268个，设置机动车停车位1031处，非机动车停车位868个，共计投入资金约2100万元。每月开展30个物业小区点位问题的巡查，共检查小区736个次。完成小区公益广告制作、橱窗宣传、温馨提示牌共8680个，小区绿化补种约21850平方米，完成破损墙体修补以及各类破损设施、标识修复。是年，共召开居民小区专项组创城专题会议7次，联合县公安、综合执法、消防等部门对30个物业小区楼道内电动车乱停放、私拉乱接充电的整治。完成飞线整治3295处、楼道箱体1223个，整改乱搭建、楼道乱堆放杂物2032处。

专项工作

【海上花园城建设】 2021年5月初，全县制定出台《关于岱山县2021年海上花园城市建设攻坚行动的实施方案》，明确全年城市有机更新、滨海城市带建设、实施城市道路建设提升、市政公用设施建设、城市园林绿化建设、美丽城镇和美丽村庄建设、城市景观亮化品质提升、“三改一拆”等八大攻坚行动，共计21类62个项目，年度计划总投资约38.15亿元。2021年，全县列入市海上花园城攻坚行动的工程项目23个，总投资9.80亿元（其中15个由县城投集团具体实施），12月底，完成投资10.03亿元，超额2.3%完成年度计划。

【城乡风貌整治方案编制】 2021年，全县全面实施城乡风貌整治提升行动，县住建局牵头成立城乡风貌整治提升（未来社区建设）工作专班，班组成员涵盖全县30个单位，明确工作专班各成员单位工作职责，落实年度各单位重点任务目标。设立实体化运作工作专班，专班办公室设在县住建局。完成《岱山县城乡风貌整治提升行动的方案》的编制，成功申报“山海蓬莱”县域风貌样板区，样板区位于岱山本岛西北部，规划范围涉及岱西镇、东沙镇、岱东镇3个镇域范围内的7个村庄，确定样板区范围内建设项目9个，投资总额约1.50亿元。

2021年，岱山星浦未来社区主体结构、楼板浇捣完成

（县住房和城乡建设局　供图）

【未来社区建设】 2021年，县住建局完成星浦未来社区（新建类）、蓬莱未来社区（旧改类）项目的申报。其中岱山星浦未来社区为2021年列入浙江省第三批未来社区规划新建类试点创建项目，该社区位于岱山经济开发区，规划单元占地面积102.68公顷，实施单元占地面积28.78公顷，总建筑面积约52.7万平方米，其中地上建设面积约40.7万平方米，地下建筑面积约12万平方米，总投资约32.70亿元。12月31日，主体钢结构全部安装完成，各楼层板砼全部浇捣完成；设备用房所有工作全部完成。蓬莱未来社区成功入选浙江省第四批未来社区创建名单。该社区位于高亭老城区，规划单元总面积约153公顷，实施单元以蓬莱社区为基础，北至长河路、南至蓬园路、西至蓬莱路、东至岱山新天地和南岙村，总面积约为17.8公顷，直接受益居民约1万人。

【安置房建设】 **原技校地块住宅小区** 于2021年7月竣工。项目用地面积4.47公顷，新建11幢高层，层数17～30层不等，总建筑面积15.03万平方米。概算投资10.20亿元，总套数911套，其中安置套数642套，配建停车位1000个。

顺峰家园二期 于2021年11月竣工。项目用地面积1.67公顷，新建6幢小高层，层数均为11层。总建筑面积4.26万平方米。概算投资2.83亿元，总套数290套，其中安置套数121套，配建停车位290个。

山外地块住宅小区 2021年，县住建局完成全部主体结构工程及主体装饰装修工程，进入市政附属工程施工。项目用地面积

6.35公顷，新建13幢高层，层数17～27层不等。总建筑面积22.24万平方米。概算投资16.62亿元，总套数1364套，安置套数1162套，配建停车位1486个。

东海地块住宅小区 2021年，县住建局完成主体结构工程及主体装饰装修工程，进入市政附属工程施工。项目用地面积3.71公顷，新建11幢高层住宅和1幢办公楼，住宅层数15～22层不等，办公楼8层，总建筑面积11.90万平方米。概算投资为8.43亿元，总套数652套，其中安置套数447套，配建停车位789个。

【“三改一拆”行动】 2021年，县住建局以“去存量、控新增”为抓手，坚持拆、改、用结合，持续推进“三改一拆”“四边三化”工作。全县拆除违法建筑1.11万平方米，超额85%完成市年度拆违任务。完成旧住宅区改造16.16万平方米、安全隐患违法建筑处置点位9个。完成“四边三化”问题点位整治13个，超额4%完成年度整治任务。年末，全县累计拆除违法建筑165.52万平方米，拆后土地利用率达85%，完成三改面积261.19万平方米。

【城乡危旧房治理】 2021年，县住建局完成C级危房解危9幢，涉及户数160户，面积10149平方米。对全县所有登记在册尚未实质性解危的C级城镇危房实施动态监测，关注危房的动态变化，确保房屋安全使用。

【城市建设管理】 2021年10月，岱山县连续制订城市建设管理的4个文件，印发《关于进一步加强岱山县市政公用设施建设管理体制机制的方案（试行）》，方案实行建管分离模式，县住建局为主要建设单位，县综合行政执法局（城市管理局）为市政公用行业主管部门，开展岱山县市政公用设施建设管理体制机制工作。印发《岱山县绿化建设管理机制体制调整方案（试行）》，县综合行政执法局（城市管理局）负责规划区内城市绿化的保护和管理工作。印发《岱山县城区排水系统建设管理体制机制调整方案（试行）》，明确各单位任务，提高城区排水建设管理水平，切实解决城区排水权属不清、多头管理等问题，推进“品质岱山”建设。印发《岱山县城市照明建设管理体制机制建议（试行）》，允许多元投资，坚持统一监管，鼓励社会资本参与景观照明的建设、运行和维护。

村镇建设

【美丽城镇创建】 2021年年初，岱山县梳理完善2021年“五美”建设项目库，全县实施美丽城镇建设项目139个，完成项目投资4.97亿元。3月，制定全县美丽城镇建设2021年工作要点；5月底，完成岱东美丽城镇规划方案评审；6月，完成秀山乡美丽城镇建设专项扶持政策（“一镇一策”）的制定；8月，秀山乡召开2021年全市美丽城镇建设宣传工作会议。12月底，全县139个项目全部开工，完成投资额4.97亿元，完成年度总投资的100%。其中秀山乡、岱西镇、长涂镇共74个建设项目完成年度投资1.64亿元，占年度总投资的100%，全部通过省级基本型考核验收，被省城乡环境整治工作领导小组确定

秀山乡爱琴海度假别墅区 （吴晓琴 摄）

为2021年浙江省新时代美丽城镇建设基本达标，秀山乡经市美丽办综合评定和考核反馈，确定为2021年度美丽城镇市级样板。

【省级“美丽宜居示范村”创建】2021年，长涂镇长西村、衢山镇三弄村被列入省2021年美丽宜居示范村创建村。联系相关设计单位，落实美丽宜居示范村建设规划编制工作。根据秀山乡秀北村和岱东镇北峰村申报的项目要求，完成各项建设任务及台账工作，迎接省厅督查验收；帮助协调解决各村在示范村建设过程中碰到的问题。

【渔农村困难群众住房救助】2021年，根据省建设厅《关于贯彻落实全省农村房屋安全隐患排查整治工作实施方案的通知》和《关于决战决胜脱贫攻坚高水平做好农村困难群众危房改造工作的通知》的文件要求，对全县所有农村房屋安全隐患进行排查和整治。全年共排查房屋48105户，其中自建房46751户（包括生产经营性房1085户，非经营性房45666户），非自建房1354户。初判存在安全隐患64户，经鉴定全部为危房，其中C级危房58户，D级危房6户，其中非困难群众1户C级，非自建房4户（2户D级、2户C级），另有6户无房户困难群众，共补助困难群众65户，每户补助2.50万元（省级1.50万元，市县级资金各0.50万元），已全面完成改造整治并下发补助资金。

【历史建筑保护】2021年，根据《关于报送历史文化街区划定和历史建筑确定工作情况的通知》的要求，全县完成首批25处历史建筑的测绘建档工作和挂牌工作。

（胡亚楠）

城管执法

【城乡环境综合整治】2021年，全县城乡环境综合整治大会战持续开展，各项任务按期完成。5月31日，印发《2021年岱山县城乡环境综合整治大会战实施方案》，全面推进十二大行动，包括精品示范街（路）建设，环境卫生责任区制度（门前四包）示范街创建，修售业整治，餐饮业垃圾分类投放规范整治，排水许可规范整治，流动摊、小广告、流浪犬“清零”整治，智慧停车规范管理，“席地能坐”保洁区创建，店招店牌规范整治，睡眠车辆整治，快递服务行业规范提升，“空中飞线”整治等。城乡环境综合整治依托数字化改革，让管理更加“智慧化”；创新执法管理模式，让管理更加“人性化”；推进“综合查一次”，让管理更加“标准化”；健全长效管理机制，让管理更加“精细化”。是年底，圆满完成年度重点任务目标和市对县的考核任务。

【全国文明县城创建】2021年，县综合行政执法局对全县30条主次干道、2条商业大道、7座城市公园，分3批完成集中整治。针对跨门经营、车辆违停、乱晾晒、乱张贴、流动摊贩等动态问题，聘用第三方管理人员80人，通过分2批“定岗定则定时”，辅助城管执法人员对城区24条主次干道的重点路段进行强化管理。完成高亭新区大型物流站搬迁。引进城区电瓶车充电服务，迁移电瓶车暂存点，设置人力三轮车等候区域17处，进一步规范城区非机动车停放秩序。设置自产自销临时摊位，实现流动早餐摊“清零”，创建“席地能坐”保洁区5个。实施“社区吹哨　城管报到”基层治理机制和城管网格管理模式，落实“路长责任制”，统筹设置点位49个，全程参与日常及创城迎检期间的市容管理。

【“大综合一体化”执法改革】2021年，县综合行政执法局着力推进“大综合一体化”综合行政执法改革，确定衢山镇、长涂镇作为赋权乡镇，完成赋权事项梳理并制定办案指引8个。联合全县24家责任单位成立“综合查一次”工作专班，梳理建立执法监管应用场景73个，涵盖检查事项500余项。完成全部应用场景检查覆盖，检查75家，出动执法人数359人次，整改问题4个。

【省级园林城市创建】2021年，经浙江省政府公布评审结果，岱山县创成省级园林城市。县综合行政执法局完成《岱山县城市绿地系统规划》和《岱山县城市主

2021年，岱山县获评省级园林城市　（县综合行政执法局　供图）

要绿地绿线规划》的编制。全县建成区绿地面积约333.96公顷，建成区绿地率39.5%，建成区绿化覆盖率42.9%，城市公园绿地服务半径覆盖率达90.1%，人均公园绿地面积16.59平方米。

【智慧平台建设】 2021年，县综合行政执法局在运行“智慧城管”一期项目的基础上，紧扣数字化改革要求，推动岱山智慧城管二期平台建设，按照“智慧城管”规范，做好城市管理问题采集、运行、处置工作。全年，立案14489件，结案14353件，结案率99.1%；及时结案率99.3%，立案事部件中智能发现8871件，结案8771件，智能感知率61.2%。

【市容环境整治】 2021年，县综合行政执法局拆除沿街商户外接的水龙头、存在安全隐患的充电站等违规私设的小型硬件设施，拆除破损店招店牌、遮阳篷等沿街老旧设施，拆除23条道路的小斜坡210处，完成高亭城区水泥坡道清零。清理睡眠机动车66辆，睡眠电瓶车、摩托车、自行车333辆，新增睡眠车辆暂存场地1处，加大人行道机动车违停和非机动车不规范停放查处力度，改善停车行车乱象。开展乱丢烟蒂、随地便溺、流浪犬等专项整治行动，规范各类不文明行为。

2021年，一期“指挥城管”平台运行中　（县综合行政执法局　供图）

【违法建设拆管】 2021年，县综合行政执法局分组对城区住宅小区开展常态化巡查，及时发现、制止和查处新增违法建设。加强与社区、物业的沟通联系，坚持实施不违规装修承诺制和装修备案制。是年，共发现、处理违法建设95起，拆除违建面积355平方米。

【建筑垃圾管控】 2021年，县综合行政执法局强化建筑垃圾消纳处置管理，推进建筑垃圾减量化、资源化和无害化处置。落实《岱山县建筑垃圾（渣土）管理实施意见》，全面实行建筑垃圾处置申请核准制，持证上路率100%。8个运输车队、76辆工程运输车密闭式装置安装率达100%。清运建筑垃圾28.25万吨，推进建筑垃圾资源化综合利用率98%以上。利用智慧城管平台以及单兵、布控球等设备进行实时管控，开展不间断巡查，杜绝建筑垃圾偷倒乱倒情况发生。

【市政公用管护】 2021年，县综合行政执法局开展城市运行领域安全大检查，实施全县瓶装液化气经营企业安全专项整治，规范整治鱼山岛瓶装液化气经营点。加快推进老旧小区管道入户，优化城区居民用气环境。改善日达一新天地商贸区周边环境，完成26条市政道路和5座公园广场的路面提升，共修复沥青路面1300平方米、混凝土路面400平方米，破损人行道修复1100平方米，更换窨井盖、信号盖300余处。完成公园广场内157处公益广告牌的安装，3处雷锋亭及50处草坪标识牌的设置。

【规范执法工作】 2021年，县综合行政执法局全面应用全省综合执法办案系统，提高综合行政执法办案效率和质量，网上办案率达100%，共办理一般案件592件、简易案件613件。5月底前，共梳理擅自超出门（窗）的经营、展示、作业等涉及综合执法领域的5个处罚事项，进入全县行政执法多领域第一批“首错免罚”清单。贯彻落实《岱山县行政执法多领域“首错免罚”清单模式实施办法》，共办理“首错免罚”案件21件。

（周明镜）

环境卫生

【环卫管理】 2021年，县环境卫生管理处以助推全国县级文明城市和重要窗口海岛风景建设为总目标，严格按照定人、定岗、定责的工作制度，高标准、高质量落实各项环卫作业，使道路清扫保洁、垃圾收集清运、公厕保洁管理等作业效率和质量得到显著提升；持续开展处领导班子一线督查、部门轮流互查、科室自查自纠相结合的巡查考核，严控环卫作业质量和作业安全管理，确保各项工作安全、有序、高效开展。

【道路保洁】 2021年，全县共配备道路保洁员445人，其中县本级149人、各乡镇296人。全县道路保洁总面积达391.96万平方米（包括绿化带120.59万平方米）。其中，县城区道路保洁面积168.67万平方米（包括绿化带44.71万平方米）；乡镇道路保洁面积223.29万平方米（包括绿化带75.88万平方米）。做到路面无果皮纸屑、无垃圾杂物及保洁时间每天不低于8小时等的作业要求，加强机械化清扫作业力度，使道路保洁质量得到进一步提升。

【垃圾分类处置】 2021年，城区共有49辆专用收集、清运车辆，做到生活垃圾日产日清。对有害垃圾与可回收物实行每月定时定点的上门收运，并做好对回收种类、数量的确认，建立相应的收运记录台账，实行溯源管理。其他垃圾和易腐垃圾进行分类收集后出岛外运至团鸡山垃圾焚烧场和餐厨垃圾处置中心进行资源化、无害化处理，运送期间严格落实运输密闭化、操作规范化等作业标准，确保垃圾出岛工作安全有序进行。可回收物由舟山联慧环境科技有限公司收集后进行资源化处理。有害垃圾先在新区环卫中转站临时暂存，储存至一定的量后，再交由舟山志成环保科技有限公司处理。建筑硬垃圾运至舟山宏波新型墙体材料有限公司和舟山市宇泰新型墙体有限公司作为制砖材料，进行资源化利用；建筑软垃圾运至团鸡山垃圾焚烧场焚烧发电，其中木板运至木材染料厂作为燃料颗粒，进行资源化利用。全县共出岛焚烧处置生活垃圾9.11亿吨，其中岱山本岛4.5亿吨，外岛乡镇4.6亿吨，均达到无害化、资源化处理。

【公厕保洁管理】 2021年，全县公厕总数258座，其中县城区45座、各乡镇213座。在紫宸小区公厕、青少年宫公厕、太阳城停车场公厕、海月名都公厕、御景苑公厕、第一农贸市场公厕、华枫花园公厕、行政广场南公厕、行政广场北公厕、东海公园公厕等10座公厕内，免费提供热水、洗手液、厕纸、手机充电、干手器、Wi-Fi、垃圾分类等便民设施和服务，在观海平台公厕、青少年宫公厕、紫宸小区公厕等10座公厕内安装智慧平台，进一步提升城区公共厕所智慧化服务水平。同时，优化全县旅游公共服务水平，长剑大道公共厕所、东沙镇东渡路西侧公共厕所和岱西

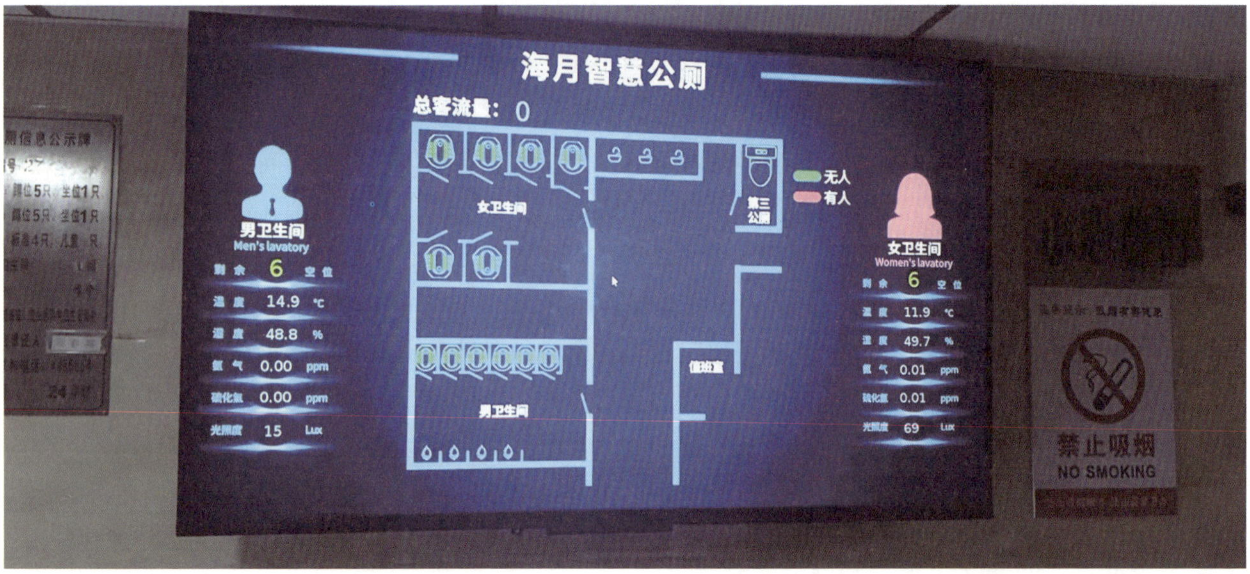

2021年，高亭海月名都小区公厕安装智慧平台　（县环境卫生管理处　供图）

镇小岙旅游公厕符合AAA级旅游厕所标准，青少年宫公厕符合A级旅游厕所标准，其中长剑大道公共厕所被评为省级示范性旅游公厕。

【环卫基建工作】2021年，全县投入环卫基建资金1913.88万元。其中，县本级投入1699.12万元，完成20个居民小区“撤桶并点、两网融合”体系建设，购置15台智能可回收物设备，做好216个分类果壳箱和7辆环卫作业车的更新、800个垃圾桶及138个封闭式垃圾箱设置的更换、14座城区公共厕所基础设施的提升。各

2021年7月30日，县城乡生活垃圾分类一体化工作领导小组办公室组织在闸口二村开展生活垃圾分类知识讲解活动
（县环境卫生管理处　供图）

乡镇投资214.76万元，用于购置环卫作业车12辆、各类垃圾容器5900个、扫帚1600把等。为保障全县生活垃圾的处置需求，全县开始筹建新环卫中转站。

【城区生活垃圾分类】 2021年，全县城镇生活垃圾分类覆盖面达100%；城镇生活垃圾回收利用率55%以上，资源化利用率和无害化处理率均达到100%。新增峰景湾二期、蓬莱阁、东方一品等省级高标准分类示范小区3个。20个居民小区实施“撤桶并点”，垃圾分类“两网融合”。积极开展居民垃圾分类宣传，引导居民定时定点有序投放。开展垃圾分类专题讲座、垃圾分类现场模拟等“八进”活动66场，通过“看岱山”APP、微信公众号和岱山新闻网等新媒体平台，推出《岱山县分类办开展〈浙江省生活垃圾管理条例〉宣传》等相关报道40余条次。

【城乡环境整治】 2021年，县环境卫生管理处开展城区主要道路、背街小巷、卫生死角等区域的环境卫生整治，做好城区绿化带、道路周边烟头烟蒂和白色垃圾的捡拾工作，确保城区道路整洁、美化。排查更新城区老旧收集容器、公厕等环卫设施设备。组织人员900余人次，开展城区卫生集中整治90余次，清洗路面、人行道等污迹3.5万余处，清理背街小巷、卫生死角大件垃圾5500余车，更换分类标识标志5000余张，清洗果壳箱及垃圾桶9万余个。加强对新区中转压缩机房、环卫车辆、公厕等设备和场所的消毒，积极应对废弃口罩等特殊有害垃圾的收运处置工作，下发245个张贴有废弃口罩收集桶标志的红色垃圾桶至城区小区、码头等公共场所，废弃口罩专用收集车辆实行定时定点收运，将收集的“废弃口罩”纳入医疗废弃物处理系统进行进一步处理，全年共处理无害化处置废弃口罩226.7千克。

（郑佳艳）

责任编辑：韩信安

自然资源管理和环境保护

Natural Resource Management and Environmental Protection

自然资源和规划

【保障全县经济社会发展用地】 2021年，县自然资源和规划局（简称县资源规划局）完成2个计划批次报批，总面积28.22公顷，其中新增25.3公顷。向省自然资源厅争取追加计划指标20公顷，优先保障高亭镇板井潭安置小区、526国道岱山段接线公路等重点项目建设。向省林业局追加征占用林地定额指标17.72公顷，用于项目占林项目报批。通过用地预审和选址意见书项目共51个，总面积171.24公顷；全年完成11个项目20.35公顷的土地征收，收储国有土地12宗98.15公顷，全县储备土地总面积达861.72公顷。是年，合理编制全县年度国有建设用地供应计划，批准供应国有建设用地46宗，供地面积206.45公顷。其

2021年12月24日，县资源规划局召开“岱山县2021年度城镇基准地价更新评估工作”新闻发布会　（滕睿　摄）

中，划拨用地22宗，供地面积40.23公顷；出让21宗，供地面积147.47公顷；租赁3宗，供地面积18.75公顷。消化批而未供土地95.38公顷，完成城镇低效用地再开发93.2公顷，盘活利用国有存量建设用地111.08公顷。出让用海205.11公顷，保障鱼山及县开发区等重点项目。小衢山形成133.33公顷可建设土地，并完成土地平整。

【耕地保护和垦造】 2021年，县资源规划局继续加强耕地“三位一体”保护和建设，全面落实耕地保护补偿机制，发放省、市、县补助及配套资金191.18万元；开展垦造耕地工作，推进高亭镇、秀山乡“旱改水”项目，完成表土剥离2.36公顷。完成火箭盐场垦造耕地项目县、市两级验收工作。

【林业】 2021年，全县完成营造林479.8公顷，其中百万亩国土绿化146.47公顷；实施彩色健康森林建设（森林综合抚育）333.34公顷。岱西镇被授予“浙江省森林城镇”称号，在全市率先实现省级“森林城镇”全域覆盖。岱西镇双合村被评为浙江省“一村万树”示范村。组织开展全县“3·12”义务植树和义务植树四十周年宣传等活动。启动林长制工作，印发《岱山县林长制工作实施方案》。完成森林资源动态更新暨林地变更调查，确保9180公顷的重点公益林面积保有量。赠送红楠、黄连木、日本野漆等珍贵树苗2万株，用于5个乡镇11个村的森林抚育项目。是年，共受理建设项目采伐8例，蓄积量175.5立方米。严格执行林地定额管理，全年共审核转报使用林地17.72公顷，征收森林植被恢复费332.74万元。加强林业有害生物和陆生野生动物疫源疫病的监测。开展岱山县高亭城区山林白蚁防治项目和病死木清理工程。开展自然保护地整合优化工作，完成年度省重要湿地生态保护绩效评价工作。提升防火基建，全县新配备高扬程便携式消防泵24台和储水桶72个。加强春节、清明节等重点时段野外用火的管控，继续开展“鲜花换鞭炮、换香烛”活动，倡导鲜花上坟、文明祭祖，共赠送鲜花6万余束，全年全县未发生森林火灾。

【城乡规划】 2021年，《岱山县国土空间总体规划》划定过渡期开发边界，制定重点建设项目表并获得省自然资源厅批准，作为国土空间规划批复前项目建设的审查依据；完成三轮“三区三线”试划，并通过质检；开展永农核实整改补足工作，深入调研可恢复地类。完成《岱西镇青黑QH-A-01地块控制性详细规划》《东沙镇岱北水厂周边地块控制性详细规划》《岱山板井潭BJT-A地块控制性详细规划》《衢山渔港经济区控制性详细规划》，并获得批复；完成《岱山县城西单元控制性详细规划》《岱山县高亭镇江南山北部片区控制性详细规划》，并通过专家评审。协同衢山镇完成《“东海瀛洲·风情渔港”——衢山岛双龙湾地区概念规划》国际方案征集成果评审。加快推进“多规合一”实用性村庄规划编制，完成岱东镇北峰村、高亭镇塘墩村的村庄规划。

【地质矿产资源管理】 2021年，全县共有采矿权18宗，全年开采矿产资源约5700万吨。采矿权新立1宗，为衢山镇鼠浪花岗石二厂废弃矿山矿；出让资源储量579万吨，缴纳采矿权出让收益1.47亿元；采矿权延续2宗（岱西镇西垦山矿、岱西镇笔架山矿）；采矿权注销1宗（高亭镇大山岗矿）。是年，新计提矿山地质环境治理恢复与土地复垦基金合计3338万元。实施6处废弃矿山治理项目，其中2处通过交工验收，4处完工。率先在全市探索“五网联动、三防拓展”的整体智治矿产资源动态监管新模式，在衢山镇万南村、万北村凉亭基岗建筑用石料（凝灰岩）矿开展试点工作，“智慧监管”矿政管理初步形成。

【地质灾害防治工作】 2021年，县资源规划局完成新增隐患点治理3处，治理面积共5000余平方米。新发现小规模不稳定边坡121处，投入资金约805.52万元，均完成排险任务。全力做好汛期地质灾害防范。全年共核销地质灾害隐患点6处。更新完善全县地质灾害风险“一张图”，更新全县风险防范区43个，印发并实施《浙江省岱山县地质灾害防治“十四五”规划》，全面分析“十四五”的新形势、新任务，构建风险管理体系。

【不动产统一登记工作】 2021年，县资源规划局全面推广电子证照应用，提升登记效能；扩大抵押登记“不见面办”银行网点覆盖面。升级不动产登记系统，完成与政务2.0对接，实现统一收件、统一出件；完成申请、受理、审核、登簿等业务环节和相关数据向外网迁移；实现网上办事流程和环节线上线下一体化，提升服务质量和效率。完成全县农房确权登记权籍调查项目验收，农房入库累计约3万宗。是年，共办理不动产登记业务17965件；其中，颁发不动产权证书9745件，不动产登记证明3980件，涉及抵押金额533.86亿元。

【信访工作】 2021年，县资源规划局围绕全国两会、庆祝中国共产党成立100周年等重要节点，开展常态化管理，聚焦自然资源领域，扎实推进信访矛盾纠纷化解工作，结合“我为群众办实事”实践活动要求，深入开展重复信访事项专项治理，系统抓好矛盾隐患预防、化解、稳控、督导、终结五个环节，在矛盾攻坚、风险防范、重大活动保障、依法治访等方面取得成效。全年共受理信访件104件，比上年增加65%；其中，上访3批9人次，网上信访17件，拨打“12345”电话84件，均已办结，办结率100%。

【继续推进各项基础性工作】 2021年，岱山县全国第三次国土调查成果顺利通过国家核查，整体工作通过市级预验收。完成2020年度国土变更调查并通过部级核查。坚持以数字自然资源为统领，统筹推进自然资源“云账簿”建设，建立自然资源管理员队伍，全面开展巡查履职。完

2021年7月24日，县资源规划局巡查人员检查秀山小欢喜海堤的防台抗台情况 （杨成栋 摄）

成全民所有自然资源资产清查工作。完成城镇基准地价更新调整评估，城镇标定地价体系、集体建设用地和农用地基准地价制订工作。深入推进“多测合一、多验合一、多证合一”审批改革，深化农转用和林转用并联审批，实现规划核实和土地复核联合审批。完成岱山本岛 1∶500 数字地形图更新（10 平方千米），1∶2000 缩编，1∶500 基础数据库更新。推进岱山县地理信息公共服务平台矢量数据、影像数据的年度更新。完成岱山本岛 80 平方千米地名地址和重点数据采集和测绘成果目录更新、成果交汇工作。发布基础测绘“十四五”规划。

（滕　睿）

海洋管理

【海洋环境质量监测】 2021 年，全县共布设 15 个海洋生态基础监测站位。完成水文气象、水体环境、沉积环境、海洋生物及渔业资源的调查监测。监测期间水质 pH、溶解氧和化学需氧量符合第一、二类海水水质标准，部分区域活性磷酸盐和无机氮含量较高。沉积物有机碳、硫化物质量良好，符合第一类海洋沉积物质量标准。浮游植物、浮游动物、底栖生物、游泳动物的多样性指数较低，监测到的鱼卵仔稚鱼较少。全年岱山海域未发现赤潮现象。

【防灾减灾】 2021 年，县资源规划局针对因冷空气、出海气旋和热带气旋等影响 21 次，累计发布海浪警报 76 期、风暴潮警报 20 期；6 月 8 日，联合舟山市海洋环境监测预报中心在长涂镇开展海洋生态保护、海洋防灾减灾相关知识宣传，组织开展群众灾害应急疏散演练；按照省、市编制的海洋灾害风险普查工作方案，完成岱山县海洋灾害风险普查项目，查明县域抗灾减灾能力，客观认识全县海洋致灾风险水平、承灾体脆弱性水平、风险水平，最终形成海洋灾害防治区划和防治建议。

【无居民海岛补充调查】 2021 年，县资源规划局共收集（或开具）证明材料 49 份，涵盖全部用岛主体。已开发利用和未开发有审批海岛（155 个）、三无海岛（389 个）全部通过国家审查。

【海域使用金征收】 2021 年，县资源规划局严格完善海域使用金征缴、月度统计、报表上报等各项工作，确保海域使用金应收尽收。是年，对 139 宗海域使用确权项目征收海域使用金 3523.14 万元。

【海域海岛使用管理工作】 2021 年，县资源规划局严格规范日常海域海岛使用审批、招拍挂以及登记发证工作，保障重点项目用海和自贸区用海用岛需求。严管严控新增围填海，除国家重大战略项目外，全面停止新增围填海。是年，全县共确权发放海域不动产权证书 13 本，确权面积共计 217.20 公顷；共注销海域使用权证书 17 本，面积 259.99 公顷。

（滕　睿）

生态县建设

【美丽岱山建设】 2021 年，全县 7 个乡镇完成向本级人大委员会报告 2020 年度生态环境质量。先后完成《水生态环境示范县建设方案》《美丽岱山建设纲要》《十四五生态环境保护规划》的编写并发布。是年，岱山生态环境质量持续保持优良，成功创建国家生态文明建设示范县。

【生态环境保护宣传教育】 2021 年，舟山市生态环境局岱山分局（简称县生态环境局）结合全国县级文明城市、国家生态文明建设示范县和“无废城市”的创建，开展生态文明宣传，包括“环保小卫士”“无废城市”宣传进企业、国际生物多样性日科普、“世界环境日”人与自然和谐共生主题宣传、全国低碳日宣传等活动，参与活动的群众有 2000 余人。

【生态文明教育基地和绿色学校创建】 2021 年，长涂镇金银鱼嫂协会成功创建省生态文明教育基地。竹屿新区幼儿园获评市级绿色学校。

环境污染减排和整治

【污染减排】2021年，岱山年度削减目标为化学需氧量削减4吨、氨氮削减0.7吨、氮氧化物削减30吨和VOCs削减10吨。经测算，全县2021年化学需氧量削减5.26吨、氨氮削减0.98吨、氮氧化物削减36.74吨和VOCs削减24.01吨。

【"蓝天保卫战"】2021年，全县14家水产加工企业按照规范基本完成整治工作，柴油货车污染治理攻坚年度任务稳步推进。是年，全县环境空气质量优良率为98.6%，比上年同期提升1.6个百分点，$PM_{2.5}$平均浓度为16微克/立方米，比上年同期降低2微克/立方米。

【五水共治】2021年，岱山县第二次捧得"大禹鼎"银鼎，完成291个入海排口的6个问题清单与一口一策整治计划的制定。在全市首创无人机巡航湾滩工作机制。

【"无废城市"创建】2021年，县生态环境局开展"无废城市"特色化创建，建成"无废城市细胞"29个，其中舟山鼠浪湖码头有限公司打造成为全市首座"无废码头"，以陆海联运的方式，破解岛上固废运输短板。固废集中收运处置项目建设有序推进。

【小微企业危废收集平台】2021年，县生态环境局打造小微企业危废收运海岛样板，打通海上运输通道，完成85家危废产生单位的收集协议签订工作，提前完成省对县的目标考核任务。

【品质河道创建】2021年，县生态环境局完成上金支河、板井潭河、岱西河和打水河道等4条河道水环境的综合整治，完成磨心北二河道"品质河道"创建和长西河、岱南标准河、大峧支河等3条河道共4.67千米"幸福河道"工程建设。

【河(湖)长制提档升级】2021年，县生态环境局严格执行《浙江省河长制规定》，督促各级河（湖）长切实履行职责。委托第三方开展无人机巡查全县湾滩，发现问题220个，问题解决率为100%。积极推广"阿拉当河长"微信公众号，推广覆盖人群3197人，开展巡河1722人次，实现与社会公众的良性互动。

环境监管和执法

【辐射安全监管】2021年，县生态环境局开展舟山绿色石化基地辐射隐患排查，是年，全县保持绿色石化基地辐射零事故。

【环境执法】2021年，县生态环境局在强化生态环境保护执法监管底线思维的前提下，全面实施环境执法监管"五步三清单"工作法，结合"百日攻坚"行动、绿剑专项执法行动，开展专项检查。是年，有行政处罚19件，罚没金额13680.34万元，其中没收违法所得为0.90万元。

【环境信访】2021年，县生态环境局共受理环境信访件32件，并已结案，处理率100%，结案率100%。

【环境监测】2021年，县生态环境局投入资金约430万元，提升全县应急监测、环境质量监测水平。完成各乡镇小微空气站验收工作，建设完善清新空气监测系统，实现清新空气监测系统城乡全覆盖。

【"最多跑一次"改革】2021年，县生态环境局继续推广"区域环评+环境标准"改革实施方案，完成降级登记表备案4个，零土地技改备案5个，实现"最多跑一次"环评审批再提速。

【数字化改革】2021年，县生态环境局按照数字化改革工作整体推进要求，党政机关整体智治完成"八八战略"任务树13个领域、重要窗口、生态文明重大任务及核心业务的梳理工作，数字政府完成生态文明5大版块页面的初步设计，在"数字岱山"平台完成上线、数据归集和编目工作，进行定期的数据更新。

环境状况

【环境空气质量】2021年，全县环境空气质量总体良好，环境空气质量优良率为98.6%。根据环境空气自动监测站获得的有效监测数据，全年共发布环境空气质量日报357期，其中空气质量为优的195期，占日报总期数的54.6%；空气质量为良的157期，占日报总期数的44%；空气质量为轻度污染的5期，占日报总期数的1.4%。二氧化硫年平均值为0.004毫克/立方米，二氧化氮年平均值为0.019毫克/立方米，可吸入颗粒物年平均值为0.032毫克/立方米，细颗粒物年平均值0.016毫克/立方米，均低于《环境空气质量标准》（GB 3095—2012）二级标准限值。一氧化碳日均浓度范围为0.1毫克/立方米～0.9毫克/立方米，臭氧日最大8小时滑动浓度范围为0.029毫克/立方米～0.168毫克/立方米。岱山县酸雨污染仍较严重，降水样品中pH＜5.60的样品数占总样品数的96.2%，酸雨量占总降水量的98%。

【地表水环境质量】2021年，全县列入地表水水质常规监测的断面共3个，分别为枫树长河、磨心水库、桂太长河。根据监测结果，该3个监测断面均符合指定功能水质类别要求，达标率为100%。

2021年岱山县地表水水质评价结果表

表11

水域功能	站位断面	超标项目及类别	定类因子	2021年水质类别	2020年水质类别	指定水质类别	符合程度
集中式饮用水水源	枫树长河	—	高锰酸盐指数、化学需氧量、总磷	Ⅲ	Ⅲ	Ⅲ	√
	磨心水库	—	高锰酸盐指数、总磷	Ⅱ	Ⅱ	Ⅱ	√
农业用水	桂太长河	—	高锰酸盐指数、化学需氧量、总磷	Ⅲ	Ⅳ	Ⅳ	√

注：括号内表示项目类别，√表示达到指定功能水质要求

2021年岱山县千吨万人及以上的集中式饮用水源地水库水质单因子评价结果表

表12

站位断面	超标项目及类别	定类因子	2021年水质类别	2020年水质类别	考核水质类别	符合程度
小高亭水库	—	高锰酸盐指数、总磷	Ⅱ	Ⅱ	Ⅲ	√
磨心水库	—		Ⅱ	Ⅱ	Ⅲ	√
枫树水库	—		Ⅲ	Ⅲ	Ⅲ	√
浪荡湾水库	—		Ⅲ	Ⅱ	Ⅲ	√

注：自2020年起小高亭水库评价标准调整为地表水环境质量标准Ⅲ类河流型

【集中式饮用水源地质量】2021年，全县列入千吨万人及以上的集中式饮用水源地常规监测的断面共4个，分别为小高亭水库、枫树水库、磨心水库和浪荡湾水库。根据监测结果，该4个水库水质均符合《地表水环境质量标准》（GB 3838—2002）Ⅲ类标准限值要求，达标率为100%。

【城区声环境质量】2021年，全县声环境质量总体较好。区域环境噪声昼间平均等效声级52.6分贝，符合《声环境质量标准》（GB 3096—2008）1类声环境功能区控制限值要求，其中昼间等效声级在55分贝以下的面积为5.07平方千米，占监测网格总面积的

73.7%，表明城区多数地段处于声环境质量较好状态。

声环境功能区监测结果表明：1类声环境功能区环境噪声昼夜小时平均等效声级范围为49.4～53.4分贝；2类声环境功能区环境噪声昼夜小时平均等效声级范围为46.1～53.0分贝；3类声环境功能区环境噪声昼夜小时平均等效声级范围为55.5～62.4分贝；4类声环境功能区环境噪声昼夜小时平均等效声级范围为59.0～63.4分贝。各功能区测点昼夜平均等效声级均符合《声环境质量标准》（GB 3096—2008）相应标准限值要求。

交通噪声昼间平均等效声级为64.5分贝，符合《声环境质量标准》（GB 3096—2008）规定的4类声环境功能区标准限值要求。

2021年岱山县区域噪声监测结果表

表13

区域	时间	网格大小（米×米）	网格总数（个）	平均等效声级分贝
高亭城区	昼间	250×250	109	52.6

2021年高亭城区交通噪声监测结果表

表14

区域	时间	平均车流量（辆/小时）	平均等效声级分贝	项目	声级范围等效声级分贝				
					50～55	55～60	60～65	65～70	70～75
高亭城区	昼间	401	64.5	路段长（千米）	0	0	20.174	14.803	0
				占总长%	0	0	57.700	42.300	0

2021年各功能区声环境每季度监测结果表

表15 单位：分贝（A）

季度＼区域	居民文教区			混杂区			工业区			道路交通干线二侧		
	昼间均值	夜间均值	昼夜均值	昼间均值	夜间均值	昼夜均值	昼间均值	夜间均值	昼夜均值	昼间均值	夜间均值	昼夜均值
一季度	49.9	44.4	52.2	51.0	45.5	53.0	55.3	45.8	55.5	58.9	49.2	59.0
二季度	50.2	45.3	52.7	49.4	44.4	51.7	58.3	53.6	60.8	59.4	51.4	60.1
三季度	53.0	44.0	53.4	47.2	40.6	48.7	61.4	54.0	62.4	61.2	49.9	60.8
四季度	49.4	39.6	49.4	45.5	37.0	46.1	60.0	47.7	59.3	62.5	54.7	63.4
全年	50.6	43.4	51.9	48.3	41.9	49.9	58.8	50.3	59.5	60.5	51.3	60.8

（吴　磊）

责任编辑：王贤照

综 述

2021年，岱山县交通运输管理局（简称县交通局）围绕“重要窗口”海岛风景建设，全力攻坚交通大会战，狠抓落实，全年交通基础设施投资完成16.08亿元；完成市交通大会战建设投资11.64亿元；完成水工项目投资12.20亿元，完成年度投资计划7亿元的174.3%。水路货运周转量达640.4亿吨千米，同比增长1.9%；公路货运周转量完成18.3亿吨千米，同比增长3%；港口货物吞吐量达2.06亿吨，同比增长10.5%，位列全市首位；海运运力达231艘，同比减少27艘，运力218.29万载重吨，同比增加17.29万吨，同比增长8.6%。年末，全县有生产性泊位72个，其中万吨以上深水泊位23个。

交通基础设施建设

【舟岱大桥建成通车】 舟岱大桥系宁波舟山港主通道主线，起点自定海烟墩蟹浜湾，互通连长白，跨越灰鳖洋，终点于岱西双合山，大桥全长18千米，为三塔海上斜拉桥。2021年1月，主桥贯通，实现海域与陆域相连。10月，全线完工，并通过交工验收。12月29日，全线通车。总投资163亿元。

【526国道岱山段改建工程续建】 2021年，完成526国道岱山段主线双合至笔架山段路基路面施工2.4千米和支线1.44千米，投资10亿元。

【高亭至石化小区至双峰公路工程开工】 该工程于2021年12月开工建设，已完成进洞口开挖工程，投资1000万元，完成年度投资计划的500%。

【秀山环岛公路（海峦至九子段）续建】 2021年，完成路基工程的80%、隧道工程的60%，投资4500万元，完成年度投资计划的100%。

【岱山本岛前岸至双合段公路扩建】 该扩建路段为省道工程S201（K1+940—K2+620），公路全长4.32千米。路线起点位于徐福大道与高双线交叉口的转盘处，沿高双线向西至双合村后沙洋山嘴，终点与宁波—舟山港主通道、526国道连接。投资28220.66万元，建安费12818.89万元，2021年，完成工程的部分路基。

【岱山交通集散中心工程开工】 该项目总投资35828.50万元，总建筑面积20863平方米，其中地上建筑面积9920平方米，地下建筑面积10943平方米。2021年，完成配套道路工程、社会停车场、地下室的施工，完成主体结构的90%，投资10000万元，完成年度投资计划的233.3%。

【海防公路建设】 2001年，县交通局完成高亭镇南浦海防执勤道路路面改造及路基工程，完成长涂镇长东罗家至火叉咀海防执勤道路全线路基、路面工程，完成东沙镇岱北海防执勤道路路面改造项目，完成高亭镇石马岙海防执勤道路专项维护工程。

【"四好农村路"建设】 2021年，县交通局完成省、市民生实事涉及农村公路新改建任务的6.18千米、农村公路大中修18.51千米；完成安防工程1.25千米、农村公路路灯安装156盏；完成国省道大中修11.12千米；建成客货邮综合服务站1个和开通客货邮合作线路2条。

【3000环保型沥青拌合楼续建】 该工程投资约739万元。其中机修车间1800平方米，车间二(办公用)1186平方米，石料仓库2690平方米，门卫、地磅房80平方米，合计5756平方米。1月，完成主体结构施工和验收工作，是年年末，完成场地、围墙建设，以及绿化种植、办公楼一楼的装修。

【县全民健身中心续建】 该项目位于竹屿新区体育公园，主要新建游泳馆、室外笼式球场及附属绿化工程等，总投资约8500万元。2021年，投资4530万元，完成土建工程、水处理设备安装、装饰装修工程、弱电智能化工程等。

【海洋系列博物馆提升改造】 2021年，县交通局完成4个博物馆访客系统建设、台风馆及渔业馆外的立面提升，完成台风馆景观绿化改造和海洋系列博物馆提升改造一期工程，投资1000万元。

【旅游工程建设】 2021年，县交通局完成磨心谷公园项目，包括徐福广场改造工程、地质灾害治理工程、电梯基础工程、旱溪工程、花海工程、舟亭广场、磨心谷公园入口广场挡墙砌筑及磨心谷整体绿化等；完成双合石壁景区提升工程中的园路铺装、旧栈道改造、钢结构安装、水上栈道施工等；完成鹿栏晴沙景区配套工程中的景区主线、支线路基路面、桥涵、交安设施的施工及整体绿化等。抓紧秀山滑泥公园初步设计的编制。完成旅游配套服务设施提升工程总体投资的4800万元。

【县双峰体育中心项目开工】 该项目主要新建室内篮球场、网球场、羽毛球场、排球场、乒乓球场、室外篮球场、网球场等。地址位于双峰新城B-05-05地块（原双峰盐场）。拟用地面积47383.55平方米。2021年，县交通局完成资金来源报批、项目建议书批复、工程可行性研究报告批复、土地勘测定界报告、项目选址意见用地预审批复，土地划拨手续在办理中，完成设计的50%，完成塘渣围填，投资1000万元。

港口水运工程项目建设

【燕窝山陆岛交通码头续建】 该项目新建车渡泊位2个、客运码头泊位1个，以及相关附属设施。2021年，县交通局完成码头水工主体结构和码头附属设施，投资16702万元，完成年度投资计划的100%。

【燕窝山客运中心工程续建】 该项目总占地面积7公顷，总建筑面积3.3万平方米，新建车辆泊位367个。2021年，县交通局完成主体工程，投资10700万元，完成年度投资计划的107%。

【衢山岛万良客运码头工程开工】 该项目新建500吨级高桩梁板式客运码头1座。2021年，县交通局完成码头水土结构施工，投资1675万元，完成年度投资计划的100%。

【大峧山交通码头续建】 该项目改扩建500总吨级客运码头1座，总投资1381.79万元。位于岱山县大峧山岛南侧，大峧山岛交通码头前沿位置。2021年，县交通局码头完成水土结构施工和风雨连廊施工，投资600万元，完成年度投资计划的100%。

【黄泽山油品储运基地二期工程建设】 2021年1月，该项目开工。12月底，完成桩基工程，投资1.90

2021 年 1 月，黄泽山油品储运基地二期工程开工。年末，完成桩基工程，投资 1.90 亿元　　（县交通运输局　供图）

亿元。

【海事服务基地建设】 该项目全称舟山北部（衢山港区）国际海事服务基地。2021 年 3 月底，县交通局完成《衢山岛国际海事服务基地规划研究方案》。7 月，完成《衢山岛国际海事服务基地规划研究》、项目可行性研究报告，并通过审批；完成后方岸基站方案编制并上报县自然资源和规划局审批；土地预审已通过审批，海域使用通过专家评审；完成水文勘测及数模实验工作。

智慧交通建设

【智慧交通平台建设】 2021 年，县交通局完成平台前期建设并上线试运行；完成出行项目（一期）ERP 管理平台所有基本功能的开发工作；完成公交智能调度系统、运力云、安全云等平台建设，为公交班车调度提供数据支撑；推出公交电子发票、行李托运发票等项目，完成车辆载货信息自主填报系统，实施过渡货运车辆载货信息网上申报登记等工作；完成秀山站快速公交、高亭长途客运中心至鱼山专线人脸识别支付试点运行；货运船舶多管协同共管应用场景入选省厅数字化改革应用场景试点，实现域海治理现代化。

【客运服务信息化建设】 2021 年，县交通局投资 43 万元，提升客运服务智能信息化建设。其中投入 10 万元，新增监控设施 28 台，升级监控设施 30 台，客运服务安全管理实现全覆盖实时监控；投入 32 万元，完成竹屿站、高亭站、衢山站和长涂站的安检仪图像识别系统的安装；投资 10.80 万元，完成秀山站、竹屿站、衢山站的检测在线体温筛查安全门的购置和安装。在竹屿站、衢山站增设网约车道 14 条，加快出行速度。

【“智能无人超市”开设】 2021 年，县交通局完成绿城蔚蓝公寓“无人超市”的开设工作。完成 9 台“无人重力柜”的购置和安装，分别设置于交通大楼和双合石壁、磨心山、台风博物馆、海防博物馆等 4 个景区。

海上客运

【概况】 2021 年，县交通局致力于交通公共场所服务大提升和品质服务建设。全年运送旅客576.64万人次，同比增加8.43万人次，同比增长1.5%；过渡车辆173.47万辆，同比增加20.67万辆，同比增长13.5%。其中秀山至三江航线，运送旅客294.57万人次，同比增加51.44万人次，同比增长21.2%；过渡车辆136.71万辆次，同比增加20.67万辆次，同比增长13.5%。

【水路客运扩容】 2021年，县交通局针对舟岱大桥开通后市、县水路客运格局变化，进一步完善水陆客运组织对接，提高码头站场运行效率，调整秀山客运中心秀三线的航线航班营运时间，拟定燕窝山客运中心水路客运近期和中期运输保障方案，开通燕窝山至小洋山、沈家湾、嵊泗、衢山的航线。

【客运服务设施建设】 2021年，县蓬莱客运有限公司投入177万元，完善和提升客运基础设施建设。其中投资18万元，增加固定公益广告和绿化温馨提示牌的数量，更新修复、老旧公益广告，各站新增公益广告百余块；投资8万元，整改不规范、破损的标识标牌，补充完善标识标牌功能布局。投资13万元,完成竹屿站、秀山站等标准化无障碍停车场建设。建立高亭站、长涂大浦口站“第三卫生间”，全县各站完成无障碍卫生间的建设工作。投资38万元，对有死株、枯株、泥土裸露等问题的站点绿化进行重点养护管理。投入100万元，完成秀山站旅客走廊塑木地板的铺设，长涂站、竹屿站的雨棚玻璃更换，衢山站、高亭站、长涂站的候船大厅油漆保养工作及各站各类零星维修改造工作。完成竹屿站、长涂站、衢山站的污水接收点的处理改造。

【航行班线调整】 2021年1月起，县蓬莱客运有限公司分三步将原运营的22班调整至11班。旅游暑期高峰，恢复开通衢山至沈家湾周末旅游航班；固定加班衢山至小洋山客滚船等航线。

【客滚船设置改造】 2021年，县蓬莱客运有限公司利用“通达2”轮三洋线航班顺带三高线货车，停运“岱山10”轮，三江码头利用率得到一定程度的释放；停运“仙洲2”轮，完成“霞光1”高速客船退租，完成仙洲轮拍卖工作；“映华03”客滚船调整为“蓝海明珠”客滚船，优化租赁渠道。推进老旧船舶“人性化靓颜”工程，完成舟渡系列客滚船楼梯加宽、车辆甲板不锈钢行李架安装、车辆甲板新设防滑地坪等客运设施的改造；重点对“舟渡6”轮、“舟渡17”轮、“岱渡3”轮、“岱山9”轮的客舱、接待室等实施整体改造。

【客运管理】 2021年，县蓬莱客运有限公司在三秀线、三衢线实行船站联动，推行“蓝丝带”爱心专项服务；实行“码上投诉”服务新模式，有效提升客运服务水平。加强旅客、车辆进出港站、上下船舶、车客分流以及重点时段的客运安全管理，通过安全生产标准化二级复评。节假日期间，启用高峰期车客运输预案，三江至高亭客滚船（载货车和非机动车）航线临时调整为岱西海丰至高亭航线；推行“三江至秀山＋竹屿至衢山”两线联票、水陆联运模式。投资10万元，购置各类防控物资，全面落实测温亮码、通风消毒、口罩佩戴等疫情防控工作。强化对船舶关键性设施的维护保养和各项安全制度的落实。开展新《安全生产法》、新《海上安全生产法》的培训，提高船员安全生产意识；开展安全月活动，组织以赛促学、以岗促学的比武活动，提高船员岗位操作技能。通过实时电子海图监控、智能报警服务平台、船载违章监控，加强对船舶和船员航行过程监管，实现传统监管向智能监管模式转换。对第三方安全巡查中发现的62项问题，开展专项整改工作。

水上货运

【概况】 2021年，全县新增货运企业1家，减少货运企业1家，海运企业41家，全县共有货运船231艘，218.29万载重吨，同比增长8.6%。

2021 年岱山县新增水路货运企业情况表

表 16

企业名称	取得经营资质日期	注册资本（万元）	运力（艘 / 吨）	所属乡镇
舟山市宏业船务有限公司	2020.12.24	2000	1/15500	岱东镇

【船舶新增】 2021 年，新增船舶 30 艘、273068 载重吨。总运力达到 231 艘、218.13 万总载重吨；其中万吨级货运船舶 50 艘、运力 182.07 万载重吨，同比增长 10.7%。

2021 年岱山县境内货运船舶分布情况表

表 17

镇属	总运力		其中：万吨货轮	
	艘	载重吨	艘	载重吨
高亭	108	798284	19	615688
东沙	6	63727	3	52836
岱西	8	84695	5	72808
衢山	21	932156	18	931186
长涂	29	156634	2	46383
秀山	58	131950	4	86259
岱东	1	15500	1	15500
其他	0	0	0	0
合计	231	2182946	52	1820660

陆路客运

【概况】 2021 年，全县拥有公交客车 180 辆，计 8138 座，行驶里程 990.9 万千米，运输旅客 566.61 万人次，实现营业收入 6485.20 万元。

【公交设施建设】 2021 年，浙江省岱山交投汽车运输有限公司（简称交投汽运公司）新建和升级改造港湾式候车亭 36 个。完成山外公交站、秀山公交站和全县候车亭外面墙体及立柱的喷漆保养；对东沙车站公共厕所进行改造。新增公交站点 13 个，全县共有 443 个。

【运力调整】 2021 年 1 月，交投汽运公司新增岱山至金华、衢州、永康、临沂等联程联运班线。9 月，开通环城微公交 1 线、2 线，弥补部分城区主干道无公交运输的

2021 年 9 月 10 日，全县开通环城微公交 1 线、2 线，日来回双向 48 班发车运营 （交投汽运公司 供图）

空白。11月，开通衢山岛斗经下洞礁至皇坟基通村班车；推进农村客运、货运、邮政快递融合发展，配合县邮政局开通大长涂和马足两条海岛客货邮班线。

【运输装备建设】 2021年，交投汽运公司购置纯电动公交车10辆；新增公路客运大巴10辆；购置专用清洗车1辆用于候车亭及场站的日常保洁；更新改造6辆到期出租车，并对全县出租车的监控系统进行更新升级。

【春运保障工作】 2021年，交投汽运公司开展春运前安全大检查，共排查各岛站车辆156辆，发现存在安全隐患车辆3辆。对衢山通村班车及长涂、秀山的路线路况进行隐患排查，上路排查5次，发现问题督促整改。

【客运管理】 2021年，交投汽运公司组织人员上路，查看驾驶员规范操作落实情况和公交班车、秀山、鱼山专线及出县班车车速运营情况，共上路检查63次，检查车辆1700余辆次，发现各类安全隐患67辆次，下发整改通知3次，通报处罚12人次，安全再教育17人次。全年发生事故16起，各类道路违法行为33次，安全事故同比持平。

2021年与2020年岱山县陆路客运情况对比表

表18

项目	2020年	2021年	同比增减	同比增减百分比%
车辆数（辆）	166.00	180.00	14.00	8.4
客座量（座）	7642.00	8138.00	496.00	6.5
运送旅客（万人）	510.95	566.61	55.66	10.9
行驶里程（万千米）	880.89	990.90	110.01	12.5
周转量（万人千米）	12878.50	14709.35	1830.85	14.2
总发班次（万班）	25.60	24.09	-1.52	-5.9
总营收（万元）	6049.00	6485.20	436.20	7.2

陆路货运

【概况】 2021年，全县营业性货运汽车拥有载货汽车817辆、19573吨。集装箱运输企业67家，总运力435辆，总吨位1.42万吨，同比分别下降15.5%和15%。

2021年岱山县货运汽车情况表

表19

指标	货运量（万吨）	货车（辆）	吨位（吨）	货运周转量（万吨千米）
总计	1058.63	817	19573	182962
同比增长	11.7%	-11.8%	-12.3%	3%

【集装箱企业】 2021年，全县拥有集装箱车运输企业67家，总运力435辆、1.42万吨。舟山市诺安物流有限公司有运输车辆80辆，营运年收入在1000万元以上。

蓬莱交通投资工作

【经营业绩情况】 2021年，蓬莱交通投资集团资产总额82.82亿元，净资产44.17亿元，实现营业收入35207.49万元，同比增长32.5%；净利润924.89万元，同比增长91.5%。完成融资额

91605万元，税收总额为5041.05万元，其中，生产经营环节各项税费约1639.18万元、缴纳资产划转环节各项税费3401.87万元。

【产业升级】 2021年，交投集团招商引资引企，以黄泽山—鱼山石油供给业务为依托，共同参股建立舟山石油管道有限公司；以发展海上风电项目为依托，共同参股建立华能（浙江岱山）海上风电有限公司；为建立与之配套的维保项目，合资组建完成（浙江舟山）新能源有限公司。引进市外资金2000万元，自贸区利用外资400万美元。

【海事基地建设】 2021年，交投集团编制完成《衢山岛国际海事服务基地规划研究》，确定岸基站（一期）产业园选址范围；编制《岱山县国际海事服务产业发展三年行动方案》并完成验收交流。启动海事服务基地一期岸基站项目，实施衢山货运码头改扩建工程建设，完成一期岸基站项目工可审批工作，实施码头升级改造前期工作、岸基站初步设计工作。

【矿区经营】 2021年，交投集团采用开采加工销售全产业链的经营模式，经营东西垦山和双子山矿区。开采石料120万吨，为衢山公路工程、浪仇线公路工程等交通工程提供石料55万吨。完成双子山矿区和岱山经济开发区环城投资集团有限公司（简称城投公司）的交接、矿山项目部建设及便道开通等工作。矿山管理信息化管理平台投入使用。

【经营模式改革】 2021年，交投集团深化国有企业混合所有制改革，引进各类资本，推进所属企业各层级混改。调整旅行社经营模式，制定交通旅行社负责人承包式混合改革方案并予以实施。

【安全管理】 2021年，交投集团完善安全管理，落实安全监管职责，逐级签订安全生产管理责任书。修订安全制度12个，开展安全专项行动5项，召开安全疫情专题会议18次。运用各站场信息化优势，进行安全、疫情防控的宣传教育。落实新冠病毒疫苗接种任务，完成全程疫苗接种865人，接种率达96.7%。开展隐患排查，开展安全监督检查120余次、420余人次；下发安全督查通知书12份，整改率100%。指导所属企业开展各类演练15场次、200余人次。

【文旅融合】 2021年，交投集团打造无废景区、无烟景区、无障碍景区，完善景区设施设备，开展磨心山、双合石壁、秀山滑泥公园等景区的打造工作。设置游客服务中心、公共休息设施、生态停车场等。举办县内大型文旅体活动——东海民谣音乐节。

疏港公路工程建设管理

【大桥日常管理】 2021年，县疏港公路建管中心以大桥安全监管为抓手，将日常养护与专项维修相结合，同步做好各项管理工作。出台《监控人员考核管理办法》等，教育引导中心全体员工牢固树立“人民至上、生命至上”理念。

【专项维护检查】 2021年，县疏港公路建管中心重点做好官山大桥缆吊系统、伸缩缝及供配电系统检测等专项维修，确保官山大桥结构及设备运行的安全。严格按照规范，开展经常、定期、特殊检查等工作。全年共开展检查514项次，小型维护186项次，缺陷责任期内施工单位维护85项次。

【工程管理】 2021年，县疏港公路建管中心完成秀山大桥永久航标，并通过效能验收；完成官山村道工程，并通过竣工验收。完成江南山、官山等项目档案的整理、归档；完成水土保持专项竣工验收。

【青山大桥前期工作】 2021年，县疏港公路建管中心扎实推进青山大桥项目前期工作。开展有关大桥塔柱限高、无居民海岛和永久基本农田审批等相关工作，并获相关部门审核通过；项目涉及定海区白泉镇永久基本农田面积

5.04公顷，已报请市自然资源和规划局定海分局在国土空间规划中予以调整。完成《青山大桥各涉海专题》和《船舶撞击力及防撞初步方案研究专题》的重新委托编制；完成《青山大桥海岛使用规划》的评审。

交通行业监管

【公路管理】 2021年，县交通局完成省、市民生实事涉及的农村公路新改建任务6.18千米，农村公路大中修18.51千米，安防工程1.25千米，农村公路路灯安装156盏。完成国省道大中修11.12千米总进度的85%。投入资金250万元，通过“白改黑”等改造差等路5千米。完成高东线K4+557—K5+298段路面改造工程的前期招投标工作。完成G526K131+246与黄城线交叉口工程的施工。完成被台风“烟花”损毁公路的修复。层层签订安全责任书，全面贯彻落实安全生产责任制。组织汛期排查11处，督促隐患落实整改。加强公路桥隧的运行监管，完成江南大桥、秀山大桥、官山大桥的动态安全监测系统增设及维护项目的前期工作，完成全县16座桥梁、4座隧道的结构检测，委托专业养护企业对全县25座桥梁和6座隧道进行经常性检查。加强对公路、桥隧、易塌方路段的巡查力度和预警研判，实施普通国道一级公路平面交叉治理，对交通事故多发段增设红绿灯，改善视距、完善标志标线，消除安全隐患。开展自然灾害综合风险公路承灾体普查。委托第三方完成220余千米的普查工作。协同开展春运安全工作，共检查企业14家次，组织检查人员52人次。

【公路养护与绿化】 2021年，县公路段加强全面养护，达到路面平整畅通、路肩整洁、边坡稳固、排水通畅。共清理路肩174312平方米，清理边沟1650468米，人工清扫路面110500千米，机械清扫路面46555千米，路面灌缝117745米，清理枯树207株，除草253493平方米，绿化保洁198480万平方米，修补坑洞沉陷2099平方米，排水除冰20千米，疏通修理涵洞802个，清理堆积物253立方米，清洗隧道8218米，护栏清洗78.87千米。更新百米桩171余个、里程牌20个、减速带667余米、警示桩55个。护栏安装785米，更换国道、县道标志牌9个，修复国道路缘石15米，更换板东线爆闪灯2盏、减速带9米，修复娘杨线导向牌1块，更换专项警示桩60个，共投入资金约26万元。开展国道县道标线漆划，其中北观线553平方米，四石线1997平方米，526国道岱山段217平方米，板东线路口7.5平方米，漆划标线面积2774.5平方米，投资15万元。对G526K116+000—K121+000路面进行沥青铣刨与摊铺，施工面积约1040平方米，投资18万元。对公路沿线缺损的绿化带进行补种，其中526国道岱山段补种绿化1678株，板东线路口绿化迁移完成300株。开展江南大桥路面清洗1次。

【路域巡查】 2021年，县公路段上路巡查125次，巡查255人次。完成一批老旧标志牌和安全设施的更新，共更换各类标志5套，道口标注82根，施划标线共5367平方米，投入资金29.27万元。完成全县国省道、农村公路共25座大小桥梁信息公示牌的调整。完成部分主要公路悬臂式标志检查鉴定。受理各类涉路施工申请9件，批准许可6件。完成赔偿17起，共收赔偿款37.09万元。

【公路运输管理】 2021年，县公路管理所为加快推进城乡公交一体化，对辖区内港湾式候车亭进行更新更换，建设港湾式候车15个，安装公交电子站牌8个。9月10日，环城公交线路正式开通，投入6辆新能源公交车，来回双向48班发车运营。推进农村客货邮融合发展工作。完成“岛斗公交站—皇坟基村站”“岛斗公交站—凉峙”农村客运班线的审核工作，并于10月开通。开展“两客两货”领域安全生产检查。进一步完善网格化管理工作机制，每季度对危货道路运输企业的安全状态进行动态评价。对黄码企业开展约谈，并落实整改措施。岱山县蓬莱煤气有限责任

2021年11月1日，衢山岛斗经下洞礁至皇坟基班线运行

（县交通局 供图）

公司、岱山县顺安民爆物品运输有限公司、舟山成信物流有限公司等3家危货企业的动态评价得分均在80分以上，未存在挂靠经营现象，均被评选为蓝码企业。检查企业（场所）8个，共发现问题或隐患10个，全部落实整改。客运企业严格执行客运场站和交通运输工具的消毒通风，旅客测温、佩戴口罩和健康码（含新冠疫苗接种记录）亮码通行等制度，落实从业人员健康监测和防护、发热人员移交等措施，加强进出高中风险区的客运管控。货运企业切实执行对往返南京等中高风险地区的货运营运车辆驾驶人与押运人员必查健康码、测量体温、检查核酸检测阴性证明的规定，加强车辆消毒和一线人员的安全防护。开展机动车驾驶员培训专项整治，资质审核、约谈驾培机构3家，切实掌握辖区教练车与教练员的变更情况，全县有教练车75辆，教练员82名。

【交通执法】 2021年，县交通局深化港政、航政、运政、路政等部门联动，围绕水路运输市场、岸线航道、港口作业、超限车辆、非法营运车辆、“两客一危”车辆、路域环境、在建工程等领域，开展行业安全隐患治理。结合“安全生产大排查大整治”“平安交通年”等专项行动，采用“双随机”执法模式，对水陆客运、在建工程等进行全面检查，排查各类安全隐患1300余条，其中列入市、县重大安全隐患挂牌项目3项，整改率达100%。是年，交通（港航）领域未发生一般及以上安全生产事故，交通行业形势总体平稳。

【车辆检测】 2021年，县车辆检测站开展一、二类汽车维修企业基本情况调查和机动车维修行业危险废物治理专项行动，走访排查一二类维修企业10家次。推进试行机动车排放检测与维护（I/M）制度，认定新增M站汽修厂1家，上报市级汽车排放检验机构（I站）1家、汽车排放性能维护站（M站）6家，形成与环保联动协作机制。投资200万元，更新软件、更换老旧设备，新建2条简易瞬态工况法检测线、1条轻型加载减速检测法检测线，并完成检测收费系统。推出微信公众号在第一时间解决相关问题。实行车辆预约检测服务，缩短车主等候检测的时间，缓解车辆扎堆检测的压力。每个月对鱼山岛、鼠浪岛的工程车辆进行上门检测，确保重点工程车辆的安全性能。完成本岛营运车辆检测472辆次，同比增加11辆次；外岛营运车辆检测30辆次，同比减少60辆次。本岛年检汽车5857辆，同比减少660辆次；摩托车175辆，同比减少115辆次。外岛年检汽车1982辆，同比增加202辆次；摩托车62辆，同比减少41辆次。

【行政审批服务】 2021年，县交通局推出一批交通“一证通办”事项，发挥“互联网+政务服务”效应，依托行政服务中心，设立通办窗口，采取异地窗口网上辅助申请、业务属地部门远程办理的方法，突破政务服务属地化管理限制，实现交通运输政务服务事项跨区域办理。全面启用交通运输电子证照，引导办事群众在“浙里办”APP申领电子证照；成立“港航红帆”行政审批服务工作室。升级“最多跑一次改革”，将高频事项下放至衢山行政服务中心交通窗口，完成衢山交通窗口“直接审批”的服务转型。是年,共办理审批服务事项2967件，办结率100%；提速率76%以上，提前办结率98%以上。

港航行业监管

【港政（航道）管理】 2021年，县交通局完成1家企业新申请港口经营许可证的现场核查；完成5家企业延续港口经营许可证的现场核查；完成港口服务企业新增备案现场核查4家，并全部取得相应经营资质。配合属地政府排摸出临时装卸点49个，完成第一轮作业点取缔工作，取消作业点21个，完成取缔计划的100%；制定《岱山县临时装卸点点位长制度》《岱山县临时装卸点点验管理制度》，推进临时装卸点长效管理。配合市交通局完成9家港口设施保安单位的年度核验，全部通过审核。其中鼠浪湖、常石、广厦等3家单位为现场一次性通过，占岱山港口设施保安单位总数的三分之一。单个辖区一次性通过占比位列全市前3位。配合市交通局规划处开展《宁波舟山港总体规划》的资料收集，搜集县属各部门、乡镇及开发区关于总规修订的需求，汇总上报。开展港口岸线、控制陆域的监督检查。浙石化二期液体化工码头工程、蟹文化产业园等4个港口建设项目工程均取得岸线批复，岸线批复率达100%。配合做好重大项目的推进工作，4000万吨年炼化一体化项目配套码头工程（二期）液体化工码头开工建设，是年底完成主体工程建设，并进入交工等相关工作。

【行业安全检查】 2021年，县交通局开展各类检查158次，其中港口经营企业检查99家次，港口服务企业检查18家次，港口设施保安单位年度核验8家次，航道巡查22次，港口岸线使用情况检查11次。累计出动350多人次，发现安全隐患96项，已完成整改77项，整改中19项；完成危货作业审批3079次。同时，完成3家安评到期危货企业的安全现状评价。与县应急管理局、舟山岱山海事处、市生态环境局岱山分局、县消防救援大队、县公安局衢山分局、广厦能源集团公司联合开展大型储罐火灾和海上溢油事故应急演练，加强企业综合事故应急处理能力。

【水路运输管理】 2021年，辖区海运运力达到233艘/219.17万吨，同比增加18.16万吨。国际船舶运力保有量稳定，平均吨位从2020年年末的7791吨增至2021年的9406吨。县交通局认真落实2021年度市航运重点骨干企业评选工作，7家海运企业入选市级重点骨干企业；积极争取有关财政奖励政策，共有241.95万元补助资金到位。做好新办水路运输企业及新增船舶安全风险的评估工作，向市安全生产委员会办公室提交20家企业、36艘船舶申请材料，其中9家企业、11艘船舶通过评审。加强水路货运企业经营资质动态管理，联合海事、属地乡镇开展“假光租”“假自有”整治行动，开展联合执法12次，出动执法人员208人次，查获“假光租”“假自有”企业10家、船舶82艘，清退船舶25艘。开展预警检查，共出动465人次，对辖区内41家水路货运企业进行各类专项检查，检查企业155家次，排查隐患和问题98处，并完成整改92处，其中1家企业被绿色预警，1家绿色预警企业升级为橙色预警，4家红色预警企业继续维持红色预警。

交通运输安全综合治理

【加强安全生产监管】 2021年，县交通局认真落实安全生产主体责任，狠抓安全生产隐患排查治理，加强对检测车辆的跟踪，严格做好对大客车、危险品车辆、大型货车、校车等重点车辆的检测工作，并对大型客车、校车等车辆开展科学、准确、公正的检测。加强安全日常监管工作，认真开展每月一次安全例会、安全检查工作，开展安全消防检查4次，出租房消防检查2次，对出租房存在的安全隐患，督促整改。制定“三防”应急预案，按规定安排值班人员，保证24小时有人值班，落实应急小分队。联合县海洋渔业局、海事、公安、海警，组成海上联合执法组和陆上联合执法组，对全县海域、码头、岙口等地进行巡查摸排。

【开展船舶专项整治】 2021年，县交通局督促乡镇对查获的“三无”船舶严格按照时间节点要求进行拆解；制定《岱山县小艇纳管管理办法（试行）》，指导乡镇成立小艇管理公司，完成小艇纳管工作；开展岱山县整治船舶管控招投标工作，落实对查获船舶管控。查获“三无”船舶318艘（含历史存量），拆解“三无”船舶162艘，纳管156艘，选择普陀区海腾船舶管理有限公司负责整治船舶的管控工作。开展船舶专项整治。摸排出装卸点49个，设置临时装卸点28个，取缔21个，完成第一轮作业点取缔工作，取消作业条件21个；查实无证废弃码头共10个，其中保留8个，取消2个；保留沿海岙口7个，保留海钓物资补给点2个，均已落实县、乡两级点位长；排查出12米以下“三无”船舶237艘、12米以上“三无”船舶81艘，拆解“三无”船舶162艘、纳管156艘；共有1000总吨以下自卸砂石船2艘，1000总吨以下砂石运输船3艘，1000总吨以下甲板运输船19艘，排查出报废船龄港口服务船舶2艘并拆解；查获“假光租”“假自有”企业10家，“假光租”船舶26艘，“假自有”船舶56艘，实施限期整改企业11家，已全部完成整改。

【加强疫情防控工作】 2021年，县交通局积极配合开展水运建设项目新冠肺炎疫情防控工作，及时向辖区水运建设通报疫情防控要求，督促黄泽山油品储运基地二期工程、浙石化二期配套码头水运工程等项目做好人员进出登记及疫情防控工作。

（何启鸿）

责任编辑：韩信安

邮政 电信

Postal and Telecom

邮政

【概况】2021年，中国邮政集团有限公司浙江省岱山县分公司（以下简称岱山邮政）累计完成业务总收入2901.46元，同比增长9.7%，完成年度计划的99.5%。其中，邮政业务收入累计完成2664.97万元，同比增长9.2%；其他业务收入累计完成236.49万元，同比增长15.9%，完成年度计划的105.1%。完成净利润217.21万元，完成率100.6%。全员劳动生产率达到15.68万元/人，比上年增长6.5%。全年共有9人次获得县级以上个人荣誉称号。岱山邮政被评为2020年全省邮政“营销争先”劳动竞赛报刊业务转型先进团队、2020年度舟山邮政平安创建优秀单位。

【普遍服务】2021年，全县普遍服务营业网点规模总体稳定，农村乡邮邮政局所覆盖率达100%，网点普遍服务四项基本业务开办率100%，网点正常运营率达100%，城市党政机关党报当日见报，实现建制村通邮100%。全县未发生违反普遍服务“两条红线”的情况，申诉处理率为97%，普遍服务达标集中整治问题整改达100%。实现机要通信无失密丢损。至年末，岱山邮政设21处对外服务网点（自办邮政局所10处，代理金融网点9处，寄递揽投部2个，CRS/ATM机8台），联网汇兑网点13处，机要服务点2处，助农取款点2个。全县有邮政信筒信箱23个，信报箱格口22112个，邮件自提点230处，其中中邮驿站16个。有村邮站79个，邮乐购站点145个。有邮政生产汽车21辆，摩托车9辆，电动自行车22辆，邮路5条，投递道段35个，邮路总长度（单程）150千米。

【寄递业务发展】2021年，全年完成寄递业务总收入240.82万元，同比增长12.1%，完成年度计划的99.1%。完成净利润173.01万元，完成率192.2%。是年，共投递信函18.27万件，报刊共268.3万份，投递进口包裹212.1万件，收寄出口包裹11.8万件。

【三级物流体系建立】2021年，岱山邮政推进“交邮”合作、“邮快”合作，推动“城乡客运+农村物流+邮政快递”三合一，实现资源共享，确定东沙运输服务站为“客货邮”综合服务站，先行开通海岛偏远地区“客货邮”合作线路2条，辐射偏远村落3个，平均缩短配送时间在1.2天以上，让偏远渔农村百姓享受均等化的快递服务。

【代理金融业务】2021年，全年累计完成代理金融总收入1963.18万元，完成年度计划的100.3%；储蓄余额规模14.17亿元，超额完成全市“三年百亿”计划一阶段的13.97亿元目标。截至12月31日，全县新增非零客户1480户，新增价值客户118户，新增VIP客户879户，新增财富客户169户。

【农村电商业务】2021年，全县有“邮乐购”总站点194个，其中商超型145个。建设数字化优质站点数39个，完成率为111.4%，位列全市第二。建设活跃站点数188个，完成率为104.4%，位列全市第一。建设代收代投点40个，完成率为166.7%。建设便民服务站20个，完成率为133.3%。线上自营批销额161.10万元，完成率为80.6%，位列全市第二。全网大单品自营批销额130.07万元，完成率为130.1%。区域大单品自营批销额为26.20万元，完成率为66.4%，为全市唯一破零项目。线上自营农品完成42万元，完成全年的36.9%。基地农产品完成0.94万元，完成全年的13.4%。完成代理信息收入6.64万元，完成全年的132.8%。共打造转型标杆网点1家（菜市营业所）。转型网点5家，完成微整治网点9家，转型网点和微整治网点的建设均达到100%的目标。

【传统业务】2021年，岱山邮政全年累计完成函件收入59.76万元，同比增长-40.9%，完成年度计划的59.8%。完成集邮业务收入47.77万元，同比增长-12.8%，完成年度计划的86.9%。完成报刊业务收入171.55万元，同比增长26.4%，完成年度计划的121.7%。

2020—2021年岱山县邮政业务量实绩表

表20

项目	2020年	2021年
国内函件（万件）	14.57	5.57
国际及港澳台函件（万件）	0.01	0.01
机要（万件）	0.17	0.20
包件（万件）	16.68	8.52
特快（万件）	0.85	2.23
汇票（万张）	0.02	0.02
订销报纸累计份数（万份）	277.00	251.14
期发订销杂志累计份数（万份）	10.99	10.00
销售集邮邮票（万枚）	6.39	3.79
邮政储蓄期末余额（万元）	125994.34	141717.89

【服务社会发展】2021年，岱山邮政主动履行社会责任，在抗击台风“烟花”应急抢险救灾中，参与全县抗台救灾物资运送6次；5月，参与县“六一”儿童节慰问活动；7月，组织7名党员干部参加无偿献血活动，超额完成全年任务；帮助受台风影响的岱西果农销售葡萄170箱、金额6800元；9月，组织员工参与“慈善一日捐”活动；12月，以“一对两”的方式参与泥峙社区扶贫结对。是年，“邮善邮乐”慈善超市累计服务低保户人数约4400人次，为贫困低保户累计节省生活开支5.80万元。

【综合管理】2021年，岱山邮政主动服务地方经济建设，如期完成年度各项工作任务。是年，继续保持省级文明单位、省级巾帼文明岗、青年文明号、五一巾帼标兵岗等荣誉。加强安全风险管控，制订年度安全保卫工作思路，与各部门签订安全生产和治安目标管理责任书，签订重点岗位责任书达100%；完善安全生产应急管理体系，细化完善各种应急预案。组织开展各科目演练，各金融网点演练2次，新员工消防灭火和邮件处理场地疏散演练1次，入库尾箱风险排查1次；开展“打击防范电信网络新型违法犯罪”宣传活动，并按月上报计划；发挥工会群团组织作用，举办各类培训班50次，培训450人次；在

2021年7月22日，岱山邮政运送抗台救灾物资　　（岱山邮政　供图）

疫情防控期间，开展防控、帮扶、慰问等工作。

（鲁利娜）

电信

【开展隐患排查】 2021年，中国电信股份有限公司岱山分公司（以下简称岱山电信）通过“两深入、两服务”，解决基层一线的难题。开展党风廉政教育，加强廉洁风险防控能力。丰富宣传教育内容，开展全网风险隐患排查、酒驾醉驾专项治理、典型案例警示教育、“我为群众办实事”等实践活动。坚守诚信底线，加强合规经营，强化业务发展质态管控。

【各类志愿服务活动】 2021年，岱山电信以党建活动为载体，干部党员（楼内人）主动融入百日攻坚、美丽乡村点亮、宽带大会战等攻坚行动。开展“党建翼联”“一部一品”、社区结对、创城路长制志愿工作、防汛抗台安置点志愿服务、疫情防控卡点志愿等活动，全年累计有2532人次党员和楼内人参与基层支局一线活动，有1736人次党员和员工参与各类志愿服务活动。

【应急演练活动】 2021年6月11日，岱山电信举行防汛抗台暨建党100周年通信保障应急演练。演练以模拟遭受强台风袭击为背景，涉及应急电源系统保障、搭建视频会议系统、应急无线网络保障、天通卫星、光缆应急抢修、搭建光宽通信、开通应急无线网络、应急防汛等十个科目。6月25日，开展迎接中国共产党成立100周年应急疏散和灭火演练，从火情模拟、灭火疏散等进行实景演练。

【打造数字乡村】 2021年，岱山电信大力推动数字乡村建设，打造以5G、物联网、云计算为基础的数字化平台，推动乡村治理数字化。4月中旬，首个“数字乡村云平台示范点”落户岱西镇摇星浦村，并投入运行，该平台涵盖村容村貌、基层党建、环境整治、产业专题、创城攻坚、疫情防控、智慧养戴、防汛抗台、反诈宣传等方面，面向乡村治理数字化、农村产业智能化、村民生活智慧化的多场景应用。

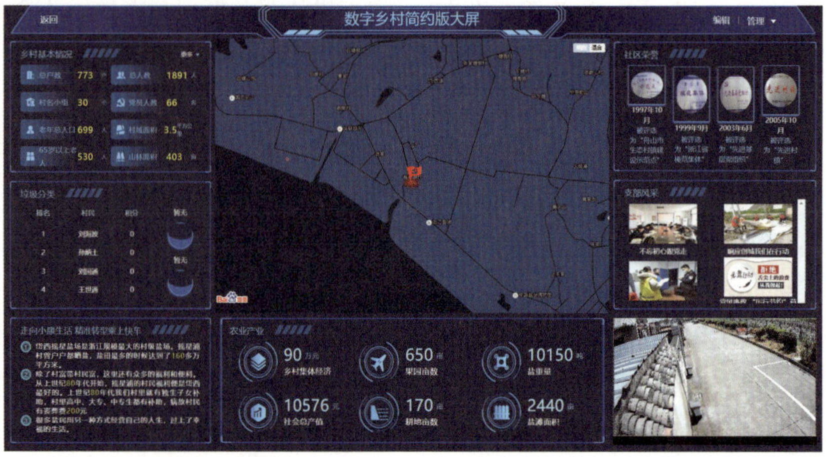

2021年，数字乡村简约版大屏　　（岱山电信　供图）

【智慧城市建设】2021年，岱山电信针对智慧城市建设，助力政务数字化，承建技术先进、安全可靠、服务完备的政务云平台；深度参与政府数据资源体系建设，完善智慧城市“数据底座”；以12345话务平台为基础，推出智慧信访平台；整合运用视联网、云会议、天翼看家、复工复产精准管理系统等，为疫情防控工作打造全方位立体化平台。促进“最多跑一次”、城市大脑及全县信息化建设。依托现代信息网络，推动数字产业化，岱山电信与各功能区管委会、重点工业企业开展战略合作，打造拥有新型智能化管理能力的智慧园区，融合5G、物联网、云计算等技术。

【智云护航团队建设】2021年，岱山电信推进网络安全群防群治工作，启动“智云护航”工作，拥有国家“计算机信息系统集成一级资质”和“通信信息网络系统集成甲级资质”的“双一级”资质体系。岱山电信成立一支覆盖全域、超过40人的装维工程师队伍和超过10人的网信安全专家队伍，长期从事安全涉密领域的信息化服务，拥有强大的通信技术“朋友圈”和遍布全市各岛的通信机房等设施。配合岱山公安进行反诈平台的建设和运营，开展“断卡”行动，打击网络诈骗犯罪，保护人民财产安全，打造“无诈单位”。

【升级智慧养老】2021年，岱山电信智慧养老服务平台连接舟山群岛新区智慧养老服务，成为养老信息权威集成平台，依托24小时热线，提供紧急求助、走失定位、安防监护、生活服务、物业维修、精神慰藉、健康服务等“一站式”服务，并为低保、低保边缘家庭中的失能老人和80岁以上老人免费发放“一键通”或智能腕表。升级智慧养老APP，开展智能医疗、智能家居服务。岱山电信推出的光网+5G双千兆智慧家庭服务和天翼看家，通过高清摄像头可实现双向语音和回看，被众多家庭用于关爱老人、看护小孩、照看宠物等。实施电信FTTR全光组网方案，即用室内光纤替代网线，实现室内高速网络覆盖，每个房间最高速率可达2000兆。

【提升全网服务能力】2021年，岱山电信深化全网服务，加强队伍建设，推进店长、店员认证体系建设，打造“我为主门店”人才培养基地。加强服务能力建设，从“重营销、轻服务”向“围绕客户价值主张，打造品质服务”转变。围绕客户满意度、感知体验、投诉管控、客户维系四个指标，聚焦5G、宽带等重点业务，针对用户需求，开展专项攻坚行动，实施“领跑者计划”“卓越服务五项承诺”，提升用户通信线路、通信设备安装维护服务满意度。开展为期三个月的全网风险隐患排查整治专项行动，有效防范各类重大安全事件。

【户外爱心驿站建设】2021年9月28日，岱山电信联合县总工会，在岱山电信高亭中心营业厅内举行“工会户外劳动者服务站暨爱心驿（翼）站”揭牌仪式。驿站面向全社会提供公益服务，助推智能信息科普，服务的主要群体覆盖快递小哥、外卖骑手、环卫工人等户外劳动者，遵循“六有”标准，打造成工会“户外劳动者服务站”的标杆。

【天翼对讲系统实施】2021年，岱山电信实施的天翼对讲系统助力防汛抗台，在台风“烟花”登陆期间，响应衢山镇政府防汛防台应急指挥中心，连夜调试20台天翼对讲机，次日一早，分发至衢山镇各点位。抗台期间，岱山电信承接县防指和应急办总体调度指挥，构建应急响应全流程体系。

【海底光缆维修】2021年，岱山至大洋山海底光缆维修全面完成。该项目是岱山通信对外出口的大动脉，全长约35千米。为了达到最佳经济效果，该施工方案经过各层面及专家的多次论证和评审，最终选择2处主要断点进行维修。岱山电信团队克服海上作业审批流程复杂、施工难度大、维修过程中存在诸多不确定因素与困难，于11月21日完成维修任务，保障洋山至岱山的通信主通道畅通。

【基础网络建设】2021年，岱山

电信实现资源提速、提值、提质，共布放各类监控光缆367个点位（包括智慧城管、交警人行道、公安治安、防疫隔离点、社区等），布放光缆242.89纤芯千米。完成立项投资204万元，配套做好舟岱大桥光缆敷设布放、创城攻坚飞线整治等专项工作，至年末，完成11个社区、37个小区、453栋建筑物、6600户入户线的整改布放工作。做好各类应急保障及抢修、迁改、割接的通信保障及台风后的线路重建创修工作，做好数据网的扩容及优化工作。

（俞光云）

移动

【概况】 2021年，中国移动通信集团浙江有限公司岱山分公司（简称岱山移动）贯彻落实市公司“一四七八”年度工作思路，推进“宜岱移路”党建品牌建设。是年，岱山移动党支部荣获“中央企业先进基层党组织”“首批高质量党建示范点”等称号；岱山移动荣获“浙江省文明单位”“2021年度中国移动浙江公司明星县（市、城区）分公司”“2020—2021年度中国移动浙江公司班组建设示范单位”“2019—2021年度舟山市工人先锋号”等称号；岱山分工会荣获“中国移动浙江公司2021年度先进分工会”称号。

【场景化营销体系建设】 2021年，岱山移动开展场景化营销，实施场景化、平台化、流程化、清单化的市场营销体系。深入开展娱乐市场攻坚，借助公安力量，以治安管理行政需求为切入，创建营销放号场景。

【推动宽带份额提升】 2021年，岱山移动创新营销方式，借创城小区线路整改契机，通过网络义诊、线路整改等方式开展进驻营销。推进“一网格一清单”，以网格为单位，建立“大单跟踪清单表”，将网格内日常跟踪的宾馆、酒店、集团宿舍等实行统一管理。开展农村“泡销”（入户营销）活动，在完成衢山农村“泡销”后，是年末，已在3个网格进行全面推广。

【5G业务发展】 2021年，岱山移动利用暑期学生购机黄金时期，在华旅直营厅开展暑期学生购机优惠活动；在集团内举行5G终端内购会等活动，提升5G终端销量。强化5G业务匹配，做好销售终端的机套匹配跟踪，对未匹配渠道进行约谈；严控5G开关打开，落实终端销售渠道的5G开关打开、SA设置培训，确保5G终端销售即登网。

【推进市政融合】 2021年，岱山移动优化组织架构，推进市县联动政企网络融合（市政融合）。经过两轮人员入格和组织优化，最终确定“1+3+3”的组织架构模式；组织开展集团看管行动，梳理10家集团匹配客户经理、看管渠道进行看管；优化集团进驻流程，制定“三表一单”九步法，上线集团进驻电子流，提高集团进驻效率；组织开展沿街商铺小微企业融合营销，完成看管街道的信息排摸，以打造“阳光厨房”契机，开展沿街商户的排摸工作。

【各行业信息、通信、技术项目把控】 2021年，岱山移动基于项目管理全流程，完善生态链体系，扩大“朋友圈”，逐渐形成各行业战略伙伴库，达成常态化战略合作渠道模式，提高对项目的参与度，强化对项目的把控力。持续优化“铁三角团队”建设，自上而下分层级建立常态化走访机制，加强团队协同，拓宽商机渠道，抢占数字化改革红利。

【公有云提升】 2021年，岱山移动选树标杆案例，在各网格各行业进行复制推广，实现业务由点到面的覆盖。实现移动铀媒（一种用于文本检测的工具）等移动云业务全市首单；结合防疫、反诈等场景，实现移动大喇叭在县区内六镇一乡全覆盖；实现灵瞳业务在医疗、公安、党政等行业的渗透，有效提升公有云收入（企业上云服务收入）。

【5G站点建设】 2021年，岱山移动探索超级上行试点，积极推行700兆广覆盖，并在高亭老城区部署8个站点试点超级上行，测得上行峰值396兆/秒，下行峰值1.96千兆/秒，是全市唯

2021 年 9 月 18 日，岱山移动开通全市第一个 700M 站点（岱山移动　供图）

一一个在城区部署 700 兆站点的县区。开展疑难站址攻坚，通过疑难站摘牌、客情走访、铁塔联动等形式，率先在全市完成疑难站攻坚 100% 的任务。

【基础网络建设】 2021 年，岱山 11 个接入区 31 个机房网格均已储备节点机房，机房储备率 100%，先后完成 7 次节点机房网络割接优化，累计完成 14 个机房的投产，投产率达 87.5%，位居全市前列；家庭宽带覆盖全，通过覆盖盲区主动补点、专人跟进新建小区，新增覆盖超 6000 户，受竣比为 80.4%，为全市最高。

【家庭宽带品质提升】 2021 年，岱山移动加快光改户线迁移，引入专职队伍推进日常穿线，联合网格聘请电脑店开展疑难攻坚，是年，共完成 1727 条宽带户线 B 改 H 迁移（网线改皮线迁移），率先完成大会战年度指标。创城网络线路问题整治效果显著，开展“飞线整改”“DP 盒关门”等专项行动，完成 27 个小区和 11 个社区超 3500 条户线的整理，入户服务 900 余次。

【解决鱼山 4G 网络高负荷问题】 2021 年，岱山移动网络党员突击队按计划完成 118 个点位设备的安装和开通，共计新增小区 383 个，无线网络容量提升 40%。加大 5G 网络建设，推动 2.6 千兆网络和 700 兆 5G 融合组网，联合华为开展 700+2.6 千兆超级上行试点。

【员工关爱行动】 2021 年，岱山移动建设“宜家”文化。领导班子持续推进“我为职工办实事”活动，推行关爱职工六举措：邀请浙江海洋大学老师杨颖为职工开展心理健康团队辅导课程；在员工活动室为职工子女开设“作业角”与“图书角”；春冬季营销时为职工提供暖宝宝贴；为高亭网格职工提供食堂菜品打包配送服务；开展如端午、中秋、元

2021 年 3 月 3 日，岱山移动开展“党业融合添动力　网网联动谋发展”活动（中国移动岱山分公司　供图）

宵等传统节日的慰问活动；关爱女职工，改造妈咪爱心屋，开展“三八”妇女节、母亲节等专项慰问活动；在做好“三必访三必贺”慰问的同时，关爱员工健康，为符合条件人员申报关爱互助金。

【为民实践活动】 2021 年，岱山移动落实“两和”升级，通过党小组、网网联动，助力网格业务发展，以“党建和创”为抓手，找准和创单位，落实每季度与一家重点集团单位开展和创活动。联合公安部门开展“红舟护航”反诈宣传，结合“跨越银龄数字鸿沟”行动，开展老年人志愿讲座等活动。从完善网络质量、提升服务品质、参与志愿服务等方面，积极开展“我为群众办实事”实践活动。

（王科诺）

联 通

【业务发展】 2021 年，中国联合网络通信有限公司岱山分公司（简称岱山联通）继续推进基础业务划小承包机制运营优化工作。调整按行政区划切分的网格承包机制，公司内部实行全员竞聘机制，选出区域经理，落实目标责任制。至年底，发展移动网络用户 1.1 万余户。县分出账用户数 1.5 万余户，其中 5G 用户 5000 余户；是年，岱山联通成功交付岱山数字大楼 1 期自研产品项目 75 万元，在数字化园区建设领域有新突破。

【信息化数字化改革】 2021 年，岱山联通建设并完成岱山检察院无纸化办公项目；中标岱山县智慧教育区校一体化平台采购项目；与岱山县大数据管理中心签订合作协议，项目总金额近 300 万元，遵循“1+1+N”的思路推进教育体系信息化建设；完成大陆引水项目一期，合计金额超 20 万元；签约 5G 工业互联网专项项目 1 家；签约高亭小学无纸化办公及教研空间项目；签订岱山县智慧城市大脑项目的对接及战略合作协议，主要包括数字枢纽基础能力平台软硬件的租赁服务、运维服务，数字枢纽平台系统开发服务以及配套的城市大脑指挥中心建设等。

【智能数字运营】 2021 年，岱山联通借力数字化转型，优化考核激发活力、内外兼修提升产能、增存并重提升价值。自营厅维持每月 1～2 场的抖音直播吸粉带货，多形式做好手机营业厅活跃和企业微信吸粉工作。朋友圈广告引流，扩大用户接受业务信息触点，引流到厅到点，提升单点销售额；持续开展网业联动，网络补强，助力产能提升，进行市场细分，主要对厂区、乡镇、家庭、青少年、老年人等市场，匹配相应的个性化政策，初步实现一市场一政策，使营销更为精准。在农村本地市场，将沃家神眼铺设到有需求的村落，成功签约高亭镇山外村、衢山镇打水村，突破数字乡村的同时，借助平安乡村平台，提升 2B2C（一种电子商务模式）发展能力。

【聚焦用网体验】 2021 年，岱山联通全力推进 5G 基站建设，截至年末，累计建成 5G 基站 186 个，覆盖全县 6 个乡镇（除长涂

2021 年 11 月，岱山联通开展便民服务　　（倪君　摄）

镇），优化客户的5G体验，确保5G覆盖区域客户不卡顿、不掉话；承诺做到宽带网速与签约速率一致；持续改善网络故障，积极回应、及时处理客户的投诉，全方位提升客户在网络方面的感知。会同县经信局推荐网络和安全项目，组织基础运营企业参与工业企业建设“5G+工业互联网”项目2个。完成年度IPv6（互联网协议第6版）网络就绪专项行动任务。推进“同网同速”，实现城区小区5G覆盖率和光纤覆盖率100%。推进光纤到户，覆盖房屋单元2000户。开通电联共建共享室分2个。重点整治用户机房5个，积极做好线路的预检预修和隐患整治。

2021年11月，岱山联通为宽带用户免费提速

（江碧波　摄）

【抓好提速增效】 2021年，岱山联通开展“千兆网络测速进万家”活动。自11月起至12月底，县分的智慧家庭工程师和一线服务人员组成小分队，为广大用户提供宽带上门测速服务，并根据用户需求提供专业化宽带组网服务，网络满意度较2019年显著提升；是年，完成主干光缆的落地和拆除共计24条；开展杆线路的隐患整治，共计整治提高30多处；对主干光缆和重要客户线路进行成环提升和光衰整治15处，IPRAN（无线接入网IP化）成环率70%以上、重要大客户成环率为100%。通过一系列的举措，全年故障发生率低于往年近30%。

【服务质量提升】 2021年，岱山联通组织开展“提速降费”宣传进企业、进乡村、进小区活动，配合集团总部的“五大服务承诺工作”，强化智家工程师的技能与服务效率，升级政企专线各环节服务体验，确保将“营业厅一站全结”“10010热线一号通解”“联通APP一屏速办”“家庭宽带极速服务”“政企专线精品服务”五大承诺落实到位。

【加强员工培训辅导】 2021年，岱山联通围绕提升群众感知为工作重心开展工作。加强客响中心人员的专业技术技能培训，促进客响人员技能提升。开展“五自”（自建、自营、自维、自忧、自修）活动，以实战检验学习效果，以前台服务评价为支撑达标要求，以用户口碑为支撑考核标准，面向全网用户，规范业务宣传，完善业务办理、消费提醒等机制，不断丰富每月25日的客户日服务活动。2021年服务指标得到大幅提升。

（邬　娜）

责任编辑：李慧慧

财政 税务

Finance and Taxation

财政

【概况】2021年，岱山财政工作坚持稳中求进工作总基调，以推动高质量发展为主题，以深化供给侧结构性改革为主线，按照积极的财政政策提质增效、更可持续的要求，加强财政资源统筹，保持适度支出强度，调整优化支出结构，增强重大战略任务财力保障，推动融入新发展格局高质量发展取得新成效。全县完成财政总收入31.23亿元，增长14.6%。完成一般公共预算收入20.30亿元，增长12%，占财政总收入的比重为65%。完成地方税收收入15.11亿元，增长10%，其中：主体税种完成9.14亿元，增长17.4%，对地方税收和地方财政贡献率分别为60.5%和45%；资源税等其他税种完成5.97亿元，增长0.3%，对地方税收和地方财政贡献率分别为39.5%和29.4%。全县非税收入30.38亿元，增长20.8%，其中，纳入一般公共预算管理的非税收入5.20亿元，增长18.5%。

【财政支出】2021年，全县一般公共预算支出508439万元，同口径增长7.2%，完成调整预算481083万元的105.7%，其中：公共安全支出26318万元，增长13.2%；科学技术支出13445万元，增长17.4%；教育支出55626万元，增长6.1%；文化旅游体育与传媒支出11751万元，增长17.7%；卫生健康支出30715万元，同口径与2020年持平；社会保障与就业支出65348万元，增长2.2%；农林水支出123163万元，同口径增长5.4%；城乡社区支出52900万元，同口径增长8.5%；交通运输支出24013万元，下降39.4%，同口径与2020年基本持平；一般公共服务支出54695万元，增长15.3%；其他支出50465万元，同口径增长7.7%。

【财政收入】2021年，县财政局强化税源管理，做好收入执行监控，压实收入组织责任，加强欠税企业的税收征管。挖掘鼠浪湖码头、友联海工、惠生海工等重点项目和企业的税源潜力，实现市对县重点项目考核和政府投资项目税收落地3.93亿元。向上争取省、市各项补助、债券资金，加大国有资产盘活力度，拓展财政增收空间。推进六项非税收入征管职责划转税务部门，开展县级非税收入管理专项检查。强化非税收入预算编制管理，完善非税收入收缴执行情况分析制度。全县非税收入30.38亿元，增长20.8%，其中，纳入一般公共预算管理的非税收入5.20亿元，增长18.5%。

【重大战略项目服务保障】2021年，县财政局加强首位战略首位保障，健全创新激励和保障机制，出台勇夺“科技创新鼎”、科技企业双倍增奖励、科技悬赏奖等创新扶持办法，科学技术经费增长17.4%，优化人才制度体系和发展环境，“引育留用”等各方面的人才资金投入增长149.9%。促进城乡一体化发展，投入15.92

亿元用于燕窝山客运中心工程、526国道岱山段改建工程、美丽渔港活力港湾工程等建设。保障全国县级文明城市创建，支持城乡环境综合整治、智慧城管等工作。助力乡村振兴，争取省财政厅一事一议财政奖补助推美丽乡村建设项目资金2000万元，实行区域协调和绿色转化财政专项激励政策，支持国内捕捞渔船“减船转产”。落实落细财税、金融等政策，实行“即享即兑”模式，提高惠企政策兑现效率。引导金融机构积极服务实体经济，通过给予一定额度的公款存放等举措，推广政府采购金融服务。

【社会民生事业保障】 2021年，全县优先保障民生等重点领域，全县民生支出38.56亿元，同口径增长9%，占一般公共预算支出的75.9%。提升公共服务质量，教育支出5.56亿元，健全完善学前教育、学生资助等财政支持政策，加大教师考核激励力度，一般公共预算教育经费比上年增长6.1%。促进文体事业发展，支持系列海岛特色文旅品牌建设，文化旅游体育与传媒支出1.18亿元。卫生健康支出3.07亿元，支持健康岱山建设，加强公共卫生防控救治能力建设，保障各类防疫需求，支持全民免费接种新冠病毒疫苗。社会保障与就业支出6.53亿元，延续实施失业保险稳岗返还等政策，向失业人员、高校毕业生、灵活就业人员等人群发放各类补助补贴3041万元。调整机关事业单位工作人员死亡后遗属生活困难补助费等标准，出台残疾儿童康复服务制度工作细则，支持养老服务供给侧改革，保障养老服务业建设及高龄老人补助等支出，落实惠民殡葬等政策。

【财政国资改革】 2021年，县财政局推进预算管理一体化系统建设，117家预算单位全部上线运行预算管理一体化系统基础信息、项目库、预算编制模块。政府采购项目全部实现采购文件电子化，降低企业招投标成本441万元。打造便民利民票据支付体系，全县财政电子票据改革单位覆盖率为100%。协调统筹涉农惠民补助资金全部通过社保卡“一卡通”发放，发放金额2.95亿元。升级应用资产云信息管理系统平台2.0版，构筑全链条动态监管体系。深入推进国企改革、指导各集团公司建立企业内控制度，从权责清单、业绩考核、资产处置等方面制订10项专项制度，开展国企领域“八个方面专项治理”，落实县属国有企业公款竞争性存放管理。加强重点国有企业负责人年薪制管理和经营业绩考核，开展年度重点国企考核。

【提升监管防范风险】 2021年，县财政局强化支出管理。严控一般性支出，压减非刚性非重点项目10.6%。发挥集中支付管控作用，拒付不合规支付业务810笔，拒付金额1136万元；加强“三公”经费和会议费支出等各项经费监管。提高资金使用效益，加强全过程预算绩效管理，实现资金监控全覆盖。对美丽乡村建设专项资金等5个政策及项目进行重点绩效评价，对1033个财政支出项目中的104个进行绩效自评抽

2021年，县财政局到岱东镇虎斗村开展“暖心慰问　温暖过节”活动
（县财政局　供图）

评。跟踪监控直达资金分配、拨付、使用等情况，统筹落实各项惠企利民举措。推进“政府公物仓”新模式，相关通用耗材批量采购同比节省资金67.3%。防范化解财政风险，完成隐性债务化解全年目标，遏制新增隐性债务。兜牢“三保”底线，防范社保资金风险，加强支出监控分析及资金保障风险评估研判。

【企业党建】2021年，县财政局坚决落实意识形态工作责任制，推进财政部门党史学习教育。讲好党史学习教育财政故事，年轻党员获浙江省青年理论宣讲二等奖。以“七张问题清单”为抓手，推动财政工作提质增效、除险保安。加强国企党建，将党建工作总体要求纳入公司章程，建立国企党建考核制度。强化“两新党建结对共建”，县财政部门与金融机构、企业党组织联动开展“蓝海红帆　八百行动”等活动9次。党员干部带头投身疫情防控一线，融入全国县级文明城市创建工作。每季度召开专题会议研究部署党风廉政建设工作，定期开展政治生态评估。组织开展换届纪律、干部兼职、深化殡葬改革等专题学习。

（高汉旗）

税务

【税收收入】2021年，全县共组织税费收入51.45亿元，同比增长44.1%。税费收入中，实现税收收入26.47亿元，增长13.4%，其中地方税收收入15.11亿元，增长10%；社保费收入和非税收入24.98亿元，增长101.9%。

【减税降费】2021年，全县完成增值税留抵退税1.05亿元，为512户制造业中小微企业缓缴“五税两费”6733万元。强化出口退税管理，压缩出口退税办结时间至0.98个工作日内，完成出口退免税4.76亿元，同比增长9.8%。

【税收改革】2021年，县税务局贯彻落实省税务局《〈关于进一步深化税收征管改革的实施方案〉的任务分工》中确定的144项任务，建立“工作方案”“任务分工”“工作规则”三方面工作体系，加强统筹协调，确保涉及岱山的69项改革措施落地见效。推进发票电子化改革，推行增值税电子发票公共服务平台，加速“无纸化”时代，全年发票电子化率达83.2%。创新打造“社保费和非税收入数据门户”，依托省局大数据平台，实现数据动态展示，拓宽社保费和非税数据应用场景。认真组织备战浙江省税务局重点项目“揭榜挂帅”试点工作，申报“‘智助+特服’畅通特殊群体绿色服务”和“依托5C监控评价促进‘四精’指标体系”2个改革项目，打造有岱山特色的改革成果。

【营商环境优化】2021年，县税务局开展“我为纳税人缴费人办实事暨便民办税春风行动”，推出10类31项123条便民办税举措，联合推出“亲清直通车·税企恳谈会”“蓬莱说税直播”“局长在线税收营商环境宣传直播”等活动，让办税缴费更省时、省力、省钱、省心。推行财产和行

2021年7月1日，县税务局开出舟山市首张土地出让金非税票据（曹瑜　摄）

为税“十税合一”申报，推动增值税、消费税与附加税费申报表整合，实现多税费“一张报表、一次申报、一次缴款、一张凭证”。全面构建“网上办、掌上办、自助办”等多位一体的智慧税费服务体系，全县综合网上办税率为99.1%，位列舟山市各县区第一。完成电子税务局支持中心扩围建设，连续两季度实现业务受理零逾期，打造业务处理“准期率100%”的模板。优化工会经费缴纳服务，实现企业单位“非接触式”网上申报和收据开具。推广“浙里办票”应用场景，稳步提升税费事项“掌上办”比例。推行电子税务局新办纳税人的“套餐式”服务，一站式受理企业开办事项。推广全流程电子化退税，加快退税速度，平均退税时间为0.75天。推行“自行判别、自动计算、申报享受、资料留存备查”的税费优惠享受方式，让符合条件的纳税人“应享尽享”。

【助推企业专项行动】 2021年，县税务局深入推进助力小微企业发展“春雨润苗”专项行动，开展纳税人走访问需、纳税人意见建议收集和纳税服务短板查找等工作，完善“好差评”机制，收集上报意见建议65条。招募2名税费服务体验师，开展纳税服务、涉税办理、创新举措等方面全面体验，提升服务质效。依托“银税互动”发放贷款6800余万元，为守信企业“增信”“增值”。探索“最多跑一次”改革向社会化延伸扩面，在衢山岛和秀山岛2个离岛片区组建“智助诊疗室”，实现涉税业务办理互助“传帮带”。坚持服务创新，推出“云达·云响应”微跑改项目，并入选市级创新项目库。

【防范税收风险】 2021年，县税务局强化税收风险管理，建立开发区企业房土两税、全县海运企业等领域的风险指标机制，根据近3年房土两税缴纳情况、近3年税收零入库企业情况，开展风险应对。规范企业所得税核定征收，构建个人所得税年度汇算常态化工作机制。开展土地增值税清算“攻坚清零”专项行动，完成房产税、城镇土地使用税税源普查，实现耕地占用税复核业务全流程信息化闭环流转系统全县覆盖。

【涉税宣传服务】 2021年，县税务局支持专精特新中小企业高质量发展，将130家专精特新企业建档入库，依托基层税务网格，开展企业自我诊断、税费政策直达、办税操作指导等服务。年内，在舟山海山机械密封材料股份有限公司和舟山晨光电器有限公司等2家“小巨人”企业分别建立联合工作队，开展点对点服务；对舟山市奥博管业有限公司等31家工业细分项目冠军企业，建立“颗粒化”管理台账31个，共协助解决在库企业涉税问题39个。

【纳税信用评定】 2021年，县税务局做好纳税信用评定工作，共对3227户企业类纳税人进行2020年度信用评价，其中A级408户，B级1176户，C级216户，D级256户，M级1171户。评价和发布个体和其他类型企业纳税人10400户，其中A级55户，B级2024户，C级133户，D级219户，M级7969户。

【税务队伍建设】 2021年，县税务局加强优秀年轻干部的培养选

2021年9月1日，县税务局举行新公务员入职宣誓仪式　　（柳京宏　摄）

拔力度，使用正股级干部1人，启动2名正股级干部和4名副股级干部选拔程序。推进干部常态化制度化交流，分级制定交流办法，开展岗位交流共24人次。打通横向交流通道，3名股级干部纳入地方优秀年轻人才培养计划，3名干部在地方行政和企事业单位挂职。落实国家税务总局关于职级晋升常态化的制度办法，完成晋升职级26人次，实现“择优晋升、稳定预期”的目标。推进教育培训，成立青年理论学习小组，深化“学习兴税”平台应用，落实“学、测、用、评”机制，在全市社保非税条线“大练兵”中获第二名。挖掘优秀人才，共有2名干部获得省局专业骨干称号，8名干部获得岗位能手称号，30名干部入选市局人才库，2名干部入选省局人才库。

【服务岱山经济社会发展】 2021年，县税务局建立服务保障岱山经济开发区建设机制，在涉税数据应用、企业招引等方面提供税务支持。协助完成84户低效企业整治提升，推动产业高质量发展。制定全县重点项目税收落地任务清单和政府投资项目税收指标表，实现税收3.93亿元。强化税务司法协作，确保破产企业处置相关税收和税收债权1.41亿元应收尽收。采取包户宣传、“入门见画”等方式，在创建全国县级文明城市中开展入户宣传203户。开展创城志愿服务活动，县税务局120余名志愿者累计参与活动1300余人次。测评期间，县税务局对四块责任区进行排查，取得较好的创建结果。积极服务乡村振兴，选派1名党员干部担任渔农村指导员，提供6万元帮扶资金，帮助采购扶贫农产品2.45万元，筹集扶贫捐款7.84万元，帮扶困难家庭49户次。

【加强党建引领】 2021年，县税务局创新建立联学联建工作机制，组建“蓝海红帆”宣讲团，开展新老税务干部银青联讲和青年宣讲团党史专题宣讲活动。开展红色教育基地参观践学主题教育活动，拍摄红色宣传教育视频节目，其中金维映故事相关视频被总局税务青年干部学党史专栏录用。围绕构建“六位一体”新格局，推进全面从严治党工作。制定清廉机关模范机关建设和清廉文化一体化实施方案，制定30项工作任务，扎实推进“两个机关”创建。结合“春雨润苗”行动，开展“小巨人”企业支部结对共建，实现党建阵地联建。配合完成省局和市局的巡察工作，压实巡察整改责任。推进构建“三个一”警示教育机制，开展专题警示教育活动6次。推进纠治“四风”工作，运用“第一种形态”开展谈话提醒21人次。开展“四项”专项整治和纪律作风问题专项整治，自查出问题68个，均督促整改落实。

（柳京宏）

责任编辑：李慧慧

金融

Banking

综述

2021年，全县共有银行机构9家，其中国有商业银行4家：中国工商银行股份有限公司岱山支行（简称工行岱山支行）、中国农业银行股份有限公司岱山县支行（简称农行岱山县支行）、中国银行股份有限公司岱山支行（简称中行岱山支行）和中国建设银行股份有限公司岱山支行（简称建行岱山支行）；其他金融机构5家：中国邮政储蓄银行股份有限公司岱山县支行（简称邮储银行岱山支行）、浙江民泰商业银行股份有限公司舟山岱山支行（简称民泰银行岱山支行）、台州银行股份有限公司舟山岱山支行（简称台州银行岱山支行）、浙江岱山农村商业银行股份有限公司（简称岱山农商银行）和浙江岱山稠州村镇银行股份有限公司（简称岱山稠州村镇银行）。银行系统共有员工661名，网点50个（包括二级支行、分理处、营业部等）。是年末，全县人民币各项存款余额328.16亿元，比年初增加13.46亿元，同比增长4.3%；人民币各项贷款余额316.55亿元，同比增长50.8%，比年初增加106.58亿元，增量创历史新高。

国有商业银行

【农行岱山县支行】 2021年，农行岱山县支行有在职员工77人，设综合管理部、风险管理部、公司业务部和个人金融部、营业大厅。下辖衢山支行（二级支行）、新澜支行（二级支行）2家网点。农行岱山县支行紧紧围绕“重要窗口”建设，保障重大项目资金，支持中小微企业融资，抓好存款组织，存款规模保持高位增长，各项业务取得明显成效。是年末，各项存款余额513696万元，比年初增加3888万元；各项贷款余额1050869万元，比年初增加631021万元。中间业务收入786万元，同比减少2594万元。实现拨备前利润20404万元，同比增加6196万元；拨备后利润15014万元，同比减少257万元。全年实现无经济刑事案件、无重大违规事项、无重大经营风险和无重大负面舆情，实现连续35年安全经营无事故，被岱山县人民政府评为“2021年度优秀银行金融机构”。

【工行岱山支行】 2021年，工行岱山支行有在岗员工55人，设综合管理部、公司业务部、个人金融业务部。下辖支行营业部、竹屿支行（二级支行）、衢山支行（二级支行）3家营业网点。工行岱山支行深化“百地千名行长进民企”服务工作，支持重点产业、重大项目发展，服务小微企业、乡村振兴。开展“融资畅通工程”和“首贷户”拓展行动。实现拨备前利润1.04亿元，同比增长6.1%；实现净利润0.84亿元，同比持平；本外币各项存款余额48.60亿元，较年初减少3.70亿元；各项贷款余额19.80亿元，较年初减少2.37亿元；其中公司贷款余额15.24亿元，较年初减少2.54亿元；普惠贷款余额1.94亿元，较年初净增7864万元，同比增加2864万元，增长57.3%。其中小微企业贷款余额5908万元，较年初增加3998万元，当年增幅209.3%。战略退出客户收回贷款2.76亿元，潜在风险客户现金压降2375万元，不良贷款余额83.16万元，不良率为0.04%。

【中行岱山支行】 2021年，中行岱山支行有在职员工24人，设综合管理部和营业部，下设自助银行2家。中行岱山支行与岱山县人民政府签订《高质量发展建设共同富裕示范区海岛样板战略合作协议》，为全县经济建设提供有力保障。支持舟山绿色石化企业、中广核浙江岱山海上风力发电有限公司岱山4号海上风电项目（一期）等重点项目建设。对接地方重点工程，为存量授信企业提供贷款利率调减、贷款利息减免、融资费用补偿、无本续贷周转等金融服务。年末，本外币各项存款总额12.36亿元，同比下降12.2%；贷款总额46.01亿元，同比增长180.6%；不良余额35万元，不良率为0.01%。实现营业收入5161.60万元，实现拨备前利润4280.95万元，继续保持零案发率。

【建行岱山支行】 2021年，建行岱山支行有在岗职工47人，设综合管理部（党务工作部）、业务部、个人金融部。下辖支行营业部、衢山支行（二级支行）2家网点。建行岱山支行坚持“三个能力”建设、发力“三大战略”、落地乡村振兴战略，着力保证绿色石化项目等重点项目建设。夯实客户和账户基础，公私联动，存款稳定增长。推出“抵押快贷”“浙叶云贷”“云税贷”“商户云贷”和“收单云贷”等普惠信贷金融产品。践行数字化经营理念，以“互联网+金融”的数字化智慧寻求线上合作和服务。年末，各项贷款余额42.40亿元，各项存款余额41.41亿元，实现中间业务收入668万元，不良贷款余额152.28万元，信贷资产不良率为0.07%，与年初持平。

（方宽军　励　栋　余燕娜　夏菲菲）

其他性质银行

【岱山农商银行】 2021年，岱山农商银行有在职员工293人，下辖营业部和9家支行。共设营业网点24个，遍及全县各乡镇。岱山农商银行开展“百行进外企”活动，加大金融支持产业园区和舟山绿色石化企业的力度。推出“复商贷”“知识产权法押贷”“税银贷”等企业信贷产品，推进公共出行、教育、医疗等领域项目拓展。年末，存款余额120.38亿元，比年初增加13.72亿元。贷款余额74.54亿元，比年初增加11.38亿元。其中，涉农贷款余额66.90亿元，占全部贷款的89.8%，比年初增加8.07亿元，增幅13.7%；小微企业贷款余额18.94亿元，比年初增加4.61亿元，同比增长32.2%。

【民泰岱山支行】 2021年，民泰银行岱山支行有员工29人，设综合部、业务部和营业部，设营业网点1个。民泰银行岱山支行助力乡村振兴，创新贷款品种，加强银政企合作，推进企业创新。年末，存款余额146492万元，比年初增加26133万元。贷款余额101150万元，比年初增加12756万元。发放贷款75188万元，其中中小企业专项信用贷款5203万元、共26户。银行承兑汇票余额60万元。

【岱山稠州村镇银行】 2021年，岱山稠州村镇银行有员工52人，设高亭和衢山营业网点2家。岱山稠州村镇银行夯实主业，打牢储蓄根基，调优存款结构。加大信贷投放，优化贷款结构。助力小微企业发展，推行整村授信，助力普惠金融。年末，资产总额11.60亿元，存款余额9.64亿元，贷款余额7.77亿元，成本收入比为41.5%，拨备覆盖率为660.3%，资本充足率为23.3%，不良率为0.8%。

【邮储银行岱山支行】 2021年，邮储银行岱山支行有在职员工48人，设综合管理部、综合业务部（三农金融部）、县支行营业部，下辖星河路支行和衢山镇支行网点2家。邮储银行岱山支行重点推进三农金融数字化转型，打造农户信息数据平台。全面铺开业务，助推存款攀升。探索农村信用体系建设，提升邮银协同服务能力。年末，营业收入3243万元，完成预算目标的101.7%，同比增加468万元，同比增长16.9%。实现利润总额1500万元，完成预算目标的104.8%，同比增加290万元，同比增长24%。

【台州银行岱山支行】2021年，台州银行岱山支行有员工19人，设业务拓展部、小额信贷拓展部和前台业务部，设营业网点1家。台州银行岱山支行坚持"中小企业的伙伴银行"的市场定位，服务于农户、小微企业、个体工商户小本买卖者。优化贷款结构，合理调配信贷资源，加大乡村振兴信贷投入。年末，存款余额27057.28万元，贷款余额62315.88万元，其中涉农贷款余额57071.09万元，占各项贷款的91.6%。

（朱　静　孙佳薇　柴涵文　夏　瑾　林　佳）

保险

【概况】2021年，全县共有保险业务机构16家，其中财产保险9家，即中国人民财产保险股份有限公司岱山支公司（简称人保财险岱山支公司）、中国太平洋财产保险股份有限公司岱山支公司（简称太保财险岱山支公司）、天安财产保险股份有限公司岱山支公司（简称天安财险岱山支公司）、中国平安财产保险股份有限公司岱山营销服务部、中国大地财产保险股份有限公司岱山营销服务部、中国人寿财产保险股份有限公司岱山支公司（简称国寿财险岱山支公司）、安邦财产保险股份有限公司岱山营销服务部、中华联合财产保险股份有限公司岱山支公司、阳光财产保险股份有限公司岱山支公司；人寿保险7家，即中国人寿保险股份有限公司岱山支公司（简称中国人寿岱山支公司）、中国太平洋人寿保险股份有限公司岱山支公司（简称中国太保寿险岱山支公司）、泰康人寿保险股份有限公司岱山营销服务部、民生人寿保险股份有限公司岱山营销服务部、中国人民人寿保险股份有限公司岱山支公司（简称人保寿险岱山支公司）、生命人寿保险股份有限公司岱山营销服务部、阳光寿险保险股份有限公司岱山支公司。是年，全县保险业务机构实现保费总收入3.68亿元，同比增长1.3%。其中财产保险收入1.27亿元，同比增长3.3%；人身险保费收入2.41亿元，同比增长0.5%。全年赔款支出1.08亿元，同比增长7.4%；给付支出0.3亿元，同比增长3.8%。

【人保财险岱山支公司】2021年，人保财险岱山支公司贯彻落实卓越保险战略，着力助推重点设施建设、安全基础保障、船舶业务发展、社会民生保障，确保业务稳定发展。实现保费收入6473.6万元，同比增长10%，超市场4.16个百分点，占岱山财险市场份额的49.8%，同比上升1.9%。

【中国人寿岱山支公司】2021年，中国人寿岱山支公司夯实基础管理，明确业务渠道定位，依法合规，管控风险，杜绝销售误导和违规行为。截至12月30日，实现保费收入7931.26万元（含续期），其中首年新单保费2482.16万元（含短期险保费）。

【人保寿险岱山支公司】2021年，人保寿险岱山支公司秉承"强队伍、抓业务、固渠道"的经营理念，管控风险，依法合规，采取多形式的营销活动，绩效显著。完成总保费708万元。全年月均有效人力59人，赔款支出30.86万元。

【国寿财险岱山支公司】2021年，国寿财险岱山支公司坚持"迅速、及时、准确、合理"的原则，提供专业化、系统化保险服务。重点突破，加强销售渠道多元化发展。实现保费收入1374.48万元。其中：车险767.67万元，船舶险243.48万元，财产险142.35万元，责任险178.65万元，意外险13.37万元，工程险10.56万元，家财险7.13万元，其他险种11.27万元。车险续保率为75.5%。

【太保财险岱山支公司】 2021年，太保财险岱山支公司多点触客，重点突破，运用3G视频快速理赔系统为消费者提供便捷可靠理赔服务，积极做好车辆保险工作，提前完成全年保费目标任务。完成保费2870万元，同比增长5.2%。其中车险806万元，同比减少8.5%；非车险2064万元，同比增长11.1%。

【中国太保寿险岱山支公司】 2021年，中国太保寿险岱山支公司个险线条深化“两个聚焦”，创新“双轮驱动”；法人条线深化业务转型，优化业务结构。实现保费收入6548.50万元。其中个险保费6190.45万元，市场占比为31.5%。续期保费5446.35万元；短期险248.88万元，非健险116.32万元，意外险113.11万元。死、伤、医赔款789.30万元。

【天安财险岱山支公司】 2021年，天安财险岱山支公司加强承保质量管理，积极开发建筑工程险、财产险、电梯责任险等，各险种多渠道拓展。实现保费收入301万元，同比增长97.1%。其中车险109万元，非车险192万元。

（王　琼　陈　燕　余越飞　应　益　童艳艳　徐　杨　贝竹贤）

责任编辑：韩信安

经济管理

Economic Management

发展和改革

【概况】2021年，全县改革和发展工作始终践行“八八战略”、奋力打造“重要窗口”海岛风景，积极统筹推进疫情防控和经济社会发展，实现经济逆势增长、社会和谐稳定。全县实现地区生产总值530.80亿元，同比增长18.3%，其中第一产业增加值35.60亿元，同比下降2.9%；第二产业增加值393.30亿元，同比增长24.5%；第三产业增加值101.90亿元，同比增长7%。全社会固定资产投资增长10.5%；城镇、渔农村常住居民人均可支配收入实现61759元和43048元，同比分别增长9%和9.7%。

【群岛新区建设】2021年，舟山绿色石化基地产能持续释放，浙石化一期稳定运行、二期基本建成，年产值达1390亿元，占全县规模以上工业总产值的90.7%，成为全市首个千亿级产值企业。鼠浪湖矿石中转基地、黄泽山一期151万方原油储罐项目产能得到稳定释放，全年港口货物量首次突破2亿吨大关。黄泽山油品储运基地二期104万立方米项目完成基础工程，黄泽山—鱼山原油管道项目动工建设。大宗商品储运基地工程顺利开工。衢山岸基产业园进场施工。构建外联内畅交通网络，舟岱大桥于12月29日建成通车，燕窝山陆岛交通码头、燕窝山客运中心、县交通集散中心等一大批重大交通基础设施加快推进。高质量推进“岱山安养”“智慧鱼山”等15个省级试点项目。全国文明城市创建开局良好，年度测评成绩名列全省第一。组建岱山县社会建设委员会，制定共同富裕海岛样板政策体系。

【宏观经济调控和指导】2021年，县发展和改革局合理安排2021年度全县经济社会计划发展目标，编写完成《关于岱山县2020年国民经济和社会发展计划执行情况和2021年国民经济和社会发展计划草案的报告》。坚持发挥经济决策参谋作用，及时跟踪经济社会发展热点，及时做好疫情防控、有序用电对经济发展影响的研判，提出应对举措，全面推行惠企政策“即享即兑”，开展企业精准帮扶。加强以51家重点工业企业和19家服务业企业为基础的经济运行情况网络监测，加强高质量经济形势分析，全县15项市对县考核指标有8项排名全市第一。

【规划编制和研究】2021年1月21日，岱山县第十六届人民代表大会第五次会议，审议通过《岱山县国民经济和社会发展第十四个五年规划和二〇三五年远景目标纲要》（简称《规划纲要》）。发布总纲篇、经济篇、民生篇等《规划纲要》解读，梳理“十四五”规划体系类专项规划20项、其他类规划19项。是年，印发《岱山县卫生健康事业“十四五”规划》《岱山县“十四五”文旅体产业发展规划》等8个“十四五”专项规划和《岱山县商业网点规划》《岱山县水资源节约保护和开发利用总体规划》等6个其他规划。

【重点项目建设管理】 2021年，县发展和改革局安排全县重点项目45个，年度计划投资424.57亿元。完成投资514.94亿元，完成年度计划的121.3%。其中宁波舟山港主通道四标段、森林岱山建设、衢山镇渔港经济区道路管网工程（一期）等14个项目完工；双峰新城校区建设、双峰新城体育中心等5个项目做好前期相关审批手续的办理；有26个项目在建。27个项目列入市重点建设项目；舟山绿色石化基地围填海工程、浙江石油化工有限公司4000万吨/年炼化一体化项目、526国道舟山岱山段改建工程、舟山市岱山县燕窝山陆岛交通码头工程、黄泽山石油中转储运项目二期工程和岱山石化循环经济产业园等6个项目列入省重点建设项目。

【固定资产投资管理】 2021年，县发展和改革局共实施固定资产投资项目139个，全县完成固定资产投资516亿元，同比增长10.5%；民间项目投资、交通投资、生态环保和公共设施投资、高新技术产业投资四个结构性指标分别完成475.50亿元、20.90亿元、13.20亿元、369.30亿元。岱山交通集散中心、岱山县燕窝山客运中心工程、岱山实验学校科技创新楼及校园北面改造项目、卓然石化循环经济产业园、润和催化剂产业项目、中科院宁波材料所岱山新材料研究和试验基地、新材料产业技术创研中心、岱山县水资源优化联调工程——衢山片一期供水管网改造、黄泽山—鱼山原油管道、惠生海工模块结构车间技术改造项目、舟山绿色石化基地导流堤工程、浙石化高密度聚乙烯等化工装置项目、高亭镇御景苑北侧地块项目等36个项目开工；526国道岱山段改建工程、岱山县水系连通及水资源综合利用工程、岱山新材料产业园基础设施提升工程、东海地块住宅小区项目、岱山县全民健身中心项目、岱山县职教园区新建学生宿舍楼工程、岱山城市大脑建设工程、黄泽山石油中转二期罐区项目、浙江友联海工改建项目、舟山市中浩水产食品有限公司新建生产厂房工程项目、舟山柯鱼人梭子蟹贸易有限公司建设蟹文化园鲜活交易中心项目、浙石化二期140万吨/年乙烯项目、浙石化二期自备燃气热电联产项目等103个项目在建。

【项目审批标准化】 2021年，县发展和改革局全面推进企业投资项目的简化、优化、标准化，做好“极简审批”，探索一般企业投资项目审批由“最多80天”压缩至“最多65天”。制定出台投资项目联合会审方案，发挥投资项目联合会审中心作用，共收集各类议题47件次，依照项目类型，牵头召集各部门进行项目联合会审17次，协调解决美丽渔港—南部港湾品质提升工程、浙石化浙优科技有限公司催化剂、高亭中心小学综合改造工程等重点项目立项报批存在的难点、堵点问题。

【服务业发展管理】 2021年，县发展和改革局编制下发《关于加快我县现代服务业创新发展的实施意见》《岱山县2021年服务业考核指标目标任务清单》等文件，健全督查通报机制，推进各项工作落实。实现全县第三产业服务业增加值101.90亿元，同比增长7%，占GDP比重的19.2%，增速位列全市第一。

【营商指标考核】 2021年，县发展和改革局编制印发《岱山县2021年打造一流营商环境全域指标评价体系考核工作方案》，明确52个县属部门全域指标考核任务171项，确立量化可测的“岱山指数”。出台《全县打造一流营商环境补短板突破式抓手清单》《全县打造一流营商环境突破式亮点创新清单》等文件。在中国社科院财经战略研究院发布的“2021年全国营商环境百强县（市）”榜单中，岱山县作为全市唯一入选县（区），位列百强县（市）第50位。

【政策性农村住房保险】 2021年，全县政策性农村住房保险继续以村或社区为单位投保，由人保财险岱山支公司承保。3月底，按期全面完成年度政策性农村住房保险投保承保工作。按保险对象为“具有岱山户口的拥有农村土地承包经营权或宅基地使用权的居民住房”的投保条件，参保率达100%。全县投保农户46301户，其中有房低保户1203户；保费按二类风险区域每户10元执行，签单总保费47.30万元，其中普通农户自缴保费3元，计13.53万元，省、县财政分别补助每户普通农户5元和2元、低保户6.50元和3.50元，计32.77万元。

【金融管理】 2021年1月，县发展和改革局出台《岱山县关于进一步加强金融工作支持全县经济高质量发展行动方案》，举办全县金融机构调研座谈会。5月，开展2020年度岱山县银行业金融机构支持地方经济发展考评工作，对建设银行岱山支行、农业银行岱山支行等4家考核优秀银行进行通报；制定《2021年度岱山县金融业发展专项资金实施方案》，全年分3批下达2021年省金融业发展专项资金，共计292.54万元，其中包括对2020年挂牌省股交中心成长板的舟山宏波新型墙体材料股份有限公司等3家企业兑现补助资金90万元。6月，与农业银行舟山市分行签订《金融服务美丽岱山建设战略合作协议》、衢山镇与农业银行岱山县支行签订《金融助力全面推进乡村振兴战略合作协议》。10月，印发《关于举办岱山县金融支持县域经济高质量发展暨推动共同富裕专题研讨班的通知》，组织全县各单位和金融机构在杭州举办金融支持县域经济高质量发展暨推动共同富裕专题研讨班。是年，全县金融机构人民币各项存款余额328.16亿元、人民币各项贷款余额316.55亿元；组织召开各类政银企对接会8场；对接民营企业185家252户次，解决金融需求问题216个；开展各类防范非法集资宣传活动20余次，发放宣传册和宣传品7500余份；编辑金融工作简报11期。

【能源管理】 2021年，县发展和改革局依法实施对重点用能单位和主要耗能设备能源利用效率的监察、监测，认真编制与审核节能季度监测报告，加强1000吨以上能耗企业的月度能耗、电耗监测，每季度对规模以上企业节能降耗工作进行一次监测，达不到标准的责令整改。编制完成岱山县能源发展“十四五”规划和岱山县“十四五”节能规划，明确“十四五”期间节能目标和重点任务；大力推进全县企业屋顶光伏建设，新增装机容量13.5兆瓦；完成淘汰渔船用能权确权任务，腾出用能空间10000吨，有效保障项目落地；开展企业电力市场化改革政策的宣传指导工作，帮助全县企业有序参与全省电力市场化改革工作。

【社会信用体系建设】 2021年，县发展和改革局制定出台《2021年岱山县信用体系建设工作要点》《岱山县诚信万里行实施方案》《岱山县2021年社会信用体系建设督查考核办法》等文件；落实《岱山县社会信用体系建设中长期规划》和《岱山县社会信用体系建设三年行动计划（2019—2021年）》；开展“诚信示范经营店”主题实践活动，全县推选的40家商铺获评市诚信经营示范店荣誉称号；组织遴选80家县属企业参与信用承诺书签署活动，并在“信用舟山”网络平台进行公示；由县信用办牵头组织开展信用宣传活动5次，发放各类宣传资料和宣传品共3000余份；通过浙江省公共信用信息平台，约有2000名各类人员的信用信息提供给相关部门；开展信用修复7例；民政、司法、市监等20余个部门均已开展信用分级分类监管；开展信用领域创城工作，完善有关创城工作资料台账资料并报送至县创建办；不断推进“信用+审批”“信用+图书服务”“信用+市场”等，“信易+”场景应用的内涵和外延不断丰富。

【价格监察】 2021年，县发展和改革局在报刊、网络上公布与群众生活较密切的主要商品价格行情以及高亭与舟山、宁波的“菜篮子”商品价格对比。4月中旬，普通江苏晚粳米和精制江苏晚粳米的价格分别为2.37元/500克和2.47元/500克，同比分别上涨14.5%和12.3%。年末，普通江苏晚粳米和精制江苏晚粳米的零售价同比分别下跌2.6%和

1.2%，普通东北晚粳米和精制东北晚粳米与同比持平。全年花生油、菜籽油、大豆油和食用调和油价格处于小幅攀升态势，同比分别上涨17.7%、18%、18.8%和15.5%。猪肉类价格先涨后跌。2月中旬，春节期间高亭农贸市场的精瘦肉、肋条肉和肋排肉价格同比精瘦肉价格持平，肋条肉和肋排肉分别上涨20%和11.1%。12月中旬后，肋条肉价格环比出现15.8%的涨幅，精瘦肉和肋排肉的价格则相对较为稳定。年末，全年鸡蛋和鸭蛋价格同比涨幅分别为27.3%和13.3%。和年初相比，则分别上涨40%和21.4%。蔬菜价格涨跌互现，从总体来看价位较高，全年高亭农贸市场的监测品种蔬菜价格均价为9.37元，同比下跌1.6%。水产品和豆制品类价格较为平稳。

【价格管理】2021年，县发展和改革局履行好价格调控任务，核定县社会福利院、部分乡镇敬老院基本养老服务收费标准，做好衢山至新城至普陀山航线票价、城区餐厨垃圾清运处理费批复工作等。贯彻落实“双减”政策，做好学科类校外培训机构培训收费以及中小学课后服务收费的成本调查工作。开展对县科亮环保公司污水处理成本、东沙古渔镇和岱东鹿栏晴沙景区门票、公办幼儿园保教成本等一系列成本监审或调查测算工作，为政府各项价格政策的调整或制定奠定基础。抓好清费减负工作。开展行业协会商会专项检查、转供电专项整治、供水供电供气行业清理规范、国有景区回头看等各类规范的整顿工作。

【价格认证】2021年度，县价格认证中心协助配合县公安、海警及县内行政机关办理各类涉案财物的价格认定，客观、公正、高质、高效地完成认定工作，为执法部门办理案件提供有效的价格依据。是年，共完成认定案件189起，价格认定标的总金额687.67万元。

（黄楚渟）

统计

【党建工作】2021年，县统计局深入开展党史学习教育工作，打好“党史学习教育+创城”组合拳，坚决打好创城工作攻坚战，做好“数海先锋”在创城志愿服务活动中的带头示范作用。创新打造“数海先锋”模范机关建设品牌，推广“标准化+统计特色”工作模式，充分发挥党员干部先锋模范作用。把打造党建品牌与开展清廉岱山建设项目结合起来，切实将党建工作融入重点工作，推动全局统计工作高质量开展。

【加强统计监测】2021年，县统计局围绕县委县政府重点工作，明确任务，细化责任，创新亮点，专班运作。开展重点区块（经济开发区）、石化产业链、两项收入的统计监测，县规模以上企业税费监测等分析，加强前期调研、部门协同，梳理确定细化监测区域范围、行业范围、主要指标等重点区块的统计监测指标体系，做好统计数据监测分析预测，全面及时反映重点区域经济发展和民生指标现状。启动生态产品价值实现机制研究，结合岱山海岛经济特色，以生态系统生产总值（GEP）核算助推高质量发展。

【数字化改革工作】2021年，县统计局成立数字化改革工作领导小组，制定《岱山县统计局数字化改革实施方案（试行）》。聚焦党政机关整体智治，以生态系统生产总值（GEP）核算为“重要窗口”着力点，打造党政机关整体智治统计综合应用专题门户页面。结合“现代化先行”重大任务建设要求，开展重要区块（经济开发区）指标体系监测工作目标，谋划“三张清单”，按体系要求设定个性指标，形成岱山特色的指标框架。积极谋划统计系统多跨场景应用，承接全市“统计单位全生命周期管理—数据驾驶舱”试点，实现省市县三级贯通，聚焦大场景，找准小切口，跑出加速度，扎实推进统计数字化改革。

【生态产品价值研究工作】2021年，县统计局启动生态产品价值实现机制研究，结合岱山海岛经济特色，以生态系统生产总值（GEP）核算助推高质量发展，探索陆域、海岸带共同核算模式。8月，省发改委《关于开展涉海地区生态系统生产总值（GEP）核算应用试点工作的通知》将岱山列为海岸带核算试点县。县统计局及时调整核算实施方案，推进专班管理，召开核算项目启动会议，研讨核算方案和技术规范，协同第三方（浙江大学）开展实地走访调研，进行数据补充，结合岱山特色，形成《岱山县2019年GEP核算报告》和实施方案，推进具有海岛特色的生态系统核算应用体系建设，高标准实施“碳排放、碳达峰”行动。

【共同富裕建设】 2021年，县统计局围绕高质量发展，推进“共同富裕建设”计划。积极谋划城乡居民收入提升实施方案，认真梳理统计方法，严格把控抽样调查，科学分析县情特色，提供决策参考。开展全县范围低收入户调查，合理制定监测方案，深入推进专班管理，定期通报工作进度，加强镇、村两级双向联动，创新调研走访，建立多效访问模式，确保数据质量精准性。是年，低收入户收入同比增长10%以上。研究省、市两级评估指标体系设计方案，配合相关部门，提出指标优化替换建议并对指标进行统计口径解读；协同县发展和改革局等部门，形成《岱山县高质量发展建设共同富裕目标指标》。

【全县住户调查工作】 2021年，县统计局加强对住户调查工作的过程管控，夯实调查工作基础，五链紧扣闭环推进住户收支调查。深化住户调查工作管理体制，实行“县、乡（镇）、社区／村”三级责任制度。开展“线下+线上”业务培训，提升业务能力。创新“全覆盖+靶向式”住户走访方式，提升访户实效。实行数据生产“全流程”闭环监管。建立查询、反馈、整改、复核的闭环工作机制。加强分析研判，挖掘更多数据潜力。是年，全县城镇和渔农村常住居民人均可支配收入分别达到61759元、43048元，城乡居民两项收入实现较快增长。

【统计基层数据管控】 2021年，县统计局强化统计基层数据管控，抓紧抓实防范和惩治统计造假、弄虚作假专项工作，做好迎接国家统计督查及省“双随机”统计执法检查前期工作，保障全县企业源头数据质量。组织开展统计法应知应会学习。开展“一套表”统计业务培训16场，覆盖全县245家企业和13家单位。完成省、市“双随机”统计执法检查，在全县20家企业的劳动工资报表和40家企业的固定投资项目进行数据质量核查，对规模以上和规模以下各20家企业进行基本单位统计数据质量核查。做到规模以上企业统计数据质量核查全覆盖，统计执法31家。完成国家统计督查任务，深化防范和惩治统计造假工作，通过国家督查对15家工业企业和15家服务业企业的现场台账核查。

【统计普法宣传】 2021年，县统计局以乡镇、企业基层统计员队伍为重点，依托业务培训、专业统计年报会议、“三服务”活动等，深入开展统计普法宣传工作。以社会公众为基础，在“12·4”国家宪法日、统计开放日，利用展板、条幅等宣传资料进行统计法律知识宣传，增强基层统计队

2021年11月26日，县统计局在县委党校举办全县青干班统计法治培训班
（县统计局　供图）

伍防范和惩治统计造假、弄虚作假意识。开展统计普法“六进”（进机关、进党校、进社区、进乡村、进企业、进单位）活动，提高统计法的知晓率。推进统计信用建设，开展全县统计诚信单位创建活动。

【“产业升规纳统”工作】 2021年，县统计局围绕新思路构建，推进“产业升规纳统”工作，做好闭环管理。创新构建“实时监管、部门联动、培育扶持、重点突破”四步工作法，加强与市场监督、税务等部门的沟通联系，做好数据横向比对分析，完善“准规模企业”名录库，梳理有发展潜力的小微型企业，合力做好企业“升规上限入统”工作。抓实统计入库工作，做到应统尽统，年内共计新增入库四上企业33家。

【国情国力调查】 2021年，县统计局高质量完成第七次人口普查阶段工作任务。通过把握人口发展变化的新情况、新特征和新趋势，反映全县需求结构、城乡结构、区域结构、产业结构等状况，为完善全县人口发展政策体系，制定经济社会发展规划，提供人口数据保障，编制的《优化鱼山岛舟山绿色石化基地人口普查方案》得到省、市人普办高度评价。做好劳动力、5‰人口抽样、营商环境评价、低收入农户全县小康统计监测、粮食产量监测、畜牧业等专项调查以及平安浙江、平安乡镇等满意度调查工作。

【干部队伍建设】 2021年，县统计局调整内设机构，设综合核算科、产业统计科和办公室（综合法制科）3个职能科室，下辖县社会经济调查队和县统计局普查中心2个独立建制单位。按照《岱山县统计局职级晋升工作方案》，注重德才兼备、工作实绩，根据县管领导干部及一般干部晋升工作流程，做好局干部职级晋升任用工作，晋升一级主任科员1名。招录公务员1名，推荐5名业务骨干参加国家统一法律资格证考试，1名干部参加青年干部培训班。全年开展各类专业培训会议16次，培训乡镇、企业统计员400余人次。落实专业技术人才知识更新工作，组织统计从业人员开展统计继续教育在线学习。

（张瑜芬）

审计

【概况】 2021年，岱山县审计局获得省审计厅表彰等各类荣誉8项，市、县各类荣誉25项；获评2021年度全省审计机关考核优秀单位（连续6年），舟山市审计系统2021年度考核优秀单位（连续6年）。上报并被采用信息及专报等60篇，其中获省级及以上媒体采用24篇次，审计专报获县委、县政府领导批示15篇。全年完成审计项目17项，查出主要问题金额19914万元，其中违规金额967万元、管理不规范金额18947万元。审计处理处罚金额14万元；移送司法机关、纪检监察机关和有关部门处理事项2件，移送处理人员1人，移送处理金额20万元；出具审计报告

2021年6月21日，县审计局联合县财政局在县卫健局开展项目廉政回访
（县审计局　供图）

和专项审计调查报告17篇，被批示、采用17篇；提出审计建议44条，被采纳44条；推动被审计单位制定整改措施35项；促进被审计单位制定、完善规章制度16项。

【政策跟踪审计监督】2021年，县审计局深入开展重大政策措施落实情况跟踪审计。开展县2019—2020年度公共卫生服务体系建设情况专项审计调查，摸清全县公共卫生服务制度体系建设、资金投入、政策落实等基本情况。发现疫苗管理存在漏洞、慢病精细化管理项目绩效不高、职业病监测未发挥作用等问题。开展岱山县2020年社会保险基金审计，精准兜牢社会保障底线。发现县医保经办机构未经严格审核，违规报销医保费用等问题，涉及金额21.40万元。审计期间，督促相关责任部门全面整改到位。

【财政预算执行情况审计】2021年，县审计局完成县本级财政预算执行和其他财政收支、部门预算、公务支出公款消费、衢山镇财政决算审计。发现县融媒体中心、县城镇建设管理中心等单位对预算编制工作不重视、未结合工作实际合理安排资金，衢山镇3年以上挂账的暂存款共1991.97万元未清理，县环卫处拆分报销费用规避执行内控制度等问题。查出管理不规范资金4206.08万元，促进全县各预算管理单位进一步完善内控制度，提高财政资金管理水平。

【领导干部经济责任审计】2021年，县审计局实施8名领导干部经济责任审计和1名领导干部自然资源资产审计，反映重大经济事项决策程序不到位、政府投资项目管理不规范、对下属单位监督管理不到位等问题20个，涉及金额1200万元，督促领导干部理好财、用好权、尽好责。其中，县住建局下属的县城镇建设管理中心重大经济事项未移交，导致出租房3年电费计14.25万元未收回；县职业技校出纳利用职务便利挪用公款6.20万元用于个人揽储等，相关问题线索按规定进行移送。

【领导干部自然资源资产审计】2021年，县审计局实施岱东镇领导干部自然资源资产（离任）审计。对农村生活污水治理工程、“品质河道”提升工程等进行专项调查，发现该镇存在工程项目签证工程量真实性难以确认、工程未及时竣工验收、农村生活污水处理设施运行管理不到位等问题，督促整改落实。

【政府投资领域审计监督】2021年，县审计局加大政府投资领域审计监督。对2018年至2020年进入舟山市公共资源交易中心岱山县分中心招投标的县政府投资项目招投标管理情况开展审计调查，发现66个项目存在投标人互为关联企业、89个项目投标人所使用的投标IP地址相同等问题。开展岱山数字大楼装修工程、竹屿社区A9地块综合业务用房等项目竣工决算审计，发现基本建设程序倒置、未按设计要求多签证工程量、多计工程款等问题。

【国有企业审计监督】2021年，县审计局建立健全国有企业信息

2021年2月24日，县审计局与县农商银行联合举办内审交流活动
（县审计局　供图）

台账，重点关注国有企业性质、国有持股比例、企业所处行业状况及适用法律法规等情况。制订国有企业内审指导“帮扶”计划，指导国有企业建立健全内部审计制度、做好内部审计项目、培训内部审计人员。新增国有企业内审会员单位1家。对县内“三大投”国有公司及其部分下属企业进行审计，从资产处置、资金管理、政府项目投资等方面反映国有企业运行过程中存在工程未按规定公开招标、内控管理不到位等问题，并针对上述薄弱环节提出审计建议，提升企业风险防控意识。

【审计整改督查】 2021年，县审计局全面贯彻落实省委“七张问题清单”（重大审计清单）工作要求，梳理123个问题进入全量问题库，建议进入蓄水池问题4个，上报举一反三整改示范榜案例1个、长效机制3个。省、市审计机关对社会保障、保障房以及市政府主要领导自然资源资产等审计中发现的14个问题和县本级上报的4个问题，全部落实整改。全县“七张问题清单”的重大审计问题管控力指数在全市四县（区）考核中位列第一。出台《岱山县审计局审计整改问题分级管理办法（试行）》《督促指导被审计单位主动公告整改结果操作办法（试行）》等制度，推动整改结果跟踪检查；深化整改挂销号制度，促进县财政局、县农业农村局等15家被审计单位整改结果公开；协同县纪委、县人大财经工委、县财政局联合开展审计整改督查行动，对县农业农村局、岱西镇、长涂镇等3家单位审计问题整改情况进行回头看，进一步提高审计整改实效。

【审计工作成果转化】 2021年，县审计局坚持质量立审“九项标准”不动摇，建立“交叉+普查+点评”审计项目质量检查机制，进一步规范审计权力运行。获评市级表彰审计项目4个，获评市级优秀审计报告1个，获评市级优秀审计方案1个。成立课题研究破冰小组，加大对审计成果“附加值”的挖掘和加工，树立“以工促研、以研带工”理念，充分发挥科室负责人、业务骨干的带动作用，上报审计课题5篇，其中《审计视角下基层国有企业改革的实现途径》等3篇课题获省厅一般课题立项；上年度省级一般课题《推动基层财政资金使用绩效高质量管理的思考》通过结项评审。

【全县内审工作】 2021年，县审计局深化内审工作“三服务”（服务基层、服务群众、服务企业）机制，制定内部审计联系指导工作责任清单，实行对全县内审机构的切块包干指导。与县委组织部联合举办岱山县内部审计工作培训班，特邀省法务专家就政府投资领域风险管控进行专题授课，使县属重点经济部门及国有企业领导明晰政府投资领域的红线、底线和高压线。积极探索国家审计与内部审计协同发展机制，指导11家内审单位建立健全内部审计制度，开展内管干部经济责任审计和内审成果提炼。是年，2家单位、3名人员分别获评市级先进集体、先进工作者；获评市优秀内部审计项目3个；获评市内部审计优秀论文3篇；获评市内部审计先进经验2篇；获评市内部审计优秀案例2篇。

【共建美丽海岛工作】 2021年，县审计局积极投入全国县级文明城市创建活动，先后参与环境卫生综合整治、路面交通秩序维护等集体志愿服务活动12次，日常志愿服务时间超600小时。持续推进结对社区实事帮扶工程，发动干部职工捐款5.20万元，慰问农村困难群众，争取83万元资金修建通村道路，改善涂口村、沼潭村基础设施。开展“我为群众办实事、我为企业解难题、我为基层减负担”专题实践活动，破解企业发展难题12件、解决民生问题28件。

（王　俏）

投资促进中心

【概况】 2021年，岱山县投资促进中心把打好“五大会战”、建设“四个岱山”作为各项工作的出发点和立足点。坚持招商引资“生命线工程”不动摇，推动“大平台、大产业、大项目、大企业”建设为指导原则，坚持高标准谋划、高质量招商，圆满完成各项年度考核任务。全县实际利用市外资金 44.60 亿元，完成年度目标任务的 111.5%；实际使用外资 8527 万美元，完成年度目标任务的 106.6%；完成招商引资 1.84 亿元，完成年度目标任务的 108.2%。岱山县荣获全市 2021 年度招商引资先进单位和外资招引先进单位。

【项目招引】 2021 年，岱山县投资促进中心共引进亿元以上重大产业项目 22 个，其中引进 50 亿元级以上项目 1 个：岱山卓然石化循环经济产业园；20 亿元～50 亿元级项目 2 个：催化剂及催化剂再生项目、华能岱山 1 海上风电场项目；10 亿元级项目 2 个：浙石化物流基地项目、黄泽山—鱼山原油管道项目；1 亿元以上项目 17 个，分别为中科院宁波材料所中试基地项目、塔筒风机项目、鑫月建筑新材料建设项目、舟山市宏泰机动车检测有限公司项目、浙江舟山达裕科技年产 3 万吨新型环保 RPSF 面料生产基地项目、海中洲酒店收购项目、豪森酒店收购项目、中集长宏船舶修造基地项目、佳瑶新材料 30000 吨／年高性能润滑改性材料项目、雨泽汽配制造项目、浙江金鸿钢结构制造项目、30 万吨／年 ABS 生产装置辅料配置项目、舟山路驰汽车零部件制造项目、浙江精言风电设备制造项目、浙江中裕能源贸易总部项目、浙江跃拓建材贸易总部项目、浙石化舟港拖轮有限公司项目。

【产业链项目招引】 2021 年，岱山县投资促进中心依托舟山绿色石化基地，全力攻坚产业链项目招引，引进宁兴船舶管理有限公司、浙江海港国际贸易公司、中石油上港（舟山）能源有限公司等燃料油供油企业。大力招引油品贸易企业，浙江贞吉能源科技有限公司、浙江北延粤投能源有限公司等 10 家企业落户岱山。举办岱山石化循环经济产业园签约仪式，16 家园区配套企业签订入园合作协议。推进数字经济招引。创新招商引资互联网 + 新模式，全县数字经济项目落地 9 个，包括浙江慧领科技有限公司、浙江泰杰科技有限公司、舟山联慧环境科技有限公司等。

【外资招引工作】 2021 年，岱山县投资促进中心把外资招引作为招商重点工作，全县新招引外商投资企业 5 家，分别为华能（浙江岱山）海上风电有限公司、舟山中裕能源贸易有限公司、万腾航运（舟山）有限公司、佳瑶新材料科技（浙江）有限公司、乌尔苏斯（浙江自由贸易试验区）有限公司。共招引外资 8527 万美元，其中华能（浙江岱山）海上风电有限公司到位 8000 万美元、中裕贸易到位 500 万美元、盛安隆数据有限公司到位 27 万美元，外资招引的企业数和资金额列全市第一。

【营商环境建设】 2021 年初，全县下发《招商引资考核责任分解表》，对全县 45 家招商引资考核单位下达招商引资考核指标，并签订招商责任书。完善项目准入评审机制，制定岱山县重大项目引进预评估管理办法，确保项目质量。全年共计评估项目 30 个。召开招商引资领导小组专题会议 3 次，审议通过岱山 1 号海上风电项目、上海电气岱山海上风电运维基地项目、鑫美博高科技新材料生产和研发基地项目、年产 30000 吨高性能润滑改性材料项目等优质项目 11 个。县委县政府主要领导带队外出招商，洽谈项目。做好重点客商走访、信息收集、项目洽谈工作。全面排摸企业底数，建立企业经济数据库。开展清单式“一对一”服务，为外资企业解决企业注册中遇到的各种难题。是年，上报“三服务小管家”服务总数达 135 条，其中群众数 6 条、企业数 128 条、基层数 1 条，现场办结 134 条，办结率为 100%。

（张诗然）

国有资产管理

【概况】 2021 年，岱山县国有资产监督管理办公室（简称县国资监管办）积极探索国有资产监管新机制，深化国有企业改革，提升国有资产的保值增值水平。是年末，全县有国有企业 113 家，其中国有独资 85 家，国有控股9家，国有参股19家。国有企业总资产300.95亿元，负债283.39亿元，企业净资产17.56亿元，实现营业收入15.68亿元。

【管理制度建设】2021年，县国资监管办加快落实省委对深化国企改革的要求，加快改革落地见效。完成《国企改革三年行动方案（2020—2022）》《岱山县关于推进清廉国企建设的实施方案》《关于确保落实国企领域突出问题专项治理工作的通知》《国资国企监管权力和责任清单》《岱山县县属国有企业公款竞争性存放管理暂行办法》《岱山县县属重点国有企业负责人经营业绩考核暂行办法》《岱山县县属重点国有企业资产处置监督管理试行办法》等文件的制定和实施。推进国企改革“1+N”政策体系的形成。

【投融资工作】2021年，县国资监管办编制2021年企业融资计划90.03亿元，其中银行贷款45亿元，其他借款45.03亿元。年末，全县国有企业共向各金融机构融资163.99亿元，其中银行贷款75.98亿元，其他借款88.01亿元。完成担保业务61笔，提供担保金额89.22亿元。全年全县国有资本预算收入需上交1200万元。安排2021年度县级企业国有资本经营预算总支出1200万元。加大重点项目投入，县交通集散中心完成投资6.66亿元，完成年度任务的333%；中科院宁波材料所岱山新材料研究和试验基地完成投资7.35亿元，完成年度任务的350%。

【加强国资监管】2021年，县国资监管办对县蓬莱交通投资集团、安澜城投集团、岱山经济开发区环城投资集团、衢投集团等4家县属重点国有企业实施2021年度县综合考核，主要分为个性指标考核和共性指标考核两个方面，从企业的年度重点工作任务完成情况、经营情况、党政建设、内控制度、安全生产、国资管理等方面进行全方位考核，对企业出现的各种问题进行汇总分析，并向主要负责人问责，压实主体责任，加强国资对国企的监管。

（毛金芝）

中国人民银行岱山县支行

【信贷资金保障】2021年，人行岱山县支行出台《2021年信贷支持岱山县经济高质量发展指导意见》，推动各项惠企政策协同发力。贯彻灵活精准、合理适度的稳健货币政策，重点做到稳存量、稳接续、稳投向。全年新增人民币各项贷款107亿元，同比增长50.8%。加强货币政策工具运用，推动支小再贷款政策精准落地，全年投放央行支小再贷款资金0.70亿元，惠及经营主体92户。

【小微企业服务】2021年，人行岱山县支行强化对民营企业、小微企业、制造业、外贸等领域的金融支持。年末，全县农村小微企业、制造业贷款分别同比增长12.8%、185.7%。深化首贷户拓展行动，在县行政服务中心设立首贷户金融服务专窗，新增首贷小微企业153户、首贷个体工商户345户。广泛开展“贷款码”宣传活动，全年“码”上对接贷款需求705家，银行授信475家，涉及金额5.18亿元。推进“百地千名行长进民企送服务”专项行动，走访民营企业、小微企业计267家，解决融资1.38亿元。强化“三张清单”公示行动，提升市场主体融资便利度。

【乡村信用体系建设】2021年，人行岱山县支行指导做好衢山万头猪场数字化养殖项目的融资对接，探索开展生猪活体抵押贷款新模式。指导岱山邮储银行衢山支行挂牌成立全市首家农村国债业务标准化服务点，大力推进国债下乡。完善农村信用体系建设，建立农户信用档案6.75万户，占全部农户的88.1%；已评定信用农户4.57万户，占全部农户的59.7%。年末，全县涉农贷款余额171.97亿元，同比增长8.7%。

【重点项目对接】2021年，人行岱山县支行加强科创金融、绿色金融等相关重点项目的调研。主动对接舟富食品有限公司的融资需求，助力企业研发航天食品，实现“舟山外卖”送上天。落实岱山县“生态护岛”行动要求，指导银行机构做好与县中心渔港、风电项目等重点绿色项目的对接。

【金融风险防范】 2021年，人行岱山县支行加强存保制度宣传，进行存保制度公众认知度的评估工作，共有2300人次参与。落实涉诈防控工作，建立“五进”清单，组织全县金融机构开展反诈宣传160余次，堵截诈骗汇款资金181万元。举办“百日攻坚”活动。加强账户风险管理，深入开展涉案账户的倒查问责。

【移动支付服务】 2021年，人行岱山县支行探索移动支付海上场景闭环工作。年末，分别为45艘岛际客运轮船、107户民宿、19家旅游公司、5户海洋捕捞交易商户、8户渔业后勤补给商户布防“丰收一码通”或“智能付”，共计交易12.76万笔，交易金额为932.72万元。开展“乘车就用‘云闪付’”优惠活动，年末，县域内移动支付交易达2.73万笔。

【金融服务】 2021年，人行岱山县支行积极做好个税便民服务，办理个税汇算清缴退税1.45万笔，金额531.16万元。成功办理全市首笔跨省异地电子缴税业务。推进动产和权利担保登记服务便利化，指导岱山农商银行办理4笔，涉及金额1810万元。协调解决台风灾害后企业的融资问题1笔。综合融资成本稳中有降，全县企业贷款加权平均利率为4.9%，比上年降低0.16个百分点。

【现金管理工作】 2021年，人行岱山县支行高度重视现金安全管理和消毒工作，对重点单位交存的现金设置专业消毒、保管区，有序保障疫情期间的现金供应。稳步推进现金全额清分管理。开展完整券清分质量抽查。组织辖内银行机构开展反假币知识宣传10余次。组织现金从业人员开展人民币反假知识现场考试，确保现金从业人员受测率为100%。强化金融消费者权益保护，处理涉及拒收人民币现金等投诉案件5起。

【文明县城创建】 2021年，人行岱山县支行贯彻落实金融（保险）管理专项工作组牵头单位的相关职责，制定《2021年岱山县创建全国县级文明城市金融窗口管理专项行动方案》，督促全县金融系统全面落实文明城市创建工作要求。在全市第三方测评中，金融窗口组以99分的成绩与医疗及周边专项组并列第一。全年组织金融系统员工累计参与一线志愿服务828人次。落实“门前四包”责任制，保持环境整洁有序。

（王婕妤）

口岸与海防管理

【概况】 2021年，县口岸与海防管理办公室（简称县口岸办）坚持稳中求进工作总基调，坚持新发展理念，坚持高质量发展，在优化口岸营商环境，完善口岸综合功能，促进跨境贸易便利化，推动国际海事服务产业发展，推进海防基础设施项目建设，深化反走私综合治理等方面，圆满完成各项目标任务。

【口岸管理】 2021年，县口岸办以“三服务”为载体，牵头组织驻岱查验单位在秀山惠生海工、江南山中基船厂和华丰船舶修造有限公司（原海舟船厂），指导企业口岸基础设施建设，帮扶企业解决困难问题，现场服务指导企业30余次。5月，中华人民共和国交通运输部批复同意秀山惠生海工项目临时开放。10月，秀山海工项目与舟山绿色石化项目再次获得临时开放，延期至2022年5月。

【海防建设】 2021年，县口岸办完成高亭镇南浦海防执勤道路、长涂镇长东罗家海防执勤道路、东沙镇岱北海防执勤道路3个2020年度海防基础设施项目的建设任务，全面启动总投资248万元的岱西镇双合海防执勤道路、长涂镇倭井潭海防执勤道路2个2021年度海防基础设施项目建设。落实在建海防基础设施的专业维保单位，确保各项设施高效运行。

【反走私综合治理】 2021年，县口岸办全力推进反走私专项整治行动。制定《岱山县开展强化反走私综合治理专项整治行动方案》《岱山县陆上成品油市场专项整治方案》《岱山县打击走私“国门利剑－2021”联合行动方案》，签订各类反走私责任书和承诺书193份。组织开展联合行动和专项巡查420次，巡查各类风险区域和场所1250个次，立案查处各类案件19起，没收查封进口冷链食品1732.18千克、查扣进口啤酒806瓶，查处厢式货车改装加油车2辆、查获假私卷烟617条；开展“进企、入户、上船头”宣讲1000余场次，分发宣传资料5000余份。按市反走私办“无走私社区（村）”创建的要求，选报并完成市级试点村1个和县级试点村2个的创建任务。完成鼠浪湖岛反走私智慧综治云台监控项目建设，并将视频信号接入县大数据中心。

（毛康泽）

海事管理

【概况】 2021年，舟山岱山海事处紧盯岱山县在舟山群岛新区中“主力军、排头兵、重要窗口”的目标要求，以三年行动为重点，以服务国家重点项目为突破口，全力做好辖区水上安全监管工作，确保辖区安全形势稳定。党支部被交通运输部评为优秀基层党组织。

【海上事故处置】 2021年，舟山岱山海事处接处海上险情报警34起（包括人员救助10起）。辖区发生海上交通事故5件，沉船1艘，死亡（失踪）9人，直接经济损失约506万元。同比事故数量增加2件，沉船数减少1艘，死亡失踪人数增加2人，经济损失增长15.8%。事故“四项指标”同比三升一降，水上交通安全形势不容乐观。是年，立案1477起，结案1258起，查处船舶430艘次，罚款金额933.17万元。

【水上交通安全整治】 2021年，舟山岱山海事处全面压实航运公司主体责任。督促辖区全部航运企业建立商渔船防碰撞安全管理制度，向73家航运公司发放商渔船防碰撞安全告知书514份，覆盖率为100%。对到港船舶累计发放航行安全告知书1650份，实现现场执法航行安全告知书登轮必发。通过代理和码头发放告知书541份。对海巡艇VHF商渔船防碰撞点对点提醒975次。与县海洋与渔业局签订商渔船防碰撞暨“遏重大”合作备忘录，开展人员互派交流活动。首次开展商渔船碰撞救助联合演习、商渔船互登轮现场教学活动，联合会商2次，联合执法83次，查处违章157艘次，开展VHF16频道点验418次。深化商渔船防碰撞警示教育，举办商渔船防碰撞专题培训8场次，受教育群众2000余人；组织商渔船船长互登轮等现场教学活动3次，参加人员69人；联合海巡执法支队、宁波航标处岱山航标管理站走进高亭一村，对50余名渔船船老大讲授商渔船防碰撞知识。联合县海洋渔业局、县航运协会、舟山海事法庭等单位开展“商渔共治交流论坛”。

【非法船舶打击】 2021年，舟山岱山海事处开展内河浮吊船打击工作，深化内河船“拦、扣、拘、惩、诫”闭环治理体系应用，对过境

2021年4月22日，舟山岱山海事处与岱山县海洋与渔业局签订商渔船防碰撞暨“遏重大”合作备忘录
（舟山岱山海事处　供图）

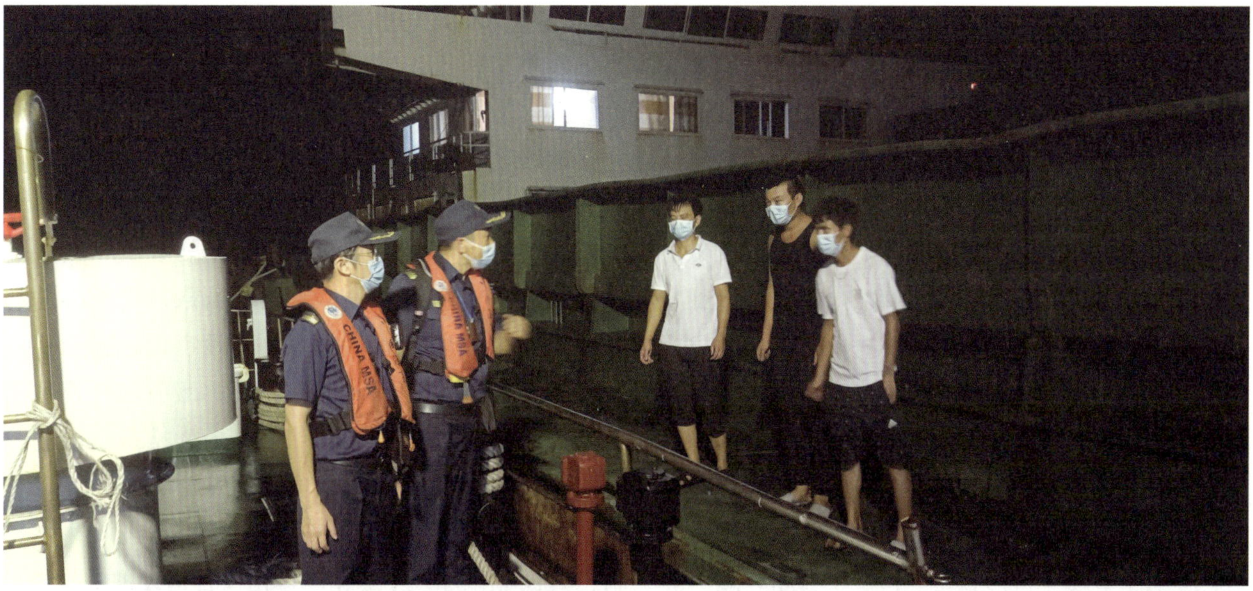

2021 年 9 月 22 日，舟山岱山海事处夜查重载内河船 1 艘　　（韩童杰　摄）

内河船开展重点布防、集中整治，不定期开展错时打击、夜间值守、联合巡航、远程监控，并对内河船从严顶格处罚。完成舟山辖区首艘浮吊船“行刑衔接”。共查扣涉海运输内河船只 24 艘，浮吊船舶 34 艘，处罚违法船员 265 人次，行政移送拘留 6 人，刑事拘留 1 人，处罚金额 334.67 万元，拆解内河船 1 艘。开展舟山市海上船舶专项整治，查处船舶 157 艘次，其中无证船舶 42 艘次。

【专项整治】 2021 年，舟山岱山海事处开展水上危化品专项检查 510 艘次，其中包装危险货物船舶现场检查 102 艘次，散装固体货物船舶检查 48 艘次，散装液体货物船舶检查 360 艘次。开展长期逃避海事监管船舶专项整治，销号长期逃避海事监管船舶 26 艘；116 艘国籍证书过期船舶完成销号 108 艘，其余 8 艘确定不予销号。开展大型船舶安全专项整治，核实辖区大型码头的稳泊标准，加强外来大型新造试航船舶的管控，通过巡航巡查、电子巡航等手段对金海重工、中基船厂靠泊船进行重点核查，建立鼠浪湖 40 万吨进港船、鱼山超 5 万吨出港船前会制度传递大型船舶安全管理要求，发挥码头、引航、代理等相关方安全管理的作用。开展 500 总吨小型船舶专项整治 171 艘次，其中现场检查 127 艘次，FSC 检查 44 艘次；开展 500 总吨以下油船现场检查 52 艘次，FSC 检查 7 艘次，检查率为 13.5%。开展船舶航行安全专项治理，共检查船舶 1363 艘次，纠违 1234 艘次。开展船舶碰撞桥梁隐患排查治理，对接辖区 6 座通航桥梁运管单位，召开全县辖区船舶碰撞桥梁隐患治理座谈会，指导建立桥梁安全风险隐患辨识排查治理制度，督促官山大桥业主单位安装智能防撞预警系统、增设大桥净空高度标志、探照灯和雷达。加强浮吊船、大件运输船等超高船舶桥梁防碰撞的宣传，开展船舶桥梁防碰撞专项检查 717 艘次。

【客运安全监管】 2021 年，舟山岱山海事处全面贯彻落实浙江海事局“一规定”和“一手册”制度。发布预警大风浓雾等恶劣天气 56 次，牢牢守住客运船舶恶劣天气开航停航关。落实常态化疫情防控，第一时间将各项防疫要求传达到辖区 4 家客运公司，做到全年客船船员、旅客 0 疑似、0 感染，保障辖区 35 艘客船平安运营。春节、五一、暑期前、七一、中秋、国庆等节日期间，安检客渡船 106 艘次，查实缺陷数量 502 项责令整改。提高日常现场监督检查质量和效率，共开展客渡船现场监督检查 1927 次。

【台风防抗工作】 2021年，舟山岱山海事处印发《岱山辖区2021年度辖区防台工作任务书》，制定海上防台的隐患排查治理和防台突发事件的应急处置，通过现场检查、公司走访、安全约谈、海上巡航、陆上巡查、电子巡航等方式，对辖区内的无动力修造船舶、法院扣押船舶、长期锚泊船舶及无动力施工船舶进行排摸、梳理，形成第一手现场资料。抓牢辖区海上防台重点水工项目，重视舟山绿色石化基地导流堤工程防台安全，组织指导鱼山导流堤工程、小鱼山开山工程和围填工程等项目部，联合开展防台应急演练。促成地方政府建立浮吊船防台安全监管长效机制。

【碍航沉船打捞工作】 2021年，舟山岱山海事处针对碍航沉船难题，按照“政府主导、依法实施、公开透明、规范监管”的思路，完成辖区8艘长期碍航沉船的打捞清障工作，相关工作得到上级部门肯定。

【疫情防控工作】 2021年，舟山岱山海事处统筹联动防疫，攻坚克难助企，聚焦“人、船、港”，严格落实船员换班的规定和工作要求，协同有关部门不断优化船员换班审批流程，协调和推动舟山口岸船员换班“应上尽上、应换尽换”，共计保障衢山港区国际航行船舶中国籍船员换班25艘次、376人次。

【服务重大项目】 2021年，舟山岱山海事处大力推进西航路和鱼山危险品锚地整治，打击船舶不按规定航路行驶、穿越锚地等违法行为，保障航道与锚地的畅通安全。以鱼山到港船舶质量管控为抓手，制定到港船舶安全预控制度。实施全链条安全监管，从船载危化品申报、进出港、离靠泊、装卸货作业船岸界面检查等环节，对危化品运输全过程进行控制。建立码头船长制、大型重载船“船前会”制、首次到港引航制、靠离泊拖轮助泊制、安全作业联合检查制等。推进鱼山3种非列明物质的评估工作，由大连危货中心出具危货理化鉴定报告，解决C5、C9、裂解C4的分类问题。落实“一船一议”工作机制、进出港维护、稳泊安全、易流态管理工作，开展船前会会商、联合扫护航工作，实施执法人员驻岛稳泊监管，实现40万吨级矿砂船231艘次安全靠泊，完成吞吐量8234.8万吨。加强服务，保障黄泽山港区安全运转。落实驻岛监管机制，推进“码头窗口”前移建设。加强与气象部门沟通，及时发布预警预控，确保安全防范工作落实到位。主动指导体系建设，指导企业编写建立高质量的安全管理体系，保障进出港船舶252艘次。

（徐　群）

舟山绿色石化事务管理

【概况】 2021年，舟山绿色石化基地贯彻落实长江经济带发展等国家战略目标要求，加快推动基地（项目）建设审批、资源要素保障、社会公共服务综合管理等方面工作，全力助推舟山绿色石化基地项目建成投产。

【炼化一体化项目建设加快推进】 2021年，4000万吨/年炼化一体化项目一期完成固定资产投资469亿元，实现稳定运行并生产出合格产品。累计加工原油2652万吨，实现产值1390亿元。项目二期工程完成整体形象进度的92.3%，其中炼油芳烃部分100%、乙烯化工部分86.7%、公用工程部分89.7%、码头储运部分93.6%。炼油芳烃部分含常减压、硫黄、催化、重整、芳烃等33套。乙烯化工部分含140万吨/年乙烯、丁二烯、乙二醇等29套装置。二期建设完成56套，6套在建，打通全流程，开展三期规划研究，推进三期围填海先导工程，完成全年各项重点任务。浙石化是舟山市第一家产值超千亿元的企业。舟山绿色石化基地成为国内炼油能力最大的石化产业基地。

【规划审批工作】 2021年，舟山绿色石化基地140万吨/年乙烯项目开展的基地总规规划调整获省政府批复，环评调整通过审查；邀请王基铭院士等专家对规划进行论证，完成三期规划修编初稿；基地控制性详细规划编制完成，完成1∶500地形测绘工作；鱼山作业区规划调整方案通过省市预审会和专家咨询会；基地燃气专项规划编制完成并通过评审。推进动力中心项目顺利核准、取得环评批复，甲醇合成氨项目取得环评批复，帮助企业开展项目手续完备性检查；协调推进浙石化、德荣及新奥项目，完成消防图纸的审查和验收工作；开展39个已落地项目审批完备性检查，会同企业重点对项目立项、环评、能评和安评审批情况进行梳理，查漏补缺，要求企业加快补办建成投运项目的立项、环评、能评报批等手续；积极争取用能、用电、用煤指标，国务院有关部门同意对浙石化二期项目及3号乙烯项目能耗全部单列；协调解决基地危化品进出岛应急运输36批次，共运输各类危化品6188吨；着力推进宁波侧危化品码头、鱼山危化品码头、西堠危化品码头等建设工作。

【科技课题申报及基地创评工作】2021年，舟山绿色石化基地协助企业开展原油进口配额和成品油出口配额申请，浙石化已累计获原油进口配额3200万吨，成品油一般贸易出口配额290万吨，低硫船用燃料油出口配额36万吨；帮助企业申报科技课题、未来工厂、绿色工厂等，争取贴息补助；基地获评2021年度中国化工园区潜力园区10强、排名第一；入选全国第四批“智慧化工园区试点示范（创建）单位”，被列入全省第一批园区智慧化管理平台场景应用升级工作推进名单。

【建立协调机制】2021年，舟山绿色石化基地召开专题协调会21次，与浙石化建立每周协调机制，协调解决企业在项目推进中遇到的问题，包括进出鱼山危化品通道建设、中央生态环境保护督察、消防设施验收、鱼唇湖生态修复等，帮助企业做好人车管控、疫情防控，保障炼化一体化项目安全稳定生产，加快推进工程项目。

【基地工程实施】2021年，舟山绿色石化基地场地工程基本完成，东区成陆工程施工、新时代大道、5号水闸主体工程、海洋观测站等工程顺利收尾，鱼唇湖生态修复工程完成验收工作；用海用岛整改验收通过专家评审；完成南堤剩余闭气工程方案编制，并通过专家评审；导流堤工程累计完成43%；德荣化工项目部分装置具备投产条件，浙石化新奥天然气输配项目具备通气条件，霍尼韦尔催化剂项目基本建成。

【环境监管工作】2021年，舟山绿色石化基地强化安全管理，细化重点任务和问题整改清单，协调解决基地公共卫生和职业健康体系建设等安全领域重点难点问题；引进德实盛、繁安公司等第三方专业公司，整合安全监管合力；进一步完善“1+19”应急预案体系和防汛防台体系建设；推进化工园区整治提升，安全等级由C升至D级（最高），位居全省第3名；完成浙石化99个重大危险源接入省级危化品风险防控大数据平台，实现重大危险源动态监测；在全省率先完成107项重大危险源安全包保责任制清单。实现特殊作业环节安全事故发生率、人员负伤率“0”目标。是年，基地初步形成“1+3”环境监管体系，扩大环境监测网络覆盖面。完成66套企业污染源在线监测系统建设与联网，建成并投入使用石化基地及其周边大气自动监测站7座，配置走航监测车，开展环境质量背景值监测；构建高风险移动放射源信息化监管体系，实现高风险移动放射源的信息化监管工作；引进浙江国辐、浙环科、浙江环茂等第三方技术服务单位，提升环境监管专业化水平；重点开展中央生态环境保护督察整改工作，形成问题整改责任清单及细化整改方案，建立问题整改周例会及周报制度，开展现场帮扶，指导企业问题整改，组织企业开展销项工作；环保督察反馈的问题有28项，已完成整改20项，其中15项通过省级核查，加快推进另外8项问题的整改。

【招商引资】2021年，舟山绿色石化基地落地50亿元以上重大石化项目1个，实际到位市外资金约425.58亿元，落地项目为浙石化新建高密度聚乙烯等化工装置项目，计划固定资产投资64.20亿元；积极对接SK集团、华润电力等企业，开展利用海上风能光伏进行绿氢生产项目方案的研究，风光储氢综合能源项目完成签约，光伏项目完成备案，华润电力开展项目勘测、地形测量、海洋生态和水文调查等前期工作；推进英力士醋酸项目洽谈，协调浙石化项目原料和公用工程保障；联系美国AP公司与浙石化就二氧化碳综合利用项目进行合作商谈；对接北欧化工、台塑集团、法液空股份、陶氏集团等外资企业，洽谈合作意向。编制完成产业链行动计划，明确"十四五"期间重点招商项目，绘制招商图谱；对接国内外石化中下游企业，推进新增精细化工和新材料项目合作洽谈。在第四届世界油商大会、舟山市石化和新能源产业对接会上，推介舟山绿色石化基地，提升影响力和知名度。

【清单化服务保障】 2021年，舟山绿色石化基地健全浙石化服务保障长效工作机制，建立健全"三张清单"（问题清单、需求清单、任务清单），实行动态更新，不断完善清单内容，细化帮扶措施，压实工作责任，确保一期产能充分释放、二期加快建设、三期前期顺利开展。重新全面梳理各单位服务保障鱼山工作任务清单88项，其中，阶段性任务9项，常态化任务70项，完成9项。

【疫情防控工作】 2021年，舟山绿色石化基地进一步完善鱼山入岛各卡口准入制度，建立境外人员一企业一政府三方协调机制，快速排摸核查各类涉疫数据。定期对人员、环境开展采样检测工作，完成人员抽检3445人，环境采样5100余份，检测均为阴性。鱼山岛共有人员33081人，累计入库管控人员1181人，未发生疫情感染病例。截至是年底尚有管控人员461人。做好新冠疫苗接种，对原有场地进行扩容，每日可接种人数从450人提升至1200人，满足基地人员的接种需求。年末，完成第一针接种41510人，全程接种40194人，加强针接种3151人。无疑似或确诊病例。

【基地安全保障工作】 2021年，舟山绿色石化基地在交通整治方面，封闭区域划分，道路交通管理由县公安交警部门负责落实。以视频监控、物联网、微卡口等科技设备为支撑，联合浙石化对岛内交通进行设卡检查整治，实现连续两月零酒驾，交通事故发生数三下降。在社会治安方面，以"连队化+科技化"为载体，形成政、企、警三方齐抓共管格局，实现入岛"9+X"预警研判。在社会纠纷调处方面，不断推进网格化源头预防，多元化中心调解、数据化智慧赋能。在社会环境整治方面，制定出台舟山绿色石化基地社会治理集中整治行动方案，着力解决基地内生活区安全、道路交通安全、矛盾纠纷等突出问题。

【社会服务保障工作】 2021年，舟山绿色石化基地在医疗卫生方面，提升医疗服务和公共卫生保障能力，通过增派外科医生、设置现场值守等，解决施工现场外伤频发及剧毒物应急救助的医疗需求。年内，共接诊门诊患者36000余人次，急救危重病人71人次，转送病人307人次。在公共卫生方面，建立全岛常态化病媒生物消杀工作机制，做好日常生活垃圾收集清运、环境卫生整治等工作。1—12月，共完成病媒生物消杀11次，完成环境监测样品5270份，开展饮用水水质监测12次，监测结果均达到相关标准。在食品供应和安全方面，开展营地内经营者市场主体资格检查工作，全岛176家经营场所有154家办理证照，有22家在整改中，查封无照户经营场所28家；以食药品安全、商贸秩序规范为重点，共查处无证无照、食品安全、侵权等案件36件，罚没款15.71万元。在教育保障方面，浙石化注册所在地为临城，职工社保等归口临城缴纳，岱山县主动担当，对接企业，完成2021年秋季浙石化职工子女入园入学工作，共安排入读高亭小学、高亭中心小学学生199名，安排入读高亭初级中学学生22名，安排入读高亭城区公办或普惠性幼儿园学生111名；盛世豪庭（浙石化企业员工小区）幼儿园秋季正式开园，共开设班级4个，其中小班2个、中班1个、大班1个，在园幼儿83名。在人员应急转移安置方面，负责做好岛内转移人员避灾安置点应急物资的储备、管理和运送工作，确保人员安置期间应急物资准确、足额发放。编制完成鱼山10000人转移安置方案，并组织医疗、公安、志愿者队伍。“烟花”“灿都”2个台风期间，做好人员避险转移工作，为17个避灾点配送救灾物资13万余件。

（马金峰）

自由贸易试验区建设

【概况】2021年，中国（浙江）自由贸易试验区岱山综合事务服务中心（简称自贸区岱山服务中心）以更大力度谋划和推进自由贸易试验区高质量发展，全力推动绿色石化、油气储运、海事服务、大宗商品储运四大基地建设，深化拓展先行先试成果，岱山区块建设取得阶段性成效。

【黄泽山油品储运基地加快建设】2021年，黄泽山油品储运基地建设加快推进。一期151万立方米地面储罐项目于10月通过项目竣工验收，实现运行收入1.93亿元。63万立方米保税仓库（包括10万立方米出口监管仓库）于2月通过验收并同步启用。加紧推进二期104万立方米地面储罐项目，建成20万立方米油罐。黄泽山—鱼山原油管道项目，黄泽山首站完成桩基工程，鱼山末站开展土地报批工作；海上部分于10月31日动工建设，完成近岸段施工。洞库项目前期成果移交工作持续推进。

【黄泽山保税油库投入使用】2021年2月10日，韩国籍油轮“艾斯8”靠泊后，2.5万吨保税油进入黄泽山油品储运基地63万立方米的液体保税仓库，保税油库的使用填补浙江自贸试验区北部港区保税油库空白，提高衢山联检锚地、马迹山2号锚地、绿华山锚地的供油效率。

【黄泽山—鱼山原油管道项目获批】2021年7月16日，黄泽山—鱼山原油管道项目正式取得舟山市发改委关于项目核准的批复。该项目起于舟山黄泽山油品储运基地，终于舟山绿色石化基地，横跨岱衢洋，全长47.57千米，管

2021年，黄泽山油品储运基地　　（自贸区岱山服务中心　供图）

2021 年 10 月 31 日，黄泽山—鱼山原油管道项目开工

（自贸区岱山服务中心　供图）

道设计输送量为 2000 万吨 / 年，兼具 3000 万吨 / 年输送能力，总投资约 16 亿元。该项目是舟山绿色石化基地重要配套项目，为浙石化 4000 万吨 / 年炼化一体化项目提供重要保障。

【双子山小衢山油品储运基地持续推进】 2021 年，双子山陆域形成工程持续推进，年末，东侧山体开采平整工程完工，可形成约 19 公顷平地面积；西侧山体开采平整工程于 6 月进场施工，平整后可形成建设土地约 20 公顷。小衢山加紧推进开山、政策处理等前期工作，年末，已形成约 110.67 公顷的可建设土地。

【鼠浪湖矿石中转基地产能释放】 2021 年，鼠浪湖矿石中转基地码头累计靠泊一程船 186 艘，其中包括 58 艘 40 万吨级超大型铁矿石船，完成货物吞吐量 6708 万吨、混配矿量 1803 万吨，混配矿业务跻身亚太地区前列。

【鼠浪湖码头卸船泊位岸线获批】 2021 年 12 月 10 日，鼠浪湖矿石中转码头卸船泊位延伸工程岸线获交通运输部批复。从省交通运输厅上报交通运输部，获批仅用时 18 天，创造岸线审批进程的最短时间纪录。该工程拟向北延伸 110 米，建成后泊位总长 945 米，可满足 2 艘 40 万吨矿船的同时靠泊，提升鼠浪湖矿石中转码头的卸船能力。

【自贸试验区第六批改革试点经验推广】 2021 年，自贸区岱山服务中心总结前五批改革试点经验及前三批“最佳实践案例”在岱山应用情况，完成国务院下发的自贸试验区第六批改革试点经验复制推广任务（除 6 项不具备复制推广条件的条目外）。已累计复制推广先进改革试点经验 196 项。

【自贸区改革创新推进】 2021 年，自贸区岱山服务中心制定出台《浙江自贸试验区岱山区块制度创新工作促进办法》，完善全流程创制体系，建立岱山区块制度创新项目库，形成“‘智慧鱼山’——超大型工地数字化治理应用场景的岱山实践”“全链条数字化营商服务综合平台”“‘重大项目劳资纠纷精密智治’鱼山项目场景应用”“全域‘刷脸通办’”等 4 项制度经验，其中前 3 项入选舟山片区第七、第八批制度创新成果，领跑全市四个县区。

【自贸试验区数字应用上线】 2021 年，自贸区岱山服务中心贯彻落实全省数字化改革大会精神，立足自贸试验区岱山片区特色产业及发展实际，聚焦重点项目建设、区内企业运营指标、制度创新等领域，积极打造自贸试验区岱山片区数字自贸区应用，共设置 4 大板块，4 项一级任务，8 项二级任务。6 月 19 日，在数字政府系统上线；8 月 12 日，完成 2.0 版本迭代升级，促进自贸试验区要素的流动自由。

（何佩璐）

责任编辑：韩信安

市场监督管理

Market Supervision and Management

综 述

2021年，岱山县市场监管工作以"改革突破争先、服务提质争先、风险防控争先"为发展主线，紧扣"大市场、大监管、大质量、大服务"的工作理念，创新市场监管治理体系，提升市场监管治理能力，统筹推进疫情防控、县级文明城市创建、党史学习教育、数字化改革等各项工作，为加快实现岱山经济高质量发展、打造共同富裕海岛样板贡献市监力量。县市场监督管理局基层派出机构分别为：衢山分局（辖衢山镇）、高亭分局（辖高亭镇、岱东镇）、东沙所（辖东沙镇、岱西镇）、长涂所（辖长涂镇）、秀山所（辖秀山乡）。下属事业单位4家，分别为岱山县市场监管综合行政执法队（副科级参公事业单位）、岱山县质量技术检测所、岱山县消费者权益保护委员会、岱山县个体劳动者协会。

服务经济

【深化"最多跑一次"改革】 2021年，县市场监督管理局坚持实行"申报零障碍、开办零成本、退市零负担、全程零见面"的线上服务链，全年新增市场主体2411家，新增注册资本97.55亿元。持续深化"证照分离"改革，打通企业"入市之门"，在实现454项"岱山版"事项清单全覆盖的基础上，全年办理"证照分离"改革事项1507件，有效解决"准入不准营"问题。领跑全市实行12个行业"证照并销"改革，审批时限由法定的40个工作日压缩至承诺即办。推出自贸区内企业跨区域"一照多址"改革、长三角"一网通办"商事登记事项全覆盖、实现简易注销市场主体公告时长缩短56%。

【知识产权全链条集成改革】 2021年，全县出台知识产权专项资金管理暂行办法，健全优化知识产权激励措施。促成岱山企业与省海洋水产研究所签订专利许可合同，实现专利免费授权使用零的突破。支持中小微企业以知识产权质押融资方式获得银行贷款，办理商标、专利质押登记3500万元。全年完成专利授权160件，商标注册62件，培育知识产权贯标认证企业2家，市级专利示范企业2家。

【品牌建设点面突破】 2021年，全年新增"浙江制造"标准2项，通过"浙江制造"品牌认证2个，推动10家企业开展对标达标行动。落地应用"浙江质量在线"，为2500余台件计量器具赋"浙品码"，打造产品质量闭环监管，推广质量基础设施"一站式"服务平台，有效激活1286家生产企业。

【营造诚信营商环境】 2021年，县市场监督管理局深化"互联网+监管"工作，推进掌上执法，形成"政府主导、市监牵头、部门联动、综合执法"的工作模式。

市场监管领域掌上执法系统开通率、激活率、监管事项入驻率、到期任务完成率、掌上执法率均实现100%。

【服务民生工程】 2021年，岱山建立县域首个离岛计量检定站、首个膜式燃气表检定装置，填补海岛检定“空白领域”。持续开展民用四表等项目计量惠企活动，全年检定各类计量器具9331台，减免检定费用21.60万余元。主动融入乡村振兴战略，创成“五化市场”1家、省放心市场2家、星级文明市场2家。高亭中心菜场“五化市场”创建案例登上《竞跑者》，并作为典型向全省推介。“限塑”工作取得阶段性成效，农贸市场累计减少使用不可降解塑料袋10万余个。超额完成省政府民生实事项目，建成民生药事服务站3家、“阳光工厂”12家、农村家宴“阳光厨房”7家，实现“一老一小”（学校与养老机构）“阳光厨房”全覆盖。

安全监管

【筑牢疫情防控坚强堡垒】 2021年，县市场监督管理局持续抓好零售药店、农贸市场、餐饮单位等“小门”管控，不断深化进口冷链食品“源头查控+硬核隔离+精密智控”工作机制，迭代升级重点场所、重点环节、重点部位、重点人群的防控措施，实现88家经营主体“动态清零”，持续保持阳性产品“零发现”，累计查处无“三证一码”进口冷链食品违法行为18起，查封冷链食品1908.6千克，罚没款7.30万余元。

【强化食药安全监管】 2021年，岱山领跑全市创建省级食品安全示范县，出台全市首个县级食品药品安全供给侧改革实施方案，基本完成全年63项重点工作任务，食品安全群众满意度较上年的86.1%提高至87.6%。推广“浙食链”系统，全县在产30家食品生产企业激活并应用“浙食链”，176种食品赋溯源码，200余家农产品经营单位使用“浙食

2021年6月，县市场监管局开展食品安全宣传月活动 （县市场监管局 供图）

2021 年 6 月，县市场监管局开展“特种设备安全月”活动

（县市场监管局　供图）

链”进货出货。应用“浙江外卖在线”，打造网络餐饮单位第三方平台后厨可见，索证索票、清洗消毒、外卖封签等三项食品安全关键点云端存档。推进“智慧食安”二期建设，通过“政府出资全额买单”形式，打造全县 1020 家中小餐饮、学校（托幼机构）食堂、养老机构食堂“智能阳光”全面覆盖。数字赋能药品智治，全县 8 家疫苗储存、接种单位全面应用“浙苗链”验收疫苗并规范上传冷链数据，全县 52 家零售药店完成“人脸识别药师审方系统”终端设备安装，破解执业药师“虚挂”“跑堂”、违规销售处方药等现象。

【强化特种设备安全监管】 2021 年，县市场监督管理局落实县域 3677 台设备件件赋码、379 台设备数据清淤，实现“码”上可查特种设备全生命周期基本信息。构建 1 台锅炉、87 台电梯、40 台场内机动车辆的智慧物联监管场景，打造特种设备源头预防、过程管控、末端治理等全过程的智慧升级。全年排除特种设备行业风险隐患 155 项，实现在用电梯安全责任保险覆盖率 60%。

【强化产商品质量安全】 2021 年，县市场监督管理局推进“浙江 e 行在线”落地应用，以电动自行车车架号、蓄电池序列号为唯一性标识，实现库存全面赋码、新增扫码出入库，有效杜绝“道具电池”、改装加装现象。

维序维权

【坚决维护市场秩序】 2021 年，县市场监督管理局围绕平安岱山、法治岱山建设目标，立足食品、药品、产商品、特种设备等重点领域，集中开展鱼山商贸市场秩序整治、打击假冒伪劣等

2021 年 6 月 15 日上午，县市场监管局开出舟山市首张“简案快办”罚单

（县市场监管局　供图）

2021年8月2日，县市场监管局开展“放心消费在浙江”上门指导　（县市场监管局　供图）

专项执法行动，全年办案数389件，创历史新高，其中大要案60件，完成率为全市第一。在全省市场监管系统内率先实现执法领域“码上缴款”“云上送达”，领跑全市推广食品领域4大类、57项违法行为“简案快办”。

【构建良好消费环境】 2021年，县市场监督管理局开展金融赋能守护放心消费行动，提供8亿元信贷，加快消费结构优化升级。创建480家放心消费单位并全面完成“后评价”工作，处理投诉举报574件，为消费者挽回经济损失13万余元。

（章佳琪）

责任编辑：李慧慧

综述

2021年，县应急管理工作以习近平新时代中国特色社会主义思想为指导，以构建“大安全、大应急、大减灾”工作体系为目标，以防范化解重大安全风险、自然灾害风险和遏制较大以上生产安全事故为重点，深入推进应急管理体系和应急管理能力现代化建设，为建党100周年提供良好的安全生产环境。是年，全县共发生各类生产安全事故12起，死亡10人，事故起数、死亡人数同比2020年、2019年平均数分别下降25%和23.1%，岱山县被舟山市政府考核为安全生产和消防目标管理责任制良好单位。

应急救援

【大应急体系】 2021年，县应急管理局全面启用县智慧应急指挥中心，打通省、市、县、乡应急通道，完善突发事件应急处置和救援联动机制、应急值班值守等制度。与县发改局联合制订印发《岱山县应急管理“十四五”规划》。发挥县安委会和防汛防旱防台、森林防火指挥部的综合协调职能，与各乡镇、部门签订安全生产和消防、安全度汛责任书，严格落实乡镇属地、部门主管和企业主体责任。7个乡镇全部成立由党委、政府主要负责人担任双主任的应急管理委员会，形成统一指挥、分级处置的指挥体系，及时高效应对各类公共安全突发事件。

【数字化改革】 2021年，县应急管理局深化数字化改革工作，全盘承接省安全生产风险防控和自然灾害平台，牵头数字政府“浙里安全”跑道治理端门户的统筹建设，并完成数据的编目、归集、贯通工作。上线运行基层防汛防台数字化应用，实现乡村防汛防台组织体系、应急预案、风险预警、隐患整治、人员转移等信息统一管理。持续深化长三角应急联动一体化协作，加强远程及现场合作。6月3日，联合浙石油黄泽山公司、中化舟山基地、镇海区应急管理局在衢山黄泽山储运基地开展危化品事故综合应急演练，有效提升政企应急救援能力。

防灾减灾救灾

【梅汛台汛旱情情况】 2021年，全县于6月10日入梅，较常年提早5天，7月5日出梅，较常年提早1天，梅雨期共25天。梅雨量168毫米，较常年略偏少，梅雨主要呈现入梅早、出梅早、降水过程少、梅雨不典型等特点，入梅以来全县共出现3次较强降水过程。主要防御“烟花”“灿都”2个台风，尤其是台风“烟花”于7月25日在普陀区登陆，高亭城区部分低洼区域发生内涝，台风期间直接经济损失2.70亿元。旱情方面，1月降水偏少，仅7.5毫米，较常年（42.8毫米）偏少82.5%，由于供水资源紧张，全县启动抗旱应急响应，并于1

月27日将抗旱Ⅳ级应急响应提升至Ⅲ级，全面展开抗旱工作，全县共投入抗旱资金1580万元，其中海水淡化资金770万元，细化完善抗旱应急供水预案，科学配置水资源，保证城乡用水需求。

【防汛防旱防台工作】2021年3月，全县印发《岱山县人民政府防汛防旱防台指挥部关于开展2021年度防汛防台汛前检查暨隐患大排查工作的通知》，督促各乡镇、各成员单位开展汛前检查，共组织检查各类工程设施385处，排查隐患55处，组织检查350余人次，并全部落实度汛措施。5月底，开展“平安护航建党百年”安全隐患大排查大整治专项行动，督促各乡镇和各成员单位做好防汛防台隐患排查整改工作。

【精准化防控】2021年，县应急管理局开展汛前检查及防汛备汛工作，组织协调县自然资源和规划局、县农业农村局等，开展对水库、山塘、海塘、地质灾害隐患等重点领域、重要部位的检查排摸，全部落实整改或度汛措施。完成防汛物资清查，积极储备排水泵车、抢险机具、救生器材和通信报警等防汛防台抗旱应急物资。在强台风“烟花”“灿都”正面影响期间，实行统一指挥、加强分析研判、提前准备物资、及时转移人员、科学有效应对，共安全转移、妥善安置各类人员34813人，组织各类救援队伍及其他应急力量201支，开展行动共2551次、17586人次，处理各类求助195起（次）。

【森林防火灭火工作】2021年，县应急管理局着力抓好森林防火工作，构建横向到边、纵向到底的责任体系。春节、清明期间，开展“鲜花换鞭炮”“鲜花换香烛”活动，倡导文明低碳祭祖，组织机关和乡镇护林员和志愿者800多人次，送出鲜花6万余束，悬挂宣传横幅150余条次，张贴禁火令300余份，广播宣传150余次，更新安装户外宣传牌75块，“3·19”森林消防宣传日期间，在县林场发放森林防火宣传册300多份，印发宣传挂历1.5万份。

【减灾救灾】2021年，县应急管理局按照“科学预报、系统预防、避险管控、精准减灾”的要求，建立“六个一”（识别一张图、研判一张单、管控一张表、应急一指南、案例一个库和指挥一平台）工作机制。开展全省基层防汛体系标准化试点建设，完成避灾安置场所（点）规范化建设3处，在全县34个小区全面推广“一小区一策”，细化完善长剑大道防洪排涝方案，全面清查落实无动力船舶底数，督促落实汛期防台措施。成立自然灾害风险普查专项工作领导小组，制订下发《岱山县第一次全国自然灾害综合风险普查工作方案》，多次组织召开自然灾害综合风险普查推进暨培训会议，先后完成区划更新、行政驻点确认和内外业调查等工作，共填报三大类十中类领域信息2192条，填报进度为100%。

安全生产

【安全生产责任制】2021年，县安全生产委员会出台《县安委会及其专委会工作规则》《岱山县

2021年3月5日，岱山县2021年度安全生产暨消防工作会议在县行政中心召开
（县应急管理局　供图）

安全生产述职制度（试行）》《县安委会常态化暗查暗访工作实施办法》，修订完善《岱山县森林防灭火指挥部组成成员和工作规则》，推动安委会和各专委会健全工作机制，强化职责分工和重点行业监管。组织对各乡镇“低小散”企业整治落实情况、各专委会履职及运行情况、汛前汛中及森林防火工作的专项督查，强化情况通报和问题整改。

【安全攻坚行动】 2021年3月，县应急管理局出台《岱山县关于坚决打赢遏制重大生产安全事故攻坚战的实施意见》。4月，制订印发《岱山县关于坚决打赢遏制重大生产安全事故攻坚战的实施方案》《岱山县重点领域遏制重大生产安全事故整治攻坚实施方案》，相关部门在道路交通、消防、危险化学品、渔业船舶、城市安全发展等领域开展安全攻坚，动态迭代重大事故风险链鱼骨图9个，细化完善风险链关键节点防控措施和重大风险防控责任清单324项。做好七一、国庆、中共十九届六中全会召开期间等重点时段的安全工作。完成市、县挂牌督办的重大隐患23处整改销号，全县安全保持持续、稳定、向好的态势。

【大排查大整治专项行动】 2021年5月，县应急管理局组织开展“平安护航建党百年”安全隐患大排查大整治专项行动，9个专委会根据各自行业特点制订落实专项行动方案，各乡镇、部门组织开展执法检查954次，检查企业（市场主体）1089家，排查隐患1658项。7月，完成省安委会“平安护航建党百年”安全隐患大排查大整治暗访组第二轮督查，以清单形式发文明确整改单位和整改期限，25个问题全部完成整改。

【“低小散”企业综合整治】 2021年，县应急管理局持续开展安全生产综合治理三年行动，指导督促各乡镇排摸小微企业底数251家，组织检查358家次，排查隐患707处，配合县经济开发区每月开展一次执法检查。抓好鱼山石化基地工业用气整治，组织县公安、市监、消防等部门开展联合执法，依法停止2家工业气体供应点的氧气充装作业，强化氩气充装作业现场监管，查处现场问题12项，全部完成整改，并警示约谈企业主要负责人。

行政执法

【行政审批项目】 2021年，县应急管理局做好石化产业配套项目的安全预评估，聘请专家作为技术支持，厘清项目前期手续，针对性提出服务建议，出具安全预评估意见25份。全年，依法办理危险化学品经营许可证25家，开展危险化学品安全条件和安全设施设计审查2家和非煤矿山建设项目安全设施设计审查1家，依法办理烟花爆竹经营许可证29家。

【“打非治违”行动】 2021年，县应急管理局继续抓好危化品运输船舶（油船）修理整治工作，组织专家严把危化船舶进厂准入关口，严查有限空间、动火等危险作业安全防范措施的落实情况，共核查进厂的危化品船舶（油船）79艘，督促问题整改285项。对9家矿山企业加强复工前审查和执法力度，督促整改问题29项，着力防范企业复工后各类增量风险。是年，共组织检查企业152家，处罚企业45家，检查处罚率为29.6%，罚款185.70万元，非事故类罚款占比87.3%。

【专项整治提升】 2021年，县应急管理局建立“开小灶”整改提升机制，针对部分区域工矿事故多发态势，制定《金海智造全厂区域企业专项整治提升行动方案》，协调县交通、经信、市监、消防等部门，深入金海智造有限公司及其承租单位现场，严密排查有限空间、大件吊装和喷涂作业等风险隐患突出的区域场所，梳理形成隐患清单37条。开展事故发生单位“回头看”工作，全面核查事故防范整改措施落实情况。

基础能力

【社会化服务】 2021年，县应急管理局推进安全生产社会化服务，聘请第三方专业机构对全县重点船舶、工贸和危化等企业开展常年指导服务，累计服务企业283家次，指导帮助企业整改隐患876项。加强对安全评价机构服务质量的监管，检查安全评估报告10份，整改问题30处。巩固小微企业安全生产和消防安全综合整治成果，邀请专家指导服务19家小微企业完成安全生产标准化创建。进一步巩固安责险投保工作成效，督促15家矿山、危险化学品、烟花爆竹等高危企业按时投保，确保投保率100%。

2021年6月8日晚，县消防救援大队开展“平安护航建党百年”消防安全夜查行动
（县消防救援大队 供图）

【宣传教育】2021年，县应急管理局深化百万企业员工安全大培训，实现线上线下互动、执法服务并重，全面提高企业主要负责人、安全管理员和特种作业人员等重点人群的持证率和培训率，全年累计培训企业人员5500余人。以防灾减灾日、安全生产月、应急科技周等为载体，深入企业、社区，共开展应急救护培训6场次，发放宣传资料3000余份。

（包佳丽）

消防安全

【灭火救援与抢险救灾】2021年，全县共接警392起，其中火灾扑救217起，抢险救援130起，社会救助41起，其他4起，共调动抢险救灾队伍417队次，调派车辆790辆次、救援人员4179人次，抢救被困人员10人，疏散人员115人，抢救财产价值145.82万元，保护财产价值1122.75万元，无一例人员伤亡，未发生较大以上火灾事故。

【火灾防控】2021年，全县出台《岱山县消防事业发展“十四五”规划》《岱山县消防应急联动工作机制的方案》《岱山县重特大火灾事故应急处置预案》，将消防工作纳入平安创建、文明城市创建等政府重点工作的指标内容；纳入乡镇“四个平台”建设，发动网格员开展消防检查、宣传，是年，全县网格员共录入上报网格消防事件19791条。组织县教育、民政、卫健、文广旅体等部门，推进行业系统消防安全标准化管理示范创建，建立消防工作信息及消防安全形势每月通报制度。强化消防监管力度，县文广旅体、住建、教育等部门开展行业系统常态化排查整治，不断完善联合检查和隐患移交机制。对3家重大火灾隐患单位实施挂牌督办，并按期完成整改。

【监督执法】2021年，县消防救援大队结合辖区实际，重点开展“两房一店”、家庭作坊、厂中厂、老旧商业综合体等消防安全综合治理，推进生命通道治理、城乡基层消防力量建设等治理任务。开展沿街商铺消防安全整治，各乡镇共排查沿街店铺823家，发现合用场所（生产、储存、经营的场所与居住场所设置在同一建筑内的场所）191家，实施技术改造12家，搬离人员27人。督促物业开展消防设施检测维保，指导高层建筑楼长、经理人共65名开展消防安全检查，在全县高层建筑普及城市消防远程监控系统。对住宅小区统一划线实行规范化管理，新建电瓶车集中充电点700余处，增添灭火器等消防器材1万余个。推动岱山经济开发区消防救援站立项等工作。县消防、公安等部门与岱西镇联合开展居住出租房“啄木鸟”行动，提升居住出租房消防安全条件近400户。2021年，消防部门共检查单位945家次，下发《责令改正通知书》313份，下发行政处罚决定书75份，下发查封决定书4份，责令单位“三停”（停产停业、停止使用、停止施工）7起，罚款28.10万元，立案调查火灾7起，移送公安机关拘留3人。

2021年6月8日，岱山县“东海渔嫂”消安员联盟成立大会在县消防救援大队举行

（县消防救援大队　供图）

【消防宣传】 2021年，县消防救援大队加强落实对辖区部分党政干部、行业部门、村（居）“两委”负责人，网格员、消防安全经理人、微型消防站站长、宗教场所从业人员、小微企业人员等人群的消防培训工作。在全市率先成立“东海渔嫂”消安员联盟，推出消防安全“敲门”行动、为偏远海岛留守老人送平安等工作，“舟山岱山县‘东海渔嫂’消安员联盟”被省消防救援总队评为全省特色消防志愿队伍。根据消防宣传教育“五进”、文明城市创建等重点工作部署，结合重大节日和重点时期的安保要求，依托消防宣传车、消防科普教育基地等载体，发动“东海渔嫂”消安员、消防宣传大使、网格员、志愿者、宗教人士、外卖骑手、燃气抄表员等基层力量，策划组织消防宣传活动。协调各级主流媒体集中报道消防工作动态，传播消防安全知识，曝光各类火灾隐患，定期播放消防公益广告或字幕；运用户内外屏媒、宣传橱窗、横幅海报、广告牌等载体，加强消防安全宣传。全年累计开展社会化宣传活动125次，举办消防站“请进来”活动62次，开展消防志愿宣传活动54次，分发各类宣传资料5万余份，着力提升公众的消防安全感和消防常识知晓率。

（周胤铮）

责任编辑：王贤照

教 育

Education

综述

【概况】 2021年，岱山教育以办好人民满意教育为宗旨，不断深化教育领域综合改革，努力推进教育优质均衡发展。根据省教育现代化发展水平监测结果，全县教育现代化发展水平为A级，位于全市第一、全省前列。全县有中小学17所，其中普通高中2所、中等职业学校1所、初中4所（含九年一贯制学校1所）、小学10所；幼儿园22所（含分园），其中教育部门办5所、乡镇办7所、民办10所。全县有学生（含在园幼儿）14051人，其中普高1520人、中等职业学校678人、初中2632人、小学6195人、幼儿园3026人。学前三年幼儿毛入园率为133.4%；小学适龄儿童少年入学率为100%，巩固率为100%；初中适龄儿童少年入学率为100%，巩固率为100%；高中段毛入学率为99.7%；三残儿童少年入学率为100%。

【教育经费投入】 2021年，全县地方教育经费总收入60745万元，比上年增加4615万元，增长8.2%。其中，国家财政性教育经费总收入55921万元（包括一般公共预算安排的教育经费55873万元，占总投入的92%；政府性基金预算安排的教育经费48万元，占总投入的0.1%），比上年增加3283万元，增长6.2%，占总投入的92.1%；事业收入1931万元，比上年增加570万元，增加41.9%，占总投入的3.2%（其中学费收入1885万元，比上年增加699万元，增加58.9%）；民办学校举办者投入110万元，比上年增加80万元，增加266.7%，占总投入的0.2%；捐赠经费收入162万元，比上年减少33万元，减少16.9%，占总投入的0.3%；其他教育经费2621万元，比上年增加715万元，增长37.5%，占总投入的4.3%。全县幼儿园、普通小学、普通初中、普通高中、中等职业学校生均一般公共预算教育经费全面增长，幼儿园25095.15元，比上年增长6.4%；普通小学33220.28元，比上年增长4.8%；普通初中43079.45元，比上年增长4%；普通高中62254.61元，比上年增长22.5%；中等职业学校66846.42元，比上年增长5.7%。全县幼儿园、普通小学、普通初中、普通高中、中等职业学校生均一般公共预算教育事业费全面增长，幼儿园19914.19元，比上年增长6.9%；普通小学29657.43元，比上年增长3.8%；普通初中37138.36元，比上年增长2.4%；普通高中45963.28元，比上年增长11.4%；中等职业学校40564.5元，比上年增长12.3%。全县幼儿园、普通小学、普通初中、普通高中、中等职业学校生均一般公共预算公用经费全面增长，幼儿园2235.15元，比上年增长18.5%；普通小学5517.85元，比上年增长2.2%；普通初中7604.76元，比上年增长2.7%；普通高中5761.73元，比上年增长4.9%；中等职业学校12792.15元，比上年增长0.5%。

【教育基础设施建设】 2021年，

全县小学占地面积147620平方米，校舍建筑面积58403平方米，其中普通教室20319平方米，固定资产总值8036.41万元。普通初中占地面积162339.2平方米，校舍建筑面积53580平方米，其中普通教室19748平方米，固定资产总值13042.29万元。普通高中占地面积110631平方米，校舍建筑面积48482平方米，其中普通教室13645平方米，固定资产总值4041.50万元。中等职业学校占地面积83021平方米，校舍建筑面积32784平方米，固定资产总值17405.80万元。

【师资队伍建设】 2021年，全县教职工1632人，其中专任教师1317人。专任教师中，幼儿园270人，小学524人，初中261人，普通高中198人，职业高中64人。专任教师学历合格率分别是：幼儿园100%；小学100%，其中大专及以上学历100%；初中100%，其中本科及以上学历97.7%；普通高中100%；职业高中96.9%。

教育行政

【全国义务教育优质均衡发展县创建基本完成】 2021年，全县全面完成全国义务教育优质均衡发展县创建补短攻坚工作。根据“一案一策，一案一销”，对网评材料、骨干教师比例、部分学校音美教室和生均辅助用房等问题进行提升，先后于6月初、9月底接受省人民政府的评估，并顺利通过省级初评与复评。岱山县作为浙江省创建义务教育优质均衡发展先行先试县，被省教育厅推荐上报至教育部。

【现代化学校创建工作】 2021年，岱山县继续组织学校创建浙江省现代化学校，提升现代化办学水平。岱山县中心幼儿园、岱山实验学校和东沙镇成人文化技术学校参加本轮的省现代化学校申报。岱山县中心幼儿园和岱山实验学校免于现场评估；东沙镇成人文化技术学校接受省厅的现场评估。是年，3所学校均创成省现代化学校。

【经济困难学生资助工作】 2021年，县教育局印发《关于进一步完善岱山县学生资助政策的通知》，做好经济困难学生资助工作。学前教育阶段受助幼儿83人次，为家庭经济困难学生共免保育费19.34万元、免伙食费资助7.30万元。义务教育阶段对家庭困难学生继续实行营养改善计划工程，共资助59.70万元、770人次；同时按非寄宿制小学生每年500元、初中生每年625元的标准为家庭困难学生提供生活补助，共资助24.78万元、890人次。普通高中对家庭经济困难学生免学费和代收费；对除城市、农村低保边缘家庭学生以外的特殊群体资助生发放国家助学金，标准为每生每年3000元；对城市、农村低保边缘家庭学生及其他群体资助生发放国家助学金，标准为每生每年2000元，共资助54.39万元、210人次。中等职业学校对一、二年级家庭经济困难学生发放国家助学金，受助学生110人次，合计助学金11万元。

【新居民子女平等享受优质教育资源】 2021年，全县义务教育阶段3248名外来务工人员随迁子女全部入读公办学校，小学2401人，初中847人，其中52名随迁子女通过流动人口积分制，入读高亭城区小学。在高亭城区入学入园的随迁子女中，浙石化职工子女有332人，其中义务教育阶段212人，学前教育阶段120人。是年，156名市外户籍的考生在岱山县参加中考，其中，89人被岱山县普通高中录取；43名省外户籍的考生在岱山县参加浙江省普通高校招生考试。

【残疾儿童少年平等享有受教育权利】 2021年，全县共有3～18周岁持证残疾儿童少年59人，其中，学前教育阶段4人，义务教育阶段41人，高中阶段14人。通过随班就读、送教上门和入读特教学校（特教点）等，实现特殊学生入学率100%。高亭中心小学卫星班在读学生14人。全县有资源教室11个，其中，幼儿园4个，小学6个，中职学校1个。是年秋季，衢山镇特教点开班，在读学生3人。全县有特殊教育专职教师3人。

2021 年 11 月，衢山镇特教点在敬业小学开班　　（敬业小学　供图）

【教育系统防疫】2021 年，全县进一步完善校园疫情防控体系，做好常态化防疫工作。加强外来人员进入校园管理和食堂安全管理，严格落实师生进校前测温、进校后晨午检等工作机制，实施上下学错时、隔位就座就餐、发热流程处置等；定期举行校园防疫演练，提高师生员工的防疫应急处置能力。做好师生员工疫苗接种工作，全县 3～11 周岁学生共 8733 人，其中，完成第一针 8560 人，完成第二针（全程）8368 人；全县 12～17 周岁学生共 5001 人，其中，完成第一针 4919 人，完成第二针（全程）4804 人。有教职工共 2145 人，其中，完成两针 2042 人，完成加强针 1938 人。

【教育数字化改革】2021 年，全县投入 390 万元，建设完成岱山县区校一体化智慧教育平台一期工程及海岛教育共同体教研训巡评“五合一”平台，重点应用学校评价、学生学业评价、防疫行程大数据追踪、教学巡课系统。《开好“船”，架好“桥”——岱山县“数字赋能”打造城乡教育共同体海岛新样板》获教育部 2021 年度信息技术与教育教学深度融合示范案例。

基础教育

【学前教育规范普惠发展】2021 年，全县贯彻落实《岱山县学前教育深化改革规范发展的实施方案》，启动全国学前教育普及普惠县创建前期准备工作。调整高亭城区学前教育布局，扩大优质资源供给，启用城西幼儿园、盛世豪庭幼儿园，新增普惠性幼儿园学位

2021 年 12 月，高级初级中学开展全县教育系统新冠肺炎疫情防控应急演练
（上海世外教育集团高亭初级中学　供图）

2021 年 9 月，盛世豪庭幼儿园开园　（县教育局　供图）

240 个；重组岱山县中心幼儿园教育集团，原所辖的浪琴分园和太阳城分园组建为岱山县竹屿新区幼儿园。岱山县中心幼儿园及其嘉和分园完成一级园复评，衢山镇中心幼儿园通过一级园新评，盛世豪庭幼儿园被认定为普惠性民办幼儿园。全县等级幼儿园比例和覆盖率均达到 100%，二级及以上幼儿园覆盖率达 78.2%，普惠性幼儿园比例达 90.9%，普惠性幼儿园覆盖率达 98.3%。

【义务教育优质均衡发展】 2021 年，全县以教育共同体建设为抓手，推进义务教育优质均衡发展。建立义务教育共建型教共体 6 对，涉及 11 所学校，选派核心校 7 名县级及以上骨干教师到受援学校任教，全年共开展同步课堂 221 节、教师网络研修 169 次、教师线下研修 28 次。舟山市城乡教育共同体建设现场会在岱山县召开。出台《岱山县初中提质强校实施方案》，建立加强初中教育联席会议制度，实施大衢中学、岱山初级中学补短提升行动和岱山实验学校、高亭初级中学培优行动。

【普通高中教育】 2021 年，岱山县进一步融入甬舟教育高质量一体化发展，加强与宁波普通高中的教育合作，成立甬上名师工作室 4 个，其中 3 个为特级教师工作室，推进主要学科的高端引领。开展大中小学思政课一体化建设，岱山中学与岱山实验学校、浙江海洋大学马克思主义学院开展共建合作，促进基础教育和高等教育衔接贯通。是年高考，岱山县考生被一流学科建设高校录取 20 人，其中被原 985、211 高校录取 14 人，上浙江大学录取分数线 3 人。

【立德树人实践活动】 2021 年，岱山县加强以史育人，组织开展形式多样的学党史主题教育实践活动 619 场，岱山实验学校承办全市“童心向党”主题教育活动。加强未成年人思想道德建设，组织开展“扣好人生第一粒扣子”主题教育实践活动 1265 场。在“学宪法讲宪法”活动中，1 名学生获浙江省青少年“宪法知识竞

2021 年 9 月，高亭小学和长涂小学开展“互联网＋义务教育”同步课堂活动
（县教育局　供图）

2021年10月，岱山县第47届中小学生田径运动会“红心向党·健身强国”献礼建党100周年开幕式在岱山实验学校田径场举行　　（县教育局　供图）

赛”一等奖。巩固拓展少先队组织体系，全县14所中小学校均成立学校少工委并规范运行，11所小学成立学校“红领巾”学院，完成“红领巾学院”县、校两级建设体系，高亭小学关心下一代工作委员会获“全国教育系统关心下一代工作先进集体”荣誉称号。增强学校、家庭、社会“三位一体”教育合力，3所学校被认定为舟山市第二批数字家校，2所学校被认定为舟山市示范家长学校。

【“五育并举”工作】 2021年，岱山县举办第47届中小学生田径运动会，举行“红心向党·健身强国”献礼建党100周年开幕式活动。全县10815名中小学生参加《国家学生体质健康标准》测试，优秀率为30.6%；良好率为39.6%；优良率为70.1%，创历史新高；合格率为99.3%。在省、市中小学生艺术节中，岱山县分别有13人、66人获得各类奖项。加强劳动教育，高亭镇大峧村劳动实践基地被确认为浙江省中小学劳动实践基地暨学农基地，新增市级劳动教育示范校6所、市级劳动教育达标校5所。加强儿童青少年近视防控工作，全县学生近视率下降至55.3%，实现全县儿童青少年近视率下降1个百分点的目标。

【学校特色文化建设】 2021年，岱山县坚持文化育人、特色亮校，推进“一校一品”“一校多品”。怀慈小学被评为全国中小学中华优秀传统文化传承学校，岱山实验学校和敬业小学分别被认定为全国和浙江省青少年校园足球特色学校，岱山中学被确认为省中小学劳动教育实验建设学校。高亭初级中学5名学生获省青少年电脑机器人竞赛一等奖。全市“优秀传统文化（非遗）融入学校教育”成果展示交流会在高亭中心小学举行。持续开展美丽学校建设，岱山县职业技术学校通过市级美丽学校优秀级验评，岱山县实现市级美丽学校优秀率100%。

【心理健康教育】 2021年，县教育局和县心理协会联合开展心理热线公益服务活动，筑牢学生心理防护墙。全面开放学校心理辅

2021年12月1日，全市“优秀传统文化（非遗）融入学校教育”成果展示交流会在高亭中心小学举行　　（高亭中心小学　供图）

导站，公布心理热线；做好学生心理筛查，对筛查出来的二类、三类高危学生实施清单式管理，做到分类干预、一人一策，定期评估，定期跟踪帮扶。做好高三、初三学生考前辅导工作，受益学生达 1700 余人。组织开展全县 35 周岁以下青年教师心理健康知识测试，提升学校心理健康教育水平，参加人数 366 人。

【“双减”工作】 2021 年，全县成立“双减”工作专班，全面规范校外培训机构办学行为，9 月底，全县 4 家义务教育学科类培训机构均由营利性转为非营利性，在全省率先完成“营转非”全覆盖。全县所有义务教育学校均开展课后服务工作，初中学校同时开展夜自习服务。是年，7449 名中小学生参加课后服务，占学生总数的 83.9%；教职工参与课后服务 789 人，占比 96.2%。各校利用各类教育资源，结合学校实际，开发课后服务拓展性校本课程，全县共开设课后服务拓展性课程 183 门，形成学校“双减”特色案例 18 个。同时，加强作业管理，实施学生作业总量调控责任制和作业管理监督制度。

【考试工作】 2021 年，县教育局继续统筹做好常态化疫情防控下的各项考试组织工作。1 月、7 月，全县 2076 人次考生参加学考、选考 6034 科次；539 人（含社会考生）参加高考，全县仅设岱山中学考点，528 人被高校录取，录取率为 98%。6 月，819 人参加中考，初中毕业生升入高中段比例为 99.5%。中考体育测试项目首次采用新的考试标准，测试手段首次采用智能仪器测试。时隔 8 年，岱山县再次组织成人高校招生考试，10 月，311 人参加考试。

2021 年 3 月 28 日，县教育局与上海世外教育集团合作创办上海世外教育附属高亭初级中学。图为签约仪式 （县教育局 供图）

【教育交流与开放】 2021 年，岱山县加大长三角、甬舟一体化开放交流力度，与上海奉贤区正式确立教育合作关系，首批 6 所学校与奉贤学校结对。首次实施义务教育阶段合作办学，开办上海世外教育附属高亭初级中学。引入柏基教育，首次开办高端民办幼儿园岱山县柏基幼儿园。常态化开展县外特级教师岱山工作室活动，推进实施教师帮带扶机制，全年共开展县外特级教师工作室活动 47 场次。

【校园安全工作】 2021 年，县教育局进一步推进学生交通安全、校园消防安全、传染病防控、防溺水教育、防治欺凌教育等重点领域的专项教育宣传及整治工作。按标准配足配齐保安人员，全县 39 所学校（幼儿园）共聘请专业保安人员 77 人。完成“餐饮等级”提升工程，学校食堂 AB 等级率为 100%，等级幼儿园以上学校食堂阳光厨房建成率为 100%，中小学生饮食安全知识知晓率为 95.9%。推进等级平安校园建设，新增市 AAAAA 级平安校园 2 所，新建智安校园 9 家。

职业教育

【拓宽办学渠道】 2021 年，岱山县职业技术学校拓宽中高职一体化合作办学范围，新增合作对象浙江长征职业技术学院，新开设幼儿保育专业。与浙江鼎盛石化工程有限公司、宁波技师学院确定三方合作办学关系，形成“2+1+2.5”人才培养模式，9月，36名学生到宁波技师学院进行技能提升学习。是年，岱山县职业技术学校有115名学生升入浙江国际海运技术学院接受高职教育。开拓新的校企合作项目，与舟山锦舟宝盛大酒店有限公司首次合作办学，开设21级宝盛班。

【职业教育办学内涵建设】 2021年，岱山县职业技术学校着力于学生培养、教师发展、社会培训3个点，全面对接地方产业发展，提升办学内涵。成立化学工艺专业指导委员会，举办省“双高”建设化工专业建设方案论证；打造校内化工实训基地，推进浙江鼎盛石化工程有限公司校外仿真实训平台建设，建立市级“双师型”教师培训培养基地；舟山绿色石化产教融合实习实训基地被列为省级产教融合项目。该校获2021年省中职院校职业技能大赛“化工生产技术”团体二等奖，1名学生获省第22届学生信息素养比赛“电脑艺术设计”一等奖。

【职成教一体化办学】 2021年，岱山县职业技术学校和各乡镇成校联合办学，正式实施职成教一体化，统筹利用教育教学资源，面向社会开展职业技能培训。大力支持企业复工复产，全年开展“三服务”活动24期（次），解决常石集团、金海重工等企业用工、培训、考证等方面需求，服务休渔期渔农民做好职业技能提升及考证工作，完成电工中级考证认定任务等，全年完成职业技能培训约1200人次。

成人教育

【成人职业技能培训和学历提升培训】 2021年，岱山县成立小规模乡镇成校联合共同体，提高职业技能培训效能。全县乡镇成校组织开展职业技能培训共5000余人次，取得职业资格证书2477人，其中取得中级以上资格证书385人。在全省叉车司机职业技能竞赛中，岱西成校培训的2名叉车司机班学生分别获全省第一名、第五名，岱山队获团体二等奖。完成双证制高中学历教育153人。

【社区教育工作】 2021年，采用线上线下相结合的办法，全县开展老年教育、家庭教育、生活垃圾分类教育等培训，全县社区教育培训达67919人次，占常住人口的32.7%；其中60岁以上接受老年教育25866人次，占老年人口的45%。终身教育学分银行新开8567户，输入成果45816条，占常住人口的22%，超过省定标准，老年人智能技术日常应用普及行动培训2074人次。东沙古镇渔文化进礼堂、衢山镇“渔村双提升”工程进社区文化礼堂分别被评为省级、市级社区教育进农村文化礼堂学习品牌，岱山县先锋联盟中心、鼠浪渔民画馆分别被评为省级、市级市民终身学习体验基地。县社区教育指导中心和7个乡镇社区教育学院均成为“浙学通”认证机构。

2021年3月11日，衢山镇举办银龄跨越数字鸿沟科普培训班

（衢山成校　供图）

师资队伍建设

【加强党对教育工作的领导】 2021年，岱山县完善党对教育工作集中统一领导体制机制，实施县委教育工作领导小组成员单位年度述职制度和联系学校制度。完善局党委班子联系支部制度，推进党组织领导下的校长负责制。规范基层党组织建设，完成13个基层党组织换届改选工作，加强民办幼儿园、校外培训机构党建工作，新增3对党组织管理指导结对校，实现教育系统党组织和党建工作全覆盖。首次建立民办幼儿园工会组织3个。

【党史学习主题教育】 2021年，县教育局组建“杏坛先锋”党史青年宣讲团，实施局领导和青年教师双线宣讲，全年进校园、进渔村宣讲48场次。设立“百年党史”专栏书柜，在全县教育系统开展“信仰的力量”党史培训、“四史”知识竞赛、青年教师微型党课宣讲比赛、庆祝中国共产党成立100周年教职工书画摄影作品征集评选活动等，推进党史学习主题教育走实走深。

2021年4月，岱山县举行教育系统青年宣讲大赛暨第九届微党课大赛

（县教育局　供图）

【师德师风建设长效机制】 2021年，县教育局编印《岱山县教师师德师风十项戒律》，划出教师行为“红线”；开展中小学教师违规补课和违规收受礼品礼金专项整治行动，建立工作专班，实施常态治理。组织开展师德专题教育活动，把教师参加师德教育作为年度考核合格的前置条件，1560名教师完成省师德教育专题在线学习。加强思政阵地建设，金维映史迹陈列室被列入首批浙江省思政课教师实践教育基地暨浙江省教师师德涵养基地。

【人事制度改革】 2021年，县教育局出台《关于进一步推进县域内教师校长交流工作的实施意见》，加大人事交流力度，重点推进岛际交流。全年教师校长共交流40人，占符合条件比例的20.4%，其中骨干教师16人，占交流校长教师总数的40%，均高于省定标准。完成新一轮岗位设置，全县聘任高级教师386人、一级教师699人。建立小规模乡镇成校联合共同体教师流动机制，实施共同体教师绩效考核。

【人才引进储备工程】 2021年，县教育局加大人才招引力度，扩大招引范围，到西北师范大学等省内外知名高校，招聘高学历高素质教育人才，共引进短缺型学科人才5人。首次实施线上招聘银龄教师，新聘、续聘优秀退休教师4人。重视新生队伍力量储备，全年招聘新教师11人，定向培养教师24人。完善人才后备制度，出台《岱山县定向培养中小学教师毕业分配实施办法》，明确把委培生在校期间品学情况作为毕业选岗的重要标准，2017级定向委托培养教师毕业上岗21人。

【教师专业素养提升】 2021年，县教育局从青年教师培养、骨干队伍打造、全员素质提升等方面做好教师队伍建设工作。加强教育人才新生代力量和后备干部培养，遴选12名优秀青年教师到省内名校挂职锻炼，选拔8名“90后”见习校长。积极打造“蓬莱季”县域研修品牌，组织开展青年教学技能竞赛和教师文化专业知识考试，共1200余人次参加；完成第一批教师信息技术提升工程。组织开展校（园）长管理论坛等，提升校级领导综合素养和管理水平。强化人才激励机制，评选“岱山名师”33名，表彰教育模范团队4个、模范教师9名。岱山县教育发展研究中心赵飞君取得中小学正高级教师职称，为全县首例。

【浙石化岱山教育基金建立】 2021年9月，全县建立浙石化岱山教育基金。浙江石油化工有限公司出资2亿元作留本冠名基金，按捐赠本金的5%（每年约为1000万元）的比例确定收益，用于奖励全县优秀教师、优秀学生、引进的教育人才等。此为岱山县迄今为止单笔数额最大的教育捐赠基金。县教育局特制订《浙石化岱山教育基金奖励条例（试行）》，明确奖教奖学对象、奖励项目、奖励条件与金额。

教育保障

【教育经费】 2021年，全县一般公共预算教育经费支出5.56亿元，占一般公共预算支出的18.6%，比上年增加0.01个百分点（按2016年教育经费统计口径）。幼儿园生均一般公共预算公用经费定额标准1000元/年，普通小学生均一般公共预算公用经费定额标准1100元/生•年，普通初中生均一般公共预算公用经费定额标准1380元/生•年，普通高中生均一般公共预算公用经费定额标准1800元/生•年，中等职业学校生均一般公共预算公用经费定额标准2700元/生•年。

2021年9月9日，浙石化岱山教育基金捐赠签约仪式在县行政中心举行
（县教育局 供图）

【党风廉政建设】 2021年，县教育局推进“两步四强”清廉学校建设体系，出台清廉学校54条规范化建设标准和“五有”示范点创建标准，编写全学段、主题化、系统性清廉教育校本教案。组织开展学校党风廉政建设工作专项考核，加强教育系统内部审计工作，全年审计学校6所，涉及资金27000余万元，累计发现问题35个（次），均整改到位。加大纪律执行情况的督查力度，就防疫、创城、创优工作推进不力等问题，对所涉单位和个人进行提醒约谈、通报批评，全年运用“第一种形态”处理50余人次，查处违规家教2人。

教学设施

【基本建设项目】 2021年，县教育局完成固定资产投资7450万元。按一级幼儿园标准设计的岱山县中心幼儿园城西分园竣工并交付使用，盛世豪庭小区配套幼儿园完成装修并投入使用，大衢中学宿舍及食堂装修改造完成，岱山实验学校科创楼及北面校区改造工程、大衢中学艺体馆工程、东沙中学校建工程二期完工，双峰新城校区建设项目完成前期工作，高亭中心小学综合改造项目开展前期工作。

【教育技术装备】2021年，全县中小学校教育技术装备共投入1167万元，生均教育技术装备经费1127元。其中，投入500万元用于教育信息化建设，推进教育数字化改革，开展精准教学研究，重点培育高亭中心、长涂小学等学校。持续优化教育数字化基础环境，新建新型教学空间9个，完成岱山中学等3所学校智能灯光改造。创建完成舟山市智慧校园标准学校11家。全县中小学新增图书26167册，生均拥有藏书量57.39册。

2021年5月21日，岱山县小班化教育现场推进会在怀慈小学召开

（县教育局　供图）

教学科研

【教学改革】2021年，县教育局聚焦教学优化，实施《岱山县中小学“学为中心·深度学习”教改行动计划》，汇编小学“学为中心”教改案例集。推进小班化教育2.0行动，召开现场推进会，组织专项研修活动，实施9个小班化教育的项目研究。深化幼儿园课程改革，推进幼儿园与小学科学衔接，岱山县被列为安吉游戏实践区。是年，岱山县教育发展研究中心被评为省教研先进集体，2个学校教研组被评为省先进教研组，教师获各项教学业务比赛国家级、省级、市级等一二等奖52人次。

【教育科研】2021年，县教育局立足研究解决全县教育改革与发展中的重点、难点、热点、焦点问题，做好省市规划课题的申报立项和结题工作。全年共立项169项，结题106项，其中省教科规划课题立项、结题各1项；省教研课题立项4项，结题2项。赵飞君主持的《基于单元逆向设计的小学语文课堂学教方式变革》获2021年省基础教育成果二等奖，为全市唯一。加强教科研队伍建设，组建研究共同体，建立一支以骨干教师、规划课题参与教师为主体的教育科研骨干队伍共46人，增加后备力量储备18人。

（徐琦瑶）

责任编辑：赵悠燕

文化广电旅游体育

Culture Radio Television Tourism and Sports

公共文化

【文化机构】 2021年，全县有图书馆1个、文化馆1个、乡镇文化站7个，县图书馆分馆4个、县文化馆分馆7个。其中县文化馆建筑面积4500平方米，县图书馆建筑面积7591平方米，图书馆总藏书量达37.59万册。县级公共文化机构均按规定配齐工作人员，各乡镇综合文化站均配有专职文化干部，有专职在编文化干部12人，编外文化员13人，并通过自我学习、集中培训等方式，实现县级文化单位专业人员每年参加脱产培训时间不少于15天，乡镇、村（社区）基层文化专兼职人员参加集中培训时间每年不少于5天。

【健全文化基础设施】 2021年，县文化和广电旅游体育局（简称县文旅局）立足打造“15分钟品质文化生活圈”，实施图书馆文化客厅项目，新增城市书房2家、“三余”书屋10家。实施海洋系列博物馆提升3年行动，完成渔业博物馆、灯塔博物馆等场馆外立面改造，台风博物馆一期建设完成。

【文化礼堂建设】 2021年，县文旅局提升改建文化礼堂14家，岱西镇海丰村文化礼堂被省委宣传部评为五星级文化礼堂，东沙镇泥峙村文化礼堂、高亭镇石马岙村文化礼堂、长涂镇倭井潭村文化礼堂、岱西镇前岸村文化礼堂、岱东镇北峰村文化礼堂、衢山镇田涂村文化礼堂被市委宣传部评为四星级文化礼堂。至年末，全县共建成文化礼堂66家。

【基层文化队伍建设】 2021年，县文旅局多形式加强文化人才培养，同浙江音乐学院签订战略合作协议，县文化馆成功创建“浙江省文化馆基层联络服务机制试点单位”，并接受省馆业务指导，选派文艺骨干参与省市培训158人次。多渠道、多形式组织乡镇文化站、社区文化员、文化礼堂管理员、博物馆讲解员、文化下派员等参加学习培训，切实提高培训的针对性和实效性。培育省级乡村文化能人3人，分别为俞世祥、张龙朝、韩笑。

【百姓文化节】 2021年4月10日，县文旅局在岱东镇上船跳徐福文化村举办“徐福游园会”暨2021年百姓文化节启动仪式，推出现场灯谜长廊、亲子共读、纸意仙岛、仙韵丝竹、春水煎茶、潇洒延年、一乡一品、梨园丹青、徐福展览、亲子电影、仙岛百年非遗展示等17项子活动，活动吸引近千名群众参与。9月27日，岱山县业余文艺团队优秀节目选拔赛、广场舞嘉年华在高亭成校举行。

【“仙岛夜精彩”文明颂·基层行】 2021年，县文旅局积极搭建文化助力创城有效载体，不断丰富群众精神文化生活。7月10日起，围绕“庆祝中国共产党成立100周年”，开展“仙岛夜精彩”文明颂基层行系列活动。“巾帼英雄”——金维映生平事迹展在岱

2021 年 4 月 10 日，县文旅局在岱东镇上船跳徐福文化村举办“徐福游园会”暨 2021 年百姓文化节启动仪式　　（县文化和广电旅游体育局　供图）

西后岸村讲习所举行。“仙岛夜精彩”——文明颂·基层行图书惠民活动在双合社区文化礼堂举行。7 月 16 日，“文明颂·基层行”送戏下乡演出在秀山乡秀北村举行。

【建党百年系列活动】2021 年 4—5 月，县文旅局开展党史学习教育宣传文艺下乡活动 4 场，先后送入衢山镇田涂村、万南村，高亭镇枫树村、黄官泥岙村等 4 家文化礼堂，累计受益群众 1000 余人。4 月，拍摄百人合唱《没有共产党就没有新中国》《让世界听到中国乡村最美的声音》《最美的岛屿最美的人》短视频，反映岱山近年来城乡面貌日新月异的变化，体现全县人民以昂扬的势态迎接建党 100 周年。重新编排历史情景剧《丰碑》，在 2021 年舟山市青年理论宣讲大赛暨第十一届微型党课大赛及舟山市“党课开讲啦”舟山主场活动暨“庆祝建党百年‘三百活动’成果展”演出。7 月 17 日，在县体育馆举办“永远跟党走　奋进新征程”庆祝中国共产党成立 100 周年专场文艺演出。8 月，在县文化馆展厅举办“翰墨颂党恩”庆祝中国共产党成立 100 周年书法展。11 月 29 日，“守好红色根脉·书写青春忠诚”浙江省省级文化和旅游系统青年宣讲团走进岱山，在高亭镇成人文化技术学校为当地群众开展红色宣讲。

【“我们的节日”系列活动】2021 年 6 月 12 日上午，县文旅局组织开展“我们的节日”，端午系列活动包括亲子手工、“多彩端午，趣味民俗”“童趣端午　粽享生活”经典诵读、渔耕岱韵海博小课堂等 5 场。9 月 19 日上午，组织开展“我们的节日·中秋主题亲子活动”，12 对亲子家庭体验中秋乐趣，感受传统节日的内涵。10 月 15 日下午，在岱西镇前岸村文化礼堂举行“我们的节日·重阳”主题文艺演出，通过宣扬重阳节文化、开展志愿服务、文艺演出，营造“尊老敬老、和谐友爱”的社会风尚。

【文化“三下乡”】2021 年，县文

2021 年 7 月 17 日，县文旅局在县体育馆举行庆祝中国共产党成立 100 周年“永远跟党走　奋进新征程”专场文艺演出　　（县文化和广电旅游体育局　供图）

旅局深入开展文化惠民活动，以“迎建党百年　享美好生活”“奋斗百年路　启航新征程”“守好‘红色根脉’打造‘重要窗口’”“海洋文化节系列活动”“百姓文化节系列活动”“文明创城　你我同行”等为主题，完成社会化采购送戏下乡85场，全年共计完成送戏下乡演出288场，送书下乡2万册，送电影1188场。

【送戏进重点企业】 2021年9月29日晚，戏曲协会在舟山绿色石化基地举行“展工匠风采　庆祖国华诞”送戏进重点企业文艺晚会，服务鱼山职工5000余人次。

【戏曲进校园进社区】 2021年，戏曲协会组织会员分别到岱山实验学校小学部、岱中小学、岱东小学，共开展戏曲进校园活动3场；分别到岱东镇北峰村文化礼堂、高亭镇黄官泥岙村文化礼堂、岱东镇新时代文明实践所、岱东镇虎斗文化礼堂、岱东镇沙洋文化礼堂、岱东镇龙头村文化礼堂，共开展戏曲进社区活动6场。

【文化走亲】 2021年10月17—18日，县文旅局组织岱山县“油走岛迹”美术团队一行8人，赴义乌市开展义乌、岱山两地美术作品展览研讨交流文化走亲活动。10月24日，在嵊泗听海广场开展“海岛非遗　让生活更美好”非遗文化走亲活动。11月9日，在普陀展茅文化广场开展“品海岛非遗　享美好生活”非遗文化走亲活动。12月6日，组织人员赴嵊泗开展文化走亲活动，在嵊泗县青沙社区文化礼堂上演“传承海洋文化　推进共同富裕”岱山·嵊泗文化走亲文艺演出。12月7日，2021年岱山·定海·嵊泗三地文化走亲书画展在嵊泗县文化馆（影院展厅）展出。

【文化辅导】 2021年，县文旅局组织开展岱你“艺”+“益”培训活动，累计464课时，受益学员9336人次。组建合唱团、古筝队，开展培训、排练活动83课时，受益1245人次。此外，开展未成年人少儿绘本课、全县广场舞培训、全县渔民画培训、“圆梦青苗·以艺育美”文艺志愿者面向未成年人美育课堂项目、“名茶品鉴课”等公益培训，共计114课时，受益1231人次。同步在“岱山县文化馆”微信公众号中推出线上培训课程14期，累计时长207分30秒，阅读量527人次。

【海岛服务驿站】 2021年，县文旅局拓宽公共文化服务范畴，活化海岛驿站这一文化设施，制定服务计划，建立配送机制，为海岛驿站居民提供送电影、送戏等惠民服务，提升偏远海岛居民的归属感和满意度。积极组织业务干部、文艺团队赴长涂镇东剑村、港南村和衢山镇田涂村等地配送演出6场、电影12场，打通惠民服务“最后一公里”。

【业余社团】 2021年，全县有晚霞文艺爱好者协会、蓬莱乡音文艺爱好者协会、民间魔术团、蓝天文艺协会、瀛洲情艺术协会、彩霞文艺协会、长涂手牵手文艺团队、金银渔嫂队、双孝文化协会、腰鼓协会等多个业余团队，在全县社区、渔农村文化礼堂及敬老福利院等地，以歌舞表演、越剧演出、综艺节目等多种形式，与民共享文化成果。开展岱山县“三团三社”书法、美术、摄影作品评比工作，共征集作品52件，评出获奖作品绘画类6件、书法类6件、摄影类4件。

【志愿者服务】 2021年，县文化和旅游志愿者大队共有志愿者367人，累计组织志愿服务近万人次，累计信用时数26848.6小时。服务内容：读者咨询（办证咨询）、图书整理、书目检索、文明倡导等阅读推广常规服务，文艺演出、百姓文化节、送戏下乡文化惠民等专项服务。此外，组织开展小区志愿服务活动124次，参与人数496人次；开展集中志愿服务活动22次，参与人数341人次，包括宾馆酒店创城环境整治、抗台风志愿活动、创城入户调查宣传等。

（祝欣斓）

文艺创作

【文学创作】 2021年，县作家协会编辑出版《群岛》5期、《群岛小小说》4期;“群岛文学”微信公众平台推送62期；编辑出版《海水，每天在喂养我们——群岛诗群评论集》。1月，会员邱波彤历史纪实文学集《中英第一次血战——鸦片战争1840年浙东抗英全景记录》由浙江大学出版社出版。10月，会员厉敏海洋诗歌集《海山间》由团结出版社出版，会员谷频组诗《在旅途》获第三届《海燕》年度诗歌奖，会员徐琦瑶散文《说海》在《人民文学》（2021年第7期）刊发。全年共有会员作品50余篇在《小说月报》《诗刊》《散文百家》等刊物发表。

【音乐舞蹈戏剧】 2021年，县音乐舞蹈戏剧协会选送的6件文艺作品参加舟山市文艺创作作品展演，其中歌曲《四季行舟》获创作、表演一等奖，《幸福落地桶》获创作二等奖、表演三等奖，《渡口的车》获创作、表演三等奖；舞蹈《都挺好》获创作三等奖、表演一等奖；戏剧小品《面子公司》获创作、表演二等奖。6件作品中有2件入选省赛，歌曲《四季行舟》在2021浙江省第二十届群众音乐大赛中获金奖，舞蹈《我的炊事班长》在2021浙江省第三十一届群众舞蹈大赛中获入围奖。2021舟山新民歌创作大赛中，岱山4首歌曲新作获奖，其中《四季行舟》《渡口的车》《东沙角》入选大赛十佳歌曲，《海上小镇》入选大赛优秀歌曲。舞蹈作品《丝系纸鸢》参加“幸福像花儿一样”首届浙江乡村文化艺术节暨乡村舞蹈大赛，获舞台舞组“金穗奖”优秀奖。

【美术书法】 2021年，县美术干部创作的粉画作品《光辉岁月•印迹1》，入选“传心 • 传薪”浙江省第十六届水彩粉画展，同时入选浙江省第八届青年美术作品展初评；油画作品《光辉岁月•印迹》参展“迎建党百年　享美好生活”浙江省第七届群星视觉艺术综合大展，并入选庆祝建党100周年“潮涌百年”舟山美术作品大展；油画作品《光辉岁月 • 印迹5》入展岱山县“圆梦百年　艺心向党”庆祝中国共产党成立100周年书法美术摄影艺术展；油画作品《老时光》入展岱山、义乌两地美术作品交流展。选送渔民画作品参加“清廉舟山”第二届舟山现代民间绘画展、2021长三角现代民间绘画（农民画）交流展。俞世祥《智慧扜鱼新科技》和杨淞杰《采珠渔夫》2件作品入选“幸福小康　美好生活”第三届全国农民画作品展。县书法家协会组织骨干会员赴舟山绿色石化基地、嘉和社区等开展送福送春联活动，共计送春联5000余对。4月23日，与县图书馆联合举办“时代新　国富强”庆祝建党100周年书法作品展，展出作品40余幅。联合举办庆祝建党100周年书法作品展，展出会员作品40余幅。承办“廉政文化”进礼堂活动，向55家文化礼堂赠送书法作品295幅，助推清正社风、清廉村居建设。组织会员参加徐福文化节、百姓文化节、海阳杯书法比赛、公益书法培训活动，弘扬传统文化。2位会员作品入展浙江省艺心向党700家大展，19位会员作品入展全市庆祝建党100周年大展，其中1人获奖，1人获提名奖。

【影视摄影】 2021年，县影视工作者协会拍摄的3部短视频、电视专题片入围舟山市“庆祝建党100周年青年大学生影视文化季”，其中《金维映陈列馆》获优秀作品奖；会员沈磊、方佳的2件作品分获“舟山记忆”纪实摄影大赛二等奖。系列短视频《馆长说收藏》、广播剧《听爷爷讲过去的故事》分获浙江省县市新闻奖二、三等奖；《看！东海小岛上的“鱼山速度”》入选省“寻红色印记 • 看美好‘窗口’”融媒体作品征集100件优秀作品。是年，县摄影家协会举办“建党100周年摄影艺术展”，共有26名会员的200余幅作品参展，于国庆期间在县文化广场展出。会员何仁岳《桥台夜色》、符鸿雁《东海明珠》、黄盛《再靠近一点》、张信龙《跨海大桥》在《中国摄影报》刊登；会员方佳作品《长臂经济》获2020年“黄鱼故乡　瀛洲衢山”全省摄影大赛金奖；会员贺友定作品《群鸥展翅岛斗中心渔港》获铜奖；有14幅会员作品入选。

【民间文艺】 2021年，县民间文艺家协会自编自拍曲艺唱新闻

《岱在浙里过大年》，并通过岱山非遗微信公众号推出。开展民间文化书籍编写，扶持出版《仙岛秀才村石马岙》一书；会员翁志峰主编完成《枫树村志》《火箭村志》。会员灯谜作品入选2021年5月出版的《中华灯谜年鉴（2020）》，会员金鸽作品获全国灯谜创作大赛十佳灯谜奖、“江苏航运学院杯”党建廉政灯谜创作大赛佳谜铜奖。

【视频作品】 2021年，岱山县文化馆编排并拍摄抗疫短视频《疫线小插曲——老婆驾到》，拍摄制作以“迎接大桥时代”为主题的宣传视频《灯火眺望》，并在“岱山县文化馆”微信视频号上宣传，两个视频分别获2.9万、5.3万阅读量，受到网友点赞、评论、转发。

（沈佳妮　虞娉婷）

图书

【推进公共文化服务】 2021年，县图书馆创新服务举措，提升活动品质，让公共文化服务不断深入市民生活，高质量助力“共富文化”，描绘“精神富足”新图景。启动文化客厅项目，改造提升现有图书馆；新建分馆3家，实现全县乡镇分馆全覆盖，强化公共文化服务在基层的辐射能力；78家村级基层综合文化中心、农村文化礼堂纳入县图书馆管理体系；建立完善图书流通站点建设，为60余家单位赠送图书2万余册，至年底，全县共建有图书流通站点124个。

【队伍建设】 2021年，县图书馆深入落实馆员学习培训制度，有效增强馆员服务意识、创新意识、大局意识，全年学习培训285人次；充分发挥馆员传帮带作用，制定出台《岱山县图书馆临聘人员考核办法》，全面提升馆员业务水平，推进队伍规范化建设；建立完善组织架构网络，强化“城市书房”“三余书屋”“图书流通站点”管理制度，进一步提升整体服务质量；引导培训志愿者队伍，以更良好的精神风貌和专业水平服务读者。是年，县图书馆共开展志愿服务81场次，参与志愿服务405人次，服务总时长1526.09小时。

【优化基础服务】 2021年，县图书馆坚持以有效持证率的提高为中心工作，全年有效借书证数19488个，比上年增加1158个；新增藏量20106册，总藏量375856册，书刊文献外借册次196789册次；电子图书总藏量53584册，其他渠道免费共享电子图书80万册。有数据库27个，其中共享市馆数据库26个，自建数据库1个。全年线上微信公众号发布174条，读者浏览量达61746人次，门户网站发布信息60条，访问量137544人次，移动图书馆提供130万册电子图书、6000多种期刊和各地区报纸在线阅读，点击量达691多万次。

【拓展阅读文化延伸服务】 2021年11月，县图书馆网借中心借阅平台正式对外运营，为全市首家网上图书借阅平台，上架图书1.2万余册，通过快递免费送书上门，有效满足市民借阅需求，推进公共文化均等化。以进景区、民宿、酒店等公共场所为路径，将“三余书屋”建设成为集生态旅游、文化休闲于一体的阅读服务空间和文化旅游驿站，新增“三余书屋”10家，全县共建有“三余书屋”38家，有效提升岛城文化品位。积极推进秀山和高亭老城区2家城市书房建设，拓展城市15分钟阅读文化圈，提升城市文化品位。自建地方文献数据库和书目数据，完成二期60余册地方文献资料数字化加工，增加地方文献数据库馆藏量。

【打造图书服务品牌】 2021年，县图书馆围绕“百年党史　百年经典”主题，推出“建党100周年党史党政”专柜阅读服务，举办红色阅读马拉松、庆祝建党一百周年朗读会，在“4·23”世界读书日推出“中国共产党历届党代会图文展”“红色图书展”“童说红色故事”等系列活动，多载体厚植红色文化。致力宣教服务，举办“罗家岙精神”讲座、系列养生讲座、“传递书香　夕阳更美”主题系列敬老活动，开设仙岛海娃亲子绘本课堂、仙岛海娃英语绘本阅读课堂，致力打造少儿课外学习交流平台。

（黄　芳）

文博

【主题展览】 2021年，县海洋文化博物馆举办陈列展览7场次，分别是“大海搏风浪，渔家吔啰呔”2021迎新主题摄影展、“瓷韵”舟山民间收藏古代瓷器艺术展、“从这里，航向深蓝”舟山与人民海军特展、“永远跟党走　启航新征程”书画摄影作品展、“陈影平忆”三毛个人旧照展、“巾帼英雄金维映”生平事迹巡回展2场，累计参观人次3000余人，其中金维映生平事迹展是县海洋文化博物馆首次自主创办的原创展览。

【“寻味之旅”研学品牌】 2021年，县海洋文化博物馆积极打造“寻味之旅”研学品牌，全年开展“纸上春色　草木年华——植物拓染”“十指灵动——纸意岱山”等系列研学游活动7场，参与青少年1000余人次；招募小小讲解员志愿者10余人，拍摄“云游博物馆——少年说”系列视频5个，其中2期被学习强国平台录用。是年，县海洋文化博物馆全年接待游客17.8万余人次，其中未成年游客4万人次。

【博物馆文创工作】 2021年，县海洋文化博物馆通过与专业团队合作，以灯塔为主要元素，结合岱山县特有的标志性景物和相关文化历史、传说故事等，设计制作灯塔纸雕灯摆件、灯塔海洋罗盘万年历以及灯塔纸雕便利贴等4件文创产品，将观赏性与实用性有机结合，推动灯塔文化的传播。

【县文物局挂牌仪式】 2021年8月27日，岱山县举行岱山县文物局挂牌仪式。副县长刘奋伟、县文旅局局长李仲仪共同为岱山县文物局揭牌，各乡镇分管领导、县文旅局领导班子成员和干部职工出席挂牌仪式。

【文物保护】 2021年，县海洋文化博物馆坚持“保护为主、抢救第一、合理利用、加强管理”的文物保护方针，明确全县52处文物博物馆单位文物安全直接责任单位（人），建立文物安全领导联系制度、文物点位长制度，实现文物属地管理网格化。加大文物安全宣传力度，设计制作岱山不可移动文物图谱宣传手册，实现“码上文物”管理。加强文物安全和督查能力，明确文物博物重点消防单位6家、治安重点单位6家；开展全县文物安全隐患大排查行动，建立文物安全责任制落实和风险隐患清单，形成一处一档。全年开展文物检查54次，实地检查文物场所189家次，出动检查人员439人次，发现隐患75处，下发整改通知书4份，已整改73处，整改率为97%。是年，县文物局下拨全县各乡镇文物补助资金25万元，按不可移动文物及业余文保员数量对全县各乡镇文物实施A、B、C、D四档补助，分别给予2万元、3万元、5万元、6万元的经费补助，用于文物的日常保护与队伍建设。

【文物利用】 2021年，县海洋文化博物馆加强文物保护利用和文化遗产保护传承，提升全社会对文化遗产的保护利用意识。是年，通过政府出资、民间自发筹资等途径，先后对东沙菜市场、小长涂王氏民居、秀山张家老宅、秀北童家宅院、石马岙举人府、高亭严家等实施日常维修。积极探索文物建筑以利用促保护，在秀山厉家四房民居设立秀山方言馆、海洋生物科普馆、乡贤馆、国学馆等展示场馆，在东沙海产加工作坊开展学生海洋非遗的研学活动，小长涂王氏民居纳入未来乡村民俗记忆馆规划项目。至年底，全县共有各级文物保护单位27处，其中全国重点文物保护单位1处、省级文物保护单位3处、市级文物保护单位8处、县（区）级文物保护单位15处。

【队伍建设】 2021年6月23日，县海洋文化博物馆组织全县文物分管领导、乡镇文保员参加全市文旅安全培训会，拓展安全生产知识面；6月24日，组织安全应急演练，提升基层应急处突能力。调动业余文保员、文明志愿者等社会各界力量，广泛参与文物建筑消防安全工作，形成全民参与、群防群治的新局面。县兰秀博物馆童佈端、衢山文保员王建敏入选全市首届最美文物守望者。

（金文文　邬佩志）

电影

【农村数字电影放映】 2021年，岱山文化中心电影院在岱山县数字电影放映工程全覆盖的基础上，充分利用农村文化礼堂和其他文化阵地，继续使老百姓看上“好电影”。全年7支农村数字电影放映队共放映电影1190场，观众79384人次。

【开展电影惠民活动】 2021年，岱山文化中心电影院全年放映廉政电影550场、建党百年爱国主义教育电影532场。为鱼山大桥工程建设者送去电影慰问，共放映30场，观影人数约1233人。

【院线运行情况】 2021年，岱山文化中心电影院继续实施惠民购票政策，2D电影票价为20元，3D电影票价为30元。1—12月，共计放映影片350场次，观影人数4075人，放映收入13.93万元。

（陈彦伊）

广播电视

【广播电视安全播出】 2021年，县文旅局抓好广播电视安全播出和安全生产工作，顺利完成庆祝中国共产党成立100周年、全国“两会”、省“两会”、元旦、春节、五一、十一等重要时期的广电安全播出保障工作。其间，制定庆祝中国共产党成立100周年安全播出保障工作方案，开展系列安全大检查大排查。进一步细化完善应急预案，分别于5月和9月举行安全播出应急演练，提高突发事故处理能力。

【广电网络升级改造工程】 2021年，县文旅局围绕文明县城创建，完成城区蓬莱新村、育才新村、闸口小高亭片区、蓬莱一小区、蓬莱四小区、翁家弄、教师新村及周边，衢山岛勃村、打水村2500余户用户网络的FTTH网改工程，以及安澜社区公用通信路由建设、背街线路整治、海德监控等，以此推进有线网络升级改造及优化工程。配合小区立面改造开展城乡飞线整治、破旧箱体、窨井盖及设施清理整顿等工作，在高亭城区及郊区，完成黄家弄、叶家弄、墩子东弄、墩子西弄、安兰路剧院弄、蓬莱商都周边、蓬莱新村二区、沿江中路后街弄、浪激咀社区周边等区域的飞线整治，完成东沙镇、衢山镇、长涂镇的飞线整治工作。

【商住楼预埋工程】 2021年，县文旅局继续做好商住楼房预埋工程，同步做好交付新建小区FTTH网在建预埋工程小区包括东海地块住宅小区、银河湾二期、山外住宅小区、岱山海中洲宝盛大酒店等有线管线预埋配套建设工程。同时完成银河湾商住小区（一期）、顺峰家园二期、原技校地块住宅、浙石化板井潭二期等新建交付小区的光纤到户接入配置工作，商品房住宅预埋面积约280万平方米。

【广电惠民工程】 2021年，县文旅局扎实推进2021年广电惠民服务工程，全力配合做好政府重点项目及企事业单位配套服务工程建设，继续实施广电低保工程。全年新增广电低保及低保边缘用户75户，实行收视费减免政策，减免资金4万元；免收近1700户低保户有线电视收视费，免除资金27.88万元；为607户城乡居民数字电视整转用户免费配置机顶盒，减免资金21.24万元；对全县特困户和低保边缘户约20户用户实行有线电视收视费免除政策。扎实做好行政村农村应急广播系统建设维护，投入资金约10万元，用于应急广播日常维护、设备更新、线路延伸点等工作，确保应急广播系统正常运行。维修终端广播设备7台，检修更换广播喇叭20余只，更新线路2500米，排除各类故障40余次。

【广电增值业务市场拓展】 2021年，县文旅局抓好互动、宽带及增值套餐业务，提升广电业务产品竞争力和吸引力，同时加大市场营销力度，全年推出大众（居民用户）宽带281条、互动点播业务2959个、宽带互动融合套餐90个，承接各类集客项目36个，协议总金额约400万元，涵盖小区监控、LED电子屏、文化礼堂建设、宗教庙宇监控、停车场专线、酒店数字电视接入等工程。全年完成600余只监控探头的安装，主要工程包括半岛小区、海德花园小区、海月名都小区的监控，城投15个停车场专线，衢山四平、万南等社区LED屏及文化礼堂建设，高亭镇IP广播监控系统集成项目，长涂镇游客接待中心广场系统集成视频监控及LED屏集成项目等。拓展专线业务，提升光缆管线资源价值，全年新增光缆专线40余条。

（郑　波）

产业发展

【规划编制】 2021年，县文旅局通过《岱山海岛公园建设规划》省级评审，并与县发展和改革局联合发文公布。完成《岱山县"十四五"文化旅游体育发展规划》，并与县发展和改革局联合发文公布。

【海岛公园建设】 2021年，县文旅局通过浙江省十大海岛公园建设2020年度工作评估，并获得良好等级。根据《浙江省十大海岛公园建设2021年工作要点》，继续推进秀山文化旅游主题岛建设，重点推进滑泥公园、海钓公园、湿地公园、全民健身公园等提升工程。推进舟岱大桥、燕窝山陆岛码头等重点连岛交通工程和磨心谷、美丽渔港、东沙海金文创园、岱山交通集散中心等重点文旅项目建设。依托滨海、沙滩资源，挖掘海洋文化、非遗文化，结合东沙风情小镇、海金文创园、岱东运动休闲乡镇、郊野公园等建设，推进岱山海岛公园样板区重点项目建设。推进全域景区化创建，在东沙古镇、鹿栏晴沙、上船跳等景区和乡村旅游点等区域布局新业态。至12月底，全县重大文旅项目完成投资约20.80亿元。

【数字文旅产业建设】 2021年，县文旅局深化"岱你玩"智慧旅游服务平台商业运营，积极参与徐福游园会、杭州文旅推介会、秀山海岛公园徒步大会以及岱西、秀山、鱼山"三服务"等活动，以数字赋能文旅发展。依托"岱你玩"平台，开发全县休闲渔业船只游客登记录入、"小福岱"抽奖系统等小切口应用场景，实现信息收录、特定游客统计、惠民福利在线发放等功能。

【旅游数据统计与管理】 2021年，县文旅局根据旅游统计调查制度修订精神和省旅游统计改革制度，加强统计业务学习。围绕浙江省旅游统计系统，做好基础数据填报与审核，提高填报质量。对旅游统计系统中非星级住宿样本单位名录进行更新，建立动态管理机制。坚持分类、分区、分层抽样原则，做好国内旅游抽样调查，提高统计系统中样本单位的代表性。做好日常统计工作，完成季度旅游经济形势分析报告、节假日旅游数据统计、全域旅游产业测算等工作。

【文化产业发展】 2021年5月1日，县文旅局集文创产品展销、互动体验、时尚休闲等功能于一体的"岱走岱山"品牌旗舰店岱山县文创集市开业运营。集市集中展示岱山本土特色产品和"岱走岱山"文创产品，引进故宫文创、喜马拉雅文创、舟山博物馆等文创产品。全年重点开发安澜阁沙漏灯、手拎袋、海鲜面、灯塔纸雕便签等文创产品，文创产品体系进一步完善。积极引导县内企业在产品开发中融入文化元素、创意设计，对倭井潭硬糕、沙洋晒生等产品进行包装升级，推出符合消费需求的伴手礼、时尚休闲商品，三姐妹五谷杂粮糕获"2021中国特色旅游商品大赛"入围奖。此外，完成"仙岛鲜味"Logo及示范店店招设计，设计制作仙岛鲜味美食地图及周边产品。

【产业交流合作】 2021年9月25—27日，县文旅局参加第16届中国义乌文化和旅游产品交易博览会，遴选参展产品30余种，汇集"岱走岱山"文创、"仙岛鲜味"美食、海洋非遗、工美艺术品等多个品类。10月22—24日，参加第五届杭州（国际）未来生活节暨未来旅游嘉年华，以"'岱'你'桥'见未来"为主题，围绕大桥时代下岱山旅游未来发展趋势进行对外交流与合作，重点对“岱走岱山”文创集市及文创产品进行推介、展销，大力宣传“岱你玩”智慧旅游服务平台及锦舟宝盛大酒店等旅游资源。

【海岛民宿】 2021年，观而民宿获评2021年浙江省金宿级民宿；素色民宿、海那边民宿获评2021年浙江省银宿级民宿；海那边名宿、壁海湾渔家民宿、水易舍朴宿民宿获评舟山市2021年度“岛居舟山”最美民宿。全县共有民宿206家，其中省白金宿级民宿1家、省金宿级民宿3家、省银宿级民宿10家；市级最美民宿15家；县级精品民宿31家。全县民宿共有房间1343间、床位2257张。

（张秋露　刘斌泽）

文旅市场

【队伍规范化建设】 2021年，县文化市场综合行政执法队共有执法人员8人，其中专职副队长1人，设立综合科和执法科2个内设科室，设置技术监控室、执法装备库、档案室、调解室、举报受理室、罚没物品库、证据保存室、询问调查室等8个专业功能用房，并配备执法记录仪、移动执法终端、扫描仪、便携式彩色打印机、无人机等执法装备。梳理完善《文化市场综合执法“八不准”》《罚没收缴物品管理制度》等13项制度，逐步规范化建设文化市场综合行政执法队伍。在全市文化市场综合执法技能比武中，获团体一等奖，参赛队员张陆、任喆分别获执法技能比武个人一、二等奖。

【平安护航建党百年】 2021年，县文旅局在全县范围内开展文化市场平安护航建党百年专项行动，重点开展文化市场安全生产大排查大整治行动、重拳打击未经许可经营旅行社业务专项行动，深入推进“扫黄打非”和“扫黑除恶”等工作，共查处违法违规娱乐场所5家次、互联网上网服务营业场所（网吧）3家次、印刷企业2家次。共排查出各类安全隐患44处，整改完毕44处，整改率100%，未发生文化市场重大安全事故。

【网吧创城工作擂台赛】 2021年5月，县文旅局全面启动网吧创建全国县级文明城市工作擂台赛，分为公益广告、文明行为、公共设施和管理规范等四方面评测标准，通过每月1次专题测评对网吧的创城工作打分排名，形成年终排名，进行表彰奖励。岱山县高亭镇天盛网吧获擂台赛一等奖，岱山县星辉网络会所、岱山县领跑网吧、岱山县鑫途网吧获二等奖，岱山县宇声网吧、岱山县玖逸网吧、岱山县忆家网络会所获三等奖。

【执法案卷质量提升】 2021年，县文旅局共办理行政处罚案件10件，其中普通程序8件，简易程序2件，共计罚款人民币4.35万元，停业整顿1家次，警告5家次。10月15日，（岱）文广旅体罚字〔2020〕06号行政处罚案卷被市司法局评为2021年全市行政执法案卷评查优秀案卷。11月25日，（岱）文广旅体罚字〔2020〕07案卷被省体育局评为2021年度全省体育系统优秀行政执法案卷。

【组织行业培训与比武】 2021年，岱山开元大酒店在舟山市旅游饭店服务技能大赛中作为全县唯一代表队参赛，获得团体总分第二名、三项单项比赛个人第三名，并首次获得饭店工装表演项目第一名。

【文化旅游市场疫情防控】 2021年，县文旅局始终抓好疫情常态管控，全面统筹文旅行业科学精准落实防控措施，落实“点位长”分片包干制、剧情式应急演练、红黑榜制度、重点行业人员进出岛动态报备制度等举措，累计派驻点位督查员近900人次，实现重点时段重点领域“一对一”防疫指导，坚持“线上+线下”双督查，严格守好疫情防控小门，织筑精密智控网。

【旅游领域“遏重大”攻坚行动】 2021年，县文旅局成立岱山县旅游安全专业委员会，开展旅游领域“遏重大”攻坚行动，扎实完成旅游风险关键节点整治25项。修订《岱山县旅游突发公共事件应急预案》《岱山县重大节假日旅游预警应急处置预案》，健全完善旅游安全应急体系。全年开展“平安护航建党百年”旅游领域安全隐患大排查大整治专项行动、民宿大检查、假日文旅市场安全检查等专项行动10余次，组织景区、安播、疫情等应急演练7次，开展安全培训2次，推动做好旅游景区、文物场所、民宿、沙滩等专项治理。全年累计接待游客98.1万人次，同比增长5.1%；旅游收入13.80亿元，同比增长11.1%。

（张　陆　刘斌泽）

景区建设

【景区创城工作】 2021年，县文旅局开展旅游景区“创城工作擂台赛”，从公益广告、公共设施、文明行为、管理规范等方面督查景区创城工作，重点梳理游客服务中心、标识系统、旅游安全、环境卫生、基础设施、旅游厕所、文明服务等方面问题清单，督促整改到位，推动旅游景区文明城市创建工作。

【秀山岛景区】 2021年，县文旅局完成全民健身广场游乐场地、旅游厕所等建设。完成湿地公园项目可研究性报告，实施河道清淤、木桩搭建工程。滑泥公园交由县交投集团运营，进入初步设计、第三方运营洽谈阶段。

【东沙古渔镇景区】 2021年7月，县文旅局引入中南旅游管理（杭州）有限公司，率先实现景区市场化运营。投资100万元，完成东渡路AAA级旅游厕所建造。投资50万元，全面整治提升小岙沿海路沿线综合环境。投资10万元，完成东渡路休闲公园民生实事项目。启动东渡路东侧停车场改建休闲体育公园项目。开展国庆期间三天乐古镇非遗表演活动，依托非遗一条街开展非遗活动常态化展示展演。

【鹿栏晴沙景区】 2021年，县文旅局开展环境整治，拆除有碍观瞻的设施场所，并整治拆除区域环境，县城投集团、交投集团和岱东镇组建新公司推进景区项目建设，完成海塘墙绘工程、海塘灯光亮化设备、“绳网乐园”游玩项目设施的安装。

【观音山景区】 2021年5月，游客中心投入运营，新增监控点位，完成景区道路安全隐患排查及提示，完成景区游步道护栏安装，完成景区标识标牌整改等。

【双合石壁景区】 2021年6月，县文旅局完成双合石壁景区地质安全整治。景区提升工程完成老旧栈道拆除，推进水上栈道基础浇筑、钢结构栈道施工、雕像采购、瀑布工程管线施工等。

【磨心山景区】 2021年，磨心谷项目完成施工图审查、林道报批，完成地质灾害治理、观光电梯及廊道基础工程、千岩瀑土方工程，开展危岩体治理锚杆及挂网、花田乐园铺装工程施工，游客中心完成率50%以上。

【A级景区镇、村庄创建】 2021年，岱东镇、岱西镇、高亭镇创建为浙江省AAA级景区镇。是年，创建A级景区村庄17个，其中AAA级1个，高亭镇大峧山村创建为浙江省AAA级景区村庄。

【A级旅游厕所创建】 2021年，县文旅局创建A级旅游厕所4座，其中AAA级3座，高亭镇长剑大道公共厕所、岱西镇小岙旅游厕所、东沙镇东渡路西侧公共厕所创建为国家AAA级旅游厕所。

【无废景区创建】 2021年，县文旅局创建无废景区2个，双合石壁景区、鹿栏晴沙景区创建为市首批无废景区。

非物质文化遗产

【非物质文化遗产保护】 2021年，岱山县形成四级名录保护体系，包括国家级非物质文化遗产名录2项，省级11项，市级33项，县级69项。是年，完成“舟山渔民号子”“祭海”等8项省级项目和2名代表性传承人评估工作。县旅游发展中心成功加入“长三角盐文化旅游与盐产业联盟”，阿金嫂海鲜下饭宝、长涂倭井潭硬糕入选第三批省级非遗旅游商品。在全市优秀传统文化（非遗项目）融入学校教育系列活动中，高亭小学的瀹智海韵剪纸获舟山市优秀传统文化（非遗项目）校本教材（读本）二等奖，高亭中心小学的《瑰宝绽芳华非遗薪火传》《唱响本土渔歌传承非遗文化——高亭中心小学渔歌进校园优秀实践案例》获舟山市“优秀传统文化（非遗项目）融入学校教育”十佳优秀实践案例。

【文化基因解码工程】 2021年，县文旅局重点实施文化基因解码工程，完成193个文化元素清单，遴选“东沙古渔镇”“谢洋风情”“岱山贡盐”“岱山徐福说”“蓬莱十景诗”“群岛文学”“岱山渔家习俗”“岱山风筝”“金维映史迹”“血战大鱼山”等16个重点文化元素，编写完成文化基因解码报告和转化利用手册，其中“谢洋风情”项目入选“优秀解码项目”。文化遗产日期间，推出优秀文化基因展，把岱山的历史文化基因具象地展现出来，讲好岱山故事。

【非物质文化遗产传承】 2021年，县文旅局探索非遗传承新路径，培育“亲子互动”“课堂教育”“公众体验”三位一体传播空间，常态化开展非遗进社区、进学习、进景区，推广非遗项目20余项，开展公益培训30余次。举行保护人民非遗共享美好生活——2021年文化和自然遗产日宣传展示活动暨芒种乡村非遗购物集市活动，编排“百年红色旋律　千载仙岛艺韵”本土非遗一台戏，在东沙、岱东、岱西、秀山等4个乡镇巡演。

【首届校园非遗艺术节】 2021年6月1日，县文旅局举办“童心向党庆百年——岱山县首届校园非遗艺术节”，以展示与展演的形式向全县师生分享“非遗进校园”教学成果。11月25—26日，全市优秀传统文化（非遗）融入学校教育成果展示交流活动在岱山举办，全市各县区文化部门、非遗中心以及学校近百名代表参加会议。

【非物质文化遗产传承基地】 2021年3月，东沙非遗传习所对外开放。9月，高亭小学海洋剪纸入选市级传承教学基地。是年，实施特色非遗街区店铺“微改造，精提升”，先后投入13万余元对渔民画馆进行改造提升。非遗特色街区累计接待游客8万余人次，开展省内外学生夏令营、研学，旅行社团队定制体验活动20余场，服务学生游客10000余人次。推进非遗润景，“传承海洋非遗，走向共同富裕”——2021舟山市非遗“三进·四季行”（岱山行）活动在浙江卫视、“学习强国”平台进行宣传报道，在鹿栏晴沙景区举行民间祭海活动，推动旅游景区文化消费升级。

【非物质文化遗产传承队伍建设】 2021年，岱山县建立各级代表性传承人队伍、各非遗项目的展示队伍。全县有县级以上代表性传承人21人，其中省级传承人5人，市级传承人12人。单个非遗项目的展示队伍22支。是年，完成王嘉定、於文宽2名省级代表性传承人的评估工作。积极开展服务非遗传承人月工作，传统戏剧、曲艺的带薪授艺工作，组织非遗传习所开展传统文化公益培训30余次，受训400余人次。创建王伯训非遗传承人工作室，做好省级代表性传承人抢救记录保护工作。

（邬佩志）

宣传营销

【云上年货节】 2021年1月12日，县文旅局首次开展“仙岛2021岱山云上年货节直播”活动，推广岱山优质的风光、景区消费券、本地餐饮、地方特产以及文旅产品，吸引6.8万网友观看，当场成交额12.02万元，点赞数3万，拉动文旅消费“云购买力”。

【探索文旅营销新模式】 2021年2月，县文旅局开展普陀山机场“岱山月”文旅推介展示活动。通过“航空+文化+旅游”融合互动，在给来往的旅客带来美好出行体验的同时，讲好岱山文化旅游故事，推进文旅融合高质量发展，打响“仙岛岱山”文旅品牌助力。

【拓展营销渠道】 2021 年，县文旅局与舟山报业集团合作，通过《舟山日报》《舟山晚报》、舟山网及公众号矩阵、掌尚舟山 APP、兔子 FM 公众号、舟山电视台和浙江新闻客户端等宣传优势，扩大影响，提升岱山知名度。

【形成“旅游+”融媒体传播格局】 2021 年，县文旅局实施微信、抖音、小红书三线并进，着力打造“岱山旅游”微信公众号，内容涉及百县千碗、仙岛鲜味、海岛风光、精品线路等，全年“岱山旅游”公众号发布推文 225 篇，其中“岱山新获国字号招牌！海上花园大片出镜，强势出圈”获得 1.04 万阅读量，累计分享 635 次，3 篇文章入选“诗画浙江”公众号，13 篇入选“舟山群岛旅游”公众号。

【广告投放】 2021 年，县文旅局在宁波南站客运中心投放室内图片广告，在江浙沪皖高铁、蜈蚣峙码头投放图片和视频广告，在普陀山进山门、沈家湾码头、宁波外滩、宁波南站、普陀山候船大厅投放广告，拓展江浙沪重要客源市场，引流市内重要景点客流，加大市内和长三角宣传推广。此外，在舟山临城入住率高的小区及主干道投放灯箱广告。

【长三角客源市场拓展】 2021 年，县文旅局在全县各景区、码头、车站、精品酒店、民宿发放岱山各类宣传册，通过五级旅游咨询体系在舟山本岛各景区发放岱山县旅游宣传册。在复古公交车（游 1 线）上进行宣传，制作岱山至杭州、宁波、朱家尖等车座广告，开拓长三角区域旅游客源市场，融入长三角区域旅游一体化。

【杭州文旅推介会召开】 2021 年 5 月 15 日，县文旅局在杭州举办“趣海岛　岱你玩”长三角城市（杭州）•2021 年仙岛岱山文旅推介会，现场进行省直机关岱山疗休养旅行团发团仪式，融入杭州都市圈，提前谋划亚运会市场，拓展杭州疗休养市场，加强区域联动。

【政策扶持】 2021 年，县文旅局发布《旅行社团队接待绩效奖励政策》《岱山县疗休养团队奖励政策》，与浙江惠苑旅行社有限公司签订省直机关疗休养团队战略合作协议，激发市场主体新活力。

【营销推广活动】 2021 年，县文旅局依托中国海洋文化节、百姓文化节、海岬半程马拉松、海岛公园秀山岛徒步大会、全国气排球精英赛、东海民谣音乐节、沙滩高尔夫球挑战赛、国际风筝节、海岛公园徒步大会等节庆赛事活动，开展宣传营销。组织参加第十七届海峡旅游博览会、2021 第七届中国（厦门）国际休闲旅游博览会、第十六届中国义乌文化和旅游产品交易博览会。

【旅游惠民工程】 2021 年 5 月 18 日，县文旅局以“绿色发展　美好生活”为主题，在东沙古渔镇举行“中国旅游日”岱山主题活动。12 月，启动旅游惠民季（2021 年 12 月 1 日—2022 年 2 月 28 日），实施“福在舟山•惠游暖冬”惠民政策，通过资源整合、活动配套、产品优化、区域合作等举措，实现“淡季不淡，旺季更旺”的旅游经济新格局。

（祝欣斓）

2021 年 5 月 15 日，“趣海岛　岱你玩”岱山文旅推介会在杭州举行

（县文化和广电旅游体育局　供图）

群众体育

【设施建设】2021年，县文旅局加快全县体育设施建设，改善渔农村社区健身条件，先后在高亭镇南峰村、秀山乡、衢山镇幸福村等实施健身活动小广场建设。是年，分别在高亭镇蓬莱五小区、闸口二村、滨海嘉苑、岱东镇虎斗村、衢山镇黄沙村等地安装健身路径12条，配建移动式篮球架2副、室外乒乓球台1副、室内乒乓球台1副。

【体育产业规范化管理】2021年，全县有体彩实体店23家，销售体彩4163.22万元，较上年同期降幅17.3%。其中乐透型游戏销售2008.31万元，因11选5、飞鱼下市，同期降幅49.9%；竞猜型游戏销售1463.39万元，同期增长1.41倍；即开型游戏销售691.52万元，同期增长65.2%。

【《国家学生体质健康标准》测试】2021年，全县学校按要求实施开展《国家学生体质健康标准》测试和上报工作。全县小学、初中、高中合计参加测试人数10815人，优秀率为30.6%，优良率为70.1%，合格率为99.3%，优秀率和合格率略高于2020年的30.3%和99.1%。其中小学优秀率为41.6%，优良率为80.9%，合格率为99.6%；初中优秀率为22.2%，优良率为67.9%，合格率为99.7%；高中优秀率为80.3%，优良率为40.7%，合格率为97.8%。全县学生近视率为55.3%，其中小学生41.7%、初中生80.4%、高中生87.2%。

【课余训练与竞赛】2021年，全县初中、小学大课间活动实施率为100%，确保学生每天1小时的体育活动时间。各校继续抓紧抓好课余体育训练，有常年训练课余运动队28支，项目6个。年内，举办县级中小学生阳光体育运动会，涵盖田径、篮球、校园足球、乒乓球等比赛内容；举行“红心向党·健身强国”献礼建党100周年暨第47届中小学田径运动会开幕式；各校在抓好课余体育训练的同时，根据地域和学校特色，均举办校园综合性运动会。岱山实验学校获评国家级足球特色学校，衢山敬业小学获评省级足球特色学校；高亭小学和敬业小学女子排球队在浙江省青少年阳光体育（体育传统项目学校）排球比赛中分获第三名和第六名，在舟山市中小学生女子排球比赛中获冠亚军；高亭小学网球队在省少年儿童短式网球锦标赛中获男子乙组团体第二名，在市中小学网球比赛中获3项团体冠军、8项个人第一名；岱山县职业技术学校在市中小学生田径运动会上蝉联团体冠军；岱山实验学校小学部男子足球队创市级足球比赛历年最好成绩，获沙滩足球第一名、校园足球第二名；同时，岱山实验学校小学部象棋队在市首届棋类比赛中包揽全部4个组别的团体冠军。

责任编辑：赵悠燕

卫生和健康

Hygiene and Health

综述

2021年，全县卫生健康系统结合实际，大力推进县域医共体建设，全面强化公共卫生安全保障，着力改善计划生育管理服务，顺利完成各项任务。全县共有医疗卫生机构119家，其中县级医疗卫生机构6家，基层医疗卫生机构54家，其他各类医疗机构59家。基层医疗卫生机构中有乡镇卫生院7家，社区卫生服务站4家，村卫生室43家。全县共有卫生技术人员1159人，其中执业（助理）医师613人，注册护士504人，每千人执业（助理）医师2.95人，每千人注册护士2.42人。3家县级医院开放床位447张，乡镇卫生院均未设置住院床位，全县每千人床位2.57张。年末，全县户籍总人口170723人；已婚育龄妇女22728人，综合节育率为77.2%；出生上报594人，死亡上报1657人，全县出生率、人口自然增长率分别为3.5‰和-6.2‰；计划生育率为98.8%，一孩率为73.2%、二孩及多孩率为26.8%；全员人口信息覆盖率为99.8%。

疫情防控

【防疫应急体系建设】 2021年，县卫生健康局修订《岱山县突发公共卫生事件应急预案》《岱山县突发急性呼吸道传染病事件应急预案》《岱山县重点传染病疫情应急预案》等应急预案，不断增强预案的针对性和实效性。规范开设发热门诊（诊室）和肠道门诊，健全门诊日志登记，每周进行发热等症状分析，每月组织开展疫情风险评估，实施《舟山市传染病预警建议书制度》，出具预警建议书100余份。调整县级突发公共卫生事件专家咨询委

2021年1月27日，县卫生健康局对华润万家、三江超市、华之友超市进行新冠监督采样
（王燕　摄）

员会和卫生应急队伍，储备县级卫生应急队伍14支、共88人。加强卫生应急人员培训，针对疫情和防控要求，开展卫生应急处置业务培训7期，参加人员645人次。分别于2月、8月和12月组织开展多部门和乡镇政府参加的全县新冠肺炎疫情防控应急演练4次，提升卫生应急处置能力。及时购置应急物资，确保应急物资储备充足。

【医疗救治防控体系建设】2021年，县卫生健康局全力做好疫情防控常态化情况下医疗救治工作，落实全县医疗机构感染预防与控制工作“四项机制”，落实医院“三道门”管理，落实基层医疗机构“十大症状”人员分类管理措施。加强全县核酸检测能力建设，做好必要医疗物资设备保障工作。新增县第二人民医院PCR实验室，全县96孔核酸检测设备增至10套，岱山医疗集团共配备负压救护车3辆。县第一人民医院改造隔离病区负压病房3间、负压手术室1间，发热门诊及留观区更加规范。7家卫生院发热诊室全部完成规范化改造。

【疫情防控督查指导】2021年，县卫生健康局多次组织专业人员对全县集中隔离点、医疗机构和国际航行船舶修造企业等单位的新冠疫情防控工作进行督查，重点检查企业的重点人员管理、防控物资储备、健康监测、消毒处置等防控措施的落实情况，及时指出存在的问题，要求企业落实整改，确保防控措施到位，严防疫情输入和扩散。开展学校托幼机构的公共卫生巡查，督促指导学校托幼机构落实防控措施。在中高考学校中派驻健康指导员，开展健康指导服务，协助学校做好异常症状人员的规范处置。

【流调溯源和人物并防工作】2021年，县卫生健康部门加强疫情监测，定期开展疫情风险研判，开展可疑病例及密接等重点人群流行病学调查，共排查密接4人，次密接163人，重点人员1505人。加强进口冷链食品、国际航行船舶修造企业、涉外码头、集中隔离点等重点场所的检查指导，开展人和物、环境采样检测，累计开展病毒核酸检测354343人份，环境56575份，物品（食品）6204份，未发现本土确证病例和疑似病例。

【新冠病毒疫苗接种】2021年，县卫生健康局全面开展新冠病毒疫苗接种工作，全力推进60岁以上老年人接种，建立人群免疫屏障。共接种221207人，456417剂次；其中3～17岁人群14502人，60岁以上人群44680人，80岁以上人群2686人。完成全程接种212824人，加强接种49736人。

【基层疫情防控工作】2021年，县卫生健康局加强疫情防控基层基础建设，建立县驻村（社区）疫情防控指导员制度。组建以局党组成员为小组长，各医疗卫生单位为成员的驻村（社区）疫情防控指导团队，实行指导员负责制。共组建驻村（社区）疫情防控指导团队28个，疫情防控指导员71人。开展驻村常态化指导，全年共完成驻村（社区）医疗机构服务885次，指导覆盖率为100%，驻村（社区）服务5913次，联系覆盖率为100%，防控宣传教育6021人次。发挥基层哨点作用，对照《基层医疗卫生机构发热诊室设置运行工作指引》，完善发热诊室内部功能间、设备的设置和配备，7家发热诊室均通过市级验收。长涂金海集中隔离点通过省级验收。

卫生改革

【人事制度改革】2021年，县卫生健康局按照院区（县级公立医院）和分院（乡镇卫生院）两种类型统一设置岗位。其中县级医院设置编制数732人，分院设置编制数401人。相继制定《集团三家院区医、技人员流转方案》《集团七家分院人员流转实施细则》《集团护理人员统一使用机制》和《集团三家院区护理人员流转实施细则》等制度，并将流转机制与职称评聘有效结合。是年，共有9人实现上转，6人下转至外岛。

【薪酬制度改革】2021年，县卫生健康局制定《集团县级医院（院区）薪酬制度改革实施方案》《集团基层卫生院（分院）薪酬制度改革实施方案》《县级医院奖励性绩效工资分配方法》等薪酬分配制度。县人社和财政部门对整个集团核定薪酬总量，集团内绩效工资和绩效奖金实行总量控制、统筹发放。职工薪酬由集团自行分配，以岗位为基础，以绩效为核心，打破单位、科室、身份限制，收入分配和内部绩效考核、医疗业务发展等密切关联。

【职称评定改革】 2021年，县卫生健康局按照省职称改革制度要求，遵循卫生行业特点和卫生人才使用规律，以卫生技术人员业绩和医疗卫生单位公益性为导向，制定《集团卫生高级专业技术职务自主评聘方案》，并明确评聘标准。是年，通过高级职称自主评聘共12人。

医疗事业

【县域医疗卫生能力新提升】 2021年，县卫生健康局通过委培与引进持续补充卫生人才，委托大专院校培养医学生28人；毕业委培医学类毕业生21人，已全部分配至集团各成员单位；公开招录医务人员22人，定向招录衢山院区医务人员4人，引进紧缺型人才8人；柔性引进上海仁济医院、浙大二院等长三角三甲医院临床专科带头人10人，银龄医师3人，B类和C类卫生领军人才各1人。深化“双下沉、两提升”柔性引进人才，与上海金山医院、上海仁济医院等三甲医院建立医联体。上海金山医院为岱山县危化中毒病人救治提供绿色通道，上海仁济医院每周有3～5名专家到岱山服务。

【县乡两级医共体建设】 2021年，县卫生健康局完成4个村卫生室标准化、规范化建设，村卫生室标准化、规范化率达76%。做实做深家庭医生签约服务工作。推进集团院区骨干专科医生定期到各分院全科、专科门诊出诊，融入家庭医生签约团队，提高重点人群签约率，切实加强对家庭医生签约服务的组织领导和统筹协调。建立医共体县乡两级疾病诊疗目录，依托信息化建设，不断完善和加强双向转诊服务工作。

【衢山区域医疗服务提升】 2021年，县卫生健康局完善衢山区域体制机制，提高医务人员配置效率，完成衢山镇区域公共卫生中心（体检中心）装修工程，改造衢山区域放射中心，购置16排螺旋CT 1台，提升衢山院区医疗诊断水平，落实新冠肺炎疫情防控常态化工作。

医教科研

【基层中医师承人员培养】 2021年，全县加强基层卫生人员队伍，逐步改变渔农村地区基层医务人员紧缺和不稳定的状况，组织招录基层中医师承培养对象12人，共有12个拟执行业村卫生室培养对象。经符合条件的21人报名资格审核，于6月上旬完成笔试、面试、空缺岗位调剂、体检、网上公示等程序，确定12名岱山县基层中医师承培养对象，组织培养对象和县中医院9名师承指导老师签订中医师承培养协议并办理公证书。9月初，12名培养对象进入浙江中医药大学参加为期2年的理论学习。

【住院医师规范化培训】 2021年，县卫生健康局稳步推进新模式住院医师规范化培训，加强住院医师规范化培训基地建设。全县23人报名参加新模式住院医师规范化培训并被录取，其中本科13人，助理全科10人。全年通过全科助理规范化培训结业考核9人，住院医师规范化培训8人。

医政管理

【山海提升工程】 2021年，为贯彻落实浙江省卫健委实施的“山海提升”工程，以城市三甲医院对口帮扶32家山区、海岛县的县级医院，5月12日，县第一人民医院与浙大附属第二医院签署为期5年的医疗合作协议，努力实现“3342 X”能力提升（建立和完善胸痛、卒中、创伤三大救治中心和影像、病理、检验三大共享中心，建设4个以上重点专科，提升医院管理和公共卫生服务能力，并开拓其他合作项目）。浙大附属第二医院12名专家长驻岱山，其中童璐莎任县第一人民医院副院长。下沉专家共接诊门诊病人3168人次，查房近177次，会诊27次，开展各类手术106例，带教182次，授课22次，培训医务人员600余人次，门（急）诊同比增长39.5%，专家门诊量同比增长14.1%，提升医院的品牌形象。与浙大附属第二医院合作开展“无充气经腋窝腔镜甲状腺手术”“心血管疾病的介入诊疗技术”，完成“心血管疾病的介入诊疗技术”63例。11月，在浙大附属第二医院指导下，开展“肝巨大血管瘤介入栓塞术（TAE）治疗”。

【急救体系建设】 2021年，县卫生健康局出台《关于规范我县院前医疗急救机构名称及资源配置的通知》和《关于印发岱山县新冠疫情防控救护车转运专班管理方案工作的通知》。从岱山县实际出发，拟采取渐进式、分批次建设医疗急救点（县第一人民医院、县第二人民医院、岱西镇卫生院、舟山绿色石化基地、秀山乡卫生院、长涂镇中心卫生院6个急救点）。年内，升级县急救指挥信息系统与省市平台联网，完善“浙里办”一键呼救和救护车辆功能GPS定位功能，将县第二人民医院急救点正式列入县急救体系。4月和10月，组织全县各医疗机构共15名急救医务人员参加舟山市院前医疗急救专业培训班。6月，在医疗集团选拔2名急救医生和救护车驾驶员1名参加甬舟院前急救技能竞赛。

【2021年岱山县海岬马拉松医疗保障工作】 2021年4月11日，县卫生健康局动员县内全系统及市里医疗支援力量共计95人，车辆10台；其中医务人员66人，医疗救护车8辆参与此项工作。比赛期间，各医疗站点累计处理外伤5人次、关节扭伤2人次、肌肉疲劳或痉挛221人次，合计现场处理轻微伤运动员228人次；救治重伤员2人转送定点医院，确保赛事期间无重大医疗事件发生，圆满完成2021年岱山县海岬马拉松的医疗保障工作。

【检查检验互认】 2021年，县卫生健康局从11月初开始，3家县级医院接入市级平台并投入运行。检验检查共精准提醒9692次，调阅6709次，互认1386次，节省资金8.51万元。通过医学检验结果互认共享，进一步完善全县医学检验检查结果数据开放查询的质量控制标准。

【医疗数字化改革】 2021年，县卫生健康局推进医疗卫生服务领域“最多跑一次”改革全面提档升级，患者高峰期排队挂号时间压缩至2.4分钟，门诊智慧结算率提高至81.5%，病房智慧结算率为95.9%，县级以上公立医院电子票据覆盖率达100%。丰富互联网医疗、护理、远程病理、大型设备基层预约、药事服务内涵，形成“网上看病”“在线结算”“送药上门”的闭环式规范管理和服务。全年开展“互联网+护理”205例；“共享药房”送药上门478单；开展远程心电诊断服务284例；开展远程放射诊断服务4768例；基层医疗机构开展县级以上医院大型设备检查预约1840人次。

卫生执法

【双随机监督执法】 2021年，县卫生健康局开展辖区内公共场所、生活饮用水、医疗机构、传染病防治等各专业进行双随机执法工作。全年完成双随机任务数354家，其中国家任务数133家，监督完成128家，监测54家，暂停营业完结的5家，结案47件；省级任务数221家，监督完成数219家，完结2家，结案95件。国家及省双随机共处罚142起，双随机查处率41%。

【公共场所卫生执法】 2021年，县卫生健康局在积极完成双随机任务的基础上，开展集中空调通风系统专项整治工作、民宿专项执法、旅游旺季及节假日节前保障、游泳场所夏季保健康专项行动、非沿街理发美容场所专项整治行动、住宿场所客房透明保洁工作等各专项工作。结合创城工作，对辖区公共场所实行全覆盖监督检查，全年监督850余户次，监测210户次，国家双随机检查100家、完成率为100%，合格61家、合格率为61%；省双随机检查110家、完成率为100%，合格44家、合格率为40%。实施行政处罚一般程序案件161件，其中国家双随机检查23件，省双随机检查62件，足浴专项检查28件，联合执法检查2件，投诉举报2件，日常监督44件，罚款11万元；简易程序案件检查44件，其中国家双随机检查20件，省双随机检查20件，投诉举报2件，日常监督2件。一般程序案件中监测不合格156件，无健康证12件、无证经营6件，首违不罚1件。

【生活饮用水执法】 2021年，县卫生健康局有效落实饮用水卫生安全检查，集中式供水单位每季度一次监督，二次供水单位每半年一次监督；开展涉水产品实体及网售情况检查，集中式供水单位量化分级管理工作，饮用水卫生水质在线监测，现制现售饮用水单位监督监测等各项工作。共监督40户次，对集中式供水单位监测采样32份，合格32份，合格率为100%。其中源水6份、出厂水6份、管网水20份。对二次供水监测，采样6份，合格5份，合格率为83.3%。对现制现售饮用水监测采样24份，合格23份，合格率为95.8%。

【学校卫生执法】 2021年，县卫生健康局对辖区中小学校开展校园卫生健康行动、儿童青少年近视防控工作以及中高考保障行动，并于春、秋季开学初对全县17家中小学校开展专项检查，重点检查新冠疫情防控、传染病与常见病防控、饮用水卫生、教室采光照明、“一案八制”落实情况等工作。对托幼机构和校外培训机构进行采光照明“双随机”监督监测。省“双随机”检查中小学校5家，合格率为0，不合格项目为课桌面和黑板照度及均匀度不合格，行政处罚5家；检查托幼机构4家，校外培训机构1家，合格率为0，托幼机构不合格项目为教室采光系数和照度，校外培训机构不合格项目为教室墙面反射比，不合格单位及不合格项目均通报县教育行政部门，并协助县教育行政部门对不合格单位提出整改措施。

【医疗、传染病卫生执法】 2021年，县卫生健康局通过对医疗机构专项及双随机检查、日常巡查等方式进行全面检查。开展医疗美容机构综合监管执法专项、口腔诊疗服务多元化监管、大型公立医院依法执业省级飞行检查等专项行动，结合国家、省级双随机抽检任务，立案26起，作出行政处罚数21起，包括简易程序6起，一般程序15起，其中较大数额有7起，移送司法机关3起，共罚没款344475元。加强传染病防治方面的查处情况，通过疫情防控及日常巡查，结合双随机检查，共立案60起，其中简易程序46起，一般程序14起，罚没款15100元。消毒产品的监督检测，通过整治抗（抑）菌制剂违法宣传疗效和添加激素专项行动立案1起，罚款1500元。

【职业卫生监督】 2021年，县卫生健康局加大宣传普法力度。提高用人单位对职业病防治的主体责任，宣传贯彻《职业病防治法》，从本源上解决职业健康管理难题；组织开展职业卫生宣传周活动，发放职业卫生宣传物品1500份；召开汽配行业职业病危害专项治理动员培训会，辖区内59家汽车零部件及配件制造企业的负责人、职业卫生管理员和各乡镇政府联络员共80余人参加会议。结合实际，争取促成政府主导、部门牵头、卫生参与的多部门联合管理和执法模式。加大监管力度，及时发现用人单位职业健康管理工作中存在的问题，严厉打击违法行为，在“双随机”执法检查、汽配行业职业病危害治理专项执法中，办理一批高质量职业卫生行政处罚案件，推进全县用人单位职业病防治工作进一步落实。对全县近150家企业进行职业卫生管理工作监督检查，全年共立案35起，作出行政处罚35起，其中简易程序20起，一般程序15起。一般程序中涉及大案要案10起，共罚款71.10万元。

【创城禁烟执法】 2021年，结合全国县级文明城市创建工作，县卫生健康局全面推动全县公共场所禁烟工作进程，多形式宣传禁烟工作。实施禁烟执法常态化，开展集中控烟执法48次，参与文旅、公安等多部门的联合执法85余次，共计出动执法人员360余人次，对住宿、美容美发、网吧等公共场所及医疗机构全面开展禁烟工作监督检查。开展禁烟行政处罚，实施相关行政处罚86起，罚款4300元。

【规范行政处罚】 2021年，县卫生健康局行政处罚案件办理数量较往年明显提升，全年立案查处399件，一般案件175件，简易程序224件，其中较大数额罚款17件，移送公安3件，合计罚没款114.02万元。通过数智卫监精密智控系统显示，全年效能指标：履职能力5分，发现能力10分，覆盖能力5分，处置能力70分，创新能力10分，总分100分，全省排名并列第一。在具体办理处罚案件时，均使用说理式文书，并实行行政处罚一卷一评一登记制度，保证案卷质量，未发生一起被依法撤销、纠正案件，未发生行政复议及行政诉讼案件。

【规范投诉举报】 2021年，县卫生健康局共受理投诉举报案件16件，处置16件，处置率为100%。共立案7起，均已结案，共计罚没款110800元。7件已结案案件中，包含公共场所类立案3起，简易程序2起，一般程序罚款800元1起；医疗卫生类立案4起，罚没款11万元。建立《岱山县卫生监督所投诉举报处置工作制度》，明确受理范围和内容。

渔农村卫生

【完善基层医疗卫生体系】 2021年，县卫生健康局召开岱山县农村卫生协会第六次会员代表大会，大会通过第六届理事会工作报告和第六届理事会财务报告，通过《岱山县农村卫生协会章程》。选举戎君斌、汤宏军、陈达、沈国谷、郑章、林光平、钟海江、姚海军、俞秀华、倪国芳、虞吉寅为岱山县农村卫生协会第六届理事会理事。选举虞吉寅为第六届理事会会长，钟海江、陈达为副会长，郑章为秘书长。岱山县农村卫生协会更名为岱山县基层卫生协会。

【基层医疗卫生服务】 2021年，县卫生健康局推进村卫生室标准化建设引领提升工程，完成高亭镇南浦（5星级）、高亭镇枫树（4星级）、秀山乡秀东（4星级）、岱西镇摇星浦（4星级）等4家村卫生室规范化建设，新建衢山镇石子门村卫生室，规范化率为76.2%。深入开展“优质服务基层行”工作，岱东镇、岱西镇、秀山乡等3家卫生院达到基本标准。全面推行“有温度的夜间诊疗服务”，村卫生室开通夜间诊疗服务电话、配备急救共享药箱，缓解基层群众特别是离岛群众在夜间看病难的困难。继续深入实施“基层卫生人才能力提升项目”，选派2名基层医疗骨干到医共体牵头医院，开展新冠肺炎等重大疫情的防控应对能力培训。

【家庭医生签约服务】 2021年，县卫生健康局扩大签约覆盖面，提升服务内涵。通过拓展老年人、慢性病人员等重点人群的精准签约和功能签约服务，扩大家庭医生签约服务覆盖面，家庭医生签约服务覆盖率为42.4%，10类重点人群签约率为78.5%，其中65岁以上老年人签约服务率为60.7%、高血压签约服务率为96.9%、糖尿病签约服务率为98.6%。符合救助政策的残疾人、低保及低保边缘老年人、计划生育特殊家庭等特殊人群签约服务覆盖率达100%。

【基本公共卫生服务项目】 2021年，县卫生健康局探索建立县局对医疗健康集团，集团对各分院的基本公共卫生服务项目绩效考核制度，明确医疗健康集团对分院开展1年4次的项目绩效考核，年度考核涵盖辖区所有分院和所有项目，结果与绩效工资挂钩；县局联合县财政每年两次进行实地抽查复核。是年，全县基本公共卫生服务项目工作全市排名第2，全省22个参加考核县区排名第15。

【母婴健康促进工程】 2021年，县卫生健康局推进3岁以下婴幼儿照护服务。制定出台《关于促进3岁以下婴幼儿照护服务发展的实施意见》，成立县级婴幼儿照护服务指导中心，建成婴幼儿养育交流活动中心1家，开展县婴幼儿家庭照护小组活动16场。根据《促进3岁以下婴幼儿照护服务发展的实施意见》，制定项目化任务清单。是年，全县7岁以下儿童保健覆盖率为99.6%，3岁以下儿童系管率为98.2%，孕产妇保健覆盖率达100%，孕产妇系统管理率为94.2%。加强妊娠风险评估，县级高危筛查率为100%，连续27年保持孕产妇零死亡。加强与县公安、民政、乡镇社区等单位的沟通联系；充分发挥公共卫生管理员和社区责任医生的作用，完善信息搜集与报告；继续实施流动孕产妇免费建卡系管制度。

疾病预防控制

【传染病疫情管理】 2021年，全县无甲类传染病报告，共报告乙、丙类传染病646例，报告发病率为310.60/10万，较上年（443.14/10万）下降29.9%。其中乙类报告267例，发病率128.38/10万，较上年（149.11/10万）下降16.6%。丙类报告379例，发病率182.23/10万，较上年（294.03/10万）下降39.9%。全县传染病诊疗机构12家，诊疗机构网络正常运行率为100%，报告卡片549张，及时报告率为100%，审核卡片552张，及时审核率为100%，有效证件号完整率为100%，综合率为100%。

【疾病监测项目】 2021年，全县纳入省、市疾病监测项目的有13个，其中国家级疾病监测项目4个，省级疾病监测项目8个，市级疾病监测项目1个，分别是全国死因监测报告、肿瘤随访登记、心脑疾病报告、居民健康素养监测和省级农村生活饮用水水质监测、农村环境卫生监测、疑似食源性异常病例/异常疾病监测、食源性疾病主动监测、布鲁氏菌病监测、发热伴血小板减少综合征、碘缺乏病监测、疟疾媒介监测、市级细菌性痢疾监测等项目。

【结核病防治】 2021年，全县共登记报告活动性肺结核病人23例，查痰23例，查痰率为100%；检出涂阳病人10例，菌阴13例，结核性胸膜0例。23例活动肺结核病人全部进入系统管理。对非网络直报的疑似病人进行追踪，对确诊的传染性肺结核及时进行收治，登记后的肺结核病人详细录入治疗期间信息，并对转归后的病人进行结案。

【艾滋病防治】 2021年，全县存活HIV/AIDS患者77例，新报告HIV/AIDS患者14例，较上年同期增加8例，感染途径均为性传播。其中抗病毒治疗71人，治疗率为92.2%；病毒抑制率为84.8%。对被监管人员、性病门诊病人、外出务工返乡人员和男性老年人等重点人群和其他人群进行监测，共开展各类检测13672次。开展艾滋病自愿咨询检测工作，全年共咨询351人次，接受HIV检测351人次，其中HIV初筛阳性1例，确诊病例1例。加强艾滋病宣传教育和预防干预工作。6月，与市疾控中心在高亭镇联合开展关爱老年人艾滋病宣传活动，到鱼山岛开展暗娼摸底以及同性恋人群的干预和检测工作；12月1日“世界艾滋病日”，开展针对性的系列宣教活动。

【新型布尼亚病毒感染病例防控】 2021年，县卫生健康局加强联防联控，提早购置消杀药物，开展消杀培训指导，督促乡镇社区及早落实防控措施。全年共报告新布尼亚病毒感染确诊病例4例。发病率1.89/10万，与上年同期相比，发病数下降33.3%（6/4）。发病呈散发状态，发病人数近年来一直保持在较低水平，防控取得初步成效。

【霍乱防治监测】 2021年，全县肠道门诊腹泻病人监测登记495人次，采样检验325人份，采样率65.7%，全部标本经细菌学培养均为阴性；外环境水源、食物（以小海水产品为主）、粪便等监测作霍乱弧菌培养，共采集各类样品260份，经检验结果均为阴性。全县无霍乱病例报告。

【免疫规划】 2021年，全县免疫

规划疫苗22剂次单苗接种率均在99%以上。各苗接种情况为卡介苗累积应种504人，实种502人，接种率为99.6%；脊灰疫苗累积应种2553人次，实种2542人次，接种率为99.6%；百白破疫苗累积应种2495人，实种2484人，接种率为99.6%；麻疹疫苗累积应种1479人，实种1473人，接种率为99.6%；乙肝疫苗累积应种1661人，实种1659人，接种率为99.9%，乙肝首针及时接种率为99.8%；甲肝疫苗累计应种818人，实种815人，接种率为99.6%；乙脑疫苗累积应种1597人，实种1591人，接种率为99.6%；流脑疫苗累积应种2996人，实种2987人，接种率为99.7%；白破疫苗累积应种832人，实种826人，接种率为99.3%。

【流动儿童免疫规划管理】 2021年，全县于6月、12月开展2次流动儿童摸底调查，掌握流动儿童的来源及分布，做好流动儿童预防接种工作，发现流动儿童后，检查其疫苗基础免疫完成情况并做好记录。未完成全程接种的，通知其到附近乡镇卫生院进行补种，并给予建卡、建证。通过社区、行政村、公安流动人口登记站等途径，开展流动儿童免疫预防知识宣传。对入托入学流动儿童实施入托、入学查验预防接种证制度，对无预防接种证及未按规定接种的儿童进行补证和补种。全县纳入免疫规划管理的0～7岁流动儿童共4420人，其中外省户籍3828人、本省外县户籍592人，分布于全县各乡镇。

【慢性病死因监测及慢性病管理】 2021年，全县报告户籍居民死亡1648例，报告年死亡率9.6‰。报告新发糖尿病473例，年发病率274.6/10万；报告新发冠心病急性事件72例，年发病率41.8/10万；报告新发脑卒中507例，年发病率294.4/10万；报告新发恶性肿瘤1144例，年发病率664.2/10万。全县累计发现高血压、糖尿病患者分别为29195人和7802人，发现率分别为14%和3.8%；高血压、糖尿病患者规范管理率分别为71.5%和70.7%；血压、血糖控制率分别为65.6%和61.9%。是年，岱山县顺利通过省级慢性病综合防控示范区复审。

【肿瘤登记管理】 2021年，全县报告新发肿瘤病例1144例，报告年发病率664.2/10万，其中男性663.4/10万，女性665.1/10万；死亡恶性肿瘤病587例，报告年死亡率340.8/10万，其中男性442.3/10万，女性241.9/10万。肿瘤发病前5位分别为肺癌、甲状腺癌、肝癌、胃癌、结直肠癌。肿瘤死亡前5位分别是肺癌、胃癌、肝癌、结直肠癌、胰腺癌。开展50～74岁重点人群结直肠癌筛查，对目标人群进行问卷调查和风险评估，对高风险人群进行肠镜检查，共筛查7084人，检查结肠镜252人，检出肠癌2人，检出率为0.8%。

【食品安全风险监测】 2021年，全县食品安全风险监测样品225份，达到1.08件/千人，其中本地样品数178份，占79.1%。食品中化学污染物和有害因素监测共121批次，检出率为4.1%。其中，检测：蔬菜水果中农药残留量项目20批次，白酒中代谢产物项目10批次，酱肉、腌肉、腊肉、香肠、熟肉制品中亚硝酸盐项目10批次，即食海蜇中含铝食品添加剂项目5批次，米线中含铝食品添加剂项目15批次，海虾中二氧化硫项目10批次，茶叶中铅项目4批次，香菇中铅项目6批次，豆制品中防腐剂苯甲酸和山梨酸项目10批次，果汁中色素柠檬黄项目10批次，熏烧烤动物性食品中亚硝酸盐项目11批次，酱腌菜类食品中亚硝酸盐项目10批次，经检测：4批次即食海蜇含铝食品添加剂超标、1批次豆制品中山梨酸超标，其余检测样品均符合国家相关标准规定。食品微生物及其致病因子监测样品104份，检出率为13.5%（其中冷冻饮品20份、熟肉制品20份）；豆制品30份，大肠杆菌超标2份，检出率为6.7%；糕点20份，大肠杆菌超标4份，检出率为20%；生肉14份，沙门氏菌阳性8份，检出率为57%（其中本地样品数84份，占80.8%）。

【精神卫生和社会心理健康服务】 2021年，县卫生健康局加大严重精神障碍患者排查力度，及时确诊疑似患者，纳入健康管理，严重精神障碍患者检出率为4.6‰；加强患者医疗救治，实施门诊救助628人次，救助金额75.35万元。规范开展严重精神障碍患者社区随访管理，患者管理率为96.2%，规范管理率为96.2%，面访率为90.8%，规律服药率为77.5%。县级成立社会心理健康服务指导中心，乡镇、社区成立心理服务站和心理服务室，聘请兼职心理咨询师和社会工作者，建立重点人群信息数据库，依托县心理协会开展心理健康咨询服务，做好重点人群的心理疏导、心理干预等工作。

妇幼保健

【母婴健康安全】 2021年，全县孕产妇死亡率继续保持为零，全县新生儿死亡率为3.8‰，婴儿死亡率为3.8‰，5岁以下儿童死亡率为3.8‰，主要生命指标继续保持较低水平。7岁以下覆盖率为99.6%，3岁以下系统管理率为98.2%，孕产妇保健覆盖率达100%，早孕建卡率为95.2%，孕产妇系统管理率为94.2%，产后访视率为98.9%。加强妊娠风险评估，对首次就诊建档的孕产妇落实妊娠风险筛查与“五色”分级评估，按照风险严重程度明确分级标识，对分级标识为“橙色”及以上的纳入高危孕产妇专案管理，县级高危筛查率为100%。

【预防艾滋病、梅毒、乙肝母婴传播】 2021年，县卫生健康局继续推进艾滋病、梅毒、乙肝母婴传播消除项目。开展艾滋病、梅毒、乙肝阳性母亲所生婴儿追踪和随访工作，随访率达100%；乙肝母婴阻断率达100%。

【“两癌”筛查项目】 2021年，县卫生健康局做好城乡适龄妇女“两癌”筛查工作，合理安排“两癌”筛查工作进度，6月初，“两癌”筛查工作启动。全年完成宫颈癌检查2022人，乳腺癌筛查2007人，未检出宫颈癌、乳腺癌病例。对阳性人群进行跟踪随访，并督促病人到相应医疗机构作进一步检查治疗。

【农村妇女叶酸增补项目】 2021年，全县共有238人服用叶酸，累计发放叶酸1011瓶，目标人群增补叶酸知识知晓率、叶酸服用率均达到90%，叶酸服用依从率超过85%。各项指标均达到省厅考核要求。

【优生两免项目】 2021年，县卫生健康局积极实施国家免费优生项目，把好优生第一关。为群众免费提供婚前保健、孕前优生健康检查等服务。全县共完成男婚检人数211例，女婚检人数245例，婚检率为84.1%。孕前优生健康检查505人，目标人群覆盖率为80.4%。病残儿父母再生育二孩的优生指导和服务率为100%。当年开展的艾滋病检测实验室室间质量评价和梅毒血清学检测室间质量评价中获得全优。“国免”项目实验室质量评价中成绩全优。

【产前筛查和新生儿疾病筛查】 2021年，全县共出生活产婴儿328人，采集标本328例，采血率为100%。新生儿听力筛查率为100%。产前筛查474人，筛查率为92.2%。

爱国卫生

【健康岱山建设】 2021年，县卫生健康局强化组织体系建设，推进健康岱山建设与健康岱山行动工作。建立健全健康岱山建设成员单位和乡镇分管领导及联络员网络，印发《健康岱山建设任务清单》和工作要点，明确工作职责；组织召开健康岱山建设（行动）工作推进会，开展全县健康浙江建设（行动）工作；建立工作协调、部门联动、督查考核等制度，推进工作协调。由县健康办负责汇总协调，确保各项工作高效落实。将健康岱山建设（行动）内容纳入县对部门、乡镇的年度重点工作考核，并于年底对各部门、乡镇进行考核打分。

【爱国卫生工作】 2021年，县卫生健康局进一步巩固和提升国家卫生县城创建成果，建立“国卫县城”长效管理机制；衢山镇创建国家卫生乡镇通过省级暗访；

申报大岙一村、桥头社区、双合村、东剑村、秀南村和塘岙村为浙江省卫生村。长涂镇被命名为市级健康镇，岱东镇涂口村、岱西镇海丰村被命名为市级健康村，岱东镇涂口村被命名为市级除“四害”村。不断完善乡镇基础设施，加强社会卫生管理，提升群众健康水平；加快小城镇环境综合整治，有序开展爱国卫生月、春季和秋冬季灭鼠、夏季灭蟑灭蚊蝇及灭越冬蚊等各项爱国卫生活动，助力新冠和登革热疫情防控。

【城乡环境卫生整洁行动】 2021年，县卫生健康局巩固深化村庄综合整治治理成果，农村生活垃圾有效集中收集率达100%，建制镇生活垃圾无害化处理率达100%。设置电子屏幕63个点，治理脏乱道路面积51431平方米，治理河道河岸、沙滩海岸23630米，修复和新植绿化面积达13934平方米，清理卫生死角3629处，清除乱张贴1690处，清除垃圾2526吨。

【病媒生物防制】 2021年，岱山县城继续引入市场化运作模式，开展病媒生物防制工作，采用政府购买服务方式，县及乡镇分别与第三方病媒生物防治公司签订合同，累计投入资金200万元。加强防治结合，开展环境卫生消杀、滋生地清理和灭越冬蚊专项行动，结合元旦、春节、爱国卫生月、国庆节等节日开展活动，消灭病媒生物滋生地1270处。全年累计投放灭鼠药物近5000千克，其中溴鼠灵颗粒4000余千克、蜡块600余千克；投放灭蟑药物600千克，其中灭蟑颗粒剂400千克、药笔200千克。

【开展健康教育】 2021年，县卫生健康局开展健康知识讲座207场，健康教育现场咨询活动58次，分发资料34700余份，直接受教育人群达33579人。根据“健康舟山”建设任务，认真落实“健康细胞”（健康社区、健康单位、健康促进学校、健康促进幼儿园、健康家庭等）创建活动，组织召开全县健康细胞创建工作推进会。全年新创建健康促进学校（幼儿园）铜奖4所：浙江省岱山中学、岱山县职业技术学校、上海世外高亭初级中学、岱山县秀山乡中心幼儿园通过县级考核；银奖1所：岱山县岱东镇中心小学通过市级考核；健康示范单位7家：高亭镇中心卫生院、东沙镇中心卫生院、长涂镇中心卫生院、衢山镇中心卫生院、岱山县长途客运中心、秀山客运中心、竹屿客运中心；健康示范社区7家：高亭镇高亭一村、岱东镇虎斗村、岱西镇摇星浦村、衢山镇瀛洲社区、衢山镇乍浦门村、衢山镇幸福村、秀山乡秀东村；健康示范餐厅2家：岱山华侨饭店、岱山开元大酒店；健康示范食堂2家：岱山交投资产经营有限公司交通大楼职工食堂、岱山县机关事务管理中心食堂；推荐1户家庭参加舟山市健康家庭大奖赛，获第二名。积极开展“健康细胞”创建，不断扩大无烟场所覆盖面。是年，持续巩固全县党政机关无烟单位创建工作，县公安局所有下属单位完成无烟党政机关（单位）创建。

人口与计划生育

【育儿友好型社会全面构建】 2021年，县卫生健康局深入贯彻实施中央《关于优化生育政策促进人口长期均衡发展的决定》和“一法一条例”，广泛开展三孩生育政策宣传，发放三孩生育政策解读资料350本，引导家庭按政策生育，继续执行《岱山县完善全面两孩政策配套措施鼓励生育的实施办法（暂行）》，办法规定对于生育两孩及以上家庭给予1000元分娩补助；入园按每学年补助2000元/人助学补助。积极实施出生缺陷干预工程，加强孕前指导和产前筛查诊断，做好孕前、孕期和围产期保健，继续实施母婴健康保险项目和高龄孕产妇特殊补助检查项目等。推进0～3岁托育机构建设。是年，全县有53人享受到两孩分娩补助，共发放财政补助资金5.30万元。另据计生统计年报数据显示：截至是年12月末，全县户籍总人口170723人，出生上报594人，其中二孩及多孩率为26.8%，与上年同期略有下降，全县总和生育率维持在0.71，实现人口与经济社会可持续发展。

【计划生育服务与管理】2021年，根据省、市、县建设数字政府目标要求，全县计划生育服务和管理向精细化、精控化提升，通过流程再造、委托代办、线上线下、事项精减、“一件事”联办等改革措施，实现在生育登记、再生育审批、婚育证明出具等计划生育民生服务领域的“最多跑一次”改革。是年，共申领发放生育服务登记卡619件，其中通过线上APP申领355件；婚育联办169件；乡镇服务窗口受理95件，通过浙里办APP自助申报、婚育联办达到总数的84.7%。计划生育再生育审批行政许可10件。出具计划生育各类婚育证明24份。

【母婴设施创建】2021年，全县新创建公共场所母婴室6家，截至年末，全县建成规范化“三星”以上母婴室22家，建成母婴设施面积达230多平方米，配置率达100%。对列入国家和省级母婴设施创建监测点的岱山港客运中心等8家单位母婴室进行基本信息报送，并通过“浙里办”等渠道向公众开放母婴室查询导航入口，方便群众母婴室信息查寻、定位导航。并对新创建的母婴场所按照要求，落实好监管维护职责，建立健全母婴设施运行管理制度，明确相关人员职责，做好日常管理和维护，确保母婴设施整洁卫生、功能正常。

【出生人口性别比治理】2021年，县卫生健康局重点打击计划生育“两非”行为，加强怀孕对象全周期管理，以及孕情消失追溯调查等长效管控机制。强化区域协作和部门联手，开展对重点行业和重点单位的监督检查，对县域内医药批发企业、药品零售商店违禁销售妊娠终止药品开展全面整顿清查，对行医场所B超管理使用情况、B超从业人员资质、出生婴儿实名制登记落实、生育全过程管理、终止妊娠审查审批制度落实以及终止妊娠药品的销售、使用和管理情况等进行重点督查。是年，全县出生男女性别比为101.75，处于正常范围，出生性别比偏高势头得到有效遏制，总体维持在合理区间范围内。

【计生家庭权益保障】2021年，县卫生健康局继续实施部分计划生育家庭奖励扶助制度和计划生育家庭特别扶助制度。经审核，全县确认农村奖扶对象5520人（其中新增对象635人）、城镇奖扶对象450人（其中新增对象101人），共计5970人，应发奖扶金额573.12万元。确认独生子女死亡或伤残特扶对象597人(其中新增对象53人)、应发放特扶金额515.28万元，计生并发症人员特扶对象27人、应发放扶助金额9.72万元。全年共计应发放奖扶、特扶金额1098.12万元。计生奖特扶对象同比新增289人，增加扶助资金63.22万元。全年发放城镇失业无业人员独生子女父母奖励费1.12万元，受益人数32人。全年发放公益金27.54万元，为78户计划生育特殊家庭实行社会救助。

医保服务

【医疗保险】2021年，全县实行基本医疗保险市级统筹，全市基本医疗保险、大病保险、医疗救助制度政策统筹，全市职工基本医疗保险、城乡居民基本医疗保险、大病保险基金市级统收统支。各县（区）医保基金当期收入和历年结余均归集市财政专户，完善基金兜底分担机制，切实提高基金互助共济和抗风险能力。是年，全县职工基本医疗保险征缴收入25620万元，待遇支出20129万元；城乡居民基本医疗保险征缴收入17468万元，待遇支出15576万元。全县参加职工基本医疗保险64568人，比上年增加1972人。参加城乡居民基本医疗保险105516人，比上年年底减少5100人。全县户籍人口基本医保参保率达99.5%。自《浙江省医疗保障条例》实行起，全面放开灵活就业人员职工医保参保户籍限制，积极推动新型就业形态从业人员参保缴费。

【生育保险】2021年，全县生育保险参保单位2247家，参保人员30825人,比上年增加1270人。生育保险待遇支出511万元，同比增长11.3%。

【长期护理保险】2021年，县

卫生健康局通过政保合作模式开展长期护理保险试点工作，参保对象为参加城乡居民基本医疗保险人员，是年，全县长护险参保104950人，共筹集长期护理保险基金944.55万元。全年共633人享受长护险待遇，基金支出235.60万元（其中家属亲情护理支出193.75万元，居家上门项目护理支出41.85万元）。护理区域覆盖本岛4个乡镇及衢山镇。是年，帮扶引导1家养老机构申请定点长护险机构护理，12月上旬完成签约，为重度失能人员提供24小时长护险机构护理服务，实现长护险三项护理方式全覆盖。

【医疗救助】 2021年，县卫生健康局对特困供养人员、低保家庭、低保边缘家庭及患重特大疾病困难人员实施贫困医疗救助6.4万人次，共支出救助金621万元，其中，资助参保2113人、134万元，门诊救助60815人次、265万元，住院救助1136人次、222万元。对精神病人实施免费服药医疗救助583人、44万元。进一步梳理高额医疗费用，化解2020年度3名贫困家庭封底5万元以上的医疗费用，支出医疗救助资金4.37万元。

【商业补充医疗保险】 2021年，岱山县首年推出商业补充医疗保险“舟惠保”，人均缴费标准为每人每年100元，报销比例不低于50%，最高可获得150万元的赔付保障，全县共参保5.56万人，参保率达33.1%，高于全市平均数。“舟惠保”全市全年共赔付2834万元，协议赔付率为97.2%，有效缓解因病致贫、因病返贫的问题。

【药品和医疗服务价格管理】 2021年，县卫生健康局开展国家“4+7”一至四批及省药品集采工作，各批次药品总量执行率均达到目标要求。严格执行药械采购预付金制度，国家和省药品集采按时回款率全省领先。探索开展分类管理、动态调整、多方参与的价格形成机制。全年公布新增医疗服务项目价格87项，调整

2021年3月21日，岱山县医保中心创城动员大会暨医保条例与业务知识培训会在县卫生健康局召开

（县卫生健康局　供图）

医疗服务价格 104 项。做好新冠核酸检测项目价格调整工作。

老龄健康

【全县老年人口基本信息与老龄化发展状况】 2021 年，受生育率水平下降、家庭少子化、人口外迁等因素影响，全县人口年龄结构更趋老化。按户籍人口统计，截至是年年末，全县户籍总人口 170723 人。60 周岁以上 63620 人，占 37.3%，比上年同期增加 779 人，增长 1.2%；65 周岁及以上老年人口 45667 人，占人口总数的 26.8%，比上年同期增加 2466 人，增长 5.7%。统计数据显示，全县老年人口持续快速增长。老年人口总数由 2011 年年末的 40342 人增长至 2021 年年末的 63620 人，老龄化系数由 2011 年年末的 21% 增长至 2021 年年末的 37.3%，10 年间老年人口净增 23278 人，年均增长 4.7%。

【敬老环境优化】 2021 年，县卫生健康局立足全县实际，发动各村社区，面向全县老龄群众，扎实开展各类系列活动。老年健康周、端午节、重阳敬老月期间，开展走访慰问老年人活动，为老年人特别是贫困、高龄、失能、失独、空巢等特殊困难老年人献爱心、解难题、办实事。以“敬老文明号”培植为抓手，综合协调各部门开展老龄化国情教育、老年健康、法律知识、防诈骗宣讲和敬老公益广告推送等宣传教育，增强全社会积极应对人口老龄化意识。举办“九九重阳节，同心敬老情”重阳敬老活动，以共忆红色精神、共扬敬老风尚、共赏重阳欢乐、共享银龄健康为主线，让老人们度好重阳节。开展“健康有约　乐享银龄”老年健康教育讲座进社区活动，普及老年健康科学知识，提高老年人的自我保健意识。成功推选全省敬老养老助老模范人物 2 名，营造尊老敬老社会氛围。

【老年健康服务体系构建】 2021 年，县卫生健康局着力构建包括健康教育、预防保健、疾病诊治、康复护理、长期照护、安宁疗护的综合连续的老年健康服务体系。加强老年医学科建设，贯彻落实国家卫生健康委发布的《老年医学科建设与管理指南（试行）》，推动二级以上综合医院规范设置老年医学科，2 家二级以上综合医院和中医院逐步探索设置老年医学科。启动老年友善医疗机构建设，制定《老年友善医疗机构建设行动实施方案》，组建创建领导组和评定验收组，经查验评估，确认县第一人民医院、县第二人民医院、县中医院、岱山广华骨伤医院为首批老年友善医疗机构，进一步加强医疗机构敬老文化建设和优化老年健康服务。深入推进医养结合服务，基层医疗卫生机构结合历次老年人健康体检结果，对辖区内 65 岁及以上老年人进行每年 2 次的医养结合服务，服务内容包括血压测量、末梢血血糖检测、康复指导、护理技能指导等方面。是年，全县 7 家基层医疗卫生机构累计完成服务人数 22184 人，服务率为 62.4%，加快老年健康医疗服务体系建设。

（高乐明）

责任编辑：赵悠燕

人力资源和社会保障

Human Resources and Social Security

综述

2021年，岱山县人力资源和社会保障局（简称县人力社保局）以高质量发展建设共同富裕示范区海岛样板为总体定位，紧扣“强发展、求突破、勇争先”工作总要求，以数字化改革为牵引，着力稳就业防风险、聚人才促创新、优服务惠民生，各项工作再上新台阶。是年，设办公室（挂政策法规科、行政许可服务科牌子）、就业促进和失业保险科、事业单位人事管理科（挂人才开发和市场科牌子）、专业技术人员管理科（挂职业能力建设科牌子）、养老和工伤保险科（挂基金监督和内审科牌子）、劳动关系科，劳动监察科（3月增设“大综合一体化执法改革”），核定行政编制13名。完成“大综合一体化执法改革”，撤销县劳动监察大队。所辖县社会保险事业管理中心、县就业管理中心（挂县创业服务中心牌子）、县人才市场管理中心、县技能人才评价管理服务中心、县劳动人事争议仲裁院5个事业单位，事业编制54名。其中，县社会保险事业管理中心是由县人力社保局管理的相当于副科级公益一类事业单位，内设办公室、计划财务科、内控管理科、养老待遇审核计发科、参保登记业务科、工伤待遇审核结报科、综合受理科，事业编制25名。

（陆康杰）

事业单位人事管理

【事业单位招考录用】 2021年，县人力社保局录用事业单位工作人员156人，其中公开招聘23人，紧缺人才引进35人，面向大学生退役士兵招聘3人，面向残疾人招聘1人，招聘士官转业7人；教育系统招聘教师9人，定向委培21人；卫生系统公开招聘医护人员34人，定向委培23人。

【事业单位调动】 2021年，县人力社保局严格执行人事调配有关规定，除机构改革人员划转和教育、卫生系统内部调动外，共办理事业单位工作人员调动51人，其中调往县外22人，县外调入4人，县内调动25人。

【事业单位岗位设置管理】 2021年，县人力社保局完成教育系统新一轮的岗位聘任，新一轮聘期为3年，从2021年9月1日至2024年8月31日止。4月起，调整交通、环保等5部门工程技术类专业技术岗位的结构比例。

（夏存波）

工资福利

【工资标准调整和正常晋升】 2021年1月起，县人力社保局对全县符合条件的265名公务员晋升工资级别、248名公务员晋升级别工资档次；事业单位3215名工作人员晋升一级薪级工资。10月起，根据国家文件调整机关事业单位工作人员基本工资标准，人均月增资300元。

【奖金和津补贴核定】 2021年，县人力社保局完善公务员和事业单位工作人员普发性奖金发放，制定出台《岱山县学校医院年终考核奖金发放办法》，规范应休未休年休假工资报酬。规范公务员津贴补贴，对公务员收入进行全面自查，取消医疗、窗口、城管补贴等自行设置项目，调整机关工作人员通信费按省统一标准执行。核定法院、检察院单位绩效奖金总量分别为162.25万元和88.74万元。1月起，再次调整精简退职人员、计划外长期临时工、机关企事业单位遗属生活困难补助费标准。

【退休和工龄认定】 2021年，县人力社保局审批办理全县机关、事业单位干部职工退休103人，其中：机关干部退休42人、事业干部退休61人。认定机关事业单位工作人员连续工龄36人次。

（夏存波）

人才工作

【人才引进】 2021年，县人力社保局共举办专场招聘会5场，省外高校驻点招5场，参与省市组织的各类招聘活动8场，开展线上招聘1场。共引进高校毕业生1910名，完成年度考核指标1800名的106%。其中硕士研究生55人，本科836人，专科1019人。

【毕业生实现就业】 2021年，全县应届高校毕业生到档517人，其中硕士10人，本科263人，专科及以下244人，未就业31人，就业率达94%。

【人事档案信息化管理】 2021年，县人力社保局共办理流动人员人事档案转出385人，流动人员人事档案转入93人，高校毕业生就业协议签约122人，开具各类证明107人。

【人才服务】 2021年，县人力社保局共受理人才认定9批，认定各类人才239名，其中B类人才1人，E类人才11人，F类人才225人，G类2人；受理购房补贴38起，租房补贴14起，安家奖励20起，实习补贴5起，引才奖励200起，特殊岗位补贴2起，公租房32起。

（夏存波）

专业技术人员

【专业技术资格】 2021年，县人力社保局组织落实各系列专业技术资格评审和各类执业资格考试，确保专业技术人才队伍质量。共有749人获得相应专业技术资格或执业资格。是年年末，全县企事业单位专业技术人员总数达6249人，其中：高级693人、中级2555人、初级3001人。

2021年度岱山县企事业单位专业技术人员情况表

表21　　单位：人

系列	合计	职称				学历					年龄				性别		聘任情况	
		高级	中级	助级	员级	研究生	本科	专科	中专	高中以下	51～60岁	41～50岁	31～40岁	30岁以下	男	女	已聘	未聘
	6249	693	2555	2559	442	113	3849	1671	358	258	1292	2043	1921	993	3479	2770	5166	1083
卫生技术	1012	178	372	282	180	8	638	310	45	11	122	348	214	328	334	678	845	167
中学教师	619	288	246	75	10	16	578	24	0	1	181	284	93	61	273	346	600	19
小学教师	835	75	450	285	25	0	730	101	3	1	88	340	241	166	129	706	785	50

续表 21

系列	合计	职称				学历					年龄				性别		聘任情况	
		高级	中级	助级	员级	研究生	本科	专科	中专	高中以下	51～60岁	41～50岁	31～40岁	30岁以下	男	女	已聘	未聘
中等学校教师	73	28	31	13	1	2	67	3	0	1	29	24	10	10	46	27	70	3
工程技术	2544	102	889	1390	163	67	1217	866	223	171	573	644	998	329	2159	385	1913	631
经济专业	404	7	227	164	6	12	256	106	18	12	100	148	131	25	204	201	339	65
会计专业	369	6	102	224	37	3	162	127	54	23	84	127	120	38	92	277	307	62
群众文化	33	3	11	19	0	0	21	8	2	2	7	6	14	6	15	18	30	3
新闻专业	35	1	17	16	1	2	27	5	1	0	6	9	17	3	21	14	29	6
农业技术	28	2	16	10	0	2	15	7	1	3	8	9	7	4	20	8	26	2
档案专业	49	1	30	17	1	0	38	10	1	0	17	20	11	1	4	45	30	19
政治工作	39	1	11	25	2	0	31	6	0	2	16	8	10	5	27	12	17	22
广播电视播音	3	0	1	2	0	0	1	2	0	0	2	0	1	0	0	3	3	0
统计专业	22	0	8	7	7	0	9	10	0	3	5	6	10	1	5	17	18	4
图书资料	14	1	10	3	0	0	10	3	1	0	5	8	1	0	5	9	11	3
船舶技术	119	0	105	14	0	0	10	74	7	28	45	51	21	2	119	0	111	8
党校教师	2	0	2	0	0	1	1	0	0	0	0	0	1	1	1	1	2	0
教练员	3	0	0	3	0	0	3	0	0	0	0	0	2	1	1	2	2	1
出版专业	0	0	0	0	0	0	0	0	0	0	0	0	0	0	0	0	0	0
社会工作	17	0	11	6	0	0	14	3	0	0	1	6	5	5	7	10	11	6
翻译专业	3	0	0	2	1	0	1	2	0	0	1	0	2	0	0	3	3	0
工艺美术	1	0	0	0	1	0	0	1	0	0	0	0	0	1	1	0	1	0
审计专业	4	0	4	0	0	0	4	0	0	0	0	1	3	0	2	2	4	0
艺术专业	2	0	1	0	1	0	0	2	0	0	0	1	0	1	2	0	2	0
实验技术	2	0	0	0	2	0	2	0	0	0	0	0	2	0	0	2	2	0
律师	12	0	11	1	0	0	12	0	0	0	0	3	5	4	10	2	1	11
海关	4	0	0	0	4	0	1	1	2	0	2	0	1	1	1	3	4	0
公证员	1	0	0	1	0	0	1	0	0	0	0	0	1	0	1	0	0	1

【继续教育培训】 2021年，县人力社保局贯彻落实《浙江省专业技术人员继续教育十二五规划》和《舟山市专业技术人员知识更新工程（2013—2020）实施方案》。为147名建筑、水利和交通行业不具备规定学历的人员开办专业理论知识培训班。采用电脑终端和手机移动端实时在线学习的方式，进行课程轮训。

【博士后工作站】 2021年6月，

东沙汽船配小镇开发有限公司博士工作站引进在职博士后研究人员1名。12月，舟山市恒泰漆业有限责任公司获浙江省人社厅批准，设立博士后工作站，并招收1名在职博士后研究人员。

【教授(专家)工作室】 2021年，县人力社保局推进甬舟人才一体化发展，引导高层次人才向企业集聚，帮助企业解决技术难题，分别设立浙江友联修造船有限公司教授（专家）工作室和岱东旅游开发有限公司教授（专家）工作室。

2021年10月23日，县人力社保局举办全县电工技能大比武
（县人力社保局　供图）

职业资格人员

【职业资格鉴定】 2021年，县人力社保局发布《2021年岱山县职业技能订单式培训目录清单》，开展职业技能提升培训6024人次，有5721人获得相应证书，培养高技能人才1323人（其中技师、高级技师257人）。

【高技能人才评定】 2021年，县人力社保局对全县127名在一线岗位从事紧缺工种的企业技师及以上人员发放岗位补贴，共发放补贴53.26万元。制定“岱山名匠”评荐实施细则，将岱山名匠划分A、B、C三类，每月补贴1000～5000元不等，评选黄宽平等首届“岱山名匠”10人。颜成建、韩毅坤、姚志海获“浙江工匠”荣誉称号。

【技能人才评价】 2021年，县人力社保局推进技能人才多元化评价方式改革，指导企业开展技能等级自主认定，新增银岱公司、五匠公司等5家职业技能等级认定试点企业。岱山技校技能等级认定社会组织遴选获得通过，并开展社会认定工作。

【职业技能大比武】 2021年，县人力社保局举办全县职业技能大比武，涉及先进制造、海洋旅游、医疗健康、综合服务四大行业板块13个竞赛项目。

（汤铁英）

就业培训

【公共就业服务】 2021年，县人力社保局发挥县人力资源市场主渠道作用，积极搭建供需洽谈平台。组织举办各类招聘活动15场，进场招聘企业累计176家次，提供就业岗位4499个。积极开展东西部劳务合作。多次赴四川达州市开展劳务协作活动，加强两地劳务协作，构建长效机制，开展订单培训，联合举办线下专场招聘并达成合作意向。新建达川区、宣汉县两个跨省考务合作基地，并在宣汉县建立引才工作站，开展订单培训297人。

【重点人群就业帮扶】 2021年，县人力社保局对安澜社区、岛斗村等7家社区（村）开展高质量就业社区（村）建设，全面排摸重点人群底数，并进行动态跟踪帮扶。不断扩大就业见习规模，新设立定瑞程石化、锦舟宝盛大酒店、安澜城投集团有限公司、蓬莱交投集团有限公司等4家高校毕业生见习基地，新增高校毕

2021 年 9 月 20 日，东西部劳务协作（岱山—宣汉）签约仪式在宣汉县举行
（县人力社保局　供图）

业生见习岗位 236 个，发放见习补贴 137 万元。对 13 名困难大学生发放求职创业补贴 3.90 万元。

【服务大众企业】 2021 年，县人力社保局加强创业扶持力度，新增创业担保贷款 1395 万元，创业贷款贴息 97 万元，共发放一次性创业奖励、创业场租补贴、创业社保补贴等各类创业补贴共 279.99 万元。举办 2021 年中国·浙江舟山群岛新区全国大学生创业大赛上海赛区赛，开办乡村振兴合作创业人培训班 3 期，组织专家开展助力乡村振兴活动 18 次。全年完成创业培训 230 人。

（蒋　叶）

劳动监察与仲裁

【劳动保障监察】 2021 年，县人力社保局共受理劳动监察投诉举报案件 42 起，涉及劳动者 167 人，追回被拖欠工资 217.48 万元，结案率达 100%；联合县防范和处置企业拖欠工资工作领导小组办公室开展护航建党百年“浙江安薪”专项行动（含根治欠薪夏季行动）、冬季行动和侵害群众利益问题专项治理（重大工程建设项目劳资纠纷专项治理）行动，常态化督查全县在建工程项目，共发放限期整改指令书 41 份，发放询问通知书 71 份；以《保障农民工工资支付条例》实施一周年为契机，深入推进实名制管理、分账管理、银行代发等“六项制度”的落实。落实联合执法和联合预警监控机制，全面推进数字化改革纵向铺开，促进数字化管理水平迭代升级。

【劳动争议仲裁】 2021 年，县人力社保局共受理劳动争议仲裁案件 516 起，涉及 554 人，申请金额 2211.76 万元；审结 501 件（其中调解 96 起、裁决 405 起），涉及 517 人，结案金额 1447.59 万元。仲裁调解率为 80.8%、网办率为 30.2%，结案率为 97.5%。全县 7 个乡镇全部建立基层劳动人事多元化解中心。打造以调解、监察、仲裁“三位一体”为基础、多方力量共同参与的“1+X”劳动纠纷多元化解机制，率先在舟山绿色石化基地设立岱山县劳动人事争议仲裁委员会鱼山派出庭。

【服务鱼山重点项目】 2021 年，县人力社保局派专人驻点鱼山，开展岛内纠纷调处工作，共接待现场投诉 464 批次，涉及人数 8738 人，涉及金额 22190.63 万元，接听来电投诉 3121 件。10 月，在岱山县劳动纠纷专项治理工作专班的基础上，成立由县政法委、公安、检察院、法院等部门参与的全县岁末年初根治欠薪工作专班，研判制作总包单位欠薪预警表，实现由部门单干向多部门“联合作战”转变。以岛内“重大项目劳资纠纷精密智治场景应用”为抓手，充分利用鱼山码，确保工人信息化考勤、企业数字化管理、政府全流程监控、投诉高效率处置。坚持鱼山矛盾纠纷化解调处中心“一站式”调处，加强与岱山本岛“信访超市”的协作联动，共同做好纠纷调处、劳动监察、仲裁调解和法律援助等维权服务工作，确保矛盾化解“不出岛”。

【和谐劳动关系创建】 自2021年起，县人力社保局开展劳动关系“和谐同行”三年行动。广泛开展劳动用工检查活动，涉及企业171家，完成三年计划的40.7%。8月以来，开展劳动关系协调员培训班2期，培训人员140名；开展劳动关系和谐企业创建活动，培育县级劳动关系和谐企业4家。推进电子劳动合同平台建设，率先在全县国有企业推广使用电子劳动合同，并逐步推广至其他行业。

（刘　杰）

社会保障

【企业职工养老保险】 2021年，全县参加企业职工养老保险100388人（其中在职人员55116人，退休人员45272人）。企业职工养老保险基金收入232980万元，基金支出249772万元，累计结余13513万元。跨省转出408人，省内转出450人。跨省转入246人，省内转入15人。企业退休人员养老金，人均达到2700元/月。

【城乡居民养老保险】 2021年，全县参加城乡居民养老保险41926人（其中缴费人员15441人，享受待遇人员26485人）。城乡居民养老保险基金收入10742万元，基金支出9083万元，累计结余12462万元。城乡居民基本养老保险基础养老金每人每月225元。

【机关事业单位养老保险】 2021年，全县机关事业单位养老保险参保人员9118人（其中在职人员5949人，退休人员3169人）。机关事业养老保险基金收入28528万元，基金支出26822万元。

【工伤保险】 2021年，全县工伤保险参保单位2688家，参保人员54062人；全年通过认定工伤案件562件。当年工伤保险基金收入1536万元，基金支出2775万元，基金累计结余588万元。

（方　颖）

【失业保险】 2021年，全县失业保险基金收入2627万元，其中失业保险费收入1668万元，历年滚存结余2943.42万元；失业保险基金支出2346.74万元，其中：失业保险待遇支出1250.33万元，医疗补助金支出271.11万元。继续实施降低失业保险费率政策，共减征失业保险费780万元，发放稳岗补贴278万元。

（蒋　叶）

责任编辑：韩信安

社会生活

Social Life

综述

2021年，全县民政事业围绕“三个聚焦”，履行“三个职责”，民政各项事业发展均取得较好的成绩。全年累计支出各类民生保障资金6258.42万元，支出民政事业建设各类项目资金1077.48万元。县行政服务中心民政窗口全年办理结婚登记588对、离婚登记146对，办理涉外无婚姻登记记录证明1份，补发婚姻登记678对，提供婚姻档案查询服务507件；依法办理婴幼儿收养手续3件；办理老年证1037张；办理编制、变更、撤销、设置路门牌586件；办理社会团体成立、变更、注销292件，提供上门服务11次、服务250余名办事人，延时、预约服务共计16次、咨询服务5122人次。

社会救助与社会福利

【城乡居民最低生活保障】 2021年11月1日起，岱山县城乡居民最低生活保障标准提高至每人每月910元。年末，全县在册低保对象1665户1971人，低保边缘（简称“低边”）对象145户259人。全年发放低保救助金1990.48万元，低边救助金94.69万元。

【支出型贫困家庭救助】 2021年，县民政局、县教育局、县残疾人联合会、县慈善总会联合出台《关于进一步做好支出型贫困家庭救助工作的通知》，实施支出型贫困家庭救助机制，经摸底排查，全年共对符合条件的77户105人开展救助。

【困难群众医疗救助和临时救助】 2021年，县民政局稳固全县全面小康建设，使贫困群体在乡村振兴过程中走共同富裕之路，对特困供养人员、低保家庭、低保边缘家庭及患重特大疾病困难人员开展救助，对敬老助老和困难户慰问，涉及3078户家庭，支出306.34万元；大病和遭灾贫困家庭2624户，发放救助资金241.11万元。为全县2235名低保低边对象投保医疗补充保险。开展困难群众临时救助，全面实施临时救助分级审批制度，全年共救助25户34人，计6.73万元。

【社会救助专项核查】 2021年，县民政局充分利用社会救助联席会议制度，强化动态管理，借力系统平台，建立一户一档，开展低保领域专项整治、低收入家庭核定、收入核对购买服务试点工作。先后对低保、低边对象核查5次，累计核对1642户3852人，核出异常223户343人。

【特困人员供养与孤儿和困境儿童生活保障】 2021年，全县特困人员（农村“五保”对象和城镇“三无”人员）年供养标准为人均13527元。至年末，全县共有特困对象110人，其中农村“五保”

对象103人，城镇“三无”人员7人，全年共计发放生活补助金190.75万元；落实全县孤儿基本生活保障最低养育标准自然增长机制，是年，全县孤困儿童养育标准提高至社会散居孤儿每人每月1362元，低保户、低保边缘户家庭困境儿童分别为每人每月681元和273元，同比均增长12%。截至2021年，全县共有困境儿童133人，共发放孤儿和困境儿童基本生活费146.57万元。落实高龄津贴，是年，90～99岁高龄老人长寿保健补助910人，发放津贴106.23万元；百岁老人长寿保健补助12人，发放津贴6.28万元。

【低保“回头看”行动】 2021年，全县新增低保121户152人，注销97户144人，确保社会救助“不落一户、不落一人”。采取多样化手段开展动态核查，先后对低保户、低保边缘户等对象开展核查5次，累计核对1642户3852人，核出异常223户343人。核查公租房428户494人。

【“邮善邮乐”慈善超市建设】 2021年，县民政局继续联合县邮政开展邮善邮乐慈善超市建设工作，全年累计服务衢山镇、长涂镇低保户2600余次，享受各级财政补助资金8.68万元。

【水库移民解困工作】 2021年，县民政局实施水库移民项目建设机制，加强项目督导，及时落实跟进项目实施进度，全年共有21个水库移民项目，投入资金215万元，至年末，21个项目全部完成，近2万余名渔农村群众受益。

【养老服务事业建设】 2021年，县民政局全面推进以居家为基础、社区为依托、机构为支撑的社会养老服务体系建设，完善城乡居家养老服务网络。完成2家示范型居家养老服务中心和2家托老所建设并投入运营。在建成投用国内首个海岛服务驿站——大长涂“幸福驿家”的基础上，新建成衢山田涂“幸福驿家”。发挥镇村两级积极性，对全县各个乡镇的配送餐点进行优化调整，整合资源，扩大受益面，提高配送餐质量，延伸探访、配送药等服务。全县7个乡镇有6个整合完毕。结合老旧小区改造计划，启动3个小区试点，实施社区无障碍环境改造。完成145户困难老年人家庭适老化改造项目。

【医养结合资源整合】 2021年，县民政局开展全市唯一长护险改革试点，相关经验做法入围省委改革办“竞跑者”专栏。引进长护险护理机构2家，在县第一人民医院和第二人民医院等综合医院开设老年病专科，启用乡镇级康养联合体试点——衢山镇瀛洲颐养苑和县社会福利院桥头分院护理院。整合各类社会服务资源，党群服务中心、文化礼堂、城市书屋等公共设施向老年人免费开放。组织部分老党员、困难老年人、高龄老年人共50人，开展“迎建党百年　看岱山发展”活动。坚持“培训+培养”原则，多渠道推动养老服务队伍建设。组织开展全县第一届养老护理员培训，69人取得养老护理员国家职业技能认定证书；将岱山广华颐养院设为护理人员培训基地，定期组织开展养老服务相关培训。举办第一届全县最美护理员评选，评选出10名热爱养老服务工作、职业道德素质良好、养老护理专业技能优秀的最美护理员，给予奖励和表彰。举办全县第一届养老护理员技能竞赛，来自全县各养老机构的6支代表队、30名参赛选手进行现场技能大比武。

【养老服务工作机制落实】 2021年，全县建立养老服务供给侧改革领导小组，定期召开养老服务业发展工作联席会议，督促落实各项改革任务。开展选聘“养老评议员”工作，选聘人大代表、政协委员、养老服务从业人员等30位人员担任“养老评议员”，开展养老评议工作。加强养老机构安全规范管理，定期开展养老机构消防设备检测活动，实施消防24小时联网监控机制。加强养老机构服务质量提升，开展养老机构服务质量大检查整治。加强政府购买服务力度，提升养老服务质量，填补服务空白。

【推进养老服务区域协作】 2021年，县民政局主动对接，与绍兴市共同谋划三年行动方案。建立养老服务区域协作工作领导小组，制

2021年，县民政局在县文化广场开展智慧助老志愿服务活动

（县民政局　供图）

定工作合作方案，确定双方联络人员，建立定期联络机制，落实省厅工作要求。5月起，在省市民政部门的指导下，以全省“海岛支老、一起安好”为契机，对接绍兴市合力推进养老服务区域协作，大力开展“暖阳助老，九送上岛”活动，让3个偏远海岛的2.6万名老年人共享优质养老服务成果。共对接保障8批次到岱山的绍兴市及所属县区民政局组织的文化演出、看望慰问等工作，走访服务老人3699人次，开展生活照料、送医送药服务1215人次，组织各类养老服务培训56场次、培训446人次，组织开展文化活动77场次、参与老人达1498人次。

【养老服务数字化改革】 2021年，县民政局针对居家老人的智慧养老需求，创新开发“岱山安养”系统，构建数字助餐、数字护理、数字监护、数字防诈等居家老人养老智慧暖心服务应用场景4个，成功入选全省数字社会第二轮“揭榜挂帅”名单。该项目于6月19日上线“浙里办”，8月，4个场景全部上线完毕。该系统的应用让居家养老服务更加便捷自主，全年累计服务8.9万人次。新华网、人民网、浪潮新闻等央媒，《浙江日报》《舟山日报》等省、市媒体，对岱山智慧养老新模式进行专题报道。

基层自治组织与社区建设

【创新实验探索】 2021年，东沙镇桥头村积极探索“一肩挑”后村级组织运行机制，在“四治融合”模式的基础上，构建“五事五议五办”的基层治理新机制，东沙镇桥头村顺利入选全国村级议事协商创新实验试点单位。

【“居民会客厅”建设】 2021年，县民政局以提高社区公共服务水平、满足群众多样化需求为出发点和落脚点，以实施社区服务大厅亲民化改造提升为切入点，通过改造传统“一站式”服务窗口柜台，建设“易进入、可互动、能共享”的开放式客厅，进一步强化社区与居民互动融合，推动社区服务模式向邻里化、亲情化转变，真正成为社区居民共建共治共享的多功能大厅。经实地察看，最终选址岱东镇涂口村，并对照建设和服务规范，开展场景设计、具体实施等工作。

【幸福社区建设】 2021年，县民政局擦亮“幸福”底色，推进“幸福社区”建设全覆盖。根据市城乡社区治理部门联席会议办公室文件精神，扎实推进高亭镇沙涂社区、山外社区及东沙镇东沙社区建设“幸福社区”工作，拨付60万元福彩公益金，助力“幸福议事厅、金色夕阳驿站、邻里大舞台”等12个幸福社区申报与实施“家门口”项目。

【建设村（社区）党组织书记专题培训班】 2021年3月下旬，县民政部门会同组织部门开展全县村（社区）党组织书记“数字乡村、改革赋能”专题培训班，87名村（社区）“一肩挑”负责人参加湖州、嘉兴的考察学习。

【基层减负】 2021年，县民政局做好村（社区）基层减负督查工作，按中央巡视整改要求，定期报告任务落实情况，严把“准入”关。落实《中共中央国务院关于加强和完善城乡社区治理的意见》《关于整治形式主义突出问题切实减轻基层负担的若干意见》等文件精神，明确涉村（社区）机构挂牌清单、主要事项清单，原则上没有列入清单的任务一律不准进入村（社区），对未列入事项清单但确需增加的报相关部门审批。严把“督查”关，建立常态化督导制度，抓好日常督导，定期到村（社区）实地调查，现场解答难点事项。做好日常检查，在全县村（社区）开展基层减负专项检查，有问题即时落实，或定期整改，建立违规通报制度。严把“落实”关，组织各监测点工作人员参加市级培训班，专门学习基层减负工作业务，进一步促进基层减负增效，服务居民群众，提升治理能力。将岱东镇涂口村设为省级监测点，东沙镇东沙社区为市级监测点，秀山乡秀北村、衢山镇黄沙村为县级监测点。按照《浙江省村(社区)减负清单指引（2020版）》规定，开展基层减负工作“回头看”，6月至年末清理对外挂牌（竖牌）1块、室外服务标识牌3块、涉村（社区）事项3个、出具意见和盖章事项15个。

【村(居)“三务”公开】 2021年，县民政局不定期开展“三务公开”制度督导，对部分村（社区）进行检查和督促，严把“三务公开”的各个环节，切实维护群众的知情权、参与权。各乡镇定期自查和整改，村（社区）“三务公开”制度得到较好落实，均按“党务、村务、财务”分类公开，达到省市有关“三务公开”的工作要求。

【村(社区)基础信息数据库建设】 2021年，县民政局持续助力“智慧村社”建设，完成民政部换届选举相关报表统计和省村（社区）基层组织信息系统的数据核对修正，及时对网上的村（社区）数据予以充实或确认。分批次录入社区工作者、工会、妇联、残联、团支部等群团组织、服务设施、村（居民）公约及自治章程等信息1000多条。

【社会工作者队伍建设】 2021年，县民政局加强社会工作者职业水平考试宣传力度。通过网上公告、电话交办、微信宣传等方式，发动各乡镇、各社区以及县属各部门人员参加全省社会工作者初级和中级资格考试。加强考前培训。组织社区干部参加市里的统一培训，发放视频学习资料等。全年通过3人。完成新考生的考后审核工作，社区专业社工队伍建设初见成效。

【社会组织品牌建设】 2021年，县民政局多渠道激发社会组织活力，打造全县公益组织品牌，积极引导社会组织参与社会治理。举办县第七届“益暖岱山”公益创投大赛，共征集到35个公益项目的策划方案，共补助68万元。有序推进“订单式”为老服务项目，全年开展为老志愿服务累计2359次，服务时长382小时，志愿者人数达1405人次，受益老年人52000余人次。引导各社会组织参与文明创城、抗击台风、保障疫苗接种等，累计组织9344人次。

【社会组织登记和年检】 2021年，县民政局从名称核准、登记、变更、注销等环节规范社会组织。共登记成立社会团体、民办非企业单位14家，办理变更32家，注销7家。开展社会组织年度检查工作，全县207家通过年检，年检率为94%。理顺备案社区社会组织的管理体制，共有674家进行备案登记，其中城镇社区拥有备案社区社会组织210家，农村社区464家。

【社会组织执法监督】 2021年，县民政局强化社会组织信用体系建设，开展社会组织“双随机、一公开”工作，对22家社会组织进行现场抽查和社会公示。加强社会组织领域信用建设，根据年检结果，对14家社会组织下发限期整改通知书，引导7家办理注销登记，对2家拒不接受年检的社会组织列入异常名录并予以登报公告。进一步净化全县社会组织队伍，提高社会组织总体水平，加强社会组织规范化建设。

【社会组织党建】 2021年，县民政局深入推进开展党建工作“三同步”管理，在社会组织登记时同步采集党员信息，年检时同步检查党建工作，评估时同步将党建工作纳入重要指导，推动社会组织党组织活动正常化。组织20余家社会组织党建负责人参加各级党建工作培训班。

【打击整治非法社会组织和整治“僵尸”组织专项行动】 2021年5月起，县民政部门联合公安、市监、教育、属地乡镇，共进行联合排摸8次，排查线索50余条，发现涉嫌非法社会组织3家，劝散1家、引导登记2家。自8月中旬起，集中开展打击整治“僵尸”组织专项整治行动。通过与各业务主管单位、行业主管部门联合排摸，截至9月底，查出存在“僵尸型”嫌疑社会组织的6家，其中社会团体4家，民办非企业单位2家。已注销登记4家，撤销登记1家，限期整改1家。

【社区村及行业协会商会扫黑除恶专项行动】 2021年，县民政局开展扫黑除恶工作，按中央巡视整改要求，定期报告任务落实情况。在全县社区村进行摸底排查，发放扫黑除恶宣传资料，宣传扫黑除恶专项斗争工作目标，宣传扫黑除恶和“村霸”问题集中整治工作的重要性。2月，开展岱山县殡葬改革整治行动，明确县属各相关部门职责，进一步推动殡葬领域扫黑除恶向纵深发展。联合市监、发改等部门走访商贸行业协会、航运行业协会等5家行业协会商会，重点检查强制入会和强制收费等违法违规行为，防止出现“业霸、市霸”等涉黑行为。强化动态监管力度，畅通举报渠道，公布扫黑除恶专线，提高广大群众主动参与扫黑除恶工作的积极性，促进全县扫黑除恶持续深入，持续做好社会面的动态监管。

社会事务管理

【殡葬改革和管理】 2021年，全县有殡仪馆2个，殡仪服务中心1个，骨灰纪念堂5处，公墓区24处，其中1处为县级经营性公墓，其他均为乡镇级、村（社区）级公益性墓地。深化惠民殡葬改革，在全省率先实施殡葬基本服务全流程免费，并于5月1日起正式实施；扩大减免对象，将减免对象从原来的岱山籍人员扩大到所有在岱人员；增加减免项目，将减免项目5项扩大至16项；提高减免标准，将树花草等生态安葬费由原来的适当奖励补助方式，改为全免费；自实施以来，新增减免费用近25万元；全流程免费政策得到省民政厅肯定，并在全省进行推广。深化丧葬礼俗改革，实施丧葬民俗服务人员纳管，对全县丧葬民俗服务人员实行行业、属地、协会“三重管理”，实施持证上岗、服务留痕、星级评定、督查通报和评估奖惩等举措，实行有效管理。组建岱山县丧俗协会，引导150名民间治丧服务人员加入协会，聘任26名带头人为文明治丧宣传员。规范办丧流程，编制《丧事操作规范流程指导手册》，把原来民间流行的一整套办丧仪式合并压缩成13项标准环节，最大限度消除丧事对公共安全、交通秩序和市容市貌的影响，潜移默化地引导文明办丧，发放宣传手册近3000份。成立红白理事会，督促各村（社区）将文明治丧工作纳入村（社）规民约，全县87个村（社区）均成立红白理事会，覆盖率达100%。制定殡葬地方标准，在全省率先编制发布《文明殡葬管理和服务指南》（地方标准），于2022年1月1日正式实施，重点对丧事操办、丧葬用品、丧葬民俗服务人员、党员干部公职人员、格位安放、树花坛草坪葬、海葬、安葬管理、家祭、集体共祭、代为祭扫、网络祭扫、殡葬基本服务全流程免费、海葬奖励补贴等内容进行标准规范，进一步推进岱山县文明殡葬管理和服务工作标准化建设。持续推进“群众身后事”联办工作，完成线上联办事项1653件。开展全县殡葬改革整治行动月，落实省民政厅殡葬领域专项整治要求，实施全县惠民殡葬专项治理和提标增项扩面工程，开展殡葬业价格秩序、公益性安葬设施建设经营专项整治活动。

【殡葬设施建设】 2021年，县民政局实施县殡仪服务中心改扩建工程，完成秀山乡骨灰纪念堂装修工作，谋划北部乡镇联建骨灰堂（生命图书馆）建设。注重节地生态安葬引领，县骨灰纪念堂、衢山骨灰纪念堂成功创建为省级公益性节地生态安葬第一批示范点。启动全县殡葬设施布局专项规划（2021—2035 年）编制工作。做好全县春节、清明祭扫工作，公布预约祭扫、网上祭扫、代为祭扫等方式，落实预约、错峰、限流、测温亮码等防控措施，设立现场管理点 72 处，接待群众近 10 万人次，免费发放鲜花 5.36 万束。

【地名管理和服务】 2021 年，县民政部门继续规范地名管理，进一步落实《岱山县地名管理实施办法》，持续开展不规范地名清理整顿，及时向社会通告新的标准地名，共公告地名 5 条（望海茗苑、海开路、新时代大道、厂基路、海上名邸）。及早介入建筑物命名审批、竣工验收等流程，坚决杜绝开发楼盘“大洋古怪”地名产生，对银河湾小区、大岙香澜家园、秀山客运中心等出具竣工验收单 9 份。及时踏勘现场，共下基层现场解决疑难问题 15 条。完善更新国家地名信息库和浙江区划地名信息管理系统，共修正录入信息 2463 条（含门牌证 851 本，地名核准书 1 份）。编纂《浙江省地名词典》（下卷）、《舟山市地名词典》。校对完成省民政厅与国家库数据不匹配的 2139 条数据。助力文明县城创建，补设更换老旧破损门楼牌 4655 个（含幢牌 220 个，弄牌 64 个，商铺门牌 1121 个），制作路牌 77 个，路牌底膜 8 个，升级改造并设置完成长河路路牌 23 个；清洗高亭镇城区路牌 178 个，维修 30 次。

【“最多跑一次”工作】 2021 年，县民政部门积极探索创新工作，推出婚姻档案“数据跑”，推动数字化改革，提高婚姻档案科学化管理和服务效率，提高业务办理速度，打破纸质档案查询和部门间的信息壁垒，省去群众奔波查档环节，真正实现让数据跑路代替群众跑腿。累计为 1568 位当事人提供便利。进一步提升“互联网 + 政务服务”一体化事项指标，积极推进政务服务 2.0 建设工作，是年，政务服务 2.0 办件网上受理率 98% 以上。全年办理婚姻登记、老年人优待证和门牌证等各类业务 4025 件。

（王倩文　李永明　陈　益　王幸海　竺丛捷　王　盛）

城乡居民生活

【城乡居民生活收入】 2021 年，岱山全体居民人均可支配收入 55378 元，较上年同期增长 9.4%，增速全市第一，两年（与 2019 年同期相比，下同）年均增长 6.9%，增速基本恢复到新冠肺炎疫情前的水平。分城乡看，城镇常住居民人均可支配收入 61759 元，同比增长 9%，增速全市第一，两年平均增长 6.4%；渔农村常住居民人均可支配收入 43048 元，同比增长 9.7%，绝对值居全市首位，两年平均增长 8%。是年，岱山渔农村居民人均可支配收入增速快于城镇居民，城乡居民收入比为 1.43，比上年缩小 0.01，比全市 1.61 低 0.18，比全省 1.94 低 0.51，连续 9 年呈缩小态势，城乡统筹一体化融合发展持续推进，共同富裕三大核心目标之一的缩小城乡差距取得实质性成效。

【城乡居民收入结构】 2021 年，全县城乡居民分收入来源看，四大项收入均实现全面增长，其中人均工资性收入 36632 元，同比增长 10.4%；人均经营净收入 6635 元，同比增长 7.3%；人均财产净收入 3785 元，同比增长 8.4%；人均转移净收入 8326 元，同比增长 7.3%。是年，岱山全体居民人均工资性收入为 36632 元，同比增长 10.4%，增幅比人

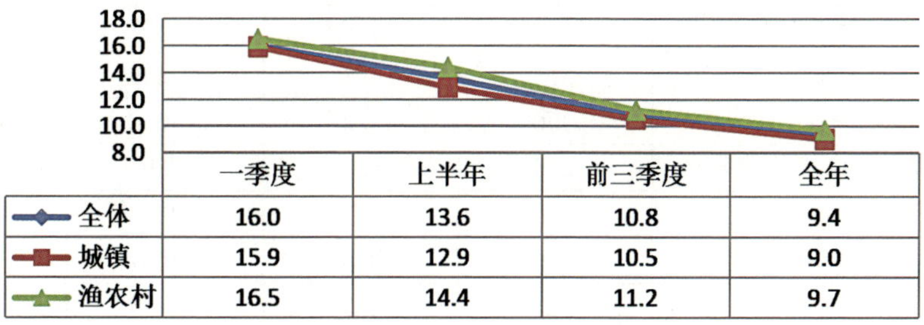

	一季度	上半年	前三季度	全年
全体	16.0	13.6	10.8	9.4
城镇	15.9	12.9	10.5	9.0
渔农村	16.5	14.4	11.2	9.7

图 1　2021 年岱山县居民人均可支配收入增速示意图

均可支配收入高1个百分点，是收入增长的第一位拉动因素。其中，城镇居民人均工资性收入为43617元，同比增长9.9%；渔农村居民人均工资性收入为23134元，同比增长10.6%。对可支配收入增长的贡献率分别为76.8%、58.2%，分别拉动可支配收入增长6.9个、5.6个百分点。

2021年岱山县城乡居民收入情况表

表22

指标名称	全体居民		城镇常住居民		渔农村常住居民	
	绝对值（元）	增幅（%）	绝对值（元）	增幅（%）	绝对值（元）	增幅（%）
人均可支配收入	55378	9.4	61759	9.0	43048	9.7
（一）工资性收入	36632	10.4	43617	9.9	23134	10.6
（二）经营净收入	6635	7.3	5754	7.1	8337	8.3
（三）财产净收入	3785	8.4	3131	7.2	5048	10.7
（四）转移净收入	8326	7.3	9257	6.9	6529	7.7

【经营净收入平稳增长】 2021年，岱山全体居民人均经营净收入为6635元，同比增长7.3%。增速比前三季度分别放缓1.3个百分点。分城乡看，城镇居民人均经营净收入为5754元，同比增长7.1%；渔农村居民人均经营净收入为8337元，同比增长8.3%。

【财产净收入持续增长】 2021年，岱山全体居民人均财产净收入为3785元，同比增长8.4%，占可支配收入的比重为6.8%。其中，城镇居民人均财产净收入3131元，同比增长7.2%；渔农村居民人均财产净收入5048元，同比增长10.7%。

【转移净收入稳步提高】 2021年，岱山全体居民人均转移净收入为8326元，同比增长7.3%，占可支配收入的比重为15%。分城乡看，城镇居民人均转移净收入9257元，同比增长6.9%；渔农村居民人均转移净收入6529元，同比增长7.7%。

【城乡居民消费支出】 2021年，全县持续推动现代商贸、休闲旅游、健康养老等生活性服务业向品质化升级，不断满足人民日益增长的美好生活需求。消费市场新业态蓬勃发展，消费结构不断优化升级。是年，岱山居民人均生活消费支出32356元，同比增长15.5%，增速快于收入6.1个百分点，两年平均增长7.6%。

2021年岱山县城乡居民支出情况表

表23

指标名称	全体居民		城镇常住居民		渔农村常住居民	
	绝对值（元）	增幅（%）	绝对值（元）	增幅（%）	绝对值（元）	增幅（%）
人均生活消费支出	32356	15.5	33574	15.1	30003	16.2
（一）食品烟酒	10634	14.9	10877	14.7	10163	15.1
（二）衣着	3187	16.7	3445	16.8	2688	16.0
（三）居住	4505	16.2	4052	16.0	5381	17.0
（四）生活用品及服务	2145	15.4	2396	15.1	1661	15.5
（五）交通通信	3067	13.7	3396	13.0	2431	14.8
（六）教育文化娱乐	3807	19.6	4001	19.4	3431	19.7
（七）医疗保健	3235	14.3	3374	13.6	2967	15.6
（八）其他用品和服务	1777	12.8	2033	10.7	1281	18.1

【居民消费恢复性增长】2021年，全县城镇和农村居民人均消费性支出分别为33574和30003元，同比增长15.1%和16.2%。两年平均分别增长7.4%和7.8%。从同比增速看，城乡居民消费都延续恢复性增长态势，但农村居民消费增速高于城镇1.1个百分点。

【消费意愿增强】2021年，全县八大类消费全面增长。随着新冠肺炎疫情防控常态化，岱山城乡居民消费行为趋于正常化，消费意愿增强，消费倾向逐季回升，是年，岱山居民消费倾向为58.4%，较上年55.3%增长3.1个百分点，8项消费支出全面增长。

【教育文化娱乐消费支出反弹】2021年，岱山县常态化新冠肺炎疫情防控成效明显，娱乐文化行业快速回温，旅游文化市场平稳运行，叠加周末游、短途游、周边游等迅速崛起，文化娱乐消费热度不减，带动教育文化娱乐服务性消费较快增长。是年，岱山居民人均教育文化娱乐类消费增长19.6%，增长态势迅猛。

（华芳可）

民族宗教工作

【概况】2021年，全县民族宗教工作牢牢把握党的民族宗教政策和法律法规，认真贯彻落实省、市民宗工作会议精神，谋发展、补短板，防风险、保稳定，以民族和睦、宗教和谐助推全县经济社会发展。是年年末，全县有少数民族户籍人口1022人。有佛教、基督教、天主教三大宗教，有县佛教协会、县基督教“三自”爱国运动委员会、县基督教协会和县天主教爱国会等宗教团体4个，有政府批准的宗教活动场所44处，其中佛教29处、基督教12处、天主教3处，有登记编号民间信仰活动场所97处。是年，县民族宗教事务局（简称县民宗局）依法管理全县民族宗教事务，4名工作人员中3人持有行政执法资格证书。

【宗教领域数字化改革】2021年，县民宗局深入贯彻落实习近平总书记关于宗教工作的重要论述精神，以提升宗教领域治理能力和治理体系现代化为目标，积极打造“岱山宗教智巡”应用场景，该场景被省委统战部列入重点培育应用场景。梳理明确宗教工作中的十大难点、痛点、堵点，并依据需求完成数字化改革方案。完成智巡平台建设方案，并完善前端硬件设备。进行系统功能开发，建设驾驶舱，打破部门间数据藩篱，实现资源共享，建立预警事件闭环管控流程，形成问题闭环管控。9月22日，在“浙政钉”上线，全年累计预警528次，均在第一时间发现问题，并及时得以处置。

【营造民族宗教领域和睦和顺环境】2021年，县民宗局做好岱山少数民族服务管理，深入开展民族团结进步创建工作，确定秀山乡秀南村、秀山小学、东沙镇金维映史记陈列室为县民族团结进步教育基地，组织开展“跳起热情民族舞，传递军民鱼水情”活动、秀山小学“民族团结心连心，无私奉献情生情”听驰援湖北战役故事、“民族一家亲，共筑中国梦”手抄报比赛等民族团结进步教育活动5次，依托秀南村“我的家”新居民联络点、荷

2021年7月31日，县民宗局组织开展“跳起热情民族舞，传递军民鱼水情”民族团结进步教育宣传活动（县民宗局 供图）

芬工作室、“统战微家”等工作载体，回应少数民族群众需求，增进他们对居住地的归属感和满意度。开展民族团结进步宣传月活动，通过发放宣传资料、现场宣讲教育等形式，将党的民族理论政策和法律法规宣传到位。走访慰问穆斯林群众代表，帮助其解决生产生活、子女就学等困难。开展多种形式的送温暖活动，向宗教界代表人士和信教群众宣讲政策，倾听民族宗教界人士心声，把党和政府的关心关怀带给宗教界代表人士。春节期间，深入各宗教活动场所开展走访慰问活动，发放慰问金共计3万元。

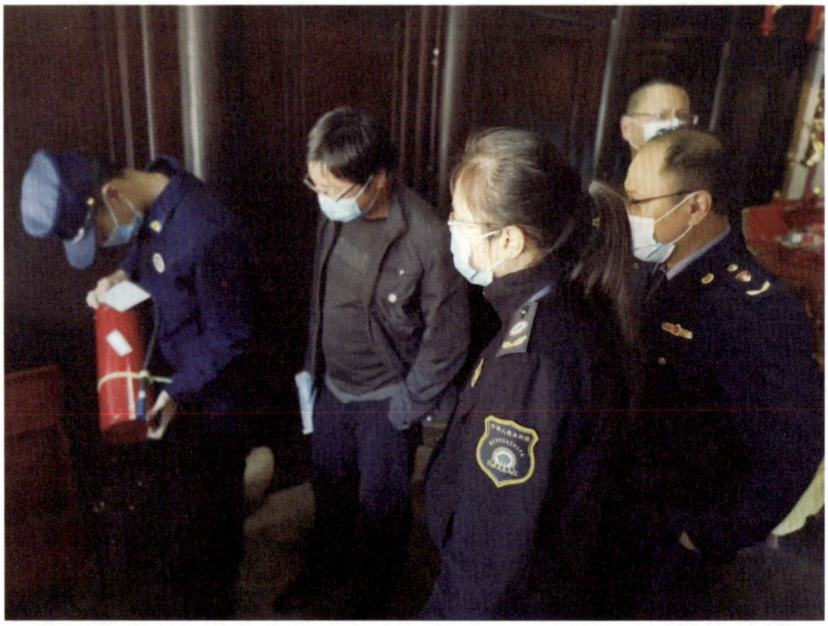

2021年11月25日，县民宗局联合县文广、市监、消防等部门开展宗教领域安全工作的联合检查（县民宗局 供图）

【宗教领域维稳工作】 2021年，县民宗局全力维护宗教领域安全稳定，扎实做好重要节假日、各级“两会”召开期间等重要时段的宗教领域维稳工作。着力做好宗教领域重点难点工作，开展全县宗教领域不稳定因素和矛盾隐患大排查、大化解活动，以县民宗工作协调小组名义出台《关于进一步加强宗教事务日常巡查管理的通知》，明确乡镇在宗教领域的管理职责，以“一周一覆盖”的机制，提升巡查成效，全年未发生一起因宗教方面问题影响社会稳定的事件。

【宗教领域安全工作】 2021年，县民宗局做好平安宗教活动场所创建工作，将宗教（民间信仰）场所纳入全科网格管理范围，督促乡镇每月开展平安宗教活动场所巡查，并通过“浙江掌上宗教”APP上传检查结果。根据省市民宗部门统一部署，6月，开展“平安护航建党百年”民宗领域安全大检查大整治活动；6—12月，开展消防大检查和建筑大检查；10月，开展宗教领域文物安全大排查大整治大提升攻坚行动。按照全县统一部署，开展行业领域安全生产整治专项行动，6月，县统战部组织人员分组检查全县各宗教领域安全稳定工作；7月，指导宗教场所做好防汛防台工作；8月，完成城镇既有房屋建筑安全隐患的排查治理；10—12月，联合县文广、市监、消防等部门开展宗教领域安全工作联合检查。联系移动公司并指导宗教场所做好视频联网日常维护和保养工作，切实保障技防实际效能。做好广济禅寺、义火禅寺等宗教场所在建工程的安全监管，确保工程建设有序推进，与宗教场所签订安全责任状，压实场所管理主体责任。开展宗教领域“安全生产月”活动，组织宗教场所开展安全专题学习、安全警示教育活动、隐患排查整治、消防应急演练等活动，实现44个宗教场所自主消防演练全覆盖，并对全体宗教场所负责人和乡镇分管领导、统战干事进行消防安全培训。是年，全县宗教领域未发生一起安全事故。

【宗教活动场所疫情防控工作】 2021年，全县成立由县委常委、县委统战部部长任组长的全县宗教领域防控工作领导小组，出台部领导联系乡镇督查宗教领域疫情防控工作制度，由班子成员任组长的6个小组开展常态化“片区包干”巡查，是年，全县民宗干部累计巡查宗教活动场所22230次（其中宗教活动场所5720次、民间信仰活动场所12610次、基督教私设聚会点3900次），巡查覆盖率100%。及时调整对宗教界的防疫要求，在特殊节假日对场所关键节点防控工作进行部署，制定联防联控实施方案。组织教职人员接种新冠疫苗，接种率达100%。按照属地管理为主，部门协作配合的联防联控工作原则，明确各乡镇切实履行党委主体责任和属地管理职责，充分发挥民族宗教工作"三级网络两级责任制"、日常巡察工作机制和"三人驻点小组"机制等作用，做到压力传导到位、村社巡查到位、应急处置到位，并充分利用好"宗教智巡"系统，实时线上检查，确保各场所疫情防控工作万无一失。主动与全县各宗教团体负责人积极沟通，发挥他们的主观能动性，并通过各个宗教界微信工作群做好政策宣传引导、思想教育工作。

【夯实宗教工作基层基础】 2021年，县民宗局把宗教工作纳入县委巡察工作重要内容，"三个纳入"工作要求得到全面落实。发挥全县民宗工作协调小组作用，5月，召开民宗工作协调小组扩大会议，研究部署渔船涂装悬挂宗教标识物整治、基督教私设聚会点专项治理、宗教事务日常巡查管理，推动宗教领域重点难点问题的解决。将宗教工作纳入2021年全县平安村（社区）考核重要内容，建立乡镇宗教工作评估制度和宗教工作通报制度。"三人驻点小组"实现全县宗教场所、民间信仰场所和基督教私设聚会点全覆盖，各民间信仰场所普遍成立庙管会，全县宗教工作重点乡镇均成立民宗所，发挥县民宗局衢山民宗所的前哨作用，积极探索把宗教问题解决在基层的有效举措。

【净化公共场所宗教环境】 2021年，县民宗局成功查处公共场所散发宗教宣传品案3起，没收非法传教资料300余份，有效震慑非法传教人员，实现执法效果和社会效果相统一。加强与县融媒体中心沟通，在电视台播放滚动字幕、在看岱山APP发布通告，提高广大群众对这一违法行为的认识。加强与市"12345"平台沟通，理顺群众举报反映渠道，为行政执法营造环境。利用综合行政执法局执法人员、全县志愿者队伍流动性强、覆盖面广的优势，对城区进行全天候监管，防止有其他信徒参与散发宗教宣传品行为。1月，发布《关于开展非法佛事整治的通告》，全县民间信仰活动场所"自通报发布之日起一律停止组织、举行非法佛事"，通告明确处罚对象、处罚依据和可举办佛事的已登记佛教场所名录，由各乡镇逐一张贴至辖区内相关场所。将非法佛事整治列入对平安村（社区）考核重要内容，落实考核评审，发挥考核导向作用，促使镇村两级压实日常管理职责。是年，通过强化乡镇巡查效能、畅通群众举报途径，累计办结民间信仰场所等非法佛事案件7起，游僧从事非法佛事活动得到有效遏制。

2021年12月24日，县委统战部（民宗局）在岱山县天主堂做好平安夜疫情防控工作（县民宗局 供图）

【推进学法用法和依法治理】 2021年，县民宗局加强局机关干部、乡镇民宗干部的民族宗教政策和法律知识理论学习，采取集中学习、以会代训、自学等方式，认真学习习近平法治思想，学习

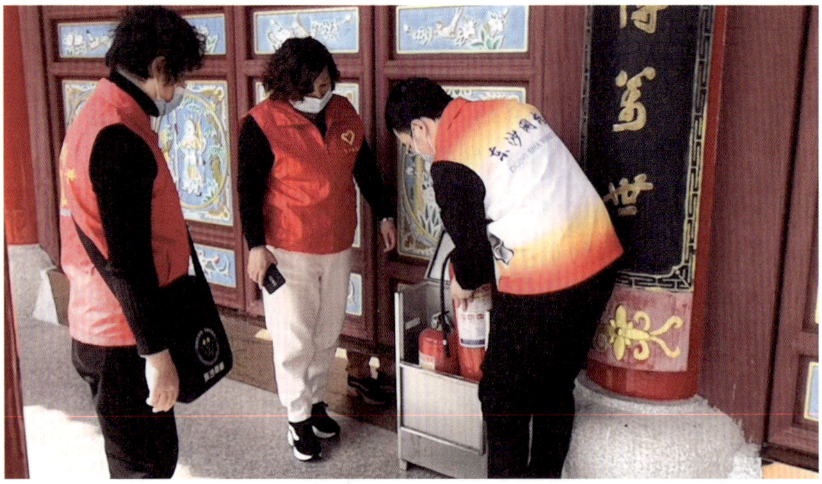

2021年3月20日，东沙镇网格员巡查宗教活动场所（东沙镇政府 供图）

中央民族工作会议和全国宗教工作会议精神，学习与依法行政密切相关的法律法规。聘请局法律顾问，切实发挥法律顾问对局依法行政指导作用，多次向法律顾问咨询行政执法过程中遇到的问题，着力提升县民宗局行政决策水平。自觉接受县人大监督以及政协的民主监督，积极回应代表委员关注的热点难点问题。主动接受社会监督和舆论监督，依托政府网站，公开并及时更新相关政府信息。严格控制宗教场所建设，准予许可1件（岱山县义火禅寺改建、新建申请），严格控制举办大型宗教活动，准予许可1件。加强基层宗教执法能力建设，县民宗局3名行政编制干部持证率达到100%。梳理本部门政务服务2.0事项清单，按时完成事项配置和完善办事指南。及时调整“互联网+监管事项”并开展行政检查执法，共开展各类执法检查97次，掌上执法率均为100%，积极完成“双随机”“综合查一次”工作。

【推动宗教中国化走深走实】2021年，县民宗局引导宗教界在政治上自觉认同，3月24日，组织全县宗教场所负责人参加全县统战工作会议暨“四史”学习教育动员会；5月26日，组织县基督教场所负责人参观四明山浙东游击队旧址、嘉兴南湖革命纪念馆；5月29日，邀请省社会主义学院孔陈焱博士对全县宗教界开展党史教育培训；组织全县宗教界开展红歌颂百年、祈福感党恩、鲜花祭英烈、升国旗看“七一”直播等活动庆祝建党百年；组织全县宗教场所以升国旗活动等形式庆祝国庆佳节。引导宗教界在文化上自觉融合，推进佛教、天主教、基督教界坚持中国化五年规划纲要的实施工作，防止佛教“商业化”，开展宗教活动场所中国化示范点和文化寺院的创建工作。开展“十百千万”普法工程，指导基督教衢山福音堂创建省级宗教普法示范点。加强普法阵地建设，至年末，全县44处宗教活动场所法制宣传窗配置率及普法宣传标语上墙率均达到100%，着力提升宗教界人士和信教群众的法律意识。

【宗教团体规范化建设】2021年，县民宗局加强财务管理，7—12月，对佛教场所开展财务管理规范化建设进行“回头看”。加强组织建设，帮助指导县佛教协会和县天主教爱国会做好换届选举前的准备工作。加强制度建设，组织宗教界学习《浙江省宗教团体管理办法》，指导宗教团体修订完善各类会议制度和民主决策机制，切实发挥宗教团体在加强教风建设巡查、建立教职人员动态管理机制等方面的指导监管功能，县佛教协会审议通过新修订的《岱山县佛教协会寺院管理实施办法》。加强人才培养，以提升宗教界人士道德修为和学识造诣为目标，探索建立宗教团体班子和教职人员人才库，有计划地开展骨干人员选送培养和专业培训。

【引导宗教界参与社会服务】2021年，县民宗局持续开展佛教界“夏日送清凉”活动，看望慰问全县一线环卫工人。县基督教两会在禁渔期开设周末讲座，教育渔民信徒自觉遵守浙江省海洋禁渔休渔规定。组织宗教界发起捐款活动并积极开展联系防疫物资工作，河南郑州水灾后捐款捐物40余万元，春节期间主动慰问孤寡老人、发放慰问金2万余元。在创建全国文明县城活动和倡导“厉行节约”活动过程中，宗教界积极参与、倡议、宣传，努力发挥其特殊作用。

（郑杨侃）

慈善总会

【概况】2021年，岱山县慈善工作围绕县委、县政府提出的“湾区明珠，自贸港城”战略目标，经全体理事和慈善工作者的共同努力，全县慈善事业稳步发展。慈善宣传不断深化，社会慈善氛围逐年浓厚；巩固完善慈善募捐机制，善款募集保持稳定；强化精准救助，慈善在社会第三次分配中作用日益明显；慈善志愿服务领域不断拓展，服务品牌初步建立；清廉从善，慈善组织的公信力显著提高。全年实现各类慈善资金收入1362.70万元，全年慈善救助支出计1308.94万元，年末，慈善基金（母金）达1652.08万元。县慈善总会有银台基金会、深圳企业家晴娃娃基金会、宁波岱商基金会3个所属机构；有慈善志愿者分会、知青慈爱分会，公安、教育、交通运输、农商银行、卫生健康5个部门（系统）慈善分会，乡镇慈善分会7个、村（社区）慈善工作联络站89个。

【巩固募资渠道】2021年，县慈善总会始终把拓展募资渠道、挖掘善款资源作为发展慈善事业的第一要务来抓。持续开展机关企事业单位“慈善一日捐”、市民“随心捐”等活动；继续实施对村级慈善联络站慈善资金募集配套调整政策，即村社向社会各界募集的慈善资金在1万元以上、3万元以内，总会按1∶1配套。同时，总会以走访相关重点企业、基金会或以通信联络与企业家们，恳谈岱山县慈善事业发展现状，赢得企业家们的支持。岱美集团捐赠80万元注入银台基金；常石集团捐赠157.15万元，专项用于全县教育卫生事业；舟山海港港口开发有限公司捐赠200万元，用于衢山镇万北村社会事业建设；岱山农商银行、县烟草专卖公司、舟山海山机械密封材料有限公司各捐赠10万元，用于助医、助学、济困等。是年，全县共募集善款1257.03万元。

【省慈善联合会到岱山慰问】2021年，省慈善联合会领导到岱山开展慰问活动2次。8月11日，省慈善联合会会长陈加元一行到岱山调研台风“烟花”灾后恢复工作，并视察“海岛支老·一起安好”项目开展情况。由市慈善总会会长余志祥、县慈善总会会长任金楚、县人民政府副县长孙世华等领导陪同，在听取台风受灾情况汇报后，陈加元一行来到秀山乡敬老院，看望慰问在岱山工作的2名绍兴支老服务志愿者，给敬老院送上慰问金，给志愿者们送上爱心物资。春节前，省慈善联合总会与市慈善总会一起到岱山开展慰问活动，开启“2022慈善情暖万家活动月”活动。慰问人员走访全县部分困难家庭，为他们送去油、米和新春大礼包，每家送上2000元的慰问金。

【知青慈爱分会成立】2021年1月16日，县慈善总会知青慈爱分会成立，并于4月29日召开第一次会员大会，来自各地的170余位会员参会。知青慈爱分会是由支边支农知青、回乡知青、知青工作者、知青家属及后代、关心知青的企事业单位和社会团队等人员（团体）发起并自愿加入，是县慈善总会下属分支机构。该分会秉承传承知青精神、弘扬慈

2021年4月29日，岱山县慈善总会知青慈爱分会第一次会员大会召开

（县慈善总会　供图）

善文化的宗旨，动员广大知青踊跃参加社会公益活动和志愿者活动。会员大会上，向知青互帮互助专项金捐款16100元，专项用于困难知青家庭的济困及慰问。

【召开中华慈善日活动】 2021年9月3日，由总会主办、知青慈爱分会承办的“第六个中华慈善日主题活动仪式暨烟花台风受灾慰问金发放仪式”在高亭镇成校举行。县慈善总会为因台风受灾的5个“造血型”扶贫基地和7户受灾农户代表发放台风受灾赈灾款和慰问金，助力灾后重建。3位爱心人士在现场捐赠助学金，助力困难高考生“圆梦大学”。9月5日，县总会志愿者分会组织6个爱心团队56名志愿者，前往新区标准海塘周围及长剑大道公路两边进行环境整治活动，助力全县创建全国县级文明城市。

【开展精准慈善救助】 2021年，县慈善总会继续开展对口支援行动，按县委县政府要求拨付100万元支援四川省宣汉县的脱贫工作；“中华慈善日”和春节期间，总会开展“慈善情暖千家”活动；春节和重阳佳节，县总会及银台基金给全县乡镇公办敬老院每位老人每个节日发放300元慰问金，送上“传爱基地”时令蔬菜、水果等；携手岱山农商银行慈善分会、爱心人士单福平父子操办全县公办敬老院“爱心年夜饭”；出资74万余元，继续为全县2235名低保、低保边缘对象购买“疾病医疗商业补充保险”；做好“全国助残日”慰问全县困难残疾人、赈济遭遇事故灾难损害家庭等实事。持续实施贫困家庭重特大病救助，发放合计面值千元的慈善助医卡、购药卡230份，继续组织实施市慈善总会“普济生命慈光”大病救助。全年累计救助支出1308.94万元，受益人数（机构）6655人次（家）。

2021年9月3日，县慈善总会举行第六个中华慈善日主题活动仪式暨烟花台风受灾慰问金发放仪式
（县慈善总会 供图）

【确定第三轮扶贫“造血型”基地】 2021年，市、县总会对6家普济慈光“造血型”扶贫基地的生产、贫困劳动力安置及台风遭灾损失情况进行全面调研，安排扶持资金14.70万元支持基地建设。受“烟花”强台风影响，拨付给5家基地和全县受灾农户烟花台风赈灾款35万元。至年末，做好第三轮“造血型”扶贫基地摸底确定工作，第三轮慈善扶贫基地时效为2022年1月1日至2024年12月底，确定衢山镇禾丰苗木场、岱山县兴丰红美人橘子专业合作社、岱山县兴丰梭子蟹养殖专业合作社、岱山县沙洋萝卜专业合作社4家为市县“造血型”扶贫基地，高亭镇小龙农场为县“造血型”扶贫基地。

【“爱心接力”助学】 2021年，县慈善总会持续实施“圆梦行动”，市县慈善总会、银台基金、宁波岱商基金等共同出资，爱心人士赞助。对95名贫困家庭在校大学生每学年资助0.50万元，对21名贫困家庭在校高中生每学年资助0.30万元，让这些学生顺利完成学业。是年，新开启“爱心接力”助学项目。由在杭州工作的四川籍律师王钦、舟山籍律师徐琼结对3名品学兼优的岱山籍困难学生，每人每年给予5400元的“爱心传递”结对助学资金，直至大学毕业年度或就业年度。区别于以往结对助学形式，此次助学需签下“爱心协议”，受资助的学生在28周岁后，需要返还这笔资助款，所返资助款将继续用于下一轮的爱心传递助学。是年，县慈善总会用于助学支出58.42万元。

【慈善志愿活动开展】 2021年，县慈善总会以“情暖夕阳、关爱老人”为主题，以助老服务为主题项目，打响岱山慈善志愿“红马甲”品牌。全年共组织志愿服务活动33次，参加人员665人次，受益人群6500余人次，发送药品价值5万余元。其中15次是专门为老服务项目，先后到过7个乡镇敬老院和1个村级敬老院，1个悬水小岛和6个偏远村社，如东剑敬老院、衢山镇马足村等，为老年人提供医疗、家电维修、理发、缝纫、补鞋、包饺子等服务。主动参与县级全国文明城市创建，多次组织志愿者在县城区街道、新区标准海塘内外等地进行垃圾清理、捡烟蒂等；强台风影响期间，在外来民工临时安置点提供志愿服务；服从县志愿者协会组织，前往鱼山绿色石化基地开展志愿服务。通过志愿服务，进一步营造“人人心怀慈善，人人参与慈善”的慈善氛围。

【慈善机构自身建设】 2021年，县慈善总会按照《慈善法》对慈善组织的要求，加强机构自身建设，重视慈善工作者队伍建设，认真履行信息公开法律义务。通过岱山慈善网站、6期《岱山慈善》简报，2期《今日岱山》“一日捐”及“日常捐”公告，及时向全县公开捐赠及救助情况。自觉接受主管部门、监管机构和社会的监督，主动接受年检与审计。4月20日，召开第四届理事会慈善资金监理小组会议，提请审阅《2020年慈善资金收支执行情况和2021年收支预算安排》，对慈善项目、慈善资金进行严格监督。坚持廉洁自律，严把财务关口，实行会（党）务公开，让善举在阳光下运行。

（魏雪波）

关心下一代工作

【概况】 2021年，岱山县关心下一代工作委员会（简称关工委）聚焦建党百年，突出红色旋律，开展“十百”系列庆祝活动；教育、关护、帮扶下一代，为青少年办实事做好事解难事；发挥“五老”的优势和作用，开展“红色百年史”主题宣讲，引导、教育青少年树立正确的世界观、人生观和价值观。是年，爱国主义教育基地——金维映故居被省关工委命名为第三批“浙江省关心下一代教育基地”；省关工委授予岱山初级中学李艳茹同学“2021年度浙江省青少年英才·红船好少年”称号；岱山县关工委选树21名优秀少年典型，获得舟山市关工委“东海美德好少年”称号。

【省关工委领导到岱山调研】 2021年10月27日，省关工委主任徐宏俊、专职副主任朱小龙一行到岱山调研关心下一代工作。调研组一行先后考察大鱼山战斗史迹陈列馆、金维映故居等点位，听取工作人员对爱国主义教育基地建设及运行情况的介绍。省关工委领导对岱山县关工委挖掘本地红色教育资源，强化青少年的爱国主义教育表示肯定。指出，要着力研究常态化疫情防控条件下开展工作的思路和措施，坚持“党建带关建”，进一步做好本地各类教育基地的提升工作。

【清明祭英烈主题教育活动】 2021年3月23日，县关工委组织少先队员代表前往鱼山岛，开展“寻访红色记忆传承红色基因”研学活动。学生们在五老（老干部、老战士、老专家、老教师、老模范）林通屿的带领下祭奠革命英烈，参观大鱼山战斗史迹陈列馆，在纪念碑下聆听爷爷讲述载入史册的战斗故事，学唱《新四军军歌》；跟随鱼山建设者的脚步了解基地的实况及建设工人们传承大鱼山精神的感人故事。活动邀请县融媒体中心进行全程跟拍，并以此为题材制作《铭记鱼山英烈，厚植家国情怀——大鱼山“海上狼牙山战役遗址”》微视频。该视频被浙江省关心下一代微信公众号录用，在“红色百年行”红色文化基地专题片节目展播。

【帮困助学献爱心活动】 2021年，县关工委办公室与岱中小学、怀慈小学8名特困儿童及岱初中学

2021 年 3 月 23 日，县关工委组织少先队员在鱼山岛祭奠革命英烈　（县委老干部局　供图）

4 名特困学生进行结对帮扶，在春节和“六一”节前夕，到校看望并送上慰问金；募集乐施微基金 11468 元，认购微心愿 330 份，捐赠于云南省红河州元阳县黄茅岭乡大山小学。5 月 25 日，县关工委老同志邵承德看望岱中小学结对儿童，并送上助学金和教育宣传资料；县关工委常务副主任冯仁冠与“五老”代表张致真到敬业小学，为 15 名贫困学生送上微心愿礼物。6 月 1 日下午，“五老”与高亭小学学生们在老干部活动中心，一起用自己编织的小五角星拼党徽和祝福建党百年横幅，以此献礼党的百年华诞，庆祝六一国际儿童节。

【主题宣讲红色电影贺建党百年】2021 年，县关工委“五老”宣讲团深入机关、学校、村（社区）、企业等开展“红色百年史”宣讲。

2021 年 5 月 25 日，县关工委老同志邵承德看望岱中小学结对儿童
（县委老干部局　供图）

“五老”张致真为全县退休教师作《学习党史不忘初心牢记使命　以新的成绩迎接党的百年华诞》主题宣讲、到全县中小学校宣讲《铭记辉煌路共筑教育梦》、在金维映故居与学生们共忆先烈的革命历程、在鱼山绿色石化基地讲述大鱼山战役，陈宝芬老师在全县党史宣讲培训会上为机关年轻干部授课、进农村文化礼堂多媒体讲学《百年风华初心不变》、在先锋联盟中心为孩子们作《传承红色基因点亮湾区明珠》宣讲等。自 3 月 8 日以来，县关工委准备百部红色影片，每周一、三、五在县老干部活动中心播放，共计 2000 余名退休干部和近千名学生参加，重现淮海、渡江、解放舟山、大榭岛等战役战斗中舍生忘死、英勇战斗的动人故事，共同回顾当年的壮烈革命场景。

【网吧巡逻防疫宣传】2021 年，县关工委采取明察暗访方式，对

2021 年 4 月 13 日，“五老”张致真在金维映故居开展宣讲活动

（县委老干部局　供图）

网吧和学校周边地区加强监督力度。8 月 10 日，“五老”关爱团网吧监督组与县文化市场行政执法队员一起，对高亭城区的新渔港网咖、雷霆网咖等 5 家网吧进行突击巡查。“五老”对网吧的证照、进出人员身份证登记、是否接纳未成年人上网、防疫防控登记及消防安全等制度的落实情况进行核查，经检查未发现网吧存在违规行为，整体环境良好，对现场发现的个别吸烟的不文明现象进行劝阻纠正，清理一些占据消防栓前位置的杂物，并劝导玩游戏人员佩戴好口罩，做好个人防疫措施。

【假期社会实践活动】 2021 年，县关工委组织社区学生积极参与社会实践活动。4 月 9 日，组织闸口社区青少年开展交通安全知识宣传活动；7 月 7 日，组织沙涂社区辖区内 20 名初中学生开展红色教育庆祝中国共产党成立 100 周年活动；7 月 13 日下午，县关工委办公室邀请县文明办余汉平老师为育才社区学生和家长授课“文明城市创建市民素质提升工程”，学生上街宣传文明礼仪知识；7 月 19 日、20 日，县关工委联合县青少年宫，面向鱼山浙石化建设群体子女、岱山新居民、留守儿童等，在普陀、岱山两地的爱国主义教育基地开展以“闪闪小红星 • 重走长征路”为主题的红领巾传承红色教育一日营活动，全县近 40 名学生免费参加；8 月 5 日，竹屿社区学生接受消防安全知识教育，在消防大队实例操作灭火器。

【“五老”座谈会召开】 2021 年 11 月 12 日，县关工委办公室在县委老干部局三楼会议室组织召开“五老”宣讲团工作座谈会。会议传达省、市关工委工作指示，总结回顾 2021 年度工作开展，并对下步工作进行部署安排。会上，“五老”结合自身日常工作，围绕青少年社会主义核心价值观教育在新时期开展工作的新方法、新思路进行探讨研究。县关工委常务副主任冯仁冠主持会议并作总结发言。会议还举行宣讲团新成员聘任仪式。

（王海芬）

责任编辑：李慧慧

2021 年 8 月 5 日，消防队员为竹屿社区学生讲解消防安全知识

（县委老干部局　供图）

乡 镇

Villages and Towns

高亭镇

【概况】 高亭镇位于岱山岛东南部，东与长涂镇相峙，北与东沙镇、岱东镇接壤，南与秀山岛隔海相望，西与岱西镇相连，是岱山县政治、经济、文化、教育中心。2021年，镇辖10个城镇社区、21个村。年末，户籍人口61362人，比上年减少0.8%；总户数27947户，比上年增加0.5%。是年，全镇实现财政总收入7.91亿元，完成地方财政收入4.78亿元，其中一般公共预算收入1.63亿元。实现地方固定收入1.63亿元，完成固定资产投资5.66亿元。“十四五”期间，城镇和渔农村常住居民人均可支配收入年均分别增长6.2%和7.6%。3次入选全国综合实力“千强镇”。

【数字赋能工业经济】 2021年，全镇有企业350家，其中工业企业146家，个体企业204家。全年实现工业总产值1417.37亿元，比上年增长83.7%。规模以上企业累计实现产值1412.46亿元，同比增长84.7%，其中，剔除浙石化，规模以上工业产值22.25亿元，同比增长30.8%。原油加工及石油制品制造实现产值1390.20亿元，同比增长85.9%。汽配、电机机械企业实现产值10.89亿元，比上年增长22.4%。水产加工业实现产值5.20亿元，同比增长23.3%。建筑用品、采矿业实现产值2.03亿元，同比增长5.2%。数字经济快速发展，晨光电器数字化智能车间建成投产，奥博管业新生产基地即将投入生产，申报实施制造业数字化改造深入上云企业4家（大众胶带厂、弘美机械厂、舟山玩具厂、恒顺密封件厂）。重点项目投产增效，舟富食品随神州12号进入太空，中交三航产能不断释放，中广核4号风电场全面投产。晨光电器研发中心及宿舍楼工程、天益海洋食品年产300吨食品级鱼油生产车间等重点项目相继建成。

【渔业生产转型提质】 2021年，全镇各类渔业船舶501艘，60马力以上捕捞渔船361艘（其中拖虾181艘、蟹笼131艘、灯抄31艘、帆张7艘、潮捕10艘、深围1艘），渔运船96艘、油运船16艘，60马力以下近海小船16艘，养殖船舶5艘，休闲渔船5艘，涉渔工程船2艘。水产品养殖面积90.67公顷，其中海水养殖77.27公顷、淡水养殖13.4公顷。养殖户30户，其中海水养殖户19户、淡水养殖户11户。截至12月底，渔业水产品产量79650吨，同比增长0.2%；水产品产值98765万元，同比增长2.8%。其中：鱼类31051吨，甲壳类44316吨，头足类1702吨，贝类2581吨。养殖产量4110吨，产值5010万元，同比产量减少8.3%，产值减少14.2%。其中海水养殖产量3737吨，产值4649万元；淡水养殖产量373吨，产值361万元。渔业管理体制不断完善，成立4家渔业专业合作社；科技化水平不断提升，推进“机器换人”，安装蟹笼脱钩装置14套，改造科技示范船90余艘；发展生态渔业，累计减船转产104艘，安装船用净水设施100余套。传统生产模式逐渐向智能化、生态化、现代化转变。

【农林畜牧业发展】 2021年，高亭镇守好粮食生产。全年整治抛荒田16.63公顷，整治“耕地非粮化”18.87公顷。是年年初，整治的抛荒田全部种植水稻（单季稻或双季稻），共种植40余公顷，超额完成上级要求的30公顷水稻种植任务指标。积极鼓励种粮大户开展冬种生产，完成小麦、油菜规模化种植50余公顷，切实解决冬季季节性抛荒现象。打响特色品牌，推进高亭镇生态稻米认养基地建设，加强水稻绿色标准化种植管理。蓬莱仙米通过“东海蓬莱”稻米绿色认证，并在全市“舟叁鲜”好稻米评选活动中获金奖。落实绿化工作，全年重点完成枫树村“一村万树”，磨盘山南坡林地修复，菜场后侧绿化，高亭段国土绿化项目新增，大峧机场护场河绿化，大峧樱花大道二期，长寿路的环境整治绿化，闸口村、大岙一二村山体绿化等。做好森林防火，重点抓好春节、清明节期间的森林防火工作，落实镇村两级干部、专职护林员值守、巡查工作机制，引导文明祭扫。开展秸秆禁焚巡逻，全年共巡逻300次，及时制止秸秆焚烧55次。开展畜禽春秋季免疫工作，全镇共有禽存栏数9566羽，其中鸡7521羽，鸭1984羽，鹅61羽。散养户481户，实际免疫9229羽，免疫密度为96%。

【商贸服务业发展】 2021年，高亭镇商贸服务业实现平稳发展。全年实现限上零售0.83亿元，同比增长23.5%；限上住宿1.01亿元，同比增长8.6%；线上餐饮0.74亿元，同比增长44.5%。城市服务能级不断提升，新增限额以上零售业企业（个体）2家；新增限额以上住宿餐饮企业（个体）6家；新增规模以上其他营利性服务业企业2家。舟山锦舟宝盛大酒店建成运营，完成品牌酒店希尔顿欢朋酒店落户。特色服务业加快落地，引进生活性服务业网红打卡店7家，酷动健身、星聚会娱乐会所、蓝琼湾足浴等入驻锦舟宝盛大酒店；阿瑞斯音乐餐吧、谢蟹浓、十年炭火烧烤等5家餐饮入驻新天地二期；欢喜书店入驻新区创客联盟中心。海上运输快速发展，全镇20家运输公司共有运输船舶112艘，渡船2艘。海运业运力达79.38万吨，比上年同期新增运力约35.7%，占全县总运力的48.9%。农文旅融合发展，渔山村深入开展红色美丽村庄建设，成立渔山村红色文化旅游有限公司，打造精品红色旅游线路，村集体经济“造血”能力进一步提升。深入打造大峧山民宿、高亭生态稻田、大峧十里花海等乡村旅游热点，吸引岛内外游客参观游玩。举办岱山县第二届农耕文化节，打造“百年华诞”创意景观庆祝中国共产党成立100周年。

【环境卫生整治】 2021年，高亭镇深入开展环境整治。结合全县创城工作，在全镇辖区内大力开展环境卫生治理。对城中村等人员混居、“三不管”区域精准施策，启动开展专项整治行动，做好南岙、复兴等地块综合环境整治工作，有序推进其余地块。保持“三改一拆”高压态势。联合相关部门加强乱搭乱建巡查处置力度，启动浪激渚地块违章建筑拆除工作。完成新区菜场背面、丽都大酒店背面、江南大桥边、蓬莱公园背后等地块的违章建筑拆除工作。完成背街小巷占道洗衣台板违章拆除工作。层层推进垃圾分类工作，完成碧水豪园、茗都华庭、蓬莱阁等20个小区基础点位建设，安装摆放垃圾分类集中投放房23座、智能可回收设备20套。向各社区村分发40升分类垃圾桶1200只，在板井潭、枫树村、南浦村等渔农村主干道投放240升钢制垃圾桶70组，在城区的自治小区、背街小巷投放240升钢制分类垃圾桶70余组。加大宣传力度，在基层引领垃圾分类的新风尚。配合推进全县美丽渔港建设。完成江南村临时工棚建设工程，搭建两排总计40间临时工棚。推进政策落实，江南岸基修复所涉及的54间村级仓库、21户（幢）村民房屋、1座冷库签订征收协议，完成房屋拆除及村民房屋腾空工作；保障滨港路立面改造工作，顺利进场施工。配合完成清泰路入口改造提升工程，完成项目进度的30%。

【文体事业建设】2021年，高亭镇持续开展送戏下乡，引领社区村文化建设，开拓综合文化站内部功能室，增加市民教育、党员教育、文化宣传、普法和科普等5大类开放内容，年内开展室内活动、培训、学习等近60场。打造“创城亭心·文化同行”文化品牌。围绕创城主题，举办创城宣讲文艺巡演10场，遍布建成区范围。引导各社区村举办品牌演出和活动，完成活动16场次，参与人数超10000人次。是年，实现村级文化礼堂全覆盖，闸口二村、大岭村、东海村、大蒲门村4个礼堂建成，至此，全镇完成户籍人口500人以上的村文化礼堂全覆盖的全省文化礼堂建设目标。全年各文化礼堂举办各类活动超180场次，获评浙江省农村文化礼堂建设示范乡镇（街道）。深入开展党史学习教育，全年开展党史宣讲、习近平“七一”重要讲话、十九届六中全会精神宣讲共50余次。成立“高”声“习”语理论宣讲团，在社区村开展党史学习教育宣讲300余次。指导推出两支合唱团参加全县“唱支山歌给党听——学百年党史展海岛风景”文化礼堂红歌展演活动，唱响高亭声音。

【市政设施建设】2021年，高亭镇保障重点项目建设，推进板井潭地块安置小区建设，完成概算编制、概算审核，地块控规编制、土地指标上报审核。做好重要地块征迁工作，完成双峰新城校区征地项目、高亭中心小学征地项目。完成石马岙征地评估，厘清石马岙村与枫树村地界。启动江南现代渔业小镇征地项目，完成初步方案。完善市政管网建设。总投资1600万元，完成高亭镇“污水零直排”工程，改造升级山外弄、人民路等34个点位，完成建成区指定范围内市政管网及涉水污染源点建设，完成大蒲门排水管道工程，新铺设雨水管道305米，雨水收集管69米。老城区、渔农村雨天低洼路段易积水的情况得到改善。完善城乡道路建设。双峰公路大岙地块开工；完成官山通村道路建设，建设官山盘水岙至东岙段通村道路，总投资1000万元；南浦海防道路建设工程，全长约1.3千米；新建石马岙海防执勤道路专项维护工程，全长约0.46千米；闸口一村昌明路后半段道路修建工程，长度约200米；大岙一村育新弄道路修建工程，长度约100米。推进全镇道路交通安全隐患排查，建成高亭镇交通宣传站、浪激渚交通安全管理站。

2021年12月，渔山新村红色传承馆开馆　　（张虹　摄）

【社会民生保障】 2021年，高亭镇慎终如始抓好疫情防控。常态化开展疫情防控，推进疫苗接种、重点人员、场所管控等各项工作。完成新冠疫苗全程接种7.5万余人，建立自主排查一日一报和境外人员一对一制度，落实分类管理和精密管控，确保重点人员不漏管不脱管。关怀困难群众，结合“一户一策一干部”制度，开展镇干部与437户低保户、低保边缘户、特困户的结对帮扶，完善干部联系服务群众的长效机制。完成14户困难残疾人家庭无障碍改造，改善残疾人生活质量。健全养老服务体系。实施高亭养老服务中心“公建民营、医养结合”改革，建设完成示范型居家养老服务中心、育才等社区托老所并投入运营，整合辖区内居家养老配送餐点打造“共享食堂”，为百余名老人提供送餐上门服务。深化军民双拥共建。打造镇、村（社区）两级退役军人服务站体系建设，成功创建全国“示范型”退役军人服务站1个、浙江省新时代“枫桥式”退役军人服务站4个。加大优质教育资源供给。城西幼儿园建成投用，镇成人学校、镇中心幼儿园办学条件不断改善，义务教育标准化学校、等级幼儿园覆盖面达到100%。推进健康岱山建设。高亭卫生院完成迁建并投入使用，渔农村卫生服务站布局进一步优化，形成“15分钟医疗卫生服务圈”。深入开展爱国卫生运动，推进省卫生村、市健康村建设。

【社会治理】 2021年，高亭镇推动基层治理现代化。推动基层治理组织体系、平台化架构体系、综合信息指挥体系和制度体系等四平台的更新。迭代升级综合信息指挥室硬件，构建“乡镇智脑”“村社微脑”，推动“大综合一体化”改革，城管、“12345”、市场监管、全科网格、人民调解等力量入驻协同办公，形成事件处置、流转、办理等全周期闭环的工作体系。高效推进“智慧村社”建设。加快乡村治理数字化应用，推动社会治理中心下移，把更多资源、服务、管理放到村社。“智慧村社”在线视频会议系统和智慧基层社区治理微平台“微连心”全部完成安装并日常运行。矛盾调处能力提升。利用基层治理四平台，将“12345”热线、政务服务网、平安APP爆料等渠道整合统一，设立专人负责维护和办理，及时按要求处理各种矛盾。全年处置各类事件约20000条。延伸矛调网络到村社，最大限度把矛盾化解在基层、化解在萌芽。全年排查调解矛盾纠纷150余起，村社排查处理矛盾纠纷共80余起，镇级矛盾纠纷调解委员会共调解矛盾70余件，调解成功率95%以上。不断深化平安建设。开展平安综治双宣传月活动，开展扫黑除恶、反邪教、禁毒、反诈、法治等宣传。全年联合高亭司法所、高亭派出所、县禁毒办、县信访局等部门在日达广场宣传4次，在镇综治大厅开展吸毒人员毛发采集工作4次，制作宣传横幅150余条，发放宣传手册4万余份，LED电子屏滚动宣传40处。创建民主法治村社。大岙一村、大岙二村、江南村、闸口一村和闸口二村共5个村被评为市级民主法治村。全镇共有国家级民主法治社区(村)1个(竹屿社区)，省级4个，市级17个，县级9个，实现民主法治全覆盖。

【安全应急体制机制建设】 2021年，高亭镇应急体制机制不断完善。优化调整镇安委会、专委会、消安委、森防指、三防等议事机构的架构和职能。落实安全生产联系单制度。完善镇防汛防台风预案，组织开展演练6场次，参与200余人次。健全应急管理队伍建设，成立镇综合应急救援队伍。推进小微企业“一企一档”建档工作，完成建档108家，走访120家。稳妥开展专项行动。开展岁末年初、高温季节和重大节日等重要时间点的安全生产专项行动。开展第二轮安全生产综合治理三年行动，检查复查企业98家次，发出整改通知书和复查书40份。开展三防标准化建设工作，组织完成台风“烟花”“灿都”的抗击和恢复工作。开展沿街商铺消防安全专项检查，排查沿街商铺575家，督促整改335家。开展重大民生实事项目，完成车棚飞线改造和消防器材配备工程。健全避灾安置场所建设，组织汛前、汛中检查5次，补充物资2次。开展小作坊加工点集中整治，排查54家，整改24家。落实安全主体责任。各社区村、镇属单位以及72家企业全部签订安全生产和消防安全责任书。强化宣传工作，以防灾减灾日、消防宣传日、安全生产月、应急科技周等为载体，围绕“防风险、除隐患、遏事故”活动主题，组织开展应急和安全宣传60余场次，发放宣传册3000余份。落实常态化检查督查和复查工作，全年复查辖区企业98家次。

【政务服务“数字化”改革】 2021年，高亭镇以数字化改革为牵引，从“互联网+政务服务”着手，加快电子政务建设，推进政府数字化转型。转变工作模式，从“进一门，办一事”到“只进一扇门，最多跑一次”，跑出便民利民“加速度”。全面梳理和完善办事指南。按照群众和企业到乡镇办事“最多跑一次”是原则、“跑多次”是例外的要求，对群众和企业办事“最多跑一次”的事项进行全面梳理，梳理、公布镇级“最多跑一次”常办事项114项，村级便民服务站常办事项41项，并根据最新的事项清单，制定全新的办事指南。全面优化审批服务新模式。以深化“一窗受理、集成服务”改革为契机，按照前台综合受理、后台分类审批、统一窗口出件的服务模式，全面推行综合窗口受理模式。通过优化服务新模式，使政府办事效率进一步提高。新推出政务2.0网上办事大厅收件系统，引导群众“网上办”“掌上办”，减少流通环节，方便群众和企业。提升村社服务能力。31个社区（村）均设立便民服务站，每个社区（村）至少有1名便民协理员为民代办。进一步掌握“减证便民”举措和证明事项承诺制改革的执行落地情况，解决群众和企业办事“烦”“堵”“难”的问题，并逐步由减证向无证转化。不断创新服务内容。探索推出“离岛代办”“先锋代办”“东海渔嫂”代办等创新特色品牌，着力打造“便民、快捷、高效”的服务平台。

【全国县级文明城市创建】 2021年，高亭镇村居融创同向发力。整合村社力量“联治联创”，设立村居融创联合党支部9个，实现创城问题“清单式”管理，消除创建盲区，倒逼责任落实。村居融创队伍累计开展行动322次，参与8692人次。环境整治持续深入。完成53个居民小区环境卫生、楼道内堆积物的集中清理整治，持续推进渔农村成堆成片垃圾、露天粪缸、整洁田园整治行动。累计开展5336场志愿活动，参与99622人次。清理废弃杂物6599车，整治乱堆乱放20484处，整治乱接乱拉2440处，清理露天粪缸1035个。完成镇村两级主要区域公共场所、新时代文明实践所（站）规范化提升“全覆盖”。开展“我们的节日”系列活动、“庆祝建党100周年”系列活动、“花点时间　爱在当下”“垃圾分类　家园更美”等活动，累计开展活动894场，辐射群众两万余人次。完善基础设施，完成安澜区块、浪激渚三角区块、人民医院周边区域等12个区块背街小巷的提升工程，18个无物业小区基础设施提升，1300余户车棚飞线整治、楼道扶梯除锈、箱体整治、墙面路面修复等工程。聘用96名创城管理员入驻无物业小区、背街小巷，89名创城管理员入驻物业小区，开展定期巡逻，公益广告宣传到位，完成背街小巷全域、9个社区、15个村

2021年3月8日，高亭镇创建全国县级文明城市誓师大会在镇成人学校举办
（徐诗喆　摄）

的公益广告布点上墙。在城市社区范围内新增市民公约和居民公约、15分钟生活圈指示牌47处。公益广告和社会主义核心价值观设置约2000处，覆盖率95%以上。

（范凌华）

东沙镇

【概况】 东沙镇位于岱山岛西北端，北濒岱衢洋，东邻岱东镇，南与高亭、岱西接壤，陆域面积23.46平方千米，下辖3个渔农村、2个城镇社区。至2021年年底，总户数7291户，比上年减少1.4%；户籍人口15515人，同比减少2.7%。全年实现工农业总产值58.20亿元，实现地方财政收入1.22亿元。

【经济发展】 2021年，全镇工业总产值56.80亿元，其中规模以上工业产值18亿元，年均增长分别为10%和17.9%；实体经济行稳向好，汽船配内饰密封件产业创新服务综合体进入装修阶段；浙江工业大学博士后顺利入站。金鑫公司完成智能化车间改造，新增工业机器人7台；岱津公司全自动焊管生产线建设完成，生产效率大幅提升。银岱公司宿舍楼项目启动建设。余金工业小区低散乱企业搬迁有序推进。整治提升亩均3万元以下低效企业15家。全年新增高新技术企业1家，省级科技型企业3家，“八大万亿”产业小微企业3家，小升规1家；引进1亿元以上重大产业项目2个，实际引进市外资金1.88亿元。

【数字化改革推进】 2021年，东沙镇坚持以数字化改革撬动引领全方位系统性变革。打造全科网格数字化和智慧村社建设，推广“网格微连心”小程序应用、安装智慧云喇叭及雪亮工程视频监控。完成全域网格地图电子版绘制和标准地址库建设工作，全年处理民情工单5650条。启动镇“基层治理四平台”数字化建设，推动“152”与“141”融合、贯通，积极承接落地省市县统建应用，加强智慧城管、行政执法监管等模块和矛调协同应用系统的协同应用，探索个性化应用场景开发。大力发展数字经济，全年规模以上企业通过工艺、产品、装备和环保升级，加快智能化改造、数字化管理和产学研合作，工业技改投资增长再超5%，海山、银岱公司均获评“浙江制造”品牌认证。

【全域旅游】 2021年，东沙镇深化数字旅游、精品旅游建设，全县首个智能化公厕正式投用。加快东沙古渔镇开发管理体制改革进程，杭州中南旅游集团正式签约进驻古镇。持续拓展古镇核心区功能，海金文创产业园项目建筑主体工程加快推进，东渡路体育公园、桐盘湾综合度假区、美

东沙古镇直播间 （东沙镇 供图）

食广场提升工程均完成前期准备工作。发展乡村生态旅游业和农村商贸服务业，强化新型经营主体培育，引进生活性服务业特色品牌店2家。

【城镇品质提升】 2021年，东沙镇全面落实全国县级文明城市创建任务，完成三星级桥头农贸市场改造提升和桥头自产自销点整治，全县首个智能化公厕正式投用。完成东沙镇行政执法下放事项移交。开展“正形亮景”行动，完成司基宓家、桥头塘墩南路2个农田水利项目和司基村口、桐盘湾、江窑湖等3个综合环境提升工程。司基“红色摇篮·陌上金秋”红色美丽村庄、整洁田园、旧厂房改造等5个环境提升项目全面竣工。岱北海防执勤道路路面改造项目建设完成。东沙古渔镇开发管理实现市场化，引进生活性服务业特色品牌店2家，提升改造精品民宿1家。培育海岛特色农业，引进现代农业企业1家。实施集体经济造血行动，3个村集体经济经营性年收入提高7%以上。

【全面小康建设】 2021年，东沙镇救助、慰问困难家庭366户，共计发放各类救助、救灾款258万余元。持续加快居家养老服务供给侧结构性改革，东沙居家养老服务中心实现市场化运行，加快推进县康养联合体建设。东沙中学二期校建工程完工，镇成人学校共计举办各类培训班123期，培训6623人。古镇“渔文化”列入2021年度浙江省社区教育进农村文化礼堂学习品牌名单。严格把好疫情“输入关”，扎实推进疫苗接种。创新实施文化惠民工程，镇村两级新时代文明实践站所实现全覆盖。

【平安法治】 2021年，东沙镇完成镇村两级矛调中心打造，全面实现矛盾调解“受办一体、即接即办”服务，累计协调处理矛盾纠纷96件。深化信访代办制度，共办理县镇两级各类信访件139件。重点开展城镇燃气安全管理、危险化学品生产管理、小微企业安全管理、涉粉尘燃爆单位管理、电动车消防安全检查、民房火灾事故防范和城市运行领域“遏重大”等“平安护航，建党百年”大排查大整治行动。强化渔业安全风险防控，全力做好涉渔“三无船舶”常态化巡查，取缔非法船只9艘。完善乡镇、合作社、渔船三级应急防御组织分工和管理体系，巩固“三报告”执行率100%，安全形势总体稳定。

【党的建设】 2021年，东沙镇打造智慧党建模块，加快打造基层治理一体化、智慧服务数字化新平台，坚持“网格·家”四度工作法，以基层治理智能化、标准化为抓手，完成全域网格地图电子版绘制和标准地址库建设工作。会同县发改局组织召开“数字赋能·青年有为”头脑风暴座谈会，引导青年进一步解放思想，创新思维。创新机关党建品牌，坚持党建工作项目化运作，全面开展“一支部一品牌”创建，提升基层矛盾纠纷调处能力。投入资金400余万元，加快建设司基“红色摇篮·陌上金秋”红色美丽村庄。推出建党百年“重走盐运路”主题党日活动菜单，通

2021年“七一”期间，东沙镇举行庆祝中国共产党成立100周年“重走盐运路”主题党日活动
（东沙镇 供图）

过市场化运作使红旅兴村焕发新活力。实施“清廉村居”示范小镇创建三年规划，重点打造东沙社区、泥峙村数字化“清廉家”。围绕“七张清单”，条目式梳理九大方面21个问题转化为任务“干货”，推动整改落实。做实做细村社换届后半篇文章，积极探索“一肩挑”后村级组织运行机制，“五事五议五办”工作法作为村级议事协商创新案例被肯定，并入选全国村级议事协商创新实验试点案例。

（林雨婵）

岱西镇

【概况】 岱西镇位于岱山本岛最西部，距县城9.5千米，东与高亭镇、东沙镇相接，西与大鱼山岛相望。西南北三面环海，海岸线总长约20千米，距上海国际航运中心仅11海里。共有陆地面积25.9平方千米，有西垦山、花鼓山、凉帽山等岛屿10个，最高山为双合岗南大山，海拔158.6米。全镇下辖火箭、摇星浦等8个村。2021年年末户籍人口13807人，常住人口10203人。2021年，全镇实现工业总产值11.38亿元，同比增长32.5%，其中规模以上工业总产值9.73亿元，同比增长44.1%；固定资产投资0.63亿元；财政总收入3.45亿元，同比增长124.7%，其中地方财政收入2.56亿元，同比增长143.7%。

【重大项目落地实施】 2021年，岱西镇加速推进526国道岱西段工程，项目所涉土地征收，码头、房屋征迁，光缆、坟墓迁移，青苗补助等系列配套工作顺利完成，实现舟岱大桥项目建设无障碍施工。

【发展后劲优化】 2021年，岱西镇顺利完成剪刀头山地块，海丰、茶前山村留用地，浪丰线和未来社区等土地征收及房屋迁建工作，为浙石化物流基地、中试新材料产业基地、未来社区快速建设打下坚实基础。

【工业经济发展】 2021年，岱西镇深化“腾笼换鸟”工作，海舟、蓬莱、万和等一批“僵尸企业”成功出清。大力实施“双招双引”，瑞程石化、上海卓然、四川润和、鼎盛石化等一批新兴产业顺利落户。“亩均论英雄”改革持续推进，和泰、宁兴、元鑫、东方汽配等一批传统产业持续发力。

【基础产业建设】 2021年，岱西镇推进特色兴农、品牌兴农建设，加快海蜇生产规范化建设，推广葡萄设施及健康栽培试验示范，岱西葡萄获“省时令农产品金奖”，成功亮相湖南卫视《天天向上》栏目。加大农业基础设施投入，成功创建市级重点农业乡镇。聚焦“一打三整治”，扎实做好渔业安全生产，渔船编组生产、渔船动态点验、定人联船等机制常态化运行，全面筑牢安全防线。

【旅游产业推进】 2021年，岱西镇加快推进文旅综合体建设，双合石文化村初具雏形，可食地景、星级公厕、古村道改造等一批配套设施全部完成，皮划艇基地、文创店、传媒影楼等一批新业态相继营业，双合文旅发展经验在CCTV-2《经济半小时》栏目、新华网头版报道。相继建成青黑红色研学基地、林家欢乐田园文旅综合体，旅游资源持续扩充，5年内共接待游客270万人次、年均增长5.6%，实现旅游总收入2.80亿元、年均增长8%。

【美丽乡村建设】 2021年，岱西镇投资5300万元，开展小城镇环境综合整治行动，优化长欣路主干道形象。打造美丽风景线，海丰入口景观、俞家花海、前岸立面改造、小广场升级改造、双合山体绿化彩化等一批靓化工程相继完工，美丽岱西初步呈现。成功创建国家卫生乡镇、市级洁美乡镇，火箭村、双合村获评省AAA级景区村庄，双合村荣获全国乡村治理示范村称号。

【巩固生态文明成果】 2021年，岱西镇稳步实施“四边三化”，相继完成仇江门剪刀头山、栲网山、陈家弄、后岸、茶前山等一批地质灾害点及边坡整治。推进“三改一拆”，成功创建“无违建乡镇”。统筹推进厕所、污水、垃圾“三大革命”，新建或改造标准化公厕25座，“污水零直排区”、河道清淤等一批工程相继竣工，生活污水实现应接尽接，引进全县首个渔农村智能垃圾分类系统，双合村顺利通过省级高标准垃圾分类示范村验收。

【推进创城精细化管理】2021年，岱西镇深入开展创城工作，动员镇村干部和广大党员群众，成立攻坚行动专项组，形成镇里管“总”、行业管“线”、各村管“面”、网格管“点”的工作体系，顺利通过省检查组初次测评。扎实开展“两非”车辆整治，非法营运、非法上路现象基本消除。

【社会事业保障】2021年，岱西镇推进精准扶贫、分层救助工作，累计发放低保金及生活补助500余万元、各类社会救助资金200余万元；基本养老、医疗保险参保扩面提标，“舟惠保”实现应保尽保。全镇退役军人服务站点实现全覆盖，新建残疾人之家并通过市四星级评定验收，建成镇级示范型居家养老服务中心并投入运营，全力打造幸福岱西样板。

【社会事业发展】2021年，岱西镇优化教育事业发展，镇中心幼儿园新址建成使用，顺利通过省二级幼儿园预评。“怀慈求真，方瓦树人”品牌持续提升，怀慈小学获评第三批全国中小学中华优秀传统文化传承学校。加强职业成人教育培训，解决群众转岗就业300余人。基层文化不断繁荣，茶前山、海丰文化礼堂，笼式足球场，镇综合文化站等一批文体场所建成启用。开展周末红歌会、象棋赛、葡萄游园节、“恋上岱西·情定双合”集体婚礼等系列文创活动，“全景岱西·文化季”品牌成功构建。稳步推进医疗改革，基础医疗服务水平有效提升，殡葬改革、“三孩”、优生优育、义务献血、责任医生签约等工作有序开展。

【社会治理高质高效】2021年，岱西镇常态化开展疫情防控工作，织牢“外防输入、内防反弹”一张网。落实长效精密智控，对外来人口和境外人员进行重点排摸，加快推进疫苗接种工作，筑起新冠肺炎免疫屏障。持续做好信访源头防控和初信初访办理，社保统筹等一批历史遗留问题妥善解决。深化“四个平台”建设，畅通“12345”群众诉求渠道，“360”网格工作室投入使用，“141”基层治理体系全面打通。成立乡贤参事会，乡贤合力不断凝聚。牢牢把握安全红线，加大企业生产、渔业、道路交通等九大专项领域的整治力度，开展出租房消防安全专项整治工程，有效提升外来人口安全居住环境，获评县级安全生产先进单位。实施“警眼”和公共场所防护设施，治安防控体系有效加强。全力打好扫黑除恶攻坚战，全面完成“七五”普法工作。

【市委书记俞东来到岱西调研】2021年1月12日，市委书记、新区党工委书记俞东来在岱山县调研，市委常委、秘书长刘永艺，县委书记周国岭等陪同调研。俞东来首站来到岱西镇双合村，调研古村落保护开发、村级经济发展等乡村振兴情况，勉励新一届村两委班子要发挥好毗邻鱼山石化基地、双合石壁景区等地理优势，统筹推进美丽村庄各项建设，大力发展民宿餐饮等富民产业，不断丰富产业链条，壮大村集体经济实力。在卓然（浙江）集成科技有限公司集成块项目现场、浙江瑞程石化技术有限公司和数字经济众创园，俞东来调研石化循环经济产业园规划布局、建设推进、企业生产运行、新技术开发、数字经济发展等情况。

【村监会“五单”履责机制推行】2021年1月13日，岱西镇党委探路农村基层治理新课题，推行村监会“五单”履责机制，打造基层政治生态清廉风景线。通过“五单”履责机制，促使村监会职责明责尽责。“五单”分别为职责权限清单、反向清单、认领清单、限时交单、定时晒单。建立村级监察工作联络站，聘任村监察工作联络站站长和联络员，组建监察信息员队伍，形成村监会+联络站同向发力、同频共振；充分释放镇纪检监察工作规范化建设中积累的优势和效能，建立村监会工作钉钉群、举办业务培训、发放《履责宝典》等，“照单履责+议事监督”让有形监督显实效；对所有村干部建立一人一档清廉档案，画好“政治生态个人画像”。开展“清廉岱西你我同行”系列活动，创新建设全市首个有声廉政图书馆，新建镇基层党员干部法纪教育基地。坚持把清廉文化建设融入乡村振兴战略，打造双合“石头记乡村廉游”，激发群众参与清廉村居建设的心理认同和行为趋同。

【岱西镇第十七届人民代表大会第八次会议】 于2021年1月28—29日召开。会议审议通过《岱西镇人民政府工作报告》《岱西镇2020年度财政预算执行情况和2021年度财政预算草案的报告》《岱西镇人民代表大会主席团工作报告》《岱西镇2020年生态环境质量状况及环境保护目标完成情况》《岱西镇2020年度民生实事项目完成情况报告》，选举产生岱西镇人民政府副镇长，审议票决岱西镇2021年度民生实事项目。代表们认真审议并表决通过各项决议。

【岱西镇前岸停车场对外投入使用】 2021年3月上旬，启动前岸菜场东侧停车场建设工程，5月底竣工。6月1日，前岸停车场对外开放。该停车场由前岸村负责日常管理，对停车场进行日常巡查、汽车停放规范及垃圾清理。安澜城投集团投资建设道闸及监控系统，提供智慧停车维运平台。该停车场占地6000平方米，可容纳小型汽车200余辆。

【签订党建结对共建协议书】 2021年6月22日，为积极发挥新乡贤在助力乡村振兴、公益慈善和助力创城等方面的积极作用，岱西镇开展“三助一创”村企党建结对共建活动。结对仪式上，来自岱西镇火箭村党总支、浙江鼎盛石化工程有限公司党支部和舟山市卫生监督所党支部的3位代表，签订党建结对共建协议书。

【大规模核酸检测实战演练】 2021年12月27日，岱西镇在各村组织开展大规模核酸检测实战演练，通过“实战”完善预案，全面提高应急处置能力。此次演练主要模拟中风险地区全员核酸检测的准备、组织发动、采样等工作。现场共划分为测温验码区、等候区、信息采集区、采样区、临时隔离区等。演练中，测温验码区工作人员对受检者仔细测温验码，对体温异常者进行临时隔离；等候区现场工作引导员提醒群众注意1米线位置，确保排队整齐有序；信息采集区机关干部利用移动采集设备逐个对受检者进行身份证扫码；采样区医护人员按照采样规范对群众进行咽拭子采样。实现核酸检测全部流程规范、安全、有序。

【省委副书记、代省长王浩到岱西调研】 2021年12月4日，省委副书记、代省长王浩一行调研岱山本岛最西端的双合村，王浩登渔船、访民宿，实地检查渔业渔船安全隐患整治、美丽乡村建设等情况，特别就做好渔业安全工作，要求当地政府和省直部门“治、管、查”三管齐下，聚焦突出问题和风险隐患，长期抓、抓长期，全力守护好渔民生命财产安全。

（韩　瑜）

岱东镇

【概况】 岱东镇位于岱山本岛东北端，东、北濒临竹屿港、岱衢洋，距县行政中心仅2千米。2021年，境内有大小岛屿8个，陆地面积22.97平方千米。下辖5个村，共有5223户、13090人。有党总支6个，党员740人。全镇立足区位和资源优势，突出海岛花园建设、深耕乡村田园旅游，致力打通“绿水青山就是金山银山”转换通道，坚定扛起“五大历史使命”，加快建设“四个岱山”，全力以赴推进滨海花园富裕岱东建设。全年地区生产总值11.60亿元，地方财政收入2985.40万元。

【社会治理】 2021年，岱东镇始终把学懂弄通做实习近平新时代中国特色社会主义思想作为首要政治任务，牢牢把握全镇意识形态主动权。坚决把牢政治方向，认真学习党的十九届六中全会和省市县委全会精神，及时贯彻习近平总书记重要讲话和指示精神，发动全镇干部扎实开展“六讲六做”，忠诚拥护“两个确立”、坚决做到“两个维护”。全年组织开展党委理论中心组学习12次，党委专题会议专题研究意识形态领域工作2次，定期召开社会舆情综合分析，确保乡镇党委换届、东海郊野公园政策处理等工作顺利推进。扎实开展党史学习教育，第一时间召开镇村两级党史学习教育动员部署会，出台《关于开展党史学习教育实施方案》。选拔一批青年宣讲队伍，研究制定岱东盐业史、土地史、五匠精神等6个板块，创新实施群众点单的双向选择方式，提升群众参与面和兴趣度。开展“我为群众办实事”活动，解决群众难题165件，推动理论学习提质增效。把牢宗教领域政治安全，实施宗教（民间信仰）场所三人驻点联系机制。建立网上瞭望哨机制，加强网评员网宣员队伍建设，设立首席网络安全官，提高基层网络舆情管理能力。排摸、选树岱东乡贤人士，扩大岱东智库增量，增强基层多元参与、协商共治能力。

【产业强镇】2021年，岱东镇坚持以高质量发展理念构建双循环经济体系，综合实力在转型升级中稳步攀升。经济密度持续提升，是年，全镇的主要经济指标多项超额完成，全镇实现工业产值达2.30亿元，引进浙江卓悦国际贸易、燕舟石化能源等企业7家，实际利用县外资金1.80亿元，为岱东经济发展奠定扎实基础。深入实施低效厂房整治行动，针对全镇7家低效企业制定相应整改方案，以腾笼换鸟、零地技改等方式实现全面整改，镇域企业亩均税收超过3万元，工业园区品质全面提档升级。特色农业提质增效，深入推进“六保”工作，坚决遏制农地“非农化”，落实160.2公顷粮食生产区集中整治，实施29公顷抛荒地复垦，5公顷养殖塘退塘还田，完成213.33公顷高标准农田提升改造，粮食生产功能区非农化整治荣获市级优秀，成功申报新时代美丽乡村全域发展建设项目。鼓励发展适度规模经营，引进培育农业主体4家，打造全市首个球根类花卉种植基地，成功申报省级农村产业示范园创建名单。集体经济多元发展，积极向上争取政策资金，成功申报2022年度省级一事一议2000万元财政奖补助推美丽乡村建设项目，搭建村级经济发展蓄水池。以东海郊野公园建设为契机，扶持龙头村成立劳务服务公司，沙洋村建设产业融合发展示范园项目，涂口村打造湿地游船、观光小火车等娱乐设施，村级集体经济收入比上年增长10%。编制《岱东镇加快推进共同富裕“乡村新社区”和海岛“未来社区”实施意见》，成立全市首个“乡村振兴文旅博士工作站”，激发共富内生动力。

东海郊野公园上船跳段　　（岱东镇　供图）

【数字化改革】2021年，岱东镇聚焦以数字化改革撬动引领全方位系统性变革，实现数字理念全员化，第一时间召开镇党委扩大会议，学习贯彻数字化改革大会精神，组织镇村干部赴县大数据中心学习观摩。成立由书记和镇长任双组长，党委副书记和副镇长任常务副组长，其他领导为副组长，各科室为成员单位的组织架构，全面强化全镇数字化工作。

选派8名年轻干部围绕渔农村数字化领域开展专题调研，激励干部在数字化改革实践中勇挑重担。驱动产业发展现代化，实施工业经济数字赋能，加快“数字车间”建设，推动神鹰、奥盛等企业打造全自动生产流水线项目，实现外贸订单稳步增长。深入实施科技兴渔战略，研发并推广蟹笼船自动化生产项目，在全市渔农业高质量发展大会上交流渔业机器换人工作经验。引领特色农业数字化升级，创新岱东农特产品“直播带货”模式，组建网络宣传推广团队，打造全县首家党建农播间“红映晴沙”，让农民共享更多增值收益。推动基层治理精细化，启动镇“基层治理四平台”数字化建设，贯通衔接“152”体系、“141”体系，积极承接落地省市县统建应用，加强智慧城管、行政执法监管等模块和矛调协同应用系统的协同应用。探索个性化应用场景开发，配置AI智能监管6类事项，处置问题87件，基本实现民生事件处置闭环管理。推行基层治理“三联四格”工作法，全力打造全科网格数字化和智慧村社，完成全域网格地图电子版绘制和标准地址库建设，全年处理民情工单3024条，“智慧村社”平台应用量在全市领先。

【打造全景全域海岛公园】2021年，岱东镇以“窗口意识”塑造岱山绿色发展“金名片”，打造全景全域海岛公园。选派17名镇村干部以专班力量集中攻坚，完成32.8公顷土地流转和11户产权建筑物解缆。成功引入文旅运营合作团队，卡丁车、小镇客厅等一批文旅体项目建成运营，先行区经济效益逐步释放。全面开展周边农田综合治理，以可食地景模式打造整洁田园，先行区经济效益逐步释放。做好鹿栏晴沙景区业态提升，完成7.8千米环北峰山和石鹅山绿道建设，项目与规划共振催生旅游产业叠加效应，全年旅游景区游客人数增长14%。

【打造特色鲜明运动小镇】2021年，岱东镇编制《岱东海岛运动休闲小镇创建规划》，构建海岬运动休闲区、沙滩运动体验区、体旅融合休闲区等“一核一轴六片区”空间格局，建成岱东体育馆并引入第三方运营团队，成功入选省级运动休闲乡镇培育名单。突出沙滩运动休闲主题，相继举办中国海洋文化节、国际风筝节、东海音乐节等文体赛事，“鲜游晴沙”品牌效应持续打响。

【打造美丽村庄】2021年，岱东镇优化海岛大花园“交通脉络”，顺利护航526国道岱东段建设。加快实施《岱东镇美丽城镇建设行动方案》，落实“十个一”标志性工程，开展废弃矿山治理、道路提升、老旧街区改造、环境提升等项目49项。投入近千万元完成磨心北二“品质河道”提升工程，实施洛沙湾水库百亩绿化等增绿项目，持续释放生态水系建设红利。

【基层治理】2021年，岱东镇坚持树立整体智治理念，创新基层治理形态、完善治理模式、提升治理效能，打造乡村社会治理典范。以协同治理共建品质城镇，推进“一支队伍管执法”改革，成立乡镇综合行政执法队，承接城乡规划、市政公用、环境保护等相关的行政检查权、处罚权，查处道路交通、门店经营等问题300余件，村级集体经济收入比上年增长10%。全面落实全国县级文明城市创建任务，实行“责任点位+全域督查”双轮驱动，发动全镇干群常态化开展“创城有你·岱东有礼”专项行动80余次。深挖乡土文化特色，原创歌曲《海上小镇》获市级新民歌大赛优秀歌曲奖。以源头治理推进服务下沉，深入推进农村养老服务体系建设，整合全镇养老服务资源及配送餐服务，全县率先打造岱东镇居家养老配送餐中央厨房，推出智慧点餐平台。加大社会救助力度，累计发放各类救助、补助资金200.7万元。严格把好疫情“输入关”，实行分级分类健康管理，扎实推进疫苗接种，重点加强入境人员和中高风险地区到岱人员的管控力度。以系统治理打造平安岱东，强化渔业安全风险防控，完善乡镇、合作社、渔船三级应急防御组织分工和管理体系。全力推进电信网络诈骗“心防”工程，守住百姓的“钱袋子”。开展道路交通、小微企业安全管理、民房火灾事故防范等“平安护航建党百年”行动，荣获全县首批“浙江省四星级乡镇（街道）食安办”称号，岱东农贸市场获省级“放心市场新创”奖补。

【党的建设】 2021年，岱东镇积极顺应新时代党的建设总要求，全面强化党的质量建设。在全县率先高质量完成乡镇换届选举工作，新一届干部队伍赢得高参选率、高得票率，《人民日报》、新华网等平台点赞岱东“海上流动票箱”故事。实施渔农村干部工资薪酬改革，制定《渔农村工资福利待遇调整方案》。组建“兴社治社”红领先锋议事团，实施先锋队伍联村帮带，全力推进集体经济发展、创城攻坚等重点工作。优化政治生态，实施“清廉岱东”生态圈建设，落实县级巡察整改“回头看”和审计问题整改，实行“清廉指数”三色分类动态考评，出台《岱东镇清廉村居四小事项清单》，涂口村创成市级清廉村居示范点，被市委授予“舟山市先进基层党组织”称号。构建“项目化+清单化+数字化”政治监督体系，制定监督清单22份，督查并整改创城、疫情防控等重点领域问题112个，发布通报5期，问责8人，有效提升党组织和党员干部政治执行力。突出政治标准，树立实干导向，建立精准跟踪、严格考评的选人用人工作闭环体系，注重在重点项目建设和疫情防控一线锻炼、考察干部。是年，通过中层轮岗交流，将3名年轻普通干部提拔至副股级岗位，1名副股级岗位提拔至正股级岗位，股级干部平级交流8人。重视后备干部、年轻干部、女干部和非党员干部的培养选拔，中层岗位平均年龄为37.42周岁，较上年下降1.12周岁，大专以上学历达到100%，女干部比例为61.5%，35周岁及以下干部12人、占中层干部的46.2%，党外干部比例达到38.5%。

（蒋娇艳）

2021年6月29日，岱东镇开展“牢记初心使命　赓续红色血脉”主题党日活动
（岱东镇　供图）

长涂镇

【概况】 长涂镇位于岱山本岛的东部，东临公海，南濒黄大洋，与海天佛国普陀山遥遥相对，西毗邻本岛，与县域高亭仅隔一水道，北倚岱衢洋。辖地包括大长涂、小长涂、大圆山、多子山、大西寨、小西寨等90多个岛屿。陆域面积58.5平方千米，主要由大长涂岛、小长涂岛两个岛组成，下辖倭井潭、长西、港南、东剑4个村。至2021年年末，全镇总户数5225户，比上年减少1.1%；户籍人口11237人，比上年减少2.4%。是年，实现社会生产总值23.68亿元，同比增长19%；实现工业产值15.26亿元，同比增长32.8%，其中规模以上工业产值9.06亿元。实现财政总收入11703万元，同比增长37.6%；地方财政收入6368万元，同比增长39.7%。

【临港产业发展】 2021年，金海智造推进资产重整，5艘半成品集装箱船顺利完成出售，浙江众翔和浙江精言风电设备有限公司与国能、华能、华电3家央企签署战略投资协议，舟山中岛风筒导轨项目投产并陆续交付。金海版块企业全年实现产值11.4亿元。加大龙辉船厂、金妙水产等中小企业帮扶力度，协同第三方做好工业企业固废、危废整治工作，助推企业绿色持续发展。狠抓招商引资工作，引进浙江精言风电等4个项目，实际到位市外资金1.89亿元。配合推进西车头矿山项目，协调做好大长涂岛渔光互补项目政策处理等工作。

【渔农产业提升】 2021年，长涂镇深化“港长制”建设，启用海上一体化监管平台,试点应用“淘渔吧”船员管理平台，建立健全渔政渔监、镇渔办和合作社综合管理模式，强化渔业基础组织管理和渔船动态监管。大力实施渔业安全铁拳行动，严格落实渔船安全24小时点验制度，开展渔业安全生产隐患大排查、大整治，组织开展渔民培训教育和渔船应急预案演练活动。推进44艘老旧渔船整治和减船转产工作。完成180公顷高标准农田改造任务，做好全镇耕地“非粮化”情况调查复核工作。深化美丽田园建设，开展白色垃圾清理、露天粪缸整治、违建农用房拆除等工作，申报实施“田长制”等长效管理机制。东剑水产养殖公司创成省级水产健康养殖示范场。

【第三产业优化】 2021年，长涂镇港航海运业持续回稳，海运船只数量、运力保持稳中有升，实现海运产值4.67亿元，同比增长30.4%。全力推动镇域旅游发展，整合岛上旅游资源，推进“军港之夜”文旅IP方案设计，启动做好军港街项目设计等前期工作，完善军事研学游、老兵游等配套设施建设。拓展农旅新业态，推进未来乡村长西农旅综合体项目建设，统筹做好核心区生态景观节点、景观小品打造，完成户外拓展活动区和水上休闲基地经营性文旅项目布置打造工作，推动三产融合发展。

【创城工作持续推进】 2021年，长涂镇全面推进全国县级文明城市创建工作，充分发挥蓝港志愿巡逻队、金银渔嫂等社会力量，对标对表，严格落实点位责任制，进一步细分路段、明确职责，全面清理消除背街小巷、房前屋后、居民楼道乱堆乱放和卫生死角等乱象，完成金港大酒店北面和长涂船厂等综合整治工作。加快推进“一支队伍管执法”改革，成立乡镇综合行政执法队，常态化联动开展车乱停、摊乱摆、沿街店铺等整治行动，累计整治流动摊位和占道经营895起，查处电动车未戴头盔2061起。完善基础设施建设，实施道路市政设施维修，推进太阳能路灯安装项目，新增非机动车位153处、机动车位63个，增设隔离护栏、警示桩等交通安全设施。建成启用镇交通宣传教育站，劝导各类交通违法9000余人次，开展交通安全宣传进村、进学校、进企业活动8场次。健全完善沿街餐饮店铺审批制度，不断规范餐饮经营户经营行为，长涂菜场创成二星级文明规范市场。

【未来乡村建设】 2021年，长涂镇未来乡村核心区建设一期项目基本完工，有序完成农田收储、土地整理、地力增肥、苗木培育种植及机耕路、沟渠等配套设施的建设，建成苗圃展销园、精品菜园等，建成投用独具海岛农耕文化的生态景观大道，完成园区内沿途木栈道、水井、旱溪、休憩园等生态景观节点打造，长西核心区农旅综合体初具规模。持续提升村容宜居环境，完成中兴小区、兴港小区等区域环境整治，打造一米菜园、一米果园。新建长西生态河道，配套完成景观桥、人行步道及绿化带建设，完成赵家岙景观节点和上船跳廊道提升。

【美丽海岛建设】 2021年，长涂镇深化海岛“大花园”建设，美丽城镇顺利完成验收，创成省级新时代美丽城镇建设基本达标乡镇。推进倭井潭省级历史文化重点保护利用村落项目，完成参府弄以南建筑立面改造工程。持续做好危房改造和地质灾害工作，累计完成农村自建非经营房屋排查整治5178户和农村困难群众危房改造2户，沙塘外52号地质灾害点完成应急治理。改造提升海防执勤道路，完成长东罗家至火叉咀海防道路路面改造工程。实施垃圾分类提质改造工程，完成安装5座智能化垃圾分类投放亭，完成平台用户信息录入3080户，同步推进海上智慧垃圾分类，倭井潭、长西获评省级高标准农村生活垃圾分类示范村。镇微型环境监测站投入使用，完成镇污水处理厂第二轮运维，完成港南村5个污水终端监控安装，持续强化日常环境质量监测。

【社会保障】 2021年，长涂镇慎始如终抓好新冠肺炎疫情防控，认真做好动态排查、核酸检测、集中管控、疫苗接种等各项工作，启用金海智造北区隔离点，加强涉外船舶订单审核把关工作，坚决打赢疫情防控攻坚战。截至12月底，已完成新冠疫苗接种计划，累计完成全程接种人次9375人次，并逐步落实18周岁以下和80岁以上人员接种；接种加强剂第三针3205人，相关企业接种率90%以上。持续做好低保专项治理回头看工作，加强低保、低保边缘对象动态管理。加大社会救助力度，积极落实民生工程，广泛开展以残助残、助医、助困、助学等社会慈善活动，发放低保及低边保障金181.80万元、残疾人两项补贴137万元，困难群众幸福感、获得感不断提升。

【社会事业发展】 2021年，长涂镇养老服务体系持续优化，高质量运营海岛幸福驿家，示范性居家养老服务中心正式启用，利用“安心助老”APP，提供平台代理订餐等数字助餐服务，提升配送餐服务质量。健全养老服务区域合作机制，与绍兴市柯桥区合作开展“海岛支老、一起安好”行动，建立“主动+被动”监测系统，打造数据+嵌入式养老服务体系。重视发展义务教育，深化长涂小学与高亭中心小学城乡教育共同体建设，推进未来课堂精准教学试点工作。加大技能培训和就业扶持力度，开设初中级焊工、养老护理等培训课程；协调处理企业职工劳资纠纷问题40余起，切实保障劳动者权益。持续丰富群众文体生活，建成长西百姓休闲运动广场，成功举办军港之夜双拥文化艺术节等系列活动，组织开展第三届“最美长涂人”评选活动，弘扬社会主义核心价值观。深化退役军人服务站建设，东剑村退役军人服务站获评省新时代枫桥式退役军人服务站，长涂镇获评市级双拥模范乡镇。工会、妇女儿童、青少年、老龄、红十字和审计等事业取得进一步发展。

长涂镇未来乡村390亩核心区精品菜园　（长涂镇　供图）

2021年9月26日，长涂镇举行第七届双拥艺术节文艺晚会暨第三届“最美长涂人”颁奖典礼　（长涂镇　供图）

【社会治理】 2021年，长涂镇扎实推进“平安长涂”建设，圆满完成各级两会期间等重要节点维稳安保工作。全力推动“基层治理四平台”建设，贯通衔接152体系、141体系，深化打造数字乡村综治平台，前端感知预警体系、蓝港微交通、码上长涂人、智慧养老、单兵执法系统等一批数字化项目完成建设并陆续投入运行，实现数字产业体系、智慧人本服务体系和社会协同全域智治体系三大板块场景应用。倭井潭、长西党群服务中心建成投用，完成镇村两级矛调中心建设，全面推广智慧村社协同应用平台，实现4个村全覆盖，完善全科网格建设，基层社会治理能力有效提升。探索创新“微家”治理模式，完成首批3家微家阵地建设和队伍组建，进一步打通基层社会治理“最后一公里”。重视抓好应急能力建设，启动3个应急预案修编和3个专项预案编制工作，深化安全生产第三方社会化服务，整合金海智造、岱山华丰消防救援力量，组建完成镇域消防救援联合团队。开展“平安护航建党百年”安全隐患大排查大整治等专项行动，联合开展全镇森林防灭火和企业防抗台应急演练活动，强化工矿企业、交通、渔业、消防、食品等行业和领域的综合整治，全面深化全镇安全生产环境。

【党的组织建设】 2021年，长涂镇聚焦党建统领、整体智治、唯实唯先，遵循新时代党的组织路线，推动党建工作与中心工作高度融合，与产业集群、地方特色、基础工作等紧密结合，建立党建责任清单和年度要点，不断加强干部队伍建设、提高基层组织建设质量、加大乡村振兴和新时代文明实践的扩面提质。圆满完成换届选举工作，严格执行选举工作流程要求，选举产生镇党代表57人、人大代表62人；选举产生新一届党委、政府、人大和纪委班子。组建镇先锋红团支撑新村“两委”班子运作，班子领导担任团长副团长，青年干部编组入团，强化“一村一品牌”建设，深化倭井潭“新三姐妹”、长西“三圈三网”、港南“先锋暖阳”、

海上垃圾分类志愿服务　（长涂镇　供图）

东剑“724党建为民工作室”等党建品牌建设，创新基层群众自治渠道，出台微家建设工作方案，重点建成红色微家、蓝港微家、渔嫂微家3个阵地，打造“微家”基层治理品牌。借助社会组织，构建蓝港志愿、金银服务、高鳌讲学党建服务矩阵，有效引领文明创城、海上垃圾分类、疫情防控等工作，金银渔嫂协会获评第十一批浙江省“生态文明教育基地”，“渔嫂发力，携手共建美丽蓝港”获评美丽浙江生态环境治理十佳优秀案例。

（沈泓秀）

秀山乡

【概况】 秀山乡介于舟山本岛和岱山本岛之间，距舟山本岛2.5海里，距普陀山10海里，距岱山本岛3海里，由大牛轭山、大长山、小长山、青山等17个岛屿组成，总面积24.26平方千米，其中秀山岛面积22.88平方千米，在舟山诸岛中位列第九，辖秀北、秀东、秀南3个村（经济合作社）。截至2021年年底，全乡户籍人口6854人，外来人口11025人，60周岁以上老年人3494人，占总户籍数的51%。全乡实现工业总产值51.53亿元，在7个乡镇中（除鱼山外）排名第一；实现税收3.08亿元，同比增长16.9%；实现一般公共预算收入1.62亿元，同比增长19.2%；固定资产投入共3559万元，同比增长137.3%；完成招商引资2.29亿元，其中市外资金1.86亿元。

【产业发展】 2021年，秀山乡深入开展服务企业行动，助推企业转型升级。常石集团实现工业产值29.67亿元。惠生海工持续扩大产能，实现工业产值16.75亿元，同比增长67.3%，全球最大极地液化天然气模块项目成功发运俄罗斯。常石集团、惠生海工获评2021年度岱山县工业重点骨干企业，常石集团获评2021年度岱山县工业龙头企业。世界最大单机1.6兆瓦LHD第四代机组总成平台成功下海，稳定运行时间不断刷新世界纪录。持续帮扶本土民营企业发展，全乡海运运力保持在14万吨以上。跟进惠生天然气项目，惠生北冰洋项目第一条生产线于2021年9月顺利交付。加快房地产去库存，销售房产35套，总交易额4445万元。紧紧围绕招商引资“一号工程”，多次赴上海、杭州、宁波等多地开展招商引资工作，完成注册公司11家，成功引进浴场、酒吧等业态，引进市外资金1.86亿元。秀东村入选省商贸发展示范村，并获评舟山市村级集体经济发展进步奖。

【美丽城镇建设】 2021年，秀山乡高起点高标准推进海岛大花园建设，编制《秀山大花园绿地景观规划》，美丽城镇方案获评省级优秀，全市城乡风貌整治提升（未来社区建设）暨美丽城镇建设工作现场会顺利在秀山乡召开，文旅特色型美丽城镇创建达标。做好百万亩国土新增绿化工作，共计抚育121.6公顷。持续深化海上花乡建设，扎实开展全乡32.14万平方米绿化养护工作，全年新增绿化面积4.39万平方米。持续推进秀山乡立面微改造

2021年9月24日，秀山乡文旅特色型美丽城镇创建验收，图为创建验收现场

（秀山乡　供图）

项目，完成海兰线交叉口示范段改造。加强生态环境保护秀东村入选首批“浙江省气候康养乡村”。

【创城攻坚行动】 2021年，秀山乡全方位系统推进创城各项工作，充分发挥党员先锋模范作用，组建10个工作专班、9个工作组，开展环境卫生整治周、攻坚月行动，完善环境整治长效机制，着力打造“全市最干净乡镇”。加强硬件提升，完成秀北村省级无障碍社区创建，对乡政府、秀北村、卫生院、幼儿园等10余处企事业单位及15户残疾人住房进行无障碍设施改造。全县创城模拟测评中，秀山乡位居本岛乡镇第一。

【文旅事业发展】 2021年，秀山岛“泥岛花乡”文化旅游主题岛建设取得阶段性成果，累计投入1000万元完成湿地公园水系，顺利完成2021年投资计划。是年，秀东村、秀南村分别荣获浙江省AAA景区村庄、AA景区村庄称号。建设完成全民健身广场笼式足球场和四星级厕所。成功打造爱琴海网红打卡点，浙江省群文戏剧创新团队采风创作基地落户秀山。出台《秀山乡文化旅游产业发展奖励扶持办法》，推进扶持政策落地。承办2021中国海岛公园秀山徒步大会。推出水稻认领，举办亲子体验游，让参与者了解农耕知识，感受农耕不易。坚持举办文化礼堂“艺”+“益”活动，全乡开设免费讲座、培训共计57次，参与1189人，为基层群众提供各类优质公共服务。加快布局文旅新业态，加大招商引资力度，落地引进网红直播间、酒吧、海景网约房等新型业态。

【民生事业发展】 2021年，秀山乡坚持老有所养，打造海岛安心养老服务体系。加大社会救助力度，累计发放各类救助、补助资金近240万元。整合已有送餐服务，由乡示范型居家养老服务中心统一配送。开展“海岛支老、一起安好”海岛支老服务行动，结对绍兴市福利院支老工作人员入驻敬老院，在医养结合、消防安全、制度健全等方面进行改善提升。落实《秀山乡养老机构食堂工作人员卫生管理制度》，定期开展养老机构消防安全和食品安全隐患排查整治。致力打造“博爱·牵手”秀山岛品牌，与民革市委会在医疗、教育、法律、三农、养老、文化等社会服务领域进行签约合作。推进殡葬改革工作，加大文明治丧的宣传力度，分发《大力推进移风易俗专项整治丧葬礼俗的公开信》300余份，引导群众树立厚养俭葬的新风尚，指导各村成立红白理事会，教育引导文明办丧事。全市基层食安分类管理现场会在秀山召开，完成省级4星级食安办创建现场评审验收工作。是年，秀东村、秀南村获评省文明村镇。连续12年荣膺“平安乡”称号，捧回平安金鼎。

【安全生产工作】 2021年，秀山乡开展各领域“遏重大”专项整治攻坚行动，严格落实隐患排查治理。共检查各类船舶修造企业及外协施工单位100家次，开具现场检查记录76份，排查出各类安全隐患138处，开具责令限期整改指令书41份，共计罚款3.7万元。新《安全生产法》实施以来，组织100多家企业及外协单位进行新《安全生产法》的宣传贯彻培训，分发《安全生产法》读本、宣传挂图、宣传手册等6000多件，组织安全演练6次。

【党建工作】 2021年，秀山乡完成全乡领导班子换届工作，成立乡党委换届领导小组和换届筹备工作领导小组，制定《秀山乡换届工作实施方案》。10月28日召开党代会，选举产生新一届党委委员9人、纪委委员5人。高质量完成村社组织换届，村干部结构更加优化。加强思想政治建设，开展“不忘初心、牢记使命”主题教育活动，扎实推进党史学习教育。坚守党建引领下的为民情怀，创新“民生小铺”党建品牌载体，推出“小铺夜话”“铺长在线”“我的家”课外课堂等特色品牌。强化“三服务”工作载体，组建机关党员复工专班，实施返工人员从家门到企业的“一条龙”服务，保障企业有序复工复产。加强干部梯队建设，制定《恋上秀山党员干部培养计划》，锻造乘风破浪“秀山郎”铁军队伍。打造“锋领兰秀”党建品牌，充分发挥党员先锋模范作用，深化实施无职党员设岗定责工作，推行四定志愿服务品牌，兰秀党员志愿服务队入选全市“最美治水人”。严格落实意识形态主体责任，推出“兰秀课堂”“秀语”等宣传载体，引领基层舆论导向。完成村党群服务中心建设，召开全县村社党群服务中心现场会。推进党建向“两新”组织延伸，成立惠生海工党支部，扩大基层支部覆盖面。加强党风廉政建设，严格落实并完成巡察反馈整改和审计问题整改，建立健全各类规章制度21项。倡导“银色清风”，建强“银色堡垒”，规范老年协会运行。充分发挥人大、统战、工青妇、老干部、乡贤队伍的作用，推动全乡经济社会全面高质量发展。

【基层治理】 2021年，秀山乡扎实推进数字海岛项目，投资300余万元，围绕“服务”和“治理”双功能，紧盯社会治理、公共服务、乡村产业等领域，以海岛驾驶舱、大联动平台为核心，以一体化数字综合执法、数字食安、老人关怀等为主要应用场景，完成AR鹰眼、视频点位新增等硬件建设，实现AI智能赋能、数字海岛驾驶舱、事件广场、老人档案、村社档案、善治兰秀积分卡等功能搭建，完成一体化数字综合执法、数字食安等场景应用，秀山乡项目管理系统正式上线。强化法治乡村建设，建立“三重一大”决策事项联合会审制度。强化依法行政，出台《秀山乡关于推进乡镇合法性审查工作方案》，配置法制员、聘请法律顾问，切实提高行政规范性文件制定质量和行政规范性文件监督管理。全面推进基层综合执法改革试点工作，实现乡镇一支队伍管执法的行政执法体制。深化“基层治理四平台”改革，推进12345工作体系建设，努力实现“微事不出格、小事不出村、矛盾不上交”。加快推进基层治理四平台改革，制定基层治理四平台扁平化指挥体系，对四平台办件流程、运行架构、工作职责、专职网格员绩效管理等进行优化升级，完成5个科室及法院、检察院、司法局的入驻。召开全省数字化改革会议精神专题学习，召开全县深化“基层治理四平台”改革现场推进会，推广秀山先进经验做法。全乡3个村被列为岱山县2021年度档案规范化、数字化创建单位。

（尹天园）

2021年4月29日，秀山乡统战之家活动　　（秀山乡　供图）

衢山镇

【概况】 衢山镇地处岱山县东北部，岛域总面积73.06平方千米，海域面积3000多平方千米，本岛面积61.79平方千米，为舟山第五大岛。衢山下辖30个渔农村和1个城镇社区，常住人口49214人。2021年，财政总收入7.97亿元，同比增长13.2%；一般公共预算收入4.24亿元，同比增长4%；实现工业总产值43.83亿元，同比下降17.7%，其中规模以上工业产值28亿元，同比下降30.1%；港口吞吐量1.2亿吨，与上年持平；全镇海运总运力93.2万吨，同比增长15.4%；城镇居民人均可支配收入65830元，同比增长7.4%；渔农村居民人均可支配收入44580元，同比增长8.4%。

【战略项目建设】 2021年，黄泽山

一期151万立方米实现经营性收入1.42亿元，二期104万立方米地面储罐项目桩基工程施工稳步推进，完成年度投资4.65亿元。黄泽山至鱼山原油管道项目首站完成桩基工程，鱼山末站开展土地报批工作，完成年度投资1.92亿元。鼠浪湖码头累计吞吐量6700万吨，同比增长8.5%，实现经营性收入6.64亿元。完成鼠浪湖西三区项目土地出让，大宗商品储运基地启动工程顺利开工。双子山东侧山体开采平整工程基本完工，小衢山形成约133.33公顷可建设土地。国际海事服务基地岸基站产业园进场施工。渔港经济区道路管网工程一期主体工程基本完工，二期办理初设批复；大衢渔港扩建工程主体工程基本完成；渔港经济区G1地块废弃矿山治理及生态修复工程进场施工。

【渔农产业发展】 2021年，衢山镇创新建立衢山“大港长制”管理模式，结合海上一体化智慧平台和全域智慧视联网，实现对进出船舶的全域综合监管。持续推进泥螺山万头猪场工程，完成配套污水管网工程总工程量的90%。

【工业经济发展】 2021年，衢山镇深化“三服务”，梳理困难企业问题清单，开展精准帮扶。浙江友联克服疫情影响，做到防疫生产两手抓，升级改造项目开始施工，西区基础挖掘基本完成，东区完成11个建筑的管桩施工和已施工管桩的报验，累计完成投资约1260万元。风电产能持续释放，全年发电14714万千瓦时，实现产值6112万元，同比增长17.1%，减少碳排放21.24万吨。持续推进低效企业整治，采用帮扶指导、招商引资、执法检查等方式，促进企业提质增效。加快国企改革进程，实现衢投集团初步运营，推进投融资工作，省农行确定将衢山作为行领导挂点“服务乡村振兴示范点”，并签订战略合作协议，一期融资意向20亿元。

【现代服务业发展】 2021年，衢山镇海岛旅游有新发展，全年接待游客92.34万人次，同比增长5.9%；创旅游收入12.97亿元，同比增长9.9%。进一步完善景区景点建设，对观音山、沙龙旅游设施进行提升改造，全域提升绿化美化水平。双龙湾规划设计完成深化方案评审。按照边规划边建设要求，完成双龙湾地区最美风景带申报工作，推进前期景观节点打造项目。旅游宣传纵深推进，委托专业运营公司运行衢山旅游公众号、官方网站，并重新制作旅游手绘地图。

【城乡面貌优化】 2021年，衢山镇深入实施第二轮省级小城市培育试点工作，全年全面推进42个项目。成立衢山镇规划工作领导小组，系统修编调整各类控规详规，加强对全岛整体建设的规划管控。稳步推进省级园林城市创建。完成119.39公顷森林抚育改造项目及码观线部分路段绿化美化提升工程。完善交通集疏运网络体系，持续推进万良客运码头、西长沙至里高涂至外泥螺山公路（里高涂至外泥螺山段）、潮头门至小黄沙公路。完成环卫设施设备提升项目及13个公共厕所提升改造。成功创建“污水零直排区”，完成投资约1800万元。总投资2700万元的优水联调供水管网改造工程完成总工程量的60%以上，完成年度投资2000万元。开展耕地“非农化”“非粮化”工作，排摸出“非农化”问题125.46公顷，整治抛荒地280.42公顷。全面完成总投资约4000万元的衢山镇樟套片区小流域农业生态工程。完成环境提升工程设计方案评审，启动项目施工招投标工作。三弄村美丽城镇建设作为全省十大典型案例获省级电视台浙江在线报道。

【民生福祉】 2021年，衢山镇以数字化改革为统领，持续深化“最多跑一次”改革，试点“刷脸通办”，推广“一网通办”；实施政银服务一体化项目，将银行网点打造成智慧政务服务的延伸窗口，实现“服务到村社，办事不出岛”。开展助学助残助贫等行动，加强扶贫资金的监管，多渠道增加贫困户收入，巩固脱贫成果。不断完善社会养老体系建设，居家养老服务中心、瀛洲颐养院、海岛幸福驿家投入使用，四平敬老院提升改造稳步推进。着力打造新时代文化高地，9家文化礼

2021年9月18日，岱山县瀛洲颐养院投入运营　　（衢山镇　供图）

堂建设全面完成。推进村志编纂工作，完成石子门、涨网套村志的编印以及万南、万北村志初稿的编纂。依托“海岛支老、一起安好”支老帮扶行动，联合绍兴市福利中心开展服务支老系列活动，进一步提升养老服务水平。聚焦教育质量提升，大衢中学中考取得较好成绩。加快推进岱二院医疗服务提升，完成放射中心改造并投入使用。

【创城攻坚行动】2021年，衢山镇对标对表创城测评标准，以问题为导向，全面提高城市综合管理和公共服务水平。常态化开展渔农村环境综合整治，持续提升居民小区环境和渔农村群众文明素质。有效发挥“督查考核”指挥棒作用，制定出台《衢山镇村（社区）创建全国县级文明城市考核激励办法（试行）》，保持创建高压态势，开出创建督查41份。深化专项整治，联合镇村干部、志愿者、党员、“东海　渔嫂”等社会各界力量，重点开展市容市貌、居民小区、交通秩序、渔农村、餐饮行业等专项整治2500余次，累计完成整治点位4000余个。

【平安建设】2021年，衢山镇全面推广新冠疫苗接种，累计接种约7.8万人次，完成二针接种3.6万人，加强针接种5500余人。深入推进减船转产专项行动，累计上缴拆解渔船60艘，力促渔业生产安全稳定。顺利完成渔船涂装悬挂宗教标识物专项整治。圆满完成中国共产党成立100周年和十九届六中全会维稳安保任务。落实“一支队伍管执法”改革，成立衢山综合行政执法队。推行矛盾纠纷化解“最多跑一地”，及时受理解答群众诉求，处理“12345”工单392件，调处化解矛盾纠纷13起，涉及金额390余万元，化解历史信访积案1起。进一步加强宗教事务日常巡查管理，夯实宗教工作基层基础。深化渔业、工矿、交通、危化、燃气等重点领域安全生产专项整治，安全生产形势保持稳定。

（刘哲源）

责任编辑：赵悠燕

2021 年岱山县国民经济和社会发展统计公报

2021 年，面对复杂严峻的国际环境和国内疫情散发等多重挑战，全县上下在县委县政府的坚强领导下，坚持以习近平新时代中国特色社会主义思想为指导，全面贯彻党的十九大和十九届历次全会精神，立足新发展阶段，贯彻新发展理念，融入新发展格局，在全力抓好疫情防控的基础上，科学精准实施宏观政策，推动经济持续健康发展，奋力打造共同富裕示范区海岛样板，经济社会继续呈现高质量发展良好态势。

一、综合

2021 年年末，全县户籍人口 170723 人，比上年年末减少 3010 人，其中男性人口 84270 人，女性人口 86453 人。全年户籍出生人口 477 人，死亡人口 1651 人，人口自然增长率为 -6.8‰。迁入人口 694 人，迁出人口 2531 人，机械增长率为 -10.7‰。年末全县常住人口 20.98 万人，比上年年末增加 0.14 万人。城镇化率为 69%，比上年提高 0.34 个百分点。

根据全省统一初步核算，全年全县地区生产总值 530.80 亿元，按可比价计算，比上年增长 18.3%。其中，第一产业增加值 35.60 亿元，下降 2.9%；第二产业增加值 393.30 亿元，增长 24.5%；第三产业增加值 101.90 亿元，增长 7%。三次产业结构比例为 6.7 ∶ 74.1 ∶ 19.2。按常住人口计算，人均地区生产总值 253842 元，比上年增长 18%。

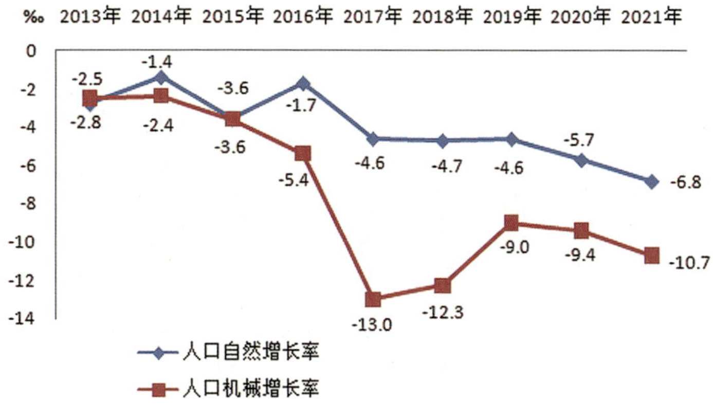

图 2　2013—2021 年岱山县人口增长情况图

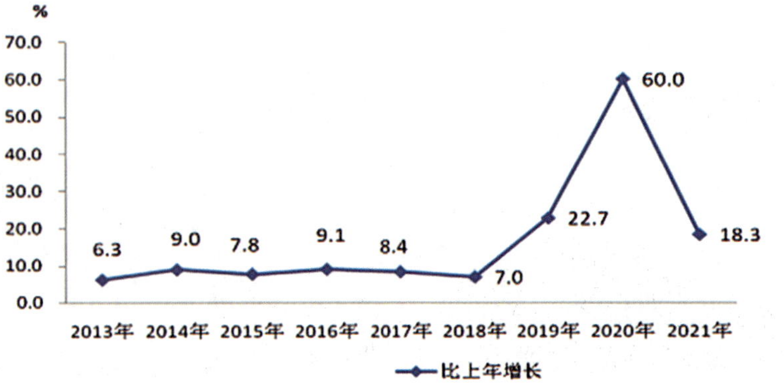

图 3　2013—2021 年岱山县地区生产总值增长速度图

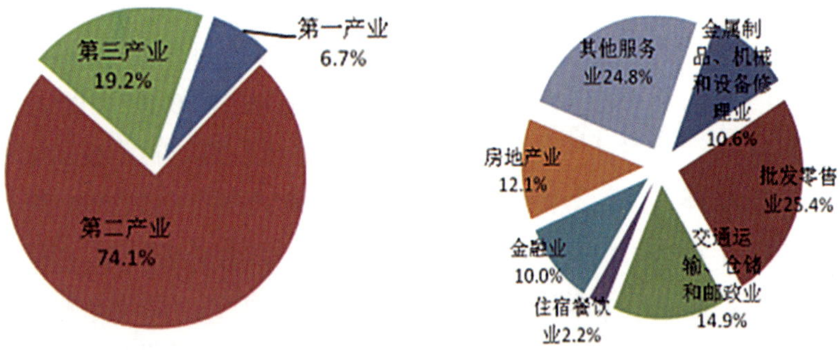

生产总值构成　　　　第三产业增加值构成

图 4　2021 年岱山县地区生产总值以及第三产业增加值构成图

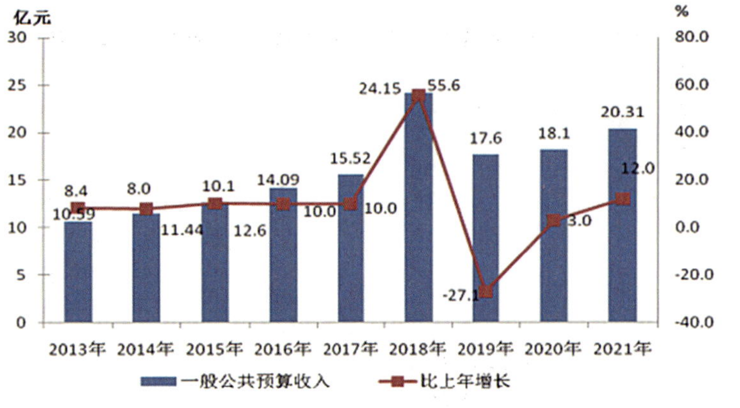

图 5　2013—2021 年岱山县一般公共预算收入及其增长速度图

全年居民消费价格（CPI）比上年上涨 0.9%，其中食品烟酒类价格上涨 0.5%。服务项目价格上涨 0.8%，消费品价格上涨 1%。商品零售价格上涨 1.4%。

全年新增城镇就业 7116 人，城镇失业人员再就业 776 人，就业困难人员再就业 545 人，城镇登记失业率为 1.8%。

全年新设企业 504 个，比上年下降 10.6%；新设个体工商户 1957 个，下降 9.6%。年末在册市场主体 17704 个，增长 4.4%，其中企业 3946 个，增长 2.9%。

全年财政总收入 31.23 亿元，比上年增长 14.6%。一般公共预算收入 20.31 亿元，增长 12%，其中，增值税为 5.57 亿元，增长 9.3%，企业所得税和个人所得税分别为 2.93 亿元和 0.64 亿元，分别增长 34.5% 和 25.1%。一般公共预算支出 50.84 亿元，比上年下降 6.4%，其中，社会保障与就业支出增长 2.2%，公共安全支出增长 13.2%，教育支出增长 6.1%，住房保障支出增长 10.2%，科学技术支出增长 17.4%。

二、渔业

全年渔业总产值 64.38 亿元，按可比价计算，比上年下降 3.2%。水产品总产量 32.5 万吨，下降 3.2%，其中国内捕捞 29.94 万吨，增长 0.1%。

2021年岱山县主要水产品产量表

表24　　　　单位：吨

产品名称	绝对数	比上年增长（%）
一、水产品产量	324975	-3.2
#小黄鱼	37337	36.5
带　鱼	39590	22.9
鲳　鱼	5153	-45.0
鲐　鱼	8505	-2.9
梅　鱼	36740	-8.5
海　鳗	4704	-68.3
虾　类	40050	3.0
蟹　类	80965	-4.1
头足类	6989	18.9

年末有渔业专业合作社14家。加大减船转产力度，共减船转产73艘，改造科技示范船35艘。积极引导渔民转产转业，渔民双转技能培训150人。年末有无公害农产品产地和产品认证企业7家，水产健康养殖示范场17家。

全年实际水产养殖面积647公顷，产量2.56万吨，分别比上年下降7.6%和30.4%。其中海水养殖面积586公顷，产量2.45万吨，分别下降7.6%和30.7%。

年末有机动渔船1842艘，比上年减少87艘，总吨位34.37万吨，总功率48.99万千瓦，分别比上年下降4.2%和5.3%。其中捕捞渔船1551艘，比上年减少63艘，总吨位29.35万吨，总功率35.17万千瓦，分别比上年下降3.5%和下降4.4%。

三、农林牧业

全年农业总产值2.01亿元，按可比价计算，比上年增长2.5%；林业总产值0.09亿元，增长0.5%；牧业总产值0.14亿元，增长71.6%。

全年粮食作物播种面积953.33公顷，增长6.8%，产量0.48万吨，增长4%。园林水果播种面积451.93公顷，下降9.8%，产量0.66万吨，增长2.1%。蔬菜播种面积1398.93公顷，产量2万吨，分别下降2.2%和3.7%。茶叶播种面积67.9公顷，产量10吨，分别下降4.3%和60.4%。

全年造林面积90公顷，零星植树1万株，成林抚育面积200公顷。全年生猪饲养量8800头，比上年增长6.33倍。家禽饲养量5.79万只，比上年下降16.2%。肉类产量320吨，比上年增长148.1%，其中羊肉产量31吨，增长19.2%，禽肉产量78吨，下降8.2%。禽蛋产量43吨，比上年增长48.3%。

年末有国家级无公害农产品30个、绿色食品14个。市级以上农业龙头企业5家。建成省级农业绿色发展先行区1个、市级4个，成功创建省级农产品质量安全放心县。

全年农田有效灌溉面积2350公顷，其中节水灌溉面积1460公顷。累计土地流转面积1333.33公顷，农地流转率54%。年末拥有农业机械总动力3.07万千瓦，比上年增长3.7%；其中当年机耕面积1587.13公顷，比上年下降4.2%。全年化肥施用量（折纯）1140吨。

四、工业和建筑业

全年全县规模以上工业总产值1532.66亿元，比上年增长71.6%，规模以上工业增加值比上年增长28.2%。规模以上工业中，高新技术产业增加值增长34.3%，占规模以上工业的92.5%；装备制造业增加值增长9.7%，占规模以上工业的8%；战略性新兴产业增加值增长18.2%，占规模以上工业的2.6%。规模以上工业企业六大主导行业实现总产值1509.66亿元，比上年增长72.4%，所占比重为98.5%。其中石油化工业实现总产值1390.20亿元，所占比重为90.7%。

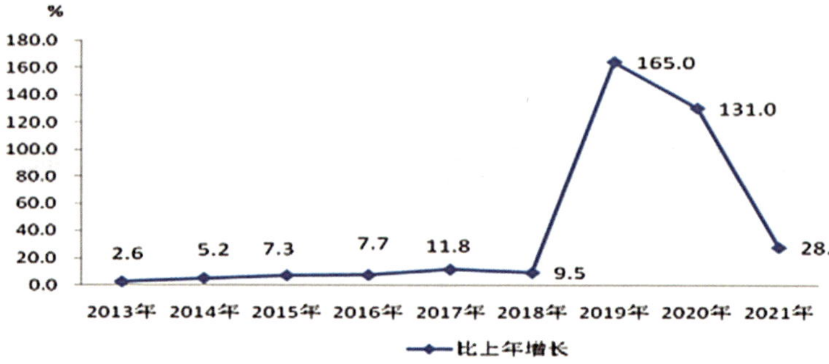

图6　2013—2021年岱山县规模以上工业增加值增长速度图

2021年岱山县规模以上工业主要产业情况表

表25　　单位：亿元

指标	绝对数	比上年增长（%）
规模以上工业总产值	1532.66	71.6
#船舶修造业	69.82	-1.4
汽配制造业	21.25	23.3
水产加工业	3.23	10.0
石油化工业	1390.20	85.9
土砂石开采业	20.53	-33.6
水泥及制品业	4.63	-24.1

全年规模以上工业企业资产总计3056.97亿元，实现利税总额369.57亿元，其中利润总额285.38亿元。新产品产值1408.19亿元，比上年增长84.1%，新产品产值率为91.9%，比上年提高5.9个百分点。

全年全县建筑业增加值28.26亿元，比上年增长21.1%。年末全县具有资质的总承包和专业承包建筑业企业26家，实现总产值18.34亿元，下降3.2%；房屋建筑施工面积143.11万平方米，下降24.7%；房屋竣工面积9.55万平方米，下降54.5%。

五、固定资产投资和房地产开发业

全年全县固定资产投资比上年增长10.5%，其中民间投资增长22.5%，高新技术产业投资增长32.9%，交通投资下降15.5%，生态环保、城市更新和水利设施投资下降42.3%。

分产业看，第二产业投资

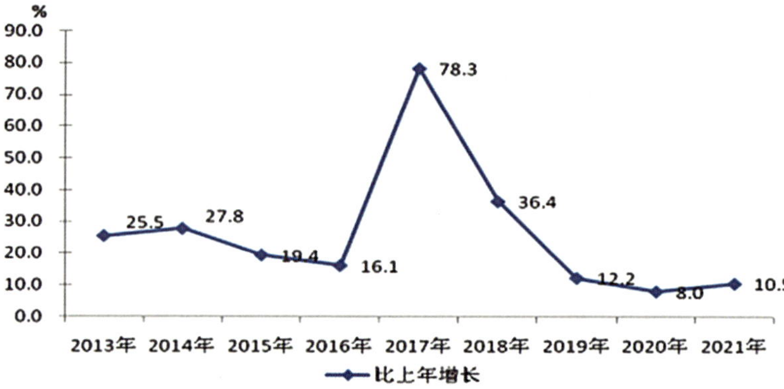

图7　2013—2021年岱山县固定资产投资增长速度图

增长17.2%，第三产业投资下降27.7%，其中，交通运输仓储邮政业投资下降7.5%，文教卫体娱乐业增长44%。

全年房地产开发投资下降39.6%。全年房地产开发面积79.02万平方米，比上年下降23.2%；商品房销售面积8.41万平方米，下降22.6%；年末商品房待售面积14.43万平方米，增长15.7%。

六、内外贸易

全年全县实现社会消费品零售总额比上年增长8.3%。其中，城镇消费品零售额增长6.6%；农村消费品零售额增长10.9%。按消费类型统计，商品零售额增长8.1%；餐饮业收入增长10.4%。

全年批发和零售业商品销售总额比上年增长35.6%，其中，限额以上批发和零售业商品销售额增长27.9%。全年住宿和餐饮业营业额增长20.8%，其中，限额以上住宿和餐饮业营业额增长16.9%。

年末全县有商品交易市场13个。全年商品交易市场成交额6.37亿元，比上年下降3.3%。全年成交额超亿元的市场1个，实现成交额3.62亿元。

全年全县外贸进出口总额105.65亿元，比上年增长14.2%。出口额55.31亿元，下降23%。其中，船舶44.08亿元，下降30.1%；水产品2.28亿元，增长24.1%；汽配、微电机7.93亿元，

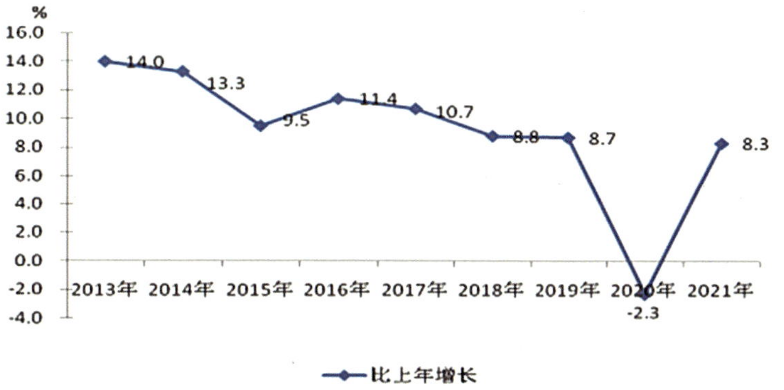

图8　2013—2021年岱山县社会消费品零售总额增长速度图

增长34.6%。进口额50.34亿元，增长143.9%。年末有自营进出口权的企业210家，其中自营进出口额超200万美元的企业19家。

全年实际引进市外资金44.30亿元，实际利用外资8527万美元。全年自贸区内企业144家，其中外商投资企业14家，油品企业16家。

七、交通、港口和邮电业

全年全县货物运输总量5836万吨，比上年增长5.3%，货物运输周转量658.7亿吨千米，增长2%。全年旅客运输总量1413万人，增长4.3%，旅客运输周转量26191万人千米，增长7.5%。年末有集装箱运输企业67家，比上年年末减少5家；车辆数435辆，总吨位1.42万吨，分别比上年下降15.5%和15%。年末全县民用汽车拥有量24988辆，比上年年末增长7.2%；其中私人汽车拥有量21970辆，比上年年末增长7.5%。

年末有海运企业41家，在册营运货运船舶231艘，比上年年末减少27艘；运力218.29万载重吨，比上年年末增长8.6%。其中万吨级船舶50艘，比上年年末增加2艘，运力182.07万载重吨，比上年年末增长10.7%。

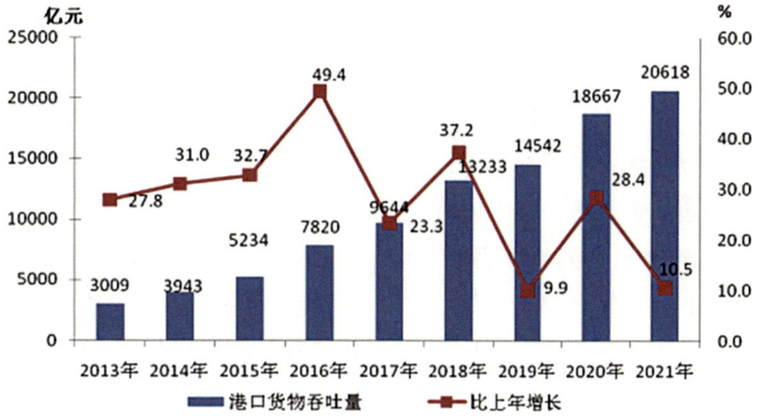

图9　2013—2021年岱山县港口货物吞吐量及其增长速度图

2021 年岱山县交通客货运输量表

表 26

指标	单位	绝对数	比上年增长（%）
一、货物运输总量	万吨	5836	5.3
陆路	万吨	1059	11.7
水路	万吨	4777	4.0
二、货物运输周转量	亿吨千米	659	2.0
陆路	亿吨千米	18	3.0
水路	亿吨千米	641	1.9
三、旅客运输总量	万人	1413	4.3
陆路	万人	744	2.0
水路	万人	669	6.9
四、旅客运输周转量	万人千米	26191	7.5
陆路	万人千米	16271	15.4
水路	万人千米	9920	-3.4

全年港口货物吞吐量 20618 万吨，比上年增长 10.5%。其中金属矿石吞吐量 6959 万吨，增长 1.3%；石油 2578 万吨，增长 28.9%。年末全县有生产性泊位 72 个，其中万吨以上深水泊位 23 个。

全年邮政电信业务收入 2.42 亿元，比上年增长 4.3%。其中邮政业务收入 0.32 亿元，增长 2.6%；电信业务收入 2.10 亿元，增长 3.4%。年末全县固定电话用户 2.4 万户，下降 8.7%；年末移动电话用户 25.98 万户，下降 0.7%；年末互联网宽带接入用户数 10.42 万户，增长 15.3%；完成代理速递业务量 2.23 万件，比上年增长 1.5 倍，其中国际及中国港澳台地区特快专递 0.01 万件，比上年增长 33%。

八、金融和保险业

年末全县有各类金融机构 26 家。其中，银行业机构 9 家，保险业机构 16 家，小额贷款公司 1 家。年末全部金融机构各项存款余额 328.16 亿元，比年初新增 13.46 亿元。其中，非金融企业存款余额 47.97 亿元，增加 2.72 亿元；住户存款余款 176.14 亿元，增加 21.43 亿元。各项贷款余额 316.55 亿元，比年初增加 106.58 亿元。其中，短期贷款余额 43.32 亿元，增加 4.20 亿元；中长期贷款余额 269.34 亿元，增加 99.89 亿元。

全年保险机构实现保费收入 3.68 亿元，比上年增长 1.5%。其中财产险保费收入 1.27 亿元，增长 3.3%；人身险保费收入 2.41 亿元，增长 0.5%。全年赔款支出 1.08 亿元，增长 7.4%；给付支出 0.30 亿元，增长 3.8%。

九、人民生活和社会保障

根据城乡一体化住户调查，全年全体居民人均可支配收入 55378 元，比上年增长 9.4%。全年城镇常住居民人均可支配收入 61759 元，比上年增长 9%；城镇常住居民人均生活消费支出 33574 元，增长 15.1%，恩格尔系数为 32.4%，比上年下降 0.1 个百分点。全年渔农村常住居民人均可支配收入 43048 元，比上年增长 9.7%；渔农村常住居民人均生活消费支出 30003 元，比上年增长 16.2%，恩格尔系数为 33.9%，比上年下降 0.3 个百分点。城镇、渔农村居民收入比为 1.43∶1。年末城镇居民人均住房建筑面积 46.7 平方米，渔农村居民人均住房建筑面积56.98平方米。

年末全县参加职工基本养老保险单位2585家，参保人数109430人，分别比上年增长4%和2.1%；参加城镇职工基本医疗保险单位2372家，参保人数64568人，分别比上年增长6.5%和3.2%；参加失业保险的单位2396家，参保人数29066人，分别比上年增长7.5%和2.8%；工伤保险参保人数为54062人，比上年下降1.6%，参加生育保险的人数为30825人，增长4.3%；参加城乡居民养老保险人数41926，下降4.5%；参加被征地农民基本养老保险422人，下降45.5%；参加城乡居民医疗保险人数10.55万人，参保率为99.5%，人均筹资水平1656元，增长13.7%。

年末全县有敬老院20所，社会福利院1所，床位2290张；有各类社会福利企业12家，残疾职工就业人数346人。年末有1971人纳入政府最低生活保障，其中城镇居民最低生活保障家庭户178户、205人；渔农村居民最低生活保障家庭户1487户、1766人；城镇特困户数7户，农村特困户数102户。全年共发放纯低保金1990.50万元。城乡低保对象最低生活补助标准由每人每月810元提高至910元。

十、科技、教育、文化、卫生和体育

全年组织实施省级项目68项、市级科技计划和科技合作项目3项。年末全县有高新技术企业22家、省级科技型企业32家、省级企业研究院1家。全县新培育科技型中小企业32家，累计有科技型中小企业182家。发放创新券258.50万元。全年共授权专利185件，其中发明8件。

年末有各类注册商标2004件，比上年增长1.2%，地理标志（包括证明、集体）商标2件，浙江制造团体标准6个，比上年增长50%。

年末有小学10所，小学在校生6195人；初中4所，初中在校生2632人，初中升高中段比例为99.5%；高中2所，高中在校生1520人；职业技校在校生678人，毕业生205人；幼儿园19所，在园幼儿3026人。全县高中段学校高考考生539人，录取人数528人。全县有220人报名参加742课次自学考试，合格率为55%。全县义务教育标准化学校通过率100%。年末各学校配置计算机4095台，图书藏量67.85万册。

有3523人外来民工子女在县内就读，其中公办学校3523人，流动儿童少年入学率为100%。

年末有群众文化馆1个，文化站7个。全年组织举办展览38次，文艺活动348次，举办各类训练班741次，培训13874人次。有公共图书馆1个，藏书量37.59万册，比上年增长5.6%。有县级广播电视台1个，乡镇电视台4个，全年制作广播时间261.2小时，制作电视节目时间901.5小时，分别比上年增长23.1%和3.1%。全县有线电视用户数4.65万户。广播和电视人口综合覆盖率分别为100%和99.9%。

年末有医疗卫生机构113个，其中，县级医院3家，乡镇卫生院（社区卫生服务中心）7个，诊所医务室12个，村卫生室42个，社区卫生服务站4个。医疗机构开放床位589张。卫生技术人员1243人，其中，执业（助理）医师492人，注册护士464人。全年总诊疗219.9万人次，其中接待医疗门诊急诊217.3万人次。全年累计报告传染病643例。全年孕产妇514人，保健覆盖率为100%，孕产妇早孕建卡率为95.5%，孕产妇死亡率为零。0～7岁儿童的保健覆盖率为99.7%。免费婚检率为84.1%。完成城乡居民健康体检2.76万人。计划生育率为98.8%，综合节育率为77.2%。一孩率为73.2%，二孩及多孩率为26.8%。

年末有文化礼堂66家，新建16家。全县共有体育场地582个，总场地面积达54.99万平方米。年末共创建省级社区多功能公共运动场16个，市级小城镇文体健身广场5个。全年共举办群众体育活动60次，参加人数14万人次，成功举办岱山海岬半程马拉松、中国海岛公园秀山岛徒步大会、中国·岱山岛沙滩高尔夫球挑战赛、全国气排球精英赛等赛事。全年共销售体育彩票4163万元，其中飞鱼体育彩票销量508万元。

十一、市政建设和新渔农村建设

年末建成区面积8.45平方千米，实有城市道路面积177.13万平方米，道路长度101.25千米。排水管道长度141.53千米，全年供水总量484.9万吨，天然气供气总量739万立方米。城市生活垃圾无害化处理率和资源化利用率均达到100%。城市污水处理率达到92.9%。年末有建成区园林绿地面积335.95公顷，其中，公园绿地面积128.14公顷；建成区绿化覆盖率为43.2%，绿地率为39.8%，人均公园绿地面积16.24平方米。成功创建省级园林城市。

全面推进全域美丽建设，打造主题鲜明、文化底蕴深厚的蓬莱乡韵美丽风景带，完成5个县级美丽精品村建设和双合村省级历史文化重点村落的开工建设。实施渔农村垃圾分类全覆盖，实现生活垃圾集中收集有效处理建制村比例为100%。全县渔农村卫生厕所普及率为100%，渔农村累计粪便无害化处理率为99.8%。

以全国文明县城创建为载体，结合海岛大花园、国家新型城镇化示范建设，大力推进基础设施补短板行动，实施补短板强弱项项目89个，完成年度投资69.40亿元。全年拆除违法建筑1.11万平方米，完成三改16.16万平方米。全年新增公共租赁住房保障家庭2351户，比上年增长15.8%。新增经济适用住房保障家庭1591户，增长0.3%。新建改造城市道路4.29千米，新增公共停车位140个。全面实施智慧停车等项目工程，新增智慧停车位2600多个。

十二、能源、环境和安全生产

全年全社会用电量75.62亿千瓦时，比上年增长54.3%。其中，工业用电70.98亿千瓦时，增长81%；城乡居民生活用电1.89亿千瓦时，增长11.1%。

全年环境空气质量优良率为98.6%。县级以上集中式饮用水源水质达标率为100%，水环境功能区水质达标率为100%。区域环境噪声平均等效声级52.6分贝，环境噪声达标区总面积6.86平方千米。全年列入千吨万人及以上的集中式饮用水源地常规监测的断面共4个，水质达标率为100%。

全年全县共发生各类生产安全事故12起，死亡（失踪）10人，亿元GDP生产安全事故死亡率为1.9%。

根据2021年度建设“平安浙江”群众安全感满意率调查结果显示，岱山县群众安全感综合满意率为96.8%。

统计表

2021 年岱山县人口与自然资源

表 27

项目	
人口	2021 年全县户籍人口总数 170723 人，户籍人口密度 523 人 / 平方千米
地理位置	北纬 30° 07′ 至 30° 38′；东经 121° 31′ 至 123° 17′
区域总面积	东西长 169.6 千米，南北宽 57 千米，区域总面积 5242 平方千米，其中：海域面积 4915.5 平方千米，陆地面积 326.5 平方千米
岸线总长度	717 千米，其中水深 10 米以上 35.30 千米，水深 20 米以上 9.94 千米
岱山本岛面积	土地总面积 104.97 平方千米，为舟山群岛第二大岛
岛屿个数	大小岛屿 571 个，其中有居民岛屿 29 个

2016—2021 年岱山县经济社会发展主要指标

表 28

指标	单位	2016 年	2017 年	2018 年	2019 年	2020 年	2021 年	2021 年比上年增长（%）
GDP	亿元	167.0	185.6	201.5	247.8	424.2	530.8	18.3
其中：第一产业	亿元	35.4	39.5	41.0	39.3	36.0	35.6	-2.9
第二产业	亿元	61.5	71.0	76.3	124.5	294.7	393.3	24.5
第三产业	亿元	70.0	75.1	84.3	83.9	93.6	101.9	7.0
人均 GDP（按常住人口）	元	81944.0	88986.0	94893.0	117512.0	203464.0	253842.0	18.0
财政总收入	万元	207270.0	231880.0	322701.0	262405.0	272640.0	312348.0	14.6
其中：一般公共预算收入	万元	141086.0	155195.0	241540.0	176002.0	181290.0	203051.0	12.0
固定资产投资	亿元	165.5	257.1	385.5	432.4	467.2	516.1	10.5
规模以上工业增加值增速	%	14.6	11.8	9.5	165.0	131.0	28.2	—
水产品产量	万吨	44.0	42.2	41.1	38.2	33.6	32.5	-3.2
港口货物吞吐量	万吨	7820.0	9644.0	13233.0	14542.0	18667.0	20250.0	10.5
外贸货物进出口总额	万元	939706.0	965567.0	715536.0	963667.0	920313.0	1056477.0	14.2
其中：进口	万元	264987.0	178650.0	209564.0	262752.0	206356.0	503358.0	143.9
出口	万元	674719.0	786917.0	505971.0	700915.0	713957.0	553119.0	-23.0
社会消费品零售总额增速	%	11.4	10.7	8.8	8.7	-2.3	8.3	
全社会用电量	万千瓦时	82394.0	89881.0	90689.0	158192.0	490020.0	756227.0	54.3
其中：工业用电量	万千瓦时	54161.0	52274.0	43128.0	44957.0	392170.0	709757.0	81.0
金融机构存款余额	亿元	212.3	223.0	244.2	260.9	314.7	328.2	4.3
金融机构贷款余额	亿元	96.4	100.9	122.1	178.5	210.0	316.6	50.8
城镇常住居民人均可支配收入	元	42965.0	46553.0	50192.0	54562.0	56646.0	61759.0	9.0
渔农村常住居民人均可支配收入	元	28366.0	30851.0	33860.0	36903.0	39238.0	43048.0	9.7

2021 年岱山县户籍人口

表 29

指标	单位	2021 年	2020 年
总户数	户	75805.0	76231.0
总人口	人	170723.0	173733.0
按性别分			
男	人	84270.0	85764.0
女	人	86453.0	87969.0
按年龄分			
18 岁以下	人	12243.0	13225.0
18～34 岁	人	25332.0	27604.0
35～59 岁	人	69528.0	70063.0
60 岁以上	人	63620.0	62841.0
出生人数	人	477.0	618.0
出生率	‰	2.8	3.5
死亡人数	人	1651.0	1624.0
死亡率	‰	9.6	9.3
人口自然增长率	‰	-6.8	-5.7

2021 年岱山县渔农村经济

表 30

指标	单位	2021 年	比上年增长（%）
一、渔农村住户数	户	53870	-2.4
渔农村人口数	人	131998	-1.5
# 男	人	68036	-5.3
女	人	63962	3.0
渔农村从业人员	人	74118	-2.4
# 男	人	45344	-2.0
女	人	28774	-3.0
# 农林牧渔业	人	26747	-1.1
二、渔农业总产值	万元	667439	-2.9
# 渔业	万元	643813	-3.2
农业	万元	20118	2.5
林业	万元	861	0.5
牧业	万元	1406	71.6

2021 年岱山县海洋渔业

表 31

指标	单位	2021 年	比上年增长（%）
水产品总产量	吨	324975	-3.2
# 国内捕捞	吨	299369	0.1

续表 31

指标	单位	2021 年	比上年增长（%）
远洋渔业	吨	—	—
海水养殖面积	公顷	586	-7.6
海水养殖产量	吨	24460	-30.7
机动渔船	艘	1842	-4.5
	吨	343681	-4.1
	千瓦	489946	-5.3
#生产渔船	艘	1556	-3.6
	吨	293606	-3.5
	千瓦	352067	-4.3
辅助渔船	艘	286	-9.2
	吨	50075	-8.0
	千瓦	137879	-7.7

2021 年岱山县水产品产量

表 32

指标	单位	2021 年	比上年增长（%）
一、水产品产量	吨	324975	-3.2
#小黄鱼	吨	37337	36.5
带　鱼	吨	39590	22.9
鲳　鱼	吨	5153	-45.0
鲐　鱼	吨	8505	-2.9
鮸　鱼	吨	7390	-27.2
海　鳗	吨	4704	-68.3
虾　类	吨	40050	3.0
蟹　类	吨	80965	-4.1
头足类	吨	6989	18.9
#淡水产品产量	吨	1146	-23.3

2021 年岱山县农作物面积和产量

表 33

指标	单位	2021 年	比上年增长（%）
粮食播种面积	公顷	953.33	6.8
#晚稻	公顷	355.47	8.7
经济作物播种面积	公顷	2120.00	2.4
粮食产量	吨	4754.00	4.0
#晚稻	吨	2491.00	1.6
花生产量	吨	507.00	-4.2
油菜籽产量	吨	441.00	0.5
茶叶产量	吨	10.00	-60.4
蔬菜产量	吨	19973.00	-3.7
园林水果产量	吨	6599.00	2.1

2021年岱山县规模以上工业主要指标

表34

指标	单位	2021年	比上年增长（%）
工业总产值	万元	15326613.0	71.6
#大中型工业	万元	14729160.0	77.6
#私营经济	万元	635547.0	-1.5
#重工业	万元	15259976.0	72.1
#轻工业	万元	66637.0	5.8
工业销售产值	万元	13763334.0	61.7
工业出口交货值	万元	1686193.0	98.2
工业增加值增速	%	28.2	—
#高新技术产业	%	34.3	—
#战略性新兴产业	%	18.2	—
#装备制造业	%	9.7	—
#数字经济核心产业制造业	%	26.3	—

2021年岱山县规模以上工业主要产品产量

表35

产品名称	单位	2021年	比上年增长（%）
原油加工量	万吨	2652.4	15.0
民用钢质船舶	万载重吨	102.1	9.6
冷冻水产品	万吨	1.3	15.0
船舶修理	万载重吨	2320.6	-24.2
化学纤维	吨	1643.0	-45.8
商品混凝土	万立方米	214.7	-45.5

2021年岱山县规模以上主要行业工业总产值

表36

指标	单位	2021年	比上年增长（%）
一、工业总产值	万元	15096637	72.4
船舶修造业	万元	698218	-1.4
汽配制造业	万元	212522	23.3
水产品加工业	万元	32314	10.0
石油化工业	万元	13902019	85.9
土砂石开采	万元	205286	-33.6
水泥制品制造	万元	46279	-24.1

2021年岱山县规模以上工业企业主要经济效益指标

表37

指标	单位	2021年	比上年增长（%）
企业单位数	个	63	—
#亏损企业	个	10	持平
营业收入	万元	13687091	68.3
营业成本	万元	9034463	41.2
税金及附加	万元	815775	234.3
销售费用	万元	49666	-70.9
管理费用	万元	127645	10.3
研发费用	万元	394158	67.4
财务费用	万元	385485	21.6
利润总额	万元	2853811	390.8
亏损企业亏损额	万元	119977	-21.5
资产总计	万元	30569740	38.5
流动资产合计	万元	8903987	60.1
应收账款	万元	797425	74.5
产成品存货	万元	417892	207.5
本年折旧	万元	700790	42.8
负债总计	万元	22082828	38.8
应交增值税	万元	26122	-5.6
应付职工薪酬	万元	307777	37.3
平均用工人数	人	21696	14.3

2021年岱山县港口与海运

表38

指标	单位	2021年	比上年增长（%）
生产性泊位个数	个	72.00	-2.7
#万吨以上	个	23.00	持平
港口货物吞吐量	万吨	20618.00	10.5
#市外	万吨	20250.00	10.5
#石油	万吨	2578.00	28.9
金属矿石	万吨	6959.00	1.3
矿建材料	万吨	8392.00	23.3
#外贸货物吞吐量	万吨	3989.00	13.0
海运企业	家	41.00	持平
海上货运净载重量	万吨	218.29	8.6

2021年岱山县全社会客货运输

表39

指标	单位	2021年	比上年增长（%）
一、客运量	万人	1413.00	4.3
#水运	万人	669.00	6.9
陆运	万人	744.00	2.0
二、客运周转量	万人千米	26191.00	7.5
#水运	万人千米	9920.00	-3.4
陆运	万人千米	16271.00	15.4
三、货运量	万吨	5836.00	5.3
#水运	万吨	4777.00	4.0
陆运	万吨	1059.00	11.7
四、货运周转量	亿吨千米	658.70	2.0
#水运	亿吨千米	640.40	1.9
陆运	亿吨千米	18.30	3.0

2021年岱山县全社会民用车辆拥有量

表40

指标	单位	2021年	比上年增长（%）
全社会民用车辆拥有量	辆	27676	3.6
#民用汽车拥有量	辆	24988	7.2
#私人汽车拥有量	辆	21970	7.5
一、大中型汽车	辆	1252	2.2
#客车	辆	301	11.5
货车	辆	951	-0.4
二、小型汽车	辆	23586	7.4
#客车	辆	22065	7.8
货车	辆	1521	2.7
三、其他汽车	辆	150	8.7
四、摩托车	辆	2125	-24.2

2021年岱山县邮电业务

表41

指标	单位	2021	比上年增长（%）
邮政业务收入	万元	3247.10	2.6
订阅报纸累计数	万份	250.98	-9.3
订阅杂志累计数	万份	14.24	40.2
邮政储蓄平均余额	万元	133513.19	10.4
集邮业务量	万枚	3.79	-40.7
函件	万件	5.58	-61.7
包件	万件	10.53	-11.4

续表 41

指标	单位	2021	比上年增长（%）
汇票	万笔	0.02	持平
电信业务收入	亿元	2.10	3.4
年末全县固定电话用户	万户	2.40	-8.7
年末移动电话用户	万户	25.98	-0.7
年末互联网宽带接入用户数	万户	10.42	15.3

2021 年岱山县固定资产投资增长率

表 42　　单位：%

指标	比上年增长（%）
一、固定资产投资	10.5
#民间项目投资	22.5
#交通投资	-15.5
#生态环保、城市更新和水利设施投资	-42.3
#高新技术产业	32.9
#基础设施投资	-41.8
#房地产开发投资	-39.6
第一产业	7.0
第二产业	17.2
第三产业	-27.7
#交运仓储邮政业	-7.5
二、房地产房屋施工面积	-23.2
#住宅面积	-25.4
商品房销售面积	-22.6

2021 年岱山县国内贸易增长率

表 43　　单位：%

指标	比上年增长（%）
一、社会消费品零售总额增速	8.3
批发业	7.6
零售业	8.1
住宿业	4.5
餐饮业	12.4
二、批发零售住宿餐饮业	
批发零售业销售额增速	35.6
批发业	40.7
零售业	17.8
住宿餐饮业营业额增速	20.8
住宿业	6.5
餐饮业	31.4

续表43

指标	比上年增长（%）
三、限额以上批发零售住宿餐饮业	
限额以上批发零售业销售额增速	27.9
批发业	28.3
零售业	12.9
限额以上住宿餐饮业营业额增速	16.9
住宿业	7.0
餐饮业	29.3

2021年岱山县对外贸易

表44

指标	单位	2021年	比上年增长（%）
一、外贸进出口总额	万元	1056477	14.2
进口总额	万元	503358	143.9
出口总额	万元	553119	-23.0
#船舶	万元	440832	-30.1
水产品	万元	22831	24.1
汽配、微电机	万元	79290	34.6
玩具	万元	6281	61.3

2021年岱山县自贸

表45

指标	单位	2021年	比上年增长（%）
自贸区内企业数	家	144	15.2
实际利用外资	万美元	8527	41.8
港口货物吞吐量	万吨	20081	10.9
税收总额	万元	56811	1.8
固定资产投资	万元	4737560	17.9
外贸货物进出口总额	万元	11562207	88.1

注：外贸货物进出口总额统计口径为自贸区内经营的所有企业

2021年岱山县财政金融保险

表46

指标	单位	2021年	比上年增长（%）
一、财政总收入	万元	312349	14.6
二、公共财政预算收入	万元	203052	12.0
三、公共财政预算支出	万元	508439	-6.4
四、金融机构本外币存款余额	亿元	3297667	4.4
#本外币储蓄余额	亿元	1765986	13.8
金融机构人民币存款余额	亿元	3281550	4.3
#人民币储蓄余额	亿元	1761373	13.9

续表 46

指标	单位	2021 年	比上年增长（%）
五、金融机构本外币贷款余额	亿元	3165536	50.8
金融机构人民币贷款余额	亿元	3165523	50.8
# 工业贷款	亿元	1512892	147.5
建筑业贷款	亿元	28087	1.7
交通运输、仓储和邮政业贷款	亿元	228834	15.5
个人贷款	亿元	888661	10.4
六、保费收入	万元	36804	1.5
# 财产险	万元	12700	3.3
人身险	万元	24104	0.5

2021 年岱山县城镇居民生活

表 47

指标	单位	2021 年	比上年增长（%）
一、城镇常住居民人均可支配收入	元	61759.00	9.0
# 工资性收入	元	43617.00	9.9
经营净收入	元	5754.00	7.1
财产净收入	元	3131.00	7.2
转移净收入	元	9257.00	6.9
二、城镇常住居民人均生活消费支出	元	33574.00	15.1
# 食品烟酒	元	10877.00	14.7
衣着	元	3445.00	16.8
居住	元	4052.00	16.0
生活用品及服务	元	2396.00	15.1
交通和通信	元	3396.00	13.0
教育文化娱乐	元	4001.00	19.4
医疗保健	元	3374.00	13.6
其他商品和服务	元	2033.00	10.7
三、恩格尔系数	%	32.40	—
四、年末人均住房建筑面积	平方米	46.70	0.65
五、每百户家庭耐用消费品拥有量			
固定电话	部	12.00	-29.4
移动电话	部	217.00	6.9
家用电脑	台	52.00	2.0
空调	台	179.00	1.7

2021 年岱山县渔农村居民生活

表 48

指标	单位	2021 年	比上年增长（%）
一、渔农村常住居民人均可支配收入	元	43048.00	9.7
# 工资性收入	元	23134.00	10.6
经营净收入	元	8337.00	8.3

续表48

指标	单位	2021年	比上年增长（%）
财产净收入	元	5048.00	10.7
转移净收入	元	6529.00	7.7
二、渔农村常住居民人均生活消费支出	元	30003.00	16.2
#食品烟酒	元	10163.00	15.1
衣着	元	2688.00	16.0
居住	元	5381.00	17.0
生活用品及服务	元	1661.00	15.5
交通和通信	元	2431.00	14.8
教育文化娱乐	元	3431.00	19.7
医疗保健	元	2967.00	15.6
其他商品和服务	元	1281.00	18.1
三、恩格尔系数	%	33.90	—
四、年末人均住房建筑面积	平方米	56.98	0.30
五、每百户家庭耐用消费品拥有			
固定电话	部	8.00	-27.3
移动电话	部	197.00	5.3
家用电脑	台	18.00	5.9
空调	台	138.00	0.0

2021年岱山县文、教、卫、计划生育情况

表49

指标	单位	2021年
一、学校数	所	18.0
高中	所	2.0
初中	所	4.0
小学	所	10.0
职业中学	所	1.0
电大	所	1.0
二、在校学生数	人	11448.0
高中	人	1520.0
初中	人	2632.0
小学	人	6195.0
职业中学	人	678.0
电大	人	423.0
三、文化馆（站）	个	7.0
四、卫生机构（含村卫生室）	个	113.0
五、住院床位数	张	589.0
六、卫生技术人数（含村卫生室）	人	1243.0
七、已婚育龄妇女	万人	22728.0
八、一孩率	%	73.2
二孩及多孩率	%	26.8

2021 年岱山县就业、社会保障

表 50

指　　标	单位	2021 年	比上年增长（%）
一、新增城镇就业岗位	个	970.00	-18.6
城镇登记失业率	%	1.78	—
二、参加职工基本养老保险人数	人	109430.00	2.1
参加城镇职工基本医疗保险人数	人	64568.00	3.2
失业保险参保人数	人	29066.00	2.8
工伤保险参保人数	人	54062.00	-1.6
生育保险参保人数	人	30825.00	4.3
参加城乡居民养老保险人数	人	41926.00	-4.5
参加城乡居民医疗保险人数	人	105516.00	-4.6
城乡居民医疗保险参保率	%	99.50	—
四、城镇居民最低生活保障家庭户	户	178.00	2.3
人数	人	205.00	1.0
渔农村居民最低生活保障家庭户	户	1487.00	1.3
人数	人	1766.00	0.3
渔农村特困人数	人	103.00	-18.3

2021 年岱山县能源消费、环境和安全生产

表 51

指标	单位	2021 年	比上年增长（%）
一、电力消费			
全社会用电量	万千瓦时	756227.00	54.3
第一产业	万千瓦时	552.00	-0.9
第二产业	万千瓦时	711919.00	57.8
# 工业	万千瓦时	709757.00	81.0
第三产业	万千瓦时	24864.00	17.0
城乡居民生活用电	万千瓦时	18891.00	11.1
二、环境			
城市污水集中处理率	%	92.90	—
城市生活垃圾无害化处理率	%	100.00	—
渔农村卫生厕所普及率	%	100.00	—
人均公园绿地面积	平方米	16.24	-0.9
三、安全生产			
生产安全事故	起	12.00	-7.7
亿元 GDP 生产安全事故死亡率	%	1.90	—

2016—2021 年岱山县研究与试验发展活动情况

表 52

指标	单位	2016 年	2017 年	2018 年	2019 年	2020 年	2021 年
研究与试验发展经费支出	亿元	3.50	3.10	1.20	2.30	12.80	18.60
研究与试验发展经费支出占 GDP 比重	%	1.51	1.53	0.54	0.92	3.32	3.50
R&D 活动人员	万人·年	0.07	0.05	0.05	0.07	0.10	0.06

2021 年岱山县主要指标情况

表 53

指标	单位	2021 年	比上年增长（%）
GDP	亿元	530.8	18.3
规模以上工业总产值	亿元	1532.7	71.6
规模以上工业增加值	亿元	352.2	28.2
固定资产投资	亿元	516.1	10.5
财政总收入	亿元	31.2	14.6
一般公共预算收入	亿元	20.3	12.0
地方税收收入	亿元	15.1	10.0
社会消费品零售总额	亿元	82.4	8.3
水产品总产量	万吨	32.5	-3.2
港口货物吞吐量	万吨	20250.0	10.5
实际利用外资	万美元	8527.0	106.6（完成进度）
实际到位市外资金	亿元	44.3	110.8（完成进度）
城镇常住居民人均可支配收入	元	61759.0	9.0
渔农村常住居民人均可支配收入	元	43048.0	9.7
规上服务业营业收入	亿元	41.0	33.8
进出口总额	亿元	105.6	14.2
出口总额	亿元	55.3	-23.0
规上工业研发费用	亿元	39.4	67.4

附 录

Appendix

新任县领导简介

卢建波 男，1977年9月出生，浙江温岭人。2003年4月参加工作，1998年11月加入中国共产党。杭州电子工学院管理科学与工程专业毕业，研究生学历，管理学硕士学位。

1996年9月至2000年7月，在浙江工业大学机械制造自动化专业学习。2000年7月至2003年4月，在杭州电子工学院管理科学与工程专业学习，获管理学硕士学位。2003年4月至2006年5月，在台州市经济委员会工作，任副主任科员（其间：2004年4月—2005年5月，下派到三门县高枧村任农村工作指导员）。2006年5月至2007年3月，任台州市经济委员会办公室副主任。2007年3月至2008年5月，任台州市经济委员会人事教育处副处长。2008年5月至2011年12月，任台州市经济委员会人事教育处处长。2011年12月至2012年4月，任台州市经济和信息化委员会办公室主任（2010年4月—2012年4月，下派到玉环县楚门镇工作，任镇党委副书记）。2012年4月至2013年12月，任台州市经济和信息化委员会党组成员、办公室主任。2013年12月至2016年11月，任台州市经济和信息化委员会党组成员、总工程师。2016年11月至12月，任台州市椒江区政府党组成员、副区长。2016年12月至2020年4月，任台州市椒江区委委员、区政府党组成员、副区长。2020年4月至2021年5月，任浙江省经济和信息化厅产业转型升级处副处长。2021年5月至11月，任浙江省经济和信息化厅消费品工业处（生物医药产业处）处长。2021年11月至2022年2月，任中共岱山县委副书记、岱山县人民政府副县长、代县长、党组书记。2022年2月起，任中共岱山县委副书记，岱山县人民政府县长、党组书记，中共舟山市第八届委员会委员。

徐　新 男，1979年11月出生，浙江衢州人。2001年8月参加工作，2006年7月加入中国共产党。西南政法大学行政管理学专业毕业，大学学历，法学学士学位；华东政法大学毕业，法律硕士学位。

1997年9月至2001年7月，在西南政法大学行政管理学专业学习。2001年8月至2002年5月，在浙江省江山市人民法院工作，任书记员。2002年5月至2003年1月，借调至浙江省衢州市政府法制办公室工作。2003年1月至2008年1月，在衢州市政府法制办公室工作，2008年1月至2009年4月，在浙江省委党校组织人事处工作，任副主任科员（其间：2008年2月经国家司法考试合格，获法律职业资格）。2009年4月至2010年8月，在浙江省委党校组织人事处工作（2007年3月至2009年12月在华东政法大学学习，获法律硕士学位）。2010年8月至2012年12月，在浙江省政府研究室综合研究处、社会发展处工作，任主任科员。2012年12月至2013年12月，任浙江省政府研究室社会发展处副处长。2013年12月至2016年7月，任浙江省政府研究室产业发展处副处长。2016年7月至12月，任浙江省政府研究室机关党委专职副书记、产业发展处副处长。2016年12月至2020年4月，任浙江省政府研究室机关党委专职副书记（其间：2018年7月至2020年4月，任永嘉县委常委、副县长，挂职）。2020年4月至5月，任中共岱山县委常委（保留正处长级）。2020年5月至2021年12月，任中共岱山县委常委、岱山县人民政府党组成员（保留正处长级），岱山县司法局党组书记（2021年7月兼）。2021年12月至2022年2月，任中共岱山县委副书记（保留正处长级）、岱山县委政法委员会书记（兼）、岱山县司法局党组书记（兼）。2022年2月起，任中共岱山县委副书记（保留正处长级），岱山县政法委员会书记（兼），岱山县委社会建设委员会主任。

陈华清　男，1979年9月出生，福建大田人。2002年7月参加工作，2014年11月加入中国共产党。中南财经政法大学公安学院法学专业、经济学专业（辅修）毕业，大学学历，法学学士、经济学学士学位；大连海事大学公共管理硕士专业毕业，公共管理硕士学位。

1998年9月至2002年6月，在中南财经政法大学公安学院法学专业、经济学专业（辅修）学习。2002年7月至2005年5月，任舟山市普陀区委党校助理讲师（其间：2003年11月，在普陀区青年干部培训班学习；2004年8月至2005年1月，派驻舟山市普陀区朱家尖镇樟州村任暖人心促发展指导员）。2005年5月至2006年8月，任舟山市普陀区委党校教研室副主任，主持工作（其间：2006年2月起，经国家司法考试合格，获法律职业资格）。2006年8月至2007年8月，在舟山市中级人民法院监审室、民一庭工作。2007年8月至2008年10月，任舟山市中级人民法院民一庭科员。2008年10月至2013年5月，任舟山市发展和改革委员会产业体制改革处副处长。2013年5月至10月，任舟山市发展和改革委员会产业体制改革处处长。2013年10月至2017年6月，任舟山市发展和改革委员会（统计局）体制改革处（行政法规处）处长（其间：2017年1月至6月，在舟山自贸区工作推进小组工作，挂职）。2017年6月至2020年11月，任中国（浙江）自由贸易试验区政策法规局副局长、市青年联合会副主席（2017年12月兼，2018年7月至2019年7月，任海南省工商行政管理局政策法规处副处长，挂职。2019年6月起，在海事大学专业学位教育学院在职学习，获公共管理硕士学位）。2020年11月至2021年5月，任中国（浙江）自由贸易试验区管委会机关党组成员、自贸区政策法规局局长，市青年联合会副主席（兼），中共岱山县委常委（2021年4月任）。2021年5月至8月，任中国（浙江）自由贸易试验区管委会机关党组成员、自贸区政策法规局局长，市青年联合会副主席（兼）、中共岱山县委常委，岱山县人民政府副县长（2021年6月任）、党组副书记，县委政法委员会副书记（兼），县行政学校校长（兼）、县政务服务办公室党组书记（兼）（2021年3月至7月参加浙江省委党校中青年干部培训班学习）。2021年8月至2022年2月，任中共岱山县委常委、岱山县人民政府副县长（保留正县处长级）、党组副书记，县委政法委员会副书记（兼），县行政学校校长（兼）、县政务服务办公室党组书记（兼），市青年联合会副主席（兼）。2022年2月起，任中共岱山县委常委、岱山县人民政府副县长（保留正县处长级），党组副书记，县委政法委员会副书记（兼），县行政学校校长（兼）、县政务服务办公室党组书记（兼），县委社会建设委员会第一副主任（兼），市青年联合会副主席（兼）。

徐剑锋 男，1973年2月出生，浙江舟山人。1995年8月参加工作，1995年5月加入中国共产党。浙江教育学院教育管理专业毕业，大学学历。

1992年9月至1995年7月，在舟山师范专科学校汉语言文学专业学习，大专学历。1995年8月至1999年8月，任舟山市普陀区沈家门塘头中心学校教师。1999年8月至2007年8月，任舟山市普陀区普陀中学教师、青年教研中心主任、教科室负责人（1997年9月至2000年7月，在浙江教育学院函授教育管理专业在职大学学习）。2007年8月至2008年6月，任舟山市普陀区教育局办公室主任（其间：2008年1月至6月借调到舟山市普陀区政府办公室工作）。2008年6月至2010年1月，任舟山市普陀区政府办公室信息中心副主任、综合科副科长。2010年1月至6月，任舟山市普陀区政府办公室综合科科长。2010年6月至2011年8月，任舟山市普陀区政府办公室副主任。2011年8月至9月，在舟山市财政局、市地方税务局工作。2011年9月至2012年1月，任舟山市财政局、市地方税务局办公室副主任。2012年1月至6月，任舟山市财政局、市地方税务局办公室副主任（主持工作）。2012年6月至2015年11月，任舟山市财政局、市地方税务局办公室主任。2015年11月至2017年8月，任舟山市财政局、市地方税务局组织人事处（基层工作处）处长。2017年8月至2019年1月，任舟山市人大常委会办公室副主任（2017年9月任）、机关党组成员。2019年1月至2月，任舟山市委办公室副主任，市人大常委会办公室副主任。2019年2月至2021年4月，任舟山市委办公室副主任。2021年4月至5月，任中共岱山县委常委。2021年5月起，任中共岱山县委常委、县委组织部部长、县委直属机关工委书记（兼）、县委党校校长（兼）。

张　杰 男，1978年2月出生，浙江舟山人。2000年8月参加工作。2005年12月加入中国共产党。浙江大学法律系法学专业毕业，大学学历，法学学士学位；浙江大学光华法学院法律硕士专业毕业，法律硕士学位。

1996年9月至2000年6月，在浙江大学法律系法学专业学习。2000年8月至2003年8月，在岱山县人民检察院工作（2001年8月任科员、书记员）。2003年8月至2007年4月，在舟山市普陀区人民检察院工作（其间：2004年12月任助理检察员；2005年2月经国家司法考试合格，获法律职业资格）。2007年4月至2009年1月，任舟山市普陀区人民检察院办公室副主任（其间：2008年8月至2009年1月，在舟山市委组织部工作，挂职）。2009年1月至8月，在舟山市委组织部工作，任科员。2009年8月至2011年11月，在舟山市委组织部办公室工作，任副主任科员（其间：2010年12月起，在浙江大学光华法学院法律硕士专业在职学习，获法律硕士学位）。2011年11月至2012年8月，任舟山市委组织部办公室副主任。2012年8月至2013年4月，任舟山市委办公室综合二处副处长。2013年4月至2014年9月，任舟山市机构编制委员会办公室行政机构编制处（行政管理体制改革处）副处长（其间：2013年12月至2014年9月，任舟山市普陀区展茅街道党工委副书记，挂职）。2014年9月至2015年11月，任舟山市机构编制委员会办公室综合处（行政管理体制改革处）处长。2015年11月至2018年3月，任舟山市机构编制委员会办公室综合处（行政管理体制改革处）处长、市机构编制电子政务中心主任（兼）（2015年7月至2016年1月，在中央机构编制委员会三司工作，挂职）。2018年3月至2019年5月，任舟山市机构编制委员会办公室综合处处长、市机构编制电子政务中心主任（兼）。2019年5月至2020年6月，任舟山市委机构编制委员会办公室综合处处长、市机构编制电子政务中心主任（兼）。2020年6月至2021年12月，任舟山市城市管理局（市综合行政执法局）副局长（2020年7月任）、党组成员。2021年12月至2022年2月，任中共岱山县委常委、县纪委书记、县监察委员会副主任、代主任。2022年2月起，任中共岱山县委常委、县纪委书记、县监委主任，中共舟山市第八届纪律检查委员会委员。

郑　虎　男，1984年12月出生，浙江嵊泗人。2007年8月参加工作，2007年4月加入中国共产党。浙江工业大学之江学院国际经济与贸易专业毕业，大学学历，经济学学士学位。

2003年9月至2007年6月，在浙江工业大学之江学院国际经济与贸易专业学习。2007年8月至2009年3月，在嵊泗县枸杞乡工作（2008年8月任科员）。2009年3月至2010年6月，任嵊泗县枸杞乡经济建设服务中心副主任。2010年6月至9月，任嵊泗县枸杞乡纪委副书记、经济建设服务中心主任。2010年9月至2011年6月，任嵊泗县枸杞乡纪委副书记、社会事业服务中心主任（2010年6月至2011年6月，任嵊泗县枸杞乡干斜村党支部副书记，挂职）。2011年6月至2014年9月，任嵊泗县黄龙乡副乡长候选人（2012年1月，当选副乡长）。2014年9月至2015年9月，任嵊泗县黄龙乡党委委员、副乡长。2015年9月至2016年8月，任嵊泗县嵊山镇副镇长候选人（2016年1月，当选副镇长）。2016年8月至2020年3月，任嵊泗县嵊山镇党委副书记、镇长候选人（2016年12月，当选镇长；其间：2019年7月至10月，在上海市黄浦区瑞金二路街道办事处工作，挂职）。2020年3月至2021年9月，任嵊泗县嵊山镇党委书记（2020年10月，任一级主任科员）。2021年9月至12月，任嵊泗县委办公室副主任（正科长级）、一级主任科员。2021年12月起，任中共岱山县委常委、县委宣传部部长。

张春华　男，1984年5月出生，浙江绍兴人。2007年8月参加工作，2006年12月加入中国共产党。浙江工商大学法学院法学专业毕业，大学学历，法学学士学位。

2003年9月至2007年7月，在浙江工商大学法学院法学专业学习。2007年8月至2009年11月，在绍兴市越城区司法局办公室、法律服务管理科工作（其间：2008年3月至7月，借调到越城区委宣传部参与全国文明城市创建工作，2009年3月至9月，借调到越城区委组织部参与深入学习实践科学发展观工作）。2009年11月至2010年10月，任绍兴市越城区司法局塔山司法所副所长。2010年10月至2011年12月，任绍兴市越城区塔山街道综合治理城市管理办公室副主任（正股级）、塔山司法所副所长。2011年12月至2012年3月，任绍兴市越城区司法局塔山司法所所长。2012年3月至7月，任绍兴市越城区委办公室信息科副科长。2012年7月至2013年11月，任绍兴市越城区委办公室信息科科长。2013年11月至2015年2月，任共青团绍兴市越城区委员会副书记（2014年9月，任东浦镇党委副书记，挂职）。2015年2月至2017年10月，任绍兴市越城区东浦镇党委副书记。2017年10月至12月，任绍兴市越城区东浦街道党工委副书记。2017年12月至2019年1月，任绍兴市越城区富盛镇党委副书记、镇长候选人（2018年1月当选镇长）。2019年1月至2021年8月，任绍兴市越城区富盛镇党委书记。2021年8月至9月，任中共岱山县委常委。2021年9月起，任中共岱山县委常委、岱西镇党委书记。

赵　璞　男，1987年11月出生，河南宁陵人。2016年7月参加工作，2009年3月加入中国共产党。清华大学新闻与传播学院新闻传播学专业毕业，研究生学历，文学博士学位；中国人民大学经济学院区域经济学专业毕业，经济学硕士学位。

2006年9月至2010年9月，在浙江大学传媒与国际文化学院新闻学专业学习。2010年9月至2016年7月，在清华大学新闻与传播学院新闻传播学专业硕士研究生、博士研究生学习（提前攻博，其间：2013年12月至2014年12月，任校研究生会副主席；2014年12月至2015年12月，任校研究生会主席）。2016年7月至2017年12月，任清华大学党委研究生工作部教师。2017年12月至2020年7月，任清华大学团委副书记、研究生团委书记、党委研究生工作部教师（其间：2019年12月，中国人民大学经济学院区域经济学专业学习，获经济学硕士学位）。2020年7月至12月，任清华大学团委副书记（副处级）、研究生团委书记、党委研究生工作部教师。2020年12月至2021年12月，任舟山市科学技术局副局长、市科技局（省海洋开发研究院）党组成员。2021年12月起，任岱山县人民政府副县长、党组成员，中共岱山县第十四届委员会委员。

王海峰 男，1975年9月出生，浙江舟山人。1996年8月参加工作，2001年6月加入中国共产党。中国人民公安大学公安管理专业毕业，大学学历，法学学士学位。

1994年9月至1996年7月，在浙江省人民警察学校公安保卫专业学习。1996年8月至1998年12月，在舟山市公安局定海区分局巡特警大队工作，任民警（其间：1995年10月至1998年12月，在中国人民公安大学公安管理专业自考在职大专学习）。1998年12月至2001年7月，在舟山市公安局定海区分局政治处工作，任民警。2001年7月至2004年3月，在舟山市公安局政治部宣传处工作，任科员。（1999年10月至2001年12月，中国人民公安大学公安管理专业自考在职大学学习，获法学学士学位）。2004年3月至2009年12月，任舟山市公安局政治部宣传处副处长。2009年12月至2013年12月，任舟山市公安局政治部宣传处处长。2013年12月至2014年5月，任舟山市公安局政治部副主任（兼）、宣传处处长。2014年5月至8月，任舟山市公安局政治部副主任（兼）、宣传处处长、普陀山分局政治委员。2014年8月至2016年1月，任舟山市公安局副调研员、政治部副主任（兼）、宣传处处长，普陀山分局政治委员。2016年1月至2018年9月，任舟山市公安局副调研员、普陀山分局政治委员。2018年9月至2019年3月，任舟山市公安局普陀山分局政治委员、三级高级警长。2019年3月至2021年6月，任舟山市公安局治安支队支队长、三级高级警长。2021年6月至12月，任舟山市公安局治安支队支队长、二级高级警长。2021年12月起，任岱山县人民政府副县长、党组成员，县公安局局长、党委书记、督察长（兼），县委政法委员会副书记（兼）、二级高级警长，中共岱山县第十四届委员会委员。

江建能 男，1982年11月出生，安徽休宁人。2008年5月参加工作，2004年4月加入中国共产党。北京交通大学交通运输规划与管理专业毕业，研究生学历，工学硕士学位。

2001年9月至2005年9月，在中国矿业大学（北京）安全工程专业学习。2005年9月至2008年1月，在北京交通大学交通运输规划与管理专业硕士研究生学习。2008年5月至2010年9月，在浙江物产国际贸易有限公司工作。2010年9月至2011年9月，在浙江省港航管理局港政管理处工作。2011年9月至2014年9月，在浙江省港航管理局港政管理处工作，任副主任科员。2014年9月至2019年1月，在浙江省港航管理局港政管理处工作，任主任科员。2019年1月至6月，在浙江省交通运输厅港航处工作，任主任科员。2019年6月至7月，在浙江省交通运输厅港航处工作，任二级主任科员。2019年7月至2020年6月，在浙江省交通运输厅港航处工作，任一级主任科员。2020年6月至2021年7月，在浙江省交通运输厅港航处（省地方海事局）工作，任一级主任科员。2021年7月至12月，任浙江省交通运输厅港航处（省地方海事局）副处长。2021年12月至2022年1月，任岱山县人民政府副县长(挂职)，浙江省交通运输厅港航处（省地方海事局）副处长。2022年1月起，任岱山县人民政府副县长（挂职）、党组成员，浙江省交通运输厅港航处（省地方海事局）副处长。

（张　瑜）

组织机构及负责人名录

中共岱山县委

书　　记　周国岭（续—　）
副 书 记　孙志龙（续—2021.11）
　　　　　卢建波（2021.11—　）
　　　　　陈海平（续—2021.12）
　　　　　徐　新（2021.12—　）
常　　委　周国岭（续—　）
　　　　　孙志龙（续—2021.11）
　　　　　卢建波（2021.11—　）
　　　　　陈琳尹（女，续—2021.3）
　　　　　陈海平（续—2021.12）
　　　　　徐　新（续—　）
　　　　　陈华清（2021.4—　）
　　　　　施静海（续—2021.12）
　　　　　方海英（女，续—　）
　　　　　张剑光（续—2021.4）
　　　　　徐剑锋（2021.4—　）
　　　　　王锡兵（续—　）
　　　　　叶　军（续—　）
　　　　　郁曙军（续—　）
　　　　　庄晨辉（续—2021.12）
　　　　　张春华（2021.8—　）
　　　　　张　杰（2021.12—　）
　　　　　郑　虎（2021.12—　）

岱山县人大常委会

主　　任　沈兆幸（续—　）
副 主 任　蔡松岳（续—　）
　　　　　夏红艳（女，续—　）
　　　　　王雅珠（女，续—　）
　　　　　童信宇（续—　）
　　　　　孔德科（续—　）

岱山县人民政府

县　　长　孙志龙（续—2021.11）
代 县 长　卢建波（2021.11—　）
副 县 长　卢建波（2021.11—　）
　　　　　陈琳尹（女，续—2021.4）
　　　　　陈华清（2021.6—　）
　　　　　赵丁义（续—　）
　　　　　刘奋伟（续—2021.12）
　　　　　孙世华（续—2021.9）
　　　　　司徒贤存（续—2021.12）
　　　　　赵红波（续—　）
　　　　　赵　璞（2021.12—　）
　　　　　王海峰（2021.12—　）
　　　　　宫钦飞（挂职，续—　）
　　　　　江建能（挂职，2021.12—　）

政协岱山县委员会

主　　席　陈雅君（女，续—2021.1）
　　　　　陈海平（2021.1—　）
副 主 席　俞赛飞（女，续—　）
　　　　　吴志琴（女，续—　）
　　　　　方信伦（续—　）
　　　　　夏　昊（续—　）
　　　　　邬建芬（女，续—　）
秘 书 长　杨增富（2021.1—　）

中共岱山县纪委

书　　记　施静海（续—2021.12）
　　　　　张　杰（2021.12—　）
副 书 记　王明辉（续—2021.12）
　　　　　戴巨斌（续—　）
　　　　　顾仲立（2021.12—　）
常　　委　施静海（续—2021.12）
　　　　　张　杰（2021.12—　）
　　　　　王明辉（续—2021.12）
　　　　　戴巨斌（续—　）
　　　　　顾仲立（续—　）
　　　　　金平宽（续—　）
　　　　　钟时洪（续—　）
　　　　　孙海滨（2021.12—　）
　　　　　刘红梅（女，2021.12—　）

岱山县监委

主　　任　施静海（续—2021.12）
代 主 任　张　杰（2021.12—　）
副 主 任　张　杰（2021.12—　）
　　　　　王明辉（续—2021.12）
　　　　　戴巨斌（续—　）
　　　　　顾仲立（2021.12—　）
委　　员　金平宽（续—　）
　　　　　顾仲立（续—　）
　　　　　刘红梅（女，续—　）

县委办公室及相关单位

县委办公室

主　　任　董海斌（续—　）
副 主 任　姚　斌（2021.12—　）
　　　　　夏　明（兼，续—2021.9）
　　　　　戎金军（续—　）
　　　　　虞全达（续—　）
　　　　　姚旭东（续—　）
　　　　　沈海明（兼，续—　）
　　　　　杨岱斌（续—　）
　　　　　周代燕（女，2021.11—　）

县政策研究中心

主　　任　戎金军（续—　）
副 主 任　孙　磊（续—　）
　　　　　马仁庭（续—　）

县委县政府信访局

局　　长　夏　明（续—2021.7）
　　　　　姚旭东（2021.7—　）
副 局 长　黄　山（兼，续—　）
　　　　　郑小芬（女，续—　）
　　　　　任敏捷（续—　）
　　　　　丁　海（兼，续—　）
　　　　　赵行炯（续—　）

县委台湾工作办公室

主　　任　陈建华（续—　）
副 主 任　郭备战（续—　）

县档案馆（史志研究室）

党组书记、馆长、主任
　　沈海明（续—　）
副　馆　长　徐嘉和（续—　）
　　徐　晶（续—　）

县人民代表大会

法制与监察司法委员会

主任委员　朱　波（续—　）

财政经济委员会

主任委员　庄舟波（续—2021.1）
　　曹啸海（2021.1—　）
副主任委员　翁燕敏（女，续—　）

教育科技文化卫生与民族宗教侨务外事委员会

主任委员　李中望（续—　）

渔农业与渔农村委员会

主任委员　唐松标（续—　）

城乡建设与环境资源保护委员会

主任委员　祝海浩（续—　）

社会建设委员会

主任委员　余志君（续—　）

县人大常委会工作部门

县人大常委会机关党组

书　　记　周四海（续—　）

县人大办公室

主　　任　周四海（续—　）
副　主　任　孔德大（续—　）
　　鲁科杰（续—　）
　　宋永军（续—　）

研究室

主　　任　金央欢（续—　）
副　主　任　夏侠群（女，续—　）
　　林浩杰（续—　）

代表与选举任免工作委员会

主　　任　黄必胜（续—　）
副　主　任　乌林毅（续—　）
　　张建晖（2021.6—　）

法制与监察司法工作委员会

主　　任　朱　波（续—　）
副　主　任　刘曙毅（续—　）

社会建设工作委员会

主　　任　余志君（续—　）
副　主　任　邱晓定（续—2021.12）

教育科技文化卫生与民族宗教侨务外事工作委员会

主　　任　李中望（续—　）
副　主　任　祝劲松（续—　）
　　张　帆（续—　）

财政经济工作委员会

主　　任　庄舟波（续—2021.1）
　　曹啸海（2021.1—　）
副　主　任　董明海（续—　）

渔农业与渔农村工作委员会

主　　任　唐松标（续—　）
副　主　任　於早年（续—　）
　　黄海平（续—　）

城乡建设与环境资源保护工作委员会

主　　任　祝海浩（续—　）
副 主 任　柳海红（续—　）
　　　　　邱宜伦（续—2021.1）

县政府办公室及相关单位

县政府机关党组

书　　记　褚波挺（续—　）
副 书 记　张　鋆（续—2021.9）

县政府办公室

主　　任　褚波挺（续—　）
副 主 任　刘思常（续—　）
　　　　　罗优海（兼，续—　）
　　　　　黄　山（续—　）
　　　　　童永波（兼，续—　）
　　　　　朱祝军（兼，续—　）
　　　　　刘　斌（续—2021.1）
　　　　　朱　军（续—　）
　　　　　陈静波（续—　）
　　　　　张　华（续—　）
　　　　　李坤波（续—　）
　　　　　沈飞腾（续—　）
　　　　　张　鋆（续—2021.9）
　　　　　王　华（2021.1—　）

县大数据管理中心

党组书记、主任
　　　　　朱祝军（续—　）
副 主 任　吴常波（续—　）
　　　　　陈　立（续—　）
　　　　　巩　昀（挂职，2021.4—　）

县委县政府接待中心

主　　任　陈静波（续—　）

县政府驻定海办事处

主　　任　丁　海（续—　）

政协岱山县委员会工作部门

政协岱山县委员会机关党组

书　　记　杨增富（2021.1—　）
副 书 记　谢卫君（续—2021.1）
　　　　　樊忠正（2021.1—　）

县政协办公室

主　　任　谢卫君（续—2021.1）
　　　　　樊忠正（2021.1—　）
副 主 任　陶　沙（续—　）
　　　　　夏　英（女，续—　）
　　　　　黄建娜（女，2021.9—　）

提案委员会

主　　任　苏益华（续—　）
副 主 任　何　雅（女，续—　）

委员工作委员会

主　　任　徐宇伟（续—　）
副 主 任　王　佩（女，续—　）

经济科技委员会

主　　任　殷　杰（续—　）
副 主 任　黄永敏（续—　）
　　　　　柴志军（续—　）
　　　　　朱华章（续—　）

港澳台侨与社会和法制委员会

主　　任　翁国龙（续—　）
副 主 任　李世波（续—　）
　　　　　姚良军（续—　）

文史资料与教文卫体委员会

主　　任　管晓军（续—　）
副 主 任　毛文伟（续—　）
　　　　　姜海斌（续—　）

农业与人口资源环境委员会

主　　任　林雪飞（女，续—　）
副 主 任　柳兆军（续—　）
　　　　　王宽宏（续—　）

县委各部门及有关单位

县委组织部

部　　长　张剑光（续—2021.5）
　　　　　徐剑锋（2021.5—　）
常务副部长　冯秋朗（续—　）
副 部 长　冯仁冠（续—　）
　　　　　王　斐（女，续—　）
　　　　　徐武尧（续—　）
　　　　　金　磊（续—　）
　　　　　高岱龙（续—　）

县委机构编制委员会办公室

主　　任　王　斐（女，续—　）
专职副主任　罗思科（续—　）

县委直属机关工作委员会

书　　记　张剑光（兼，续—2021.5）
　　　　　徐剑锋（兼，2021.5—　）
常务副书记　徐武尧（续—　）
纪检监察工委书记
　　　　　张海平（续—2021.12）

县委离退休干部工作委员会

书　　记　冯仁冠（续—　）

县委老干部局

局　　长　冯仁冠（续—　）

县委新经济与新社会组织工作委员会

书　　记　高岱龙（续—　）
专职副书记　潘　洁（女，续—2021.1）
　　　　　夏　冰（2021.9—　）

县公务员局

局　　长　冯秋朗（续—　）

县人才发展服务中心

主　　任　殷光亮（续—　）
副 主 任　余梦静
　　　　　（女，挂职，续—2021.9）

县委宣传部

部　　长　庄晨辉（续—2021.12）
　　　　　郑　虎（2021.12—　）
常务副部长　陈惠芬（女，续—　）
副 部 长　韩毅艇（续—　）
　　　　　姜君轶（续—　）
　　　　　刘国凯（兼，续—2021.1）
　　　　　谢卫君（兼，2021.1—　）
　　　　　郑元丹（挂职，2021.4—　）

县精神文明建设指导中心

主　　任　韩毅艇（续—　）
副 主 任　虞平国（续—　）
　　　　　夏斌溶（女，兼，2021.4—　）

县新闻出版局

局　　长　姜君轶（续—　）

县委网络安全和信息化委员会办公室

专职副主任　陈海敏（续—　）

县融媒体中心

党组书记　谢卫君（2021.7—　）
主　　任　刘国凯（续—2021.1）
　　　　　谢卫君（2021.1—　）
副 主 任　任　栋（续—　）
　　　　　陆双燕（女，续—　）
　　　　　夏斌溶（女，续—　）

县广播电视台

台　　长　刘国凯（续—2021.1）
　　　　　谢卫君（2021.1—　）

县委统战部

部　　长　方海英（女，续—　）
常务副部长　王建江（续—　）
副 部 长　徐增奎（续—　）
　　　　　俞海啸（续—　）
　　　　　李文国（续—　）

县民族宗教事务局

局　　长　李文国（续—　）

县委政法委员会

书　　记　陈海平（兼，续—2021.12）
　　　　　徐　新（兼，2021.12—　）
常务副书记　刘海峰（续—2021.9）
　　　　　夏　明（2021.9—　）
副 书 记　陈琳尹（女，兼，续—2021.5）
　　　　　陈华清（兼，2021.5—　）
　　　　　司徒贤存（兼，续—2021.12）
　　　　　王海峰（兼，2021.12—　）
　　　　　夏　明（续—2021.9）
　　　　　徐　军（2021.1—　）
政治处主任　徐　军（续—2021.1）
　　　　　曾国良（2021.1—　）

县委巡察工作领导小组办公室

主　　任　金平宽（续—　）
副 主 任　陆海伟（续—　）

县委巡察组

组　　长　厉家海（续—　）
　　　　　王二波（续—　）
　　　　　姜兰兰（女，续—　）
副 组 长　徐明杰（续—　）
　　　　　余成表（续—　）
　　　　　金博扬（续—2021.9）
　　　　　邹银岱（2021.9—　）

县委党校

校　　长　张剑光（兼，续—2021.5）
　　　　　徐剑锋（兼，2021.5—　）
党委书记、副校长
　　　　　於国安（续—　）
副 校 长　邱林军（续—　）
　　　　　马虹莹（女，续—　）
教 育 长　姚志勇（续—　）

县行政学校

校　　长　陈琳尹（女，兼，续—2021.5）
　　　　　陈华清（2021.5—　）

县纪委、县监委派驻机构

县纪委、县监委驻县委办公室纪检监察组

组　　长　於忠波（续—　）
副 组 长　吴　刚（续—　）
　　　　　刘剑刚（续—　）

县纪委、县监委驻县政府办公室纪检监察组

组　　长　孙常岳（续—　）
副 组 长　娄安军（续—　）

李世杰（续—　）

县纪委、县监委驻县委组织部纪检监察组

组　　长　张海平（续—2021.12）
副 组 长　费常元（续—　）

县纪委、县监委驻县委宣传部纪检监察组

组　　长　孔宏波（续—　）
副 组 长　张一华（续—　）

县纪委、县监委驻县发展和改革局纪检监察组

组　　长　方　磊（续—　）

县纪委、县监委驻县财政局纪检监察组

组　　长　潘明明（续—　）
副 组 长　王光明（续—　）

县纪委、县监委驻县教育局纪检监察组

组　　长　黄锡龙（续—　）

县纪委、县监委驻县公安局纪检监察组

组　　长　周　磊（续—　）

县纪委、县监委驻县农业农村局纪检监察组

组　　长　金　能（续—　）

县纪委、县监委驻县卫生健康局纪检监察组

组　　长　林梁宇（续—　）

县纪委、县监委驻县人民法院纪检监察组

组　　长　黄平军（续—　）

县纪委、县监委驻县人民检察院纪检监察组

组　　长　龚祥松（续—　）

法院 检察院

县人民法院

党组书记、院长
金旭光（续—2021.11）
党组书记、代院长
曹　敏（女，2021.11—　）
副 院 长　曹　敏（女，2021.11—　）
费存华（续—　）
齐　路（续—　）
马剑慧（续—　）
政治部主任　蒲华峰（女，续—　）
执行局局长　赵友剑（续—　）

县人民检察院

党组书记、检察长
卢宏辉（续—2021.11）
党组书记、代检察长
黄志刚（2021.11—　）
副检察长　黄志刚（2021.11—　）
杨　飞（续—　）
王恩军（续—　）
金海波（续—　）
政治部主任　林博渊（续—　）

县政府各部门及有关单位

县发展和改革局

党组书记、局长
方　明（续—2021.12）
黄飞跃（2021.12—　）
副 局 长　刘　天（续—　）
刘佩芬（女，续—　）
於　娜（女，续—　）
总经济师　郑鉴珂（续—　）

县金融发展中心

主　　　任　朱一云（续—　）

县经济和信息化局

党组书记、局长
　　　　　　刘世峰（续—　）
党组副书记　赵琪海（续—2021.1）
　　　　　　朱德耀（续—　）
　　　　　　刘　斌（2021.1—　）
副　局　长　赵琪海（续—　）
　　　　　　朱德耀（续—　）
　　　　　　金　晖（续—　）
　　　　　　赵玲慧（女，续—2021.12）
　　　　　　张海红（女，续—　）
　　　　　　孙　斌（挂职，续—　）
　　　　　　周元超（挂职，2021.9—　）
总 工 程 师　张孟杰（续—　）

县科学技术局

局　　　长　刘世峰（续—2021.1）
　　　　　　刘　斌（2021.1—　）
副　局　长　朱德耀（2021.1—　）
　　　　　　康晓婕（女，2021.1—　）

县商务局

局　　　长　刘世峰（续—　）

县粮食和物资储备局

局　　　长　刘世峰（续—　）

中国国际贸易促进委员会岱山县委员会

会　　　长　刘世峰（续—　）
副　会　长　张海红（女，续—　）

县科技创新中心

主　　　任　康晓婕（女，续—　）

县教育局

党 委 书 记　殷光涛（续—　）
党委副书记　翁行波（续—　）
局　　　长　唐燕妮（女，续—　）
副　局　长　殷光涛（续—　）
　　　　　　王义波（续—　）
总　督　学　郭央松（续—　）

县公安局

党委书记、局长
　　　　　　司徒贤存（续—2021.12）
　　　　　　王海峰（2021.12—　）
党委副书记、政治委员
　　　　　　周继博（续—2021.5）
　　　　　　缪　琳（2021.5—　）
党委副书记　黄成达（续—　）
副　局　长　高　峰（续—　）
　　　　　　王贤海（续—　）
　　　　　　王岳伟（续—　）
　　　　　　赖侣丞（2021.5—　）
　　　　　　刘吉仁（2021.1—　）
督　察　长　司徒贤存（兼，续—2021.12）
　　　　　　王海峰（2021.12—　）
政治处主任　徐双燕（女，续—　）

县公安局海防缉私大队

大　队　长　赖侣丞（续—2021.5）
　　　　　　孙　权（2021.5—　）
政治教导员　史彦波（续—　）

县民政局

党 组 书 记　毛文仕（续—　）
局　　　长　王建挺（续—　）
副　局　长　毛文仕（续—　）
　　　　　　金永国（续—　）
　　　　　　赵加挺（续—　）
　　　　　　贺治皓（挂职，2021.9—　）

县退役军人事务局

局　　长　王建挺（续—　）

县退役军人服务中心

主　　任　徐德才（续—　）

县司法局

党组书记　王明海（续—2021.7）
　　　　　徐　新（兼，2021.7—　）
局　　长　毛　华（续—　）
副 局 长　王明海（续—2021.7）
　　　　　钟　芳（续—　）
　　　　　华波湧（续—　）
政治处主任　洪军波（续—　）

县行政复议局

局　　长　毛　华（续—　）

县财政局

党组书记　张正道（续—2021.12）
　　　　　柴忠堂（2021.12—　）
党组副书记　吴常波（续—　）
局　　长　张正道（续—　）
副 局 长　王　挺（续—2021.7）
　　　　　袁欣芝（女，续—　）
　　　　　张连郡（续—2021.7）
　　　　　郑　辰（续—　）
　　　　　王旭丹（2021.5—　）
总会计师　马兆儿（续—　）

县人力资源和社会保障局

党组书记、局长
　　　　　金　磊（续—　）
副 局 长　何盛波（续—　）
　　　　　何　燕（女，续—　）
　　　　　於国君（续—　）

县社会保险事业管理中心

主　　任　何盛波（续—　）

县自然资源和规划局

党委书记、局长
　　　　　金安业（续—　）
党委副书记、副局长
　　　　　林安杰（兼，续—　）
纪委书记　郑央桥（续—　）
副 局 长　赵仕龙（续—　）
　　　　　洪　涛（续—　）
　　　　　张　涛（续—　）
　　　　　武　汉（续—　）
总规划师　刘生波（续—　）

县林业局

局　　长　金安业（续—　）

县住房和城乡建设局

党组书记、局长
　　　　　杨增富（续—2021.1）
　　　　　殷　军（2021.1—　）
党组副书记　金央欢（兼，续—　）
副 局 长　陈信久（续—　）
　　　　　董惊雷（续—　）
　　　　　陈玉燕（女，续—　）
总工程师　叶海平（续—　）

县人民防空办公室

主　　任　杨增富（续—2021.1）
　　　　　殷　军（2021.1—　）

县民防局

局　　长　杨增富（续—2021.1）
　　　　　殷　军（2021.1—　）

县住房保障和房产管理中心

主　　　任　汪武杰（续—　）

县交通运输局

党组书记、局长
　　　　　　王成东（续—　）
党组副书记　戴树建（续—　）
副　局　长　戴树建（续—　）
　　　　　　郑　勇（续—　）
　　　　　　石宏峰（续—　）
总 工 程 师　闻　学（续—　）

县交通运输行政执法队

队　　　长　王成东（续—　）
专职副队长　陈　超（续—　）

县公路与运输管理中心

主　　　任　胡淑君（续—　）

县农业农村局

党组书记、局长
　　　　　　柴忠堂（续—2021.12）
　　　　　　李明波（2021.12—　）
党组副书记、副局长
　　　　　　王一琛（女，续—　）
副　局　长　黄宇平（续—　）
　　　　　　李军涛（续—　）
　　　　　　修海峰（续—　）
总 工 程 师　许海波（续—　）

县乡村振兴局

局　　　长　柴忠堂（2021.7—2021.12）
　　　　　　李明波（2021.12—　）

县水利局

局　　　长　柴忠堂（续—2021.12）
　　　　　　李明波（2021.12—　）

县农业综合行政执法队

队　　　长　柴忠堂（续—2021.12）
　　　　　　李明波（2021.12—　）
专职副队长　戎平波（续—　）

县文化和广电旅游体育局

党组书记、局长
　　　　　　李仲仪（续—　）
副　局　长　王　勇（续—　）
　　　　　　徐飞波（续—　）
　　　　　　赵柯艳（女，续—　）

县文化市场综合行政执法队

队　　　长　李仲仪（续—　）
专职副队长　沈良努（续—　）

县委卫生健康工作委员会

书　　　记　曹啸海（续—2021.1）
　　　　　　刘国凯（2021.1—　）
副　书　记　陈玮琪（女，续—　）
　　　　　　洪传坤（兼，续—　）

县卫生健康局

党组书记、局长
　　　　　　曹啸海（续—2021.1）
　　　　　　刘国凯（2021.1—　）
党组副书记　陈玮琪（女，续—　）
副　局　长　桂敏明（续—　）
　　　　　　虞吉寅（续—　）
　　　　　　俞海跃（续—　）

县医疗保障局

局　　　长　曹啸海（续—2021.1）
　　　　　　刘国凯（2021.1—　）

县医疗保障管理服务中心

主　　　任　王国巨（续—　）

县应急管理局

党委书记、局长
周荣华（续—　）
副　局　长　陈伟舟（续—2021.12）
叶鸿宾（续—　）
何雪芬（女，续—2021.12）
郑海伦（续—　）
黄富岳（2021.9—　）
史智伟（2021.12—　）
总工程师　崔鹏程（续—　）

县消防救援大队

大　队　长　刘启金（续—　）
教　导　员　卢后根（续—　）

县审计局

党组书记、局长
於芬红（女，续—　）
副　局　长　周　凯（续—　）
陆燕华（女，续—　）
总审计师　李芸芸（女，续—　）

县市场监督管理局

党组书记、局长
傅剑波（续—2021.9）
刘海峰（2021.9—　）
副　局　长　刘剑刚（续—　）
王明沪（续—　）
邬明伟（续—　）
徐风华（续—2021.1）
钟海松（续—　）
何羽宇（女，2021.1—　）

县市场监管综合行政执法大队

大　队　长　冯秋华（续—　）

县统计局

党组书记、局长
周　鑫（续—　）
副　局　长　殷志边（续—　）
夏挺雷（续—　）
总统计师　贝　君（女，续—　）

县综合行政执法局

党组书记　沈宏海（续—　）
副　局　长　沈宏海（续—　）
彭孝忠（续—　）
查依芬（女，续—　）
郑凡潞（续—　）
沈海江（续—　）

县海洋与渔业局

党组书记、局长
姚　斌（续—2021.12）
李志勇（2021.12—　）
党组副书记　柳永未（续—　）
副　局　长　柳永未（续—　）
陈　明（续—　）
夏璐璐（续—2021.9）
郑　烨（续—　）
王　君（2021.6—　）
李广志（2021.9—　）

县海洋行政执法局

局　　　长　姚　斌（续—2021.12）
李志勇（2021.12—　）

市生态环境局岱山分局

党组书记、局长
赵平海（续—　）
党组副书记、副局长
王武军（续—2021.4）
副　局　长　韩永波（续—　）

盛世苏（续—　）
汤剑波（续—　）
总工程师　任剑盛（续—　）

县生态环境保护综合行政执法队

专职副队长　顾华军（续—　）

县政务服务办公室

党组书记　陈琳尹（女，兼，续—2021.5）
陈华清（兼，2021.5—　）
党组副书记、主任
朱志迪（续—　）
副主任　江奇艇（续—2021.9）
童　颖（续—　）
吕　辉（续—　）
凌王女（女，2021.9—　）

市公共资源交易中心岱山县分中心

主　任　江奇艇（续—2021.9）

县机关事务管理中心

主　任　罗优海（续—　）
副主任　姚明华（续—　）
林　峰（续—　）
林　坚（续—　）

县供销合作社联合社理事会

党委书记、主任
於建光（2021.5—　）
副主任　苏海军（2021.5—　）
监事会主任　戎海波（2021.5—　）

县供销合作社联合社

党委书记、主任
於建光（续—2021.5）
副主任　苏海军（续—2021.5）
戎海波（续—2021.5）

县投资促进中心

党组书记、主任
蒋伟若（续—　）
副主任　吴红焱（续—　）
裴露霞（女，续—　）
金煜哲（续—　）
林鉴渊（续—　）
金　凤（女，兼，续—　）
陈彦羲（兼，续—2021.9）

县市场管理服务中心

主　任　虞宏权（续—　）

衢山经济发展试验区管委会

主　任　郁曙军（续—2021.12）
方　明（2021.12—　）
副主任　张群海（兼，续—　）
赵行一（续—　）
於辉军（续—　）
李志勇（2021.9—2021.12）

岱山经济开发区工作委员会

党工委书记　叶　军（续—　）
党工委副书记
李明波（续—2021.12）
殷　军（续—2021.1）
徐风华（2021.1—　）
纪检监察工委书记
颜盛海（续—　）

岱山经济开发区人大工作委员会

主　任　叶　军（兼，2021.9—　）
副主任　翁燕敏（兼，女，2021.9—　）
徐风华（兼，2021.9—　）

岱山经济开发区管委会

主　任　李明波（续—2021.12）

副　主　任　刘　岑（续—　）
邱　芬（女，续—　）
陆　艇（续—　）
金　凤（女，续—　）

县疏港公路工程建设管理中心

主　　　任　夏宏杰（续—　）
副　主　任　赖其波（续—　）
韩　刚（续—　）
徐宝军（续—　）

中国（浙江）自由贸易试验区岱山综合事务服务中心

主　　　任　陈　宇（续—　）
副　主　任　戎盛树（续—　）
赵　双（续—2021.10）
张亚娟（女，续—　）
朱晶晶（女，2021.10—　）

县城市建设投资集团有限公司

党委书记、董事长、总经理
方　华（续—　）
党委副书记、副总经理
夏武汉（续—　）
副总经理　张　杰（续—　）
王双陆（续—　）
纪委书记　王光明（兼，续—　）

岱山经济开发区环城投资集团有限公司

党委书记、董事长、总经理
夏海滨（续—　）
副总经理　许高波（续—　）
潘仲辉（续—　）
纪委书记　颜盛海（兼，续—　）

县交通投资集团有限公司

党委书记、董事长、总经理
夏华明（续—　）
党委副书记　李文武（续—　）
副总经理　赵　勇（续—　）
贺波华（续—　）
纪委书记　潘明明（兼，续—　）

岱山衢港建设投资集团有限公司

党委书记、董事长、总经理
卢忠言（2021.1—　）

群众团体

县总工会

党组书记、主席
章海兵（续—　）
副　主　席　邵金磊（女，续—2021.9）
徐　力（续—　）
刘安业（2021.9—　）
任　波（挂职，续—2021.3）
李建强（兼，续—　）
张雪燕（女，兼，续—　）

共青团岱山县委

团委副书记　高　音（女，续—　）
陈彦羲（续—2021.9）
王成斌（挂职，续—　）
高　琪（挂职，续—　）
虞昭瀚（挂职，续—　）
罗静静
（女，挂职，续—2021.9）
王　科（兼，续—　）

县妇女联合会

党组书记、主席
沈　艳（女，续—　）
副　主　席　汪红波（女，续—　）
李　娜（女，续—　）
马静洁（女，挂职，续—　）

沈瑞燕（女，兼，续—　）
曹海维（女，兼，续—　）

县科学技术协会

党组书记　王建伟（续—　）
主　　席　方　莲（女，续—　）
副 主 席　王建伟（续　—　）
姚存军（续—　）
金建军（续—　）
李军涛（兼，续—　）
徐国军（兼，续—　）
郭央松（兼，续—　）
陈　明（兼，续—　）

县残疾人联合会

党组书记、理事长
王璐晓（女，续—　）
副理事长　吴雪波（续—　）
韩宜波（续—　）
张　超（挂职，续—　）
王　伟（挂职，续—　）
戴建凯（兼，续—　）

县工商业联合会

党组书记　俞海啸（续—　）
主　　席　施中堂（兼，续—2021.12）
吴永宽（兼，2021.12—　）
副 主 席　俞海啸（续—　）
周　骞（续—　）
梁旭峰（续—　）

县归国华侨联合会

主　　席　徐增奎（续—　）
副 主 席　沈　阳（续—　）

县计划生育协会

会　　长　孙志龙（兼，续—2021.11）
副 会 长　刘奋伟（兼，续—2021.12）
曹啸海（续—2021.1）
刘国凯（2021.1—　）
专职副会长　刘秀懿（女，续—　）

县红十字会

党组书记　曹啸海（续—2021.1）
刘国凯（2021.1—　）
会　　长　俞赛飞（女，续—　）
副 会 长　曹啸海（续—2021.1）
刘国凯（2021.1—　）
专职副会长　徐国军（续—　）

县文学艺术界联合会

主　　席　陈惠芬（女，兼，续—　）
专职副主席　徐云明（续—　）

部、省、市属驻岱山机构

国家税务总局岱山县税务局

党委书记、局长
郚方杰（续—　）
副 局 长　王　坚（续—　）
孔卫国（续—　）
张　斌（2021.10—　）
於国伟（续—　）
纪检组长　王庆浩（续—　）

舟山海事局岱山海事处

处　　长　周韶雷（续—2021.6）
徐　刚（2021.8—　）
政　　委　徐　刚（续—2021.8）
蒋　轩（2021.8—　）
副 处 长　沈贤泽（续—2021.10）
陈世军（续—　）
刘平平（续—　）
庄肃晓（2021.10—　）

舟山海关监管五科

科　　长　张黄坚（续—2021.3）
　　　　　龙　彪（2021.3—　）

舟山出入境边防检查站岱山分站

站　　长　杨　军（续—　）
教 导 员　戎铮锋（续—　）

舟山市烟草公司岱山分公司（县烟草专卖局）

党组副书记　王克俭（续—，主持工作）
副 局 长　王克俭（续—　）
副 经 理　赵　冲（续—　）
纪检组长　庄红卫（续—　）

县气象局

党组书记、局长
　　　　　赵虎炯（续—　）
副 局 长　杨　波（续—　）
　　　　　胡巧儿（女，续—　）
纪检组长　杨　波（续—　）

舟山市住房公积金管理中心岱山县分中心

主　　任　沈佳伟（续—　）

国家海洋局岱山海洋环境监测站

站　　长　刘剑波（续—　）

宁波航标处岱山航标站

站　　长　胡　炯（续—　）

舟山市港航事业发展中心岱山分中心

主　　任　王成东（续—　）
副 主 任　沈伟安（续—　）
　　　　　方一园（续—　）

国家电网浙江岱山县供电公司

党委书记　蒲静贤（续—　）
党委副书记　张秀峰（续—　）
纪委书记　蔡裕华（续—2021.6）
　　　　　胡贤斌（2021.6—　）
经　　理　张秀峰（续—　）
副 经 理　蒲静贤（续—　）
　　　　　翁　琪（续—　）
　　　　　贝争光（续—　）
工会主席　蔡裕华（续—2021.6）
　　　　　胡贤斌（2021.6—　）
总会计师　常书榜（续—　）

中国电信岱山分公司

总 经 理　冯国宏（续—　）
副总经理　黄　伟（续—　）
　　　　　朱文杰（续—　）
总经理助理　王　启（续—　）

中国移动岱山分公司

总 经 理　刘小华（续—　）

中国联通岱山分公司

总 经 理　吕红韦（续—　）

中国邮政岱山分公司

总 经 理　颜建国（续—2021.2）
　　　　　胡飞云（2021.2—　）

金融 保险

中国人民银行岱山县支行

党组书记、行长
　　　　　李梦珊（女，2021.12—　）
党组副书记、副行长
　　　　　李梦珊（女，续—2021.12）
副行长、纪检组长
　　　　　刘雪君（续—　）
副 行 长　翁昌国（续—　）

中国工商银行岱山支行

行　　长　张　燕（女，续—　）
副 行 长　钱　霞（女，续—2022.5）
行长助理　谢芸晓（续—　）
　　　　　乐　毅（续—　）
　　　　　童芳芳（女，2022.5—　）

中国农业银行岱山支行

党委书记　翁维海（续—　）
副 行 长　厉　宇（续—，主持工作）
　　　　　王佳彬（续—　）
纪委书记　吕召军（续—　）

中国银行岱山支行

行　　长　钟　庆（续—　）
副 行 长　俞海捷（续—　）
　　　　　邵丹丹（女，续—2021.5）
　　　　　张　伟（2021.5—　）

中国建设银行岱山支行

行　　长　王立宙（续—2021.8）
　　　　　王追锋（2021.8—　）
副 行 长　袁敏洁（女，续—2021.12）
　　　　　邬金燕（女，续—2021.12）
　　　　　厉汝凤（女，2021.12—　）
　　　　　任丹妮（女，2021.12—　）

岱山农商银行

党委书记　邢　岛（续—2021.5）
　　　　　张士军（2021.8—　）
纪委书记　李军峰（续—　）
董 事 长　邢　岛（续—2021.9）
　　　　　张士军（2021.9—　）
行　　长　张士军（续—2021.9）
　　　　　夏志军（2021.9—　）
副 行 长　夏志军（续—2021.9）
　　　　　夏启昂（续—　）
　　　　　陈相钧（2021.9—　）
监 事 长　李军峰（2021.9—　）

中国邮政储蓄银行岱山县支行

行　　长　胡永平（续—2021.4）
　　　　　夏　炎（2021.4—　）

浙江岱山稠州村镇银行

行　　长　李　皓（续—2021.9）
　　　　　包晓伟（2021.9—　）

浙江民泰商业银行舟山岱山支行

行　　长　赵　益（续—　）

台州银行舟山岱山支行

行　　长　丁　浩（续—2021.2）
　　　　　沈　进（2021.2—　）

中国人民财产保险股份有限公司岱山支公司

经　　理　陈丹霞（女，续—　）

中国人寿保险股份有限公司岱山县支公司

经　　理　吴义陆（续—　）
副 经 理　鲁安平（续—　）

中国人民人寿保险股份有限公司岱山支公司

经　　理　马燕峰（女，续—2021.10）
　　　　　王海俊（2021.10—　）

中国人寿财产保险股份有限公司岱山县支公司

经　　理　朱　东（续—2021.12）
　　　　　赵　博（2021.12—　）

中国太平洋财产保险股份有限公司岱山支公司

经　　理　沈安平（续—　）

中国太平洋人寿保险股份有限公司岱山支公司

经　　理　周金康（续—2021.12）

竺建华（2021.12— ）

天安保险股份有限公司岱山支公司

经　　理　姚贤芬（女，续—2021.9）
陈建斌（2021.9— ）

学校 医院

岱山中学

校　　长　江爱国（续— ）

县职业技术学校

校　　长　陈启恒（续—2021.9）
徐静定（2021.10— ）

县医疗健康集团

党委书记　洪传坤（续— ）
院　　长　戴建凯（续— ）

县第一人民医院

院　　长　戴建凯（续— ）

乡 镇

高亭镇

党委书记　齐小丁（续—2021.9）
傅剑波（2021.9— ）
党委副书记　林海杰（续— ）
张琼尹（女，续— ）
金央欢（兼，续— ）
王明军（续— ）
党委委员　孙海滨（续—2021.9）
陆剑东（续— ）
赵　兵（续— ）
刘可杰（续— ）
孔迟迟（女，续— ）
夏陆军（2021.1— ）
许　峰（女，2021.9— ）
姚志刚（2021.9— ）
纪委书记　刘可杰（续— ）
人大主席　柳明胄（续—2021.6）
夏开乾（2021.7— ）
人大主席候选人
夏开乾（2021.6—2021.7）
人大副主席　胡　丕（续—2021.9）
邱　剑（2021.1— ）
人大副主席候选人
邱　剑（续—2021.1）
镇　　长　林海杰（2021.1— ）
镇长候选人　林海杰（续—2021.1）
副镇长　陈定善（续—2021.9）
许　峰（女，续—2021.9）
刘靖宇（续— ）
赵　兵（2021.12— ）
夏璐璐（2021.12— ）
高艺嘉（女，2021.12— ）
陈　俊（挂职，2021.12— ）
副镇长候选人
张　斌（续—2021.1）
赵　兵（2021.9—2021.12）
夏璐璐（2021.9—2021.12）
高艺嘉
（女，2021.9—2021.12）
陈　俊
（挂职，2021.9—2021.12）

县监委派出高亭镇监察办公室

主　　任　刘可杰（续— ）

东沙镇

党委书记　董静波（续— ）
党委副书记　张超艳（女，续—2021.9）
张　鋆（2021.9— ）
黄富岳（续—2021.9）

江奇艇（2021.9—　）
党委委员　郑　进（续—　）
夏和波（续—　）
陈碧娜（女，续—　）
陈琳斌（续—　）
凌王女（女，续—2021.9）
夏陆军（续—2021.1）
傅贤灿（续—2021.9）
何　飞（2021.1—　）
乐　颖（女，2021.6—　）
陈彦羲（2021.9—　）
纪委书记　陈碧娜（女，续—　）
人大主席　刘建设（续—　）
人大副主席　冯道忠（续—2021.9）
傅贤灿（2021.12—　）
人大副主席候选人
傅贤灿（2021.9—2021.12）
镇　长　张超艳（女，续—2021.9）
张　鋆（2021.12—　）
镇长候选人　张　鋆（2021.9—2021.12）
副镇长　夏　冰（续—2021.9）
郑　杰（续—　）
方俊杰（续—2021.6）
齐振涵（续—　）
刘　思（2021.12—　）
贺新亮（2021.12—　）
副镇长候选人
刘　思（2021.9—2021.12）
贺新亮（2021.9—2021.12）

党委委员　王　益（女，续—　）
张晓燕（女，续—2021.7）
孙　权（续—2021.5）
徐志江（续—　）
王　华（续—2021.1）
倪明君（续—2021.6）
贺剑波（2021.5—　）
褚银杰（2021.7—　）
岑志斌（2021.9—　）
林　岚（女，2021.9—　）
纪委书记　王　益（女，续—　）
人大主席　夏开乾（续—2021.6）
毛海波（2021.7—　）
人大主席候选人
毛海波（2021.6—2021.7）
人大副主席　王秀华（续—2021.9）
胡　丕（2021.12—　）
人大副主席候选人
胡　丕（2021.9—2021.12）
镇　长　金克难（续—　）
副镇长　岑志斌（续—2021.9）
毛仕军（2021.1—　）
金　柯（2021.12—　）
邬佩燕（女，2021.12—　）
副镇长候选人
毛仕军（续—2021.1）
金　柯（2021.9—2021.12）
邬佩燕
（女，2021.10—2021.12）

县监委派出东沙镇监察办公室

主　任　陈碧娜（女，续—　）

县监委派出岱西镇监察办公室

主　任　王　益（女，续—　）

岱西镇

党委书记　黄飞跃（续—2021.9）
张春华（2021.9—　）
党委副书记　金克难（续—　）
庄雁儿（女，续—　）

岱东镇

党委书记　周代燕（女，续—2021.6）
陶萌娜（女，2021.6—　）
党委副书记　方　通（续—　）
邹四海（续—2021.6）

倪明君（2021.6— ）
党委委员 郑文文（女，续— ）
王　君（续—2021.6）
张建晖（续—2021.6）
龚建兵（续—2021.9）
贺列幸（续— ）
王永明（续— ）
夏菲菲（女，2021.6— ）
张　伟（2021.6— ）
应　椰（2021.6— ）
纪委书记 王　君（续—2021.6）
夏菲菲（女，2021.6— ）
人大主席 毛海波（续—2021.6）
邹四海（2021.8— ）
人大主席候选人
邹四海（2021.6—2021.8）
人大副主席 毛伟海（续—2021.6）
毛文杰（续— ）
镇　长 方　通（续— ）
副镇长 乐　颖（女，续—2021.6）
韩仕普（续— ）
江东成（2021.1— ）
方俊杰（2021.8— ）
副镇长候选人
江东成（续—2021.1）
方俊杰（2021.6—2021.8）

县监委派出岱东镇监察办公室

主　任 王　君（续—2021.6）
夏菲菲（女，2021.6— ）

长涂镇

党委书记 薛鹏举（续— ）
党委副书记 樊忠正（续—2021.1）
潘　洁（女，2021.1— ）
胡高科（2021.1— ）
党委委员 邹银岱（续—2021.9）
傅继平（续— ）
顾连达（续— ）
方安娜（女，续— ）
马海军（续— ）
钱菁菁（女，2021.1— ）
王　伟（2021.9— ）
纪委书记 邹银岱（续—2021.9）
王　伟（2021.9— ）
人大主席 乐建军（续— ）
人大副主席 虞表松（续— ）
镇　长 樊忠正（续—2021.1）
潘　洁（女，2021.1— ）
副镇长 蒋燕清（女，续—2021.9）
张　平（续— ）
费普明（续— ）
罗静静（女，2021.12— ）
副镇长候选人
罗静静
（女，2021.9—2021.12）

县监委派出长涂镇监察办公室

主　任 邹银岱（续—2021.9）
王　伟（2021.9— ）

秀山乡

党委书记 陈能斌（续— ）
党委副书记 包坚敏（续— ）
陶萌娜（女，续—2021.6）
王俊杰（2021.7— ）
党委委员 余　军（续— ）
王莹巧（女，续— ）
陈友存（续— ）
罗海艇（续— ）
陈　文（续— ）
徐慧芳（2021.9— ）
孙英芷（女，2021.9— ）
纪委书记 陈友存（续— ）
人大主席 张大海（续— ）
人大副主席 黄建娜（女，续—2021.9）

乡　　　长　包坚敏（续—　）
副　乡　长　夏　琦（续—　）
　　　　　　马一博（续—　）
　　　　　　王春雷（2021.1—　）
副乡长候选人
　　　　　　王春雷（续—2021.1）

县监委派出秀山乡监察办公室

主　　　任　陈友存（兼，续—　）

衢山镇

党 委 书 记　郁曙军（续—2021.12）
　　　　　　方　明（2021.12—　）
党委副书记　张群海（续—　）
　　　　　　虞丹达（续—　）
　　　　　　李志勇（续—2021.9）
　　　　　　方武海（2021.9—　）
党 委 委 员　赵世军（续—　）
　　　　　　王燕平（女，续—　）
　　　　　　胡原伦（续—　）
　　　　　　黄建平（续—　）
　　　　　　颜卓琼（女，续—　）
　　　　　　王岳伟（续—　）
　　　　　　张　博（2021.9—　）
纪 委 书 记　黄建平（续—　）
人 大 主 席　林　华（续—　）
人大副主席　甘远兵（续—2021.9）
　　　　　　徐世军（续—　）
镇　　　长　张群海（续—　）
副　镇　长　赵宇斌（续—　）
　　　　　　李　力（续—　）
　　　　　　方武海（续—2021.9）
　　　　　　毛其锋（2021.1—　）
　　　　　　潘照昊（2021.12—　）
副镇长候选人
　　　　　　毛其锋（续—2021.1）
　　　　　　潘照昊（2021.9—2021.12）

县监委派出衢山镇监察办公室

主　　　任　黄建平（续—　）

（唐美红　孔梦迪　徐若瑜
李　军　费涵立　张　瑜）

2021年模范集体名录

表54

获奖单位	荣誉名称	授予时间	颁奖机关
浙江鼎盛石化有限公司	2018—2020年度舟山市模范集体	2021.4	市委、市政府

2021年省部级先进集体名录

表55

获奖单位	荣誉名称	授予时间	颁奖机关
衢山镇	浙江省文明乡（镇）	2021.1	省委、省政府
高亭镇枫树村	浙江省文明乡（村）	2021.1	省委、省政府
秀山乡秀南村	浙江省文明乡（村）	2021.1	省委、省政府
舟山市生态环境局岱山分局	浙江省文明单位	2021.1	省委、县政府
长涂镇东海湾渔业专业合作社	浙江省文明单位	2021.1	省委、省政府
县农业农村局	浙江省扶贫开发工作成绩突出集体	2021.1	省委、省政府
县农业农村局	浙江省消除集体经济薄弱村工作成绩突出集体	2021.1	省委、省政府
县农业农村局	“森林浙江”建设工作突出贡献集体	2021.1	省委、省政府
高亭镇侨之家	2018—2020年度全国侨联系统优秀“侨胞之家”	2021.2	中华全国归国华侨联合会
岱山县	2020年度平安县（授予平安牌）	2021.3	省委、省政府
国家电网浙江省岱山县供电公司客户服务中心营业厅	全国巾帼文明岗	2021.3	中华全国妇女联合会
岱山县	2020年度“五水共治”（河长制）工作考核优秀县（授予“大禹鼎”银鼎）	2021.5	省委、省政府
县公安局罗家岙派出所党支部	全国先进基层党组织	2021.6	中共中央
县公安罗家岙派出所党支部	浙江省先进基层党组织	2021.6	省委
舟山海山机械密封材料股份有限公司党支部	浙江省先进基层党支部	2021.6	省委

续表 55

获奖单位	荣誉名称	授予时间	颁奖机关
舟山海事局岱山海事处	全国交通系统先进基层党组织	2021.7	交通部
岱山县石马岙蔬菜瓜果专业合作社	2020 年国家农民合作社示范社	2021.7	农业农村部、财政部、国家发改委等 8 部门
县文化和广电旅游体育局	全国群众体育先进单位	2021.8	国家体育总局
岱山县	第五批国家生态文明建设示范区	2021.10	生态环境部
县司法局高亭司法所	全国模范司法所	2021.10	司法部
岱山县	第二批浙江省全域旅游示范县（市、区）	2021.11	省政府
岱西镇双合村	第二批全国乡村治理示范村	2021.11	农业农村部
岱西镇怀慈小学	第三批全国中小学中华优秀传统文化传承学校	2021.11	教育部
高亭镇竹屿社区	2021 年度全国民主法治示范村（社区）	2021.12	司法部
衢山镇高涂社区	2021 年度全国民主法治示范村（社区）	2021.12	司法部
国家电网浙江省岱山县供电公司启航 QC 小组	2021 年度全国优秀质量管理小组	2021.12	中国质量协会、中华全国总工会、中华全国妇女联合会
高亭小学	全国教育系统关心下一代工作先进集体	2021.12	教育部
岱山实验学校	全国青少年校园足球特色学校	2021.12	教育部

2021 年劳动模范名录

表 56

姓　名	性　别	所在单位	荣誉名称	授予时间	颁奖机关
江爱国	男	岱山中学	2018—2020 年度舟山市劳动模范	2021.4	市委、市政府
乐　艳	女	高亭镇中心卫生院鱼山基地门诊部	2018—2020 年度舟山市劳动模范	2021.4	市委、市政府
韩毅昆	男	浙江省岱山县官山投资开发有限公司	2018—2020 年度舟山市劳动模范	2021.4	市委、市政府
顾兆平	男	衢山镇打水村	2018—2020 年度舟山市劳动模范	2021.4	市委、市政府

2021 年省部级先进工作者名单

表 57

姓　名	性　别	所在单位	荣誉名称	授予时间	颁奖机关
林　波	男	凌波水产品经营部	全国优秀农民工	2021.1	国务院农民工工作领导小组
仇海跃家庭	男	高亭镇闸口社区	浙江省文明家庭	2021.1	省委、省政府
代丽萍家庭	女	衢山镇小衢村	浙江省文明家庭	2021.1	省委、省政府
樊忠正	男	长涂镇	浙江省消除集体经济薄弱村工作成绩突出个人	2021.1	省委、省政府
张士军	男	浙江岱山农商银行	浙江省消除集体经济薄弱村工作成绩突出个人	2021.1	省委、省政府
刘剑阁	男	县林业局	“森林浙江”建设工作突出贡献个人	2021.1	省委、省政府
姜　勇	男	县市场监管局行政执法大队	浙江省反走私综合治理工作先进个人	2021.3	省政府
琳　娜	女	岱山县通衢水产食品有限公司	全国五一巾帼标兵	2021.4	中华全国总工会
朱志迪	男	县政务服务办公室	2020 年度全省改革创新工作成绩突出个人	2021.5	省委、省政府
贺剑波	男	县公安局鱼山警务站	浙江省优秀党务工作者	2021.6	省委
王宏杰	男	长涂镇东海湾渔业专业合作社	浙江省优秀党务工作者	2021.6	省委
陈　宏	男	浙江国际海运技术学院石油化工学院	全国优秀共青团员	2021.6	共青团中央
代丽萍	女	岱山县吉博力洁具有限公司	孝老爱亲模范	2021.8	省委、省政府
叶　凌	女	县疾病预防控制中心	浙江省“仁心仁术奖”获得者	2021.8	省委、省政府
李仲仪	男	县文化和广电旅游体育局	全国群众文化工作先进个人	2021.8	国家体育总局
曹善婵	女	高亭镇闸口社区	全国关心下一代工作先进工作者	2021.8	全国关心下一代工作委员会

（唐美红　徐若瑜　於　飞）

2021 年岱山县重要文件选录

表 58

	发文日期	文号	文件名
1	2021 年 1 月 7 日	岱政办发〔2021〕3 号	县政府办公室关于印发《岱山县关于进一步加强金融工作支持全县经济高质量发展行动方案》的通知
2	2021 年 2 月 3 日	岱委办发〔2021〕3 号	县委办公室　县政府办公室关于全面实施“三服务”2.0 版工作的意见
3	2021 年 2 月 25 日	岱政发〔2021〕6 号	县政府关于印发《岱山县养老服务供给侧改革实施方案》的通知
4	2021 年 3 月 1 日	岱委发〔2021〕1 号	县委　县政府关于印发《岱山县全国县级文明城市创建工作三年行动计划（2021—2023 年）》的通知
5	2021 年 3 月 15 日	岱委办发〔2021〕13 号	县委办公室　县政府办公室印发《关于持续解决针对医疗卫生机构的形式主义突出问题专项治理工作方案》的通知
6	2021 年 3 月 30 日	岱委办发〔2021〕14 号	县委办公室　县政府办公室印发《关于坚决打赢遏制重大生产安全事故攻坚战的实施意见》的通知
7	2021 年 4 月 2 日	岱政发〔2021〕13 号	县政府关于印发《岱山县深化残疾人服务供给侧改革实施方案》的通知
8	2021 年 4 月 29 日	岱委办发〔2021〕19 号	县委办公室关于建立县委领导联系党外代表人士制度的通知
9	2021 年 5 月 6 日	岱委办发〔2021〕24 号	县委办公室　县政府办公室关于印发《县、乡、村三级矛盾纠纷分级调解体系建设实施方案》的通知
10	2021 年 5 月 6 日	岱委办发〔2021〕25 号	县委办公室　县政府办公室关于印发《岱山县关于深化“基层治理四平台”改革实施方案（试行）》的通知
11	2021 年 5 月 8 日	岱委办发〔2021〕27 号	县委办公室　县政府办公室关于印发《岱山县 2021 年海上花园城市建设攻坚行动实施方案》的通知
12	2021 年 5 月 11 日	岱委发〔2021〕9 号	县委　县政府关于印发《岱山县食品药品安全供给侧改革实施方案》的通知
13	2021 年 5 月 24 日	岱政办发〔2021〕22 号	县政府办公室关于印发《2021 年岱山县地质灾害防治方案》的通知
14	2021 年 5 月 25 日	岱政办发〔2021〕23 号	县政府办公室关于印发《2021 年岱山县食品药品安全工作要点》的通知
15	2021 年 5 月 31 日	岱委发〔2021〕10 号	县委关于印发《高质量做好乡镇领导班子换届工作方案》的通知
16	2021 年 5 月 31 日	岱委办发〔2021〕32 号	县委办公室　县政府办公室关于印发《岱山县新一轮村级集体经济提升发展五年行动计划》的通知
17	2021 年 5 月 31 日	岱委办发〔2021〕33 号	县委办公室　县政府办公室关于印发《2021 年岱山县城乡环境综合整治大会战实施方案》的通知
18	2021 年 6 月 11 日	岱政函〔2021〕38 号	县政府批转县综合行政执法局《关于岱山县城市绿地系统规划（2020—2025 年）》《岱山县城市主要绿地绿线规划（2020—2022 年）》的通知

续表 58

	发文日期	文号	文件名
19	2021 年 6 月 30 日	岱委办发〔2021〕38 号	县委办公室　县政府办公室关于印发《岱山县五大会战实施方案》的通知
20	2021 年 7 月 1 日	岱委办发〔2021〕39 号	县委办公室　县政府办公室关于印发《岱山县开发区整合提升方案》的通知
21	2021 年 7 月 12 日	岱政办发〔2021〕29 号	县政府办公室关于印发岱山县 2021 年治水治污大会战实施方案的通知
22	2021 年 7 月 12 日	岱政办发〔2021〕31 号	县政府办公室关于印发《岱山县低效企业整治提升工作方案》的通知
23	2021 年 7 月 13 日	岱委办发〔2021〕42 号	县委办公室　县政府办公室关于印发《岱山县勇夺“科技创新鼎”工作实施方案（2021—2023 年）》的通知
24	2021 年 8 月 12 日	岱委发〔2021〕12 号	县委　县政府关于印发《岱山高质量发展建设共同富裕示范区海岛样板实施方（2021—2025 年）》的通知
25	2021 年 8 月 19 日	岱政办发〔2021〕34 号	县政府办公室关于印发《岱山县 2021 年度国内捕捞渔船“减船转产”实施方案》的通知
26	2021 年 8 月 23 日	岱委办发〔2021〕48 号	县委办公室　县政府办公室关于印发《岱山县 2021 年城乡生活垃圾分类一体化行动计划》的通知
27	2021 年 8 月 30 日	岱委办发〔2021〕51 号	县委办公室　县政府办公室关于印发《岱山县创建浙江省新时代美丽乡村标杆县工作实施方案》的通知
28	2021 年 9 月 26 日	岱委办发〔2021〕52 号	县委办公室　县政府办公室关于印发《2021 年岱山县乡村振兴任务清单》的通知
29	2021 年 10 月 15 日	岱委办发〔2021〕55 号	县委办公室　县政府办公室关于建立县领导联系指导乡镇工作机制的通知
30	2021 年 10 月 20 日	岱委发〔2021〕15 号	县委关于印发《岱山县高质量推进新时代村（社区）班子和干部队伍建设的实施意见》的通知
31	2021 年 10 月 27 日	岱委办发〔2021〕58 号	县委办公室　县政府办公室关于印发《岱山县林长制工作实施方案》的通知
32	2021 年 11 月 8 日	岱政办发〔2021〕41 号	县政府办公室关于印发《岱山县全面推行“综合查一次”工作实施方案》的通知
33	2021 年 11 月 17 日	岱委办发〔2021〕61 号	县委办公室　县政府办公室关于推进落实基层应急管理体系和能力建设重点任务的通知
34	2021 年 11 月 17 日	岱委办发〔2021〕62 号	县委办公室　县政府办公室关于印发《深化生态文明示范创建高水平建设新时代美丽岱山规划纲要（2020—2035 年）》的通知
35	2021 年 11 月 25 日	岱政发〔2021〕21 号	县政府关于印发《岱山县“大综合一体化”行政执法改革实施方案》的通知
36	2021 年 11 月 29 日	岱委发〔2021〕17 号	县委　县政府转发《县委宣传部、县司法局关于在全县开展法治宣传教育第八个五年规划（2021—2025 年）》的通知
37	2021 年 12 月 13 日	岱委发〔2021〕18 号	县委　县政府关于印发《岱山县青年发展“十四五”规划（2020—2025 年）的通知
38	2021 年 12 月 21 日	岱委办发〔2021〕69 号	县委办公室关于建立加强对“一把手”和领导班子监督责任清单机制的通知

（唐美红　徐若瑜）

责任编辑：吴依芳

媒体看岱山

岱山：激情奋斗“十四五”扬帆逐梦再出发

在这里，有波光闪耀的美丽海景、抚慰人心的人间烟火气。

在这里，也有热火朝天的施工场景、加快发展的产业集聚。

位于舟山群岛中部、素有“蓬莱仙岛”之美誉的岱山县，“十三五”期间，激情创业、拼搏赶超，经济社会高质量发展。

盘点“十三五”，岱山提交的成绩单可谓“亮眼”——综合实力显著增强，预计2020年地区生产总值增长45%，领跑全省，连续3年入选中国社科院发布的全国县域经济投资潜力百强县（市）榜单；国家战略加速推进，舟山绿色石化基地一期全面投产，国际油品储运基地和国际矿石中转基地产能持续释放。

“十三五”圆满收官，“十四五”徐徐开启。今后五年要做哪些重点工作？岱山明确加快建设“四个岱山”、打造“重要窗口”海岛风景的主题主线，提出“七个打造”的目标：打造海洋经济高质量发展增长极、打造海洋科技创新示范区、打造链接国内国际双循环海上枢纽支点、打造对外开放的海上前沿阵地、打造长三角全域美丽的海岛大花园、打造城乡一体化发展的海岛样板、打造县域治理现代化典范。

“十四五”的奋斗号角已经吹响。岱山凝聚各方力量，扬帆逐梦，一座崭新的美丽岛城正在崛起。

国家战略加速落地 油气全产业链正在成型

【回眸】绿色石化基地，是浙江自贸试验区核心区块之一，是展示“重要窗口”海岛风景的标志性大平台。2015年6月，一期项目开工建设，2019年12月底全面投产，形成了2000万吨/年炼化能力，实现了“十年任务四年完成”的建设目标，创造了令人惊叹的“浙江速度”。2020年，项目一期满负荷运转，二期部分装置进入投产准备阶段，全年产值超700亿元。

位于岱山县北部海域的黄泽山油品储运基地，紧邻国际主航道，可满足30万吨级船舶通航，也是长三角区域对外开放的重要海上门户和通道。目前，一期151万立方米油罐储运项目已开港投运，30万吨级油轮实现常态化靠泊，二期104万立方米动工建设。

“十三五”期间，岱山县开放面积达到470平方千米，港口货物吞吐量突破亿吨，以油品、铁矿石为主的国际大宗商品资源配置能力与日俱增。

【展望】“十四五”时期，岱山将加快自贸试验区创新发展，加速油气进口、储运、加工、贸易、服务全产业链发展，力争成为全球油气全产业链的新兴力量。2021年是“十四五”开局之年，岱山将推进舟山绿色石化基地建设，确保浙石化项目一期安全运行、二期全面投产，全年产值达到1200亿元以上，着力把基地打造成“重要窗口”的标志性大平台；加速黄泽山一期151万立方米项目产能释放，推进二期104万立方米项目，推动黄泽山—鱼山原油管道建设，力促小衢山大宗商品储运项目落地；加快鼠浪湖西三区扩建工程，建设亚太铁矿石分销中心。

岱山还将突出制度创新，在投资贸易、法治环境、金融服务、执法监管等领域大胆创新，形成更多可复制可推广的制度创新成果。

城乡面貌焕然一新　海岛大花园踏浪而来

【回眸】“十三五”期间，岱山城乡面貌焕然一新，打好综合交通大会战，鱼山大桥、秀山大桥相继通车，舟岱大桥、G526、燕窝山陆岛交通码头加快建设；打好城乡环境综合整治大会战，大力开展“五水共治”、“三改一拆”、文明城市创建，创成省级“无违建县”，获评省小城镇环境综合整治工作优秀单位；坚决打好污染防治攻坚战，深化蓝天、碧水、净土、清废四大行动，第三次捧得“大禹鼎”，建成一批美丽乡村精品村，荣获省级生态文明建设示范县称号和“两美浙江特色体验地”称号。

【展望】“十四五”时期，岱山将打造长三角全域美丽的海岛大花园，交通强县战略深入实施，建成舟岱大桥，完成526国道岱山段改建工程，谋划建设秀山至定海跨海通道（青山大桥），积极配合沪舟甬跨海大通道前期工作；城乡人居环境持续改善，“岛岛是花园、村村见美景”的大花园建设取得明显成效；“绿水青山就是金山银山”转化通道不断拓宽，山水林田湖海系统治理水平不断提升，经济社会发展全面绿色转型，建成国家生态文明建设示范县。

岱山还将打造城乡一体化发展的海岛样板，城乡融合发展步伐加快，基础设施配套持续完善，城市能级、城市品质明显提升，常住人口城镇化率达到75%；城乡居民收入倍差持续缩小，基本公共服务实现均等化，社会文明程度持续提升，社会民生发展主要指标居省市前列，人民全生命周期需求普遍得到更高水平满足，人民生活品质明显改善。

深化改革全面推进　“数字岱山”加快建设

【回眸】“十三五”期间，岱山纵深推进“最多跑一次”改革撬动各领域改革，大力优化县域营商环境，制定中国（浙江）自贸试验区市场主体登记、企业投资项目行政服务规范，常态化企业开办一日办结；加快政府数字化转型，积极推行“刷脸办”“掌上办”，机关内部“最多跑一次”基本实现。

目前，岱山县2338项政务服务事项实现“最多跑一次”，100%实现“网上可办”“掌上可办”；群众、企业平均办事时间从2016年的6.1个工作日压缩到2020年的1.5工作日，展现了“最多跑一次”改革带来的巨大红利。

【展望】“十四五”时期，岱山将深化“数字岱山”建设，打破“数据孤岛”“信息壁垒”“业务障碍”，深化群众、企业全生命周期和机关内部“一件事”集成改革，实现跨层级、跨部门、跨业务的高效协同管理和服务；加快政府数字化转型，加快建设“掌上办事之县”“掌上办公之县”“掌上治理之县”；推进社会数字化转型，深化智慧城管、智慧交通、智慧旅游、智慧医疗、智慧养老等领域建设，全面实现县域刷脸办事、刷脸畅行。

与此同时，岱山还将打造一流营商环境，对标国际国内先进水平，实施营商环境“10+N”便利化行动，持续加大制度供给、服务供给、要素供给，打造国内一流的县域营商环境；坚决破除市场壁垒，全面落实市场准入负面清单制度，保障各类市场主体依法平等使用各类生产要素和公共服务资源；深化商事制度改革，全面实施“证照分离”改革，持续精简涉企经营许可事项，探索以承诺制为核心的极简审批。

（节选自《浙江日报》2021年1月12日）

岱山县委书记周国岭：

加快打造国际一流的绿色石化产业集群

岱山县坚持党建统领，优服务、争先进，聚焦石化产业建链、延链、强链，构建“引进一个重大项目、带动形成一个产业集群”的发展格局。预计2020年全县地区生产总值增长45%，规模以上工业增加值增长130%，固定资产投资增长8%。

抢抓机遇高起点谋划“建链”。抢抓浙石化投产机遇，通过定期在鱼山召开县委常委会会议、成立基地项目建设临时党委、“智慧鱼山”系统等，做强产业链源头，通过全面排摸浙石化可外供品种、梳理目标企业等，做好产业链谋划，通过在岱山经济开发区实行“党工委+”体制、全面整治“低散乱”企业等，搭好产业链平台，全力打造全国重要的石化装置全产业链基地。

加大招商引资全方位“延链”。牢牢抓住项目牛鼻子，组建专业招商组和招商小分队，根据招商图谱精准招商引项目，迭代升级以项目为中心的党建引领机制，健全完善县四套班子服务保障重大项目机制，以专班运作促投产，实施“去中心化”改革，推行“刷脸办”，用数字化改革优环境。目前已累计引进石化产业链项目27个，其中10亿元以上项目7个。

大力实施创新驱动“强链”。全面落实创新驱动首位战略，通过健全研发投入奖励和项目资金扶持等系列措施，全力支持企业科技创新“增动力”，以化解断链断供风险为核心，实施国产替代“防风险”；坚持把企业和重大创新平台作为招才引智的关键，集聚创新人才“强支撑”。同时，从幼托、入学等“关键小事”着手，保障外来人口同等享受基本公共服务。

（《浙江日报》2021年1月19日）

岱山打造高质量海岛人才集聚沃土

东海之滨，岛城岱山，发展动能正澎湃。从悬海小岛到自贸港城，如今的岱山，正乘长三角一体化发展东风，抢抓全面承接国家战略黄金机遇期，奋力谱写打造“重要窗口”海岛风景新篇章。

千秋基业，人才为本。近年来，岱山县牢固树立“抓人才就是抓发展”的工作理念，下好招才引才“先手棋”，打好留才用才“主动仗”，以“来了就是岱山人”的最大诚意，营造有利于各类优秀人才集聚的生态环境，打造人才高质量发展样板。

据统计，岱山县2018年全年引进各类人才1050名，首次实现人才引进总数净增长，并实现国家级杰出人才和博士研究生引进“零”的突破。2020年新引进大学生1441名，为当年高考录取人数的2.6倍，过去人才“出去一火车、回来一卡车”的局面已成为历史。近年来先后引进各类紧缺专业人才126名、“高精尖”人才25名，各类技能人才累计培养达4.4万人次。

东海仙境古蓬莱，湾区明珠

新岱山。眼下，随着舟岱大桥的主线贯通，岱山即将迎来大桥时代。岱山正以更开放的理念、更包容的胸怀广罗天下英才，以“最优生态”吸引“最强大脑”，描绘人才强县蓝图！

唤才有力——

政策赋能　搭建舞台　完善就业创业保障机制

近年来，岱山县先后制定出台《高校毕业生来岱就业创业专项政策》《高层次人才引进管理办法》《柔性引才实施办法》《优秀人才选拔管理办法》等一揽子人才政策，新增普通本科毕业生8万元的一次性购房补贴，持续加码奖补力度，为人才提供全方位、多维度、链条式政策保障。目前，博士研究生来岱山就业创业最高可获共计54.3万元的奖补，硕士研究生及本科生则分别为23.38万元及13.18万元。政策红利涵盖创业资助、就业补贴、安家奖励等众多方面。

2019年，岱山县专门出台了《大力发现培养选拔优秀年轻干部的实施意见》，坚持在重大项目一线、重要产业领域、重点创新平台中培养锻炼人才，并树立鲜明的选人用人导向，及时把实干担当、实绩突出、作风过硬的优秀人才选出来、用起来。截至目前，该县已有20余名紧缺专业人才提拔到相应岗位任职。

引才有招——

校企联动　赛会为媒　招引石化专业人才

近年来，岱山围绕绿色石化国家战略布局，带动形成完整的石化上下游一体化产业链条。为保障石化行业人才输送，岱山紧盯高校毕业生源集中地和优势专业高校，定期组织重点企业赴兰州、西安等地石化类专业院校进行专场招聘，并与太原工业学院签订校地人才合作协议。

人才要引更要育。为此，岱山加快本土人才定向培养，大力承接高校资源，搭建产教共同体。2017年5月，浙江国际海运职业技术学院石油化工学院在岱山正式挂牌成立，与浙江石油化工有限公司开展紧密合作，先后签订了产教融合、现代学徒制合作培养等多项合作协议，成功申报省级产学合作育人项目、省级产教融合实训实习基地建设项目等。学院首批石化“订单班”83名学生已于去年顺利毕业，完成向鱼山岛浙石化项目的定向对接。

不久前，第四届中国舟山全球海洋经济创业大赛总决赛胜利落幕，新加坡国立大学黄双武博士领衔的《5G通信中高频新材料的开发与产业化》和桂林理工大学王林冲硕士领衔的《绿色环保聚合物添加剂》两个岱山项目获得1金1银的好成绩。

自2019年开始，岱山高质量举办全球海洋经济创业大赛绿色石化行业赛，面向全球绿色石化高层次人才开启招才引智绿色通道。短短两年，绿色石化行业赛的足迹遍布青岛、南京、杭州、西安、深圳等各大城市，吸引近200个项目报名参赛，50余个项目现场竞演，落户意向在50%以上，“项目带动人才、人才引领产业”的良好生态循环已基本形成。

聚才有方——

打造飞地　筑台募才　启动“双招双引”新引擎

人才飞地只是岱山加快“双招双引”的一个缩影。为更好地引进人才和项目，去年，岱山县抽调来自各单位的百名精干力量，创新组建了石化产业链、先进制造业、数字经济等8支专项工作组和34支“双招双引”小分队，深度对接平台项目资源，构筑招才引智创新平台。同时，岱山积极谋求与各大高校、科研机构合作，先后签约落地中科院宁波材料所岱山新材料研究和试验基地、航天智慧未来产业创新中心、招商集团邮轮研究院、中国石油大学流体智控岱山研究中心等一批重点创新合作平台，与浙江工业大学合作成立了东沙汽船配小镇博士后工作站。2020年12月4日，中国航天科工集团与岱山合作的国内首次“低轨卫星互联网+5G+物联网”海上通信试验取得圆满成功，下一步将继续加大技术中试力度频率，并将探索成果推广至应用市场领域。

服务有心——

精准施策 多措并举 留人更留心

留住人才就要让人才在岱山安居乐业，尤其要给他们提供广阔的交友平台。近年来，岱山县充分发挥“岱山人才联盟”功能，打响“博士大讲堂”“恋上蓬莱”“岱你学方言”等系列活动品牌，在县内高端民宿、艺术咖啡馆、“网红”打卡地等10余处区域布局打造连点成片的“人才驿站集群”，为人才活动提供多元化阵地保障。

2020年，该县人才公寓数量新增40%，近两年累计发放购房补贴1000余万元，切实提升人才的安居幸福指数。此外，岱山立足人才生活和发展需求，加快数字岱山建设，深入实施城市文明双提升工程，进一步补强城市功能。从子女幼托、入学、就医等人才最为关心的“关键小事”着手，岱山不断深化名校结对、医联体建设，积极推进与长三角其他地区在教育、医疗、文化等方面的交流合作。同时，岱山还探索实行外来人才类别互认、“免申即享”、“刷脸畅行”等同城共享机制，推动县域留居环境整体提质升级。

（节选自《浙江日报》2021年1月29日）

2021岱山海岬半程马拉松圆满落幕

4月11日“岱山农商行杯”2021岱山海岬半程马拉松在浙江舟山岱山县圆满落幕。

据了解，今年岱马设有半程马拉松、健康跑、家庭跑三个参赛项目，共吸引了全国各地的3564名选手报名参加，其中半程马拉松2086人，健康跑839人，家庭跑639人。所有报名选手中，来自舟山市以外的选手占比近一半，男子选手占比达67%。

自创办以来，岱马所拥有的全国唯一一条海岬赛道就得到了选手们的高度好评。今年岱马赛道在往年基础上做出了一定的优化调整。起点设在涂口上船跳，半程马拉松、健康跑、家庭跑的终点分别位于岱山县政府、海岬公园和鹿栏晴沙。选手们在比赛过程中，将跑过“华东第一沙滩”鹿栏晴沙、依山傍海的海岬公园等岱山地标景点，海岛花园岱山的秀美风光一览无余。

为了更好契合岱山海岛花园的发展方向，岱马组委会推出了一系列涵盖酒店、景区、专属旅游产品的赛事服务，为广大参赛选手打造一次度假式的跑马体验，也促进了岱山全域旅游的纵深发展。

（“央广网”2021年4月13日）

舟山岱山点燃石化经济发展“主引擎”

宁波材料所岱山分园项目、昊凡工业气体项目、鑫月高科技新材料贸易项目……记者日前从舟山岱山经济开发区了解到，今年一季度，岱山新材料产业园新注册石化产业链企业9家，实际利用市外资金3亿元，岱山石化经济发展的“主引擎”开始高速运转。

岱山县新材料产业园占地约266.67公顷，分为东、西两大片区。“目标200亿元以上产能级，是岱山县深挖绿色石化基地溢出效应的主要载体。”岱山经济开发区相关负责人介绍，产业园西部片区注重配套服务产业发展，主要布局仓储物流运输、环保治污、生产性服务业等；东部片区注重打造石化下游制品和化工机械制造产业集群。

舟山绿色石化基地的加速建设，浙江自贸试验区舟山离岛片区和长三角一体化等战略的叠加赋能，使得新材料产业园成为业内“香饽饽”，众多大项目在这里扎堆布局。截至目前，园内企业注册数量已达33家。其中，浙江瑞程石化技术有限公司等企业已陆续投产。

“我们全面排摸浙石化可外供的19个品种，谋深谋细生产配套等产业链，逐级细化产品链，梳理出英国BP、霍尼韦尔、德荣化工等200余家目标企业，精心绘就招商图谱。”该负责人介绍，4月18日，岱山经济开发区与台湾客商正式签约30000吨/年高性能润滑改性材料项目。该项目是高科技高附加值新材料生产项目，将落户新材料产业园，总投资1.2亿元人民币，建成后可实现年产值约4.8亿元。下一步，开发区将提供全程“保姆式”服务，推进该项目尽早落地投产。

新材料产业园的崛起，有望“反哺”汽船配等岱山传统支柱产业。“目前正在与几家新材料相关企业洽谈，他们的产品可以作为岱山县传统汽船配企业的生产原料，比如一些发泡剂、注塑剂等，都能直接供给到县内的企业，形成新的循环产业链，降低双方成本，获得双赢。”该负责人介绍，如果此类新材料企业能顺利落户岱山，将进一步延长岱山的石化循环产业链，为岱山产业集群再添动力。

（“人民网”2021年4月29日）

鼠浪湖码头接卸效能再提升 40万吨矿船实现“两昼夜”靠离

宁波舟山港鼠浪湖矿石中转码头接卸能力再提升。近日，该码头首次实现40万吨矿船接卸作业“两昼夜”靠离。

5月8日7时许，40万吨矿船“明通”轮缓缓驶离宁波舟山港鼠浪湖矿石中转码头。该货轮从靠泊鼠浪湖码头到驶离，仅耗时“两昼夜”，其中连续接卸货物时间仅37.67小时，创该码头快速接卸40万吨矿船的记录。

据舟山鼠浪湖码头有限公司营运操作部经理刘雄波介绍，常态下，40万吨货轮的接卸从靠泊开工开始到完工，连续接卸货物时间保持在50个小时以上。

接卸40万吨巨轮已是鼠浪湖码头作业的常态。围绕卸船效率提升课题，该公司积极学习借鉴其他港口的先进经验，结合码头实际工况，不断优化接卸工艺，推动生产经营质效提升。在此次40万吨矿船接卸作业中，该公司各职能部门协同联动，提前谋划布置，精准把握作业重点，应用新的卸船作业模式，合理安排机械设备和作业人员，加强作业流程管控，确保了全过程高效顺畅。

“尤其是对我们生产经营组织方面提出了一些具体要求，不断挖掘我们装卸的潜力。我们希望鼠浪湖码头能够打造成为40万吨货轮的母港，更多40万吨货轮会选择鼠浪湖码头装卸。”刘雄波表示。

今年以来，舟山鼠浪湖码头有限公司紧扣党史学习教育“学史明理、学史增信、学史崇德、学史力行”的目标要求，把学习成效转化为解难题、破瓶颈的有力举措，推动管理创优、服务增效，努力完成公司提出的“全年货物吞吐量6700万吨、接卸量3300万吨”的目标任务。

（“中国网”2021年5月12日）

浙江最大海上风电场群开始并网运行 海风送来“清洁电”

5月16日，位于舟山北部海域的岱山4号海上风电正式并入电网，海风“送来”的绿色能源通过大电网，源源不断输送到鱼山岛，为其提供清洁低碳用能保障。

据悉，舟山北部海域的中广核岱山4号，嵊泗5号、6号海上风电场是浙江最大的海上风电场群。此次正式并网的岱山4号海上风电场共设风力发电机组54台，总装机规模234兆瓦，每年可向电网输送6.18亿千瓦时电能，与同等规模的火电相比，每年可节约标煤17万吨，减少各类气体排放约47万吨，实现绿色能源全消纳。这些电能将全部用于浙江舟山绿色石化基地，增加石化基地绿电供给。

舟山群岛的风电资源十分丰富。截至2020年底，舟山拥有普陀风电场、岱山风电场两座海上风电场，长白风电、岑港风电、金塘风电、大衢风电和东绿华风电5座地调集中式风电场，已并网运行的总装机容量达到65.4万千瓦，发电规模约占全省风电的30%。2020年舟山群岛风力发电量3.45亿千瓦时，相当于节约了12万吨标准煤，减少二氧化碳排放30万吨。

根据测算，海上风电比陆上风电更高效，同等规模的海上风电年发电量要比陆上风电多出20%至40%。接下来，嵊泗5号、6号海上风电场也将并入大电网，建成投运后每年上网电量达14.4亿千瓦时，持续为舟山群岛注入绿色动力，服务当地油气全产业链发展。

“风光潮”等新能源正逐渐成为舟山群岛能源供应的重要组成部分，带来了清洁高效，也给电网安全带来了扰动和冲击。国网舟山供电公司加快推进多元融合高弹性电网的建设，优化电网网架结构，精准预测舟山地区风电出力，使用分布式储能、微电网等手段，持续做好因地制宜的多样性新能源并网服务和消纳，绿色赋能海上花园城市建设，助推全省率先实现碳达峰、碳中和目标。

（《浙江日报》2021年5月17日）

首座“浮式海上风电半潜式基础平台”装船下水

近日，中国首座“浮式海上风电半潜式基础平台”建造完工，并在浙江省舟山市岱山县建造基地举行装船下水仪式。

这座浮式海上风电半潜式基础平台高32米，设计吃水13.5米，由舟山惠生海洋工程有限公司承接建设，将作为承载海上风电机组的基础平台，应用在中国长江三峡集团广东浮式海上风电项目试验样机工程中。该工程位于广东省阳江市沙扒镇附近海域，每年可为3万户家庭提供绿色清洁能源电能。

（《人民日报》2021年6月17日）

岱山：奋楫扬帆风正劲“海上花园”逐浪行

新区为翼御风行，披襟向洋奋楫先。2011年，舟山群岛新区正式批准设立。十年来，作为新区第二大岛的岱山，抓住了发展的历史机遇，蹄疾步稳，一路高歌：持续深化改革，担当起浙江自贸试验区舟山片区、舟山江海联运服务中心等国家战略的新区主战场；一线拼争项目，向着海洋经济高质量发展的目标笃定前行；擦亮城乡环境，一座全域全景的海岛大花园铺开美丽画卷……

十年砥砺谱华章。今年一季度，岱山县实现地区生产总值100.2亿元，首次突破百亿元大关；同比增长33.3%，高于全省13.8个百分点，增速居全省前列。

更令人欣喜的是，岱山在跨越发展中不断擦亮均衡富庶发展的新名片。2020年，岱山城乡居民收入比为1.45 ：1。

念好“产业经” 高质量发展动力澎湃

产业是经济发展的重要支撑。近年来，岱山抢抓舟山群岛新区、自贸试验区、舟山江海联运服务中心等国家战略落地实施的时代机遇，大力发展绿色石化、新材料、港口物流、新能源等产业，经济高质量发展佳音频传。

石化产业“主引擎”高速运转。随着舟山绿色石化基地一期全面达产，二期加快建设，岱山聚焦石化产业建链、延链、强链，建设新材料产业园，引进贯穿石化产业前端配套、中端衍生、后端增值全过程，以及为石化产业提供生产性、科技性、金融性服务的相关企业，目标实现年产值300亿元。今年1至5月，该产业园新注册石化产业链企业11家，总投资额11.6亿元；园内企业注册数量累计已达36家。

新能源产业动力澎湃。今年5月，位于浙江舟山北部海域的岱山4号海上风电并网接入工程顺利投运，每年上网电量可达6.18亿千瓦时。岱山还积极开展海上风电上游研发、装备制造和下游运维服务产业招引，打造海上风电全产业链。依托丰富的潮流能资源，岱山推动潮流能产业化、商业化进程，位于秀山岛东南海域的LHD林东模块大型海洋潮流能发电机组示范项目就是有力印证。截至目前，该项目已实现连续并网发电58个月，向国家电网送电量超152.5万千瓦时。

鼠浪湖矿石中转码头捷报连连。接卸船舶从10万吨逐级提升至40万吨，靠泊能力从单泊位靠泊逐步升级为双泊位组合靠泊，接卸40万吨矿船的净作业时间从96小时缩减至如今40小时以内……鼠浪湖矿石中转码头实现大跨步发展。今年1至5月，该码头完成接卸量超1400万吨，同比增长超6%，已成为浙江自贸试验区铁矿石中转“主阵地”。

绘好“新城图” 品质岛城彰显迷人魅力

站在舟岱大桥主通航孔桥，抬头可见3座主塔高耸；南北眺望，大桥如同一条长龙，串联起舟山本岛与岱山。作为宁波舟山港主通道项目重要组成部分，舟岱大桥已全线贯通，预计今年底可建成通车。

这是岱山大力推进城市品质提升的生动注脚。岱山始终坚持群众利益优先、基础设施优先、社会事业优先，不断完善城市功能，全力加快开发建设步伐。

看城乡面貌，“岛岛是花园、村村见美景”——整洁有序的智慧新城、干净清爽的乡村院落、街头巷尾的志愿者……每个岱山市民都时时能嗅到扑面而来的城市文明新风。自今年初获得全国县级文明城市创建提名资格以来，岱山县全力攻坚，各项工作快速有序推进，全面整治成效有效提升。岱山加快补齐城市功能短板，526国道岱山段改建、燕窝山陆岛交通码头等项目建设提速，岱山新天地综合体建成营业，成功入选国家发改委发布的县城新型城镇化建设示范名单；加快全域全景提升，获得省全域旅游示范县、省新时代美丽乡村示范县称号。眼下，岱山正加快打造蓬莱森林公园、东海郊野公园、秀山樱花公园等一批高品质生态郊野公园，让绿色成为岱山最动人的色彩。

看社会事业，“春潮涌动万象新”——今年3月，岱山县教育局和上海世外教育集团签约，推进“上海世外教育集团附属高亭初级中学”办学工作，这是岱山义务教育首次与上海方合作办学。近年来，岱山不断加大优质教育资源供给，深化人事制度改革，推进学校布局调整，积极创建全国义务教育优质均衡发展县。在医疗健康方面，岱山加强与上海仁济医院、金山医院等三甲医院合作，县内所有定点医院及基础医疗机构实现长三角跨省门诊直接结算全覆盖。岱山还积极推动文旅体深度融合，海岬半程马拉松、休渔谢洋大典、国际风筝节等赛事品牌不断打响。

时光飞逝，奋斗留痕。东海明珠——岱山将以更广阔的视野、更强劲的动力，开创更美好的未来。

（《浙江日报》2021年6月23日）

岱山：打造共富版图的“三农”风景

高质量发展建设共同富裕示范区，主战场在农业农村。俯瞰岱山，山海共生，绿蓝泼墨。山与海，赋予了岱山多姿多彩的自然图景，也绘就了新时代美丽乡村建设的重要底色。

岱山，是热闹的。翻开岱山近年来的发展篇章，我们发现，一个又一个国家战略项目在这里落地开花，自贸试验区、绿色石化基地、黄泽山油品储运贸易基地、鼠浪湖矿石中转基地……时代赋予岱山新的使命，将这个曾经掩藏于茫茫海上的瑰丽小岛推向了更高的舞台，使之赢得世人瞩目。

与此同时，那山海相依独有的海岛乡韵，更是岱山踏海而来、努力助推乡村优势转化为共同富裕全局胜势的底气来源。随着“千万工程”的深入推进，岱山海岛乡村面貌从一处美向全域美、一时美向持久美、外在美向内在美、环境美向发展美转变，交出了美丽乡村建设的高分答卷，获评省美丽乡村示范县。

如今，她正加快打造“岛岛是花园、村村见美景”的海岛大花园，以跨越关口的魄力和全面发力的态势，为打造共富版图的“三农”风景增色添彩，让这幅“工笔画”越描越精细、越绘越精美。

全域美

串珠成链美如画

组团式共建动力足

沙洋村的风筝墙绘、涂口村的徐福文化、凉峙村的港湾沙滩、秀北村的白墙黑瓦……行走在岱山，一个个别具匠心又各具特色的村庄，让人赏心悦目、流连忘返。而如今，岱山不仅做足点上精品村，更是明确提出按照“一带一主题”的要求，打破县、乡镇界限，将各具特色的乡镇、行政村、渔农业产业项目等乡村的精品串联，打造特色美丽乡村示范带，推动新时代美丽乡村“由点及面”迈入“全域化、集群化”发展新阶段。

岱山以全域视角重新布局，有机串联起一个个美丽“明珠”，实现“点线面”的全面发力，打造出一条有特色、有产业、有风情的美丽乡村风景带，进而促进从精品村到风景带、美丽乡镇的规模化发展、更好地推进了乡村面貌从一处美、一片美走向全域美。

产业美

因地制宜强运营

美丽产业齐头并进

产业发展是美丽乡村建设的“造血”工程，岱山县积极鼓励和引导各个村落根据资源禀赋和地域特征，因地制宜发展农村生态旅游、乡村休闲旅游和农业传统体验旅游等特色产业，推动乡村产业向一二三产融合发展转型，以产业之美助力乡村之美，生动演绎“以更美促更富”的乡村振兴进行曲。

从输血式到自我造血式建设美丽乡村，关键在于激活多元主体参与意识，发挥他们的主观能动性和创造性，“小切口、大产业”，让美丽产业各美其美。

秉持着这样的发展思路，岱山县于今年举办“跟着节气游乡村”岱山（芒种）海岛业态投洽会，会上还重点推介了高亭镇农旅结合、衢山镇双龙湾景区、长涂镇未来乡村、秀山乡农旅结合等4个招商项目，开展了东沙古镇运营等8个乡村振兴项目的签约仪式，将岱山乡村产业需求跟外来资本、智力实现多渠道精准匹配，为乡村海岛寻求合适的投资机遇。

生活美

基层自治新生态

多方合力共商共建

美丽乡村“长治”才能“久美”。

漫步岱山，优美整洁的生活环境，热情淳朴的民风乡俗，和睦融洽的邻里关系……这里的乡村，不仅“颜值高”，而且“里子美”，处处洋溢着和谐的气氛，映衬出海岛幸福人家的美好图景。

一剂剂治村理事良方，规范有效；一例例富民强村实践，生动鲜活；一个个乡村善治有机体，和谐有序……正是因为岱山不断创新乡村治理模式，提升乡村治理水平，才能夯实乡村振兴根基，不断吸引资金、人才等资源要素向农村源源流动。

在现代化社会治理体系的推动下，岱山各地以党建为统领，以党员为核心，构建出多样化、接地气、可持续的乡村治理模式，形成了诸如秀山“民生小铺”、岱西“先锋公约”、东沙“四治融合”等有效做法，走好“善治”之路。

（节选自《浙江日报》2021年8月20日）

岱山攻坚“减船转产”护海洋

9月1日上午，舟山市“减船转产”暨帆张网渔船集中拆解现场会在岱山县荣畅船舶修造有限公司举行。当天，11艘帆张网渔船集中拆解，打响了岱山“减船转产”攻坚战。

岱山是我省渔业重点县，现有各类渔业船舶1958艘，其中帆张网渔船496艘。为贯彻落实省委省政府坚决打赢遏制重大生产安全事故百日攻坚战部署、实现海洋渔业资源可持续利用，岱山县于7月份制定《帆张网渔船生产作业全周期18条管理清单》，建立健全管控机制；8月份出台《岱山县2021年度国内捕捞渔船“减船转产”实施方案》及帆张网渔船减产转产两年行动计划，力争今年消减帆张网渔船60艘以上，力争到2023年7月累计消减帆张网渔船173艘以上。

“我们集中精干力量，成立5个专项工作组，7月15日起进驻重点渔业乡镇，分片区走村入户，强力开展渔船‘减船转产’工作。”岱山县海洋与渔业局副局长陈明告诉记者，目前已有61艘渔船签署了拆解协议，其中帆张网渔船56艘，已发放“减船转产”资金5158万元，阶段性成果显著。

“我第一个站出来签协议。”今年59岁的郑兆军是浙岱渔04255号的船老大，从事帆张网作业近30年。他告诉记者，海里渔业资源有限，刚好县里出台了优惠政策，他果断把船上交了。

根据相关政策，他可以领到345万元补贴款。

渔民转产转业，政府给予政策补助。陈明介绍，船老大退出渔业捕捞生产，自主创业或从事海运等工作，取得营业执照或海运船员证书，一次性给予10万元补助，个人报考海运大专班，再给予大专学费50%的补贴；积极发展休闲渔业、渔家民宿及其他涉旅相关产业的，取得工商注册登记执照，一次性补助10万元；积极发展绿色养殖渔业，同水域滩涂养殖权人签订养殖协议，符合环保要求，一次性补助10万元。

据悉，过去5年，岱山县共减船311艘，下发补助金额6.95亿元。

（《浙江日报》2021年9月2日）

满足多元需求 注重精神慰藉

岱山“智能大管家”管好老人“安养”

日前，家住岱山县高亭镇的沈阿姨打开“浙里办”APP，搜索输入“岱山安养”后，打开助餐模块，给自己94岁的父亲点了一个午饭套餐：水煮大虾、花菜炒胡萝卜、雪菜土豆汤，一共9.6元。接单后，高亭镇渔岛公益社会工作服务中心工作人员予以登记确认，并按时配送到老人家里。

数字助餐服务是“岱山安养居家老人养老智慧暖心服务多跨场景”中的一个场景。记者从岱山县民政局了解到，该场景自6月19日在“浙里办”APP应用上线以来，目前已入驻共享食堂7家，累计配送订单3万余单，3万余人活跃在线上。

如何破解海岛居家养老痛点？岱山县以数字化改革为牵引，精心建设“居家为基础、社区为依托、机构为支撑、医养相结合”的“居家老人养老智慧暖心服务”应用场景，并入选全省数字社会第二轮“揭榜挂帅”名单。

岱山县民政局社救福利科科长竺丛捷介绍，这一应用场景主要包括4个大类需求：“助餐”场景有效解决居家老人吃饭难问题；“护理”场景为居家老人实时提供健康生活指导、服务关怀访视、生活陪伴、不良情绪干预等服务；“监护”场景能对老年人居家异常情况进行预警和提醒；“防诈”场景增强老人安全意识。

从运营来看，“助餐”需求比较大，“护理”场景中的精神慰藉服务需求量也不少。8月20日，精神慰藉服务正式上线，志愿者服务机构入驻，将老人预约陪聊服务、志愿者上门服务、服务对象评价一整套闭环流程纳入线上管理。

最近，志愿者陈甩儿来到长涂镇中兴路包满意老人家里，看到他们一家三口有说有笑，顿时放心了不少。此前，包满意和儿子因身患疾病，比较自卑，常年深居简出。长涂镇东剑村工作人员王松芬得知后，帮包满意在线上预约了“精神慰藉”服务，随后志愿者陈甩儿申领了该项服务，多次上门开导包满意，陪着去广场走走看看，聊天谈心。一段时间下来，包满意和儿子脸上的笑容多了。

记者还了解到，“监护”场景借助数字手环，测量记录日常健康信息，对异常情况进行预警和提醒，实现养老服务智能化，目前已实现数字监护服务4358人次；“防诈”场景则通过公安部门、三大电信运营商，从源头多举措为老年人拦截、提醒诈骗信息，织就信息安全防护网，目前已实现数字防诈服务1866人次。

（《浙江日报》2021年11月11日）

浙江岱山教育现代化发展水平位于全省前列

近日，《浙江省2020年度县教育现代化发展水平监测评估报告》出炉，浙江省舟山市岱山县教育现代化发展水平总得分82.39分，为2017年至2020年中得分最高一次，高于全省平均分7.66分。

《浙江省2020年度县（市、区）教育现代化发展水平监测指标体系》面向县域基础教育领域，监测项目主要包括优先发展、育人为本、促进公平、教育质量、社会认可等5项一级指标和10个二级指标和45个三级监测点组成，包含经费保障、素质教育、义务教育资源均衡发展等落实情况，各类教育发展水平和学生发展情况，以及社会公众对教育工作的满意度，每年度实施监测。

2020年起，全县教育系统以“美好教育学在岱山”为愿景，全面启动全国义务教育优质均衡发展县创建工作，加大教育投入，加快推进数字化改革和城乡教育一体化发展，持续推进课改和教师专业发展，坚持教育重点领域改革，教育各个领域取得了较好成绩，荣获省教育业绩考核优秀、省对县政府教育履职考核A级等。

下一步，岱山教育将继续紧紧围绕县委县政府提出的建设“重要窗口”海岛风景线的要求，坚持教育优先发展战略，以均衡为主线，以优质为核心，以改革为动力。强化教育内涵建设，提升教育软实力；优化教育资源配置，提升教育保障度；深化教育结构调整，提升教育协调度，为岱山县“重要窗口”海岛风景线建设再添美丽风景。

（“新华网”2021年11月22日）

舟岱大桥建成通车

12月29日，舟岱大桥正式通车。随着这座连接浙江舟山本岛和岱山县的大桥建成通车，岱山县结束了长期以来不通陆路的历史，舟山连岛高速公路的总里程达到74千米。

此次通车的舟岱大桥是宁波舟山港主通道项目的一部分，按双向四车道高速公路标准设计，于2017年9月正式开工。

（《人民日报》2021年12月30日）

浙石化实现产值破千亿元

舟山绿色石化基地重点项目——浙石化4000万吨/年炼化一体化项目推进顺利。记者日前从舟山绿色石化基地管委会获悉，今年1月至10月浙石化加工原油2076万吨，实现产值1033亿元。

2015年6月，浙石化一期项目开工建设，2019年底全面投产。

正式投产第一年，浙石化就交出了一张亮眼的成绩单：2020 年全年累计加工原油 2310 万吨，生产乙烯 148 万吨、PX 约 340 万吨，创产值 748 亿元，占舟山 2020 年工业总产值近一半。“经过合理优化，我们常减压装置全年保持稳定的高负荷运行，一期原油加工超过 2200 万吨 / 年的设计量，再次印证了设计建设的优质、管理的高效。”浙江石油化工有限公司相关负责人说。

浙石化炼化一体化项目为民营企业进入石化领域起到引领作用，与鱼山岛一桥之隔的岱山本岛也主动承接石化产业溢出效应。立足于石化产业链，岱山正着力打造高端石化循环经济产业园。产业园主要对接舟山绿色石化基地，建设贯穿石化产业前端配套、中端衍生、后端增值全过程，为石化产业提供生产性、科技性、金融性服务。产业园由卓然（浙江）集成科技有限公司出资建设，计划再联合一批石化装备制造企业，最终形成 100 亿元产能级。

目前，项目二期正在加快推进，预计今年年底前建成。舟山绿色石化基地管委会相关负责人表示，项目二期投产后，石化基地将实现 4000 万吨 / 年炼油能力、1040 万吨 / 年芳烃和 280 万吨 / 年乙烯生产能力，从根本上缓解我国乙烯、PX 等产品对外依存度高的问题，有效保障我国石化产业供应链安全。

（《浙江日报》2021 年 12 月 2 日）

岱山：拥抱大桥时代 打造共富样板 小岛雄心 美好生活踏桥来

沉睡村庄　因大桥被瞬间“唤醒”

近年来，双合村利用区位优势和自身实际，积极盘活闲置农房，实现了村民增收、环境改善、业态发展“三赢”。此外，该村还通过出租村里闲置土地来提升村集体经济收入，同步推进美丽乡村环境打造。今年 6 月，该村基础设施、绿化、亮化等 6 项工程同时开工，致力打造“共同富裕双合样板”。

岱西原是个“盐业之乡”，当地的摇星浦村曾经是以盐业为主的农业村，拥有全省最大的村级盐场——摇星盐场。现在，部分百亩盐田已变为新材料产业园用地，村里也引导盐民转产转业，加快农业观光园建设。

接轨岱西的鱼山大桥，8.8 千米的长度，车程只需 7 分钟就可到达舟山绿色石化基地。天然的交通优势，也让大石化效能辐射促进岱西产业变革。曾经交通落后的岱西，因大桥变得四通八达，纯农业为主的乡镇也因大石化而丰富了产业内容。

两大主题的溢出效应，正在加快岱西乡村振兴的步伐。依托岱山经济开发区发展，近年来大力发展乡村产业，去年，摇星浦村实现集体经济经营性收入 150 万元。为了让村民享有更多获得感，村里每年都会安排 40 余万元用于村民生活质量的提升。

“产业新高地，门户新岱西”，唱好大桥经，岱山正在打造高质量发展建设共同富裕示范区海岛镇域样板。在迈向共同富裕的道路上，岱西凝聚发展合力，立足资源禀赋，着重从工业项目驱动、农业现代产业园建立、全域旅游打造、物流产业发展，致力打造岱山未来经济核心集聚区块、城市副中心。

大桥时代，众多企业着眼自身优势，积极探索竞争国际国内市场，助力县域经济高质量发展。

舟岱大桥开通，舟山本岛、岱山本岛、鱼山岛，自此两桥飞架。

2015 年 6 月，浙石化一期项目开工建设，2019 年底全面投产。正式投产第一年，浙石化就交出了一张亮眼的成绩单：2020 全年累计加工原油 2310 万吨，生产乙烯 148 万吨、PX 约 340 万吨，创产值 748 亿元，占舟山 2020 年工业总产值的近一半。今年 1 月至 11 月，浙石化加工原油

2366.6万吨，实现产值1191亿元，是舟山市工业历史上首个千亿级产值企业。

目前，项目二期基本建成。舟山绿色石化基地管委会相关负责人表示，项目二期投产后，石化基地将实现4000万吨/年炼油能力、1040万吨/年芳烃和280万吨/年乙烯生产能力，从根本上缓解我国乙烯、PX等产品对外依存度高的问题，打破日韩垄断PX国际市场的局面，将进一步增强大宗化工原料价格话语权，有效保障我国石化产业供应链安全。

未来，基地将加快谋划三期项目，重点发展与现代制造业、新能源、生命科学等新兴产业配套的石化新领域，形成世界级大型、综合、现代的石化产业基地，引进国际知名石化企业参与炼化一体化项目建设，提高化工下游精深加工项目比重。力争到2025年，绿色石化基地工业产值达到2500亿元。

项目带来的社会效益与产业带动效应凸显。立足于石化产业链，岱山正着力打造高端石化循环经济产业园。与舟山绿色石化基地仅一桥之隔的岱山经济开发区，一座占地近333.33公顷的新材料产业园正加速成形。产业园主要对接舟山绿色石化基地，建设贯穿石化产业前端配套、中端衍生、后端增值全过程以及为石化产业提供生产性、科技性、金融性服务。产业园由卓然（浙江）集成科技有限公司出资建设，计划再联合一批石化装备制造企业，最终形成100亿元产能级的产业园。

在岛居民　因大桥迎来新的机遇

大桥通了，改变的不只是岱山本岛和外岛的出行方式。随着交通格局的变化，岱山在现有基础上谋划和推进一批重大交通工程，打造海上枢纽，对接长三角都市圈。

向南，在现有秀山兰山码头的基础上，加密和延长兰山至秀山的海上航线，进一步加紧对接舟山本岛。同时，积极谋划秀山至舟山本岛的跨海通道（青山大桥）建设。

向西，以舟岱大桥为依托，进一步对接沟通杭、甬等大都市，已在岱西镇后岸村计划建设岱山交通集散中心，作为对接杭甬的陆路客运节点。届时开通岱山至杭州、宁波乃至南京、苏州等长三角地区的长途客运班车，在陆路上融入长三角。

向北，积极融入上海1小时交通圈。以建设中的岱山县燕窝山客运码头为北向对外交通的重要节点，进一步缩短岱山与小洋山、嵊泗、衢山的海上交通时间。燕窝山陆岛交通码头计划于明年7月正式投入使用。

在客运交通集疏运方面，形成“一心三点一线一面”的格局，即以岱山长途客运站为中心，以秀山兰山客运中心、燕窝山客运中心、岱山交通集散中心为三点，以秀山大桥、官山大桥、526国道改建工程、舟岱大桥为主干线，辐射整个岱山岛、秀山岛这一“面”的交通格局，串联各交通节点，再完善岛内县道、乡道等道路毛细网络，形成点、线、面的交通网。

拥抱大桥时代，岱山正走好新时代赶考路，奋进现代化新征程，谱写高质量发展建设共同富裕新篇章。

（节选自《浙江日报》2021年12月31日）

索引

Index

说　明

一、本类目设主题索引、图照索引和表格索引 3 个分目。

二、主题索引和图照索引均采用主题分析方法制作，数字开头的标目按数字 0—9 顺序排列；汉字开头的标目按汉语拼音顺序排列；英文字母开头的标目则按首字母 A—Z 顺序排列。如第一字相同则按第二字音序排列，依次类推。

三、主题索引标目后的阿拉伯数字表示内容所在页码。数字后的英文字母 a、b、c 分别表示从左到右第一、二、三栏。标目后有多个页码的，则表示相关信息在这些页码中均出现。

四、图照索引标目后的阿拉伯数字表示内容所在页码，不标注分柱。

五、表格索引按序号排列，仅标注所在页码，不标注分栏。

六、本年鉴的卷首彩页和“特载”“大事记”“附录”（新任县领导简介、组织机构及负责人名录、媒体看岱山）均未做索引。

主题索引

0—9

2020 年县政府残工委全体会议暨县残联第七届主席团第四次全体会议　134b
2021 年岱山县海岬马拉松医疗保障工作　310b
2021 年度县委议军暨党管武装工作（国动委）会议　063a
2021 年全县新冠疫情防控工作　034a
2022 年重大政府投资项目汇报会　064a
3000 环保型沥青拌合楼续建　230a
“5•29”会员活动日　140b
526 国道岱山段改建工程续建　229b
5G 业务发展　244b
5G 站点建设　244c

A

A 级景区镇、村庄创建　303c
A 级旅游厕所创建　303c
艾滋病防治　313b
爱国卫生　315c
爱国卫生工作　315c
“爱心接力”助学　338c

碍航沉船打捞工作 270a
安澜阁装修 210c
安全攻坚行动 281a
安全管理 159c 235b
安全监管 276b
安全生产 172b 280c
安全生产工作 359b
安全生产责任制 280c
安全应急体制机制建设 345c
安置房建设 215c
安置工作 164b

B

把脉全县职业教育工作 093a
白蚁防治 214a
“百千万巾帼大宣讲” 124c
百姓文化节 294c
办公室工作 077c
办公用房管理规范有序 104b
办公用品耗材集中采购招标 106b
帮困助学献爱心活动 339c
保　险 255a
保障国家战略 154c
保障全县经济社会发展用地 222a
保障职工的合法权益 121c
保障重大项目建设 151a
保障重点项目建设 142a
毕业生实现就业 321b
编发部工作 078a
便民公证服务 157c
殡葬改革和管理 330b
殡葬设施建设 330c
病媒生物防制 316a
病死动物无害化处理 187c
博爱家园活动 139a
博士后工作站 322c
博物馆文创工作 299a
捕捞作业 178b
不动产统一登记工作 224a
不见面开标大厅投入使用 106b

C

财　政 248a
财产净收入持续增长 332a
财政国资改革 249b
财政收入 248b
财政预算执行情况审计 263a
财政支出 248b
“菜篮子”工程管理 185c
“菜篮子”工程建设 185b
“菜篮子”供应 185c
参谋辅政工作 067a
参与全国县级文明城市创建 123b
参与社会治理 153a
残疾儿童少年平等享有受教育权利 285c
残疾人保障水平提高 135c
残疾人服务供给侧改革 134c
残疾人康复服务体系构建 136a
残疾人文化体育特色培育 136c
“残疾人之家”建设 135a
策划营运部工作 078a
产前筛查和新生儿疾病筛查 315c
产销合作 205a
产业发展 301a 358b
产业工人队伍建设改革 121b
产业交流合作 301c
产业链项目招引 265b
产业强镇 352b
“产业升规纳统”工作 262a
产业升级 235a
常石集团出口趋稳 206b
场景化营销体系建设 244a
车辆检测 237c
晨光电器出口增长 206c
成功创建国家生态文明建设示范县 058b
成人教育 290b
成人职业技能培训和学历提升培训 290b
城管执法 217b
城区车位改造 211c
城区建设 210b
城区生活垃圾分类 221a
城区声环境质量 227b
城市大脑基础能力建设完成 101b
城市建设管理 216b
城市口袋公园建设 211a
城市山海地标亮化提升 211a
城乡风貌整治方案编制 215a
城乡规划 223b
城乡环境卫生整洁行动 316a
城乡环境整治 221b
城乡环境综合整治 217b
城乡居民生活 331b
城乡居民生活收入 331b
城乡居民收入结构 331c
城乡居民消费支出 332c
城乡居民养老保险 325b
城乡居民最低生活保障 326b
城乡面貌优化 361b
城乡危旧房治理 216a
城镇品质提升 348a
澄清正名和回访教育 114c
出入境管理 149a
出生人口性别比治理 317a
出台惠农补贴政策 190c
畜产品安全监管 187b
畜牧禽养殖 186c
畜牧养殖污染治理 187a
畜牧养殖业 186c
传染病疫情管理 313a

传统业务 241c
船 舶 167a
船舶新增 233a
创城工作持续推进 355b
创城攻坚行动 359a 362a
创城禁烟执法 311c
创建清廉民营企业示范点 074a
创建全国县级文明城市综合监督 094a
创新基层退役军人事务 165a
创新实验探索 328b
创新政银服务均等化 106a
春运保障工作 234b
慈善机构自身建设 339a
慈善志愿活动开展 339a
慈善总会 337a
促进残疾人就业增收 135b
促推基层综合治理 116a
村（居）“三务”公开 329a
村（社区）基础信息数据库建设 329b
村集体经济发展 190a
村监会“五单”履责机制推行 350c
村镇建设 216c
长河路景观配套工程建设 211a
长期护理保险 317c
长三角客源市场拓展 305a
长涂镇 354c

D

搭建岱山与台湾产业交流平台 078b
“打非治违”行动 281c
打击整治非法社会组织和整治“僵尸”组织专项行动 330a
打造美丽村庄 353b
打造全景全域海岛公园 353a
打造数字乡村 242c
打造特色鲜明运动小镇 353b
打造图书服务品牌 298c
打造营商服务综合体 106a
大规模核酸检测实战演练 351b
大峧山交通码头续建 230c
大力推进共同富裕 060c
大练兵工作 150c
大陆引水工程 189c
大排查大整治专项行动 281a
大桥日常管理 235c
大数据管理 101b
大数据监督平台 118c
大应急体系 279a
“大综合一体化”行政执法改革 075c
“大综合一体化”行政执法改革 099b
“大综合一体化”执法改革 217c
代表工作 092b
代理金融业务 240c
岱东镇 351c
岱山本岛前岸至双合段公路扩建 229c
岱山稠州村镇银行 254c
《岱山记忆》编印 088a
岱山交通集散中心工程开工 229c
岱山经济开发区 175a
《岱山年鉴（2021）》编纂 087c
岱山农商银行 254b
岱山县残疾人联合会 134b
岱山县创建全国县级文明城市工作纪实 036c
岱山县妇女联合会 124b
岱山县高质量发展建设共同富裕示范区工作会议 063c
岱山县工商业联合会 129b
岱山县供销联社 199a
岱山县归国华侨联合会 128a
岱山县红十字会 137b
岱山县计划生育协会 139c
岱山县科学技术协会 126c
岱山县退役军人事务局 164a
岱山县文学艺术界联合会 130c
岱山县总工会 119a
岱西镇 349a
岱西镇第十七届人民代表大会第八次会议 351a
岱西镇前岸停车场对外投入使用 351a
档案服务基层 087b
档案史志队伍建设 088b
档案信息安全保障 087b
档案与史志工作 086c
档案资源建设 087a
党的建设 348c 354a
党的组织建设 357c
党风廉政建设 292c
党管武装 160a
党建工作 260b 359c
党史学习教育 071b 087a
党史学习教育活动 081c
党史学习主题教育 291a
党校工作 083a
道路保洁 219b
登船检验工作 182a
低保“回头看”行动 327a
“低小散”企业综合整治 281b
地表水环境质量 227c
地理概况 052c
地名管理和服务 331a
地质矿产资源管理 223c
地质灾害防治工作 223c
第三产业优化 355a
调研菜篮子工程 110b

调研视察 110b
调研数字医疗建设 110b
调研双峰新城开发建设 110b
调研提升职业教育服务岱山产业发展 110c
电 力 172a
电 信 242a
电 影 300a
电机制造业 168b
电商数字馆运营 207a
电网发展 173a
订单粮食收购 204c
东海郊野公园建设 210b
东海民谣音乐节 072b
“东海渔嫂”巾帼虹志愿行动 125b
东海渔嫂助力共富行动 125c
东沙古渔镇景区 303b
东沙镇 347a
动物疫病防控 187a
动物疫病监测 187b
锻造专业复合型干部队伍 069a
队伍规范化建设 302a
队伍建设 117b 134a 174a 298b 299c
对台工作 078b
对外贸易 206a

F

发展和改革 257a
发展后劲优化 349b
法 院 154c
法律援助工作 158b
法制监督 156b
法治服务保障 157c
法治化环境建设 151b
法治环境建设 143a
法治基础建设 147a
法治政府建设 155c
反腐败工作 116b
反映社情民意信息工作会议 109a
反走私综合治理 267c
防范税收风险 251b
防洪排涝体系建设 188a
防台抗台气象业务服务 197b
防汛防旱防台工作 280a
防疫应急体系建设 307b
防灾减灾 225a
防灾减灾救灾 279c
房地产市场防控 214a
房地产市场监管 213b
房地产业 213b
房屋资产管理 205a
非法船舶打击 268c
非公经济代表人士综合评价 130a
非物质文化遗产 303c
非物质文化遗产保护 303c
非物质文化遗产传承 304a
非物质文化遗产传承队伍建设 304c
非物质文化遗产传承基地 304b
服务大众企业 324a
服务岱山经济社会发展 252a
服务管理工作 100a
服务经济 275b
服务科技人才 128a
服务民生工程 276a
服务侨界人士 128c
服务社会发展 241a
服务业发展管理 258c
服务鱼山重点项目 324c
服务质量提升 247b
服务重大项目 270b
辐射安全监管 226b
妇联执行力建设年行动 126b
妇幼保健 315a

G

干部队伍建设 262b
干部业务素质提升 117c
干部政治素质提升 117b
港航行业监管 238a
港口水运工程项目建设 230c
港政（航道）管理 238a
高耗低效企业整治 176c
高技能人才评定 323a
高素质农民培育 194a
高亭老旧小区改造 212a
高亭镇 342a
高亭至石化小区至双峰公路工程开工 229b
高亭中心菜场联合工会成立 208a
高质量推进中国（浙江）自贸试验区岱山区块建设大会 064c
高质量完成培训任务 083b
个私商业与电子商务 207a
各行业信息、通信、技术项目把控 244c
各类渔政执法检查 179c
各类志愿服务活动 242a
各领域数字化改革 060b
跟踪调查“菜篮子”工程建设 093c
耕地保护和垦造 223a
工程安全管理 213a
工程管理 235c
工程建设 162c
工程招投标管理 212c
工程质量监督 213a
工行岱山支行 253c
工会组织建设 120a
工伤保险 325c

工业技术　168c
工业技术发展　170a
工业经济发展　349b　361a
工资标准调整和正常晋升　320c
工资福利　320c
公　安　147a
公厕保洁管理　219c
公共场所卫生执法　310c
公共机构节能降耗工作　104a
公共就业服务　323b
公共数据平台贯通上线　101c
公共文化　294a
公交设施建设　233a
公路管理　236a
公路养护与绿化　236b
公路运输管理　236c
公益诉讼检察职能履行　152c
公有云提升　244c
巩固募资渠道　337a
巩固生态文明成果　349c
共建美丽海岛工作　264c
共青团岱山县委　123a
共同富裕建设　261a
共同富裕迈出坚实步伐　096a
共同富裕示范带建设　194c
共同富裕扎实推进　058a
“共享法庭”建设　155c
供销传统经营稳定　200b
供销队伍建设　200c
供销综合改革　199c
构建良好消费环境　278b
固定资产投资管理　258a
关心下一代工作　339b
关注全民健身事业发展　093b
观音山景区　303b
管理制度建设　266a
广播电视　300a
广播电视安全播出　300a
广电惠民工程　300c
广电网络升级改造工程　300b
广电增值业务市场拓展　300c
广告投放　305a
规范行政处罚　312a
规范行政权力　146b
规范事业单位登记　076b
规范投诉举报　312a
规范渔船建造　182a
规范执法工作　219a
规划编制　301a
规划编制和研究　257c
规划审批工作　270c
国防动员与国防教育　160a
国防教育　160b
国防潜力调查统计　160b
国家数字档案馆创建　087a
《国家学生体质健康标准》测试　306b
国家战略加速落地见效　054c
国家战略项目推进　059b
国情国力调查　262a
国寿财险岱山支公司　255c
国有企业审计监督　263c
国有商业银行　253b
国有资产管理　265c

H

海岛大花园加快建设　057c　095c
海岛大花园建设　060c
海岛服务驿站　296b
海岛公园建设　301a
海岛公园建设稳步推进　057a
海岛民宿　302a
海底光缆维修　243c
海防公路建设　230a
海防建设　267c
海防战备　159a
“海上枫桥”品牌打造　144b
海上花园城建设　215a
海上客运　231c
海上事故处置　268a
海事服务基地建设　231a
海事管理　268a
海事基地建设　235a
海水淡化项目　189c
海水养殖　179a
海洋捕捞　178b
海洋产业发展提质增效　054c
海洋管理　182c　225a
海洋环境质量监测　225a
海洋监察　182c
海洋检察工作　153a
海洋系列博物馆提升改造　230b
海域海岛使用管理工作　225b
海域使用金征收　225b
海域治理数据库建设　101c
夯实宗教工作基层基础　335b
行业安全检查　238b
杭州文旅推介会召开　305b
航行班线调整　232b
和谐劳动关系创建　325a
河（湖）长制提档升级　226b
红色传承教育　161c
红色专题课程　084b
宏观经济调控和指导　257b
后勤保障　162b
“互联网＋监管”工作　102b
“互联网＋政务服务”工作　102b
户外爱心驿站建设　243c
护航平安岱山建设　151c
化纤行业　168b
环保安全监管　177a
环境监测　226c
环境监管工作　271b

环境监管和执法 226b
环境空气质量 227a
环境卫生 219a
环境卫生整治 343c
环境污染减排和整治 226a
环境信访 226c
环境执法 226b
环境状况 227a
环卫管理 219a
环卫基建工作 220b
黄泽山保税油库投入使用 273c
黄泽山油品储运基地二期工程建设 230c
黄泽山油品储运基地加快建设 273b
黄泽山—鱼山原油管道项目获批 273c
火灾防控 282b
霍乱防治监测 313c

J

机构与编制 074c
机关党的思想建设 079c
机关党的政治建设 079b
机关党组织规范化建设 080a
机关党组织推进“双建争先”工作 080c
机关党组织助力全县中心工作 080a
机关后勤服务保障工作 104b
机关事务管理 103b
机关事业单位养老保险 325b
机械制造和纺织纤维 168a
基本公共卫生服务项目 312c
基本建设项目 292c
基层党建和党风廉政建设 195c
基层计生协会工作转型 140c
基层减负 328c
基层气象安全监管体系 196c
基层文化队伍建设 294b
基层医疗卫生服务 312b
基层疫情防控工作 308b
基层执法规范化 157a
基层治理 155b 353c 360a
基层中医师承人员培养 309b
基层自治组织与社区建设 328b
基础产业建设 349b
基础教育 286c
基础能力 281c
基础配套建设 176a
基础网络建设 243c 245a
基地安全保障工作 272b
基地工程实施 271b
急救体系建设 310a
疾病监测项目 313b
疾病预防控制 313a
集中式饮用水源地质量 227a
集装箱企业 234a
计划生育服务与管理 317a
计生家庭权益保障 317b
记者部工作 077c
技能人才评价 323b
技术保障部工作 078b
继续教育培训 322a
继续推进各项基础性工作 224c
寄递业务发展 240b
加快产业转型升级 059c
加快海洋产业发展建设 095b
加快临港工业发展 095a
加快实施“减船转产” 099a
加快数字经济发展 166c
加强安全生产监管 238c
加强编制资源统筹 076a
加强城市精细化管理 110a
加强党对教育工作的领导 291a
加强党建引领 252b
加强党外人才培养 074b
加强对巡察工作的全面领导 116c
加强工业性投入 166a
加强国资监管 266b
加强和改进意识形态工作 114c
加强精实管理 202c
加强履职服务保障 092c
加强矛调中心建设 086b
加强统计监测 260b
加强协调沟通 067b
加强疫情防控工作 239c
加强与台湾地区青少年交流交往 078c
加强员工培训辅导 247c
加强政府系统工作 099c
加强制度建设 145a
加强重大信访问题处置 085c
加强专业人才队伍建设 084c
家庭家教家风建设 125a
家庭宽带品质提升 245a
家庭医生签约服务 312c
假期社会实践活动 341a
价格管理 260a
价格监察 259c
价格认证 260b
坚决维护市场秩序 277c
监督执法 282c
监所安全管理 149b
检　察 151a
检查检验互认 310b
减税降费 250b
减灾救灾 280b
建党百年系列活动 295a
建党百年系列主题活动 131a
建党百年主题活动 122c
建行岱山支行 254a
建立协调机制 271b

建设村（社区）党组织书记专题培训班　328c
建置沿革　052a
建筑工地创城　213a
建筑节能与新技术推广应用　212c
建筑垃圾管控　218c
建筑业　212c
健康岱山建设　315c
健康教育活动　140a
健康养殖示范场创建　179a
健全村级三资监管体系　190b
健全文化基础设施　294a
奖金和津补贴核定　321a
交通行业监管　236a
交通基础设施建设　229b
交通运输安全综合治理　238c
交通整治　149c
交通执法　237b
交通治堵工作　211c
教师专业素养提升　291c
教授（专家）工作室　323a
教学改革　293a
教学科研　293a
教学科研工作　085a
教学设施　292c
教育保障　292b
教育行政　285a
教育基础设施建设　284c
教育技术装备　293a
教育交流与开放　289c
教育经费　292b
教育经费投入　284b
教育科研　293b
教育数字化改革　286b
教育文化娱乐消费支出反弹　333a
教育系统防疫　286a
节水宣传　189c
结对帮扶工作　085b
结核病防治　313b
解决鱼山4G网络高负荷问题　245c
金融风险防范　267a
金融服务　267a
金融管理　259a
禁毒工作　149b
经济发展　347a
经济建设　054b
经济困难学生资助工作　285b
经济运行监督　091a
经济运行情况　201a
经营净收入平稳增长　332a
经营模式改革　235b
经营业绩情况　234b
精神卫生和社会心理健康服务　314c
精神文明建设　076b
精准化防控　280a
景区创城工作　303a
景区建设　303a
警务辅助人员管理　150b
净化公共场所宗教环境　335b
敬老环境优化　319a
救护培训进企业　138c
救护培训进文化礼堂　138c
救护培训进学校　138c
救护培训进渔村　138b
就业培训　323b
“居民会客厅”建设　328c
居民消费恢复性增长　333a
居民小区创建文明城市工作　214c
聚焦用网体验　246c
军粮保障　204a
军事训练　159b

K

开发区人大工作试点　092b
开展船舶专项整治　239a
开展党史学习教育　122c
开展电影惠民活动　300a
开展健康教育　316b
开展精准慈善救助　338b
开展困难帮扶　121c
开展美丽大花园·海上花园城市建设监督　111b
开展人道救助　139a
开展数字化改革行动　065b
开展巡察工作　117a
开展隐患排查　242a
开展渔港综合整治　183c
开展增殖放流　181c
开展专项监督　114b
抗台风工作　148a
考试工作　289b
科创平台建设　170c
科技创新驱动助力工程　126c
科技课题申报及基地创评工作　271a
科技示范船　178c
科技特派员制度　171c
科技项目　168c
科技新政、人才新政的实施　060a
科教信息　193c
科普宣传　171c　197a
客滚船设置改造　232b
客运安全监管　269c
客运服务设施建设　232a
客运服务信息化建设　231b
客运管理　232b　234c
课余训练与竞赛　306b
口岸管理　267c

口岸与海防管理　267b
矿区经营　235a
困难群众医疗救助和临时救助　326b

L

垃圾分类处置　219b
“蓝天保卫战”　226a
蓝天碧水清废净土有新成效　058b
劳动保障监察　324a
劳动监察与仲裁　324a
劳动争议仲裁　324b
劳模评选管理服务　122a
老城区道路项目改造　211b
老干部工作　081a
老龄健康　319a
老年健康服务体系构建　319b
离退休干部党建工作　082a
理论学习与主流舆论引导　084a
历史建筑保护　217b
历史文化（传统）村落保护利用　195b
立德树人实践活动　287c
立功创模工作　147b
立功竞赛活动　119a
联　通　246a
联络联谊　128b
廉政教育　116b
炼化一体化项目建设加快推进　270c
粮食安全责任制　203b
粮食仓储管理　203c
粮食应急保障　203c
粮油流通　203a
粮油市场供应　203b
“两癌”筛查项目　315b
“两个一站式”建设　155c
“两捐”工作　139b
林业　223a
临港产业发展　354c
领导干部经济责任审计　263b
领导干部自然资源资产审计　263b
流动儿童免疫规划管理　314a
流调溯源和人物并防工作　308b
陆路货运　234a
陆路客运　233a
鹿栏晴沙景区　303b
路域巡查　236c
落实初信初访责任　085c
落实督促检查　067b
落实老干部政治待遇和生活待遇　081a
落实渔业安全生产工作体系　180a
落实主体责任　114b
旅游产业推进　349c
旅游工程建设　230b
旅游惠民工程　305c
旅游领域“遏重大”攻坚行动　302c
旅游数据统计与管理　301b
履行政府职能　144c
“绿剑”执法及农资打假系列专项行动　192c

M

慢性病死因监测及慢性病管理　314b
矛盾纠纷化解　146c
梅汛台汛旱情情况　279c
美丽城镇创建　216c
美丽城镇建设　358c
美丽岱山建设　225c
美丽岱山建设、中央环保督察整改暨治水治污大会战会议　062c
美丽海岛建设　355c
美丽乡村建设　349c
美丽渔港建设　183b
美术家协会　132b
美术书法　297b
免疫规划　313c
灭火救援与抢险救灾　282a
民兵整组　159b
民间文艺　297c
民间文艺家协会　133c
民生福祉　361c
民生热点监督　091b
民生事业发展　359b
民泰岱山支行　254c
民主法治监督　091c
民族宗教工作　333a
磨心山景区　303b
母婴健康安全　315a
母婴健康促进工程　312c
母婴设施创建　317a

N

纳税信用评定　251c
能源管理　259b
农产品标准化试点建设　192a
农产品质量安全　191a
农产品质量安全检测　191a
“农村池塘”整治和“美丽山塘”创建　188b
农村电商业务　241a
农村妇女叶酸增补项目　315b
农村数字电影放映　300a
农行岱山县支行　253b
农经管理　190a
农林畜牧业发展　343a
农业“机器换人”　190c
农业标准化工作　194b

农业行政执法　192b
农业机械　190c
农业生态项目建设　194a
农业数字化工作　195b
农业水价综合改革　188a
农业投入品检测　192b
农业植物疫情防控工作　192c
农资监管　192b

P

盘活江南山基地　167b
培育创新主体　171a
配合省市人大开展调研监督　094c
蓬莱交通投资工作　234b
品牌建设点面突破　275c
品质河道创建　226b
平安岱山暨法治岱山建设考核推进会　064a
平安岱山建设　143b　155a
平安法治　348b
平安护航建党百年　302b
平安建设　362b
平安建设深化　055c
普遍服务　240a
普法阵地建设　156c
普通高中教育　287b

Q

其他党务工作　066c
其他领域体制机制调整　075c
其他性质银行　254b
企业党建　250a
企业管理　173c
企业职工养老保险　325a
企业自身建设　174b
气　象　195c
气候　053c
气象服务数字化　196b
气象信息现代化建设　196c
汽配行业　168a
汽配行业进出口创新高　206b
千人培训工作　179c
签订党建结对共建协议书　351b
强化产商品质量安全　277c
强化管理监督　118a
强化理论武装　055b
强化食药安全监管　276c
强化特种设备安全监管　277a
强化专业执法　146a
侵害群众利益问题专项治理　204a
青年人才服务　124a
青山大桥前期工作　235c
青少年权益维护　123c
青少年责任担当　123c
清单化服务保障　272a
清廉村居建设　190a
清廉岱山建设　115c
清廉单元打造　115c
清廉园区建设　177b
清明祭英烈主题教育活动　339c
“请你来协商”专题政治协商会议　109b
“庆百年”主题活动开展　056c
衢山大道改建　211b
衢山岛万良客运码头工程开工　230c
衢山区域医疗服务提升　309b
衢山镇　360c
全国文明城市创建开局良好　057c
全国文明县城创建　217b
全国县级文明城市创建　346b
全国义务教育优质均衡发展县创建基本完成　285a
全面从严抓党建　061a
全面推行“综合查一次”工作　099b
全面小康建设　348a
全民科学素质提升　127c
全县创建全国县级文明城市动员大会　076c
全县村社党组织书记工作交流会　068c
全县党建统领、共同富裕“晒比评”会议　063a
全县党建统领、整体智治“晒比评”会议　062b
全县党委（党组）书记抓基层党建和人才工作述职评议会　068c
全县党员队伍构成状况　070a
全县基层党建工作会议　069a
全县老年人口基本信息与老龄化发展状况　319a
全县内审工作　264b
全县数字化改革工作推进会　103a
全县县乡两级人大换届选举工作部署会　063b
全县乡村振兴工作　035b
全县制造业高质量发展大会　062b
全县住户调查工作　261a
全域旅游　347c
全域无障碍环境建设　136c
确定第三轮扶贫“造血型”基地　338c
群岛新区建设　257a
“群团星”示范点建设　137c
群团星行动　140a
群众体育　306a
群众性精神文明建设　076c

R

人保财险岱山支公司　255b

人保寿险岱山支公司　255c
人才服务　321c
人才工作　321b
人才新政　033a
人才引进　321b
人才引进储备工程　291c
人大数字化改革　092a
人防规范化建设　163c
人居环境　195a
人口　150c
人口与计划生育　316c
人口状况　054b
人民代表建议和政协提案办理　100c
人民防空　162b
人民武装　159a
人事档案信息化管理　321b
人事制度改革　291c　308c
日常保障工作　067c
融媒体中心工作　077b

S

“三服务”活动　138a　155a　177c　209b
“三改一拆”行动　216a
三级物流体系建立　240c
“三美联创”　194b
“三桥四站”监测站建设　197b
扫黑除恶专项斗争　143b　148b
“扫黄打非”工作　073a
森林防火灭火工作　280b
山海提升工程　309c
山洪灾害调查　189a
山塘安全评定　188c
山外粮库拆除工作　205c
商会组织建设　129b
商贸服务业发展　343b
商贸特色项目　207a
商业补充医疗保险　318b
商渔船互学机制　180b
商住楼预埋工程　300b
设施建设　306a
社会保障　325a　356a
社会服务保障工作　272c
社会工作者队伍建设　329b
社会化服务　281c
社会建设　057b
社会救助与社会福利　326b
社会救助专项核查　326c
社会民生保障　345a
社会民生事业保障　249a
社会事务管理　330b
社会事业保障　350a
社会事业发展　350a　356b
社会维稳工作　143c
社会信用体系建设　259b
社会责任担当　203a
社会治理　144a　345b　351c　357a
社会治理高质高效　350b
社会治理体系　085c
社会组织党建　329c
社会组织登记和年检　329c
社会组织品牌建设　329b
社会组织执法监督　329c
社区村及行业协会商会扫黑除恶专项行动　330a
社区教育工作　290c
涉侨法律法规政策宣传　128c
涉税宣传服务　251b
涉台事务性工作　079a
涉外其他工作　101a
涉外疫情防控工作　100c
摄影家协会　133c
深化“基层治理四平台”改革　065c
深化“三服务”工作　067a
深化“三服务”活动　122b
深化“最多跑一次”改革　275b
深化残疾人服务供给侧改革　098a
深化整改成果　202a
深化执法改革　145c
深入学习习近平新时代中国特色社会主义思想　068b
审　计　262c
审计工作成果转化　264b
审计整改督查　264a
升级智慧养老　243a
生产基地建设　185b
生活饮用水执法　311a
生态产品价值研究工作　260c
生态环境保护宣传教育　225c
生态环境治理能力现代化　058c
生态文明建设　058a
生态文明教育基地和绿色学校创建　225c
生态县建设　225c
生育保险　317c
生育关怀行动　140a
生猪检疫　187a
省慈善联合会到岱山慰问　337b
省关工委领导到岱山调研　339b
省级“美丽宜居示范村”创建　217a
省级园林城市创建　217c
省委副书记、代省长王浩到岱西调研　351b
失业保险　325c
师德师风建设长效机制　291b
师资队伍建设　285a　291a
实施国家海洋督察问题整改行动　183a

食品安全风险监测 314c
食品安全和保障工作 209a
市场供应活动 186b
市场管理 208a
市场管理与服务中心 207b
市场提升改造工作 208a
市计生协会到岱山调研 140c
市容环境整治 218b
市委书记俞东来到岱西调研 350b
市政公用管护 219a
市政建设 211c
市政设施建设 344b
事业单位岗位设置管理 320c
事业单位人事管理 320b
事业单位调动 320b
事业单位招考录用 320b
视察调研 093a
视察县城区幼儿教育情况 111a
视察县低效企业整治提升工作情况 111b
视察县矛调中心建设运营情况 110c
视察饮用水提质及保供能力情况 111a
视频作品 298a
首届校园非遗艺术节 304b
书法家协会 132a
疏港公路工程建设管理 235c
疏散演练 162c
鼠浪湖矿石中转基地产能释放 274a
鼠浪湖码头卸船泊位岸线获批 274b
数智工会建设 120b
数字岱山创新大厦的运行管理 103a
数字赋能工业经济 342a
数字赋能助残服务 136b
“数字化创城”应用场景 071c
数字化改革 138b 150a 176b 199a 226c 279b 352c
数字化改革工作 260c
数字化改革加速 056a
数字化改革推进 347b
数字检察建设 154a
数字经济系统建设 167a
数字科协建设 127c
数字驱动建设 202b
数字文旅产业建设 301b
“双安双创”工作 192a
双合石壁景区 303b
“双减”工作 289a
双随机监督执法 310c
双拥共建 160c
双子山小衢山油品储运基地持续推进 274a
水产品加工 167c
水法规宣传 193a
水库、海塘安全鉴定 188c
水库移民解困工作 327a
水利工程运行管理 188b
水利规划编制 188a
水利数字化建设 189a
水利体系建设 187c
水路客运扩容 232a
水路运输管理 238c
水上货运 232c
水上交通安全整治 268b
水土保持工作 189b
水政监察 193b
水政执法 193a
水资源管理 189c
税 务 250a
税收改革 250b
税收收入 250a
税务队伍建设 251c
司法改革 155c
司法行政 155c
思想建设 123a
思想理论武装 071a
思想政治建设 153c
“四反”工作 159c
“四好农村路”建设 230a
送戏进重点企业 296a

T

台风防抗工作 270a
台风防御工作 188c
台州银行岱山支行 255a
太保财险岱山支公司 256a
探索文旅营销新模式 304c
特困人员供养与孤儿和困境儿童生活保障 326c
特色示范创建 193c
提案办理举措和结果 112b
提案工作 111c
提案立案情况 111c
提案主要内容 111c
提升监管防范风险 249c
提升全网服务能力 243b
体育产业规范化管理 306a
天安财险岱山支公司 256c
天翼对讲系统实施 243c
调整优化开发区体制机制 075b
通信警报 163a
“同舟共济·记忆岱山”征文活动 086c
统 计 260b
统计基层数据管控 261b
统计普法宣传 261c
统一战线思想引领工作 073b
统战工作 073b
投融资工作 266a

投资促进中心 264c
投资信息化项目建设 102a
图 书 298a
推动机构编制法治化 076a
推动宽带份额提升 244b
推动两新党建高质量发展 069c
推动意识形态落实 115a
推动宗教中国化走深走实 336b
推进创城精细化管理 350a
推进村（社）组规范运行 069c
推进党内法规工作 068a
推进地质灾害防治 098c
推进公共文化服务 298a
推进既有住宅电梯加装 改善全县群众居住环境 109b
推进科技创新 109c
推进市政融合 244b
推进数字化改革 095b
推进新型城镇化建设 065a
推进学法用法和依法治理 335c
推进养老服务区域协作 327c
推进渔业环境监测 179a
推进整体智治 118b
推进政务服务办事新模式 105c
退休和工龄认定 321a
退役军人服务站建设 164c
拓宽办学渠道 289c
拓展意识形态阵地 115c
拓展营销渠道 305a
拓展阅读文化延伸服务 298c

W

外贸企业线上拓市场 206c
外事工作 100c
外资规模增长 206a
外资招引工作 265b
完成地标性建筑带方案拍租 106c
完善基层工会体制机制 120a
完善基层医疗卫生体系 312b
完善侨界基础数据库 129a
完善网格调解服务体系 182b
完善智慧大厅 2.0 管理体系 105b
玩具与电机 168b
玩具制造业 168b
网吧创城工作擂台赛 302b
网吧巡逻防疫宣传 340c
网络安全工作 102c
网络诈骗犯罪治理 148c
为民实践活动 246a
为侨联界政协委员服务 129a
违法建设拆管 218c
维稳安保工作 147b
维序维权 277c
卫生改革 308c
卫生执法 310c
未成年人检察工作 153b
未成年人思想道德建设 077a
未来社区建设 215b
未来乡村 195c
未来乡村建设 355c
文 博 299a
文化“三下乡” 295c
文化产业发展 301c
文化辅导 296b
文化惠民活动 073b
文化机构 294a
文化基因解码工程 304a
文化建设 056b
文化交流 131c
文化礼堂建设 294b
文化旅游市场疫情防控 302c
文化走亲 296a
文旅融合 235b
文旅市场 302a
文旅事业发展 359a
文旅体数字赋能新突破 056c
文明城市创建 095c
文明城市创建行动 120c
文明县城创建 267b
文体事业建设 344a
文体事业新发展 056c
文物保护 299b
文物利用 299c
文学创作 296c
文艺创作 296c
文艺惠民 131b
“我们的节日”系列活动 295c
污染减排 226a
“无废城市”创建 226a
“无废机关”创建和垃圾分类工作 103c
无废景区创建 303c
无居民海岛补充调查 225b
“无欠薪”治理 188b
五化市场创建 207c
“五老”座谈会召开 341c
五水共治 226a
“五育并举”工作 288a
武警岱山中队 160c
物业管理 214b

X

习近平法治思想的学习和贯彻 156a
戏剧曲艺家协会 133a
戏曲进校园进社区 296a
系列宣传活动 192b
“仙岛夜精彩”文明颂·基层行 294c
“先锋助力 残健同行”党建品牌 134c
闲置农房盘活利用 190b

县级行政机构和人员编制 075a
县级事业机构和人员编制 075a
县纪委常委会 114a
县纪委十三届七次全会 113c
县建设平安岱山工作暨政法信访、扫黑除恶专项斗争总结表彰会议 062c
县全民健身中心续建 230a
县十六届人大常委会会议 090b
县十六届人大五次会议 089b
县双峰体育中心项目开工 230b
县委“六讲六做”大宣讲活动动员部署会 064a
县委党的群团工作会议 062a
县委检察工作会议 064b
县委全面深化改革委员会第三次会议暨全县数字化改革部署推进会 061c
县委渔农村工作会议 061c
县文物局挂牌仪式 299b
县污水处理厂扩建 212b
县乡两级医共体建设 309b
县乡人大换届 092b
县一体化智能化公共数据平台启用 039c
县域医疗卫生能力新提升 309a
县招商引资暨营商环境工作会议 062a
县政府常务会议 096c
县政府公物仓投入运行 103c
县政府全体会议 096b
县政府专题会议 098a
县政协九届三十次常委会会议 107c
县政协九届三十二次常委会会议 107c
县政协九届三十六次常委会会议 108c
县政协九届三十七次常委会会议 108c
县政协九届三十三次常委会会议 108a
县政协九届三十四次常委会会议 108b
县政协九届三十五次常委会会议 108b
县政协九届三十一次常委会会议 107c
县政协九届五次会议 107b
县直属机关党建工作 079a
现代服务业发展 361b
现代服务业稳步向好 054c
现代化学校创建工作 285b
现金管理工作 267b
乡村信用体系建设 266c
乡镇机构和人员编制 075b
项目审批标准化 258b
项目招引 265a
消防安全 282a
消防宣传 283a
消费意愿增强 333a
小微企业服务 266b
小微企业危废收集平台 226b
小型三无船舶专项治理 180c
小型水库系统治理 188b
校园安全工作 289c
蟹文化综合产业园建设 181c
心理健康教育 288c
新材料研究和试验基地建设 171a
新冠病毒疫苗接种 308b
新冠肺炎疫情防控 186c
新居民子女平等享受优质教育资源 285c
新媒体运营部工作 078a
新闻出版工作 072c
新乡贤联谊组织建设 073c
新型布尼亚病毒感染病例防控 313c
新型经营主体培育 190b
薪酬制度改革 308c
信贷资金保障 266b
“信访代办”工作 086a
信访工作 085b 224b
信息化数字化改革 246b
信用体系建设 191c
刑事、民事、行政检察职能履行 152b
形成“旅游+”融媒体传播格局 305a
幸福社区建设 328c
休渔谢洋大典 072a
秀山岛景区 303a
秀山环岛公路（海岙至九子段）续建 229c
秀山乡 358a
宣传工作 070b
宣传教育 162c 282a
宣传营销 304c
选举产生县第十四次党代会代表 070a
学前教育规范普惠发展 286c
学校特色文化建设 288c
学校卫生执法 311a
“寻味之旅”研学品牌 299a
巡察工作 116c
巡回医疗服务 139a
训练 161b
汛前、汛中安全大检查 189a
行政决策工作 145b
行政审批服务 238a
行政审批项目 281b
行政执法 281b
行政中心设施设备维护 104b

Y

烟草专卖　200c
烟草专卖管理　201a
严查禁用渔具　181c
严查流通渠道　181c
严控食品药品安全风险　098b
研究制定《岱山高质量发展建设共同富裕示范区海岛样板实施方案》　066a
燕窝山客运中心工程续建　230c
燕窝山陆岛交通码头续建　230c
养老服务工作机制落实　327c
养老服务供给侧改革　109c
养老服务事业发展监督　111b
养老服务事业建设　327b
养老服务数字化改革　328a
养殖技术培训　179b
养殖尾水治理试点建设　179a
邀请外籍商务人士来华工作　206c
药品和医疗服务价格管理　318c
业务发展　246a
业余社团　296c
一打三整治　180c
“一件事”改革　150b
一体化数字资源系统基本建成　101c
一体化文印中心投入运行　103b
医保服务　317c
医教科研　309b
医疗、传染病卫生执法　311b
医疗保险　317c
医疗救治防控体系建设　308a
医疗救助　318a
医疗事业　309a
医疗数字化改革　310b
医养结合资源整合　327b
医政管理　309c
依法管粮　204b
依法监督　091a
移　动　244a
移动支付服务　267a
以文辅政工作　100a
义务教育优质均衡发展　287a
议案建议办理　092c
异地商会建设　130b
疫情防控　162a　307b
疫情防控督查指导　308a
疫情防控工作　142c　147c　270a　272b
意识形态工作　070c
因公出国核报和邀请来华核报工作　101a
音乐舞蹈家协会　133a
音乐舞蹈戏剧　297a
引导老干部发挥余热　082c
引导宗教界参与社会服务　336c
营商环境建设　265c
营商环境优化　176c　250c
营商指标考核　258c
营销服务　173c
营销推广活动　305c
营造诚信营商环境　275c
营造民族宗教领域和睦和顺环境　333c
影视摄影　297c
影视艺术工作者协会　134a
应急保供　186b
应急管理体系建设专项调查　094a
应急救援　279a
应急物资保障　205c
应急演练活动　242b
拥护“两个确立”做到“两个维护”　059a
优抚工作　164a
优化基础服务　298b
优化招投标营商流程　106c
优化资源配置　166b
优生两免项目　315b
邮　政　240a
邮储银行岱山支行　254c
“邮善邮乐”慈善超市建设　327a
鱼山项目团建　123b
渔船安全　179c
渔船动态点验工作　179b
渔港建设及管理　183b
渔农产业发展　361a
渔农产业加快转型　055a
渔农产业提升　355a
渔农村党员队伍状况　070b
渔农村工作　194b
渔农村困难群众住房救助　217a
渔农村生活污水治理　212b
渔农村卫生　312b
渔农民合作经济组织网络建设　200a
渔农业产业化　194b
渔业安全管理　179b
渔业生产转型提质　342b
渔业系统的数字智治　180c
渔业综合管理　181c
与高校科研院所交流合作　171b
育儿友好型社会全面构建　316c
预防艾滋病、梅毒、乙肝母婴传播　315b
员工关爱行动　245c
院线运行情况　300a
云上年货节　304c
运行维护　172c
运力调整　233b
运输装备建设　234a

Z

栽培技术　185b
再创省级“无信访积案县”　086a
增强监督合力　116c
宅基地网上审批管理　190c
战备　161a
战略项目建设　360c
招才引智工作　069b
招商引资　130c　271c
招商引资工作　175c
招投标工作　106b
召开中华慈善日活动　338a
“浙里办”“浙政钉”工作　102a
浙石化岱山教育基金建立　292a
征兵工作　160b
整治提升低效企业　098c
正风肃纪　159c
正风肃纪反腐　116b
政策扶持　305b
政策跟踪审计监督　263a
政策性农村住房保险　258c
政法队伍建设　143a
政法委工作　142a
政法系统数字化改革　143c
政府法治工作　144c
政府决策服务和社会公共服务　196a
政府门户网站工作　102c
政府投资领域审计监督　263c
政府效能不断提升　056a
政府信息公开　100b
政企交流　130a
政务服务　105a　202a
政务服务“数字化”改革　346a
“政务服务 2.0”平台建设　105c
政务工作　099c
政协常委（扩大）读书会　109a
政治监督　114b
政治建设　055b
政治思想教育　161c
支持全县经济高质量发展　098a
支出型贫困家庭救助　326b
知青慈爱分会成立　337c
知识产权全链条集成改革　275b
执法案卷质量提升　302b
执法改革　156a
执法管理　150b
执行情况检查　204a
执勤　161a
直管公房管理　214b
职称评定改革　309a
职成教一体化办学　290a
职工建功立业行动　119b
职工文化建设　121a
职业技能大比武　323b
职业教育　289c
职业教育办学内涵建设　290a
职业卫生监督　311c
职业资格鉴定　323a
职业资格人员　323a
志愿服务　123a
志愿者服务　296c
制定全国县级文明城市创建三年计划　064c
治水治污大会战　098c
智慧城市建设　243a
智慧大厅 2.0 延伸基层　105c
智慧法院建设　155b
智慧纪检监察工作　118b
智慧交通建设　231a
智慧交通平台建设　231a
智慧平台建设　218a
智能数字运营　246b
“智能无人超市”开设　231c
智云护航团队建设　243a
《中共岱山历史简明读本》编纂　087c
中共岱山县第十三届代表大会第五次会议　061b
中共岱山县第十三届委员会第十六次全体会议　063c
中共岱山县第十三届委员会第十七次全体会议　064b
中共岱山县第十三届委员会第十三次全体会议　061b
中共岱山县第十三届委员会第十五次全体（扩大）会议　063b
中共岱山县第十四次代表大会代表选举工作会议　063c
中国共产党岱山县第十四次代表大会　064b
中国人民银行岱山县支行　266b
中国人寿岱山支公司　255c
中国太保寿险岱山支公司　256b
中行岱山支行　254a
肿瘤登记管理　314b
种植业　185a
种植业生产　185a
重大水利项目建设　188a
重大项目落地实施　349b
重大战略项目服务保障　248c
重点人群就业帮扶　323c
重点项目对接　266c
重点项目建设管理　258a
重视服务新居民，促进高质量发展　109b
重要工作举措　098a
重要会议　061b　089b　096b　107b
重要会议与调研　113c
重要决策　064c

舟岱大桥 030a
舟岱大桥建成通车 229b
舟富食品外贸形势向好发展 168a
舟富食品研发产品入选神舟十二号载人飞船“食谱” 040b
舟山华丰租赁原海舟船厂 167b
舟山绿色石化基地建设 038c
舟山绿色石化事务管理 270c
主流舆论引导 071b
主题宣讲红色电影贺建党百年 340b
主题展览 299a
主要农作物品种 185a
主要气候事件及其影响 198a
主要气候要素 197c
助残扶残融媒体宣传 137a
助力半程马拉松比赛 138c
助力合作经济组织发展 200c
助力全国县级文明城市创建 151b
助力乡村振兴行动 127a
助推企业专项行动 251a
助推数字改革 125a
助推物业管理水平提升 093b
住房保障工作 214a
住院医师规范化培训 309c
注重饮用水提质保供 094a
筑牢疫情防控坚强堡垒 276b
抓好提速增效 247a
专班工作效能提升 084b
专题教育 161c
专题询问《舟山市科技创新促进条例》实施情况 093a
专项工作 086a 215a
专项集体民主监督 111b
专项维护检查 235c
专项整治 191b 269a
专项整治提升 281c
专业队伍 163a
专业技术人员 321c
专业技术资格 321c
转移净收入稳步提高 332b
追溯体系建设 191a
自来水供应 189b
自贸区改革创新推进 274c
自贸试验区第六批改革试点经验推广 274b
自贸试验区数字应用上线 274c
自然资源 053a
自然资源和规划 222a
自由贸易试验区建设 273a
宗教活动场所疫情防控工作 334c
宗教领域安全工作 334a
宗教领域数字化改革 333b
宗教领域维稳工作 334a
宗教团体规范化建设 336c
综合管理 241b
总编室工作 077c
组建智慧纪检监察专班 118b
组织工作 068a
组织行业培训与比武 302c
“最多跑一次”改革 226c
“最多跑一次”工作 331b
作家协会 131c
做好基础设施建设 085b
做好台胞疫情防控工作 079a

图照索引

0—9

2020年县政府残工委全体会议暨县残联第七届主席团第四次全体会议在县行政中心召开 134
2021年度退休党员干部在罗家岙派出所跟班学习 082
2021年度新发展的机关党员到鱼山教育培训基地进行集中宣誓 079

A

安澜阁装修及亮化工程竣工并投入使用 210

C

长涂镇举行第七届双拥艺术节文艺晚会暨第三届“最美长涂人”颁奖典礼 357
长涂镇未来乡村390亩核心区精品菜园 356

D

岱东镇开展“牢记初心使命 赓续红色血脉”主题党日活动 354
岱山联通开展便民服务 246
岱山联通为宽带用户免费提速 247
岱山县“东海渔嫂”消安员联盟成立大会在县消防救援大队举行 283
岱山县慈善总会知青慈爱分会第一次会员大会召开 337
岱山县党外代表人士学党史培训班在上海举行 074
岱山县第47届中小学生田径运动会“红心向党·健身强国”献礼建党100周年开幕式在岱山实验学校田径场举行 288
岱山县第十六届人民代表大会第五次会议在县行政中心召开 089
岱山县东海渔嫂电商直播志愿服务队成立仪式举行 126
岱山县工商业联合会(商会)第七次代表大会在县行政中心召开 129
岱山县公安局罗家岙派出所党支部被中共中央授予“全国先进基层党组织”称号 147
岱山县供销合作社联合社第六次代表大会在县行政中心召开 199
岱山县获评省级园林城市 218
岱山县举行教育系统青年宣讲大赛暨第九届微党课大赛 291
岱山县首届“最美残疾人”“最美助残人”颁奖典礼举行 135
岱山县小班化教育现场推进会在怀慈小学召开 293
岱山县医保中心创城动员大会暨医保条例与业务知识培训会在县卫生健康局召开 318
岱山县瀛洲颐养院投入运营 362
岱山县召开2021年度安全生产暨消防工作会议在县行政中心召开 280
岱山新材料研究室研究和试验基地开工建设 171
岱山星浦未来社区主体结构、楼板浇捣完成 215
岱山移动开通全市第一个700M站点 245
岱山移动开展“党业融合添动力 网网联动谋发展”活动 245
岱山邮政运送抗台救灾物资 242
岱山油画作品在舟山市美术馆展出 132
东海郊野公园上船跳段 352
东沙古镇直播间 347
东沙镇举行庆祝中国共产党成立100周年“重走盐运路”主题党日活动 348
东沙镇网格员巡查宗教活动场所 336
东西部劳务协作(岱山—宣汉)签约仪式在宣汉县举行 324

G

高级初级中学开展全县教育系统新冠肺炎疫情防控应急演练 286
高亭海月名都小区公厕安装智慧平台 220
高亭镇司法所获评2021年度“全国模范司法所”、浙江省“枫桥式”司法所 157
高亭小学和长涂小学开展“互联网+义务教育”同步课堂活动 287
高亭镇创建全国县级文明城市誓师大会在镇成人学校举办 346
高亭中心菜场联合工会成立 208

H

海上垃圾分类志愿服务 357
“互联网+政务服务”体验区 105
黄泽山油品储运基地 273
黄泽山油品储运基地二期工程开工。年末，完成桩基工程，投资1.90亿元 231
黄泽山—鱼山原油管道项目开工 274
惠生海工光伏项目在岱山落地 173
惠生海工为客户制造的炼化设备 166

J

机器人带电作业 172
建设中的星浦未来社区二期工程 176
“讲述红色故事·传承红色基因”百千万巾帼大宣讲在衢山镇田涂村开讲 124

L

浪激渚“五化”市场 207

Q

青春健康讲座进岱山实验学校 140
衢山岛斗经下洞礁至皇坟基班线运行 237
衢山镇举办残疾人渔民画培训班 135
衢山镇举办银龄跨越数字鸿沟科普培训班 290
衢山镇特教点在敬业小学开班 286
“趣海岛 岱你玩”岱山文旅推介会在杭州举行 305
全市“优秀传统文化（非遗）融入学校教育”成果展示交流会在高亭中心小学举行 288
全县工会志愿服务大队成立 121
全县开通环城微公交1线、2线，日来回双向48班发车运营 233
全县深化“基层治理四平台”改革现场推进会在秀山乡召开 144
全县首家24小时营业的智慧超市亮相岛城 072
全县渔民海上救护培训在衢山镇成人学校开展 180
全县召开扫黄打非工作会议 073
全县政法系统“走进鱼山 护航添彩”实践服务活动在鱼山岛举行 142

S

上海市岱山商会成立第一届第一次会员大会召开，图为大会现场 130
省人大常委会委员、教科文卫委员会主任委员郑金平（居中）调研岱山职业教育发展情况 094
盛世豪庭幼儿园开园 287
市计生协会会长钱军一行调研岱山县计生协会工作 141
市人大常委会副主任方明一行到岱山检查粮食储备情况 204
数字乡村简约版大屏 242

T

台风“烟花”登陆舟山期间，为避灾人员发放应急物资 205
提升改造后的桥头市场 208
团县委开展“群团星·耀党旗”宣讲行动暨第二届青年员工演讲活动 123
团县委开展“守护海岸线”志愿服务活动 124

W

为抗击台风“烟花”，县公安局出动警力紧急转移群众 148
“五老”张致真在金维映故居开展宣讲活动 341
武警岱山中队官兵开展擒拿格斗训练 161
武警岱山中队组织新兵开展中队荣誉教育 162

X

县财政局到岱东镇虎斗村开展“暖心慰问 温暖过节”活动 249
县残联代表舟山市参加省第三届残疾人旱地冰壶锦标赛 137
县城乡生活垃圾分类一体化工作领导小组办公室组织在闸口二村开展生活垃圾分类知识讲解活动 220
县慈善总会举行第六个中华慈善日主题活动仪式暨烟花台风受灾慰问金发放仪式 338
县法院法官在衢山镇田涂村与渔嫂一起做调解工作 154
县法院在衢山镇龙潭村开展巡回审判 155
县防空管理中心对板井潭BJT-03地块工程进行检查 163
县防空管理中心组织开展自来水公司应急演练 163
县妇联在高亭镇枫树村文化礼堂开展“家风润仙岛·暖爱沐重阳”——我们的节日·重阳节主题活动 125
县妇联在宁波市鄞州区委党校举办岱山县妇联系统党史学习教育暨妇联主席综合能力提升培训班 126
县工商联举行2021年“便民办税春风行动”政企恳谈会 130
县公安局开展治安场所的防疫检查 148
县公证处受邀对“2021中国海岛公园秀山岛徒步大会”赛程结束后的抽奖活动环节办理现场监督公证 158
县供电公司客户服务中心营业厅获评全国妇联“巾帼文明岗”称号 174
县供电公司首次应用自适性绝缘杆，开展“自动化”带电作业 173

县关工委老同志邵承德看望岱中小学结对儿童 340
县关工委组织少先队员在鱼山岛祭奠革命英烈 340
县海洋与渔业局开展“守护蓝海、法治护航”宣传活动 182
县海洋与渔业局开展修造渔船安全检查 180
县海洋与渔业局开展渔船安全精密智控工程终端设备试安装工作 181
县海洋与渔业局衢山分局开展“三无”船筏清理行动 181
县红十字会在高亭小学开展避灾疏散演练 138
县纪委县监委举办开放日活动，接受社会各界监督 115
县纪委县监委举办全县“百年·勤廉说”活动 115
县纪委县监委召开全县纪检监察干部素质提升班 117
县纪委县监委组织人员到秀山码头督查疫情防控工作 114
县检察院到岱中小学举办“12•4”国家宪法日专题讲座 153
县检察院举行全体员额检察官宪法宣誓仪式 154
县检察院联合县残联开展“‘有爱无碍’助力创城、无障碍公共设施体验”活动 151
县检察院召开“助力创城、督促整治无障碍环境建设”公益诉讼听证会 152
县教育局与上海世外教育集团合作创办上海世外教育附属高亭初级中学。图为签约仪式 289
县经济和信息化局在县文化广场举办科技周活动 172
县科协在岱西葡萄科普馆开展“深耕葡萄 文化助力乡村振兴活动” 127
县科协在秀山小学开展“气象科普敞篷车进校园”活动 127
县民政局在县文化广场开展智慧助老志愿服务活动 328
县民宗局联合县文广、市监、消防等部门开展宗教领域安全工作的联合检查 334
县民宗局组织开展“跳起热情民族舞，传递军民鱼水情”民族团结进步教育宣传活动 333
县农业农村局工作人员检查“菜篮子”供应店商品储备情况 186
县农业农村局开展水法规宣传 193
县侨联在高亭镇“侨之家”召开侨届重点人士座谈会 129
县侨联组织侨界人士参观考察舟山绿色石化基地 128
县人力社保局举办全县电工技能大比武 323
县摄影家协会在县文化广场举办摄影作品展 133
县审计局联合县财政局在县卫健局开展项目廉政回访 262
县审计局与县农商银行联合举办内审交流活动 263
县市场监管局开出舟山市首张“简案快办”罚单 277
县市场监管局开展“放心消费在浙江”上门指导 278
县市场监管局开展“特种设备安全月”活动 277
县市场监管局开展食品安全宣传月活动 276
县书法家协会送春联到舟山绿色石化基地 132
县税务局举行新公务员入职宣誓仪式 251
县税务局开出舟山市首张土地出让金非税票据 250
县台办组织开展“海相连心相印——台湾青年看舟山”岱山站活动 078
县统计局在县委党校举办全县青干班统计法治培训班 261
县退役军人事务局为现役军人家庭送立功喜报 165
县退役军人事务局组织走访慰问困难退役军人家庭 164
县委老干部局组织县处级老领导考察岱山经济开发区 081
县委统战部（民宗局）在岱山县天主堂做好平安夜疫情防控工作 335
县卫生健康局对华润万家、三江超市、华之友超市进行新冠监督采样 307
县文联在县行政中心举行“唱支红歌给党听——学百年党史展海岛风景”礼堂红歌展演活动 131
县文旅局在岱东镇上船跳徐福文化村举办“徐福游园会”暨2021年百姓文化节启动仪式 295
县文旅局在县体育馆举行庆祝中国共产党成立100周年“永远跟党走 奋进新征程”专场文艺演出 295
县戏剧曲艺家协会送文化下乡活动走进闸口一村 133
县消防救援大队开展“平安护航建党百年”消防安全夜查行动 282

县烟草专卖局开展“我为群众办实事”主题党日活动 202
县烟草专卖局营销人员在现场引导消费者注册“香溢家”会员 201
县烟草专卖局执法人员与公安干警联合执法销毁假烟 201
县直机关工委调研“双建”示范阵地 080
县中医院康复病房正式运作 136
县资源规划局巡查人员检查秀山小欢喜海堤的防台抗台情况 224
县资源规划局召开“岱山县2021年度城镇基准地价更新评估工作”新闻发布会 222
县总工会组织基层工会参加浙江省叉车司机职业技能竞赛。浙石化鼎盛公司曹磊荣获个人第一名，岱山队获全省第二名 119
县总工会组织劳模开展“三服务”活动 122
消防队员为竹屿社区学生讲解消防安全知识 341
秀山乡爱琴海度假别墅区 216
秀山乡统战之家活动 360
秀山乡文旅特色型美丽城镇创建验收，图为创建验收现场 358

Y

一期“指挥城管”平台运行中 218
银龄讲师为机关党员干部讲党课 082
渔山新村红色传承馆开馆 344

Z

在海月名都南门设置智慧停车场 211
造血干细胞捐献现场 139
浙江省岱山县高亭中心菜场联合工会成立大会暨第一次会员代表大会召开 120
浙江友联船舶修造有限公司修理集装箱轮 167
浙石化岱山教育基金捐赠签约仪式在县行政中心举行 292
中共岱山县第十三届纪律检查委员会第七次全体会议在县行政中心召开 113
中国人民政治协商会议第九届岱山县委员会第五次会议在县行政中心召开 108
种粮大户向县粮食收储公司投售订单粮食 205
舟山岱山海事处夜查重载内河船1艘 269
舟山岱山海事处与岱山县海洋与渔业局签订商渔船防碰撞暨“遏重大”合作备忘录 268

表格索引

表1 2021年度县委党校培训班次一览表 083
表2 2021年岱山县人大常委会会议情况一览表 090
表3 2021年岱山县政府常务会议情况一览表 096
表4 2021年岱山县县级以上科技项目 169
表5 2021年岱山县各行业用电量与比例表 174
表6 2021年岱山县供电生产情况表 175
表7 2021年全县主要捕捞作业效益表 178
表8 2021年全县主要捕捞品种产量表 179
表9 2021年家畜家禽饲养情况表 187
表10 2021年度岱山县主要农作物耕种收综合机械化率汇总表 191
表11 2021年岱山县地表水水质评价结果表 227
表12 2021年岱山县千吨万人及以上的集中式饮用水源地水库水质单因子评价结果表 227
表13 2021年岱山县区域噪声监测结果表 228

表 14　2021 年高亭城区交通噪声监测结果表　228
表 15　2021 年各功能区声环境每季度监测结果表　228
表 16　2021 年岱山县新增水路货运企业情况表　233
表 17　2021 年岱山县境内货运船舶分布情况表　233
表 18　2021 年与 2020 年岱山县陆路客运情况对比表　234
表 19　2021 年岱山县货运汽车情况表　234
表 20　2020—2021 年岱山县邮政业务量实绩表　241
表 21　2021 年度岱山县企事业单位专业技术人员情况表　321
表 22　2021 年岱山县城乡居民收入情况表　332
表 23　2021 年岱山县城乡居民支出情况表　332
表 24　2021 年岱山县主要水产品产量表　365
表 25　2021 年岱山县规模以上工业主要产业情况表　366
表 26　2021 年岱山县交通客货运输量表　368
表 27　2021 年岱山县人口与自然资源　371
表 28　2016—2021 年岱山县经济社会发展主要指标　371
表 29　2021 年岱山县户籍人口　372
表 30　2021 年岱山县渔农村经济　372
表 31　2021 年岱山县海洋渔业　372
表 32　2021 年岱山县水产品产量　373
表 33　2021 年岱山县农作物面积和产量　373
表 34　2021 年岱山县规模以上工业主要指标　374
表 35　2021 年岱山县规模以上工业主要产品产量　374
表 36　2021 年岱山县规模以上主要行业工业总产值　374
表 37　2021 年岱山县规模以上工业企业主要经济效益指标　375
表 38　2021 年岱山县港口与海运　375
表 39　2021 年岱山县全社会客货运输　376
表 40　2021 年岱山县全社会民用车辆拥有量　376
表 41　2021 年岱山县邮电业务　376
表 42　2021 年岱山县固定资产投资增长率　377
表 43　2021 年岱山县国内贸易增长率　377
表 44　2021 年岱山县对外贸易　378
表 45　2021 年岱山县自贸　378
表 46　2021 年岱山县财政金融保险　378
表 47　2021 年岱山县城镇居民生活　379
表 48　2021 年岱山县渔农村居民生活　379
表 49　2021 年岱山县文、教、卫、计划生育情况　380
表 50　2021 年岱山县就业、社会保障　381
表 51　2021 年岱山县能源消费、环境和安全生产　381
表 52　2016—2021 年岱山县研究与试验发展活动情况　382
表 53　2021 年岱山县主要指标情况　382
表 54　2021 年模范集体名录　408
表 55　2021 年省部级先进集体名录　408
表 56　2021 年劳动模范名录　409
表 57　2021 年省部级先进工作者名单　410
表 58　2021 年岱山县重要文件选录　411